趙少咸論文集

趙少咸文集

趙少咸 著　趙呂甫 整理

中華書局

圖書在版編目(CIP)數據

趙少咸論文集/趙少咸著;趙吕甫整理. —北京:中華書局,
2017.1
(趙少咸文集)
ISBN 978-7-101-11585-7

Ⅰ.趙…　Ⅱ.①趙…②趙…　Ⅲ.漢字-文字學-文集
Ⅳ.H12-53

中國版本圖書館 CIP 數據核字(2016)第 037260 號

書　　名	趙少咸論文集
著　　者	趙少咸
整 理 者	趙吕甫
叢 書 名	趙少咸文集
出版發行	中華書局
	(北京市豐臺區太平橋西里 38 號　100073)
	http://www.zhbc.com.cn
	E-mail:zhbc@zhbc.com.cn
印　　刷	北京市白帆印務有限公司
版　　次	2017 年 1 月北京第 1 版
	2017 年 1 月北京第 1 次印刷
規　　格	開本/710×1000 毫米　1/16
	印張 37　插頁 2　字數 454 千字
印　　數	1-1500 册
國際書號	ISBN 978-7-101-11585-7
定　　價	186.00 元

出版説明

趙少咸（1884—1966），名世忠，我國傑出的語言學家。

趙少咸先生雖然著述豐富，但因爲戰亂和"文革"，其公開發表的作品并不多。上世紀 80 年代，趙先生家屬和學生開始搜集、整理其遺稿，得《廣韵疏證》《經典釋文集説附箋殘卷》《詩韵譜》《手批古書疑義舉例》《增修互注禮部韵略校記》《唐寫本切韵殘卷校記》《唐寫本王仁昫刊謬補缺切韵校記》《敦煌掇瑣本切韵校記》《故宫博物院王仁昫切韵校記》《唐寫本唐韵校記》《趙少咸論文集》等。我們則自行訪得《古今切語表》的刊本。

這些書稿有的爲先生及學生手稿，有的爲先生哲嗣趙吕甫整理稿，水平不一，論文集根據家屬整理稿進行了加工，未敢擅改，其他的我們采取影印的辦法，將趙先生的作品共十一種一次推出，《廣韵疏證》前不久已由巴蜀書社出版，此次不納入文集。

此次出版，得趙振銑、趙振錕先生的大力支持，在此謹致以誠摯的謝意！

中華書局編輯部

2015 年 12 月

目　録

序

　　成都趙少咸先生者，近世小學之大師也。1935 年秋，中央大學教授蘄春黃季剛卒于位，吳汪公旭初方主中國語言文學系，夙知先生殫精潛研，妙達神旨，以爲繼黃公而以音韵文字訓詁之學授諸生者，惟先生其選，遂禮聘焉。清寂翁詩云："趙君別我東南行，南雍博士來相迎。垂帷著述不炫世，蜀學沈冥人自驚。"即詠其事也。

　　余與先生女夫郫殷石臞同門相友善，及先生至金陵，因肅謁。中日戰起，先生返鄉。余亦轉徙數年後流寓成都，以先生紹介，得承乏四川大學講席。蜀中名德勝流，以其遠來，每樂與接，而先生尤善遇之，所以飲食教誨之者甚至。猶憶余偶舉揚子《方言》代語之義，質其所疑。先生爲反復陳説，娓娓數百言；猶恐其未了也，翌日別作箋諭之。蓋其誨人不倦，出自天性有如是者。抗戰云終，余出峽東歸，其後屢經世變，踪迹漸疏，然數十年前侍坐請益之樂，固時往來于胸臆。

　　先生平時著述凡數百萬言，于《經典釋文》《廣韵》二書，用力尤劬，詳校博考，各爲疏證，下逮段懋堂、周春兮之纂述，亦皆辯以公心，評其得失。蓋自乾嘉以來三百年中，爲斯學既精且專，先生一人而已。

　　先生既返道山，哲嗣幼文、呂甫及文孫振鐸諸君，護持遺著，兢兢恐有失墜，故中歷浩劫而大體完好。今者將次第印行。呂甫來告，命序其端。余于小學懵無所知，雖聞讀先生之書，而如翹首以瞻石廩祝融，但嗟峻極，不敢贊辭。然亦幸先生之學，由子姓門人整齊傳布，終得光大于天下後世。因略陳所懷，以復于君，殊不敢言爲先生遺著序也。

1990 年 6 月，門下士程千帆敬題

序

有清學術，繁榮昌盛，論者比同歐洲之文藝復興。而乾嘉兩朝，大師輩出，允爲一代中堅。其成學著系統者：吳始惠棟，皖始江永、戴震。戴震字東原，皖南休寧人。爲學綜形名，任裁斷，成就之大，非吳派所能望，抑亦百世不祧之宗。

先師趙少咸先生，祖籍亦隸休寧，夙聞戴氏之風而慕悅之。自弱冠以迄耄耋，寢饋書叢，覃思獨造，講授之暇，撰著滿家。而《廣韵疏證》暨《經典釋文集説附箋》，尤一生精力所萃，世多知之，無俟煩言。獨其單篇散論，先後載諸書刊者，迭經世變，多所散佚。呂甫八兄，窮搜博訪，僅得《古韵略説》以下十餘篇。此之原帙，雖云未備，而趙氏學之微言大義，已寓于斯。整此觕就，徵序及我，自慚荒陋，而誼不敢辭。

我在沖齡，受業門下。比及成年，始漸窺先生學詣之精髓。嘗選修先生所授訓詁學。許我“細心而有恒”；指出“古義雅言，書闕有間，九千文至今不能盡了者以此”；望我“沖懷博考，求其至當”。尋檢遺翰，墨瀋猶新，而先生賚志以没，殆將三十年矣！追維當年煮酒論學之樂，先生有靈，猶當莞爾。

昔餘杭章氏論清代樸學之善有言：“明徵定保，遠于欺詐；先難後得，遠于徼幸。”先生治學宗旨，正復如是。又論戴學諸家：“分析條理，皆鬢密嚴瑮，上溯古義，而斷以己之律令。”今移此以擬先生之學，誠哉字字的當。外是不能復贊一詞矣。

春風秋月，緬懷德音，愧疚必多，敢云紹述。

1993 年歲次癸酉之三月

弟子郭誠永謹識

趙少咸生平簡介

趙先生諱少咸（1884—1966），名世忠，成都人，祖籍安徽休寧。先生四歲發蒙，習《孝經》《爾雅》等，八歲入私塾習四書五經，後就學于成都名儒祝念和。

祝念和是貴州獨山莫友芝的學生，具反清復明思想。在祝念和的指導下，先生"閱讀的書籍由四書五經逐漸轉移到明末的遺民文學作品"（先生語[①]）。

1904 年，先生考入四川高等學堂就讀。期間，隨着社會接觸面的增大，接受了當時的新思想，尤其是"孫中山、章炳麟的革命理論"，"于是初步對于滿清王朝有了一些認識，同時也開始培養起反清復漢的狹隘民族主義的思想"（先生語）。

1905 年，先生與謝慧生、盧師諦、張培爵、黃復生、徐可亭、饒炎、蕭參、祝同曾、李植、許先甲、劉泳闓等人組成"乙辛社"，"以推倒滿清政府爲目的"，外人謂之"小團體"。先生在成都會府東街的住宅也成爲了團體成員集會的地點。該團體後成爲孫中山先生領導的同盟會的一部分。

"1911 年 10 月初二，重慶獨立，即由張培爵等號召成立軍政府。當時川東、川南軍政內外大小職務用團體內的人爲多"（先生語）。

袁世凱篡位後，先生等乙辛社成員旋即加入討袁的鬥爭中。1913 年，討袁軍敗，團體成員多亡命上海、南洋諸地，先生留于成都家中。1914 年，團體成員薛仁珊從上海返回重慶，爲軍警逮捕，軍警在其日記裏發現先生在成都的住處。是年中秋，成都將軍胡文瀾下令逮捕先生。是日，先生被捕并被關押于陸軍監獄。兩個多月後，終因灌罪無

[①] 文中所引先生語皆摘自上世紀 50 年代初先生寫于四川大學中文系的《自傳》中。

據加之街鄰親友具保而獲釋。

先生早年受章太炎學術思想影響很深，在獄中時，朝夕僅得《說文解字》一書，默誦心識，暫忘痛苦。"我早年便很敬佩章太炎的學問文章和革命精神，平時也就喜歡翻閱他的著述，到了此時，便開始文字音韻學的專研了"。這是先生從一個民主革命者轉向語言文字學者、教育工作者之始。

1918 年，先生在成都聯合中學、省立第一師範教授《說文解字》。繼而又執教於第一女子師範、華陽縣中學、成都縣中學、省立第一中學。1922 年，執教於成都高等師範。1928 年，執教於公立四川大學。1937年，執教于中央大學。1943 年，執教于四川大學，兼任中文系主任、文科研究所導師。解放後，繼續執教于四川大學直至去世。

先生教書育人，作爲一個教育工作者，他把自己一生的心血都傾注在學生身上，殷切希望更多的學生能爲傳播祖國文化而打下堅實的基礎。先生的學生余行達生前曾回憶道："1943 年先生兼四川大學中文系主任時，我是他指導的研究生兼助教，常常要我通知中文系同學，把他規定閱讀的四史帶來系主任辦公室，親自檢查斷句情況，解析疑難。至于他指導的研究生，必須按月交呈作業，連寒暑假也不例外。"先生尤其注重培養英才，從上世紀 20 年代起，李一氓、徐仁甫、殷孟倫、殷焕先、李孝定、周法高、余行達、易雲秋等都深受先生教導和器重。據殷孟倫、余行達等生前回憶：先生曾在自己住宅裏專闢一閒小教室，備有黑板、桌几，開辦免費講習班，經常利用星期天在此對他們專施教誨。這一批人以後都成爲了漢語言文字學界的佼佼者。時爲四川大學講師的余行達、易雲秋二人，因曾參加過國民黨三青團，解放後被開除公職遣返回原籍。先生因愛其才，惜其才無用武之地，甘願冒着一定的政治風險，于 1953、1954 年分別將二人邀至家中協助他編撰《廣韻疏證》《經典釋文集說附箋》二書，直至 1962 年二書編撰完成。并每月從自己的工資中拿出七十餘元付與二人作爲他們的生活費，時閒長達二年之久，爾後改由四川大學支付二人工資。

先生治學勤奮，數十年如一日。及至垂暮之年，尚未有絲毫懈怠。他在上世紀 50 年代所作的《如何讀〈經典釋文〉》一文中寫道："我以垂暮餘年，精力智慧，素不如人，今更衰退，還想整理經籍舊音，會粹前人所説，審別其是非，似近輕妄。昔賢曾説'一息尚存，此志不容少懈'。我敢不竭盡自己一點淺薄技能，寫出素來積蓄，請教于當代治斯學者，得到批評，實所至願。"《廣韵疏證》《經典釋文集説附箋》這兩部各近三百萬字的巨著即先生經數十年的潛心研究，而在耄耋之年編撰完成的。

先生生平著述甚多，除上述《廣韵疏證》《經典釋文集説附箋》兩部代表作外，尚有著述近二十餘種。然 1966 年"文革"開始，10 月，先生的家被紅衛兵所抄，所有書籍、手稿被洗劫盡淨，頓時"玄亭論字淪牛鬼，廣韵成疏没草蕪"①。12 月 20 日，先生飲恨辭世。

"文革"結束後，先生的書籍、手稿得以部分退還，但皆殘破不堪，少有完整者。若《廣韵疏證》《經典釋文集説附箋》，原一爲二十八本，一爲三十本，而幸存者各不及十本。其他如《説文解字集注》、四十卷《校刻荀子附考證》《校刻四聲切韵表》等手稿則已全部遺失（後二种爲自刻本）。

爲避免先生的畢生心血付之東流，上世紀 80 年代末，學生余行達、易雲秋、趙吕甫等人著手整理先生遺著。費時數年，整理完成《廣韵疏證》。先生嗣子趙吕甫更以十載之力，整理完成《趙少咸論文集》。遺憾的是，先生的另一巨著《經典釋文集説附箋》終未能整理復原。

此次蒙中華書局厚愛，《趙少咸文集》得以出版，了却了先生的遺願，先生的在天之靈聊得以告慰。

趙振錕　趙振銑

2013 年 10 月

---

① 引自先生學生鍾樹梁《過將軍街趙少咸師故宅》詩："趙公故宅盡泥塗，來弔先生立巷隅。道上競馳公子馬，牆頭不見丈人烏。玄亭論字淪牛鬼，廣韵成疏没草蕪。手捧雪冰當酒醴，高天厚地胡爲乎。"

古韵略説

　　夏炘《古韵表》謂顧亭林撰《音學五書》，爲言韵者之大宗。則言古韵者，自當首推顧氏。其《古音表》分爲十部：

　　一、東、冬、鍾、江，舉平以該上、去、入。

　　二、支、脂、之、微、齊、佳、皆、灰、咍。

　　三、魚、虞、模、侯。

　　四、真、諄、臻、文、殷、元、魂、痕、寒、桓、删、山、先、仙。

　　五、蕭、宵、肴、豪、幽。

　　六、歌、戈、麻。

　　七、陽、唐。

　　八、耕、清、青。

　　九、蒸、登。

　　十、侵、覃、添、咸、銜、談、鹽、嚴、凡。

　　其分爲二部者，如分支屬歌、戈，分麻屬魚、虞、模，此著其目于本部者。分尤屬支與蕭、分庚屬陽與耕，此不著其目者。

　　入聲則分爲四，以質、術、櫛、昔、迄、屑、薛、錫、職、物、曷、末、黠、鎋、月、没、麥、德、屋爲二部之入，屋、沃、燭、覺、藥、鐸、陌、麥、昔爲三部之入。屋、沃、鐸、錫、覺、藥爲五部之入，緝、合、盍、葉、帖、洽、狎、業、乏爲十部之入。

　　二、三、五部皆陰聲也，十部陽聲也。陰或陽，部數不相當，其理難安。故江慎修《四聲切韵表·凡例》云：去聲祭、泰、夬、廢無平、上而有入，祭之入薛，泰之入曷、末，夬之入鎋，廢之入月。卦者佳、蟹之去，其入爲麥。怪者皆、駭之去，其入爲黠。隊者灰、賄之去，其入爲没。代者咍、海之去，其入爲德。音類等第，條理秩然。《古音表》以泰承佳、蟹，卦承皆、駭，怪承灰、賄，夬承咍、海、隊、代，皆無平、上。一韵失次，諸韵皆誤。又以月爲泰入，沒爲卦入，曷爲怪入，末爲夬入，黠爲隊入，鎋爲代入，亦非其倫類。蓋顧氏等韵之學甚疏，故至此茫然，棼如亂絲，以是論之，故《詩本音》所論亦多誤矣。江氏《古韵標準》彌縫顧氏之缺，于是依侈弇之理，析真至仙十四部爲二：一，真、諄、臻、文、殷、魂、痕、先爲四部；二，元、寒、桓、删、山、先、仙爲五部。析蕭、幽五部爲二：一，蕭、宵、肴、豪爲六部；二，尤、侯、幽爲十一部。析侵至凡九部爲二：一，侵、覃、談、鹽爲十二部；二，覃、談、鹽、添、嚴、咸、銜、凡爲十三部。

　　侈弇者，本乎《周禮·典同》侈聲筰，鄭注：侈謂中央約也。侈則聲迫筰出去疾也。弇聲鬱，注：弇謂中央寬也，弇則聲鬱勃不出也。真、蕭、侵爲侈，謂口脣侈、中央約迫聲出疾也。元、尤、覃爲弇，謂口籠聚，中央寬隆，聲出不易也。侈今所謂不圓脣，弇則圓脣也。分平、上、去爲十三部，入聲爲八部，每部首先列韵目，一韵歧分兩部者，曰分某韵；韵本不通而有字當入此部者，曰別收某韵；四聲異者，曰別收。段氏復補其未備，釐平、入相配之未確，作《六書音均表》。改易次第，析顧氏之二部爲三：一，之、咍；十六，支、佳；十五，脂、微、齊、皆、灰。析江氏之十一部爲二：三，尤、幽。四，侯。四部爲二：十二，真、臻、先。十三，諄、文、欣、魂、痕。而以蕭、豪四韵爲第二，魚、虞、模爲第五，蒸、登爲第六，侵、鹽、添爲第七，覃至凡爲第八，東至江爲第九，陽、唐爲第十，庚至青爲十一，元至仙爲十四，歌、戈、麻爲十七。段氏《與戴東原書》云：五表：一曰《今韵古分十七部表》，別其方位也。二曰《古十七部諧聲表》，定其物色也。三曰《古十七部合用類分表》，洽其指趣也。四曰《詩經韵分十七部表》，臚其美富也。五曰《群經韵分十七部表》，資其參證也。《詩經韵表》云：顧氏、江氏雖以《三百篇》爲據依，未取《三百篇》之文部分而匯譜之也。玉裁知周、秦韵與今韵異，凡與今韵異部者，古本音也。其于古本音有齟齬不合者，古合韵也。于每部後先列本音，次列合韵。

　　段氏學于戴東原而書先成，戴氏作《聲類表》，以入兼配陰陽，合真、諄爲一，實爲十六部。別立入聲九部，共成九類二十五部：一，歌、魚、鐸，收喉音。二，蒸、之、職。三，東、侯、屋。四，陽、宵、藥。五，清、支、昔，收鼻音。六，真、脂、質。七，寒、泰、曷，收舌齒音。八，侵、緝。九，鹽、葉，收脣音。斯表兼明古今之讀，猶《四聲切韻表》例也。

　　孔㢲軒、王懷祖亦學于戴氏，孔氏著《詩聲類》，分韻爲十八：原一歌十丁，二支十一辰，三脂十二陽，四魚十三東，五侯十四冬，六幽十五綏，七宵十六蒸，八之十七談，九合十八。陰陽相配而對轉，亦合真、諄爲一。析冬與東之三等爲冬部，緝、合九韻爲合部。又謂冬與綏、蒸通用，幽與宵、之通用，此師段氏合韻之例。

　　王氏定古韻二十一部，析至與祭于脂，盍于談，緝于侵。

　　嚴鐵橋作《説文聲類》，亦依孔例，復併冬于東，合于談，爲十六部。陰陽混一，順逆互轉，亦師段氏合韻之條，無不可通者矣。

　　章太炎因之，作《成均圖》，以魚、陽爲軸音，以歌、泰、寒、脂、隊、諄、至、真、文、清四部爲侈，侯、東、幽、冬、侵、緝、之、蒸、宵、談、盍四部爲弇，于旁轉、對轉外，復增四轉，益期緻密。

　　黃季剛乃循慎修之途，以一、四等韻爲古韻目，平入分立，初列二十八部，後增爲三十，古韻之目，庶可定矣。

　　四聲之説，顧氏《音論》謂入爲閏聲。《唐韻正》二十卷，而入聲居七。每字俱表其平、上、去之讀。《詩本音》則四聲通韻。

　　江氏《古韻標準》平、上、去各十三部，入聲八部。《四聲切韻表·凡例》云：韻學談及入聲尤難。依韻書次第，屋至覺四部配東、冬、鍾、江。質至薛十三部配真、諄、臻、文、殷、元、魂、寒、桓、刪、山、先、仙。唯痕無入。藥至德八部配陽、唐、庚、耕、清、青、蒸、登。緝至乏九部配侵、覃、談、鹽、添、嚴、咸、銜、凡。調之聲音而諧，按之等列而協。當時編韻書者，其意實出于此。以此定入聲，天下古今之通論，不可易也。

　　顧寧人反其説，惟侵、覃以下九韵之入及歌、戈、麻三韵之無入，與舊説同。其餘悉反之。其説以爲屋承東，術承諄，鐸承唐，昔承清，若吕之代贏，黄之易羊，以其音之不類也。易不即侵、覃九韵思之乎? 侵、寢、沁、緝，猶之真、軫、震、質，清、静、勁、昔，青、迥、徑、錫，蒸、拯、證、職也。覃、感、勘、合，談、敢、闞、盍，猶之寒、旱、翰、曷，桓、緩、換、末也。鹽、琰、豔、葉，添、忝、㮇、帖，嚴、儼、釅、業，猶之先、銑、霰、屑，仙、獮、線、薛也。咸、嗛、陷、洽，銜、檻、鑑、狎，凡、范、梵、乏，猶之删、潸、諫、黠，山、産、襉、轄，元、阮、願、月也。

　　推之他韵，東、董、送、屋，唐、蕩、宕、鐸，亦猶是也。如必以類直轉，乃爲本韵之入。則此九韵不能轉入矣。緝承侵，合承覃，不亦猶吕贏黄羊乎? 入聲可直轉者，惟支、脂、之、微數韵耳。猥俗者謂孤、古、故、谷爲順轉，不知谷乃公、鉤所共之入。而孤之入爲各，猶之暮之爲莫、惡之爲惡也。緝合九韵爲侵、覃九部所專。不爲他韵借，他韵亦不能借，其餘二十五部諸韵，或合二、三韵而共一入。無入者間有之，有入者爲多，數韵同一入。非强不類者而混合之也。必審其音呼，别其等第，察其字之音轉，偏旁之聲，古音之通，而後定其爲此韵之入，即同用一入。而《表》中所列之字，亦有不同，蓋各有脈絡，不容紊淆。

　　江氏此論，精確無倫。後之人除黄季剛外，無有能師其説者矣。《四聲切韵表》一，東、屋、侯。二，東、屋、蕭、尤。三，冬、沃、豪。四，鍾、燭、虞。五，江、覺、肴。六，真、質、脂。七，諄、術、脂。八，臻、櫛。九，文、物、微。十，殷、迄、微。十一，元、月、廢、魂、没、灰。十二，侵、緝。十三，寒、曷、歌（泰）。十四，桓、末、泰、戈。十五，删、黠、皆。十六，山、轄、夬。十七，先、質。十八，先、屑、齊。十九，仙、薛、祭。廿，陽、藥、宵（魚）。廿一，唐、鐸、模（豪）。廿二，庚、陌、麻。廿三，耕、麥、佳。廿四，清、昔、支。廿五，青、錫、蕭。廿六，蒸、職、之。廿七，登、德、咍言其相配之狀，即後世所謂對轉也。

　　《古韵標準》以屋、沃、燭、覺爲一部，質、術、櫛、物、迄、没、屑、薛爲二部，月、曷、末、黠、轄、屑、薛爲三部，藥、鐸、沃、覺、陌、麥、昔、錫爲四部，麥、昔、錫爲五部，麥、職、德爲六部，緝、合、葉、洽爲七部，合、蓋、葉、帖、業、洽、狎、乏爲八部。

　　段氏謂古無去聲，備于魏、晉。第二部平多轉爲入聲，第十五部入多轉爲去聲，又以異平同入成合韵，以職、德爲一、二部及六部之入，屋、沃、燭、覺爲三、四部及九部之入，藥、鐸爲五部、十部之入，質、櫛、屑爲十二部、十一部之入，術、物、迄、月、没、曷、末、黠、鎋、薛爲十六部、十七部之入，斟以江氏所定，其參錯何如耶？

　　戴氏譏其失。然戴氏歌、魚、鐸、陽、宵、藥之制，亦復失理。

　　孔氏謂周京陳風制雅，其音皆江北人，故《詩》有三聲而無入聲。今之入聲，于古皆去聲也。其《詩聲類》皆以入併于陰去，立緝、合九韵爲合部，謂爲談、鹽、咸、嚴之陰。去聲之中自有長言短言兩種讀法，每同用而稍別畛域。後世韵書遂取諸陰部去聲之短言者，壹改爲諸陽部之入聲。

　　王氏謂緝、合九韵本無平、上、去，質、櫛、黠、屑、薛五韵與至、霽同用，非脂、真之入，月、曷、末、黠、鎋與祭、泰、夬、廢同用，無平、上，析出屋韵一等爲侯之入。

　　嚴氏併冬于侵，以宵對談，遂刪合矣。

　　章氏謂古音本無藥、覺、職、德、沃、屋、燭、鐸、陌、錫諸部，是皆宵、之、幽、侯、魚、支之變聲也。有入聲者，陰聲有質、櫛、屑一類，曷、月、鎋、薛、末一類，術、物、没、迄一類，陽聲有緝類、蓋類耳。古平、上韵與去、入韵斬截兩分，平、上韵無去、入。去、入韵亦無平、上。夫泰、隊、至者，陰聲去入韵也。緝、蓋者，陽聲去入韵也。陰陽聲者，例猶夫婦，入聲猶子。子雖合氣受形，褱妊必于其母。然則一平、一入者，其説方以智。二平同入者，其説圓而神。圓出于方，未有蔑棄槼則而作旋規者也。黃氏因段君上聲備于《三百篇》語，復謂古無上聲，徵之《三百篇》，不如是也。

附：古聲略説

　　錢竹汀《養新録》謂凡輕脣之音，古讀皆爲重脣。即非如封，帛敷如滂，奉如並，微如明。 如扶古讀如匍，伏服如匐。 又如輔、如暴、如瓟、如馮、如庖、如變、如別、如逼、如虆。 此諸字者，匍模韵，匐德韵，輔虆至韵，暴號韵，馮蒸韵，庖肴韵，變線韵，別薛韵，逼職韵。

黄氏《音略》謂古今聲韵相挾而變，其理昭晰。 則錢氏之扶讀如匍，伏服如匐，始爲古讀。 若逼在職，與屋之三等同，亦爲變音，餘則雙聲相轉耳，未可以爲古音也。

《養新録》又謂今讀知、徹、澄與照、穿、床無別，古音俱與端、透、定同。 古讀陳、甸、乘如田。《説文》：“田，陳也。”齊陳氏後稱田氏。《詩》：“維禹甸之。”《釋文》：“毛田見反，治也。 鄭繩證反，六十四井爲乘。”《周禮・小司徒》：“四丘爲甸。”注：“甸之言乘也。”“稍人掌丘乘之政令。”注：“丘乘四丘爲甸，讀與‘維禹敶之’之乘同。”《左傳》：“渾良夫乘衷甸兩牡。”《釋文》：“甸時證反。”《説文》引作“中佃”。古者乘、甸、陳、田聲皆相近。 乘之轉甸，猶陳之轉田。經典相承。 敶，直覲反。 乘，繩證反。 後世言等韵者，以陳屬澄母，甸屬定母，乘屬床母，由于不明古音，徒據經典相承之反而類之，而不知其本一音也。 至、致古讀如疐。 至、致本同音，而今人強分爲二（至照母，致知母）。 不知古讀至如疐，舌頭非舌上也。《詩》“神之吊矣、不吊昊天”，《毛傳》皆訓吊爲至，以聲相近爲義。 咥、銍皆從至聲，可證至本舌音，後人轉爲齒音耳。

錢氏寔以知、照古讀如端，徹、穿、審如透、澄，神、禪如定耳。 黄氏《音略》爲申證焉，泥未見其變。

章氏乃謂娘日古讀如泥。《説文》復字從日，亦從内聲，作衲。 涅從日聲。《廣雅・釋詁》：“涅，泥也。”今音男女在娘紐，爾女在日，古音女本如帑，妻帑、烏帑其字則一。《天文志》顔師古説：“帑，雌也。”是則帑即女矣。 爾女之音輾轉爲乃，有泥紐無娘紐也。

黄氏謂莊古讀如精，菑古讀如租。初如清，初古讀如麤。床如鉏，鉏古讀如徂。疏如心，疏古讀如蘇。語雖簡略，理實可馮依也。

近人曾運乾作《喻母古讀考》謂于母古隸牙聲匣母，謂羽讀如扈。《考工記・弓人》注：“羽讀爲扈，緩也。”于讀如乎。《吕氏春秋・審應》篇曰：“然則先生聖于。”高注：“于，乎也。”《論語》：“孝乎惟孝。”《釋文》及《漢石經》乎并作于。喻母古隸舌聲定母讀夷如弟,《易·涣》"匪夷所思",《釋文》:"夷,荀本作弟。"又《明夷》"夷于左"文,子夏本作睇,又作胰。讀渝如偷。《詩·清人》"舍命不渝",《韓詩外傳》引作偷。　合諸家所訂,則古紐之讀,自有準則也。

《切韵序》注释

　　先父少咸先生從事教育數十年，平生致力漢語語音詞義之學，曾爲《〈廣韵〉疏證》《〈經典釋文〉集説附箋》兩書，得六百餘萬字，已謄清行付印矣，乃于1966年橫遭浩劫，家中藏書及此兩稿寫本不幸散失，迄今十餘年，不知下落所在。存稿在余處者，僅有《〈廣韵〉疏證敘例》及《〈切韵序〉注釋》未定稿各一篇；存于余侄振鐸手者，亦祇有《〈廣韵〉疏證》某卷。先父數十年精力之所萃，不克流傳後世，海内知交，爲之扼腕歎息無已。即此殘稿，十餘年來，藏之行篋，亦惟恐有失，不敢示人。方今陰霾既撥，乃以暇日，輒取《〈切韵序〉注釋》稿稍加修葺，間附所見爲補成之，即付寫官，公之當世，俾同好者有所觀覽焉。

1978年7月22日趙苑雲謹識于濟南山東大學南園

　　昔開皇初①，有（儀同劉臻）〔劉儀同臻、顏外史之推、盧武陽思道、魏著作彦淵、李常侍若、蕭國子該、辛諮議德原、薛吏部道衡〕等八人②，同詣法言門宿。夜永酒闌，論及音韵。以（古）今聲調，既自有别③，諸家取捨，亦復不同④。吳、楚則時傷輕淺，燕、趙則多傷重濁⑤；秦、隴則去聲爲入⑥，梁、益則平聲似去⑦；又支章移切、脂旨夷切、魚語居切、虞遇俱切，共爲一韵⑧，先蘇前切、仙相然切、尤于求切、侯胡溝切，俱論是切⑨。欲廣文路，自可清濁皆通；若賞知音，即須輕重有異⑩。吕靜《韵集》⑪、夏侯該《韵略》⑫、陽休之《韵略》⑬、周思言《音韵》⑭、李季節《音譜》⑮、杜臺卿《韵略》等⑯，各有乖互，江東取韵與河北復殊⑰。因論南北是非，古今通塞⑱，欲更捃選精切，除削疏緩。（蕭顔）〔蕭國子、顔外史〕多所決定⑲。魏著作謂法言曰：“向來論難，疑義悉盡，何不隨口記之？我輩數人，定則定矣。”法言即燭下握筆，略記綱紀，博問英辯，殆得精華[20]。

① 開皇：隋文帝楊堅年號，自581年至600年。

② 雲按：宋本《廣韵》作"有儀同劉臻等八人"，今據唐寫本《切韵》乙增，故宮本《切韵》同，惟"魏著作彦淵"五字列"八人"之後。又唐寫本甲無八人名。劉臻事迹詳《隋書》卷七十六、《北史》卷八十三本傳。又略見《南史》卷五十《劉璝傳》。臻，字宣摯，沛國相人。父顯，《南史》有傳。年十八，爲邵陽王東閣祭酒，梁元帝時，遷中書舍人。隋文帝受周禪，進位儀同三司。精于兩《漢書》，時人稱爲漢聖。開皇十八年卒，年七十二。有集十卷行于世。顔之推事迹詳《北齊書》卷四十五、《北史》卷八十三。之推，字介，瑯琊臨沂人。梁湘東王繹以爲左常侍，北齊天保末爲中書舍人。入周，爲御史下士。隋開皇中，太子召爲學士，尋以疾終。有文集三十卷，撰《家訓》二十篇，并行于世。此稱外史者，外史官職不見于本傳，後周官品有外史，在正四命，見《通典》卷三十九職官。當是之推在後周時曾爲此官，故法言云然。盧思道事迹詳《隋書》卷五十七，《北史》卷二十九。思道以字行，范陽人。齊天保中，解褐司空行參軍長，待詔文林館。周武帝平齊，授儀同三司，遷武陽太守。卒年五十二。有集三十卷行于時。魏澹事迹詳《隋書》卷五十八、《北史》卷五十六。澹，字彦淵（《北史》作深），鉅鹿下曲陽人。齊博陵王濟引爲記室，與魏收、陽休之、熊安生同修五禮，又與諸學士撰《御覽》。周武帝王齊，授納言中士。隋高祖受禪，遷著作郎。卒年六十五。澹所著《魏書》，甚簡要，大矯（魏）收、（劉）繪之失。有文集三十卷行于世。李若事迹附見《北史》卷四十三《李崇傳》。若聰敏，頗傳家業，風采詞令，有聲鄴下。乾鳳初兼散騎常侍，大被親狎，加儀同三司。隋開皇中，卒于秦王府諮議。《北史》卷四十七《陽休之傳》載周武帝平齊，若與袁聿脩、陸開明十八人同徵，令隨駕後赴長安。《隋書》卷七十六《崔儦傳》：儦與頓丘李若俱見稱重，時人爲之語曰：京師灼灼，崔儦、李若。蕭該事迹詳《隋書》卷七十五、《北史》卷八十二。蘭陵蕭該，梁都陽王恢之孫，少封攸侯。梁荆州陷，與何妥同至長安。開皇初，拜國子博士。該後撰《漢書音義》及《文選音義》，咸爲當世所重。辛德源事迹詳《隋書》卷五十八、《北史》卷五十。按唐寫本《切韵》源作原，誤。德源，字孝基，隴西狄道人。齊尚書僕射楊遵彦薦之文宣帝，起家奉朝請。祕書監牛弘以德源才學顯著，奏與王劭同修國史。德源每于務隙，撰《集注春

秋三傳》三十卷,注揚子《法言》二十三卷。蜀王秀聞其名而引之,居數歲,奏以爲掾,後轉諮議參軍。卒官。有集二十卷。薛道衡事迹詳《隋書》卷五十七、《北史》卷三十六。按唐寫本《切韵》薛吏部作薩史部,當是誤抄。道衡,字玄卿,河東汾陰人。齊司州牧彭城王浟引爲兵曹從事。武成即位,兼散騎常侍。齊亡,周武引爲御史二命士。隋文帝受禪,除内史舍人。大定八年,伐陳還,除吏部侍郎。

③ 詣:至也。飲酒半罷曰闌。以:唐寫本《切韵》作古。羅常培校釋云:依敦煌本《切韵》今上增古字。按唐寫本甲古在今下。此二句總吳楚以下六句而言,乃謂當時語言,不應有古字。

④ 此二句總吕靜《韵集》八句而言,取捨,謂反語用字。唐寫本甲捨作舍。捨爲舍後出字。

⑤ 傷:唐寫本《切韵》作涉。雲按:此二句言當時方言之差異。此可引《顔氏家訓》及《經典釋文》爲證。《顔氏家訓·音辭篇》云:南方水土和柔,其音清舉而切詣,失在浮淺,其辭多鄙俗。北方山川深厚,其音沈濁而鈋鈍,得其質直,其辭多古語。南染吳越,北雜夷虜,皆有深弊,不可具論。《經典釋文·條例》云:方言差别,固自不同。河北江南,最爲巨异。或失在浮清,或滯于沈濁。今之去取,莫祛兹弊。按顔云"浮淺、沈濁、鈋鈍",陸云"浮清、沈濁",皆與此意同。

⑥ 雲按:此下二句言當時方言差異之最爲顯著者。家大人云:隋代語言,今無存者,姑引《經典釋文》反語以爲證,如《易·屯卦》陁,於革反(入聲麥韵),又於賣反(去聲卦韵)。又《旅卦》易,以豉反(去聲寘韵),注同,王肅音亦(入聲昔韵)。又《禮記·禮器》醴,其庶反(去聲御韵),又其約反(入聲藥韵)。又《郊特牲》滌,范音迪(入聲錫韵),徐徒嘯反(去聲嘯韵)。又《内則》綴,丁劣反(入聲薛韵),又丁衛反(去聲祭韵)。

⑦ 在《經典釋文》反語中,如《易·歸妹卦》遲,雉夷反(平聲脂韵),一音直冀反(去聲至韵)。《繫辭》上霆,王肅、吕忱音庭(平聲青韵),徐又音定(去聲徑韵)。《禮記·曾子問》奠觶,之豉反(去聲寘韵),《字林》音支(平聲支韵)。又《禮運》治皇,如字(平聲之韵),徐直吏反(去聲志韵)。又《内則》兼,如字(平聲添韵),一音七念反(去聲桥韵)。

又云:按吳楚四句,皆謂方音之差异也。今音亦復如是。江永闌釋,其理至精,《音學辨微》附録之《榕村等韵辨疑正誤》云:群,北方爲溪,濁聲;南方爲見,濁聲。又云:各方水土不同,隨其所稟呼之有輕重,則呼第三字似第一字濁聲者有之矣。然不可以南北限也。原注云:公,南方安溪人,其呼第三字爲第一字濁聲乎?一方如此,他方未必然;即一縣中亦有不盡然者矣。平原氣同,山谷氣异,風土習俗之常,何可盡南北以爲限也。江氏之論至達。此去聲爲入,平聲似去,亦非謂秦隴梁益之全區爲然,蓋指其區域某地之讀始如是耳。

⑧ 一韵:唐寫本、故宫本《切韵》作"不韵"。按:作"不"非。如《經典釋文》之《書·康誥》彝,以支反;《禮記·雜記》下以之反;《書·益稷》音夷,此爲支、脂、之三韵混用。又如《禮記·月令》觸,户圭反(齊韵),又户規反(支韵)。《左傳·襄十六年》犂,徐力私反(脂韵),一音力分反(齊韵),是脂又與齊混。《周禮·邕人》礨,音雷(灰韵),或郎追反(脂韵),是脂合口與灰混同。《爾雅·釋草》蔬,郭音甗,山俱反(虞韵),謝音疎(魚韵)。又蘧,郭音甗,巨俱反(虞韵),謝音渠(魚韵),此皆魚虞混用。《詩·山有扶蘇》徐又音疎(魚韵),則魚模又混同。

⑨ 切:亦即韵,謂反語下字也,如《釋文》之《穀梁·桓元年》編,必連反(仙韵),《字林》《聲類》《韵集》皆布千反(先韵),《史記音義》甫連反(仙韵),是先仙混讀。《周禮·職方氏》牟,莫侯反(侯韵),李又無不反(尤韵),此尤侯混讀。《詩·破斧》遒,在羞反(尤韵),徐又在幽反(幽韵),則尤幽又混用。自吴楚句至此皆言當時方音之讀無别。

⑩ 此所云清濁、輕重,含義極廣,謂爲四聲或洪細俱可。顧炎武《音論》下云:《離騷》好蔽美而稱惡,叶固;孰云察余之美惡,叶宇,皆美惡之惡而讀去聲。劉歆《遂初賦》爲群邪之所惡,叶落;丁儀《厲志賦》將未審乎好惡,叶錯,此皆愛惡之惡而讀入聲。《詩·邶》之《日月》、《衛》之《木瓜》、《鄭》之《女曰雞鳴》,并以好韵報,此心所愛而去聲者也。《書·洪範》無有作好,遵王之道,此心所愛而上聲者也。觀顧氏之言,正此"欲廣文路,自可清濁皆通"之證。《顏氏家訓·音辭篇》云:夫物體自有精麤,精麤謂之好惡,人心有所去取,去取謂之好惡。原注:上呼號反,下烏故反。此音見于葛洪、徐邈,而河北學士讀《尚書》曰:好(原注:呼號反)生惡(原注:於各反)殺,是謂一論物體,一就人情,殊不通矣。觀顏氏所云,正此

"若賞知音，即須輕重有异"意也。

⑪《隋書》卷三十二《經籍志》一《韵集》六卷，晉安復令吕靜撰。《顏氏家訓·音辭篇》云：《韵集》以成、仍、宏、登，合成兩韵；爲、奇、益、石，分作四章。段玉裁云：今《廣韵》成在十四清，仍在十六蒸，別爲二韵。按清韵切語下字爲情、盈、貞、成、征、并、營、傾八字，蒸韵下字爲蒸、仍、乘、陵、膺、冰、兢、矜、升九字，二韵無一字牽混，故顏氏譏其合爲非。段又云：宏在十三耕，登在十七登，宏登一韵，與古音合。按登有舌頭四紐，耕有舌上四紐，故顏譏其不當合。段稱與古音合，殊不知《廣韵》固無言古音者，强以古音論《切韵》以來韵書，皆非所宜。段又云：今《廣韵》爲、奇同在五支，益、石同在二十二昔，《韵集》別爲二韵，故以爲不可依信。按以《家訓》所舉，則吕不當有支、昔二韵，當爲爲、奇、益、石，今既合清、蒸、耕、登四韵，當別立二韵目矣。

⑫ 該：唐寫本《切韵》乙作詠，隋、唐志同。唐寫本甲作永，誤。《隋書·經籍志》一《四聲韵略》十三卷，夏侯詠撰。謝啟昆《小學考》卷二十九謂該字疑即詠之誤。按《家訓·書證》篇云：謝朓、夏侯該并讀數千卷書。則作該不誤。雲按：夏侯該事迹不見史傳，僅唐李涪《刊誤》云：梁夏侯詠撰《四聲韵略》十二卷。

⑬《隋書·經籍志》一《韵略》一卷，陽休之撰。休之事迹詳《北齊書》卷四十二、《北史》卷四十七。休之，北平無終人，父固，北魏洛陽令。休之歷仕北齊、北周，官納言中大夫、太子少保，進位上開府，除和州刺史。隋開皇二年罷任，終于洛陽。隋劉善經《四聲論》謂齊僕射陽休之當世之文匠也。乃以音有楚夏，韵有訛切，辭人代用，今古不同，遂辨其尤相涉者五十六韵，科以四聲，名曰《韵略》。製作之士，咸取則焉。後生晚學，所賴多矣。《顏氏家訓·音辭篇》則云：陽休之造《切韵》，殊爲疏野。

⑭ 唐寫本甲乙并無"周思言《音韵》"五字，非。按《隋書·經籍志》一《聲韵》四十一卷，周研撰。姚振宗《考證》謂：南齊周顒撰《四聲切韵》，顒子捨，捨子宏正，字思行，弟宏直，字思言，與陸法言稱周思言相合，似研爲顒之從孫，與思行爲兄弟行。

⑮ 季節：唐寫本甲作李節，譜作譺，非。按《北史》有李概傳，見卷三十三。概，字季節，少好學。除殿中侍御史，修國史。後爲太子舍人。撰《戰國春秋》及

《音譜》并行于世。《隋書·經籍志》一《修續音韵決疑》十四卷,《音譜》四卷,并李概撰。《日本見在書目》載《音韵決疑》一卷,齊太子舍人李概撰,又《音譜決疑》二卷,李概撰。

⑯ 杜臺卿事迹詳《隋書》卷五十八、《北史》卷五十五。臺卿,字少山,博陵曲陵人。少好學,博覽書記,解屬文。仕齊,中書黄門侍郎。周武帝平齊,歸鄉里講授。開皇初入朝,臺卿嘗采《月令》,觸類而廣之,爲書名《玉燭寶典》,至是奏之(今缺第九卷,在《古逸叢書》中)。按《寶典》所録反語,俱本于舊,本傳中不載《韵略》。

⑰ 各有句,此言《韵集》六書,反切皆有不同。《莊子·在宥》篇鴻蒙方將拊脾,《釋文》云:本又作髀,音陛,徐甫婢反。按玄應《一切經音義》十四、四分律二:捊髀,蒲米反。《莊子》云:鴻蒙方將拊髀,徐邈音陛,北人用此音;又方爾反,江南行此音。方爾即甫婢,依玄應言,則《釋文》之首音"音陛",亦爲徐邈所讀。又按《廣韵》傍禮切有陛髀,在薺韵並紐;并弭切有髀,在紙韵幫紐。徐邈卒于397年,玄應爲唐人,分別注明北人、江南者,以彼時二地之讀實有殊异也。復殊:唐寫本甲復作傷,誤。

⑱ 雲按:南北是非二語,時人各有所見,未敢苟同,要以根據《顏氏家訓·音辭篇》所載諸例,足以發明陸氏之説。略舉其概,當時漢語方言分爲南北兩大區域,而以金陵(今南京)與洛下(今洛陽)之音爲之代表,但所定音讀,重今而不重古,今音南北不同,則以相承之讀書音參校方俗,考核古今爲定,就讀書音論,則嚴格區別其切語用字。古通而今仍通者,方謂之通,古通而今不通者,則謂之塞,此《切韵》之作所以適會隨時,非不辨方俗、今古而并包舉之也。

⑲ 宋本《廣韵》作蕭顔,兹據唐寫本甲乙、故宮本《切韵》改。有關顔氏決定之例,兹舉《家訓·音辭》篇以作驗證:徐仙民《毛詩音》反驟爲在遘(段玉裁云:《廣韵》鋤祐切在四十九宥,依仙民在遘反在五十候),《通俗文》云:入室求曰搜,反爲兄侯。然則兄當音所榮反,今北俗通行此音,亦古語之不可用者。有關蕭該決定之例,兹舉《漢書》附載蕭該《音義》以爲驗證:《薛宣傳》賦客揚明,《音義》云:《字林》以財枉法相謝曰賕,音巨又反。該按今人亦音求。《敍傳》上:須從旄敦而度虖泰山,《音義》云:《爾雅》曰:前高後下曰旄丘,《詩》有《旄丘》篇,《字林》

曰：前高後下曰塝，音與《爾雅》同，塝，音毛，音亡周反。今人呼爲務音，乖僻多矣。按顏云"古語"即謂服虔"音搜"用兇字爲非，兇本許榮切，其讀所榮亦不當也。蕭謂塝讀務爲乖僻，今《廣韵》務紐有塝，丘也。《敦煌韵輯》王仁昫韵亦同，殆徒增字，而未計及爲蕭該所譏也。

⑳　此當如《家訓·音辭》篇及《漢書》附載《音義》諸説。唐寫本《切韵》何下有爲字。唐寫本乙亦有爲字。又握唐寫本甲誤作掘，乙作榅，并誤。略記下寫本甲有後字，乙無。綱紀下寫本甲乙并有後字，并誤。英辯：寫本甲作辯士，亦非。

【釋義】

　　按以上皆陸法言追述劉臻八人討論音韵之原委。謂當開皇初年，有劉臻、顏之推、魏淵、盧思道、李若、蕭該、辛德源、薛道衡八人，同到其家。夜半酒罷，論及經籍音義諸書。以彼時群衆讀音各地方音有所不同，而魏晉以來諸家音義之書，其所作反切，亦互有乖异。不但江南之音浮淺，河北重濁；陝甘以去聲爲入聲，陝南、四川之平聲讀如去聲；且支脂、魚虞、先仙、尤侯八韵，諸書反切，用字亦有混同者。如韵文用韵，開合洪細自可不必嚴格要求，使其不受韵之拘束而妨害文思；若謂善于辨音，則切語用字，即當有一定之標準。吕靜、夏侯該、陽休之、周思言、李季節、杜臺卿六家韵書，反切用字多有不同，江東河北反切用字亦不一致。經過八人討論結果，以爲各地各家雖有同异，今當采用其精切用字而的當者，删除其疏緩用字而錯誤者。此八人中，又以蕭顏二人之主張爲多。魏淵向法言云："頃聞所談，疑惑盡解。我輩既如是言，即可如是定之，何不據實記録，以資參證。"法言乃就燈下執筆，記其綱要。該集衆討論，已得其精華也。

　　于是更涉餘學，兼從薄宦，十數年間，不遑修集。今返初服，私訓諸弟子①。凡有文藻，即須明聲韵②。屏居山野，交遊阻絶，疑惑之所，質問無從；亡者則生死路殊，空懷可作之歎③；存者則貴賤禮隔，以報絶交之旨④。遂取諸家音韵，古今字書⑤，以前所記者，定之爲《切韵》五卷。剖析毫釐，分別黍絫⑥。何煩泣玉⑦？未得縣金⑧。藏之名山，昔怪馬遷之言大⑨；持以蓋醬，今歎揚雄之口吃⑩。非是小子專輒，乃述聖賢遺意。寧敢施行人世，直欲不出户庭⑪。于時歲次辛酉，大隋仁壽元年〔也〕[12]。

① 薄宦之宦：唐寫本乙作官，北宋本、景宋本作官，并誤。今返作今反。弟子：寫本甲作子弟，寫本乙無子字。初服：未仕時之服。《離騷》進不入以離尤兮，退將復修吾初服。王逸注：故將復去修吾初始清潔之服也。曹植《七啟》願返初服，從子而歸。《隋書》卷五十八《陸爽傳》爽，字開明，魏郡臨漳人。爽少聰敏，年十七，齊司州牧清河王岳召爲主簿，累轉中書侍郎。及齊滅，周武帝徵入關，授宣納上士。高祖受禪，遷太子洗馬。子法言，釋褐承奉郎。爽嘗奏高祖云：皇太子諸子未有嘉名，請依《春秋》之義，更立名字。上從之。及太子廢，上追怒爽云：我孫制名，寧不自解？陸爽乃爾多事！扇惑于勇，亦由此人。其身雖故，子孫并宜屏黜，終身不齒。法言竟坐除名。按王國維《書巴黎國民圖書館所藏唐寫本〈切韵〉後》云：陸法言《切韵》五卷，《隋書》及《舊唐書·經籍志》《唐書·藝文志》均未著録，惟新舊志并有陸慈《切韵》五卷。日本源順《倭名類聚》引陸詞《切韵》五十四條，又日本僧瑞信《淨土三部經音義》引陸詞《切韵》十七條，頗見于此三種中，而未見者亦半，蓋源順、瑞信所據，或後人增注之本，此三種亦或有删節，不得謂非一書。《集韵》二冬苳字注引陸詞曰：苴苳冬生，此本冬韵有苳字，注云：草名。而無苴苳冬生四字，蓋《集韵》所據亦增注本，日本狩谷望之《倭名鈔箋》謂陸詞即法言，按詞與法言名字相應，又以唐寫殘韵與彼土所引陸詞《切韵》校之，半相符合，則狩谷之言殆信。兩唐志之陸慈，亦即陸詞，隋唐間人多以字行，故字著而名隱耳。法言書，自宋以後，公私書目均未著録，蓋自《廣韵》盛行，而隋唐諸韵書皆廢，此書之佚，已千有餘歲矣。又云：法言事迹，史不概見，前人亦無考之者。按《隋書·陸爽傳》：爽，字開明，魏郡臨漳人，自齊入周，隋時爲太子洗馬，開皇十一年卒官，年五十三。子法言，敏學有家風，釋褐承奉郎。據此，則開皇初法言與蕭、顏諸公論韵時，年纔弱冠，而諸公多顯于梁魏齊周之世，于法言均爲丈人行矣。其受成書之托亦即以此……按太子勇之廢在開皇二十年九月，次年改元仁壽，法言除名，當在是冬。《切韵序》作于仁壽二年，云：今反初服，私訓諸弟，凡有文藻，即須音韵，遂取諸家音韵，古今字書，定之爲《切韵》五卷。是法言撰此書，著手于開皇仁壽之間，而成于仁壽二年也。唐蘇鶚《蘇氏演義》卷上：法言本代北人，世爲部落大人，號步陸孤氏。後魏孝文帝改爲陸氏。及遷都洛陽，乃下令曰：從我入洛陽，皆以河南洛陽爲望也。據此，或以

法言爲吳人，其書爲吳語，非是。

②　明：寫本甲、乙并圈去。文藻：謂文辭有藻采。《三國志·秦宓傳》：或謂宓曰：足下欲自比于巢、許、四皓，何故揚文藻、見璚穎乎？宓答曰：僕文不能盡言，言不能盡意，何文藻之有揚乎？又曰：君子懿文德，采藻其何傷？

③　《禮記·檀弓下》：趙文子與叔譽觀于九原。文子曰：死者如可作也，吾誰與歸。注云：作，起也。正義云：假令生而可作起。

④　羅常培校釋云：按開皇初論韵八君，盧思道卒于開皇三年，魏彥淵卒于開皇十年前，顏之推卒于十一年以後，劉臻卒于開皇十八年，李若、蕭該無可考。當法言屏居著述時，辛德源如尚健在，亦必不相往來，其時朱門陳戟，無競一時者，惟薛道衡一人而已。

⑤　古：唐寫本甲作吉，誤。按《隋書》卷三十二《經籍志》一所載諸家音韵、古今字書共一百八部，兹舉其要如次：《三倉》三卷，郭璞注；《古今字詁》三卷，張揖撰；《説文音隱》四卷，無撰人；《字林音義》五卷，宋吳恭撰；《古今字書》十卷、《字書》三卷、《字書》十卷，俱無撰人；《玉篇》三十一卷，梁顧野王撰；《要字苑》一卷，宋謝康樂撰；梁《常用字訓》一卷，殷仲堪撰；《文字集略》六卷，梁阮孝緒撰；《今字辨疑》三卷，李少通撰；《异字同音》一卷，無撰人；梁《釋字同音》三卷，吉文甫撰；《文字辨嫌》一卷，彭立撰；《雜字音》一卷、《借音字》一卷、《音書考源》一卷，俱無撰人。以上文字，以下音韵。《聲韵》四十一卷，周研撰；《聲類》十卷，魏李登撰；《韵集》十卷，無撰人；又《韵集》六卷，晉吕靜撰；又《韵集》八卷，段宏撰；《四聲韵林》二十八卷，張諒撰；《群玉典韵》五卷，無撰人；梁《文章音韵》二卷，王該撰；《纂韵鈔》十卷，無撰人；《韵英》三卷，釋洪靜撰。

⑥　此本釐作氂，今依曹本。唐寫本乙黍作秉，誤。絫，十黍之重。毫氂：謂小；黍絫：謂輕。《音學辨微·疑似》云：非敷之分，其辨知脣縫輕重之异，毫氂之閒，若不細審，則二母混爲一矣。

⑦　唐寫本乙煩作難，誤。《韓非子·和氏》篇云：楚人和氏，得玉璞楚山中，奉而獻之。厲王使玉人相之，玉人曰：石也。王以和爲誑，而刖其左足。武王即位，又奉其璞獻之武王，玉人又曰：石也。王以和爲誑，而刖其右足。文王即位，和氏乃抱其璞而哭于楚山之下，三日三夜，泣盡而繼之以血。王聞之，使人問其故，乃使玉人

理其璞而得寶焉，遂名之曰“和氏之璧”。

　　⑧未得：唐寫本甲作來可，非。縣：故宮本及唐寫本乙并作懸。《史記·呂不韋列傳》：使其客人人著所聞，集論以爲八覽、六論、十二紀，二十餘萬言。以爲備天地萬物古今之事，號曰《呂氏春秋》。布咸陽市門，懸千金其上，延諸侯遊士賓客，有能增損一字者予千金。

　　⑨《史記·自敘》：藏之名山，副在京師。

　　⑩《漢書·揚雄傳》雄，字子雲，口吃不能劇談（師古曰：劇，疾也）……鉅鹿侯芭常從雄居，受其《太玄》《法言》焉。劉歆亦嘗觀之，謂雄曰：空自苦，今學者有利祿，然尚不能明《易》，又如《玄》何？吾恐後人用覆醬瓿也（師古曰：瓿，小甖也）。

　　⑪人世：唐寫本甲圈去人字，非。《易·節卦》：初九，不出戶庭，即私訓弟子意也。

　　⑫仁壽：亦楊堅年號。仁壽元年，爲公元 601 年。也字從唐寫本甲乙、故宮本《切韵》增。

【釋義】

　　按：自“更涉餘學”以下，言本開皇初所記録，又取音韵字書以爲《切韵》。謂雖得八君討論之精華，又鑽研其他典籍，後釋褐爲承奉郎，荏苒十餘年，惜無時爲之總結。今退職返于故居，施教諸弟子。凡人欲長于文章，必須通曉聲韵。但偏處山野，朋友往來斷絶，有所疑惑，無人可問；因死者不能復生，而存者則貴賤乖隔。但取音韵字書，以開皇初年所記録蕭顔八人論定者爲原則，成《切韵》五卷。諸書聲韵有疑似混淆者，皆嚴加分析。此書初成，未敢自足，故不勞效楚人之泣玉，未能學《呂覽》之懸金改字。昔司馬遷作《史記》，言當藏之名山，嘗笑其言過大；劉歆觀《太玄》，言恐後人用覆醬瓿，我非有揚雄口吃之疾，亦不視《切韵》爲無用。今《切韵》非一人之私言，乃記述諸賢之遺意。豈敢公布於人世，但欲施教弟子而已。

原載《中華文史論叢語言文字研究專輯》（上），

上海古籍出版社 1982 年

論侈弇

《周禮·典同》：凡聲，侈聲筰，弇聲鬱。注：侈，謂中央約也。侈則聲迫筰出去疾也。弇，謂中央寬也。弇則聲鬱勃不出也。孫詒讓曰：鐘中央約于常度，則下口銑于，必外出而大，故曰侈。中央寬于常度，則下口銑于，必內斂而陜，聲爲所籠，回旋而不能出也。夫人聲出于口，口形同于鐘，其上腭壓抑，舌體上舉，輔車外出，內迫筰矣。內迫筰則聲去疾迫，如鐘之侈，故亦曰侈。上腭穹隆，舌前宛屈，輔車內斂，中宏闊矣。中宏闊，則聲回旋而不舒揚，如鐘之弇。故亦曰弇。

《古韵標準》第四部《總論》云：真、諄、臻、文、殷與魂、痕，口斂而聲細。元、寒、桓、刪、山與仙，口侈而聲大。先半從真、諄，半從元、寒也。六部云：此部之音，口開而聲大。十一部之音，口弇而聲細。十二部云：二十一侵至二十九凡九韵，詞家謂之閉口音，與真至仙十四韵相似，當以音之侈弇分爲兩部。南、男、參、三等字，古音口弇呼之。若嚴、詹、餤、談、甘、監等字，《詩》中固不與心、林、欽、音等字爲韵也。

江氏此論，前賢未之或有。然論真、諄、侵、凡是，而蕭、宵、尤、侯非。蓋元、仙收音如焉、冤，寒、桓收音如安、剜，口內侈闊，其吐音鬱勃而洪。真、諄收音如因、贇，痕、魂收音如恩、昷。口內斂抑，其吐音疾急而細。洪細者，非脣翁張大小之別，乃吐音多寡之殊。蕭、豪者收音如幺、鏖，其侈如真、痕。尤侯者收音如憂、謳，其弇如先、寒。南、參、心、林者，其讀亦如真、痕。嚴、詹、餤、甘者，其讀悉如先、寒。今世讀覃、談無異者，蓋誤侈爲弇耳。

江氏之侈開斂弇，自非等呼之開、合、洪、細。其言侈開而聲大，侈開者，謂口內之崇高，空體多，含音自厚，故曰大，非謂脣開。脣開，則內笮急，其聲不能大也。斂弇者，謂口內之斂抑，空體寡，含音淺約，故曰細，非謂脣合。脣合，則內閟深，其聲不能細也。故江氏之斂弇者，中央約也。侈開者，中央寬也。且第四部十四韻中，各有開、合四等，其證豈不益明確邪？脣之翕張，名曰開合。腭之陟降，多曰侈弇。侈弇爲收聲之勢，開合爲成音之形，不能比并。

　　章氏《國故論衡》謂侈音爲談、蒸、侵、冬、東諸部，名撮脣鼻音。弇音爲青、真、諄、寒諸部，名上舌鼻音。夫撮脣上舌所以狀鼻音之情，今陰聲亦有侈弇者，故知侈弇非徒爲鼻音之分。

　　《論衡》又謂侯、幽頤舉，宵頤朵，聲音必自內而外。內狹，外亦斂。外斂，頤必舉。內宏，外亦侈。外侈，頤必朵。今讀侯、幽必圓脣，故腭穹舌屈而頤朵。宵必橫口，故腭抑舌平而頤舉。然又謂侯穹口，口勢既穹，頤必下朵，又何能舉歟？

　　今詳論諸韻侈弇，以示其當然。東韻弇，其變出之鍾、江，對轉之侯、虞、尤，入聲之屋、燭、覺，皆弇也。冬韻侈，其對轉之豪，入聲之沃，與冬、沃韻所變爲東、屋之三等者，皆侈也。痕、魂侈，其變出之殷、文、諄，與對轉之灰、微、脂之合口，入聲之沒、物、術，皆侈也。然痕、魂所變之山則弇。其對轉之夬，入聲之鎋，亦弇。寒、桓弇，其變出之刪、元、仙，對轉之歌、戈、泰、皆、祭、廢，入聲之曷、末、黠、月、薛，亦弇也。先韻弇，對轉之齊，入聲之屑同。其變出之真、臻與對轉脂之開口，入聲之質、櫛，皆侈也。唐，弇也。其變出之陽，與對轉之模、魚，入聲之鐸、藥同。而又變出之庚，庚之對轉麻，入聲陌，則侈。青韻，其變出之庚、耕、清與對轉之麻、佳、支、齊，入聲之陌、麥、昔、錫同。登韻侈，其變出之蒸，對轉之之、咍，入聲之職、德同。覃韻侈，變出之侵，與入聲之合、緝同。而咸、洽、凡、乏則弇。咸、洽之成例猶山、鎋。談韻弇，變出之銜、嚴，入聲之盍、狎、業同。添亦弇，變出之鹽，入聲之帖、葉同。

　　是故以侈變侈也，弇變弇也，其常也。以侈變弇也，弇變侈也，非其常也。不惟如是。一韻之中，亦復有侈弇歧出之情。支、脂、之三韻開口喉牙半舌脣之音，侈也，是其本然也。其餘舌齒四類，則皆弇也，非其本然也，方音之變也。麻韵之二等，侈也，是其本然也。其三等弇也，非其本然也，亦方音之變也。支等收音如漪、痿，故云本侈。而舌齒四類收音于資、私，麻二等收音于鴉、三等收音于爺，吐勢殊異。于是《中原音韵》有支、思，車、遮之目。

蕭、宵、肴、豪四韵皆侈。蕭、豪之入聲，錫、屋、沃同。而宵之入燭，肴之入覺，豪之入鐸者，則又皆弇。且屋、沃、燭、覺皆合，而蕭、宵、肴、豪皆開。依此可知陰陽相轉，惟在韵勢之偶同，非若男女居室，適相匹敵也。

侈弇者，亦吐韵之一狀。觀乎《詩》之叶音，字之通轉，其有逾越對轉、旁轉之律，而能同條共貫者，無不以侈弇之理焉。

顧氏謂古人于耕、清、青韵中，往往讀入真、諄、臻韵。孔氏謂冬與侵、蒸同用。段氏謂内、納、盇、蓋、叶、世、荔、協、夾、痰、瘝八部十五部交通，立、位、對、答、逮、遝同用。章氏謂談、宵對轉，訬讀若黪、嚵、噍同訓。盇、宵對轉，捷轉爲鈔。踕轉爲斛，青、至對轉，戠戴作秩秩，平秩爲辨程。至、之相轉，故闛爲闟。虮爲臆。脂、隊、幽相轉，珛琢爲追琢，遲任爲周任。泰、侯相轉，朱儒爲掇儒，乘橑爲乘浖。真、蒸亦轉，菱或作蕟，矜亦讀兢。寒、東亦轉，衮從公聲，瞳從童聲。

凡此諸說，前賢指爲方音謂有遠近者，舉以侈弇相同而移易，即章氏又謂幸而合會，奇牾錯出。如云宵、青有轉，熛爲迸火。之、真有轉，訓嬪爲服。幽、諄有轉，曟聲之字爲媼，敦讀曰燾。侯、寒有轉，短從豆聲。奥聲之字相變。至、蒸有轉，訓凌爲淩。隊、緝相轉，以入爲内。泰、東有轉，以達爲通。玩其觬理，亦皆侈弇相同而然。則侈弇之于音，亦若陰陽上舌收舌齒收脣之界。江氏言而未詳，演贊其志，以見非後賢所謂侈弇云爾。

論《釋詞》聲轉之例

王氏《釋詞》十卷，首四卷，爲影、喻、曉、匣四類。

卷一爲與、以、猶、由、繇、因、用、允、於、于十字。

卷二爲爰、粤、曰、欥、安、焉、爲、謂八字。

卷三爲惟、云、有、或、抑、一、伊、夷、洪、庸、台十一字。

卷四爲惡、侯、遐、號、曷、盍、許、行、况、鄉、汔、欸、邪、也、矣、乎、愈、於音烏、猗、噫、嘻、吁二十二字。

卷五爲見、溪、羣、疑四類。孔、今、羌、憖、言、宜、可、幾、祈、豈、蓋、厥、及、其、其音記、其音姬、居、詎、固、故、顧、苟、皋二十三字。

卷六爲舌頭、舌上（乃、寧、能、徒、獨、奈。那、都、當、儻、殆、誕、迪是舌頭。直、疇是舌上）。

卷七爲日、來兩類（而、如、若、然、爾、耳、仍是日類。聊、來是來類）。

卷八爲齒頭（雖、肆、自、兹、斯、些、思、將、且、且子余反、徂、作、曾、曾音層、暜、哉、裁、則、即、兹、着、呰音紫二十二字）。

卷九爲正齒（終、誰、孰、者、諸、之、旃、是、時、室、只、啻、祇、適、識、屬音燭、止、所、矤、爽、庶、尚、逝、率、式二十四字）。

卷十爲脣音（彼、末、蔑、比、薄、每、不、非、匪、無、罔、微、勿、夫音扶十四字）。

舉凡百六十字。字各繫其義爲若干條，條則類列同式之句，以具其證；復舉互用之句，以明其實。再徵于羣籍及其父之書，以訂其爲衍、爲譌。惟一字衆義紛陳，孰主孰從，莫窮其故，讀者難之。近人有用《説文》語詞之字附載釋詞之文者，疏略而不周洽。愚謂宜取《説文》之本字爲首，注以經傳之文，王氏所稱常語而不注者，今亦注之，次列同紐、同位、位同之字，其句式雖不盡同，其義則必不相鉏鋙，庶本義乃定，而假借之義亦明，則無望文生訓，以字妨經之失矣。茲依喉、舌、齒、脣之次，各舉數字，明辨正假，并臚列王氏例證及他家之説，爲治斯學者要删焉。

喉　音

《釋詞》曰：《説文》："欥，詮詞也。"字或作聿，或作遹，或作曰，其實一字也。《毛鄭詩考正》曰："……《詩》中聿、曰、遹三字互用。《禮記》引《詩》'聿追來孝'《禮器》，今《詩》作遹。《七月》篇'曰爲改歲'，《釋文》云：'《漢書》作聿。'……《傳》于'歲聿其莫'釋之爲'遂'。于'聿修厥德'釋之爲'述'。《箋》于'聿來胥宇'釋之爲'自'。于'我征聿至、聿懷多福、遹駿有聲、遹求厥寧、遹觀厥成、遹追來孝'，并釋之爲'述'。今考之，皆承明上文之辭耳，非空爲辭助，亦非發語辭。而爲'遂'、爲'述'、爲'自'，緣辭生訓，皆非也。《説文》：'欥，詮詞也……'引《詩》'欥求厥寧'。然則欥蓋本文，同聲假借，用曰、聿、遹三字。"引之按：《考正》説是也……鄭《箋》于……"曰歸曰歸，歲亦莫止"則云："曰女何時歸乎？亦歲晚之時乃得歸也。"按：曰歸曰歸，猶言言歸于歸……于"昊天曰明、昊天曰旦"則云："昊天在上，人仰之，皆謂之明。"按：昊天曰明、昊天曰旦，猶言昊天惟明、昊天惟旦。曰與聿同，故曹大家云：聿，惟也。蓋未達假借之義，而經文遂詰籟爲病矣。

愚按：《廣雅》卷四："欥、詞也。"《疏證》云："詮詞者，承上文所發端，詮而繹之也。"蓋謂上文徒有名，必有言以承之，其句始具，其義乃明也。

按：欥、聿、遹，俱余律切。曰，王伐切。

通作爰，或作聿。《釋詞》曰：《爾雅》："爰，曰也。"曰與欥同……聿、爰一聲之轉。"爰有寒泉"《詩·凱風》，聿有寒泉也。"爰伐琴瑟"《定之方中》，聿伐琴瑟也……鄭《箋》皆用《爾雅》"爰，曰也"之訓，是也。而多釋爲《論語》"子曰"之"曰"，則失其指矣。

《縣》之詩曰"爰始爰謀,爰契我龜,曰止曰時",曰亦爰也,互文耳。又曰"爰及姜女,聿來胥宇",爰與聿亦互文。

按:爰,羽元切。原文舉例繁多,今掇一二,後仿此。

通作粵。《釋詞》曰:粵……字亦作越……《爾雅》:"粵,曰也。"曰與吷同,字亦作聿……《書·高宗肜日》曰"越有雊雉",言聿有雊雉也。《夏小正》曰"越有小旱",言聿有小旱也。

按:越、粵,王伐切。

通作于。《釋詞》曰:《爾雅》曰:"于,曰也。"……字本作吷,或作曰,作聿……聿、于一聲之轉。"黃鳥于飛"《詩·葛覃》,黃鳥聿飛也。"于以采蘩"《采蘩》,聿以采蘩也。聿、於亦一聲之轉。故《傳》曰:于,於也。《箋》曰:于以,猶言往以。與毛異義,非也。若訓于爲往,則下文"于以用之"及《采蘋》之"于以盛之、于以湘之、于以奠之"皆義不可通。至《擊鼓》之"于以求之"則鄭亦訓爲於矣……"于疆于理"《江漢》,聿疆聿理也。于、聿皆語詞,猶《縣》之"迺疆迺理"也。《箋》訓于爲往,亦失之。

按:于,羽俱切。

以上吷、聿、遹、曰、爰、粵、越、于皆同紐。

舌　　音

《釋詞》曰:乃,猶而也。《春秋·宣八年》:"十月己丑,葬我小君頃熊。雨,不克葬;庚寅,日中而克葬。"《定十五年》:"九月丁巳,葬我君定公。雨,不克葬;戊午,日下昃,乃克葬。"《公羊傳》曰:"而者何?難也。《說文》:"乃,曳詞之難也。"乃者何?難也。曷爲或言'而'或言'乃'?'乃'難乎'而'也。"

按:何注:言乃者內而深,言而者外而淺。下昃日昳久,故言乃。

按:"乃"與"而"對言之則异。《禮記·文王世子》曰"文王九十七乃終,武王九十三而終"是也。散言之則通,《儀禮·燕禮》:"大夫不拜乃飲。"鄭注曰:"乃,猶而也。"《大戴記·夏小正》篇:"匽之興,五日翕,望乃伏。"《傳》曰:"而伏云者,不知其死也,故謂之伏。"而伏"即"乃伏"也。

按：乃，奴亥切。

　　通作寧。《釋詞》曰：《毛鄭詩考正》曰："《四月》首章'胡寧忍予'，《箋》云：'寧，猶曾也。'按：寧，猶乃也，語之轉。下'寧莫我有'同。《雲漢》首章'寧莫我聽'，'寧'亦'乃'也……"家大人曰：乃、寧、曾，其義一也。《日月》之"寧不我顧"，《小弁》之"寧莫之知"，《四月》之"胡寧忍予"，《箋》并曰："寧，猶曾也。"又《正月》之"寧莫之懲"，《四月》之"寧莫我有"，《雲漢》之"寧莫我聽、寧丁我躬、寧俾我遯"，《箋》內皆以"曾"代"寧"。"曾"亦"乃"也。《論語·先進》篇"吾以子爲異之問，曾由與求之問"是也。又《雲漢》之"胡寧忍予、胡寧瘨我以旱"，《箋》內皆以"何曾"代"胡寧"。何曾，何乃也……又《正月》曰："燎之方揚，寧或滅之；赫赫宗周，褒姒滅之。"言以燎火之盛，而乃有滅之者，亦如赫赫之宗周，而乃爲褒姒所滅也。《箋》釋上二句曰：燎之方盛之時，寧有能滅息之者？失之。

按：寧，奴丁切。

　　通作能。《釋詞》曰：能，猶而也……《詩·芄蘭》曰："雖則佩觿，能不我知。""能"當讀爲"而"，"雖則"之文，正與"而"字相應；言童子雖則佩觿，而實不與我相知也……《管子·任法》篇："是貴能威之，富能祿之，賤能事之，近能親之，美能淫之也。"下文五"能"字皆作"而"……"能"猶"乃"也……家大人曰：昭十二年《左傳》曰："中美能黃，上美爲玄，下美則裳。""能、爲、則"三字相對爲文，"能"者，乃也。言中美乃黃，上美爲玄，下美則裳也。《孫子·謀攻》篇曰："故用兵之法，十則圍之，五則攻之，倍則分之；敵則能戰，少則能守今本戰、守下并衍之字，辯見《讀書雜志》，不若則能避之。"言敵則乃戰，少則乃守，不若則乃避之也。（愚謂則、能俱訓乃，爲連語，此分釋，似非。）……"能"與"乃"同義，故二字可以互用。《後漢書·荀爽傳》"鳥則雄者鳴雌，雌能順服；獸則牡爲唱導，牝乃相從"是也。"能"與"乃"同義，故又可以通用……《漢書·匈奴傳》：

"東援海、代，南取江、淮；然後乃備。"《漢紀》"乃"作"能"是也。

按：能，奴登切。

以上同紐。

通作殆。《釋詞》曰：殆，將然之詞也。《書·顧命》曰："殆弗興弗寤。"

愚按：《漢書·趙充國傳》"此殆空言"，注：殆，僅也。

按：殆，徒亥切。

通作徒。《釋詞》曰：徒猶乃也。《莊子·天地》篇曰："吾聞之夫子：事求可，功求成，用力少，見功多者，聖人之道。今徒不然。"言今乃不然也。

按：徒，同都切。

通作當。《釋詞》曰：當猶則也。《墨子·辭過》篇曰："君實欲天下之治而惡其亂也，當爲宮室，不可不節。"

按：當，都郎切。

通作而。《釋詞》曰：而猶乃也……《祭義》曰："已徹而退，無敬齊之色，而忘本也。"言乃忘本也。鄭以"而"爲衍字，失之……宣十四年《左傳》曰："誅而薦賄，則無及也。"言誅乃薦賄也……而，猶則也。僖十五年《左傳》曰"何爲而可"，言何爲則可也……"而"與"則"同義，故二字可以互用。《喪服傳》曰："何如而可爲之後，同宗則可爲之後。""而"亦"則"也。下文曰"何如則可謂之兄弟"。

愚按：此段則字、而字皆當作纔字解，即乃字之義。

按：而，如之切。

通作如。《釋詞》曰：如，猶乃也。《詩·常武》曰："王奮厥武，如震如怒。"言乃震乃怒也。《箋》曰：而震雷其聲，而勃怒其色。而，亦乃也。《正義》曰：如天之震雷其聲，如人之勃怒其色。則誤解如字矣……《論語·憲問》篇曰："桓公九合諸侯，不以兵車，管仲之力也。如其仁，如其仁。"言管仲不用民力而天下安，乃其仁，乃其仁也。《孔傳》曰：誰如管仲之仁。加誰字以解之，于文義未安。又曰：如，猶而也。《詩·柏舟》曰："耿耿不寐，如有隱憂。”如有，而有也。《正義》曰：如人有痛疾之憂。失之⋯⋯隱七年《左傳》曰：“及鄭伯盟，歃如忘。”服虔曰：“如，而也。”

按：如，人諸切。

通作若。《釋詞》曰：《小爾雅》曰：“若，乃也。”《書·秦誓》曰：“日月逾邁，若弗員來。”言乃弗云來也。某氏《傳》訓若爲如，失之⋯⋯又《書》稱“王若曰、微子若曰、父師若曰、周公若曰”者，并與“乃曰”同義⋯⋯若，猶則也。《老子》曰：“故貴以身爲天下，若可寄天下；愛以身爲天下，若可托天下。”《莊子·在宥》篇“若”并作“則”。

按：若，而灼切。

通作然。《釋詞》曰：然，詞之轉也⋯⋯然，猶而也。《詩·終風》曰：“惠然肯來。”言惠而肯來也。《定之方中》曰：“卜云其吉，終然允臧。”言既而允臧也。終，猶既也⋯⋯然後，而後也；乃也。常語也⋯⋯然，猶乃也⋯⋯《莊子·天地》篇曰：“始也，我以女爲聖人邪，今然君子也。”《荀子·脩身》篇曰：“行而供冀，非漬淖也；行而俯項，非擊戾也。偶視而先俯，非恐懼也。然夫士欲獨脩其身，不以得罪于比俗之人也。”言士之恭敬如此，乃欲自脩其身，非恐得罪于流俗也⋯⋯然，猶則也⋯⋯《墨子·非命》篇曰：“有聞之，有見之，謂之有；莫之聞，莫之見，謂之亡。然胡不嘗考之百姓之情？自古以及今生民以來者，亦嘗見命之物，聞命之聲者乎？”然胡不，則胡不也。《莊子·外物》篇曰：“鮒魚曰：吾得斗升之水然活耳。”然活，則活也⋯⋯然後，而後也；乃也。常語也。

愚按：《荀子·哀公》篇曰：“故弓調而後求勁焉，馬服而後求良焉，士信愨而後求知能焉。”《彊國》篇曰：“故爲人上者，必將愼禮義，務忠信，然後可。”《論語·先進》篇：“文質彬彬，然後君子。”又曰：“然且，而且也。”《孟子·公孫丑》篇曰：“識其不可，然且至。”《莊子·秋水》篇曰：“其不可行明矣，然且語而不捨。”

按：然，如延切。

通作仍。《釋詞》曰：《爾雅》曰：“仍，乃也。”《史記·淮南衡山傳》贊曰："淮南、衡山專挾邪僻之計，謀爲畔逆，仍父子再亡國，各不終其身。"仍者，乃也。言淮南、衡山謀爲畔逆，乃至父子再亡其國，各不終其身也。《漢書》贊與《史記》同。師古曰："仍，頻也。"頻父子再亡國，斯爲不詞矣。

按：仍，如乘切。

　　通作屬。《釋詞》曰：屬，猶今人言適纔也……《史記·留侯世家》曰："天下屬安定，何故反乎?"

按：屬，殊玉切。

　　通作咫。《釋詞》曰：咫，詞之則也。《賈子·淮難》篇曰："……陛下無負也如是，咫淮南王，罪人之身也；淮南王子，罪人之子也。"

按：咫，諸氏切。

　　通作之。《釋詞》曰：之，猶則也。僖九年《左傳》曰："東略之不知，西則否矣。"《晉語》曰："華則榮矣，實之不知。""之"亦"則"也，互文耳。

按：之，止而切。

以上殆、徒、當、而、如、若、仍、然、屬、咫、之諸字，與乃爲同位。

　　通作曾。《釋詞》曰：曾，乃也，則也。《説文》曰："曾，詞之舒也。"高注《淮南·脩務》篇曰："曾，則也。"（愚按："我曾無有閭里之聞，窮若之知者"何注。）鄭注《檀弓》曰："則之言曾。"（愚按："喪三年以爲極亡則弗之忘矣"注）……《禮記·三年問》曰："則是曾鳥獸之不若也。"《釋文》：曾，則能反……曾是，乃是也，則是也……《詩·蕩》曰："曾是彊禦，曾是掊克，曾是在位，曾是在服。"……何曾，何乃也，何則也。《孟子·公孫丑》篇曰："爾何曾比予于管仲!"趙《注》曰："何曾，何乃也。"孫奭《音義》：曾，丁音增，則也，乃也。

按：曾，則登切。

　　通作朁。《釋詞》曰：《説文》："朁，曾也。"引《詩》："朁不畏明。"字或作憯、嘈，又作慘。《爾雅》（釋言）："憯，曾也。"郭《注》曰："發語辭。"《詩·節南山》曰："憯莫懲嗟。"毛《傳》曰："憯，曾也。”《釋文》作嘈。《十月之交》曰:“胡憯莫懲。”《釋文》:“憯,亦作慘。”……曾、朁,皆詞也,故其字并從“曰”。或言曾,或言朁,語之轉耳。

愚按:乃爲獨體,朁、曾合體,曾、朁實由乃之孳乳。下文則、載、將、茲、斯諸字,又由是而聲轉也。

按:朁、憯、嘈、慘,俱七感切。

通作則。《釋詞》曰:則猶而也。文二年《左傳》曰:“《周志》有之,勇則害上,不登于明堂。”言勇而害上也。《逸周書·大匡》篇作“勇如害上”。如,即而字……則,猶乃也。《詩·新臺》曰:“魚網之設,鴻則離之。”言鴻乃離之也……《書·洪範》曰:“鯀則殛死,禹乃嗣興。”則,亦乃也,互文耳。

按:則,子德切。

通作載。《釋詞》曰:載,猶則也。有句中疊用之者,若“載脂載舝”是也。有數句疊用之者,若“載寢之床、載衣之裳、載弄之璋”是也。《詩·載馳》傳曰:“載,辭也。”《箋》曰:“載之言則也。”

按:載,作代切。

通作將。《釋詞》曰:將,猶乃也。宣六年《左傳》曰:“使疾其民以盈其貫,將可殪也。”《墨子·尚賢》篇曰:“譬若欲衆其國之善射御之士者,必將富之,貴之,敬之,譽之,然後國之善射御之士將可得而衆也。”此將字猶乃也,與上將字異義。

按:將,即良切。

通作茲。《釋詞》曰:茲,猶斯也。《書·酒誥》曰:“朝夕曰:祀茲酒。”言朝夕戒之曰:惟祭祀斯用酒也。故下文曰:“飲惟祀。”

按:茲,子之切。

通作斯。《釋詞》曰:斯,猶乃也……《書·金縢》曰:“周公居東二年,則罪人斯得。”……《詩·賓之初筵》曰:“大侯既抗,弓矢斯張。”……《詩·斯干》曰:“乃安斯寢,乃寢乃興。”“斯”亦“乃”也,互文耳。

按：斯，息移切。

　　通作其。《釋詞》曰：其，猶乃也。《書·堯典》曰："浩浩滔天，下民其咨。"……《禹貢》曰："嵎夷既略，濰淄其道。"

按：其，渠之切。

　　通作固。《釋詞》曰：固，猶乃也。《孟子·萬章》篇曰："仁人固如是乎？"或作故，又作顧。《趙策》曰："雖强大不能得之于小弱，而小弱顧能得之于强大乎？"……《吕氏春秋·審己》篇曰："臣以王爲已知之矣，王故尚未之知邪？"……"故"與"乃"同義，故或以"故乃"連文。《莊子·徐無鬼》篇曰："先生苦于山林之勞，故乃肯見于寡人。"

按：故、固、顧，俱古暮切。

　　通作以。《釋詞》曰：以，猶而也。《易·泰》六四曰："不戒以孚。"猶《繫辭傳》言"不疾而速，不行而至"也……《禮記·樂記》曰："治世之音安以樂，亂世之音怨以怒，亡國之音哀以思。"……《繫辭傳》曰："著之德圓而神，卦之德方以知。"……"以"亦"而"也，互文耳。

按：以，羊己切。

　　通作安。《釋詞》曰：安，猶……乃也，則也，字或作案，或作焉，其義一也……《吴語》曰："王安挺志，一曰惕，一曰留，以安步王志。"言王乃寬志以行，疾徐如意也。韋《注》曰：挺，寬也。惕，疾也。留，徐也。步，行也……《管子·大匡》篇曰："必足三年之食，安以其餘脩兵革。"言有三年之食，乃以其餘脩兵革也。尹知章以安字絶句，注曰：有三年食，然後可安。失之。

按：安，烏寒切。

　　其作案者……《荀子·榮辱》篇曰："故先王案爲之制禮義以分之。"言于是制禮義也……《正論》篇曰："今子宋子案不然。"言今子宋子則不然也。

愚按：二句皆當作乃字解。

按：案，烏肝切。

通作焉。《釋詞》曰：焉，猶於是也，乃也，則也……《大戴禮·王言》篇曰：“七教脩句，焉可以守，三至行句，焉可以征。”言乃可以守，乃可以征也。《家語》作然後可以守，然後可以征……《墨子·兼愛》篇曰：“必知亂之所自起句，焉能治之；不知亂之所自起，則不能治。”言知亂之所自起，乃能治之也。

按：焉，於愆切。

通作一。《釋詞》曰：一，猶乃也。《呂氏春秋·知士》篇曰：“靜郭君之于寡人一至此乎？”高《注》曰：“一，猶乃也。”……《史記·商君傳》曰：“爲法之敝，一至此哉。”義并同也。

按：一，於悉切。

通作惟。《釋詞》曰：惟，猶乃也。《書·盤庚》曰：“非予自荒茲德，惟女含德，不惕予一人。”《詩·文王》曰：“周雖舊邦，其命維新。”是也。

按：惟、維，以追切。

通作羌，字或作慶。《釋詞》曰：《廣雅》（釋言）曰：“羌，乃也。”《楚辭·離騷》曰“衆皆競進以貪婪兮，憑不厭乎求索。羌內恕己以量人兮，各興心而嫉妒”是也。字或作慶。《漢書·揚雄傳》：“懿神龍之淵潛兮，慶竢雲而將舉。”今本作竢慶雲，乃後人所改。張晏曰：“慶，辭也。”今本在下文慶夭頏而喪榮句下，亦後人所移。蕭該《音義》曰：“慶，音羌。”

按：羌，去羊切。　慶，丘敬切。

《新方言·一》曰：按：乃有二義。一爲然後，《説文》：“乃，曳詞之難也。”一爲適纔，《漢書》言乃者是也。今人言羌音皆如剛，亦或如姜。其言適纔，則謂之剛，其言然後，亦謂之剛，皆羌字也。

愚按：《釋詞》云：“乃，急詞也，乃猶則也。”即章氏適纔之説，俗語云剛纔是也。又云：“乃，猶于是也，然後也。”即章氏然後之説，俗云：裁如何是也。

以上曾、則、載，將，兹、斯、固、顧、以、安、焉、一、惟、羌諸字，皆與乃爲位同。

齒　音

《説文》：“此，止也。”《助字辨略》云：“此，彼之對也。《禮記·禮運》：‘如此乎，禮之急也。’又指物之辭，《左傳·莊二十二年》：‘陳衰，此其昌乎！’此謂敬仲也。”《通訓定聲》曰：“此，假借發聲之詞。《老子》‘吾何以知其然哉，以此’注：今也。《吕覽·貴生》‘彼且奚以此之也’注：此，此物也。”郝懿行曰：“按：止，謂物所止處，人指而名之曰，此也。”

愚按：段注《説文》“者，別事詞也”下云：“凡俗語云者個、者般、者回，皆取別事之意，不知何時以迎這之這代之。”又按：《助字辨略·三》云：“蜀主王衍《醉妝詞》：“者邊走，那邊走。”者邊猶云此邊也。 毛晃云：凡稱此個爲者個，俗多改用這字，這乃迎也。 音彦，今借作者，讀作者去聲。”愚謂如段説“者個、者回”之“者”，正此字同位之借。《釋詞》無此字，而已下云：“《爾雅》曰：已、此也。”兹，此也。皆，此也。 斯，此也。 是，此也。 且，猶此也。 爾，猶此也。 若，猶此也。 夫，猶此也。 與云“今，指事之詞也。 其，指事之詞也。 且夫者，指事之詞”正同，似不當無此字。 蓋正似彼下不出本義，而匪下、夫下俱云：彼也。 今集諸家之説以著之。

按：此，雌氏切。

通作且。《釋詞》曰：且，猶此也；今也。《詩·載芟》曰：“匪且有且，匪今斯今，振古如兹。”毛《傳》曰：“且，此也。”《正義》曰：“今謂今時，則且亦今時，其實是一，作者美其事而丁寧重言之耳。”
按：且，七也切。
此爲同紐。

字亦作徂。《釋詞》曰：《書·費誓》曰：“徂兹淮夷，徐戎并興。”徂讀爲且，且，今也。言今兹淮夷、徐戎并興也。某氏《傳》以徂爲往征，往征兹淮夷、徐戎并興，斯爲不詞矣。且經言徂，不言徂征也。

按：徂，昨胡切。

通作兹。《釋詞》曰：《爾雅》曰："兹，此也。"常語。郝懿行曰："《書》（金縢）："兹攸俟。"又曰（呂刑）："越兹麗刑。"鄭注曰："兹，此也。"

按：兹，子之切。

通作呰。《爾雅》："呰，此也。"郭注："呰，方俗異語。"邵晉涵曰："魏封孔羨碑云："咨可謂命世大聖，億載之師表者已。'以咨爲此。"

按：呰，將此切。 咨，即夷切。

通作斯。《釋詞》曰：《爾雅》曰："斯，此也。"常語。郝懿行曰："《坊記》引《書》'斯謀斯猶'。《春秋繁露·竹林》作'此謀此猶'。《詩》：'胡斯畏忌。'《漢書·賈山傳》作'胡此畏忌'。 又'匪今斯今'，鄭《箋》亦以'斯今'爲'此今'矣。"

按：斯，息移切。

以上徂、兹、呰、恣、斯與此皆同位。

通作已。《釋詞》曰：《爾雅》曰："已，此也。"《莊子·齊物論》篇曰："已而不知其然謂之道。"已字承上文而言；言此而不知其然也。《養生主》篇曰："已而爲知者，殆而已矣。"言此而爲知者也。郭象注曰：已困于知而不知止，又爲知以救之。非是。此戴氏東原説。《淮南·道應》篇曰："已雖無除其患，天地之閒，六合之内，可陶冶而變化也。"無，不也。 言此雖不除其患也。此邵氏二雲説。或作以，《禮記·祭統》衛孔悝之《鼎銘》曰："對揚以辟之。 勤大命，施于烝彝鼎。"以，此也，指上文而言也。 辟，君也。言對揚此君之勤大命，著之于烝彝鼎也。鄭讀"對揚以辟之"爲句。云：辟，明也。言遂揚君命，以明我先祖之德。失之。君命謂之勤大命，猶《洛誥》言文、武勤教也。 鄭以勤大命爲行君之命，亦失之。此家大人説，下同。《射義》引《詩》曰："大夫君子，凡以庶士。"亦言凡此庶士也。

按：已、以，俱羊止切。

通作之。《釋詞》曰：之，是也。故《爾雅》曰：“之子者，是子也。”亦常語。

愚按：《助字辨略》曰：“《詩》‘乃如之人兮’。《箋》：‘之人，是人也。’《莊子·逍遙遊》‘之二蟲又何知’，注：‘之，是也。’”《通訓定聲》曰：“《詩·蓼莪》‘欲報之德’，《箋》：猶是也。”

按：之，止而切。

通作是。《釋詞》曰：《廣雅》曰：“是，此也。”常語。

愚按：《論語·學而》“夫子至于是邦也”“子路夫如是”，皇疏：“是，此也。”《爲政》：“是可忍也。”《衛靈公》：“居是邦也。”皇疏：“是，猶此也。”

按：是，承紙切。

通作時。《釋詞》曰：《爾雅》曰：“時，是也。”《書·堯典》曰：“黎民于變時雍。”

愚按：《漢書·成紀》陽朔二年詔曰：“《書》云：黎民于蕃時雍。”應劭曰：“時，是也。雍，和也。言衆民于是變化用是大和也。”《舜典》“惟時懋哉”，《五帝本紀》作“惟是勉哉”。《詩·駉驖》“奉時辰牡”，《傳》：“時，是也。”《湯誓》“時日曷喪”，《殷本紀》作“是日何時喪”，則是俱當訓此。

按：時，市之切。

通作寔。《釋詞》曰：《爾雅》曰：“寔，是也。”《春秋·桓六年》：“寔來。”《公羊傳》曰：“寔來者何？”猶曰“是人來也”。《穀梁傳》曰：“寔來者，是來也。”

按：寔，常隻切。

通作若。《釋詞》曰：若，猶此也……莊四年《公羊傳》曰：“有明天子，則襄公得爲若行乎？”謂此行也……定四年《傳》曰：“君如有憂中國之心，則若時可矣！”謂此時也。《論語·公冶長》篇曰：“君子哉若人！”謂此人也……若字并與此同義。連言之則曰若此，或曰此若。定四年《公羊傳》"則若時可矣",《穀梁傳》作"則若此時可矣"。《禮記·曾子問》篇……云:"子游之徒有庶子祭者,以此若義也。"鄭讀"以此"爲一句,"若義也"爲一句。《注》曰:"若,順也。"家大人曰:"以此若義也五字當作一句讀。以,用也。此若二字連讀,若,亦此也。言子游之徒有庶子祭者,用此義也。"《荀子·儒效》篇曰:"行一不義,殺一無罪,而得天下,不爲也,此若義信乎人矣!"今本若譌作君,楊《注》曰:"以君義通乎四海。"非也。《新序·雜事》篇作"若義信乎人矣",若,亦此也。

按:若,而灼切。

　　通作爾。《釋詞》曰:爾,猶此也。隱二年《公羊傳》曰:"前此,則曷爲始乎此? 托始焉爾!"何《注》:"焉爾,猶於是也。"是,亦此也。

按:爾,兒氏切。

　　通作伊,亦作繄。《釋詞》曰:伊,是也。《詩·雄雉》曰:"自詒伊阻。"《小明》曰"自詒伊戚",與此同。《蒹葭》曰"所謂伊人",《東山》曰"伊可懷也",《正月》曰"伊誰云憎",鄭《箋》并云:"伊,當作繄。繄,是也。"

按:伊,於脂切。繄,烏雞切。

　　通作今。《釋詞》曰:今,指事之詞也……《禮記·三年問》曰:"今是大鳥獸。"《晉語》:"今君之所聞也。"猶言是君之所聞也。宣十五年《公羊傳》:"是何子之情也!"《韓詩外傳》"是"作"今",皆指事之詞。

按:今,居音切。

　　通作其。《釋詞》曰:其,指事之詞也。常語也。

愚按:《助字辨略》曰:"《易·繫辭》:'其旨遠,其辭文。'《禮記·月令》:'其日甲乙,其帝大皞,其神句芒。'其,指物辭也。"

按:其,渠之切。

　　通作乃。《釋詞》曰:乃,猶是也……《晏子春秋·外篇》:"公曰：吾聞之，五子不滿隅，一子可滿朝，非迺子邪？”迺子，是子也。《莊子·德充符》篇：“子產蹵然改容更貌曰：‘子無乃稱。’”猶曰“子無是言”也。

按：乃，奴亥切。

通作夫。《釋詞》曰：夫，指事之辭也。《禮記·檀弓》曰：“予惡夫涕之無從也。”……僖二十四年《左傳》曰：“夫袪猶在。”……《檀弓》曰：“夫夫也，爲習于禮者。”鄭《注》曰：“夫夫，猶言此丈夫也。”夫夫，猶是夫也。《檀弓》曰：“是夫也多言。”……成十六年《左傳》曰：“夫二人者，魯國社稷之臣也。”

《釋詞》又曰：且夫者，指事之詞。“且”與“今”同義，或言今夫，或言且夫，其實一也。

愚按：《考工記》：“今夫大車之轅摯。”《禮記·中庸》：“今夫天斯昭昭之多，今夫地一撮土之多，今夫山一拳石之多，今夫水一勺之多。”《樂記》：“且夫武始而北出。”《史記·始皇本紀》：“且夫天下非小弱也。”

按：夫，防無切。

以上已、以、之、是、時、寔、若、爾、伊、繄、今、其、夫諸字典此爲同位。

屑　音

《説文》：“彼，往有所加也。”《釋詞》不出此義，而“匪、夫”下俱云“彼”也。今按：《詩·小旻》：“如彼築室于道謀。”《皇矣》：“維彼二國，其政不獲。”《孟子·盡心》：“在彼者，皆我所不爲也。在我者，皆古之制也，吾何畏彼哉。”

按：彼，甫委切。

通作匪。《釋詞》曰：《廣雅》曰：“匪，彼也。”……《詩·小旻》曰：“如匪行邁謀，是用不得于道。”襄八年《左傳》引此《詩》，杜《注》曰：“匪，彼也。”“如匪行邁謀，是用不得于道”，猶下文言“如彼築室于道謀，是用不潰于成”，亦猶《雨無正》曰“如彼行邁”也。

《箋》曰：匪，非也。不行而坐圖遠近。失之……《匪風》曰："匪風發兮，匪車偈兮。"言彼風之動發發然，彼車之驅偈偈然也。《傳》曰："發發，飄風，非有道之風；偈偈，疾驅，非有道之車。"《漢書·王吉傳》吉引《詩》說曰："是非古之風也，發發者。是非古之車也，偈偈者。"皆失之。

按：匪，非尾切。

　　通作夫。《釋詞》曰：夫，猶彼也。《禮記·三年問》曰："夫焉能相與群居而不亂乎！"《荀子·禮論》篇"夫"作"彼"。襄二十六年《左傳》曰："夫獨無族姻乎？"《楚語》作"彼有公族、甥舅"……《漢書·賈誼傳》曰："彼且爲我死，故吾得與之俱生；彼且爲我亡，故吾得與之俱存；夫將爲我危，故吾得與之皆安。"顏《注》曰："'夫'猶'彼人'耳！"是也……《禮記·檀弓》曰："夫由賜也見我。"夫猶彼也。皇侃曰：夫謂丈夫。失之。

按：夫，防無切。

以上彼、匪、夫三字同位。

　　通作其。《釋詞》曰：其，猶之也……桓六年《左傳》曰："諸侯之大夫戍齊，齊人饋之餼，使魯爲其班。"成十五年《公羊傳》："爲人後者爲之子。"又曰："爲人後者爲其子。"

按：其，渠之切。

　　通作之。《釋詞》曰：《呂氏春秋·音初》篇（愚按："之子是必大吉"）注曰："之，其也。"……《禮記·檀弓》曰："公再拜稽首，請于尸曰：'有臣柳莊也者，非寡人之臣，社稷之臣也。聞之死，請往。"言聞其死也。《郊特牲》曰："天子樹瓜華，不斂藏之種也。"言天子但樹瓜華以供食而已，不收藏其種，以與民爭利也。《正義》曰："不收斂久藏之種。"失之……《詩·采綠》曰："之子于狩，言韔其弓；之子于釣，言綸之繩。""之"亦"其"也，互文耳。故《孟子·公孫丑》篇："天下之民皆悅而願爲之氓。"《周官·載師》注引此，"爲之氓"作"爲其氓"。

按：之，止而切。

以上之、其二字，與彼爲位同。

　　上來論撰，于聲轉之理既著明矣。然猶有二事須知曉者：一曰：《釋詞》訓語有殊，而其義固同者，如卷一"以，與也"，又曰："以，猶及也。"按："與"下云："與，及也。"如"以，與也"下云："得妾以其子。"又曰："神之聽之，式穀以女。""以猶及也"下云："拔茅茹以其彙。"又云："余一人有罪，無以萬夫。"是也。則與及同義。又曰："允，猶用也。"又曰："允，猶以也。"按：以云"語詞之用也"，如"猶用也"云："庶尹允諧。"又曰："時文思索，允臻其極。""猶以"云："百獸貞蟲允及飛鳥。"是也。則以、用之義無別。又曰："於，于也。亦有于句中倒用者。"又曰："於，猶在也。"按："于也"條云"其一 二 父兄私族於謀而立長親"，言私謀于族也。又曰："諺所謂室於怒市於色者，楚之謂矣。"言怒于室而色于市也。按："猶在也"云："於外曰公，於其國曰君。"是也。則二義亦無別。又曰："於，語助也。"又曰："於，發聲也。"按："語助"下云："於予擊石拊後。"《釋文》："於如字，或音烏，而絕句者非。""發聲"下云："於越入吳。"杜注："於，發聲。"則語助與發聲同。蓋王氏就諸書本訓而俱存之，不改，今則可合也。

　　一曰：本爲二義，以訓語同而遂合同爲一條者，如"伊，有也"。《詩·頍弁》曰："豈伊异人。"《箋》曰："豈有异人，疏遠者乎。"是也。又《我將》曰："伊嘏文王。"伊，有也，發語詞也。嘏，大也。"大哉文王"，歎美之詞也。"伊嘏文王，有皇上帝"，其文義相類。（愚按：豈有之有爲有無之有，有嘏之有爲發語詞之有，義自差殊。）又曰：《小爾雅》曰："諸，乎也。"《詩·日月》曰："日居月諸，照臨下土。"《傳》曰："日乎月乎，照臨之也。"（愚按：此即前引《説文》"乎，語之餘"。之乎，爲語助。）《禮記·祭義》曰："齊齊乎其敬也，愉愉乎其忠也，勿勿乎其欲其享之也。"（愚按：此即前云"乎，狀事之詞也"，若《易·乾·文言》"確乎其不可拔"之屬。）又曰："孝弟發諸朝廷，行乎道路，至于州巷。放乎搜狩，修乎軍旅。""諸"亦"乎"也（愚按：此即前引高注《吕氏春秋·貴信》篇曰："乎，於也。"亦即於猶在也之於）。此類是也。

附：聲轉表

本　字	同　紐	同　位	位　同
欥：詮詞也， 余律切 字或作聿， 作遹，俱余律切	以：羊己切	粵越曰：王伐切 爰：羽元切 于：羽俱切 爲：蓮支切	
曰：詞也， 王伐切	云：王分切 爲：蓮支切		
于：於也， 羽俱切	粵越：王伐切	於：央居切 繇由：以周切 乎：戶吳切 焉：於愆切 安：烏寒切	那：諾何切 都：當孤切 之：止而切 諸：章魚切 如：人諸切
於是：		安：烏寒切 案：烏旰切 焉：於愆切	乃：奴亥切
于：發語詞，亦爲 句中助詞	越：王伐切 云：王分切 有：云九切	允：余準切 惟維唯：以追切 也：羊者切 亦：羊益切 與：余呂切 夷：以脂切 伊：於脂切 抑：於棘切 意噫：於記切 一壹：於悉切 洪：戶公切 侯：戶鉤切 言：魚軒切 宜儀：魚羈切 義：宜寄切 幾：渠希切 其：渠之切 其：渠吏切 居：九魚切 厥：居月切	雖：息遺切 斯：息移切 思：息茲切 且：七也切 誕：徒旱切 迪：徒歷切 誰：視追切 逝噬：時制切 式：賞職切 率：所律切 所：疏舉切 疇：直由切 末：莫撥切 薄：旁各切 不：方久切 無：武夫切 勿：文弗切 夫：防無切 哉：祖才切 之：止而切 寧：奴丁切

續表

本　字	同　紐	同　位	位　同
烏: 歎詞也， 哀都切	猗: 於離切 噫: 於其切 抑: 於力切 意: 於記切 懿: 乙冀切 唉: 烏開切	嘻譆熙: 許其切 吁: 況于切 呼: 荒烏切 已: 羊里切	
乎: 語之餘也， 戶吳切		于: 羽俱切 歟: 以諸切 邪: 以遮切 也: 羊者切 爲: 薳支切 焉: 於愆切	爾: 兒氏切 而: 如之切 如: 人諸切 然: 如延切 來: 洛哀切 哉: 祖才切 諸: 章魚切 夫: 防無切 乎哉、與哉、 云乎、乎而、乎來
兮: 語所稽也， 胡雞切		猗: 於離切 也: 羊者切 邪: 以遮切 已: 羊己切 焉: 於虔切 忌: 渠記切 云: 王分切 矣: 于紀切 與: 以諸切	哉: 祖才切 斯: 息移切 呰: 息計切 思: 息茲切 者: 章也切 止: 諸市切 爾: 兒氏切 耳: 而止切 然: 如延切
與: 黨與也， 余呂切	以: 羊己切 惟維: 以追切	爰: 雨元切 越: 王伐切 于: 羽俱切 爲: 薳支切 謂: 于貴切 及: 其立切 暨泊臮: 其冀切	而: 如之切 如: 人諸切 若: 而灼切 之: 止而切 徂: 昨胡切

續表

本　字	同　紐	同　位	位　同
用:可施行也, 余訟切	以:羊己切 庸:余封切 與:余吕切 由猷攸:以周切 允:余準切 維惟唯:以追切	爲:薳支切 謂:于貴切	迪:徒歷切 而:如之切 率:所律切 式:賞職切 自:疾二切
由:自也, 以周切	繇䌛:余招切 用:余訟切 以:羊己切	因:於真切 爲:于僞切 謂:于貴切	
爲:薳支切, 又于僞切	于:羽俱切 謂:于貴切 有:云九切 爰:羽元切	與:余吕切 惟:以追切 用:余訟切 於:央居切	
已:既也, 羊己切 又作以		既:居毅切	終:職戎切 衆:之仲切
可:肯也, 肯我切	肯:苦等切	哿:古我切 猷:以周切	所:疎舉切
皆:俱詞也, 古諧切	蓋:古太切	一:於悉切	比:卑履切 凡:符咸切 夫:甫無切
有:云九切, 又于救切	員云:王分切 爲:薳支切	或:胡國切 惟維:以追切 伊:於脂切	

續表

本　字	同　組	同　位	位　同
或：疑也， 　胡國切		有：云九切 云員：王分切 一：於悉切 懿：乙冀切 意：於記切 抑億：於力切 噫：於其切 其：渠之切 蓋：古太切 豈：袪豨切 幾：渠希切 苟：古厚切 詎：其吕切	若：而灼切 將：即良切 且：七也切 則：子德切 即：子力切 自：疾二切 之：止而切 適：施隻切 所：疏舉切
又：有繼之詞， 　于救切 故：申事之詞， 　古暮切， 　又本然之詞	有：云九切	或：胡國切 亦：羊益切 以：羊己切	且：七也切 矧：式忍切 肆：息利切 所：疏舉切
曷：何也， 　胡葛切	何：胡歌切 害：胡蓋切 盍闔：胡臘切 胡：戶吴切 侯：戶鉤切 遐瑕：胡加切 號：胡刀切 奚：胡雞切	安：烏寒切 惡烏：哀都切 庸：余封切 其：渠之切 豈：袪豨切 幾：渠希切 遽：其據切 巨鉅距詎：其吕切 渠：强魚切 焉：於愆切	寧：奴丁切 獨：徒谷切 疇：直由切 誰：視佳切 孰：殊六切 曾：作滕切
兄：長也， 　許榮切		皇：胡光切	矧：式忍切
今：是時也， 　居音切			即：子力切 則：子德切 且：子餘切 徂：昨胡切

續表

本　字	同　紐	同　位	位　同
乃:曳詞之難, 奴亥切	寧:奴丁切 能:奴登切	而:如之切 如:人諸切 若:而灼切 然:如延切 仍:如乘切 徒:同都切 當:都郎切	斯:息茲切 曾:作滕切 晉憯嚌憯:七感切 則:子德切 載:作代切 呮:諸氏切 是:承紙切 識:賞職切 屬:殊玉切 適:施隻切 尚:時亮切 固故顧:古暮切 以:羊己切 一:於悉切 安:烏寒切 案:烏旰切 焉:於乾切 惟:以追切 羌:丘羊切 慶:丘敬切
寧:願詞也, 奴丁切			愁:魚覲切 願:魚怨切
尚:庶幾也, 時亮切		庶:商署切 然:如延切	猶:以周切 苟:古厚切 其:渠之切 幾:渠希切 汔:許訖切 乃:奴亥切 方:甫良切
啻:語時不啻也, 又作翅, 施智切	適:施隻切	衹:諸氏切 屬:之欲切 是:承紙切	多:得何切 特:徒得切 地:徒四切 第弟:特計切 亶但:徒旱切 獨:徒谷切 徒:同都切 直:除力切 唯惟:以追切 顧:古暮切 苟:古厚切

續表

本　字	同　紐	同　位	位　同
如：從隨也， 人諸切 如何者：別事詞也， 之也切	若：而灼切 而：如之切 若何、若之何 　諸：章魚切 　之：止而切	那：諸何切 奈：奴代切 當：都郎切 所：疏舉切	猶：以周切 與：余呂切 于：羽俱切 謂：于貴切 台：與之切 因：於真切 於：央居切 厥：俱月切
爾：詞之必然也， 兒氏切	然：如延切 如：人諸切 若：而灼切 而：如之切	斯：息移切 諸：章魚切	云：王分切 焉：於愆切 乎：戶吳切 其：渠之切 彼：甫委切
正：是也， 之盛切		是氏：承紙切 寔：常隻切 實：神質切 時：市之切 適：施隻切 然：如延切 斯：息移切	于：羽俱切 惟：以追切 伊：於脂切 繄：烏雞切 焉：於愆切 於：央居切 云：王分切 祈：渠希切
此：止也， 雌氏切	且：七也切	咨：即夷切 呰：將此切 茲：子之切 徂：昨胡切 斯：息移切	已以：羊己切 之：止而切 是：承旨切 時：市之切 寔：常隻切 若：而灼切 爾：兒氏切 伊：於脂切 繄：烏雞切 今：居音切 其：渠之切 乃：奴亥切 夫：防無切 且：七也切 且夫、今夫

續表

本　字	同　紐	同　位	位　同
且:將也, 七也切		將:即良切 藉:慈夜切	當:都郎切 獨:徒谷切 如:人諸切 聊:洛蕭切 爲:于僞切 其:渠之切 苟:古厚切 假:占雅切 鄉:許諒切 行:户庚切 方:甫良切
㒸:從詞也, 徐醉切 通作遂		雖:息遺切 肆:息利切 斯:息移切 即:子力切 則:子德切	唯惟:以追切 爲:蔦支切 乃:徒亥切 當:都郎切 而:如之切 如:人諸切 若:而灼切 然:如延切 故:古暮切 安:烏寒切 案:烏旰切 之:止而切 是:承紙切 每:武罪切
不:弗也, 甫九切	非:甫微切 匪:非尾切 弗:分勿切 彼:甫委切	無:武扶切 蔑:莫結切 罔:文紡切 勿:文弗切	
非:違也, 甫微切	匪:非尾切 不否:方久切	無:武扶切 微:無非切 勿:文弗切	
毋:止之也, 武扶切	勿:文弗切 不:方久切	無:武扶切 末:莫撥切	

續表

本　字	同　組	同　位	位　同
亡：逃也， 　　武方切	毋：武扶切 罔：文紡切 勿：文弗切 微：無非切 未：無沸切 末：莫撥切 莫：慕各切 蔑：莫結切 靡：文彼切	不否：甫九切	
未：無沸切	末：莫撥切 無：武扶切		
彼：往有所加也， 　　甫委切	匪：甫委切 夫：甫無切		

略述清代以來古韵家言四聲

自清初以來，三百餘年，講古韵者相繼以起，而四聲之或有或無，迄未有定論。

顧亭林首創入爲閏聲，其意謂古之入聲全讀同陰聲之平、上、去，今讀入聲者，實由三聲之變轉而成，故謂之曰"閏"。

江慎修《古韵標準》，其平、上、去三聲各分十三部，入聲分八部。《例言》謂《詩經》平自韵平，上、去、入自韵上、去、入，是《詩經》之讀實當備四聲矣。

段茂堂《六書音均表》一謂上聲備于《三百篇》，去聲備于魏、晉，其第四卷《詩韵譜》共分十七部，每部目下載《陸韵》四聲韵目有去聲，而表中以去聲分附于平、上、入三聲之內，不分別列出。

孔㢲軒《詩聲類》謂入聲創自江左，非中原舊讀，今之入聲，于古皆去聲也。

章太炎謂有入聲者，陰聲有質、曷、術三類，陽聲有緝、盍二類，藥、覺八韵，皆宵之六韵之變聲，不爲入聲。

總此五家之說，各不相同。今略述其所持之理及他賢所論并附鄙見于下：

顧氏《音論》中卷"入爲閏聲"條云：《詩三百篇》中，往往用入聲之字，其入與入爲韵者什之七，與平、上、去爲韵者什之三。以其什之七，而知古人未嘗無入聲也。以其什之三，而知入聲可轉爲三聲也。故入聲聲之閏也，即依此說。以什之七從什之三，以多從少，于理難通，顧氏分韵爲十部，依後來諸家所定，則不當合爲一部者多。

顧氏又立四聲一貫之說，强以入聲從陰聲平、上、去之讀。若從四聲分韵之理，則入聲與其三聲相通者，又未必有什之三也，如《小戎》

一章"小戎俴收"原注：十八尤與下文軜十八尤、驅十虞、續三燭，今當轉爲平聲、轂一屋，轉音姑、馬十遇、玉三燭，轉音魚、屋一屋轉音烏、曲三燭，轉音祛，是入聲之改讀爲平者，顧氏定之也。

《古韵標準·韵例》云："顧氏意屋即爲烏之入聲，于是悉轉續、玉、屋、曲以協驅，此顧氏之蔽。又如《皇矣》三章'柞棫斯拔'原注：入末聲十三與兑去聲十四泰、隊十八隊、季六至、友音以，上聲六止。"

王念孫《古韵二十一部》以友聲、兑聲列去聲祭部，云祭、泰、夬、廢四部與入聲月、曷等六部同用，而不與至、隊諸部同用，則泰、隊且不可通用，更不必論上聲之友矣。

顧氏改入讀平，已爲後來學者所不許，而其言上、去、入通用者，亦無人從之。

《古韵標準·例言》第六云："四聲雖起江左，按之實有其聲，不容增減，此後人補前人未備之一端，平自韵平，上、去、入自韵上、去、入者恒也。亦有一章兩聲或三、四聲者，隨其聲諷誦詠歌，亦自諧適，不必皆出一聲，如後人詩餘歌曲，正以雜用四聲爲節奏。詩韵何獨不然？顧氏《詩本音》改正舊叶之誤頗多，亦有求之太過，反生葛藤。如一章平、上、去、入各用韵，或兩部相近各用韵，率謂通爲一韵，恐非古人之意。《小戎》二章以合、軜叶驂，以念叶合、軜、邑，尤失之甚者也。"江氏斯語，深中其病，以之推論其餘，自足明辨其得失矣。

江氏《古韵標準》將全詩章句悉依四聲分列，其《韵例》中又立"四聲通韵"一目，共二百十一條，惟江氏分部，亦未盡當，依後來諸家所立韵部及韵例，尚有可議者，如謂《行露》二章云，家與角、屋、獄、足平、入爲韵按《行露》二、三章皆有"誰謂女無家"一語，三章牙、家相叶，此句則與三章此句相叶，亦如《六書音均表》二謂《葛覃》一、二章谷、谷相叶之律相同。又如《干旄》首章紕、四、畀平、去爲韵按《毛傳》云："總紕于此，成文于彼。"蓋讀紕爲比次之比。《釋文》云："毛，符至反。則紕正爲去聲。"凡如此者有卅五章，皆不得謂之通韵。其餘一百七十六章，計平、去相叶者五十章，如《鵲巢》首章之居上平九魚、御去聲九御，《擊鼓》二章之仲去聲一送、宋二宋、忡上平一東等。

凡平、上相叶者四十章，如《小星》二章之昂上聲卅一巧、裯猶下平十尤、《定之方中》二章之虛上平九魚、楚上聲八語等。

凡上、去相叶者卅四，如《氓》六章之怨去聲廿五願、岸泮晏旦廿八翰、反上聲廿阮。《叔于田》二章之狩去聲四十九宥、酒上聲四十四有等。

凡上、入相叶者四章，如《桑柔》十二章之谷穀入聲一屋、垢上聲四十五厚、《潛》之鮪上聲五旨、鯉祀六止、福入聲一屋等。

凡去、入相叶者卅，如《泉水》三章之藦入聲十五鎋、邁去聲十七夬、衛十三祭、害十四泰。《君子偕老》二章之翟入聲廿三錫、髢掦帝去聲十二霽等。

凡平、上、去相叶者十一，如《漢廣》首章之廣上聲卅七蕩、泳去聲四十三映、永上聲卅八梗、方下平聲十陽。《野有蔓草》首章之溥上平聲廿六桓、婉上聲廿阮、願去聲廿五願等。

凡平、上、入相叶者一，如《清人》三章之軸入聲一屋、陶下平聲六豪、抽十八尤、好上聲卅二晧。

凡平、去、入相叶者二，《中谷有蓷》二章之修下平聲十八尤、歗歎去聲卅四嘯、淑入聲一屋。《抑》十一章之昭下平聲四宵、樂教去聲卅六效、耄卅七号、虐入聲十八藥。

凡上、去、入相叶者一：《蕩》五章之式入聲廿四職、止上聲六止、晦去聲十八隊。

凡平、上、去、入相叶者一：《揚之水》二章之晧上聲卅二晧、繡去聲四十九宥、鵠入聲二沃、憂下平聲十八尤。

在此百七十四條之中，不見有平、入二聲相叶者，江氏入聲第一部總論云：入聲與去聲最近，《詩》多通用爲韵，與上聲韵者間有之，與平聲韵者少，以其遠而不諧也。江氏所謂遠而不諧者，以平聲元音與入聲者迥乎不同，又平聲尾音舒長，入聲急促故耳。

段氏《六書音均表》一云：古平、上爲一類，去、入爲一類，上與平一也，去與入一也。《經韵樓集》六《答江晉三論韵書》云：古四聲之道，有二無四，二者平、入也。平稍揚之則爲上，入稍重之則爲去，故平、上一類也，去、入一類也。抑之揚之舒之促之順逆交遞，而四聲成。古者創爲文字，因乎人之語言爲之音讀，曰平上，曰去入。凡今人讀上、去而《表》中參五求之，的知其平；今人讀去而《表》中參五求之，的知其入，因乎《詩》而我無與焉也。依此説以觀其《表》，即可明段氏之規律矣。

《答江書》又云：以本聲爲用，以諧聲之字互相求，以一聲數字互相求者，皆從《表》中諧聲字之聲爲定。凡從此平聲字爲諧聲者，無論其讀爲上、去、入聲，一律定之爲平聲。即與此字相叶之上、去、入字，亦一律讀之爲平，如交聲平也，而上聲之皎，去聲之儌，入聲之較、駁，以其皆從交聲，此四字概以平聲讀之，其與皎相叶之僚、糾、悄，與儌相叶之教，與較相叶之綽、謔、虐，與駁相叶之櫟、樂，亦皆讀之爲平。甚至與悄相叶之小、少、摽，與樂相叶之鑿、襮、袄，與虐、謔相叶之蹻、毫、熇、藥，再與蹻相叶之藐、濯，與濯相叶之削、爵、溺等，亦皆讀爲平聲。所謂參五求之者正如此。《表》中所列之字，自本乎《詩》而讀之爲平者，則是段氏矣。

觀《表》中讀上、去諸字，則多以平聲爲之歸。所以《表》分十七部，而有上聲者惟第一部止、海，第三部有，第四部厚，第五部語、麌、姥，第十五部旨、尾、薺、駭、賄獨立列其字。餘部雖列上聲之目而未分立，如第二部之藻、悄、小、少、摽、皎、僚、糾、炤、燎、紹、懆、鎬，第七部之簟、寢、錦、甚、玷、貶，第八部之檻、菼、敢、萏、儼、枕，第九部之共、勇、動、竦、總，第十部之景、養、兩、蕩、仰、掌，第十一部之領、騁、冥、潁、屏，第十二部之盡、引，第十三部之灑、洗、殄，第十四部之轉、卷、選、變、管、反、遠、壇當作墠、阪、繭、悁、踐、幝、痯，第十七部之禍、我、可。此七部之上聲字，悉如第二部讀平之律，順序列出，此亦當謂之曰人爲，決非從其本然也。

上、入之情既如此，依第一部去聲分附平、上、入，第二部全讀爲平。《表》中去聲之讀，不出是二例。是亦當云人爲，非其本然也。

《表》一云：第十五部入多轉爲去聲，與左思、郭璞之賦，謝惠連、江淹之詩，謂其去聲俱讀爲入，不與去聲備于魏、晉之論相齟齬乎？又如《詩經韵表》第一部平聲舉《子衿》二章之佩、思、來，《渭陽》二章之佩、思《釋文》思，息嗣反，是佩、思俱讀去聲。《采薇》三章之疚《釋文》疚，久又反、來，《杕杜》四章來、疚《釋文》疚，居又反，《大東》二章來、疚，《召旻》五章富、時、疚、兹。此即江慎修云交錯韵。富、疚是去聲，時、兹是平聲。段氏以疚爲平者正以時、兹、來三字皆平也。其上聲有《小宛》二章之克、富、又，《賓之初筵》五章之識、又，而平聲中則有《南有嘉魚》四章之來、又，此同一又字而或讀平，或讀上，其理安在？其入聲，有：《我行其野》三章之蓄、特、富、畀，《瞻卬》五章之富、忌，《閟宮》五章之熾、富、背、試，此與《召旻》同一富字或讀上，或讀入，于理俱難通。何如仍立去聲，使之各歸其類，讀者不致有疑，豈不善歟？蓋段氏不從四聲通韵之例，依宋、明人强紐爲一聲之説而出于此也。

孔㢸軒《詩聲類》陰聲二《後論》云：周京之初，陳風制雅，吴越方音，未入于中國。其音皆江北人脣吻，與中原音韵相似。故《詩》有三聲，而無入聲。今之入聲于古皆去聲也。此語也，與顧氏讀入爲陰聲平、上、去者相異。顧氏于韵中字多爲注音，多舉各書之證，而《詩聲類》但就《詩》中字音與今讀相異者乃爲注音列證，不太疏乎？

又陰聲六《後論》云：緝、盍諸韵，爲談、鹽、咸、嚴之陰聲，皆閉口急讀之故，不能備三聲。《唐韵》所配入聲，唯此部爲近古，其餘部古悉無入聲。但去聲之中，自有長言、短言兩種讀法，每同用而稍別畛域。後世韵書遂取諸陰部之短言者，一改爲諸陽部之入聲。是故入聲者，陰陽互轉之樞紐。而古今遷變之原委也。舉之、咍一部而言，之之上爲止，止之去爲志，志音稍短則爲職，由職而轉則爲證、爲拯、爲蒸矣。咍之上爲海，海之去爲代，代音稍短則爲德，由德而轉則爲嶝、爲等、爲登矣。

按：入聲三十四部、陽聲三十五部、入聲屋至覺四部，與上平聲東至江四部次第等呼開合全同，實相當也。又入聲質至薛十三部與上平聲真至山、下平一先、二仙共十四部。 按：二十四痕無入聲，戴東原《聲韻考》以没韻下没、乾等字爲痕入，則亦十四矣。故十三部、又入聲藥至德八部與下平聲陽至登八部相當。 又入聲緝至乏九部與下平聲侵至凡九部相當。

從韻書次第開合洪細完全相同論之，是入聲與陽聲實一貫相承也。若以入聲與陰聲相此，入聲一屋之一等與下平十九侯相當。 然侯開口、屋合口，又屋之三等與下平十八尤相配，然尤亦開、屋亦合。

二沃與下平聲六豪相配，然豪亦開、沃亦合。

三燭與上平十虞相配，四覺二等開合口與下平二等開口之五肴相配，然肴但有開無合。

五質三等開口，六術三等合口，七櫛二等開口，三韻相并，始與上平六脂一韻相配。

入聲八物三等合口，九迄三等開口，二韻相并，始與上平八微相配。《十月》三等開合口，無平聲，去聲二十廢與相配。 十一没一等合口與上平十五灰相配但没有開口之紐，灰韻無開。 十二曷一等開口、十三末一等合口與下平七歌、八戈相配但戈韻有三等開合口，諸紐、末韻俱無。 而去聲十四泰一等開合口亦與之配。

入聲十四黠二等開合口與上平十四皆相配，入聲十五鎋二等開合口無平聲，惟去聲十七夬與之配。 入聲十六屑四等開合口與上平十二齊相配。 入聲十七薛三等開合口無平聲，惟去聲十三祭與之配。 入聲十八藥三等開合口，其合口與上平九魚相配。 開口與下平四宵相配。

入聲十九鐸一等開合口與上平十一模相配模無開口。 入聲廿陌二、三等開合口與下平九麻相配麻無三等合口，入聲廿一麥二等開合口與上平十三佳相配。 入聲廿二昔三等開合口與上平五支相配。 入聲廿三錫四等開合口與上平十二齊相配自段氏分支爲十六部，脂爲十五部，齊韻字因之亦分。 如從支、䙰、知、卑、斯、虒、圭、佳、厄、奚、兒、規、危、兮、蠲等聲字屬支，從妻、飛、皆、自、私、夊、衣、鬼、晶、襄、綏、枚、禾、祁、敊、非、韋、幾、佳、崔、夷、犀、眉、希、氏、師、威、毘、麋、伊、回、尸、黎等聲字屬脂。 又與下平三蕭四等開口相配。二十四職三等開合口與上平七之相配之韵無合口。二十五德一等開合口與上平十六咍相配咍韵無合口。

入聲配陰聲，其參錯多寡有無相異如此，自不當謂入聲相近也。陽聲之出于鼻孔，入聲短促，及鼻而止，其轉爲平上去者在陽聲則少。即以緝合九韵而論，如㸍，五合切，轉覃韵爲五含切之顲。勘韵爲五紺切之㑳。如十，是執切，轉侵韵爲職深切之針，沁韵之任切之針。如乏，房法切，轉凡韵爲匹凡切之芝、符咸切之杋，鹽韵府廉切之砭，琰韵方斂切之貶，梵韵孚梵切之泛，豔韵方驗之窆等。又如妠，奴答切，轉勘韵爲奴紺切。又如合，侯閣切，轉覃韵爲古南切之弇、烏含切之媕，感韵烏感切之黤，敢韵烏敢切之揞，儼韵衣儉切之弇，豔韵於豔切之愔，又於驗切。如執，之入切，轉添韵爲都念切之墊等。又如劦，胡頰切，轉釅韵爲許欠切之脅等。又如耴，陟葉切，轉添韵爲丁兼切之㩫等。又如図，女洽切，轉賺韵爲女減切之圖。又如盇，胡臘切，轉豔韵爲以贍切之豔等。凡十條。

昔段氏《答江晉三書》云：八部即合、盇、洽、狎、業、乏與十五部即平聲脂、微、齊、灰；去聲泰、夬、廢相通處不可枚數。内、納，盇、蓋，葉、世，中、衷，劦、協、荔、爾、籋，夾、痰、瘱、瘵，皆兩部交通，以及立、位同用，對、答同用，達、沓同用，甲、蓋同用，逮、遝同用，皆其理也。按：緝、合爲閉口入聲，脂、微等爲舒舌平、去。緣緝合之讀，及鼻而止。

戴東原《答段氏書》云：侵以下九韵獨無配，則以其爲閉口音。而配之者，更微不成聲也。戴君所謂無配，謂侵以下無陰聲爲之配也；謂微不成聲者，以口既閉則無由發出爲喉音，故云不成聲也。緝、合之讀，及鼻而止，其轉爲侵、覃者至尠。從《廣韵》覓之，其聲僅十。然其轉成脂、微者，以其本不再從鼻出，折而爲舒舌之喉音，其勢極自然。所以段君謂其相通處爲不可枚數矣。

孔氏謂凡入聲隸陰聲，因以緝、盇亦爲陰，與談、鹽諸部相配，實欲現其所以爲對轉，非緝、盇本然之然之態也。孔氏習公羊家言，竊取何休《注》之長言擬去聲，短言擬入聲，去、入既有長短之實讀，自應分別爲之立名以標識之，使人無惑。今孔氏既顯言其有別，而又廢其固有之名，其理安在？

察其卷中所注讀若，有用今之去聲者，如陰聲二上云：翟本音櫂、積云從責之字聲當以債爲正、蝪云從易之字，古并讀若難易之易。有用今之入聲者，如陰聲三云：白云從白之字，聲當以泊爲正。按：《詩經》無泊字。江氏亦無由爲之注音，則泊之古讀爲何耶、戟云古讀若各，《詩經》亦無用各字爲韵者，各古讀又爲何耶。陰聲四云：渥古讀若屋、嶽古讀若獄，《詩》中固有以屋、獄爲韵者，而孔氏概未注音。其用去聲字則無由見其爲短音之狀，其用入聲字，更無以見其有何殊于今讀也。

孔氏拘于對轉之規，陽聲陰聲必使之相對，但陽聲卅五，陰聲平、去纔二十六，勢有所不可。于是析閉口之侵、覃、凡厠立于冬、登二部之閒，强以與翹舌陰聲之宵、肴、豪相對，是侵、覃、凡爲翹舌矣。又以入聲緝、合九部獨立爲陰聲、爲入聲，以對閉口之談、鹽、添、咸、銜、嚴六部，而此全部二十一字無一字有讀若。是此九部者，完全讀爲入聲，與其古無入聲之旨既違，與戴君微不成聲之論亦悖，與顧君轉讀爲平、上、去之理亦爲不足。若但重其對轉，而輕徇其入聲之説，恐非談音者所許也。

章太炎《國故論衡》上卷首載《成均圖》云：古音本無藥、覺、職、德、沃、屋、燭、鐸、陌、錫諸部，是皆宵、之、幽、侯、魚、支之變聲也。有入聲者，陰聲有質、櫛、屑一類，曷、月、鎋、薛、末一類，術、物、沒、迄一類。陽聲有緝類、盍類耳。顧君以藥、覺等部悉配陰聲，徵之《説文》諧聲，《詩》《易》比韵，其法契較然不移。若藐得聲于貌，沃得聲于芺，爍得聲于樂，試得聲于式，蕭得聲于肅，竇得聲于賣，博得聲于尃，錫得聲于易，兹其平、上、去、入皆陰聲也。遽數之不得終其物。

意章君此言，殆爲諧聲字所囿，苟如所舉，如槩之得聲于收，充得聲于育，莫得聲于艸，冥得聲于冂，劚得聲于豕，悚得聲于朿；掠有亮、略二讀；螣蛇之螣，《詩》借爲蟘。是皆屋、德、鐸、錫諸部之字，似可謂其皆本于陽聲，爲東、登、唐、青之變聲矣。

　　章君又云：未有言力、式似挼、勝，言錫、迷似性、定，言郭、鐸似
桄、宕，言罵、竹似冬、中者，此則入聲不繫陽聲，今音猶舊音也。

　　此語似亦有所蔽。入聲所以極少轉爲陽聲之平、上、去者，以入聲
所發鼻音，甫及鼻而止，而欲其轉爲出于鼻爲平、上、去之讀直爲不可
能。故折而下出于喉爲之平、上、去者遂至倍蓰。自《中原音韵》及凡
詞曲類之韵書，無不以入聲之字分附于陰聲之平、上、去者，實本于歌
詠，亦全出于語音自然之態，非由造韵書之造作也。以段君所云八部與
十五部交通之證，以映證章君所定袷讀如禁，厭讀如蔭，人讀如滲，執
讀都念切，盍讀以贍切，乏讀方驗切，是又顯違段君古無去聲之旨矣。

　　章君又云：古平、上韵無去、入，去、入韵亦無平、上，證以《詩經》
四聲通韵之條，則亦未見其當矣。又云：《詩》之《小戎》以驂、合、邑
爲韵，《常棣》以合、琴、翕、湛爲韵，正以平、去閒叶矣。此正《詩本
音》如是。《古韵標準》入聲第七軜下云：顧氏蔽于入聲通轉平、上、
去之説，謂驂、合、軜、邑念平、去、入通爲一部，驂何能與合、軜、邑
韵？又翕下云：兄弟既翕與合韵。愚謂此正《標準》所謂交錯韵，合、
翕相叶，琴、湛相叶，非平、入閒叶，更未可以合、軜、邑、翕四字俱爲去
也。章君入聲之論，實有當商榷者矣。

　　總觀五君所論，至不相同。顧君謂入爲閏聲，以入讀同陰聲之平、
上、去。舉證繁多。緝、合九韵讀同侵、覃諸韵之平、上、去，音證疏闊。
孔君謂入聲古俱讀爲陰去，而以緝、合等爲陰入，與談、鹽、咸、嚴爲對
轉。段君謂平、上一類，去、入一類，而古無上、去。章君謂平、上與去、
入塹截兩分，以質、術等爲陰入，緝、盍等爲陽入。而藥、鐸諸部，又以
爲宵、魚諸韵之變聲而非入聲。江君析《詩》章句，分屬四聲，然又有
四聲通韵之例。今欲定《毛詩》之韵，每字之古讀則必先定韵部，定韵
必先定四聲。四聲不定，分韵字讀，俱無由定矣。余雖衰老，謹以三百
年來未能決定之四聲，録五家之説，附寫鄙見，以乞教于學者，得聞要
論，非獨個人之深幸也。

段玉裁古合韵説述評

前　言

　　合韵之名，始于顔師古之注《漢書》，以漢代韵文用韵，與隋、唐韵書韵部中所列字不相符合，乃爲擬定一字，以定其當讀之音，因曰合韵音某，固不可即謂爲漢代之音，或即謂《唐韵》如是，亦爲不可。此乃注家之擬作，并非當時人民口中語言之音。《漢書注》之音，即如是也。合韵亦猶《詩》釋文所云“協韵”，亦云“協句”。并皆是注家之擬定，以釋讀者之疑。後來吳棫作《韵補》，不明此意，其韵目下已注“古通某韵”，顧炎武因已斥其謬誤矣。段玉裁以顧炎武、江永沿用《廣韵》韵目無由討古音之源，因定二百六部爲十七部，創立“古本音”之名，謂古與今异部者，古合韵之名，謂古與古异部而合用之者。玩其合韵舉出之證，每一字必注云“本音在第幾部”，順敍列出，甚至合入八部。錯綜以觀，幾于部部可通焉。其後孔廣森《詩聲類》、嚴可均《説文聲類》、章炳麟《成均圖》，無不師之，以成其説，以作詁定讀之塗轍。然皆各有得有失。今就段氏《六書音均表》中三、四兩表之言古合韵者而論之，以求教于今世之論古韵者。評表三者爲上篇，表四者爲下篇。

上　篇

　　昔顔師古注《漢書》，始于《司馬相如傳》蝘蜒貙豻郭璞曰：豻音岸。師古曰：豻合韵，音互安反、離散別追師古曰：追，合韵，音竹遂反、今視其來師古曰：來，合韵，音郎代反。此皆謂其字因上下文而改易其讀，以求其叶韵，固不可謂之爲漢音，即欲謂爲唐初之讀音，亦爲不可。如《漢書·敍傳》述《文帝紀》云：“陵不崇墓。”師古注云：墓合韵音模，以與上文之孥字爲韵，故必改讀平聲。又述《韋賢傳》云：“叔孫是謨。”

師古注云：謨合韵音墓，以與下文度、路二字爲韵，故必改讀平聲爲去聲。尋繹注意，則顔氏所言“改讀”之理，極爲明白。若以是指爲唐初之語音，觀其讀一字之音而平、去無定，既不合語言之規律，亦破壞韵書模、暮二部之成立。設更因謨、墓二字之互讀，從而輾轉推論二韵其餘諸字之讀，豈不惝怳無憑耶？

昆山顧亭林分古韵爲十部，其《詩本音》依《詩經》全書篇章次第隨句注明韵目，一章中韵有不同部者，于韵目之左作一橫畫，以示其界，間或加注古音，雖具載古讀，然緣文散處，難于尋索。江慎修《古韵標準》依《廣韵》列字之次第，其常見無他音者，直列字及反語，不録經文。其有他音及辨證朱熹《集傳》之叶音者，乃舉經文之證，不全具于書中。雖欲比勘以定其讀，實不可能。

段氏立表，既依其韵部，復順經文篇章次第，以匯列其用韵之字，直至卷末。如是則每部中互校其前後聯繫之字，即足顯其確切之古讀，方式極爲簡明，此段氏創造者一也。

每部後立“古本音”一目，取表中字右之有△者，必注其下云“某聲在此部”“某篇幾見，今入某韵”；次立“古合韵”一目，于表中字外加〇者注云“本音在第幾部，某篇以韵某”，或并云“讀如某”，使周、秦音與今讀及古本音中互不相合者，在每部中分別井然，一覽而明，此段氏創造者二也。

以表著明古讀而注中又兼述今音之由來，如第一部古合韵節注云：“《離騷》合韵服字，讀如側，此今韵即、唧字入職韵之所因也。”又如第五部古本音蹟注云：“庶聲在此部，《屈賦》一見，今入昔……晉盧諶《答魏子悌》用第十六部腋、績、迹、翮、監、昔、易、厄、積、役、惕、隔、賾、璧十二字而雜以腋、昔字。陶淵明《移居》以宅、夕、席、昔與役、析韵……此第五部入聲入于第十六部入聲之漸而《法言》之所因也。”此段氏創造者三也。

顧炎武《古音表》順《廣韵》二百六韵次第，析之爲十部。即一韵之中，又取諧聲字，依古音之分別，隨類布列，或爲二分之一，或爲三分之一, 皆云某韵之半, 謂其古讀與其餘諸字之讀不相同, 并爲各擬一音, 以明其實。

江永《古韵標準》從之, 又析十部爲十三部。 于顧氏所謂分者仍曰"分某韵", 又立"別收"一目, 謂韵本不通而有字當入此部者。

段玉裁作《六書音均表》, 分五表: 其表一言古本音、變音、分部三者之理; 表二類列《説文》諧聲之聲旁以確定本音之形; 表三言古與古异部而合用之故; 表四爲《詩經韵表》; 表五爲《群經韵表》, 俱分爲十七部。 在表四之每部後創立"古本音"一目, 謂與今韵异部者, 依經文先後次列, 于字旁識之以〇。 又立"古合韵"一目, 謂與古本音不合者, 依部之先後次列, 字外加之以〇。 表五中之字, 并附列于二目中, 以省兩讀, 直以此表爲唐虞三代、秦、漢時之韵書。

段氏比江氏增加四部: 其一, 析江氏第二部中六脂、七之各立爲第十五部、第一部; 其二, 析江氏第四部十八諄等爲第三部; 其三, 析江氏第十一部中十九侯爲第四部; 其四, 此四部之分, 憑證而立, 雖未言音理, 自戴震以下從其説, 今可以音理爲補作解。

段氏謂音之侈斂必適中, 過則音變, 故以之、宵、尤、魚、蒸、侵、嚴、凡、鍾、陽、清、真、諄、文、欣、元、脂、微、支十九韵爲正音。 此十九韵, 皆有舌上或輕脣者。 果以錢大昕"古音無輕脣、舌上諸紐"之律相規, 則此十九韵皆非古正音矣。 表三第二部與第一部同入説云古音多斂, 自音侈變爲肴、豪, 鮮能知其入音矣, 此謂之、咍變爲肴、豪。

檢表四第二部"古合韵"條中無一字云本音在第一部者, 在第三部"古合韵"中, 始有本音在第一部久、福、疚、在、稷五字, 則之、咍變爲肴、豪之説無足徵者。 即就此條所引諸證, 亦當商榷, 如引《太史公自序》述《周本紀》云: "既喪酆、鎬……洛邑不祀。" 云鎬在二部, 祀在一部。 又引《高祖紀》云: "子羽暴虐, 漢行功德。" 云虐在二部, 德在一部。 合韵也。

今按: 自序凡百三十, 有韵者僅六十四。 此六十四中, 本紀居其九。 而此九者中, 如《五帝紀》之序、度序上度去, 自序中無此相叶例, 《殷紀》

之衡、享,《秦紀》之鳥、帝,《始皇紀》之運、虜,《吕后紀》之宗禍,《景紀》之恣、亂、然、富,皆爲非韵之句。《周紀》之鎬、祀,《高紀》之虐、德,實亦非韵之句,一也。

又引《漢書·敘傳》述《元后傳》:"元后娠母,月精見表。遭成之逸,政自諸舅。陽平作威,誅加卿宰。"云:"母、宰一部,表二部,舅三部,合韵也。"

今按:《敘傳》述《五行志》末句云:"'王事之表',表字似韵。"但上文是禹、敘、武、舉四字。又述《西域傳》次句云:"'夏后是表',似亦爲韵。"然上文是序,下文爲旅。禹、敘、武、舉、序、旅俱屬《音均表》第五部,而非第一部。再以述《楚元王傳》"'伯兮早夭''平陸乃紹',而與楚協"。又述《季布傳》"'田叔殉趙',與下文主、魯相叶"。夭、紹、趙皆在第二部,而與第五部楚、主、魯相叶,豈此表字必與第一部字相叶乎?若以《五行志》《西域傳》之表爲非韵,則此表字亦當相同爲非韵矣。表字非韵,則舅字亦當非韵。此四句但以首句四句母宰相叶耳。

表三又云:"异平同入爲合韵之樞紐,謂職、德二韵爲第一部之入聲,而第二部、第六部之入音即此也。"今按:异平同入者,本謂收鼻收喉同一元音即韵腹。收鼻平聲爲三十五,入聲三十四。入聲短促,及喉頭而止,不入于鼻,其勢與收喉者極似,因此故入聲之轉爲平、上、去,與平、上、去之轉爲入聲者,俱多在收喉音。所以《古音表》竟以入聲屋至德二十五韵分繫于收喉各韵下,唯緝至乏九韵仍繫于侵、凡九韵下,同爲入聲,而或屬收喉之平、上,或屬收鼻之平、上、去,豈不又分歧耶?

江永《四聲切韵表》始云入聲可同用。江氏所謂同用者,謂收鼻之韵與收喉之韵,其韵首即今云介音、韵腹即今云元音俱相同,而其韵尾即今云尾音,收鼻收喉不相同者,始能對一入聲。入聲之韵首、韵腹與收鼻收喉二韵之形狀完全相同,則其讀極相似,其音遂因之而轉易,其規律極爲嚴密。

段氏不如是，但取《説文》諧聲之聲、經傳韵語之用字爲證，建立異平同入之名，并謂爲合韵之樞紐。其有以一收鼻韵，一收喉韵，共同一入聲者，如謂：“六部下平十六蒸、十七登與一部上平七之、十六咍，九部上平一東、二冬、三鍾、四江與三部下平十八尤、二十幽，十部下平十六蒸、十七登與五部上平九魚、十虞、十一模同入。”即上爲收鼻之韵與下爲收喉之韵，共同對一入聲，即孔廣森《詩聲類》所謂陰陽對轉，後來皆遵用此名稱。

又曰：“二部下平三蕭、四宵、五肴及六豪與一部見上同入，四部下平十九侯與三部見上同入，十七部下平七歌、八戈、九麻與十六部上平五支、十二佳同入。”此六部皆收喉，收喉既同，則其韵腹必不同。韵腹既不相同，則相對入聲之韵腹祇能與其一之韵腹相同者成聲轉，其一之不相同者無由相轉矣。此二收喉之韵，絶不能共同一入聲也。

又曰：“十一部下平十二庚、十三耕、十四清、十五青與十二部上平十七真、十九臻、下平一先同入。”

按：十一部舌根向上腭，則氣全從鼻出，《音韵闡微》名之曰“收鼻音”。戴震從之。十二部舌尖平觸下齒，則氣從鼻口分道而出，《音韵闡微》名之曰“收舌齒音”。戴氏亦從之。所出之道既殊，氣之多寡迴別，故質、櫛、屑不可以爲庚、耕、清、青之入也。

又曰：“十三部上平十八諄、二十文、二十一殷、二十三魂、二十四痕、十四部上平二十二元、二十五寒、二十六桓、二十七删、二十八山、下平一仙、十五部上平六脂、八微、十四皆、十二齊、十五灰同入。”

按：十三部、十四部俱爲收舌齒，然十三部不圓唇，十四部圓唇。蓋十三部諄之入爲術，其收喉音爲脂之合口；文之入爲物，欣之入爲迄，其收喉音俱爲微；魂之入、痕之入俱爲没，其收喉俱爲灰；删之入爲黠，其收喉爲皆。此俱是不圓唇。十四部元之入爲月，其收喉爲廢。寒之入爲曷，其收喉爲歌。桓之入爲末，其收喉爲戈。山之入爲鎋，其收喉爲夬。仙之入爲薛，其收喉爲祭。此俱是圓唇。圓唇則口腔緊張，不圓唇則口腔鬆弛。出音既有鬆緊之殊，其音自别。段氏十五部之去、入誤合一，故古韵二十一部分之。

又曰："第十七部與第十六部合用最近，其入音同第十六部。"然未舉證。檢表四，十六部古合韵列離、蠡二字，云"本音在第十七部"，舉《屈賦》《老子》爲證，云："離字入支韵蓋久矣，于《三百篇》無徵。"然《屈賦》之離見于十七部者四，見于十六部者一，多寡相懸，殆音變之始，未可名曰合用。至謂十七、十六同以陌、麥、昔、錫爲入，按：支、佳之古本音實爲齊韵，觀表二所列諧聲可見。蓋齊韵之變爲脂、微、皆者，以屑爲入。其變爲支、佳者則以錫爲入。故麥當配佳，昔當配支，此見于《四聲切韵表》者固如此。錫、齊俱爲四等，未可與一等之歌、戈同入也。

表三又云："第十一部與第十二部同入，如《今文尚書》辨、秩，《史記》作平、程。"

按：《尚書撰異》一云："上文'平章'，鄭亦作'辨章'。"鄭注"辨章"曰：辨，別也。度此訓亦當同，平與辨，清、真之合。

再按：《周禮·馮相氏》"辨其敘事"注云："謂如仲春辨秩東作。"賈疏云："《尚書》皆作'平秩'，不爲'辨秩'，今皆云'辨秩'，據《書傳》而言，辨其平也。"孫詒讓云："《僞孔傳》云：'秩，序也。'當起于東而始就耕，謂之東作，東方之官，平均次序東作之事，以務農也。"是辨秩即平秩之借，與辨別之義迥殊。

又云："《屈賦·九章》亦以程韵匹，此見《懷沙》：'懷質抱情，獨無匹兮。伯樂既没，驥焉程兮。'疑此以情、程爲韵，匹、没非韵。"若依《史記》作"抱情懷質"，則質與匹韵，程字非韵。又若《惜誦》之"又莫察余之中情願陳志而無路"及"故重著以自明……願曾思而遠身"。皆爲非韵之句。《九章》中固多類是。

又曰："《儀禮》古文鼏皆爲密。《説文》十三：鼏，鼏聲。注：冥入聲，彌必切。"

按：其音平則在十一部，如冥；入則在十二部，如密，與此正同。而《儀禮漢讀考》云："冖在十六部，與十二部之密雙聲，故古文作密。"謂爲雙聲，較云合韵者爲是。戴震《答段論韵書》云："第十一部庚、耕、清、青與第十二部同入殊失其倫，第十一部乃與十六部同入，庚、清、青、支、陌、昔、錫、耕、佳、麥一類，《陸韵》以陌、麥、昔、錫配耕、清、青非無見。"

又曰："第十三部、第十四部與第十五部合用最近，其入音同十五部。"表一所載十五部之平聲爲脂、微、齊、皆、灰五韵，入聲爲術、物、迄、月、没、曷、末、黠、鎋、薛十韵，其開合洪細不相當。王念孫《古韵廿一部》云："《切韵》平聲十二齊至十六咍，凡五部，上聲亦然，若去聲則自十二霽至二十廢共有九部，較平、上多祭、泰、夬、廢四部，此非無所據而爲之也。考《三百篇》及群經、《楚辭》，此四部之字皆與入聲之月、曷、末、黠、鎋、薛同用而不與至、未、霽、怪、隊及入聲之術、物、迄、没同用。且此四部與至、未等部合爲一類，入聲之月、曷等部亦與術、物等部合爲一類，于是《蓼莪》五章之烈、發、害與六章之律、弗、卒，《論語》八士之達、适、突、忽，《楚辭·遠遊》之至比與屬、衛皆混爲一韵，而音不諧矣。其以月、曷等爲脂部之入聲，亦沿顧氏之誤而未改也。唯術、物等部乃脂部之入聲耳。"是段氏十五部之入聲，當分爲二類，則十三部之入爲術、物、迄、黠、没，十四部之入爲月、曷、末、鎋、薛，十五部之入，亦爲術、物、迄、黠、没，其開合洪細始相當也。王氏以術、物、迄、没爲脂部之入，而皆、駭、怪三韵無，尚覺未具，蓋當依《四聲切韵表》以黠韵爲之入，方爲完美無缺也。

又曰："第四部與第三部合用最近，其入音同第三部。"觀表一，三部爲平聲，尤、幽二韵俱三等，入聲爲屋、沃、燭、覺四韵屋、沃俱一等、覺二等，燭三等，其平入之元音形狀與數俱不相當。

按：《説文解字注》"鼓"下云："尤、侯之入聲爲屋、沃、燭。"其增侯韵删覺韵，皆較此稍爲合理。故王念孫《古韵廿一部》云："按：屋、沃、燭、覺四部中，凡從屋、從谷、從木、從卜、從族、從鹿、從賣、從敄、從彔、從束、從獄、從辱、從豖、從曲、從玉、從蜀、從足、從局、從角、從岳、從㞢之聲，及禿、哭、粟、玨等字，皆侯部之入聲，而《音均表》以爲幽部之入聲，于是《小戎》首章之驅、續、轂、舋、玉、屋、曲，《楚茨》

六章之奏、禄,《角弓》三章之裕、瘉,六章之木、附、屬;《桑柔》十二章之穀、垢,《左傳·哀十七年》繇辭之寶、踊,《楚辭·離騷》之屬、具,《天問》之屬、數,皆不以爲本韵而以爲合韵矣。"依王氏《古韵廿一部》,侯第十九,入聲所列,即爲屋、谷諸字,是侯韵之入祇爲屋及燭韵,而沃、覺乃爲肴、豪之入也。

又曰:"《上林賦》以第二部之約、弱、削、礫、藐字合韵第一部之飾、服、郁、側字,約讀如薏,削讀如息,弱讀如食,礫讀如力,藐讀如墨,此其同入之證也。"

按:《上林賦》此段之韵當以徒、都爲首,約、弱、削次之,服、郁又次之,礫、藐爲末。若"靚妝刻飾",僅言妝飾,而未及其如何美,故以"便嬛綽約"句始顯示其妝飾之狀。則飾字僅爲逗,非有韵也。若側字在此段之末,與上段之"俳優侏儒"至"靡曼美色"二十七字四句末之色爲無韵正同,則此側字自亦非韵。今定飾字、側字爲非韵,則約、弱、削三字一韵,服、郁二字,礫、藐二字各爲韵,則不必如段氏之改讀,亦即所擬之讀,檢《子虛》《哀二世》《大人》《長門》諸賦及《封禪文》中俱無此例。如弱讀如食,食在神紐,弱在日紐,紐既殊異,不足相擬,則不可爲一部二部同入之證。再檢表四第二部古合韵中無一條云本音在第一部者,是段氏此語,尚待考定。

又曰:"諧聲偏旁,分別部居……閒有不合者此謂與表二所列諧聲不合。"如裘字求聲而在第一部按:《說文》八:裘從衣,求聲。又云:求,古文省衣。第三部所列爲求、逑、救、銶、觩、球、絿七字,依《唐韵正》六云,古音渠之反,自魏文帝《善哉行》始與憂爲韵。檢《詩經·大東》"熊羆是裘"箋云:裘當作求聲,相近故也。是東漢時,裘、求之讀與今無异,如朝字舟聲而在第二部段注:舟聲在三部,而與二部合音最近。《毛詩》以周聲之調、輖爲朝,則朝非不可讀如舟也。蓋《毛詩》之舟本分入二部、三部,其入二部者,如《公劉》二章舟叶瑤、刀也。瑤、刀俱在二部,如股、殳字殳聲而在第五部段注股下云,殳字古音在四部。股、殳字,古音在五部,見于《詩》者如此。

此蓋在《詩經》中,一字已有兩讀,如表四第三部古合韵敊下云:

“本音在第二部,《君子陽陽》合韵陶翳字。”愚謂猶如昏從民聲,民在十二部,昏在十三部。又如墐從堇聲,墐、堇在十三部,而難、歎并從堇聲在十四部。段氏于昏堅持從民爲非之語,《説文注》幾于逐字議之,其以十二、十三兩部爲己所分,必須無一字之牽連而後可,毋乃固歟!

　　如仍、孕二字乃聲而在第六部段注芿下云:乃在一部,芿、仍在六部,合韵最近。孕下云:乃聲各本作几誤。艸部芿字、人部仍字皆乃聲。今按:一部是之、咍,六部是蒸、登,正戴震所謂膺、噫爲第二部,憲字害省聲而在第十四部段注害字在十五部。今按:十四部是寒,十五部是泰,正戴震所謂安、靄爲第七部,截字雀聲而在第十五部段注:雙聲合韵。今按:雀,即略切,精紐,藥韵。截,昨結切,從紐,屑韵。正戴震所謂同位雙聲,不可以言韵,存字才聲而在十三部段注:徐本作才聲,今小徐本作在聲,今依《韵會》作在省。楚金曰:在亦存也,會意。今按:才聲是,在亦從才聲。才,昨哉切;存,徂尊切,正同紐雙聲。才在一部,邦(那)字冄聲而在十七部段注:雙聲合韵。今按:冄,而琰切,日紐,琰韵;邦(那),諸何切,泥紐,歌韵。日、泥正戴震所謂位同雙聲,不可以言韵,侮字每聲而在第四部段注:侮在五部,每在一部,合韵。今按:侮,文甫切,微紐;每,武罪切,明紐。亦戴震所謂位同雙聲。以上仍、憲二條可謂爲收喉收鼻之對轉,自截至侮但可謂之雙聲而已。

　　如參字㐱聲而在第七部段注:㐱聲當作㐱,象形。乡者象三星,其外則象其畛域,與參聲在十三部,彭字乡聲而在第十部段注:從乡,各本作乡聲,今正。從乡猶從三也。大司馬冬狩,冬狩言三鼓者四,三闋者一。雖未知每鼓若干聲,而從乡之意可見矣。乡聲在第七部。此二字皆合體象形,如送字俟聲而在第九部段注:俟,送也,會意,則聲字衍。俟聲在六部。

　　如嬴字赢聲而在第十一部,赢省聲在第十六部段注:依《韵會》作赢省聲,今本作赢省聲,非也,矜字今聲而在第十二部段注:各本矜作矜,今聲。今依《漢石經·論語》《溧水校官碑》《魏受禪表》皆作矜正之。今聲在第七部。此皆諧聲字誤改之即成疊韵,而非合韵。如葉字世聲而在第八部段《答江晉三書》云:八部與十五部相通處,不可枚數,内、納、盍、蓋、葉、世、劦、荔、爾、簫,夾、瘱、痰、瘵皆兩部交通,以及立、位同用,對、答同用,達、沓同用,甲、蓋同用、逮、遝同用，皆其理也。段注較略，故録此。

如牡字土聲而在第三部段注：按土聲求之疊韵雙聲皆非是，蓋當是從土，取土爲水牡之意。或曰：土當作士，士者夫也。之韵、尤韵合音最近。今按：土爲水牡，見于《左傳》；士者夫也，見于《説文》，義俱迂曲，未可强從，似當缺疑，狄字亦省聲而在第十六部。此類甚多，即合韵之理也段注：按亦當作朿，李陽冰云：蔡中郎以豐同豐，李丞相持朿作亦。所謂持朿作亦者，指迹、狄二字，言迹籒文作逨，狄之古文、籒文亦必作狣，是以《詩・瞻卬》狄與刺韵。屈原《九章》愁與積、擊、策、蹟、適、適、蹟、益韵，古音在第十六部也。若從亦聲，則古音在五部，而非其韵。迹之籒文作逨，見《説文》。狣不明所本，令人難信。

依段此文，是十七部無部不可合韵也。然驗諸《説文解字注》，惟朝、截、憲、那、侮、仍六字下始云合韵，餘十一字俱直斥其失，與此説多齟齬。殆以其難安而改之歟。按：師古之言合韵，多屬四聲之轉，如《漢書・敘傳》述《王子侯表》茂合韵，莫口反，此讀去爲上，從上祉、子二音，述《楚元王傳》正合韵，音征，此讀去爲下，從下成、名二音，述《王貢傳》緇合韵，側仕反，此讀平爲上，從下仕音，述《匡張孔馬傳》學合韵，下教反，此讀入爲去，從上褎音、司合韵，失寺反，此讀平爲去，從下疢音。是合韵皆從韵文之上下字而定讀，其字本不協，必如此，其聲始相叶也。

今段氏移之以論字之諧聲，其在《説文注》中類此者，每謂爲雙聲，不云合韵，如艸部"萅，推也"注"此于雙聲求之"按：萅注云十三部。推注云十五部。此正十三、十五同入。"莽"注"謀朗切，十部，古音讀如模，上聲，在五部，取諸雙聲也"此正十部與五部同入，同在明紐。尒，入聲，注"入聲，在七部。而尒在十五部，于雙聲求之"此正枼從世聲之例，同在日紐。"褍衣躬縫"注：躬與褍雙聲按：褍，冬毒切，端紐，沃韵。躬，居戎切，見紐，東韵。此正九部與三部同入之例。凝俗冰，從疑。注：以雙聲爲聲按：凝，魚陵切，疑紐，蒸韵。疑，語其切，疑紐，之韵。此正仍孕爲聲之例。"蠨蛸"注：雙聲，今音蠨，穌彫切，心紐。蛸，所交切，疏紐按：肅聲在三部，肖聲在二部。此正表與舅合韵之例，亦朝舟聲之例。"搉，敲擊也"注：搉、敲雙聲按：搉，苦角切。敲，苦交切。正四聲相承。且表二隺聲、高聲在第二部。"蔆"注：淩，凌聲，古音在六部。 遴聲古音在十二部，而合之者，以雙聲合之也淩、凌，力膺切，來紐，蒸韵。 遴，良刃切，來紐，震韵。"纛"注：今音詳遵切，依附泉之雙聲爲之詳遵切，邪紐，諄韵。 泉，疾緣切，從紐，仙韵。 此正戴氏云"同位雙聲"。"祼"注：讀如果，與灌爲雙聲果，古火切，見紐，果韵。 灌，古玩切，見紐，換韵。 此在歌、寒對轉之律，亦與憲、害音聲正同例。

　　如上所舉舂、莽、尒、凝、摧、蔆、祼，皆爲同紐， 禱、蠉爲位同，纛爲同位。 同位、位同之爲雙聲，從其師戴氏《轉語》二十章之説。 同紐之雙聲，言其發聲地位狀態相同也。 狀態者，以字爲言即見、端、知、幫、精、照、莊七母，今謂之破裂音。 溪、群、透、定、徹、澄、滂、並、清、從、穿、神、初、牀十四母，今謂之破裂摩擦音。 疑、泥、娘、明、微五母，今謂之發鼻音。 非、敷、奉、心、邪、疏、審、禪、爲、喻、來、日十二母，今謂之摩擦音。

　　《轉語》二十章《敘》云："凡同位則同聲，同聲則可以通乎書義者，謂發音雖同，然其輕重緩急之態度略有差异，如《説文》：天，顛也天在透紐，顛在端紐。 月，闕也月在疑紐，闕在溪紐。 正，是也正在照紐，是在禪紐。 旁，溥也旁，步光切，並紐。 溥，滂古切，滂紐。 因其但有態度之小別，故用以相比。"

　　《轉語·敘》又云："位同則聲變而同，聲變而同，則其義亦可比之而通。"此謂發音地位雖是相差，然其氣輕重緩急之狀無有別异，如《説文》：齋，戒潔也齋，側皆切，莊紐。 戒，古拜切；潔，古屑切，見紐。 禱，告事求福也禱，都浩切，端紐。 告，古奥切，見紐。 璋，剡上爲圭，半圭爲璋圭，古畦切，見紐。 璋，諸良切，照紐。 哉，言之閒也哉，祖才切，精紐。 閒，古閑切，見紐。 言爲閒隔之詞，無義者。 因其都有破裂之狀，故以相況。

　　《轉語·敘》又云："言者未終，聞者已解。"此正謂發聲地位狀態。 語言所以達意，意之所發，而聲隨之，故其出音同，惟音之末不同耳。 音末不同者，蓋以時有不同、地有不同故也。 其音之出則仍不改，故成雙聲也《東塾讀書記》十一。 故以雙聲談訓詁解諧聲，較以韵部論斷其轉變者精確遠甚。 檢《説文解字注》，言雙聲者二百四十一，言合韵者不及三之一，是作《音均表》時力主合韵。至作《注》時，已悟其非而采雙聲矣。

表三云："合韵以十七部次第分爲六類，求之同類爲近，异類爲遠；非同類而次第相附爲近，次第相隔爲遠。"近遠之別，是作表者爲之安排如是，非音理所當然。觀表一《十七部本音説》，即知其故。今録其語，略爲之注。有疑處亦加辯證：

第一部之韵音轉入于尤此即《唐韵正》以尤、訧、牛、丘、不、裘、仇、謀等字讀如七之。第三部尤、幽韵音轉入于蕭、宵、肴、豪按：尤、幽俱蕭韵之變，爲侯韵之細音。第四部侯韵音轉入于虞即虞韵從禺、芻、需、朱、須、臾、付、殳、俞、區、婁、廚、句等聲皆由侯韵變入，故魚、虞、模爲第五。第五部魚、虞、模韵音轉入于麻即麻韵，從且、亏、家、叚、瓜、巴、牙、者、莫、余、庶、吾等聲。以上皆收喉音。第六部蒸韵音轉入于侵即六部古合韵所舉音綏字，如滕、騰從朕聲，鷹從瘖省聲，但蒸收-ŋ之鼻音，侵收-n之鼻音，祇可謂爲音轉，不可云一類。第七部侵、鹽韵音轉入于覃、談、咸、銜、嚴、凡鹽下似漏添字。此九韵偏旁相牽連，自江慎修至章太炎所分部數無相同者，故繼續出之。第二部至第五部，第六部至第八部音轉皆入于東、冬、鍾第二部豪對轉冬，第三部尤、幽對轉鍾，第四部侯對轉東，第五部虞部之禺轉爲鍾韵之顒，第六部弓、曹、夊、厷、熊、囷諸聲皆由登轉東韵三等，第七、第八部如風、鳳從凡聲。第九部東、冬、鍾韵音轉入于陽、唐此不言江，詳下。《唐韵正》江韵末云：漢人用韵，東、冬、陽、唐往往并見，此蓋從之，然周、秦不如是。第十部陽、唐韵音轉入于庚此即《唐韵正》所謂庚、羹、阬、横、祊、觥、彭、英、亨、烹、京、明、兵、兄、卿、行、衡等字。依趙宧光言，并以今吳下方音爲正。第十一部庚、耕、清、青韵音轉入于真即第十二部古合韵所舉荊、生、正、平、精、名、程等字。第十一部所舉令、領、天、命、淵、賢、信、民、人、賓等字。第十二部真、先韵音轉入于文、欣、魂、痕即第十三部古合韵所舉鄰字。第十三部文、欣、魂、痕韵音轉入于元、寒、桓、删、山、仙即第十四部古合韵所舉孫、順二字。第十三部、第十四部音轉皆入于脂、微即第十五部古合韵所舉近、敦、惇、頎、鮮、怨、愊等字。第十五部脂、微、齊、皆、灰韵音轉入于支、佳即第十六部古合韵所舉壞、懷、雌三字。第十六部支、佳韵音轉入于脂、齊、歌、麻，第十七部歌、戈韵音轉亦多入于支、佳即第十七部古合韵所舉禢字，亦即《唐韵正》五支衰字注云：凡從支、氏、是、兒、此、卑、虒、爾、知、危之屬皆是。

六類：一類（一）平聲之、咍。入聲職、德。二類（二）平聲蕭、宵、肴、豪。（三）平聲尤、幽；入聲屋、沃、燭、覺。（四）平聲侯。（五）平聲魚、虞、模；入聲藥、鐸。三類（六）平聲蒸、登。（七）平聲侵、鹽、添；入聲緝、葉、帖。（八）平聲覃、談、咸、銜、嚴；入聲合、盍、洽、狎、業、乏。四類（九）平聲東、冬、鍾、江。（十）平聲陽、唐。（十一）平聲庚、耕、清、青。五類（十二）平聲真、臻、先；入聲質、櫛、屑。（十三）平聲諄、文、欣、魂、痕。（十四）平聲元、寒、桓、删、山、仙。六類（十五）平聲脂、微、齊、皆、灰；入聲術、物、迄、月、没、曷、末、黠、鎋、薛。（十六）平聲支、佳；入聲陌、麥、昔、錫。（十七）平聲歌、戈、麻。

又曰："四江一韵，東、冬、鍾轉入陽、唐之音也。不以其字雜厠之陽、唐而別爲一韵，繫諸一東、二冬、三鍾之後別爲一韵，以著今音也；繫諸一東、二冬、三鍾之後，以存古音也。長孫訥言所謂'酌古沿今'者是也。其例甚善。"

愚謂段氏此論，殆有所惑。韵書之作，所以明定今日之正讀。《廣韵》采集《釋文》諸書，其切語用字多同之。于《釋文》音義殊多擇取。《詩經》釋文所載協音極少列入，實以非現存人民口中之音不取也。魏、晉以後始製反語，其所表達，皆爲魏、晉以後之讀。陸法言所謂古今，依《顏氏家訓·音辭篇》所載，皆評判以往反語之用字，則此所謂古今，即指以往與現今流行之反語其中用字之當否。訥言所謂酌古沿今亦是斟酌取捨之意。若周、秦、兩漢、三國無書記載，魏、晉之製反語何從取法以製古音？今段氏以其所擬三代、秦、漢之音名之曰古，并以證明訥言之語，似非所宜也。

段氏負獨立創造之能、堅强不拔之氣，撰述《音均表》，全從證據立論。因以分建韵部，改定次第，設合韵規律其所成就。

戴氏《答段論韵書》謂支、脂、之分用，可以千古，足見段氏此製爲當時達人所稱許。

王念孫《古韵廿一部》即補正段氏此製而作，取證于六經、《楚辭》，如前所舉。

孔廣森《詩聲類》謂真、元之列爲二，支、脂、之列爲三，幽即蕭別于宵即豪、肴，侯別于幽而後別于魚此謂顧氏以魚、虞、模、侯爲一部，江氏以侯、幽，分尤、蕭、宵、肴、豪爲一部，皆段氏得之，是孔氏亦本于段矣。孔觀段氏六部、一部同入，九部、三部同入，十部、五部同入，十三部、十四部、十五部同入，因以陰即收喉陽即收鼻相配，可以對轉，後之言對轉者，莫不宗孔氏矣。孔以侵、覃、凡對宵、肴、豪，以談、鹽、添、咸、銜、嚴對合、盍、緝、葉、帖、洽、狎、業、乏，侵與談同爲閉脣鼻聲，或對陰聲之平、上、去，或對入聲，豈非乖迕，與段氏入聲或配收喉，或配收鼻，不亦同科乎?

嚴可均《説文聲類》力補其缺，減孔氏十八部爲十六部，于是以幽配侵，以宵配談，閉脣本無收喉之音與相配，至是亦有矣。然考諸段氏《與江晉三書》所云"八部與十五部相通處，不可枚數"之説大相徑庭矣。蓋侵、談、緝、盍九韵閉脣而舌根不舉，脂、微雖脣開而舌根亦不舉，故其變轉極易。若幽、宵之韵腹即須舌根穹起，其勢迥殊，故不可相轉。

孔氏、嚴氏但從舉證而未察諸音理，甚或與段説違失。

章太炎《成均圖》亦取嚴説，擴張其例，創立"同列相比爲近旁轉""相遠爲次旁轉""陰陽相對爲正對轉""自旁轉而成對轉爲次對轉""陰陽聲雖非對轉，而以比鄰相出入者爲交紐轉""隔軸聲者不得轉，然有閒以軸聲隔五相轉者爲隔越轉"。遠近而相轉，亦本于段氏。

韵之近遠本出于作者之安排，孰先孰後；孰當增，孰當減；孰當接近，孰當相離，諸家俱有異同，則近遠相轉，殆未可爲通論也。但段氏合韵之理已行百數十年矣。

黃侃《音略》云："古音通轉之理，前人多立旁轉對轉之名，今謂對轉于音理實有，其餘名目皆可不立，以雙聲疊韵二者可賅括無餘。"此説殆爲《成均圖》而發也。

附注

（1）《詩·關雎》釋文：樂或云協韵，宜五教反（以與"左右芼之"相協）、《采蘋》釋文：下協韵，則音户（以與"有齊季女"相叶）。

（2）《燕燕》釋文：南沈云協句，宜乃林反（以與上音字，下心字相叶）。《南有嘉魚》釋文：樂協句，五教反（以與上罩字相叶）。

（3）第十二部古合韵子、減在第一部，卣在第三部，鉛在第九部，岡、明在第十部，荆、生、正、平、倩、名、程在第十一部，觀、盼在第十三部，熱、葛在第十五部，痕在第十六部。 第十五部古合韵疑在第一部，飽在第三部，答在第七部，結、疾、至、閟在第十二部，近、敦、焞、頋在第十三部，鮮、怨、怛在第十四部，積在第十六部，歌在第十七部。

下　篇

《詩本音》注中每言韵例，《古韵標準》首載《詩韵舉例》，足見論《詩經》韵，必須探賾其例也。

按表五所載言《詩經》之合韵者，共計一百一十，今取戴東原《論韵書》謂韵之正轉有三法：一爲轉而不出其類，即脂轉皆、之轉咍、支轉佳是也。 此所謂類即指段氏所云六類，出其類即謂諸韵之相轉；但爲韵首之開合洪細不同，韵腹韵尾相同也。 二爲相配互轉，真、文、魂、先轉脂、微、灰、齊，换轉泰是也。 此所謂相配，即謂真、文、魂、先與换韵尾俱爲收鼻，脂、微、齊、泰尾俱爲收喉。 收喉爲陰，收鼻爲陽，相配而轉，此爲韵首韵腹俱同，惟韵尾不同耳。 三爲聯貫遞轉，蒸、登轉東，之、咍轉尤，陽、唐轉庚，此則韵首韵尾俱同而韵腹不同。 韵腹即元音，元音不同，似不可以合韵名之。 今用正轉三法以忖度，段氏所謂古合韵，可以相配互轉名之者十二字，轉而不出其類者六字，以遞轉論者十二字，以雙聲論者一字。 遞轉雙聲于韵無關，而段氏亦名以合韵，俱爲不可，餘八十八字仍取段氏及諸家之説以明非關于韵，不可以合韵言之也。 兹敘次之如下：

一　以正轉爲合韵。　如六部之陾本音在第一部。《緜》六章以韵薨、登、馮、興、勝字。按：十四篇阜部陾注云：依《玉篇》手部作捄之陚陚，則之韵而聲可轉入蒸韵，如耳孫之即仍孫也。《釋文》：陾，耳升反，又如之反。已具兩讀、來本音在第一部。《女曰雞鳴》合韵贈字，讀如凌。凡古宮徵之爲無徵，得來之爲登來，《詩》之訓爲承也，皆第一部、第六部關通之義。　以上即孔廣森所謂之、蒸對轉。　九部頵本音在第四部。《六月》三章合韵公字。《釋文》：玉容反，《廣韵》：禺，牛具切，此爲侯、東對轉。　十五部敦本音在第十三部。《詩・北門》三章合韵遺、摧字。《釋文》：敦毛如字，都昆反；鄭都回反，則讀如堆、頎本音在第十三部。《詩・碩人》一章合韵衣、妻、姨、私字。《釋文》：頎，其機反。《説文注》：旂本讀芹。然則《碩人》何以韵衣也？曰，《碩人》讀入微韵，衣讀如殷皆可、焞本音在第十三部。《詩・采芑》四章合韵雷、威字，《漢書・韋玄成傳》引作推，推則在本韵。《釋文》：焞，吐雷反（即從推音），又他屯反，即焞本讀、鮮本音在第十四部。《詩・新臺》合韵泚、瀰字。顧氏亦不辨爲合韵字。按：《詩本音》二鮮古音犀。《尚書大傳》曰：西方者何？鮮方也。西本音先，今讀犀；鮮本音犀，今讀仙，二字互誤。《古韵標準》二：鮮，想止切。按：癬從鮮，亦有從徙作瘇者。《史記》：齊，吴疥瘇也。可知鮮有徙音、怨本音在第十四部。《谷風》三章合韵殨、萎字，讀如伊。此與《北門》之敦讀堆、《采芑》之焞讀堆、《碩人》之頎讀幾、《新臺》之鮮讀師、《杕杜》之近讀幾正同。壹壹之字本音欸，而今韵入尾；分聲之釁本在第十三部，而鄭司農讀徽于第五類、第六類，觀其會通可知矣、悁本音在第十四部。《詩・甫田》以韵桀字，《匪風》以韵發、偈字，此古合韵。《漢書・王吉傳》引《匪風》作中心懲兮，則在本韵。按：《釋文・甫田》旦末反，《匪風》都達反，《古韵標準》以桀、悁、發、偈同在入聲第三部，非合韵，此爲灰、魂、痕、泰、寒、桓對轉。

十七部儺本音在第十四部。《詩・竹竿》合韵左、瑳字。按：《釋文》：瑳，七可反。儺，乃可反。難，鉉音那干切，與儺俱泥紐、原本音在第十四部。《詩・東門》之枌合韵差、麻、娑字，古獻尊之爲犧尊，若干之爲若柯，娑娑之爲婆婆，嘽嘽駱馬之爲疼疼駱馬，皆此類、難本音在第十四部。《詩・隰桑》合韵阿、何字。《釋文》：難，乃多反。即從阿、何轉讀，此爲歌、寒對轉。

對轉者，謂二字一收喉一收鼻，然其入聲則同爲一，是以謂之對。

依上所舉，如陜，耳升反，日紐，蒸韵；又如之反，日紐，之韵。同爲日紐則發音同，之、蒸同爲三等開口，則介音同即韵首。之韵影紐爲醫，蒸韵影紐爲膺。醫、膺元音相同即韵腹，惟膺之末發爲鼻音即韵尾，不相同耳。其入聲則俱爲于力切。又如燉，吐雷反，透紐，灰韵；又他屯反，透紐，魂韵，同爲透紐則發音同。灰、魂同爲一等合口，則介音同。灰韵影紐爲隈，魂韵影紐爲溫，溫、隈元音相同，惟溫之末發爲鼻音，不相同耳，其入聲則俱爲烏没切。因其相同者多，故轉變爲最易，即戴震《論韵書》所謂相配互轉、孔廣森《詩聲類》所謂對轉。

又如二部滔本音在第三部。《江漢》一章與浮、游、求韵是也。《載驅》四章合韵儦、敖字，《釋文》吐刀反、譙本音在第三部。《鴟鴞》四章以韵消、翹、摇、曉字。消作脩誤，《釋文》在消反，段氏訂《毛傳》"消消"作"修修"云：唐定本、宋監本、越本、蜀本皆作"修修"，《唐石經》《集韵》《光堯石經》皆作"脩脩"。蓋《毛詩》用合韵，淺人改爲"消"，又或改爲"脩"。今本《釋文》亦是淺人所改，《集韵》所據《釋文》未誤、舟本音在第三部。《公劉》二章合韵瑶、刀字，三部敖本音在第二部。《君子陽陽》二章合韵陶、翿字，此爲幽、宵遞轉。八部及本音在第七部。《詩·烝民》七章合韵業、捷字，此爲侵、談遞轉。十三部鄰本音在第十二部。《正月》十二章合韵云、慇字，此爲轉而不出其類。

轉而不出其類者，如蕭、宵、肴、豪轉尤、幽，緝轉葉、業，真轉諄、文、殷。如滔從舀聲，舀在第三部如《蟋蟀》三章休、憂、休與慆韵，休、憂俱在第三部，三部尤、幽韵。

按：尤、幽實爲蕭韵之變，同侯韵細者。蕭之影紐爲幺，儦、敖在第二部，段氏名以肴、豪，實爲豪韵。其影紐爲鏖、幺，是洪細之區別，幺有介音，鏖無介音。鄰在十二部之真，云在十三部之文，慇在十三部之欣。文古音在魂，欣古音在痕，魂、痕俱洪音圓脣。鄰古音如憐，在先，細音圓脣。洪細之别是介音有無，此謂韵腹、韵尾俱同而韵首則異。

又如六部音本音在七部。《小戎》三章合韵膺、弓、縢、興等字、綅本音在第七部。《閟宫》五章合韵崩、縢、朋、陵、乘、縢、弓、增、膺、懲、承字，凡古曾之爲瞢、興之爲廞、堋之爲窆、朋之爲鳳、戴勝亦爲戴鵀、仍叔亦爲任叔，皆第六部、第七部關通之義。《釋文》又音侵、七部興本音在六部。《大明》七章以韵林、心字、九部弘本音在第六部。《召旻》六章合韵中、躬字、騬本音在第七部。《小戎》二章合韵中字、陰本音在第七部。《七月》八章合韵中字、諶本音在第七部。《蕩》一章合韵諶字、臨本音在第七部，《云漢》二章合韵蟲、宮、宗、躬字，此爲蒸、侵、冬相雜孔廣森從東韵分出冬部，定爲緩、冬、蒸通用。　三部俱是不圓脣，蒸、冬是翹舌根鼻音，侵是閉脣鼻音，則其韵腹不同，韵首、韵尾同耳。　此《廣韵》東之三等所以有弓、雄、曹、馮、芃、風諸聲類字，寢韵有朕聲字也。

　　又如十一部令本音在第十二部。《小宛》四章合韵鳴、征、生，《左傳》所引逸《詩》合韵挺、扃、定，《士冠禮》亦以歲之正、月之令爲韵，此古合韵、領本音在第十二部。《節南山》七章合韵騁字，《桑扈》二章合韵屏字，十三部倩本音在第十一部，《碩人》二章合韵盼字，此爲真、耕相雜。　二韵俱是不圓脣，真是舒舌鼻音，耕是翹舌根鼻音，韵腹亦不同，韵首、韵尾同耳。　此《廣韵》清韵有勻、旬諸聲字，先韵有冥、并諸聲字，銑韵有丁聲，霰韵有定聲諸類字也。

　　又如十六部雌本音在十五部。《小弁》一章合韵伎、枝、知字，爲此聲字入十六部之始，此爲支、脂相雜，支韵是翹舌根喉音，脂韵是舒舌喉音，韵腹不同，韵首、韵尾同耳。

　　又如三部恢本音在第五部。《民勞》二章合韵休、述、憂字。《釋文》：恢，女交反。奴在泥紐，恢在娘紐，音位同，雙聲，此爲雙聲轉讀，韵首、韵尾俱無關。段氏列三部、五部于第二類，此戴氏所謂不出其類也。

　　以上三十二字，以對轉論者十三字，發聲及韵首、韵腹俱同，至韵尾始有別異。　故段氏以此類入聲當共同爲一字。　其以轉而不出其類論者六字，其以遞轉論者十二字，發聲及韵首、韵尾俱同，而韵腹則異，故段氏俱以合韵名之。　若恢但爲發聲相同，亦以合韵名之，是爲失實。

　　二　本非韵而以爲合韵，如一部造本音在第三部。《思齊》五章以韵士，《詩本音》以爲無韵。《古韵標準》造注不舉此，則造非韵。朱駿聲以子韵德、士，愚謂德非韵、茂本音在第三部。《召旻》四章以韵止。按：朱駿聲謂此以歲、潰、萋、此、潰爲韵，皆在第三字。愚按：朱説未盡當，此應以二潰字爲韵，歲在祭，萋平，此上，俱非、告本音在三部，入聲。《詩》四見：《楚茨》以韵則，正古合韵。顧氏于《抑》二章，則云無韵。于《楚茨》五章，則以備、戒爲韵，不知備、戒字今韵在第十五部，古韵在第一部。第一部與第三部音近，是以備、戒與告合韵。位字古今音皆在第十五部，與第一部備、戒字次第相遠而少通矣。愚按：此云《詩》四見者，即第三部入聲云，《干旄》三章祝、六、告；《考槃》三章陸、軸、宿、告；《南山》三章告、鞠；《既醉》三章俶、告，而《楚茨》《抑》之告不在此數。《楚茨》四章、五章俱有“工祝致告”一語。《古韵標準》舉例間句注云：有間句誤以爲韵，如徂賚孝孫、工祝致告，今正之。其“四聲通韵”條，《楚茨》五章備、戒、位去入爲韵，戒入聲，不舉告字。按：四章經工祝致告，徂賚孝孫，箋云：祝以此故致神意。告主人使受嘏，既而以嘏之物往予主人，是言祝者此時所事。故二句不韵。五章云：孝孫徂位，工祝致告。箋云：孝孫徂位，堂下西面位也。祝于是致孝孫之意，告尸以利成。是亦言祝此時所事，故亦不韵。段氏于四章不言合韵者，其以孫在第十三部，告在第三部，相去太遠，即從江説歟？五章則以一部、三部相近，故謂爲合韵耳。江氏不及“遠猷辰告”者，殆從顧氏無韵之説。而段氏必以爲韵者，其以詩之末句必當有韵，檢《標準》雅無韵之句例中謂末句無韵者，《谷風》三章（段謂怨合韵嵬、萎字）、《桑柔》十六章寇、可非韵（段以寇合韵可、罶、歌）。末句無韵者，《召旻》四章（段謂茂合韵止），是《詩經》自有末句無韵之例。段氏不從，于是以四部之寇合韵十七部之可、罶（《説文注》以罶爲十六部）、歌，不嫌太遠矣、穆本音在第三部。《七月》六章以韵麥，《閟宮》一章以韵稷、福、麥、國，讀如力。按：《詩本音》云：穆、麥二字非韵。李因篤云：穆、麥二字不入韵。《七月》《閟宮》俱以黍稷重穋禾麻菽麥作一句、氏本音在第十六部。《十月之交》以韵士、宰、史，《雲漢》以韵紀、宰、右、止、里，亦古合韵也。按：《十月之交》四章以士、宰、史爲韵，徒、夫爲韵，馬、處爲韵，《雲漢》七章以二、四、六、八句爲韵，五句非韵。顧、江俱以爲韵，段氏從之，實誤、啜本音在第五部。《賓之初筵》四章以韵俅、郵，讀如疑。王念孫《詩隨處有韵》云：句中自爲一韵，如載號載啜，謂號、啜自爲韵，不與俅、郵相叶。啜，娘紐，云涣疑亦誤，二部糾本音在第三部。《月出》一章合韵皎、僚、悄字。按：《月出》一章皎、佼、僚、悄爲韵（二部）；窈、糾爲韵（三部）；二章晧、佼爲韵（二部）；懰、受、愵合韵（三部）。一章之窈、糾自爲韵，非與皎、佼、僚、悄合韵，三部疚本音在第一部。《閔予小子》非與造、考、孝字合韵。《詩本音》謂子與疚協。丁以此説同。并云造與考、孝韵幽部，不謂爲合韵、福本音在第一部。《烈文》合韵保字。顧、江俱不以爲韵，此以兹及下五之字爲韵、稷本音在第一部。《生民》一章合韵夙、育字，《詩本音》云：夙、育不與稷爲韵，《標準》同、紹本音在第一部。《抑》三章與酒合韵。《詩本音》如此。《標準》云：荒湛于酒非韵，舊叶子小反，誤、趣本音在第四部。《械樸》一章合韵櫨字。《詩本音》如是。《詩聲類》以兩之字爲韵，櫨、趣非韵、苟本音在第四部。《抑》六章與雠、報合韵。顧云：苟無韵，雠、報無韵，《標準》亦不舉苟字。孔云：兩矣字叶、驅本音在第四部。《小戎》一章合韵續、轂、羿、玉、曲字。《詩本音》如是，入聲五字讀平聲。《標準》以驅韵收、軸。段不從正分侯爲第四部之理，後人俱侯、幽二韵各部，四部鞏本音在第九部。《瞻卬》七章合韵後字。《詩本音》云：鞏字不入韵。《標準》閒句韵注云：有閒句誤以爲韵者，如無不克鞏之類、禡本音在第五部。《皇矣》七章合韵附、侮字。《詩本音》及《標準》俱如是。丁以此云：附、侮連句韵，則是類是禡、是致是附作一句讀非韵，五部母本音在第一部。《蝃蝀》二章以韵雨。按：夏燮、朱駿聲皆以雨韵父、士本音在第一部。《常武》一章合韵祖、父。《詩本音》謂士與師協。朱駿聲云：卿與上明韵、謀本音在第一部。《巷伯》六章合韵者、虎字。《詩本音》以者、虎爲韵。《標準》亦云：謀本不爲韵。朱駿聲謂謀、豺爲韵，與虎爲韵、戎本音在第九部。《常武》一章合韵祖、父。《詩本音》戎音汝如是爲韵。孔云無韵。丁以此云：戎非韵。朱駿聲云：兩我字韵、奏本音在第四部。《賓之初筵》二章以韵鼓、祖，《有瞽》以韵瞽、虡、羽、鼓、圉、舉。《詩本音》：奏，則故反。《標準》于《初筵》云鼓、奏、祖上去爲韵，于《有瞽》不舉。按：樂既和奏，烝衎烈祖作一句讀，既備乃奏，簫管備舉亦作一句讀，皆連下句爲一事也、入本音在第七部。《思齊》四章合韵式字。《詩本音》《標準》俱云無韵。《詩聲類》同此、業本音在第八部。《常武》三章合韵作字。《詩本音》二句無韵。《標準》云：赫赫業業，有嚴天子，王舒保作皆非韵。舊叶業，宜卻反，與作字韵，未安。段蓋取用舊叶，八部遄本音在第十部。《殷武》四章合韵監、嚴、濫字。按：《古韵標準》云：有閒句誤以爲韵者不敢怠遄之類，九部飲本音在七部。《公劉》四章合韵宗字。《詩本音》云：末二句無韵。《標準》云：

末二句即以之字爲韵、皇本音在第十部。《烈文》合韵邦、崇、功字。《詩本音》云：
公、疆各自爲韵，《集傳》併爲一韵者非。《古韵標準》舉例交錯爲韵云：公、邦、崇、
功、疆、皇、忘相錯爲韵，今各隨其本音讀之。 按：此篇當以公、封、邦、功爲韵，崇、
戎爲韵，五之字、四其字、二兹字爲韵，疆、王、皇、競、方、王爲韵，十部瞻本音在八
部。《桑柔》八章合韵相、臧、狂字。《詩本音》云：《韵補》讀瞻爲諸良切，未敢以
爲然。且云：首二句無韵。《標準》說同，十二部熱本音在十五部。《桑柔》五章
合韵毖、恤字。《詩本音》如是。《標準》云：恤、毖去入爲韵，熱自非韵。戴《論韵
書》云：《十月之交》四章士、宰、史、氏，《桑柔》三章資、疑、維、階，四章懲、辰、東、
痒，五章毖、恤、熱、淑雜用，氏、熱相近之音及東、淑至遠之音，此等乃相開成節奏，
非用韵之正，俱不以爲韵亦可、子本音在第一部。《鳩鳴》一章合韵室字，《標準》
云：舊叶入聲非韵、卣本音在第三部。《江漢》五章合韵人、田、命、年字。《詩本
音》《標準》俱不如此、躬本音在第九部。《文王》七章與天合韵。《詩本音》云：
躬不與天爲韵。按：此以八字爲一句、嫄本音在十四部。《生民》一章與民韵。《詩
本音》如是。《標準》云：此四句見韵，舊叶魚倫反，未安。戴《論韵書》云：《詩》
中第四句始用韵者甚多，如《生民》首章民、嫄，《江漢》五章卣字不必以爲合韵、
岡本音在第十部。《車舝》四章合韵二薪字。《詩本音》及《標準》俱云二薪字自
爲韵、生本音在第十一部。《緜》一章合韵瓞字。《詩本音》《標準》俱不以生爲
韵。戴《論韵書》云：《緜》首瓞、漆、室爲韵，節奏自合。蓋“緜緜瓜瓞”一句，其
意已足。“民之初生、自土沮漆”兩句一氣讀，其氣始足。《詩》中用韵，使語止而
有餘音，此類甚多，今以瓞、生爲韵，穴、室爲韵，反遺漆字，似未允、刑本音在十一
部。《烈文》合韵人、訓字，此當以之字爲韵，人、訓、刑非韵、葛本音在第十五部。
《旄丘》一章合韵節、日字。《詩本音》《標準》如此。 依段分質爲十二部，則葛、自
非韵，十三部苑本音在十四部。《小戎》三章合韵群、錞字。《詩聲類》云：群、錞
自爲韵，而“蒙伐有苑”非韵句，不當牽合謂爲文、元可通、東本音在九部。《桑柔》
四章合韵懲、辰、痒。《詩本音》云：上二章俱一句一韵，上下各叶，獨此章東字不可
韵。《標準》云：《桑柔》四章“自西徂東”韵懲、辰、痒，其音稍轉，似德真切，乃從
方音偶借，非本音。按：“自西徂東，靡所定處”當作一句讀，東非韵。真韵無端紐，
德、真不能成音，十四部共本音在九部。《賓之初筵》三章合韵筵、反、幡、遷、僊

字。戴《論韵書》曰：《賓之初筵》首章第三句始用韵，三章第四句始用韵。三章之第一句承首章起句，發端偶與下韵同耳。秩字、恭字不必以爲合韵。按：《說文解字注》"共"下云：《毛詩》温温恭人、敬恭明祀、温恭朝夕，皆不作共。"靖共爾位"箋云：共，具也。則非恭字也。"虔共爾位"箋云：古之恭字，或作共。云"或"，則僅見之事、行本音在十部。《抑》九章合韵言字。《詩本音》不如是，《標準》亦然。按：此章以三人字爲韵，言、行非韵、秩本音在十二部。《賓之初筵》一章合韵筵字，詳上、孫本音在第十三部。《楚茨》四章合韵墣、愆字。《詩本音》如是，《標準》有閒句誤以爲韵舉此，是也，十五部疑本音在第一部。《桑柔》三章合韵資、維、階字。《詩本音》如是。《詩聲類》云：三章空第三句是不爲韵、結本音在第十二部。《正月》八章合韵属、滅、威字。《詩本音》《標準》俱如是。此本四句起韵，因如結之始，說明心憂之狀，胡然属矣，始說明今兹官長之行動，故四句始有韵也、至本音在十五部。《賓之初筵》二章合韵禮字。《詩本音》如是，《標準・四聲通韵》不列此。王念孫云：此兩禮字爲韵，至字不入韵、積本音在十六部。《載芟》合韵濟、秭、醴、妣、禮字。《詩本音》如是。《標準》亦云：濟、積上去爲韵。戴《論韵書》云：載穫濟濟一句，其意已足，有實其積，萬億及秭兩句一氣讀，其意始足，故積字非韵，十六部局本音在第三部。《正月》六章合韵蹐、脊、易。《詩本音》云：局不與脊爲韵。《標準》：局，居亦切。此字之局可疑，蓋亦偶借之韵耳。此謂天蓋高，不敢不局兩句一氣讀，義始具。下謂地蓋厚，不敢不蹐亦然。此亦四句起韵，局非韵，十七部寇本音在第四部。《桑柔》十六章合韵可、罶、歌字。《詩本音》云：寇古音苦故反，與予叶。《標準》雅無韵之句云：戻、罶爲韵，寇、可非韵，末二句無韵、裼本音在第十六部。《斯干》九章以韵地、瓦、儀、議、罹字，讀如抱。此爲次第最近之合韵。《詩本音》《標準》俱不以裼爲韵，《標準》并云，地字不音佗。

　　三　以本韵爲合韵，如三部附本音在四部。《角弓》六章與不、猷、属合韵。王念孫《與李方伯書》云：屋、沃、燭、覺四部中，凡從屋、谷、木、卜、族、鹿、賣、粦、彔、束、獄、辱、豕、曲、玉、蜀、足、局、角、岳、𡊒之字及秃、哭、粟、珏等字，皆侯部之入聲，于是《楚茨》六章之奏、禄，《角弓》三章之裕、瘉，六章之木、附、属，《桑柔》十二章之谷、穀、垢皆不以爲本韵，而以爲合韵矣。且于《角弓》之君子有徽猷小人與属非韵而以爲韵矣。按：《答江晉三論韵書》云：有用本韵而謂之合韵者，

如戴及足下説奏、附、驅、裕字是也、奏本音在四部。《楚茨》六章合韵禄字、垢本
音在四部。《桑柔》十二章合韵谷、穀字，四部裕本音在三部。《角弓》三章合韵
瘝字，七部耽本音在八部。《氓》三章，按：《標準》《詩聲類》皆以假借作媒樂字。
尤聲入侵，則耽爲本韵矣、軜本音在十五部。《小戎》二章以韵合邑字。《答江晉三
書》云：軜，内聲不誤。内、納古通用，而内在脂部，納在談部，謂軜内聲，以聲見意
也。八部與十五部相通處，不可枚數。愚謂入轉陰去，音理之常。七部、八部皆收
閉脣鼻聲，其轉爲陰去，即爲十五部，内在隊，而軜在合，正此理也，十五部怛本音
在第十四部。《甫田》二章以韵桀字，《匪風》一章以韵發、偈字。《漢書·王吉傳》
引《匪風》作“中心懰兮”，則在本韵。按：《詩聲類》以怛列脂韵曷下、疾本音在第
十二部。《抑》合韵戾字。王氏《與李方伯書》云：去聲、入聲凡從至、疐、吉、七、
日、疾、悉、栗、桼、畢、乙、失、八、必、卪、節、血、徹、設之字及閉、實、逸、一、別等
字，皆以去、入同用，固非脂部之入聲，亦非眞部之入聲。《六書音均表》以爲眞部
之入聲，非也。如王氏説，則疾、閟皆本韵、閟本音在十二部。《載馳》二章合韵濟
字。戴氏《論韵書》云：如《載馳》之濟、閟，《抑》之疾、戾，此不必改讀而自諧者
也。閟屬六至，濟屬十二霽，在去聲本一類。即讀入聲如五質之毖，脂、旨、至、質，
眞、軫、震、質相配其入，亦無不諧。疾屬質韵，戾屬霽韵亦然。特以質、櫛、屑專隸
眞、臻、先，使眞、臻、先不與諄、文、殷、魂、痕通，以脂、微、齊、皆、灰與諄、文、至、
山、仙共入，不與眞、臻、先共入，而濟、戾二字便將脂、微、齊、皆、灰及術、物、迄、
没諸韵字牽連，而至割之不斷矣。戴論甚允。

四 本爲假借字而以爲合韵，如一部急本音在七部。《六月》一章以韵
飭、服、熾、國。《詩本音》云：急字非韵，《鹽鐵論》引此作“我是用戒”，當從之。
《標準》云：疑是棘字或亟字，音相近而訛耳。《鹽鐵論》引作“我是用戒”，或別有
據。按：《説文》段注悈下云：悈與急雙聲同義，悈字不見于經，有假戒爲之者。《鹽
鐵論》引“我是用戒”，謝靈運《征賦》作“用棘”是也。有假諴爲之者，如《釋
言》：諴，急也。是也。又注諴下云：諴與戒義同，警也。《司馬法》云：有虞氏諴
于中國，今本《天子之義》篇諴作戒，是急當爲諴悈之借，則爲本韵、膴本音在五部。
《小旻》五章以韵謀，《緜》三章以韵飴、謀、龜、時、古、兹。《詩本音》：《魏都賦》
注引《韓詩》作䐁入韵，今作膴不入韵。《標準》謂民雖靡膴，或哲或謀，或肅或

艾，三句一韵，舊叶莫徒反誤。段云：《韓詩》作"靡脿"，《緜》作"周原脿脿"，則用本韵而非合韵。按：《廣雅·釋訓》：脿脿，肥也。則作膴爲假借字、膡本音在第六部。《大田》二章假借爲螣字，以韵賊，此合韵也。《説文》引《詩》作"去其螟螣"，則在本韵，三部髦本音在第二部。《角弓》八章合韵浮、流、憂字。《詩本音》云即《書·牧誓》"庸蜀羌髳"之髳。段注《説文》鬏下云：《詩》髦即《書》髳，是音近假借作髳，則爲本韵、趙本音在第二部。《良耜》與糾、蓼、朽、茂合韵。《考工記》鄭注引其鎛斯捎，則在本韵、揄本音在第四部。《生民》七章合韵蹂、叟、浮字。《説文》引作舀，則在本韵、集本音在第七部。《小旻》三章合韵猶、咎、道字，讀如就。《詩本音》謂當從《韓詩》作就，則集爲假借，四部餕本音在第二部。《常棣》六章合韵豆、具、孺字。段注《説文》醹下云：《常棣》醹爲正字，餕爲音近假借字。以韵言之，區聲與豆、具、孺同部，而芺聲不同部。毛、韓各有所受，往往毛多古字，韓爲今字。此一條，韓爲正字，毛爲假借字也，十一部褰本音在十四部。《杕杜》二章合韵菁、姓字。一作鶄鶄，則在本韵，十二部减本音在第一部。《文王有聲》三章合韵匹字。《韓詩》作"築城伊洫"，則在本韵矣、疋本音在第十六部。《無將大車》合韵塵字。戴《論韵書》云：疹《釋文》作疹，都禮反，則此字非唐人避諱所改明矣。然不必非瘑字之訛也。江晉三云：孔氏改作疹以自實其陰陽相配之說，然疹乃胗之重文。《廣韵》注皮厚也，于《詩》義不協。戴氏以爲當是瘑字之訛，此説得之。蓋傳寫者脱其半耳。《廣韵》疹與瘑皆注病也，訓詁正同，十四部那本音在第十七部。《桑扈》三章合韵翰、憲、難字。《説文》作"求福不儺"，則在本韵，十五部答本音在第七部。《雨無正》四章合韵退、遂、瘁、遂字。《新序》《漢書》皆作對，則在本韵，十六部翟本音在第二部。《君子偕老》二章合韵鬒、揥、晳、帝字，讀如狄。《尚書撰異》三：羽畎夏翟，云古狄、翟異部相假借。有假借翟爲狄者，如《春秋傳》"翟人"是。有假借狄爲翟者，如《尚書》之"夏狄"。《毛詩》"右手秉翟"，《韓詩》作狄。《禮》"王后揄翟闕"，翟亦作狄，是、翟本音在十五部。《韓奕》合韵厄字。從他經作幦，則在本韵。考車覆笭，《既夕禮》《玉藻》《少儀》《公羊傳》《説文》皆謂之幦。《毛詩》幭、厄二字皆屬假借。

　　五　以誤字爲合韵，如二部慘本音在第七部。《月出》三章合韵照、燎、紹字。《詩本音》云：元熊來《五經説》云：《詩》中慘皆作懆，"勞心懆兮"協照、憭爲韵，"我心憢憢" 協毚爲韵。段注《説文》憢下云：《白華》作懆，見于許書，《月出》《正月》《抑》皆作憢入韵。且《毛傳》曰憢憢，憂不樂也。憢憢猶戚戚也。正爲許説所本。而陸氏三者皆云七感反，其憒亂有如此者。按：《五經文字》懆正作憢，三部軌本音在第七部。《匏有苦葉》合韵牡字，讀如阜。《周官》經"立當前侯"，《説文》作前軌。按：《經韵樓集》卷一"濟盈不濡軌"傳曰：由輈以下曰軌。文云：此《詩》古本作軌，從車九聲。《釋文》云：舊軌美反是也。《唐石經》作軓，從車凡聲。蓋由《釋文》云：依傳意，宜音犯。而孔沖遠正義襲其説，改經作軓，辨其非軌，謂寫者亂之耳。假令經是軓字，則傳當云車軾前謂之軓。又卷六《答江晉三論韵書》云：最誤者，《匏有苦葉》本軌字而從正義作軓，謂之合韵。

段氏先作《詩經韵譜》《群經韵譜》，既定爲《六書音均表》，是《韵譜》成書最早，其後聞見益博益精，遂多改舊説。同時師友致書亦皆討論合韵之理。戴氏《論韵書》云："蓋援古以證其合易明也，援古以證其分不易明也。古人用韵之文，傳者希矣。或偶用此數字，或偶用彼數字，似彼此不相涉，未足斷其截然爲二爲三也。況據其不相涉者分之，其又有相涉者，則不得不歸之合韵，是合韵適以通吾説之窮，故曰援古以證其分，不易明也。"又云："審音本一類，而古人之文偶有相涉，有不相涉，不得捨其相涉者，而以不相涉爲斷。審音非一類，而古人之文偶有相涉，始可以五方之音不同斷爲合韵。"而段氏全憑韵文之證以分部，故戴氏再三言之。

而段《答江晉三書》云："僕于《毛詩》誠有非韵而斥爲韵者；本可不韵之處而定爲韵者原注：如戴、孔二家有用本韵而謂之合韵者，疵纇不少。"

錢竹汀《與段若膺書》云："足下謂聲音之理分之爲十七部，合之則十七部無不互通。蓋以《三百篇》閒有歧出之音，故爲此通韵之説，以彌縫之。愚竊未敢以爲然也。古有雙聲有疊韵。參差爲雙聲，窈窕爲疊韵。喉腭舌齒脣之聲同位者皆可相轉。宗之爲尊，桓之爲和是也。聲轉而韵不與之俱轉，一縱一橫，各指所之，故無不可轉之聲而有必不可通之韵。不得以髟然之轉彭亨，而通庚于豪；無俚之轉無聊，而通之于蕭；甯母之轉泥母，而通齊于青也。古人之音固有若相通者，如真與清、東與侵，閒有數字相出入，或出于方言，或由于聲轉，要皆有脈絡可尋，非全部任意可通。"錢氏斯語至爲明確。以聲轉二字代段氏之合韵而有必不可通之韵一語，尤爲精當。所謂必不可通之韵，即上文所云韵腹不同則不可以韵名之。惟其必發音相同直當以雙聲名之而已。

　　按：《説文》"茜，西聲"下段注云："古音在諄部，蒨即茜字也。古音在清部，音變適同耳。"音變適同之説，實賢于言合韵，亦即錢氏所言轉音。然此但可云一字之音變，未可以概全韵之音，謂其盡可通也。段氏《答江晉三書》云："足下曰《表》中于顧、江二公缺韵之處，悉以合韵當之，竊謂此不必也。凡著書之道，通其所可通而缺其所不可通，增一合韵之名，則自生枝節矣。僕亦以爲誠然也。"段氏後來書中少言合韵而常言雙聲者，或以此歟！

音韵答問

問曰：何爲而作等韵？

答曰：爲一韵書切語之定其讀而作也。《切韵指掌圖》自序云：仁宗時，詔丁度、李淑增崇韵學，自許叔重而降，凡數十家，總爲《集韵》，予繼其職，書成上之。嘗因討究之暇科別清濁爲二十圖，以三十六字母列其上，推四聲相生之法，縱橫上下，旁通曲暢，最爲捷徑，名曰“切韵指掌圖”。劉鑑《切韵指南》自序云：僕于暇日，因舊制，次成十六通攝，作檢韵之法，詳分門類，盡其蘊奧，名曰“經史正音切韵指南”，與韓式《五音集韵》互爲體用，諸韵字皆由此出[1]。《四聲等子》序曰：近以《龍龕手鑒》重校《類編》于《大藏經》函帙之末，復慮方音之不一，脣齒之不分，則歸母協聲，何由取準，遂以此附《龍龕》之後，令舉眸識體，無擬議之惑；下口知音，有確實之訣。《手鑒》雖非韵書，其序云：《手鑒》四卷，以平上去入爲次，隨部復用四聲列之，又撰五音圖式附于後。《夢溪筆談》云：觀其字音次序，皆有理法，是主《鑒》亦韵書之流也。再觀《韵鏡》收字大同于《廣韵》，《七音略》近于《集韵》，是等韵之圖，各據其所本韵書而作，非空取凡字之音而附于圖也。

定讀之法如何？

曰：《韵鏡》歸字列云：歸釋音字，一如檢《禮部韵》，如得芳弓反，先就十陽韵求芳字，知屬脣音次清第三位，却歸東一韵尋下弓字，便就脣音次清第三位取之，可知爲豐字。蓋芳字是同音[2]之定位[3]，弓字

---

[1] 《郡齋讀書志》四《切韵指元論》三卷，《四聲等第圖》一卷，右皇朝王宗道撰，論切韵之學。切韵者，上字爲切，下字爲韵。則切韵即切語耳，故二書皆稱切韵焉。

[2] 謂脣音舌音等是。

[3] 即指一、二、三、四等。

是同韵之對映，《指掌圖》檢例上云：先求上切居何母，次求引韵去橫
搜①，此定讀之例也。

曰：韵書既製切語，昭示音讀，何煩更作圖以定其音耶？

曰：《廣韵》切語，俱本于舊，如東德紅反見《釋天》釋文②，芃薄
紅反見《詩・載馳》及《何草不黃》，䳏見《靈臺》，濛莫紅反見《東
山》，虹戶公反見《抑》，忡勅中反見《出車》，蟲直弓反見《公羊傳・成
五年》，沖見《書・益稷》，蜼烏紅反見《釋蟲》，隆力中反見《檀弓》，就
一韵之中，《釋文》一書，已有如此，足徵《廣韵》不自製切語也。惟舊
切語有矢口成音者，如薄紅、莫紅、勅中；詰詘難吐者，如德紅、戶公、直
弓、力中，蓋下字必須以清切清，以濁切濁則易，反是則難。故等韵家
舉其紐之建首字，或易識者，列之于圖，于是循例推求，雖方語之不同，
亦可得其正讀。

問曰：《韵鏡》體例，可得聞乎？

曰：可。曰《韵鏡》二百六部分作四十三圖，圖中以脣舌牙齒喉
舌音齒爲次，脣舌牙又各分清、次清、濁、次濁四目，齒音于濁後易以
清、濁二目，喉音則云清、清濁、濁，舌音齒俱各名清濁，不用字母，
橫以四聲分四格，格左書目，右書內外轉某開或合或開合，然有誤③。
四聲又以一、二、三、四等次列，一韵取其各紐建首字或其易識者，
取其本圖不能盡之字，列于下圖④。四聲相承者皆如是，若夬卦同二
等，而夬則附居入聲，云去聲寄此，則未廢同三等，而廢居入聲者，自

---

① 如德紅切東字須先求德字記在端字下，次求紅字橫過至端字下，則是東字。
② 蝀丁孔反《詩》作東德紅反。
③ 如東合而云開，冬合而云開合，支之開而云開合，模虞俱合而云開合，宵之四等亦開而
　云合，歌開而云合，侵談銜嚴鹽俱開而云合，凡此皆屬字誤，非其時之音有异。
④ 如祭之三等居十三、十四二圖，四等居十五、十六二圖，真已居十七圖，則欣居十九圖，
　諄居十八圖，則文居二十圖，元仙俱三等，元居二十一、二十二圖，仙居二十三、二十四
　圖，蕭居二十五圖之四等，宵之四等，則居二十六圖，清之四等居三十三、三十四圖，青
　則居三十五、三十六圖之四等，鹽之三等居三十九圖，四等居四十圖，以添居三十九圖之
　四等也。凡三等獨立四十一者，以鹽嚴各居三十九、四十之三等也。

同夬例，惟未云寄此耳。推此，則脣牙喉之一音有兩切語在三等韵中者，亦寄列四等，如群紐但有三等無四等也，以四等韵如齊先宵青添十八韵中俱無群，用知四等韵中實無群也，今圖支韵有祇，脂至質韵有葵揆悸姞，術韵有趫，獮有蜎，宵笑韵有翹翹，清韵有頸瓊，皆非四等，乃三等字而寄居四等者。群紐如是，其他可推而知。此又如支韵齒音第一清三位有韉，《廣韵》韉子垂切應列四等，而居三等者，以劑在四等也。之韵俟床史切與鉏里之士同，故寄居于第二濁。薛韵鷩瞥蹩既見于二十一，復見于二十三，本書之例，凡三等韵分見二圖者，必一爲三等，一爲四等。按：薛韵脣音幫紐笷方别切，鷩并列切，等韵家以鷩爲四等，若瞥芳滅切，滅亡列切，與莂皆以爲三等，則二十一圖但當著蹩于四等，二十三圖著彆撆蹩蔑于四等（屑韵），著笷瞥別滅于三等（薛韵），若此，則與全書例合而字不複見矣。又清靜勁昔四韵皆三等，以爲群紐之擎頸競劇及舌上邪喻諸音[①]，然幽黝幼亦然[②]，皆以庚之三等與尤居三等之位，遂寄之于四等耳。自寄之義不明，而清幽之例亦亂，三、四等之界亦無由解説矣。今人分全三等者爲一例，三等并有四等者爲一例，全四等者爲一例，亦由寄之義不明也。

問曰：何爲内外轉？

答曰：等韵圖以一韵之字，依母與等，循序比次，俾學者檢求歸字，然反切上字每有不在本母、下字不在本等者，于是門法興焉，内外其一也。轉者，謂反切下字轉移于諸母下也。内轉者，謂三等韵之莊初床疏四母字，用于此四母中必讀二等，四母外則否，以二等之讀限于此四母中，故曰内。外轉者，謂二等韵中諸母字俱讀二等，以二等之讀，不限于此四母中，故曰外。按《指掌圖》辨内外轉例曰：内轉者，取脣舌

① 邪喻雖四等，俱三等韵獨有，如舌上正齒諸紐支與清對轉支三等則清當爲三等益明。

② 亦有群紐之蚪。

牙喉四音，更無第二等字，唯齒音方具足①；外轉者，五音四等都具足，舊圖以通②，止③遇④果⑤宕⑥流⑦深⑧曾⑨八字括內轉六十七韻。此皆謂三等韻有莊初諸母者，若果攝雖無莊初諸母，然其開合俱爲三等，而亦無牙舌脣喉之三等，故謂之內。江蟹（即佳）臻山効（即肴）假（即麻）咸梗（即庚）八字括外轉一百三十九韻。此皆謂二等韻，牙舌脣齒喉五音俱爲二等之讀，故八字俱舉二等韻目，以示與內轉之异。《玉鑰匙》云：凡遇牙舌脣喉來日下爲切，韻逢照一⑩，內轉切三⑪，外轉切二⑫，故曰內外。如古雙切江⑬，矣殊切熊之類⑭。玄關歌訣牙音云：照類兩中一作韻（原注：兩中一于四等中爲第二），內三外二自名分（原注：韻逢兩中一，即分內外，如居霜切姜是內三門，古雙切是外二門）。舌音云：正齒兩中一韻處，內三外二表玄微（原注：韻逢正齒音兩等中第一，即分內外，如丁釅切知是內三門，德山切䜌是外二門是也）。脣音云：照一須隨內外形（原注：韻逢照一，即分內外，如夫側切逼是內三門，布關切班是外二門）。喉音云：如逢照一言三二（原注：韻逢照一，內轉切三，外轉切二也）。半舌半齒音云：全得照初分內外（原注：韻逢照一，即分內外）。自《指掌圖》首解內外之義，《玉鑰匙》《四

---

① 謂一圖之中，四等完備，其二等不限于齒音，牙舌脣喉半舌并有二等者。
② 東韻有崇，屋韻有莊初等母。
③ 支脂之俱有莊初等母。
④ 魚虞俱有莊初等母。
⑤ 戈韻三等中無莊初諸母。
⑥ 陽韻有莊初諸母，藥韻有斱。
⑦ 尤韻有莊初等母。
⑧ 侵韻緝韻有莊初等母。
⑨ 蒸韻職韻有莊初諸母。
⑩ 即莊初床疏居照等之第一位。
⑪ 謂在三等韻中者俱讀三等。
⑫ 謂在二等韻中者俱讀二等。
⑬ 雙在疏，江在見，雙江俱讀二等，故曰外。
⑭ 殊在疏，熊在喻三（即於），熊非二等，故曰內。

聲等子》承用其説而不改，是以《字學元元》申演其旨①，《日月燈門法解》沿用之。 然袁氏實未透徹其義，復生秕説②，《日月燈門法解》亦用之，是以内外之義，闇然不明矣。

問曰：内外轉之釋，袁、吕外尚有异説否？

曰：有之。《古韵標準》平聲十二部總論云：二十一侵至二十九凡九部，此九部與真至仙十四韵相似，當以音之侈弇分爲兩部，神珹等韵分深攝爲内轉，咸攝爲外轉是也。 按江氏所謂侈弇，侈即今世所謂舌前元音，弇即舌後元音③，此蓋總説部諸韵讀之狀。 按《指掌圖》檢例辨内外轉及下五目，皆謂切字辨等之例，非謂韵讀。《度曲須知》論韵讀最詳，亦不用内外轉之名，且未涉及侈弇，則江説無據。《聲韵考》

---

① 内轉外轉者，謂各攝脣牙喉舌來日之切，若韵逢齒中照一在内轉攝中，便切第三等，字在外轉攝中，便切第二等，蓋内轉之攝，牙舌脣喉下四音皆無二等字，惟齒音照一有字，故雖逢二等之韵，而他音下無二等字可切，故祇切第三，以二等字域于照一内也，故謂之内；外轉之攝，不獨齒中有照一，而牙舌脣喉四音俱有二等字，故通可切二，以二等廣于照一外也，故謂之外。此門皆專以二等字之多寡而分也。如矣殊切熊，矣喉切，而内轉喉下無二等，故切三之熊，古雙切江，古牙切，而外轉牙下有二等，故切二之江是其列。自是内外切法，如香楚切許，王所切雨，呼士切喜，古崇切弓，九數切句，公士切几，完初切魚，婦阻切父，皆從内轉切三，如江卓切珏，牛要切瓦，亡爪切卯，古梢切交，户生切行，漁沙切牙，古生切更，皆從外轉切二，學者詳之。

② 又曰：至于果假同攝，古謂之内外混等，謂果内而假外，二門互相切也。然此門法，予有疑于果，并有疑于臻焉。夫内轉韵逢照一切三而果止轄一等，照切一、二皆非所轄，何以謂之内？外轉逢照一切二，而臻攝脣舌牙喉下并無二等字，何以謂之外？此則袁生所未識也。愚按戈韵有三等開合而無二等，故果攝名曰内，麻韵有三等諸母，而復有開合二等諸母，以有二等諸母論，故謂之外。臻雖無牙舌脣喉之二等，然亦無三等，故謂之外。至《四聲等子》又以江附于宕，梗附于曾，亦曰内外混等，蓋以江庚耕同爲二等韵，庚雖有三等，然二等之字不通用于三等，故江庚耕皆曰外。陽蒸俱爲三等，而與莊初諸母之字通用，故曰内。是以附合後名曰内外混等，與果假之例正同，又曰或謂二等，發聲發者爲外，故照一切二謂之外，三等收聲收者爲内，故照一切三謂之内，其説亦通。愚謂此語發收即洪細，三等固細于二等矣。然一等不更洪于二等，四等不更細于三等耶？何以一、四等不名内外耶？照二之字用于他母讀三等，用于照一則讀二等，何以亦不以内外名之耶？

③ 真痕七部蕭豪四部侵覃二部皆侈也，元仙七部尤幽三部談凡七部皆弇也。

云：各等又分開口呼合口呼，即外聲内聲。按《韵鏡》于内外轉下又列開合，則開合亦非内外。《切韵考》外篇後論引《四聲等子》①，云如此則内轉外轉，但分別四等字之全與不全，與審音無涉。按照一之字用于脣舌牙喉之二等則讀二等，三等則讀三等，不隨其字亦讀二等，正見其讀音有別，何云與審音無涉也。三君清世碩儒，猶疏于此，餘說未足論矣。《韵鏡》雖自倭歸，倭人不能讀，恣爲妄論。或有采擷其語，亦謂内外之辨，繫于元音之侈弇②，此正江氏之說，而倭人又以宕攝爲外轉，增之爲九，不知宕攝無二等韵，不得謂之外也，又擯斥内轉外轉于門法之外，謂皆沿襲門法之説，而不揮其究，不思圖固等韵家所製，門法亦等韵家所名，以釋其用字失等之疑，今不從切解，創爲异説，殆未可從。又有駁門法者云，令知内八轉之照穿床審第一字與三等各母通成一等，則無此門法。按《廣韵》江佳皆夬臻删山肴庚耕咸銜諸韵皆二等，皆有此四母（莊初床疏），若鍾微真文元宵清嚴凡廢諸韵皆三等，皆無此四母，則此四母當讀二等不讀三等明矣。再以麻韵論之，麻韵但有二、三等，二等但有照一，詞曲家名之曰家麻，三等但有照二（照穿神審禪），名之曰車遮，則其儼有二、三等之別，益明。江慎修云：照穿床審二、三等不通用③，則在三等韵之照一，亦必讀三等，不讀三等，則謂照一與三等各母通成一等之説誣矣。又曰：令知外八轉之照穿床審第一字，原與二等各母通成一等，則無此門法。此未明内外轉之立，本以照一之等唯一，而用于三等韵，即有二等（在照一四位）、三等（其他諸位）之分，故必立一門法。又以在二等韵中者，遂無此异，與三等相較，亦復不問，故又立一門法以顯著之，因名之曰内轉外轉。照一照二果同等矣，則發音之狀當無异，果無异，則二者之字何以不可通用，如是謂爲

---

① 辨内外轉例，乃明言内轉者脣舌牙喉四者，無第二等字，惟齒音具足，外轉者五四等都具足，此與《指掌圖》全同。

② 内轉者，假定皆含有後高元音、中高元音及前高元音之韵，外轉者，假定皆含有前元音、中低元音及後低元音之韵。

③ 《四聲切韵表》《音學辨微》俱同。

同等者,蓋未之思耳。

問曰:昔賢謂合口爲一等,撮口其細也。開口爲一等,齊齒其細也。季宋以降,或謂合口開口借四等,而同母閒收者,可分爲八,是乃空有名言,其實使人哽介不能作語,驗以見母收舌之音,昆君根斤以外,復有他聲可容其閒耶,如是説,但當有二等無四等矣,其言信乎?

曰:四等是也,二等非也。昔江慎修謂一韵之中,輕重脣不兼,非獨輕重脣也,舌頭舌上亦不兼。舌頭所居必爲一、四等,舌上所居必爲二、三等,舌頭所居之韵,其餘紐必爲見溪疑幫滂並明精清從心曉匣影來十五位。舌上所居之韵,二等必爲見溪疑幫滂並明莊初床疏曉匣影來亦十五位,三等必爲見溪群疑幫滂並明(或爲非敷奉微)照穿神審禪曉影于來日十八位,其或有莊初床疏四位,必亦爲二等。知不爲三等者,以讀莊初床疏之狀,舌必伸觸于上齒齦,照穿神審禪之狀,舌必伸觸于上齒背。舌居高者,口開亦高,其音洪、低者,口開亦低,其音細。洪者與其在二等者無殊,而與本韵喉牙脣半舌諸讀則异。細者與本韵喉牙脣半舌諸音相同,與莊初床疏迥別。故洪者二等,細者三等也。其又有精清從心邪喻六位必爲四等者,以精清五位之發,必兩齒相擊,音即從其縫出,與四等韵他紐之狀同,故命曰四等。喻紐之發兩齒相開一線,舌端微翹,音亦從縫出,與精清之狀同,故亦命曰四等也。等异則韵异,韵异則當離析,而不離析者,切語原于讀若之例,趨于易曉也。切語亦然,故造作者作切,輒取于常用之字,例如企開跂合而俱丘弭切,鰥合襉開而俱古頑切,棧開撰合而俱士免切,格開虢合而俱古伯切,黠開滑合而俱用八,丫合解開而俱用買,其開合之异顯然,而用字一同者,亦以其易曉而已。三等之與二等抑與四等,其相异微,而存字不多,故造切語者遂混用而不析,顧字雖混而等呼判絶,此乃自然之情,非等韵家强爲之辭也。今人乃謂莊初與照穿但有發音之异,而在三等韵中則同,斯未審在三等韵中之讀,與在二等者無异,何從以見其有三等之讀耶?又謂等韵家降精清爲四等,其本固三等也,不知精清等之讀,但兩齒相擊,其在一等者,至吐元音時,乃漸穹口張脣,四等則始終如一，較三等尤細，固不可謂之爲三等。若于喻發音之狀固不同，然亦有洪細之分，其理同乎莊照，此皆驗諸脣吻，即見其然，非因圖不能并列而降抑之也。至一、二等，三、四等之混雜者，不惟今讀然也，驗之陸氏《釋文》亦正繁多。如靽戚莫拜反劉音妹，獺徐他達反又他鎋反，揭苦瞎反，劉苦割反，拔皮八反徐蒲末反，此一、二等之混者。又陷五結反徐語折反，決向徐喜缺反李呼穴反，埶劉魚列反戚魚結反，毳郭徐姜雪姜穴二反，此三、四等之混者。夫等相近而讀混淆，自魏晉已同于今，然製韵書不加合併者，蓋亦睹夫舌頭舌上齒頭正齒之宜別，切語用字之有常，甄擇審固，而不可合也。

問曰：有圖矣，何爲復有門法？明清賢哲，多所譏刺，近人亦成駁議，門法果可廢乎？抑否？

曰：門法所以解切語用字之疑，不可廢也。《郡齋讀書志》四，《切韵指元論》下云：切韵者，上字爲切，下字爲韵。切歸本母，韵歸本等者，謂之音和，常也；本等聲盡，汎入別等者，謂之類隔，變也。最初門法，惟此二例而已。《切韵指掌圖》檢例，亦首列音和、類隔二切，檢例下云：凡切字取同音同母同韵同等四者皆同，謂之音和，取脣重脣輕舌頭舌上齒頭正齒三音中清濁同者，謂之類隔。又云：以符代蒲，其類奉並，以無代模，其類微明，以丁代中，其類知端，以勑代他，其類透徹。且如韵內皮字《廣韵》作符羈切作肥字，若作肥字非也，符字是奉字母下合爲類隔，于並字母下取一蒲字，作蒲羈切音皮字明矣，此是類隔，他皆仿此。又有辨內外轉例，其意以莊初床疏四母之字，用在三等韵，此四母下者讀二等，在他母下始讀三等四等以二等之讀限于此四母之內，故曰內轉，其二等韵各母下通讀二等，故曰外轉。次辨廣通偏狹例，其意以三等韵脣牙喉之四等諸紐，以照穿神審禪五紐諸字作韵者，則讀四等，謂之廣通；若以影喻齒頭四等爲韵者，則讀三等，謂之偏狹。三等韵中三等字多四等字少，以多通少，故曰廣通，以少從多，故曰偏狹。次辨開合，謂開合二韵所切字多見也。次辨日母切字例，謂用二等字作韵，則當爲娘母（如日交切鐃），一等字作韵，則當爲泥母（如仁頭切羺）。次辨匣喻二母切字，謂匣無三等，有則于喻母尋（如户歸切幃），喻無一、二等，有則當于匣母求①。《四聲等子》録此檢例之音和類隔廣通偏狹内外四例，後增辨窠切門，謂三等韵之舌上四母，韵逢精等影喻第四并切第三（如中遥切朝字），謂不離知等第三之窠也。次辨振救門，謂三等韵中齒頭五母韵逢諸母第三并切第四（如蒼憂切秋字），謂舉三等字以救四等之窮也。次辨正音憑切門，謂莊初四母韵逢他母之二、三、四等并切第二，謂憑上字之等不憑下字也。次辨互用憑切門，謂一等韵之精清四母，即《指掌圖》檢例之精照互用，如《儀禮》啐皆七内反，《禮記·雜記》徐倉快反，然二等無齒頭，此當從一等之讀，故云切逢第一韵逢第二祇切第一也。次辨寄韵憑切門，謂三等韵之照穿五母，韵逢諸母一四并切第三，如《内則》釋文莇昌改反，《説文》昌在反，韋昭注《漢書》昌以反，此因一等無穿母，當依其三等之讀，以昌以反爲是。次辨喻下憑切門，謂喻母第四爲切，韵逢第三并切第四，如以追切唯、余支切移也。次辨日母寄韵，即檢例日母切字也。《切韵指南》《玉鑰匙門法》于《等子》之類隔析出脣音爲輕重交互門，又析廣通偏狹爲二門，故曰門法十三，此宋元諸家門法之大要。明僧真空依《五音集韵》《篇海》爲本，取《玉鑰匙歌訣》所載續立七目，合上十三，是爲二十門法。十四麻韵不定之切，謂三等韵中舌上四紐爲切，用齒頭喉音之第四等爲韵，則切舌頭之第四等，如陟邪切爹、勑洗切體女象切䜴、女星切寧，此惟爹切見于《廣韵》，若體則《廣韵》他禮切，寧奴丁切，若䜴《集韵》亦無，似從《篇海》之音也。十五云前三後一，謂輕脣爲切韵逢一等，并切第三，如《廣韵》馮貢切鳳，釋文撗徐扶公反，以三等居四等之下位也，故云前三後一等爲切，韵逢三等亦切第三，如《廣韵》莫六切目、莫浮切謀，以一等居四等之最上，故云後一，惟通流二攝内有之。《玉鑰匙歌訣》云：重遇前三隨重體②，

①　如于古切户，案《詩》釋文苻沈有並反，黄侃云：即衡猛切，喻切匣母，多是三等字，《爾雅》釋文蝗《説文》榮庚反，范宣禮記音横，黄侃云榮庚即横音，喻匣相辨也。
②　謂重脣爲切，三等爲韵，却是重脣。

輕逢後一就輕聲[①]，此即憑切之居脣音也。　十六云三、二精照寄正音和，謂照穿神審禪爲切，韵逢諸母第二，并切二等，如《廣韵》充山切獑，《周禮》釋文筲劉舟伯反，歌訣云：切三韵二不離初[②]。　十七云就形，謂牙脣喉十六紐，第三等爲切，韵逢諸母第一，但開合一等俱無字，即切三等，《廣韵》澤存本、曹本、黎本轄許羈切，內府本、泰定本作許戈切，惟此條符合其名。　餘如所舉巨寒切鞬，無缽切嚼，無感切錂（原誤），無可切嘃，皆《廣韵》所無，而《廣韵》符臥切縛，斯弗之舉，蓋其疏也。　十八云創立音和，謂見溪群疑幫滂並明曉匣影此十一母爲切，韵逢一等，但開合一等俱無字，即切三、四等，如莫者切乜（《廣韵》作彌也）、毗兩切驒（《廣韵》兩作養）、眉鳩切繆（《廣韵》作武彪）、彌嗟切哶（《集韵》），按：此皆三等韵，蓋製圖者寄之四等耳。　十九云開合，此專謂三十六母開口字用脣音作韵，如俱萬切建、下沒切紇，脣音字用開口作韵，如蒲干切槃（見《易》釋文）、居縛切钁（《釋器》九縛反），按：寒桓切韵不分，脣音始合終開，故開合通用，若钁縛俱合，未詳其義。　二十云小通廣偏狹，謂來母下第三等爲切，韵逢四等（齒頭及喻），并切第三，如力小切繚是廣門（山蟹梗効四攝爲廣），力遂切類是通門（止臻二攝爲通），良奬切兩是侷門（通宕遇曾四攝爲侷），力鹽切廉（流咸深假是狹門），歌訣云：廣通偏狹憑三等，四位相通理不訛，故此七者皆含孕于歌訣之中，真空爲析出之，因其名復爲作注耳，非真空所創也[③]。

---

①　謂輕脣爲切，一等爲韵，却讀輕脣。

②　初謂切之三等是也。

③　劉鑑自序云：作檢韵之法，析繁補隙，詳分門類，并私創玄關六段，總括諸門，盡其蘊奧，名之曰《經史正音切韵指南》。其門法《玉鑰匙》目録總十三門，後即爲總括，《玉鑰匙》玄關歌訣分牙音、舌音、脣音、齒音、喉音、半舌、半齒音六段，故真空輒徵之以爲證。真空所作爲《貫珠集》，近人謂《四聲等子》爲門法九例（按：一音和，二類隔，三廣通偏狹，四內外，五窠切，自窠切以下皆爲所增），六振救，七正音憑切，寄韵憑切，喻下憑切，日母寄韵，實爲十例。後辨雙聲例、疊韵例，此非門法也。此云九例非。又云：沙門真空著《玉鑰匙》，又增七門，共二十門。《續七音略》亦分二十門，蓋就《玉鑰匙》而敷衍其例，按：《續略》即全本《貫珠集》，惟切語或异耳。每門後各加按語辨其所由非敷衍也。

問曰：等韵圖始于何世？其類例有幾？

答曰：《郡齋讀書志》四《切韵指元論》三卷，皇朝王宗道撰，論切韵之學。又《四聲等第圖》一卷，皇朝僧宗彦撰，切韵之訣也。又云：中國自齊梁以前，此學未傳，至沈約以後，始以之爲文章，至于近時，始有專門者矣。據此，則等韵製圖之起于宋，有明徵矣。若夫類例，則《韵鏡》與《七音略》同科。《韵鏡》全圖計三千八百六十六音，其音爲《廣韵》所有而非建首字者，計百四十二，采諸《集韵》之建首字者，計六十五，不知所本者計二十六，餘者俱本諸《廣韵》，再驗其注音，如臁仕懷反、釃丁金（實全誤）反、龇去靴反、蘁盧下反、觚女法反、猲起法反，此六者皆同《廣韵》，但易切爲反，若羷白甘反，《廣韵》甘作銜，此羷在二等，則甘爲誤字，又腄注音追二字，此用直音，且腄在支，追在脂，是殆讀者所注，非原文也。《韵鏡》既本《廣韵》，其成必在《廣韵》後，兼收《集韵》之音，是又在《集韵》之後矣。其圖蒸登殿末，餘亦從《廣韵》，《七音略》取《集韵》之字小殊，圖次則以覃談居陽唐前（凡隨其後），又似本乎《唐韵》。然韵部後先，昔人固不重視之也。《韵鏡》以脣舌牙喉齒七音爲次，一音之中又以清濁分疏，《七音略》明標三十六紐，復以羽徵角商宮半徵商易其脣舌七音之名，若圖中等列有不同者，皆傳寫訛舛，非關音讀，二書入承陽聲，率循《切韵》成規，非獨切韵，實爲□章[1]。《七音略》又但以鐸藥爲豪宵之入，于例乖隔，或爲後人增益，亦未可知，果漁仲如是，直可云無定識而已。《韵鏡》寄于微之入，《七音略》寄于佳泰祭之入，觀夬韵寄于灰咍之入，則寄于微與寄于祭何异，或謂《七音略》是而《韵鏡》非者，殆未證于夬之寄也。《韵鏡》廢韵有計，此乃從《集韵》計九刈反之音，或謂此計與霽韵相複者，實未之審。《韵鏡》圖注開合，《七音略》則標輕重，或以相擬，然開合惟二名，重輕之目九，懸絶若斯，何足相况。即以《四聲等

---

[1] 《詩·采薇》釋文，弮《説文》方血反，又邊之入聲，《廣雅》拯音蒸之上聲，四聲蒸拯證職。

子》之重輕與開合相證，亦惟流深之全重無輕，陽唐曾梗之重多輕少，蟹臻山之輕重俱等，始足爲證。若咸攝與深攝同爲開，而曰重輕俱等，果攝合多于開，而云重多輕少，止攝開合相垺，而云重少輕多，江攝開合分讀，而云江全重，通遇皆合也，而云重少輕多①。此二書皆以四聲統四等，《切韵指掌圖》亦如是，然二書韵別成圖，遺棄者稀，《指掌圖》合爲二十圖，因齎妻齊西居四等之地，故寄兹雌慈思詞于一等，《韵鏡》《七音略》以來，《指南》以往，皆無列之于一等者，故曰寄。猶本圖之寄鰲俟于禪也。或遂謂兹雌等之在一等，爲宋代音，不審一等固無邪也，《指掌圖》又寄江于宕、梗于曾、假于果，四等十六攝皆備矣。《四聲等子》以四等統四聲，革去寄等之嫌，二書俱二十圖，一同也。入聲兼承陰陽，二同也。俱用十六攝，三同也②。《指掌圖》先獨韵③，後開合④，《等子》則否，一异也。《指掌》以谷菊爲孤居之入，《等子》則以梏蒪⑤；《指掌》以褫訖吉爲鉤鳩樛之入，《等子》以谷菊；《指掌》以褫爲根入，《等子》以扢；此則《等子》是而《指掌》非。《指掌》以葛戞揭結爲歌加迦之入，《等子》以各戞；《指掌》以括劀厥块爲戈瓜之入，《等子》以郭刮；《指掌》以該皆爲蟹攝之開，其入葛戞，乖爲之合，其入劀，《等子》以該佳闞雞爲開，割戞揭結爲之入，以傀乖劂圭爲合，括刮蹶决爲之入；《指掌》以基雞爲止攝之開，其入訖吉，傀歸圭爲之合，其入骨亥橘，《等子》以畸枳爲開，暨墼爲入，以歸規爲合，亥橘爲入；則又

---

① 《韵鏡》東注開，冬鍾注開合（是輕重未可以開合名），魚注開，虞模注開合皆誤，東魚模弁也，冬鍾虞佟也，其分別以此，非以開合，《四聲切韵表》甚明。

② 檢例云：舊圖以通止遇宕流深曾八字括內轉，江蟹臻山効假咸梗八字括外轉，《等子》辨內外轉例云：今以深曾止宕果遇流通括內轉，江山梗假効蟹咸臻括外轉。檢例既稱舊圖，則原有十六攝矣，近人謂《指掌圖》與《等子》同，但削去攝名，此語未確。

③ 檢例云：應所切字不出本圖之內，《切韵指南》通攝注云：此攝《指掌》作獨韵。獨韵者所用之不出本圖之內。

④ 檢例云：開合韵所切字多互見，如眉箭切面字，其面字合在第七干字圖內，明字母下，今乃在第八官字圖內明字母下，蓋干與官二韵相爲開合。

⑤ 菊谷在屋，梏在沃，蒪在燭，音讀無別。

《指掌》是而《等子》非，二异也。《指掌》如《韵鏡》《七音略》，喉音以影曉匣喻爲次，《等子》始以曉匣影喻，三异也。 愚以《等子》之同于《指掌》固師其是，异者乃更其非。 至若《指掌》析舌頭舌上重脣輕脣齒頭正齒各爲二類，此于讀音無關。 論者以《指掌》獨爲一系，或未留心于其與《等子》相同者耶。 劉鑑《切韵指南》稱《指掌》之説，則本于《指掌》，入聲承陰者同符乎《等子》，是又師于《等子》[1]。 又析江于宕、梗于曾（開合二圖）、嚴凡于咸，是以爲圖二十四。《等韵切音指南》亦二十四圖，圖中取字全同，惟改劉圖之稱獨韵者，于效流深曰開，通遇曰合，其實一也。 或舉七證以明二書之异，如韵攝次第，劉圖同于《指掌》，《切音》之序則不明所本，此如韵部次第之理，同殊無關宏旨。 若《切音》于曾攝合口三等見母複出恭字，江攝複出光[2]，咸攝第二圖複出之干，深攝複出之根，皆以其等無字，故借以表其音，其例已見《等子》[3]，止攝合口複出皆傀，皆爲二等之開而居于一等，傀爲一等之合而居于二等，又咸攝第二圖精紐下之尖，皆乖其比，實爲借字以示其音。 崇剴之列三等亦然，莊憪十三字由開列合，雖符今讀，驗之《中原音韵》《韵會舉要》已然，則謂是書歸字從清音者，殆不然矣。 其列之于三等者，則以囪淙雙已居二等之位，不得不寄于三等，猶遇攝既列瘃楝躅僢于三等，復列竹畜逐衄于二等，正以見其音同而寄居也。 又若丙（兵永）、皿（武永）、班（布還）、版（布綰）、扮（晡幻）、攀（普班）、襻（普患）、蠻（莫還）、矕（武版）、褊（方緬）、緬（彌兗）、幫（博旁）、螃（補曠）、傍（步光），劉鑑以此類切語下字皆在合口，故列之合，餘字用開口，故列之開，猶止攝之陂（彼爲）、糜（靡爲）、彼（甫委）、破（屁靡）、被（皮彼）、美（無鄙）六字列于三等，又列于二等者，非複也，實注也。 故下綴合口呼三字，其義憭然。 作切音者不明此

---

① 如飢枳以暨吉爲入，龜賻以亥橘，居以葦，該皆雞猚以葛麟暨吉，傀媧劌圭以括劀亥橘，根以扢，歌嘉以各鰨，戈瓜以郭劀，鉤鳩以穀葦，假攝注云内外混等。

② 江攝獨立，本于劉鑑，其附見宕攝，則又取法《等子》。

③ 如止攝開口之祐，昔人議爲祴誤，深攝之站，議爲根誤。

意，與資雌慈思詞十五字俱列之一等，以德韵爲之入，按：《切音指南》于輕脣皆列于合，惟尤凡二韵列于開，《字母切韵要法》即尤凡二韵亦列于合，惟三等重脣皆列于開，蓋求齊一而然，與劉鑑之旨异趣。若蟹攝合口三等，劉圖用恑黜术狖，蓋從《指掌圖》，與前後諸紐之用術物韵者合，實不誤。《切音》于蟹攝、臻攝皆用竹畜逐衃，與其以藥鐸承流攝及以脣列一等皆誤，《切音》易群爲郡、床爲狀，江慎修云：群床平聲，郡即群之上，狀即床之去，字易而位不易也。然平聲明顯，用上去不如用平，或人乃云此由當時讀第三位，爲不送氣音，故易平爲仄，以免誤會，實乖江意矣。

原載《語言文字學論叢》，四川大學 1943 年

音韵十問

論四聲

問曰：金壇段氏創古有平、入無上、去及韵之正變音轉合音之説，皆異乎前人，果信乎否耶？

答曰：請先言古四聲。段氏《答江晉三書》云：“古四聲之道，有二無四。二者平、入也。平稍揚之則爲上，入稍重之則爲去，故平、上一類也，去、入一類也。抑之揚之、舒之促之、順逆交遞，而四聲成。”又云：“凡今人讀上、去而表中參伍求之，的知其平；今人讀去而表中參伍求之，的知其入，因乎《詩》而我無與焉者也。”

愚按：昆山顧氏謂古人四聲一貫，婺源江氏斥其求之太過，反生葛藤。《詩韵舉例》設“四聲通韵”條，盡舉而詳列之，共二百三章，二百十二條。惟江氏間取《集傳》之讀，遂生違舛。

《關雎》三章芼、樂去、入爲韵《釋文》樂協韵，宜五教反。則俱去聲。如《行露》二章，家與角、屋、獄、足平、入爲韵按：誰謂女無家二、三章相叶，與隔章尾句遥韵，章首遥韵同例，江氏無之。但此實用《集傳》家叶音谷之讀。《日月》首章，土、處、顧上、去爲韵按：《釋文》顧，徐音古。《碩鼠》首章、《墓門》二章、《雲漢》四章皆同。《谷風》五章，愒、鱧、售、鞠、覆、育、毒平、去、入通韵按：售即鱧俗。段氏以愒、鱧、售爲上聲俱誤，此當以鱧、售爲韵，平聲。愒、鞠、覆、育、毒爲韵，入聲。《桑中》首章，唐、鄉、姜上、平、去爲韵按：三字俱平聲。《干旄》首章，紕、四、畀平、去爲韵按：傳云：總紕于此，成文于彼，蓋讀爲比次之比，故《釋文》毛符至反，則俱去聲。《考槃》首章，澗、寬、言、諼平、去爲韵按：《釋文》澗，《韓詩》作干，從韓則俱平聲。《兔爰》二章，罦、造、憂、覺平、上、去通韵按：罩、憂平聲爲韵。《廣韵》造，七到切。《釋文》覺，古孝反，去聲爲韵。《緇衣》一、二、三章，館、粲上、去爲韵按：《集傳》館，叶古玩反。而《釋文》正作古亂反。則《集傳》云叶誤。江氏讀上聲，蓋從俗也。《遵大路》首章，袪、故平、去爲韵按：《釋文》袪又起據反，本去聲，《集傳》云叶誤。《蜉蝣》三章，閱、雪、説去、入爲韵按：《釋文》説協韵如字。《蟋蟀》首章，莫、除、居、瞿平、去爲韵按：《釋文》除，直慮反。莫音暮，居協韵音據，瞿，俱具反，則皆去聲。《侯人》首章，役、芾去、入爲韵按：《釋文》役，都外反，又都律反。芾音弗，沈又甫外反，是二字可俱去俱入。《鳲鳩》首章，子、室上、入爲韵按：孔氏以爲不入韵。《采薇》首章，家、故平、去爲韵按：此以家、居爲韵，平聲。故故爲韵，去聲。《南有嘉魚》首章，罩、樂去、入爲韵按：《釋文》罩，張教反。徐又都學反。《字林》竹角（從吴校）反。樂音洛，協句五教反。是亦可俱去俱入。《采芑》首章，芑、畝、止、試上、去爲韵此依《集傳》，試叶詩止反。按：當芑、畝、止、止韵，試無韵。三章，隼、止、試上、去爲韵按：隼、試無韵，止、止、止韵。《無羊》二章，物、具去、入爲韵具當與上餱字平、去爲韵，物非韵。《雨無正》五章，出、瘁去、入爲韵按：《釋文》出，尺遂反。瘁音顇，則去聲。《楚茨》四章，祀、食上、入爲韵按：祀無韵，食與下福、式、稷、敕、極、億爲韵，入聲。《賓之初筵》二章，鼓、奏、祖上、去爲韵按：奏不入韵。　四章，呶、豆平、去爲韵此當依《經義述聞》號、呶爲韵，豆非韵。《皇矣》二章，椐、柘爲韵此未言四聲，當爲平、去。按：《釋文》椐，《字林》紀庶反，與柘俱去聲。　四章，類、比、悔、祉、子上、去爲韵按：此當以類、比爲韵，去聲。悔、祉、子爲韵，上聲。《生民》三章，去、呱、訏、路平、去爲韵此當以呱、訏爲韵，平聲。去、路爲韵，去聲。《公劉》二章，原、繁、宣、嘆、巘平、去爲韵按：《釋文》嘆他安反。巘又音言，俱平聲。　六章，館、亂、鍛上、去爲韵按：館亦古玩反，與亂、鍛、澗、澗韵，皆去聲。《板》六章，益、易、辟去、入爲韵按：《釋文》易鄭音亦，多僻匹亦反；立辟婢亦反，皆入聲。八章，明、王平、上爲韵；旦、衍上、去爲韵按：《釋文》王無音，蓋讀如字，此蓋從《集傳》音枉，衍。《釋文》作羨，餘戰反，與旦俱去聲。《抑》六章，雔、報平、去爲韵此蓋依《集傳》報蒲救反之音。按：此當以矣、矣、友、子韵，上聲。讎、報非韵。《桑柔》八章，相、臧、腸、狂平、去爲韵此蓋用《集傳》相去聲之音。按：《釋文》相如字，則平聲。十三章，隧、類、對、醉、悖去、入爲韵按：《釋文》悖，蒲對反，亦去聲。《載芟》濟、積上、去爲韵按：戴氏以濟、秭韵，上聲，積非韵。《酌》嗣、師平、去爲韵按：俱非韵。《玄鳥》里、止、海、祁平、上爲韵按：祁非韵，里、止、海、海韵，上聲。《韓奕》首章，解、位、易、辟去、入爲韵段十六部不舉位。《瞻卬》五章，刺、富、狄、忌去、入爲韵段以刺、狄爲韵，支部入聲；富、忌爲韵，之部去聲。《長發》五章，共、厖、龍、勇、動、竦、總平、上爲韵按：《釋文》共鄭音拱，執也。厖，徐云鄭音武講反，是叶拱及寵韵。《蝃蝀》三章，人、姻、信、命平、去爲韵。《采芑》三章，命、申平、去爲韵。《假樂》首章同《卷阿》八章，天、人、命平、去爲韵。《江漢》五章，人、田、命、年平、去爲韵按：《唐韵四聲正》以命爲真韵字。

當訂正者，凡四十二章，四十三條，餘百五十六條，皆爲四聲通韵者。段氏蓋拘牽于偏旁諧聲，犬牙錯出，莫辨賓主，故毅然以平、入二聲斷之。既云因乎《詩》，而我無與焉。然又云：上聲備于《三百篇》何耶，此其一也。

既云上聲備于《三百篇》，然于之、幽、侯、魚、脂五部有上聲，餘部俱無。如《召旻》之玷、貶，《大車》之檻、萰、敢，《澤陂》之菡、儼、秋，《長發》之共、厖、龍、勇、動、竦、總，《二子乘舟》之景、養，《南山》之兩、蕩，《北山》之仰、掌，《節南山》之領、騁，《邶·柏舟》之轉、卷、選，《靜女》之孌、管，《載馳》之反、遠，《東門》之單、墠《音均表》作壇，《故訓傳》亦作壇，云壇作墠者疑。段注《説文》墠下云：《東門》之壇，壇即墠字。傅云除地町町者，町町平意。《祭法》注云：封土曰壇，除地曰墠。此壇、墠之別也。經典多用壇爲墠，古音略同也。又注壇下云：《漢·孝文帝紀》注師古曰"築土爲壇，除地爲場"。按：墠即場也。爲場而後壇之。是墠非誤字、阪、遠，《澤陂》之蕳、卷、悁，《伐柯》之遠、踐，《林杜》之幝、痯、遠，《角弓》之反、遠，《執競》之簡、反、反，《何人斯》之禍、我、可，此十八章，皆上聲獨用，而不與他聲雜厠者，何不鈲析之，此其二也。

段氏不立韵例，誠有非韵而斥爲韵者。本可不韵之處，而定爲韵者。有用本韵而謂之合韵者皆見《答江晉三書》，後別論之，或有改易章句者如《載馳》三章云分章從朱。《關雎》四章云此分章從鄭。《行葦》八章云此分章從鄭。《生民》三章云分章從朱。《閟宮》五章云分章從朱。而《正月》十一、十二章于沼、樂、炤、虐下綴以叚字，不言其所本，但著此四字當讀平耳，此其三也。

《答江書》又云：“第二部取目下但云陸韵平聲蕭、宵、肴、豪，上聲篠、小、巧、皓，去聲嘯、笑、效、号。不列入聲藥三字者，不欲以今韵爲古韵也。陸法言之書，以藥、鐸配陽、唐之平、上、去，不以爲蕭、宵、肴、豪之入也。茲之表以古韵正之，故不列入聲藥三字。而舉其四聲之本然者，謂全部皆古四聲，與今大不同。即以此部言之，亦易瞭。以本聲與用以諧聲之字互相求，以一聲數字互相求，于以知此部古無上、去而有入者。以此部混于五部之入，而爲陽、唐之入也。故正藥韵之字爲平聲，正所以定蕭、宵、肴、豪爲古音獨用之部也。”

愚按：此語大誤。顧氏《古音表》以藥之略、若、惹、卻、却、芍、婼、臄、醵、娛、縛、攫、躩、蹻、著、樗爲魚入，以藥、爚、櫟、躍、敫、瞔、覰、蹻、履、灼、汋、勺、芍、削、爵、雀、燋、爝、皭、嚼、謔等爲蕭、宵入，《四聲切韵表》謂宵、小、笑以藥之開口爲入蹻從喬，削從肖，醋從爵，脈絡通也，而魚、語、御亦借爲入云借者，以魚合口，而以藥之開口爲入故也。去聲著轉入聲爲張略切，又爲直略切。虐音據，嚛、臄皆從之。而醵有其御、其虐兩音。汝與若亦義因聲轉也。顧、江之言，明切如此。段氏不從，乃以藥注五部取目下，且謂顧氏蕭、宵、肴、豪之入爲屋、沃、燭、覺，江氏魚之入爲藥，蔑弃前規，强從己欲，一也。

諧聲偏旁，平、入多通，又非燭、藥然也。如屋韵之肅、菽、蓫、奧，錫韵之迪，皆爲蕭韵轉入者。蕭、豪固同族，今段氏以上列諸聲爲尤之入，乃以樂、龠諸聲獨定爲平，可乎？二也。

就段氏此表未嘗無上、去、入之分，如藻、潦《采蘋》悄、小、少、摽《邶·柏舟》倒、召《東方未明》皎、僚《釋文》本亦作嫽，音了、紏其趙反、悄

《月出》炤、燎力召反、紹、懆同上、藻、鎬胡老反。《魚藻》，此皆上聲。 芼毛報反、樂協韻，五教反。《關雎》暴、笑、敖五報反、悼《終風》暴、笑、悼《氓》。段以與上文勞、朝同條，似非、膏古報反、曜、悼《羔裘》盜、暴《巧言》教、儌《角弓》燎又力吊反、勞力報反。《旱麓》，此皆去聲。 籲、翟、爵《簡兮》綽、較古岳反、謔、虐《淇奧》樂、樂《君子陽陽》一、二章、樂、謔、藥、樂、謔、藥《溱洧》一、二章、鑿、襮、沃、樂《唐·揚之水》櫟、駮、樂《晨風》罩張教反，徐又都學反、樂音洛，協句。 五教反。《南有嘉魚》的、爵《賓之初筵》沃、樂《隰桑》削、爵、濯、溺《桑柔》藐亡角反、蹻渠略反、濯《崧高》樂、樂、樂《有駜》一、二、三章，此皆入聲。 至其通韻，如《匪風》之飄符遙反、嘌匹遙反、吊。《鹿鳴》之蒿、昭、恌、效、敖。《車舝》之鶼、教。《板》之寮、囂、笑、蹻，此皆平、去通韻。《正月》之沼、樂、炤音灼，之若反、虐。《靈臺》之濯、翯、沼、躍，此皆上、入通韻。《板》之虐、謔、蹻、芼、謔、熇、藥，《韓奕》之到、樂，此皆去、入通韻。《抑》之昭、樂、懆、藐、教、虐、芼，《泮水》之藻、蹻、蹻、昭、笑、教，此皆四聲通韻。 此表共列六十六條，而四聲通韻者僅有其二。 平聲獨韻者三十一，今云全部皆平，烏可以多而從少乎，三也。

段氏于韻之不可通者，創立古合音以通之；于四聲之本通者，則又自限以諧聲之字以爲之防，如《小星》之昂《釋文》音卯，徐又音茅、裯、猶。《君子陽陽》之陶、翿、敖。《谷風》之愒、讎、售。《鼓鐘》之鼛、洲、妯、猶。 此四者，惟愒本入聲，餘俱平聲。 而段氏列之上聲者，蓋以昂之卯、翿之壽、鼛之咎，今皆上聲也。 夫諧聲之字，雙聲尚可用如段注中尒，入聲。 曼，冒聲。 爰、于雙聲。 叔，古聲。 冶，台聲。 截，雀聲。 亘、回雙聲。 㲄，乙聲，乃于四聲相承者，獨蘄然不許其通，四也。

《答江書》又云："《音均表》別侯于尤，平分而入不分。 僕撰《表》時亦再四分之，而牽于一二不可分者，遂以中輟。 則凡《表》中之芈、嶽者，當以是解之矣。" 段氏又曰："去聲備于魏、晉。" 又曰："第十五部入多轉爲去聲原注：法言定韻之前，無去不可入，至法言定韻之後，而謹守者，不知古四聲矣。 他部皆準此求之。" 此説亦有未審。 夫十五部之入轉爲去，段氏所舉適爲月、曷、末、鎋、薛五部之轉爲祭、泰、夬、廢者，依江、戴之言，此本無平、上者。若其中貴聲、比聲、季聲、隸聲、祭聲、此聲、次聲、毄聲、遂聲皆繫于平者。乃亦謂爲入聲，不亦乖于參伍求之義歟？是去聲實備于《三百篇》矣。

《答江書》云："夫載籍至于《詩》之尊，其文至于三百十一篇之多，而所用韻皆畫然。"按：去聲之獨韻見于《古韻標準》《詩聲類》者，無不盡然。今毅然合之上與入，殆亦牽于一二不可分者，遂中輟歟。按：《古韻標準·例言》云："平自韻平，上、去、入自韻上、去、入者恒也。亦有一章兩聲或三四聲者，隨其聲諷誦詠歌，亦自諧適，不必皆出一聲，如後人詩餘歌曲，正以雜用四聲爲節奏，詩韻何獨不然？前人讀韻太拘，必強紐爲一聲，遇字音之不可變者，以強紐失其本音，顧氏始去此病，各以本聲讀之，不獨《詩》當然。凡古人有韻之文，皆如此讀，可省無數糾紛，而字亦得守其本音，善之尤者也。"段氏此《表》正坐強紐爲一聲，而又爲諧聲用字所限。故創古惟平、入之説矣。

江晉三《再寄王石臞書》云："段氏謂古有平、上、入而無去，孔氏謂古有平、上、去而無入，有詁初見，亦謂古無四聲，今反復紬繹，始知古人實有四聲，特古人所讀之聲與後人不同，具備者七之、幽、宵、侯、魚、支、脂，有平、上、去而無入者七歌、元、文、耕、陽、東、談，有平、上而無去、入者一侵，有平、去而無上、入者一真，有去、入而無平、上者一祭，有平而無上、去、入者二中、蒸，有入而無平、上、去者二葉、緝。"

王石臞《與李方伯書》云："自東至歌十部東、蒸、侵、談、陽、耕、真、諄、元、歌，有平、上、去無入，自支至宵十一部，至、祭無平、上，盍、緝無平、上、去支、脂、之、魚、侯、幽、宵，四聲備。"按：江、王二説，王氏爲勝按：《古韻表集説》真上有盡、引，中去有仲、宋，蒸、侵于《詩》雖無見，然不得謂之無，故云王氏爲勝。

餘杭章氏謂"古音本無藥、覺、職、德、沃、屋、燭、鐸、陌、錫諸部，是皆宵、之、幽、侯、魚、支之變聲也。若貌得聲于貌，茯得聲于芺，爍得聲于樂，試得聲于式，特得聲于寺，蕭得聲于肅，寶得聲于賣，博、縛得聲于專，錫得聲于易，茲其平、上、去、入皆陰聲也"。

章氏斯語，亦爲諧聲所囿。如其所舉，則亦可云羹得聲于収，容得聲于谷，充得聲于育，彉得聲于黃，莫得聲于艸，冥得聲于冖，皆得聲于能，豖得聲于豕，悚得聲于束，是此諸部亦可謂其皆本于陽聲，皆東、鍾、唐、青、登之變聲，不亦可乎！

蓋字之諧聲，但爲考證古音之一途。自倉頡逮秦，方爲三千三百，而初文爲繁。迄于許君遂逾九千，是漢音之字，再倍于周、秦以上也。章氏又謂有入聲者，陰聲有質、櫛、屑一類，曷、月、鎋、薛、末一類；術、物、沒、迄一類；陽聲有緝類、盍類耳。按：質、曷二類，即王氏所云至、祭二部，章氏所謂至部、泰部也，然定海黃氏謂泰、曷部當以入聲沫、軷、殺、伐之類爲古正音，去聲短言從之；質部以質、失、血、穴之類爲古正音，去聲短言後入讀。又云，此部去聲字，于今音祇有閉、至、疐三字，閉以《廣韻》方結切爲正，至以《集韻》徒結切爲正，從至之字多入聲，從疐有嚔字，《終風》疐與噎韵疐讀都悉切，噎讀如嚔，至韵多支、微、脂字，入此部者不過致、躓數字，王氏據以立部未當。是至、泰二部皆當爲入，術類正章氏所立之隊部。

擧、骨、甶、圣、臾、救、兀、陒、鬱、聿、曰、胃、位、尉、欥、旻、日、窋、頯、惠、突、云、內、頪、戻、出、术、卒、彗、率、甶、弗、闋、乀、勿、旻、未、采等三十八聲曰今讀合口。帿呼乃隊部正音去、入韵，隊部气字今誤橫口，愵、鑷等字今誤開口，古當如甶音。四字今誤橫口，古當如碎，愚謂此俱當讀爲入甶當如堀突之堀，苦骨切。臾《禮運》注，蕡讀爲甶，當亦苦骨切、救朱駿聲云：當爲蕡之古文。愚謂甬即臾之變，救即蕡之或體，《釋詁》借作喟、嘳《說文》嘳，喟或從貴聲，當同臾讀、陒段注鼬下，《易》曰：爇鼬云困，九五劓刵。苟王作飢飢。鄭云當爲倪仉，《尚書》邦之杌陒爇與陒、飢、劓、倪、鼬，與杌、飢、虺、仉同。朱駿聲以陒列泰部，是此列隊部非、尉、鬱皆當如熅悶之熅，烏汲切、聿、曰俱當如《莊子‧達生》與汩俱出。《釋文》汩胡忽反、胃當如颮，呼骨切、卉當如羍，呼骨切、欥《說文》讀若欻。段云：蓋本作款，是亦卉聲、頯《說文》古文沬。《檀弓》注：沫，靧也。《釋文》亡曷反。蓋誤認爲從末也。此當讀如忽、惠古文卉聲，亦當讀如奉、内當如訥骨切、穎、戾俱當如踠，勒沒切、出當如鈯，陀骨切、術亦當如鈯、卒臧沒切、彗《莊子·達生》簪或蘇忽反、率當如鷅，蘇骨切、弗、甶俱當如觬，蒲沒切、闟同上、乀同上、勿當如歾，莫勃切、未當如昧，實如沒冒昧，即《周語》之沒，莫勃切、采當如耗，蘇骨切。

按：章氏所謂横口，即等韻家所云齊齒。愝、鑷俱從气聲，古音當如紇，開口。《檀弓》紇，馬蹄；齕，《駢拇》李音紇，俱恨發反，恨、紇齕去、入相承。故以恨狀其開口之勢，猶《廣雅》曹音云：痕之痕之二字不成切語。蓋當補入聲二字，猶卷一抍，蒸之上聲，四聲蒸扸證職。卷九艦，衘之上聲也。斯猶魂之開口爲痕，灰之開口爲哀，豈、惡、既、隸諸聲皆開口也。四同讀之字，有隸、𤔌、㣫三字，俱從隶聲，是四亦當爲開口，非合口也。

章氏又謂侵、談皆陽聲，而緝、盍爲之入，陽聲何以有入？曰：緝、盍之音非不可去也，如《詩》之《小戎》以驂、合、邑爲韵，《常棣》以合、琴、翕、湛爲韵。因是知古音緝、盍可作去聲。

按：《四聲切韵表·凡例》曰："依韵書次第，屋至覺四部配東至江四部，質至薛十三部配真至仙十四部，唯痕無入，藥至德八部配陽至登八部，緝至乏九部配侵至凡九部，調之聲音而諧，按之等列而協，以此定入聲，天下古今之通論不可易也。然執是説也，則此三十四韵之外皆無入矣。胡爲古人用入聲與三聲協音，多出于無入聲之韵？顧寧人于是反其説，惟侵、覃以下九韵之入及歌、戈、麻三韵之無入，與舊説同，餘悉反之。舊無者有，舊有者無，此又固滯之説也。曷不即侵、覃九韵思之乎？侵、寢、沁、緝，猶之真、軫、震、質，清、靜、勁、昔，青、迥、徑、錫，蒸、拯、證、職也。覃、感、勘、合，談、敢、闞、盍，猶之寒、旱、翰、曷，桓、緩、换、末也。鹽、琰、豔、葉，添、忝、㮇、帖，嚴、儼、釅、業，猶之先、銑、霰、屑，仙、獮、綫、薛也。咸、豏、陷、洽，銜、檻、鑑、狎，凡、范、梵、乏，猶之删、潸、諫、黠，山、産、襇、轄，元、阮、願、月也。推之他韵，東、董、送、屋，唐、蕩、宕、鐸，亦猶是也。"

江氏之言，明曉如此，後之人不從，而仍從顧説，至緝、盍而遂無陰平可配。　戴氏《答段書》云："侵以下九韵獨無配，則以其爲閉口音，而配之者，更微不成聲也。"此説亦可信。　所謂微不成聲者，正以口閉則喉音無由出也。

孔氏言對轉，併侵、覃、凡爲一部，而以緝、合九部爲之配。

烏程嚴氏病之，乃以幽配侵、宵配談，于是無陰聲者悉有陰聲。　謂《小戎》之驂、合、軜、邑、念爲韵，《常棣》以合、琴、翕、湛爲韵，不知《小戎》自以中、驂爲一韵孔氏已然。　合、軜、邑爲一韵，期、之爲一韵，《常棣》自以合、翕爲一韵，琴、湛爲一韵，不可强同也。　今章氏從顧氏，而又以合、邑、翕爲去聲，則又前人所未嘗言者也。

王氏又云："緝、合以下九部，遍考《三百篇》及群經、《楚辭》所用之韵，皆在入聲中，而無與去聲同用者，而平聲侵、覃九部亦但與上、去同用，而入不與焉。　然則緝、合九部，本無平、上、去明矣。"則章氏謂緝、盍之音，非不可去者，亦爲虛矣。

依江氏以入聲三十四配陽平聲三十五，聲音諧，等列協，是入聲正陽平之屬。　然入聲無鼻音者，以吐音急促，達鼻而聲已終，因其不出于鼻。　故轉而爲陰聲之平、上、去也甚易。　顧氏以下見其變，而以之爲正。　故于緝、合九部，無所措置。　章氏謂緝、盍爲陽入，又證其可去，亦由無所措置而强爲之辭耳。

海寧王國維又創陰平、上、去、入、陽五聲之説，以附會宮、商、角、徵、羽，謂錯綜戴、孔、段、王、江五家之説，而得其會通。　謂陽聲無上、去，本乎段氏《韵譜》。　不知《韵譜》固多誤舛，一也《説文聲類》妄作諧聲，以成其互轉，亦不足取，而王氏亦取之。

謂陰、陽二類分于戴氏，孔氏本之以兩兩對轉，入爲樞紐。　不知《四聲切韵表》已如是，且著其相轉之理。　王氏不稱之者，何耶？戴氏謂歌同于舊有入之韵，與魚、鐸同居，以陽與蕭、藥同居。　孔氏以緩配宵，以談配合，皆不協于《切韵表》者，二也。

又曰："高郵王氏、歙江氏謂陽聲有平、上、去而無入。"殆未審王立至、祭、緝、盍，江立祭、葉、緝諸部之旨，三也。

謂 "段氏以陽聲類爲有平、入而無上、去"，不知段氏謂陰聲亦無上、去，即其無上、去之説，亦不足憑依，四也。

又謂 "陽聲發于陰聲之入，膺發聲于億、翁發聲于屋、央發聲于約、嬰發聲于戹、殷發聲于乙、安發聲于遏、音發聲于邑、醃發聲于𩜁，皆發聲于其相配之陰聲之入，而自以其固有之聲收之，此陽聲所固有及其所公有之收聲，在文字中實無足以當之。膺者億與此聲之合，翁者屋與此聲之合，央者約與此聲之合，以至嬰、殷、安、音、醃，諸聲皆無不然，其餘一切陽聲又莫非某發聲與膺、翁、央、嬰諸聲之合，而此一切陽聲之收聲，其性常悠揚不盡，故其平聲與陰聲之平聲絕不同。更不容有上、去"。

國維斯言，可稱奇絕。所謂固有，所謂此聲，殆即鼻聲耶？陽聲固悠揚不盡，入聲則促，以促而附以鼻聲，何若以陰聲附鼻聲之自然耶！且以入聲爲陰轉發而爲陽平，空言無證，借曰入聲屬陰，而陰平二十一，入聲三十四，多寡懸絕，如何相配耶？即如《四聲切韵表》之相配，蕭當配屋與錫，宵、魚配藥，肴配覺，豪配沃，尤、侯、幽同配屋，但平聲俱開口，入聲藥配宵，錫配蕭者開口，餘部皆合口，其不相類，一也。

質、術、櫛、月、曷、末、轄、薛八部，俱有去無陰聲平、上，其不相類，二也。

緝、合九部又無陰聲、平、上、去，其不相類，三也。

江慎修以齊配屑，黃季剛以齊配錫。按：齊變爲脂、之類者，其入聲當屑；變爲支、之類者，其入聲當錫。二入而同配一陰平，其不相類，四也。

以入聲配陽平有如是不相類者乎？如是尚必曰 "以入配陰平" 何耶？

戴氏以擊金擊石喻陰、陽、平、上、去與入，誠爲精確。然戴氏兼平、上、去而爲言，擊者有輕重高下之差，其聲始有闛鞈長短之狀，重而下者闛然而長，平聲似之；重而高者闛然而短，上聲似之；輕而下者鞈然而長，去聲似之；輕而高者鞈然而短，入聲似之。若國維所謂方擊而遽按之，此非其擊者自然之情，烏足以爲喻哉？試讀平、上、去、入四字之聲，即足以見其狀。今曰陰曰陽曰宮曰商，皆足以表鼻音之狀，而無以著喉音之容，則宮、商之不適用，至爲了然。

又謂《聲類》《韵集》以五聲分篇，爲"不用魏、晉音而用古音，猶許叔重撰《説文解字》，不用隸而用篆，孫叔然、徐仙民等作諸經音，不從俗讀而從師讀原注：師讀非必古音，故五聲者，以古音言之"。

按：許君病俗儒鄙夫，以隸字斷法，馬頭人爲長，人持十爲斗，虫者屈中，苟字止句，故録古籀篆體，以示構造文字之所由、聲義之所托，乃可以解謬誤、達神恉，所以不能用隸書。經典多假借，若依字作音，必失其義，故必本乎師讀，始不違作者之意，適當而已，又何古音之有？

《聲類》之存于今者，尚有剝，力尚反；贍，時焰反；妠，奴紺反；戀，丑巷反；讓，居展反；剢，之兊反；欨，口感反。《韵集》之存于今者，尚有煖，乃卵反；撍，己善反；戀，丑巷反；吭，弋選反；區，方殄反，皆國維所謂陽上、陽去也。而李、吕皆用之作切，則其用五聲名篇，非如國維所擬度，可斷然矣。

又曰："五聲者專以聲言，四聲乃以聲音之運用于詩文言，隋、唐閒編韵書者，亦本爲詩文而作。"

按：《切韵·敍》曰："欲廣文路，自可清濁皆通；若賞知音，即須輕重有異。吕靜《韵集》、夏侯該《韵略》、陽休之《韵略》、周思言《音韵》、李季節《音譜》、杜臺卿《韵略》等各有乖互，江東取韵，與河北復殊。因論南北是非，古今通塞，欲更攜選精切，除削疏緩，蕭、顔多所决定。"以是非通塞精切疏緩，蕭、顔决定數語及《家訓·音辭篇》詳辨讀音論之，則《切韵》實爲定音而作。故封演《聞見記》曰："先、仙、删、山之類，分爲別韵，屬文之士，共苦其苛細。"若《切韵》爲運用于詩文而作，則何必如是苛細哉？

《古韵標準·例言》云："四聲乃嚴于審音之書，亦爲避八病之用，不止爲詩家分韵而已。如欲分韵則當時未有近體，取韵本寬，一聲分十數部足矣。奚必二百六部，若此其嚴密哉？"國維不知據此諸説，但引陸《敍》"凡有文藻，即須明聲韵"一語，即云可知其書本爲屬文而作，何其不鄭重耶？

論音讀相沿

問曰：昔人言聲音隨時地而异，世有憑藉一書以定其時其地之讀。又謂二百六韵之讀各异，其言信乎？

曰：難言矣。按：《五經文字·序例》云：陸氏《釋文》自南徂北，遍通衆家之學，分析音訓，特爲詳舉，固當以此正之。《釋文》之音在唐實爲正讀。然依《釋文》所載，驗其聲韵之混讀，則多與今同。今讀上、去、入，清、濁無別。

今讀並如幫，而《釋文·易》辨，鄭苻勉反，王肅否勉反。關，婢亦反，王肅甫亦反。《周禮》撲，劉方邁反，《説文》父豆反。撥，必末反，沈蒲末反。

今讀澄如知，而《釋文·詩》譎，直革反，《玉篇》知革反。《周禮》涿，丁角反，沈音濁。著，直略反，沈知略反。

今讀群如見，而《釋文·爾雅》蕨，居例反，郭巨例反。柜，謝音巨，郭音舉。撟，几小反，又巨小反。

今讀從如精，而《釋文·周禮》鑿，子洛反，又音昨。鐏，祖悶反，劉祖悶反。焞，存悶反，又子悶反。

今讀定如端，而《釋文·周禮》段，徐丁亂反，劉徒亂反。《易》斷，丁緩反，又徒緩反。

今讀床如莊，而《釋文·書》斯，側略反，又士略反。《爾雅》棧，郭側簡反，或助板反，是皆最濁同于最清者也。

今讀並如滂，而《釋文·易》沛，步貝反，又普貝反。《詩》仳，匹指反，徐苻鄙反。肺，普貝反，又蒲貝反。

今讀澄如徹，而《釋文·周禮》笞，徐丈列反，沈勅徹反。

今讀定如透，而《釋文·儀禮》町，徒頂反，又他頂反。《爾雅》䩥，大結反，《説文》吐節反。《儀禮》脡，徒頂反，又他頂反。

今讀群如溪，而《釋文·詩》芑音起，徐又巨已反。《禮記》詘，求勿反，徐丘勿反。

今讀從如清，而《釋文·詩》輯音集，又七入反。《周禮》葺，七入反，劉音集。《爾雅》蘆，施謝才古反，郭采苦反，《字林》千古反。是皆最濁同于次清者也。

今讀從、邪多混，而《釋文·易》訟，才用反《廣韵》似用反。嚼，詳略反《廣韵》在爵反。《詩》蝤，似脩反《廣韵》自秋反。《爾雅》沮，亂汝反，又慈呂反。

今讀娘、日多混，而《禮記》紝，女金反，又如林反。紐，女陳反，徐而陳反。《左傳》衵，女乙反，一音汝栗反，《字林》仁一反。

今讀喻、于多混，而《釋文·詩》鷖，《説文》以水反，《字林》于水反。驕，戶橘反，阮孝緒于密反，顧野王餘橘反。緎，徐音域，又于域反。《禮記》唯，于癸反，徐以水反。

今讀知、莊多混，而《釋文·左傳》樝，張瓜反，王鄒華反。

今讀知、照多混，而《莊子》掇，專劣反《廣韵》陟劣反。《爾雅》障，知亮反《廣韵》之亮反。《周禮》禋，章善反《廣韵》知演反。

今讀心、曉多混，而《釋文·詩》駍，息營反，《字林》許營反。《周禮》隓，許恚反，劉相恚反。今讀心、疏多混，而《釋文·禮記》漱，所救反，徐素遘反。《周禮》疏，所居反，劉音蘇。《爾雅》叟，素口反，郭疏走反。

今讀清、穿多混，而《釋文·周禮·典同》鎗，初衡反，《禮記·樂記》叱衡反。今讀清、穿多混，而《周禮》毳，昌鋭反，劉清歲反。

今讀精、莊多混，而《爾雅》蓁，側巾反，又子人反。《禮記》葏，又側稼反，沈租稼反。《周禮》緅，側留反，劉子侯反。

今讀禪、喻多混，而《釋文·詩》杝音移，一音是兮反。《爾雅》杝，以支反，《字林》上泥反。《儀禮》縢，以證反，又繩證反。

今讀神、禪多混，而《禮記》擔，是豔反，又食豔反。抒，《詩》食女反。

今讀床、禪多混，而《釋文·詩》漸，士銜反，沈時銜反。韶，士昭反《廣韵》市昭反。

今讀從、床多混，而《周禮》棧，士版反，劉才産反。

今讀徹、初多混，而《釋文·爾雅》䶂，丑之、初其二反。《周禮》亂，初謹反，又勅謹反。

今讀徹、穿多混，而《釋文·易》出，徐尺遂反，王嗣宗勅類反。《周禮》出，尺遂反，劉勅類反。是皆類异而清濁無殊者也。

今讀韵無別者，在《釋文》亦然。如支、脂、之、微四韵，《易·大壯》羸，律悲反，又力追反，徐力支反。《姤》羸，劣隨反，鄭力追反。《曲禮》絺，勅宜切，《儀禮》敕其反，《詩》恥知反。《易》杝，徐乃履反，又女紀反。比，并是反，又并里反。《詩》咥，許意反，又一音許四反。《周禮》壝，唯癸反，劉欲鬼反。《易》頍，求龜反，江氏琴威反。《禮記》槌，又直類反，又直僞反。

今讀支、脂、齊，來紐相似，《檀弓》驪，力知反，徐郎兮反。《爾雅》鴷，力知反，施音黎，又云力兮反，又力知反。

今讀至、寘、未、霽、祭不分，而《詩》蔽，必袂反，徐方四反，又方計反。媲，普惠反，郭璞音譬，《字林》匹地反。《采菽》淠，匹弊反，徐芳計反。《棫樸》淠，匹世反，沈孚計反。燘，許氣反，何、沈虛刈反。砅，力智反，又音例。

今讀脂、皆、灰、咍、泰、祭不分，《周禮》礨音雷，或郎追反。《莊子》倍音裴，徐扶來反。《易》背，必内反，徐甫載反。《詩》邶，蒲對反，《字林》方代反。《易》殺，馬、鄭、王肅、干所戒反，徐所例反。《周禮》綢，色界反，劉色例反。蒯，苦對反，劉苦怪反。《儀禮》鞁，莫拜反，又音妹，徐莫蓋反。《禮記》喟，去媿反，又苦怪反。《莊子》耒，力對反，郭吕匱反。

今讀真、諄、臻、文、殷無別，《詩》殷，于巾反，沈於文反。《周禮》陳，直慎反，劉直吝反。榛，劉士鄰反。《詩》則仕巾反，《字林》又仕人反。《詩》牝，頻忍反，徐扶盡反，又扶允反。

今讀元、寒、桓、删、山、仙無分，《爾雅》山，所閑反，或所旃反。

莞，謝音官，俗音關。 剗，郭仕板反，《字林》仕免反，或仕簡反。 虥，謝士版反，或士簡反，施士嬾反。《周禮》擱，下版反，或胡簡反。《爾雅》販，徐苻版反，孫炎、郭璞方滿反。《詩》盼，敷莧反，徐又敷諫反。《爾雅》諞，末旦反，郭武諫反。

今讀元、先、仙無別，《詩》援，于眷反，沈于萬反，《周禮》瑗，于眷反，劉于願反。《詩》楗，其言反，又音虔。《穀梁》編，必連反，《字林》《聲類》《韵集》皆布千反。《爾雅》蝘音縣，《字林》亡千反。《周禮》鍵，其展反，又其偃反。《詩》蠉，魚輦反，又魚偃反。《詩》洒，莫善反，徐莫顯反。 餞，沈祖見反，《字林》子扇反。

今讀蕭、宵、宵無分，《詩》翹，祁遥反，沈其堯反。《周禮》蛸音蕭，又音消。《儀禮》挑，湯堯反，劉湯姚反。《老子》瓢，毗遥反，徐扶堯反。《詩》膘，頻小反，又扶了反。《周禮》撟，居兆反，沈古了反。《詩》窈，烏了反，又于表反。嘯，蕭叫反，沈蕭妙反。《周禮》稍，所教反，又疎詔反。《儀禮》燎，力召反，或力吊反。

今讀尤、侯、幽無分，《詩》觩音求，徐又音虯。 逎，在羞反，徐又在幽反。拀音虯，又其牛反。《周禮》眸，莫侯反，劉無不反。 牟，莫侯反，李又無不反。《左傳》驟，愁又反，徐在遘反。《禮記》驟，仕救反，徐仕遘反。《莊子》甃，側救反，《字林》壯謬反。《左傳》姆，莫豆反，徐音茂，《字林》亡又反。

今讀魚、虞、模、侯無分，《爾雅》疏，郭音毹，山具反，謝音疏。氍音衢，又音渠。毹，所俱反，又所魚反。《禮記》傴，于縷反，一音紆矩反。牡，亡古反，又茂后反。飀，於據反，徐又於具反。

今讀東、冬、鐘無分，《詩》蚣，粟容反，《字林》先凶反，郭璞先工反，許慎思弓反。《爾雅》涷，謝音東，讀者亦音冬。龍，郭音聾，施音龍。

今讀庚、耕、清、青無別，《儀禮》更音庚，又古鶚反。《禮記》鏗，苦耕反，徐苦庚反。《莊子》攖，郭音縈，徐於營反。《書》耿，工迥反，徐公穎反，又公永反。《左傳》渻，生領反，徐所幸反。《詩》並，白猛反，又步頂反。

今讀佳、麻無分，《禮記》媧，徐古蛙反，又古華反。《周禮》窐，劉烏華反，徐於蛙反。

今讀歌、戈無分，《詩》莎，徐又素和反，沈音素何反。訛，五戈反，徐又五何反。

今讀覃、談、咸、銜、鹽、添、嚴、凡無分，《周禮》緂，所銜反，又所廉反。鍼，其炎反，李其嚴反。《左傳》氾音凡，徐扶嚴反。《爾雅》巉，士杉反，又士咸反。《詩》炎，于沾反，沈于凡反。《詩》摻，所覽反，徐所斬反。闞，呼檻反，徐火斬反，又火敢反。《禮記》貶，彼檢反，《字林》方犯反。《書》歛，馬、鄭力豔反，徐云鄭力劍反。《詩》獫，力驗反，《說文》力劍反。

今讀質、術、櫛、迄無分，如橘，《詩》均栗反，《爾雅》均筆反《廣韻》居櫛切。 迄，《詩》許乙反《廣韻》許訖反。 汔，《詩》許一反《廣韻》許訖反。 瑟，《詩》所乙反《廣韻》所櫛切。《周禮》櫛，側筆反，又莊密反《廣韻》所瑟反。

今讀月、物、屑、薛無分，《莊子》揭，其列、其竭二反。 傑，郭居竭反，又居謁反。《左傳》掘，其勿反，又其月反。《書》隉，五結反，徐語折反。《詩》臬，郭、徐姜雪、姜穴二反。

今讀曷、末、黠、鎋無分，《禮記》獺，勑鎋反，又他末反。《書》撻，他末反，又他達反。《禮記》拔，皮八反，徐蒲末反。《周禮》札，側八反，劉側列反。

今讀屋、沃、覺、鐸無分，《易》嗃，呼落反，又呼學反。《詩》襮音博，《字林》方沃反。《周禮》縠音斛，劉又戶角反。《左傳》彀，許角反，又許各反。沃，於木反《廣韻》烏酷反。《爾雅》鸔，郭音駁，《字林》方沃反。《左傳》犖音洛，又力角反。

今讀陌、麥、昔、錫無分，而《易》蹢，直戟反，徐治益反。《禮記》魄，普白反，《說文》作霸，匹革反鉉本匹伯切。《詩》逖，他歷反，沈土益反。《周禮》辟，必亦反，徐方狄反。籍，劉倉伯反，徐倉格反，沈槍昔反。格，胡客反，又户隔反。《左傳》玃，俱縛反，徐居碧反。《禮記》鵙，古闃反，《字林》工役反。

今讀葉、帖、洽、狎、業、乏無別，《詩》饁，炎輒反，《字林》于刦反。《周禮》插，徐、劉初輒反，戚初洽反。闒，吐臘反，劉湯答反。《左傳》歃，所洽反，又所甲反。《爾雅》攝，謝之涉反，施之協反。

聲之混同既如彼，韵之混同又如此，察其迹，則凡同類清與濁之混，即戴氏所謂同位者也。其异類則必清濁之狀悉同，即戴氏所謂位同者也。此謂平聲也。若上、去、入則濁俱同于清，故明、清以來，遂併濁于清矣，舌上併于正齒、半齒矣。若韵之混同，其等呼韵尾俱同，惟元音有幾微之异耳。

昔戴氏《答段若膺書》云：“一東内一等字與二冬無別按：《廣韵》釭、攻，古紅切，又古冬切。騰，徒紅切，又徒冬切。《經典釋文·序例》所云：公、攻分作兩音，正謂此也。蓋東古讀苦兜，今云圓脣。冬古讀苦刀，今云不圓脣。此黃季剛之言也。然在六朝已同，今讀覃、談亦然。又云：“六脂内三等字與八微無別蘬，丘追切，又丘韋切。此戴氏從段氏之說，又舉支、之，考諸《釋文》，其混同實繁，十七真内三等字開口呼與二十一殷無別狺、麎、垠、齗，語巾切，又語斤切，十七真、十八諄三等合口呼與二十文無別蝹，於倫切，又於云切。箘，居筠切，又舉云切。沟，居筠切，又居勻切，二十七删與二十八山無別鷼，可顏切，又苦閑切，二仙内四等字與一先無別翾，於乾切，又烏前切，蜎，於緣切，又烏玄切。躔，相然切，又蘇前切，四宵内四等字與三蕭無別翲，相邀切，又蘇彫切，十二庚内二等字與十三耕無別甍，武庚切，又莫耕切。宖，户盲切，又户萌切。崢、峥，助庚切，又士耕切，琤，楚庚切，又楚耕切。橙，直庚切，又宅耕切，十二庚三等開口呼字與十四清無別勍，渠京切，又巨成切，十四清内四等字與十五青無別令、跉，吕貞切，又郎丁切，十八尤四等字與二十幽無別惆、怮，於求切。疛、杽，居求切，又於虯切，又居虯切。謬、繆，莫浮切，又武彪切，二十二覃與二十三談無別甔，丁含切，又都甘切，二十四鹽内四等字與二十五添無別鬑、蠊，力鹽切，又勒兼切，鹽韵内三等字與二十八嚴、二十九凡三韵皆無別醶，央炎切，又於嚴切，二十六咸與二十七銜無別毚、獑，士咸切，又鋤銜切。鯺，所咸切，又所銜切。其餘呼等同者音必無別，用知二百六韵，非真有二百六式之异讀明矣。

無其讀而分之如是者何耶？曰：以反語下字相异也。蓋反語非一人一時之作，故《釋文》于反音雖同，而反語有异者，亦具例之。既明其所本，又示其同讀。如《周易音義》就燥，蘇早、先早二反。往咨，力刃反，又力慎反。于莽，莫蕩反，王肅冥黨反。盱，香于反，《字林》又火于反。睢，香維反，《字林》又火佳反。蠱音古，徐又姤祖反。翰，户旦反，鄭亦作寒案反。蠃，律悲反，又力追反。藩，方袁反，徐甫言反。苣，履二反，又律祕反。沛，普貝反，徐普蓋反。沫，徐武蓋反，《字林》作眛，亡太反。孕，以證反，《説文》弋甑反。之緼，紆粉反，徐於憤反。柝，他洛反，《字林》欜，他各反。皆是。

若夫利牝，頻忍反，徐邀扶忍反。室，張栗反，徐又得失反。而迺，補吴反，徐方吴反。不陂，彼僞反，徐甫寄反。賁，彼僞反，徐甫寄反。豐，芳忠反，《字林》匹忠反。此類悉同前律，論者乃以類隔釋之，不知類隔之名，興于等韵，六代之際，未聞有也。苟持類隔以論《釋文》反語，是持唐律以平漢訟，烏可哉？

修韵書者亦循《釋文》之法，如《廣韵》五支奇、祇、犧、詑、陂、卑、鈹、跛、皮、陴、彌、糜諸音，各分二切。論者以古讀分等説之，其理莫伸。黄季剛以犧紐有炎，詑紐亦有，合併其類，誠哉是言。且其韵精紐合口劑，遵爲切。厜，姊宜宜誤，當作規切。騹，子垂切。一音而有三切，豈可以等呼析別古讀耶？必不然矣。

論李舟《切韵》

問曰：《四庫提要》徐鍇《説文韵譜》云：鍇所編部分與《廣韵》稍异，二仙後別出三宣一部，杳不知所從來。或鉉亦以李舟《切韵》定之，非陸法言之《切韵》，故分合不同，其言信否？

答曰：按鉉《譜·後序》云：《韵譜》既成，廣求餘本，頗有刊正。今復承詔校定《説文》，更與諸儒精加研覈。又得李舟所著《切韵》，殊有補益王國維連下其閒爲句，非是。其閒有《説文》不載，而見于《序例》注義者，必知脱漏，并從編録。疑者則以李氏《切韵》爲正，殆無遺矣。

按：此文云校定、云刊正、云精加研覈、云必知脱漏并從編録、云殆無遺矣者，皆謂各本《説文》中篆體之是非脱漏無以考定者，則以李氏《切韵》裁决而編録之，故曰無遺。

徐鉉《上校書表》後附《新修字義》左文一十九，《説文》闕載，《注義》及《序例》偏旁有之，今并録于諸部：詔、志、件、借、魋、綦、剔、䰗、醆、趄、顀、璵、麿、橚、緻、笑、迓、睆、峰。李氏《切韵》今雖不存，尚有見于鍇本、鉉本及《集韵》者。

按：《繫傳》卷十《食部》：飪，大孰也。從食，壬聲。𩚏亦古文飪。臣鍇曰：恁，心所齎卑下也，而沈反，《説文》如甚切。又按：李舟《切韵》不收。此亦古文飪字，惟于侵韵作人心切，寑韵人亩切，并注云：《説文》下齎也。疑此重出，承培元等《校刊記》云："臣鍇曰"三字，當作"臣次立"。

按：心部恁，鍇曰：九字此脱誤也。下引鉉本引《切韵》均非鍇説。卷二十三：𨒌，古文𢱭，從止辵。臣次立曰：今《説文》并李舟《切韵》所載徙字如此。鉉本卷六：榜，臣鉉等按：李舟《切韵》一音北孟切，進船也。又音北朗切，木片也。又卷十二：肈，臣鉉等按：李舟《切韵》云：擊也。從戈，庫聲。

據上四條，則大徐云以李氏《切韵》爲正之旨可見矣。因他本韵書不備録《説文》，惟李舟本備録，故用以刊正。

又如《集韵》五支腄，《説文》瘢胝也，一曰馬及鳥脛上結骨，李舟説。二十五願尯，于萬切。李舟曰：《説文》闕。四十禡梢，木參交以枝炊籅者，李舟説。十八薛謁，白也，李舟説。此四字鍇、鉉本并同，俱無腄下"一曰"九字，此足爲李舟《切韵》遍引《説文》之證。段注借下云：小徐本無此字。張次立乃依大徐增之，故曰資昔切，而不曰資昔反也。大徐依《注義》《序例》偏旁所有而補正之者十九字，借其一也。《序》曰：六書，六曰假借。又人部假下曰：借也。此處當有借篆可知矣。館臣徒留心"疑者以李氏爲正"一語，未暇檢覈，妄作是語，不思大徐于《説文》既用孫愐音切，則其《韵譜》自同。且《韵譜》爲檢察《説文》而作，謂偏旁奥密不可意知。尋求一字，往往終卷，乃編爲《篆韵譜》，以利讀習者明晰其形義。何爲于韵部末務，專專然從李舟之言邪？必不然矣。

《聲類考》之説同《提要》。世言《提要》即爲戴氏所作，故李調元跋《韵譜》亦云，此内反切蓋即依舟本爲之；又謂鉉、鍇二書，一以存愐韵，一以存舟韵，當修書時，二書流行，何必于自作以著見之耶？

王國維《唐韵别考》云：徐《譜》部次殆據李舟。又云："徐鼎臣校勘《説文》用孫愐音切而于《篆韵譜》之以聲爲次者用李舟韵，亦以李舟部次較孫愐爲善。"斯亦謬解鉉語。國維《韵學别説》李舟《切韵》下云："今觀小徐《篆韵譜》原本而知大徐改定之《譜》，確出李舟，足證前説不誤。"

愚按：小徐《篆韵譜》，亡佚久矣。調元所刊爲李燾本，國維所稱，亦爲僞作。錢恂《韵目表》云："吴下近刻十卷本《篆韵譜》，其目與五卷本不同，未經前人考定，不敢引據。"此語極審。

今按：如趄、膺、詔、迓、睆、觷、笑、櫗、件、借、魋、峰、志、綦等十四字皆大徐所補，小徐不應有也。又《説文》睧，大目也。大徐增睆云，睧或從完。今鍇《譜》首睆次睧，尤爲不類，實難信從。

國維又云：今以唐人韵書與宋以後韵書比較觀之，則李舟于韵學上有大功二：一，使各部皆以聲類相從，如降覃于侵後，升登于青後。覃、談之降，于古韵及文字之偏旁諧聲，皆有依據。不獨覃、談二部，唐時早與侵、鹽諸部字俱變而已。蒸、登之升，則本于《韵集》。《顏氏家訓》謂《韵集》以成、仍、宏、登合爲一韵，則吕靜于蒸、登字自與耕、清爲類而李舟從之。其次自勝于《唐韵》遠甚。愚謂韵書之本，在正音讀。部敘先後，無關宏旨。《家訓》所譏，蓋謂成、仍、宏、登下字殊，等呼别一等、二等，故以《韵集》之合爲非，猶法言謂支、脂，魚、虞共爲一韵也。　今升蒸、登于青後，蒸固未接于清，登亦未比于耕，何謂其本于《韵集》乎？

　　二，四聲之次相配不紊。　觀《唐韵》諸本部次上、去二聲末四韵，唐時韵書，平聲多有嚴無凡原注：李舟韵自其上、去、入觀之必有凡韵，而今大徐本奪。　上、去則有范、梵而無儼。　李舟韵上聲末四韵以湛原注：即謙。按：《韵目表》開十六注云：《廣韵》開爲咍部第二紐，此以爲部首，或《切韵》如是，或徐氏因《説文》無咍字，故改爲開。上聲莽部、縮部、湛部均同。錢氏此説極是。則湛爲鉉改，非舟明矣、檻、儼、范爲次。　去聲以陷、鑑、釅、梵爲次，是增改舊韵部目，以配平聲咸、銜、嚴、凡者，而《廣韵》從之。　要之諸部以聲類相近爲次，又其平、上、去、入相配秩然，乃李舟《切韵》之一特色，故李舟《切韵》之爲宋韵之祖，猶陸法言《切韵》之爲唐人韵書之祖也。

　　按：四聲相承，韵書恒例，然閒有歧出，如東之三等與冬無上，臻無上、去，痕無入，祭、泰、夬、廢無平、上。　夫韵部之分，本乎切語，用字未殊，無由析列。《聲類表》以潼、鶅爲冬上，臻、齔爲臻上，櫬爲臻去，紇爲痕入，然其聲紐減削，實未足以相當。

　　試觀《切韵考》之韵類表，即可窺其迹矣。　聲類相近爲次，亦爲恒例，然亦不齊，如東、冬、鍾、江不接陽、唐，魚、虞、模居微、齊之閒，尤、侯、幽不在豪後，元廁魂、痕之前，何獨于覃、談之降而亟稱之耶？此與四聲相承之條，製韵書者均不重視。　李舟果知嚴字其例，則當如戴氏之紙析立部，使相匹敵，并宜首別陰、陽，次明舒舌、翹舌、閉脣，再次析其侈、弇。　以相此耦，何獨降覃、談不及他部而已乎？蓋舟本無是意也，今乃以爲舟之大功，恐舟將遜謝此名，則國維謂李舟與陸法言各爲一系者亦非矣。　更有揚國維之波，而謂李舟殆知舐舌、穿鼻、閉口之狀者，益爲無據矣。

論反語

問曰：魏、晉、隋、唐之際，反語用字有例乎？

曰：無例也。《切韵考·通論》云：切語上字，凡雙聲皆可用。蓋唐以前反語如是，及朱翱作《説文繫傳》反語，譏昔人爲疏樸，始依等製作，以上字兼等呼之用，改易舊切如改一之於悉爲伊質、天之他前爲聽連、下之胡雅爲霞假、禪之徒感爲特感、瑩之烏定爲淵徑、每之武罪爲梅磈。至乎《集韵》，遂用洪細四聲同等之字如倚用隱、隱用倚，烏用汪、汪用烏，娟用縈、縈用娟，寒用何、何用寒，齲用區、區用齲，牽用輕、輕用牽。《中州音韵》已取合聲之法如公云孤翁、翁云烏公、宗云兹鬆、鬆云思宗、濃云尼容、容云移濃。大抵舌、齒、喉、牙音開、合之細者，其上字用支、微、齊諸韵，洪者用魚、模、歌、麻諸韵，然尚未云例也。

《音韵闡微》乃爲例云，上一字擇其能生本音者，凡同母韵異呼法開合相同，則翻切但换下一字而上一字不换，如姑翁切公字、姑威切歸字、姑彎切關字、姑汪切光字。此四字皆見母合口呼，俱生聲于姑字。又如基因切巾字、基烟切堅字、基腰切驕字、基優切鳩字，此四字皆見母齊齒呼，俱生聲于基字。由此以推，凡翻切之上一字，皆取支、微、魚、虞、歌、麻數韵中字，辨其等母呼法，其音自合。又云，凡字之同韵者，其字母雖異而平仄清濁相同，則翻切但换上一字而下一字不换，如基烟切堅字、欺烟切牽字、梯烟切天字、卑烟切邊字，此四字皆先韵之清聲，俱收聲于烟字。如奇延切虔字、池延切纏字、彌延切緜字、齊延切錢字，此四字乃先韵之濁聲，俱收聲于延字。由此以推，凡各韵清聲皆收于本韵之影母，濁聲皆收于喻母。影、喻乃本韵之喉音，天下之聲皆收于喉，故翻切下一字用影、喻二母中字，收歸喉音，其聲自合。

《闡微》本李光地受詔所作，與其《榕村韵書·翻切法》所言悉同，然亦有可互相輔正者。《翻切法》云："自東、冬、江、陽、庚、青、蒸、真、文、元、寒、山、先、佳、灰、蕭、肴、豪、尤、侵、覃、鹽、咸諸部，皆可以合聲爲切法如都翁爲東、希央爲香、幾鶯爲驚、之因爲真、孤灣爲官、沙安爲山、低烟爲顛、呼喂爲灰、西腰爲蕭、溪憂爲丘、妻陰爲侵、他諳爲貪之類。皆兩聲合成一聲，不用尋其等母韵部，便可曉然。惟支、微、齊、魚、虞、歌、麻七韵首攝之字生天下之萬音者，故可以切他部，而他部不能切七部。

蓋七部之字，皆天然獨音，非兩聲合成故也此云天然獨音，即阿、鴉、衣、烏、迂之倫，今世所謂純元音也。兩聲合成者，今世所謂複合元音也。凡七部中字，皆應借本字之上、去、入爲上一字《闈微》設"今用"一例云，借仄聲或別部之字以代之，但開、齊、合、撮不使相淆。如吉潝切羈，菊于切居，渴哀切開，酷烏切枯之類。"

又云："影母無字，仍借曉、疑《闈微》云：借本韵旁近之字以代之，其清濁不紊，其取音比舊稍近，如洪鉏切崇，居充切弓……豬邕切中之類。"

《闈微》云："有係以協用者，再借鄰韵影、喻二母中字以協其聲如弓切居邕、穹切區邕，中切豬邕、嵩切胥邕之類。"

又云："或係以借用者，乃雖鄰韵，并非影、喻中字，其聲近而不甚協如迦切基遮、呿切欺遮、轟切呼翁、弘切胡籠之類。"

是皆俗語之訛混者耳，建立韵部，所以定其經略。今借鄰韵以作下字，則一彼一此，散無友紀，將何以喻其音哉？此有例以生疾，反不若無例之無滯也。或謂《切韵考》嘗言《廣韵》切語下字有借用者矣，何不可哉？

愚按：《切韵考》云：二十八山鰥，古頑切。頑在二十七删，蓋陸氏書此韵無與鰥同類之韵，故借用。按：敦煌《切韵》三頑，吳鰥反。鰥、頑互用《牆有茨》釋文頑，五鰥反，則《廣韵》隸于五逻切爲非。

又云：儼，魚掩切。掩在五十琰，此韵皆僻字，不可爲切語故借用。按：敦煌本王仁昫《切韵》目五十一广，虞俺反。陸無，此韵目失，卷中則俺作掩，云又音儼。掩，於原誤虞，依《廣韵》正广反。广、掩互用。卅五琰，儼，魚儉反，下有广。《廣韵》以儼爲五十二，下有广。是《廣韵》始移儼居广上，而其切語未改，則掩實掩誤，苦因韵皆僻字而借用。然拯下云無韵切段注《説文》拯下云無韵者，此韵字少，庱、殑、殑又皆難識也，音蒸上聲，不借用也。

又曰："凡，符咸切。此韵字少，故借用二十六咸之咸字。按：此卷末新添類隔更音和切條，符咸作符芝。《切韵》及鉉本《説文》同。恐咸字當爲併咸、銜、凡三韵爲十五咸，以芝字非常用而改之耳。

是陳君三舉借用，俱爲誤字也。反切之法實原讀若。讀若者，以一字譬況其讀如《説文》祇，讀若箕。瓃讀若鬲，字或有數音數義者則引成語以明之如《周禮·太宰》注利讀如上思利民之利，《瘍醫》注祝讀如注病之注。猶未盡善，乃用二字分擬其讀，上字必與所切者成雙聲，即謂用一字表示其發聲之清濁；下字必與所切者成疊韵，即謂再用一字以表示其收聲之四聲等呼，則字之當何讀自明。

故《切韵考》云：切韵之法，非連讀二字以成一音也。何爲非連讀二字以成一音？蓋以讀若注音，目治之術也；後人注音取便口吻，耳治之術也，耳治則須連讀二字以成一音。陳氏云：必拘此法，或所當用者有音無字，或雖有字而隱僻難識，此亦必窮之術。其所指斥蓋謂《闡微》也《闡微》實榕村奉詔所撰，而謂依本朝字書合聲切法，則用法簡而取音，易此法啓國書十二字頭，簡明易曉，乃前古所未有。其韵書翻切法則未如此言，是《闡微》之語，蓋諛詞歟！論者遂謂合聲之切本于清語，實未探求其源。《闡微》又謂十二字頭之收聲于勒、于思、于爾者，其音爲漢文所無，不能對音。按：《中原音韵》之支思部即收聲于思者，其中兒、耳、二三音，即收聲于爾者。若勒即來紐之入聲，尾音作彈舌之狀者，皆如是。是三者皆漢文所有，惟《廣韵》未之獨立耳。

論反語非本佛典

問曰：世或謂漢永平中，佛典來入我國，漢、魏閒反語始興。宋沈存中謂古語已爲二聲合爲一字，鄭氏、顧氏擴而充之，謂爲反語之始，二説孰然？

曰：俱不然也。錢氏《養新録》五云："古人因雙聲疊韵而製反切，以兩字切一音，聲同者互相切，本無子母之别。今于同聲之中，偶舉一字以爲例，而尊之爲母，名不正而言不順也。叔然、鄭康成之徒，漢、魏儒家未有讀桑門書者，謂聲音出于梵學，豈其然乎？"

戴氏《聲韵考》云："反切散見于經籍，論韵者博考以成其書，反切在前，韵譜在後也。就韵譜部分，辨其脣、齒、喉、舌、牙，任舉一字以爲標目，名以字母，韵譜在前，字母在後也。"

　　二賢之言，清明可任矣。果反切之製由于佛典，則當先有字母，後有合音。觀金尼閣同時制定自鳴、同鳴之字，然後能成其書。今反語成于魏、晉，而字母造于唐末，歷年數百而後具，是則背乎常規，一也。

　　吾國聲類本爲四十一，江氏謂照、穿、床、審二、三等字不通用，喻三、四等字不通用，陳氏以系聯之證定其异類。惟陳氏誤合明、微爲一，黃氏復析出，成清、濁共四十一類。是三十六字母，雖四四、五五、一一相對，爲牙、喉、舌、齒、脣五音，然與聲類實不相應。而字母之文又非反語所常施用者，是亦乖乎通則，二也。

　　并合之音，到口即成；反切之讀，目治乃別。成效既殊，其原斯异，三也。

　　觀《慧琳音義》二十五《釋大般涅槃經、梵經》次辯文字功德及出生次第云：“總有五十字，從初有十二字，是翻字之聲勢；次有三十四字，名爲字母，相生次第。用前十二字爲聲勢，舉後字字母一字一字翻之，一字更生十一字，兼本成十二字，如此遍翻三十四字，各爲一番。又將野字遍加三十四字之下，一遍準前一一翻之，又成一番。除去野字，即將囉字遍加三十四字之下，準前以十二字聲勢翻之，一字生十二字，三十四字翻成四百八字。次以攞、噛、娑、賀、仰、孃、拏、曩、麼等十二字，回換轉加，成十二番，用則足矣。”

　　以是知梵文造字，專以示音，音之所狀，則增減其體以明之，與他國文字同也。吾國一字即已具聲韻之用，兩字相承，即著其讀。故三十六字母中，影紐惟一字母所以有影紐者，字母本歸納反語上字而成，影紐反語亦用二字，故亦造一字母，命之曰影。梵文聲勢則有十二，一异也。

　　梵文以字母加聲勢，遍翻始以足用。吾國反語任意取字，且四等之中，其紐相別，或有或無，二异也。

　　有是二异，尚能謂其出于佛典耶？至如三氏之議，則乖反語之例。反語者，上字必與所切之字爲雙聲，下字必與所切之字爲疊韵，如沈謂不可爲叵不，方九切，《指掌圖》逋没切。叵，普何切，何不爲盍盍，户臘切，之乎爲諸乎，户吳切。諸，章魚切；鄭謂之矣爲只矣，于紀切。祇，諸氏切。顧謂丁寧正切鉦字,《廣韵》:丁,中莖切寧,奴丁切。鉦,諸盈切。 僻倪正切陴字《左傳》釋文僻,普計反。倪,五計反。陴,婢支反,邾婁正切鄒字鄒,側鳩切。邾,陟輸切。婁,力俱切,大祭正切禘字祭,子例切。禘,特計切,子居正切朱字子,即里切。居,九魚切。朱,章俱切,側理正切紙字紙,諸氏切。側,阻力切。理,良士切,狻猊正切獅字狻,先官切。猊,牛奚切。獅,疏夷切,凡此皆失雙聲疊韵之律,則謂反語皆由是出者,亦非也。

前者之言,乾嘉諸儒已辨析矣,而今人猶有惑。後者之言,雖東原、蘭甫尚猶取之,可不明辨之耶?

附注(一)

《筆談》十五《藝文》二:"切韵之學本出于西域,漢人訓字止曰讀如某字,未用反切。然古語已有二聲合爲一字者,如不可爲叵、何不爲盍、如是爲爾、而已爲耳、之乎爲諸之類。似四域二合之音蓋切字之原也,如頓字文從而犬,亦切音也。"

《六書略》五《論急慢聲諧》:"慢聲爲者焉,急聲爲旃,旃爲者焉之應。慢聲爲者焉,急聲爲諸,諸爲者焉之應。又如慢聲爲而已,急聲爲耳。慢聲爲之矣,急聲爲祇。慢聲爲者也,急聲爲者。慢聲爲也者,急聲爲也。慢聲爲嗚呼,急聲爲嗚。慢聲爲噫嘻,急聲爲噫。皆是相應之辭。"

附注(二)

《學林》八四《聲譜》云:"之乎切爲諸,而已切爲耳,如是切爲爾,何不切爲盍,不可切爲叵,此即音切而知其字之義也。下至閭閻鄙語,亦有以音切爲呼者。突鸞爲團,屈陸爲曲,鶻侖爲渾,鶻盧爲壺,忒壓爲太,咳洛爲殼。凡此類,非有師學授習之也。"

說　　切

問曰:陸法言《切韵·敘》云:"支、脂,魚、虞共爲一韵,先、仙,尤、侯俱論是切。"韵切齊舉,切似爲韵。《郡齋讀書志》稱"切韵者,上字爲切,下字爲韵",韵切對言,則切又爲聲。二說孰是?

答曰：此由時代相异而然，當梁、陳時，學者譏議多指斥音義諸書之音及反語下字之韵，尟有言聲者，是以韵切之義同。陸法言因以互稱。唐、宋之際，等韵家出，作圖定讀，始以切名反語上字，韵名下字，是以《指掌圖·檢例》云"先求上切居何母"，創立三十六字母，則上字爲切之所由也。因是切字有二義訓。

試觀《顏氏家訓·音辭篇》、《漢書》顏師古注下附錄、宋祁所稱蕭該《音義》，俱足以明陸《敘》之旨。今讀支、脂無別，在《經典釋文》已然。如蛦，《周禮·鼈人》音夷，又音移。《儀禮·士冠禮》音移，劉音夷。又如祁，《詩·采蘩》巨私反，《禮記·緇衣》巨伊反，徐巨尸反。《左傳·昭十四》巨夷反，《詩·出車、玄鳥》《爾雅·釋訓》俱巨移反。按：伊、私、尸、夷皆在脂，移在支，是支、脂二韵讀同也。

又如虌，《爾雅·釋草》音衢，又音渠。又氎，所俱反，又所魚反。又蘧音渠，或音。按：衢、俱皆在虞，渠、魚皆在魚，是魚、虞二韵讀同也。

若先、仙，尤、侯讀音之混，《釋文》亦具有。如編，《詩·有瞽》必連反，《史記》音甫連反，《字林》《聲類》《韵集》并布千反。又如蜎，《釋蟲》音縣，《字林》亡千反。按：連、縣皆在仙，千在先，是先、仙二韵讀同也。

又如緅，《考工記》側留反，劉祖侯反。又如眸，《周禮·小司寇》莫侯反，劉亡不反。又如搜，《莊子·秋水》所求反，李悉溝反。按：留、不、求皆在尤，溝、侯皆在侯，是尤、侯二韵讀同也。

以上文諸證相勘，則"俱論是切"與"共爲一韵"之義無殊，是切亦謂反語下字矣。或有謂"先、仙，尤、侯爲古本韵變韵之別。先，蘇前切。蘇，在模爲古韵，故先亦爲古韵。仙，相然切。相在陽爲變韵，故仙亦爲變韵"。又謂"尤，羽求切。羽在于爲變紐，故尤爲變韵。侯，胡溝切。胡在匣爲古紐，故侯爲古韵。先、仙，尤、侯俱論是切者，蓋憑切以明其韵之本變也"。

竊考言韵有本變，實始于段君《六書音均表》。近世黃君季剛更定其説，已詳《切韵本今讀篇》。段、黄正變之主張，皆以諧聲之聲爲準，未嘗取反語上字以立言。

憑切本等韵家門法，六代之際，自無此詞，無此詞即無此制。今云憑切以明本變，不亦誣乎？即依其説，試觀前，昨先切；錢，昨仙切，先、仙爲一正一變之韵，而前、錢二切皆用昨字，則憑切以定正變韵之説不驗矣。

再舉尤韵謀，莫浮切；侯韵哞，亡侯切。按：《説文·言部》：𧮝，古文謀，則哞爲謀異體。若如或説，以切語上字論其本變，則莫在鐸爲古，亡在陽爲變，與侯爲本、尤爲變之説正相顛倒，足明憑切之詞，不能用以論韵。

《廣雅疏證》于《博雅音》二"𡰣也，上古魚反"下云："各本反皆作切。按：反切之名，自南北朝以上皆謂之反，孫愐《唐韵》則謂之切。唐元度《九經字樣·序》云，聲韵謹依《開元文字》，避以反言，是則變反言切，始自開元。曹憲爲隋、唐閒人，不宜有此。凡《廣雅音》中有言某切者，皆是後人所改，今訂正。"

竊謂《疏證》此語，似有未周。陸法言名其書爲《切韵》，其反語下字必用切而不用反，言依文字之同異，以建立韵部也。《唐韵》謂之切，于今無所取證。《字樣·序》云"聲韵謹依《開元文字》，避以反言"者，謂《樣》讀音悉依《開元文字音義》，但避用其反語耳。昔汪黎慶輯《開元文字音義·序》引張九齡《賀狀》云片言旁通（去嫌于翻字汪删上句謂是書概無反切。《慧琳音義》五引"鮚，力奚反"。殆琳公增益，非其原本。按：《琳音·五》《大般若經》四百三十五卷鮚鯲，上力遲反云云。《開元文字音義》云力奚反，今不取）。觀此云力遲反，乃琳公所定；力奚反，正玄宗所制。其書既名"音義"，烏可無音耶？若《賀狀》言"去嫌于翻字"，謂音義于反語，則去其嫌疑不合理者（即《琳音》云"今不取"）也。片言旁通，謂反語上下字常見于典籍，即去嫌之注脚。依此，音義用反或翻，確非用切明矣。

又按：曹憲、李善同生隋、唐之際，善注《文選》，全書用切。其于

《南都賦》八十六切語中，稱反者五，稱切者二十三，因此竊疑初造時，但寫二字，不綴反與切，嗣以其式與直音之用二字者無別（如《方言》一，郭音龐曰鷗鸕，般曰般桓，于是加反或切以明之。反切實一符號，無義可説，故或反或切，或有或無也。揣玄度之意，似謂相傳反語，未能連讀成音，是以避用。依直音中四聲相承之制曹音《釋詁》一，拯，蒸之上聲，四聲蒸、拯、證、職，首云鬱鬱并氳惲醖鬱，㮇刊渴平㮇侃看渴，故云紐以四聲，定其音旨，則王君始自開元之語，亦爲失矣）。

　　唐、宋之際，學者造等韻圖以定反切之讀。《五音集韻》十薛切字注：云反切，一音展轉相呼謂之反，亦音翻，以子呼母，以母呼子也。切謂一韻之字相以成聲謂之切。此緣字義遣詞耳，與事理無關。何謂子，何謂母，何謂展轉相呼？若以上字爲子、下字爲母，子母相呼成音即今語所云拼音。

　　《切韻考》謂之連讀二字而成一音，凡連讀二字而成音者，下一字必須與上一字清濁相同，否則不能。《切韻考·條例》曰：下字定平、上、去、入而不論清濁。《通論》又云：如同徒紅切、蜑渠容切，連讀而成音者，偶然相合耳。《通論》以此式爲偶然相合，是反語不盡如是也。不盡如是，則不得謂之展轉相呼也。一韻之字相摩成聲，反語非獨用本韻中一字而成。此語殊爲失實，反語以二字比況作音，而非相摩以成。曹憲《博雅·釋詁》一懇下苦恨如上聲道之，此謂反語爲比況而非相摩甚明。韓道昭强爲之説，不可從。

論切本今讀

　　問曰：江慎修言分韵類之則云“當以古今音分”，黄季剛之析《廣韵》二百六部也，謂何爲古正韵？何爲今變韵？且以有舌頭諸紐者爲正、舌上諸紐者爲變，世人因以《指掌圖》之一四等爲古、二三等爲今者，又因以斥等韵之失者，昔人造韵書果有古今之見乎？抑否也？

　　答曰：《四聲切韻表》之謂以古今音分者，蓋謂其表中分別韵類，有當以古今分者，如支、紙、寘分四類，一曰古通歌、哿、箇，一曰古通戈、果、過；虞、麌、遇分二類，一曰古通侯、厚、候。斯謂其偏旁之聲，出于歌、戈，出于侯，在古韵中當讀同歌、戈，不讀同支；當讀同侯，不讀同虞也。謂一韵之中，今讀齊一，古讀則殊。此表亦正亭林之失，非昭示修韵書者有古今之別異也。故《古韵標準・敘例》譏亭林言韵書之誤者，云當爲聲音之轉變。

夫既謂之曰古，在今即無其讀。《釋文》諸書所載協音，故不録于《廣韵》，即諸儒口耳相傳之讀。《廣韵》亦多廢輟，如《詩・釋文》瀜，子公反，徐又在容反。《廣韵》無次音。沖，直弓反，徐音同，又音勑弓反，《廣韵》惟有首音。濃，奴同反，又女龍反，《廣韵》無首音。樅，徐七凶反，又音衝，沈又音子容反，《廣韵》無次音。逢，薄紅反，徐音豐，《廣韵》無次音。烘，火東反，徐又音洪，《説文》巨凶、甘凶二反，孫炎音恭，《廣韵》無下三音。澓，在公反。徐云鄭音在容反，《廣韵》無次音。菶，布孔反，又薄孔反，又薄公反，《廣韵》無末音。虹，户公反，鄭户江反，《廣韵》無次音。訌，户工反，徐云鄭音工，《廣韵》無次音。《釋文》取音，固重合理會時，《廣韵》實師其旨，故亦但存近讀。若謂一、四等爲古，二、三等爲今，概略言之則可，若詳細覈實則不盡符，如《廣韵》徒紅切有䲶、䲉，莫紅切有𦊀、髳、夢、雺、懞，户公切有洚、碵，蘇公切有䎐，古冬切有攻、釭，私宗切有鬆，豈非古本韵中亦有轉變之韵耶？

昔江氏別蕭、豪之通尤、侯者爲一類，尤者蕭之自出，豪、蕭俱有舌頭，則俱爲古音所有。蕭之有刀、兆、垚、要諸聲者，本出于豪也。豪之有咎、周、舀、攸諸聲者，本出于蕭也。

又別先之通真者爲一類，真者先之自出，其人、屵、臣、丏、垔、令、天、玄、真諸聲者，古皆讀同先韵之音也。其戔、肩、單諸聲者，古皆讀同寒、桓之音也。

段氏分齊、之、氏、是、雟、奚、兒、規、卑、斯、圭、豸、麗、兮、祇諸聲者屬支、佳，次、妻、夷、七、齊、尾、犀、氐、𣬉、米、利、弟、豊，此諸聲者屬脂、微，脂之陽聲爲真、諄、文、殷，真、諄、文、殷者舒舌以出也。

支、佳之陽聲爲耕、清，耕、清者翹舌以出也。今齊一韵之中而備有舒舌、翹舌之讀。

顧氏分錫爲三：一爲蕭入，一爲齊入，一爲與沃通。分鐸爲二：一爲模入，一爲豪入。蕭韵收幺，齊韵收𩔖，模韵收烏，豪韵收麀，平聲既有幺、𩔖、烏、麀之別，則錫也、鐸也亦當有异讀。既萃集异讀于一韵，則造反語者實從時音《尚書撰异》十一云：陸氏《切韵》就其時南北所讀之音切于詞人韵語者，采集責成書，自是宜今，非以考古也。後人指摘其與古音不合，是猶責裘以葛，殊不曉事。段氏斯語，實爲精確無倫，他人未見有是論也，故造韵書者，無由有古今之析。

等韵隨韵書而成圖，更不當以古今之讀議之也。有謂陸《韵》舊例正韵侈音例用鴻聲；變韵侈音喉、牙、脣例用鴻聲；舌、齒例用細聲。等韵外八轉二等如麻、庚、皆、山、咸、江、肴，皆各韵之變也，故齒音皆用照等一。夫照一、照二之分，發音不同，用字遂殊。若較其鴻細，則照一固同彼喉、牙、脣之音，不爲再細。今云舌、齒例用細聲，未明其所據也。

等韵古韵各有成規，循以立言，自得觼理，若强加牽率則誣矣。昔戴氏駁段之析真、文也，謂真至仙具四等者二，若析真、文則其等不具。觀《聲類表》列莊、初、床、疏于内轉重即一等，知、徹、澄、娘于外轉輕即四等，以實其具等之説，既乖隔于前例，復不驗于今讀，則亦誣矣。

論古音

問曰：段氏《答江晉三書》謂："脂讀如追，夷讀如惟，黎讀如纍，師讀如雖，全韵皆以此求之。微韵未變，齊韵則變而斂矣原注：齊本十六部之變，而以十五部之字變者入其中，皆近齊而稍變矣。灰又變而近咍矣。"其《古十七部音變説》曰："音之斂侈必適中，過斂而音變，過侈而音變。"又曰："歌、戈、侯、冬者，音之正也。"皆一等也，非過侈耶？"蕭者，音之正也。"四等也，非過斂耶？耕、庚同等而庚爲變，魚、虞同等而虞爲變，侵、鹽同等而鹽爲變。斂侈正變之準則，如何而可定耶？

答曰：段氏分支、脂、之爲三，初未能定其讀，後乃如是説之，實未足信，何也？錢氏謂古無舌上、正齒，二者皆當爲舌頭。今脂韵開合皆有舌上、正齒，而無舌頭，則脂實非古韵。然段氏之説，定海黄氏、餘杭章氏皆從之黄氏謂此部以歸、葵、追、推之類爲古正音，章氏謂滿口而悮呼皆閨口音也，蓋未能從錢氏。若從錢氏，則必不徇段氏之言矣。

脂部、皆部實爲灰、齊二部之變。灰固合口，而咍部之開聲、哀聲、豈聲、旡聲、隶聲諸字，皆灰之開口也。齊亦具開合，故脂韵之讀，當別開合如灰、齊也。灰舒舌，咍翹舌，謂其相近者，今音然也，蓋咍失其翹舌之狀耳。

段氏適中之論，亦有所本。《東山》箋：古者聲實、填、塵同也。《常棣》箋：古聲填、寘、塵同。依錢氏律，則塵亦讀田。《釋文·東山》云：寘、填、塵皆是田音，又音珍，一音塵。《釋文·常棣》云：填，依字音田，又依古聲音塵。謂塵音爲古，則陸氏時此律已亡失。《集韵》：天，鐵因切。年，禰因切。顛，典因切。田，地因切。此蓋讀田如塵，故皆用因字作韵。自是之後，皆以真爲古本音矣。《古韵標準》譏顧氏于天、田等字皆無音，亦誤信《集韵》之音爲古音耳。真三等，即段氏適中之論也。

定海黄氏乃遍定諸部古音，其是者，如謂陽、唐爲岡、康、荒、皇，耕、清爲打、冷，蒸、登爲增、騰、崩、明，元、寒爲官、寬、完、歡，歌、戈爲科、莪、波、頗，東、鍾爲公、宗，侵、覃爲駿、函、貪、南，談、鹽爲膽，泰、曷爲沫、載，質、櫛爲血、穴，之、咍爲該、臺、才、來，支、齊爲雞、嘰、畦，魚、模爲孤、枯、都、徒，侯爲鈎、偷、謳、樓；其非者，耕、清爲婂、鯁，真、臻爲令、因、親、陳，東、鍾爲胸、容，談、鹽爲監、岩、斬，泰、曷爲殺、伐，質、櫛爲質、失，緝、合爲甲、枼、劦、鼠，支、齊爲岐，宵、肴爲驕、蹻、超、趙，尤、幽爲鳩、輈、休、柔，脂、微爲歸、葵、追、推。

何謂是？所舉諸韵咸具有舌頭音者是也。歌、戈韵爲宋、明以來稱爲古韵者，其韵俱有舌頭音而無舌上音。別其聲勢，則歌屬開口，具有聲類凡十有五見、溪、疑，端、透、定、泥，精、清、從、心，曉、匣、影、來；戈屬合口，具有聲類凡十有九除上十五類外，加幫、滂、並、明四位。　歌、戈之韵如是，其他可稱爲古韵者，所具之聲類自同。　餘杭章氏《二十三部音準》謂：魚當稱模，之當稱咍，亦準是例。　其謂脂當稱微，東當稱江，侵當稱咸，則非也。

諸家不能從錢氏之律，但取韵文之證，故參錯不齊。　蘄春黄氏乃綜合立言，謂定古韵必依古聲者，即謂其舌頭四紐之韵亦必具其他諸紐，紐具而韵立，故得古韵三十；謂定古聲必于古韵者，如歌、寒、模、咍，古韵也，必有舌頭之四紐，其與舌頭同居者，亦必爲古紐矣，故得古聲十有九。

定古韵不依古聲，則必如《唐韵正》云：雙，所工反。　幢，宅工反。　惷，丑工反。　但東韵無一等疏、澄、徹三紐，則三音皆不能吐發此義自六代已失，如《燕燕》釋文：南，沈重協句，乃林反。　江氏謂字母不可增減移易，是以沿襲顧氏而不改。　孔氏始云韵既大訛，紐豈無異？其識視前賢爲超越，惟不知必依古聲以定古韵之理。　輕脣必歸重脣，舌上、正齒必歸舌頭、齒頭，但從正韵之讀即爲古音。　如雙，當讀蘇公切。　幢，當讀徒紅切。　不必如孔氏之云古讀若某，云某聲，云當以某爲正，條列瑣瑣，而終不能明瞭也。

定古聲不依古韵，則必如錢氏謂服伏讀如匐服，又讀如犕、如㐱，伏又讀如別、如變、如逼、如馮。　自犕、㐱以下，但可謂爲相似之譬喻，而非精密之正讀。　正讀但當如匐而已。

錢氏又謂影母引長爲喻，曉母引長稍濁爲匣，匣母三、四等按：匣母無三等。　輕讀亦似喻。　古人于此四母不甚區別，不知喻母三等，古俱讀如匣，四等俱讀如透、定。　近人曾運乾所定，其區別極顯明也。　以黄氏斯語量度舊説，如以銓衡輕重，尺定廣狹，不失毫釐，誠篤論矣。　或有譏斥之者，蓋未之思耳。

論釋文反語無例

問曰：昔法偉堂校《釋文》，于《易》牝，頻忍反，徐邈扶忍反，云扶忍與頻忍同，一類隔、一音和，此改類隔爲音和之例。 莽，莫蕩反，王肅冥黨反，云冥黨與莫蕩同出者，莽一等字，不當以四等之冥爲雙聲。睢，香維反，《字林》火佳反，火佳與香維同三等字用一等火字爲紐，與六朝音例不合。 藩，方袁反，徐甫言反，方袁與甫言同。《易》徐者，嫌藩爲合口，言爲開口也。 室，珍栗反，徐得悉反，云珍栗與得悉同，《易》徐者，改類隔爲音和也。 如法氏言，則《釋文》反語似有例。

答曰：《釋文·條例》云：“典籍常用，會理合時，便即遵承，標之于首，其音堪互用。 苟有所取，靡不畢書，各題氏姓以相甄識。”其後又云：“余既撰音，須定紕繆，若兩本俱用，二理兼通，今并出之以明同異。其涇渭相亂，朱紫可分，亦悉書之隨加刊正。 復有他經別本，詞反義乖而又存之者示博異聞耳。”是陸氏撰集，俱取在昔，不言自造。

吳承仕《辨證》于《易》羸其角，律悲反，又力追反，云二反聲韵并同。 按：《井卦辭》羸其瓶，《釋文》云：羸，律悲反，徐力追反。《大壯》之又音，即《井》之徐音。 故反音雖同，而反語有異者，亦具列之，此即陸云“兩本俱用，二理兼通，今并出之以明同異”之意也。《同人》九三伏戎于莽，《釋文》云：莽，莫蕩反，王肅冥黨反。 二反同音，是其比，則法氏所疑可釋然矣。 即法氏于《小雅·菀柳》“自暱，女栗反，又女筆反，徐乃吉反”云：“乃吉與女栗同，此字似宜以女筆爲正，餘二讀乃各家用字不一律耳，非有異也。”此説與吳意同。

蓋陸氏所云“音堪互用”，即吳氏之“反語有異”、法氏之“用字不一律耳”。 當陸氏時，衆書俱存，陸氏慮讀者見其字异而生疑，乃類聚于一處，以明其無殊。 所以《釋文》音同而字异者，至爲繁夥。 惟其繁夥，令人易迷，故法、吳二氏雖見此理，而其他迷惑者仍多也。

按：類隔、等呼之別，實生于等韵，六代之際，故無是也。 若以頻忍、扶忍，珍栗、得悉爲更類隔爲音和，然陸氏首音，固有用類隔者如《易·咸》脢，武杯反。《書·禹貢》雲夢，亡弄反。《洪範》蒙，武工反。《詩·采菽》芾，亡報反。 此一等而用輕脣者也。《書·周官》厖，武江反。《詩·終風》霾，亡皆反。《雞鳴》慢，武諫反。《信南山》霢，亡革反。《凫鷖》埋，亡皆反。

《卷阿》昄，徐苻版反。《蕩》漫，亡諫反。《崧高》蕨，亡角反。《韓奕》猫，又武交反。《絲衣》嫚，亡諫反。此二等而用輕脣者也。《易·中孚》爾靡，本又作靡同，亡池反。《書·禹貢》岷，亡巾反（《詩·江有汜》同）。《金縢》辟，扶亦反。《康誥》泯，徐武軫反。《邶·柏舟》摽，符小反。《干旄》紕，毛符至反。《緇衣》敝，符世反。《駉驖》麋，亡悲反。《匪風》飄，符遥反。《角弓》瀌，符驕反。《生民》秠，孚鄙反。《卷阿》馮，符冰反。《桑柔》瘼，武巾反。《崧高》郿，亡悲反。《駉》伾，敷悲反。此三等而用輕脣者也。《詩·小宛》螟，亡丁反，《大田》莫庭反。《靈臺》冥，亡丁反。《絲衣》幂，亡歷反。此四等而用輕脣者也。又有《詩·碩人》盼，敷莧反，《字林》又匹莧反。《小弁》淠，徐孚計反，又匹計反。兩讀無异，而首音用輕脣。則知陸氏脣音無類隔、音和之例也。《詩·葛覃》曰長，丁丈反。《野有死麕》帨，敕外反。《君子偕老》揥，勑帝反。《小戎》縢，直登反。《狼跋》疐，丁四反。《載芟》嗿，勑感反。《長發》戁，奴板反。此又知陸氏亦無舌音類隔、音和之例也。

而上字分等，實始《集韵》，陸氏固不如是如《周禮》稽、徼、莢、剣、繭、抉、畎、蠲、絹、梟、輕、縜、茭、撟，四等也；監、鹹、劏、矜、觼、扗、咸、夏、矮、蜎、刮、菅、顅、絞、宎、罤、蝦、榾，二等也，俱用古（見紐）。竅、蕡、刲、契、汧，四等也；楬、巧、蒯、敲、骹、顅、挃、髐，二等也，俱用苦（溪紐）。詥、職、逆，二等也；厁，四等也，俱用五（疑紐）。醯，四等；赫，二等，俱用呼。罅用火，萩用好，俱二等也（曉紐）。奚、覡、賢用胡，眩用虎，眭用下，顲用户，四等也。夏、蟹、洄、骱、繪、骰、華、降、攜、下、環、校、翩用户，校、解、駴、繣、骸用胡，俱二等也（匣紐）。甕，一等也；鷖、約、隘、腥，二等也；殹，四等也，俱用於。幄、握、約，二等也；委，三等也；醫、履，四等也，俱用烏（影紐）。追、斷、擣、鍛、禱、統、堵、蹲、蠹、堆，一等也，用丁（端紐）。肆、桃、緹、覵、瑱、珽，四等也，用他（透紐）。髦、鬏、蹄、田、大、滌、遞、軼、用徒，俱四等也（定紐）。涅用乃，襄用奴，俱四等也（泥紐）。惷，三等，用勑（徹紐）。祊用必，祊、軶用補，俱二等（幫紐）。拍、樸，二等；副、被，三等，俱用普（滂紐）。椑用步，又用薄。屏、蠙、蘆、苹、軿、羆、馨用薄，俱四等。枇用蒲，併用薄，牝用步，俱三等。白用、薄、盧用蒲，炮、暴用步，俱二等。蹈用皮，一等（並紐）。幕、墊用武，莽用亡，一等。貉、靺、味用莫，貍用亡，二等。幂、祿、冥用莫，茅用亡，二等（明紐）。卒、菹、焌、㺵、葴、臧、傅、鎩、趠、鐏用子，俱一等。蠚用祖，四等（精紐）。參、爨、造、衰、操、錯、趣、湊、倅用七，俱一等（清紐）。齊、粢、睿、從、薺、嚼用才，沮、藉、樵、茨、阰、遒用在，俱四等（從紐）。散、嗽用西，俱一等（心紐）。嬴、羸、籠、臘、樂、憡、廬、來用力，俱一等（來紐）。則六代時，用字無四等之別明矣。

陸氏首音于類隔四等混用，不析則其于人所作亦當謂爲無異，豈有譏人之失而己覆蹈之也耶？必不然矣。若夫開合，其元音韵尾悉同，故凡開合之韵而脣音與開口字，每相互用。法氏所譏末之參校上下文耳。然法氏、吳氏于此猶惑，如《易》蠱音古，徐又姬祖反。法云：姬紐罕見，殆姑之訛。吳云：疑讀姬以之反，與冶同紐。姬、祖音古同，徐下又字殆衍，此亦因雙聲不同等也。愚謂蓋徐音有作音古者，又有作姬祖反者，陸氏并記，故云又，此陸氏之通例也。

《切韵考·通論》云：切語上字，凡雙聲皆可用。如是自不應別四等，且此猶《內則》芥醬，徐姬邁反耳，何足異也。吳氏又云：《繫辭》冶容誨淫，《釋文》音也。虞姚王肅作野，段玉裁云："冶、野皆蠱之假借，冶今音羊者反，古音讀如與德明引徐音姬祖反。疑讀姬以之反與冶同紐，如以姬讀如基，則德明引爲又音，將何以明？"

按：一等無喻，則姬祖何能成音？且姬字惟《漢書》如淳音怡，餘皆音基。反語用字俱取易識，若讀此姬如怡，何若徑用怡字耶？且姬邁反又將何讀耶？冶、野誠爲蠱之假借，然既音變，自不可通矣。是段、吳皆失矣。

《書》比，徐扶志、毗志二反，法云：扶志與毗志同，亦不得分爲二讀，當依《伊訓》改爲毗志反，徐扶志反。吳云：扶、毗同紐，不得爲二音，疑有訛文，無可校正。或陳鄂删定時，扶、毗蓋已分用，誤認爲二音耳。

愚按：《易》比，毗志反，徐又補履反，則毗志正爲徐音。蓋法氏雖有"各家用字不一律"之語，吳氏雖有"音同字异具列"之說，然終以首音爲陸氏自作，不知條例，固云"便即遵承，標之于首"，又云"兩本俱用，二理兼通，今并出之”。則非其自作甚明，今請以《毛詩》《爾雅》音義互證之如《釋詁》昄，沈旋蒲板反，此依《詩》讀也（按：《詩·卷阿》昄，徐符板反。蓋旋依徐音）。餤，徐仙民《詩》音閻，餘占反，沈大甘反（按：《詩·巧言》餤，沈旋音談，徐音鹽）。妯，顧依《詩》勑留反（按：《鼓鐘》妯，勑留反。此顧野王依《詩》舊音也）。《釋言》烘，沈、顧火公反（按：《白華》火東反，此陸用沈旋、顧野王之音也）。烓，郭音恚（按：《白華》烓音恚）。飧，謝素昆反（按：《伐檀》素門反。此陸用謝嶠音）。窕，郭徒了反（按：《關雎》徒了反）。《釋訓》熇，許名、火沃二反（按：《板》徐許酷反，沈又許各反。此陸用徐仙民、沈重之音也）。蕿，謝許袁反。《伯兮》傳云：蕿，草令人善忘。則谢讀爲是（按：《伯兮》諼，本又作萱，況袁反，從謝讀）。《釋器》撩，郭力堯反，又力弔反（按：《南有嘉魚》力弔反，又力條反。此陸用郭音也）。钀，郭魚謁反（按：《碩人》鑣，《音義》引《爾雅》钀音魚列反。此陸用郭音也）。鼐，沈奴戴反（按：《絲衣》鼐，乃代反。此陸用沈旋音也）。《釋天》何，郭胡可反（按：《大東》何，胡可反。此陸用郭音也）。《釋丘》宛，旋于阮反（按：《宛丘》宛，怨阮反。此陸用施乾音也）。鞫，《字林》作坭，九六反（按：《公劉》鞫，居六反。此陸用吕忱音也）。隩，《字林》烏到反，郭於六反（按：《公劉》隩，於六反，又於報反。此陸用郭璞、吕忱音也）。《釋山》崒，子恤反（按：《十月之交》崒舊音子恤反。此陸用《詩》舊音也）。《釋草》莞，謝音官（按：《斯干》音官。此陸用謝嶠音也）。《釋木》楰，郭音庾（按：《南山有臺》楰音庾。此陸用郭音也）。梓，《字林》音子（按：《定之方中》梓音子。此陸用吕忱音也）。瘣，郭胡罪反（按：《小弁》瘣，胡罪反。此陸用郭音也）。《釋魚》鮎，郭奴謙反（按：《魚麗》乃兼反。此陸用郭音也）。魴，《字林》音房（按：《敝笱》魴音房。此陸用郭音也）。《釋鳥》鴶，郭古八反，《字林》音吉（按：《鵲巢》鴶，古八反，又音吉。此陸用郭璞、吕忱音也）。鴮，《毛詩》作洿，音烏，郭火布反（按：《候人》洿，音烏，一音火故反。此一音同又音，此陸用郭音也）。鷿，《詩》作脊同，精益反（按：《常棣》井益反。此陸用《詩》音也）。《釋獸》麎，郭音辰（按：《吉日》祁，鄭改作麎，音辰。此陸用郭音也）。豜，郭音上韅，字同韅，郭音堅，又音牽（按：《七月》豜，古牽反，又音牽。此陸用郭音也）。虦，謝士版反（士原誤七。按：《韓奕》虦，士版反。此陸用謝嶠音也）。《釋畜》馵，《字林》之句反（按：《小戎》

馬，之樹反。此陸用呂忱音也）。駬，《詩》音及呂忱、顏延之、荀楷并呼縣反，郭火玄反，顧胡眄反（按：《有駜》駬，呼縣反，又火玄反，徐又胡眄反。此陸用諸家之音也）。𪘸，本或作騯，郭良忍反（按：《駉》騯，本亦作𪘸，郭良忍反。此陸用郭音也）。駰，《字林》乙巾反（按：《駉》駰，舊於巾反。此陸用呂忱音也）。

以此觀之，陸氏首音皆有所本，非其自作明矣。則陸氏無改訂昔人之意，逾以彰顯。是法氏、吳氏之所彈多失本意，《釋文》反語無例，更有徵矣。

字母之歌

問曰：宋代載籍中，皆云字母三十六。至明代呂維祺《日月燈》，始有舍利創作三十，守溫加六，其説信乎？

曰：戴東原《聲類考》一"反切之始"條云："未有韵書，先有反切。反切散見于經傳古籍，論韵者博考以成其書，反切在前，韵譜即韵書在後也。就韵譜部分，辨其脣、齒、喉、舌、牙，任舉一字以爲標目，名以字母，韵譜在前，字母在後也。"戴君此説自得其實，則三十六字母者，乃歸納反切上字而成，未可由人意增減。吾嘗舉《經典釋文·易、書、詩》三經中反語，分爲四十一類。江慎修《四聲切韵表》"切字母位用字"在其審字下云："照、穿、床、審四母，二、三等不通用。"喻字下云："喻母三、四等不通用。不通用則當別立，別立此五母，則適爲四十一母矣。"陳蘭甫《切韵考》内、外篇俱增此五母，是也。

明真空《貫珠集》云："字母溫公舍利傳，後有梁山溫首座，添成六母合宮商，輕中添出微與奉，重内增加幫迸滂，正齒音中床字是，舌音舌上卻添娘。"此數語殊不明其所據。

按：輕重八母在反語中，雖有上字混用之迹，而輕重之讀，并不因之而變。造反語者何爲如是耶？反語之作，本于讀若。讀若必用易識之字，并限用一字，不則用一成語，以比況之，每不易得其讀。造反語者，乃改爲二字。上字比譬每字發聲地位及情狀，如不可得兼，則寧用地位微異而情狀必全相同者。此即等韵家所謂類隔，亦即輕脣用重、重脣用輕之理也。 輕重脣反語上字雖互用，而八母并不因之省併，以其音故顯然分別，實存于人之口中。 則舍利所作輕脣無奉、微，而加于併、明之中；重脣無幫、滂，而加于非、敷之中者，實爲虛構矣。

守溫增此四母，又何所根據耶？ 在《經典釋文》，床、神二紐反語上字多與禪混，如《周禮·春官·大卜》撲，時設反，劉音舌。 時在禪紐；舌，食列反，在神紐。 又如《詩·生民》抒，食女反，《周禮·地官·敘官》時女反。 此皆神混用禪。 又如《詩·漸漸之石》漸，士銜反，沈時銜反。 按：士在床，時在禪。 又如《爾雅·釋畜》椉，字又作乘，施市升反。 市在禪。《釋獸》椉，本或作乘，事陵反事，鉏吏反。 鉏在床。 此又床、神混用。 神、禪發音地位同，惟破裂摩擦與摩擦之异耳。

在《釋文》，娘、日二紐反語上字亦多混用。 如《詩·行葦》醹，如主反，《字林》女父反。 如在日，女在娘。 又如《左傳·宣九年》衵，女乙反，《字林》仁乙反。 仁在日紐。 此皆娘、日混用。

凡此諸類反語上字混用者固不多，而在其他反語，則此諸紐反語皆屹然獨立而不混，實不當依此類少數而删削多數也。 用知舍利之制難信，守溫之增亦爲虛語矣。

或曰：《敦煌掇瑣》一〇〇載守溫述，亦無此六母，豈不足信乎？

曰：此述可疑者有五：日爲舌上音，一也；來爲牙音，二也；見、君同紐而并出，三也；心、邪爲喉中音清，四也；影爲喉中音濁，五也。《日月燈》言守溫增此六母，今守溫述中無此六母，二説實違。 衡以字書、韵書中所載切語，俱爲四十一母。 依《釋文》諸證，此六母明明備具，是守溫二説俱難信從也。

瑞典高本漢《中國音韵學研究》則以三十母加狀、娘，觀高氏研究方法，從《等韵切音指南》入，故捨群用郡，捨床用狀。 群、郡、床、狀，發音既無有别，則改之何謂？ 且《指南》固具三十六字母也，高氏以非、敷、並、明爲非系，合輕重脣爲一，不獨違背等韵諸書之圖，且亦乖于實際之口語，而引他人之言曰：“並、明在《切音指南》放在開口，所以就保存在雙脣組裏；非、敷放在合口，所以就轉入脣、齒組。”

　　愚謂高氏未驗諸脣吻耳，凡讀脣音除虞韵之夫、敷、扶、無，模韵之逋、鋪、酺、模，始終合而不開，在其他韵俱先合而後開。先合者，兩脣相拍也；後開者，凡合口非魚、虞、模韵，其收勢俱爲開。是以《廣韵》中卑、陂同音，卑用移，移開口也；陂用爲，爲合口也。彼、俾同音，爲其上聲。彼用委，委合口也；俾用弭，弭脣音也。賁、臂同音，爲其去聲。而切語下字俱用義，義開口也。切語下字固以定音之開合，而脣音切語之下字則不拘是例，如上所舉是也。其以脣音字作切語下字者，亦復不分開合，如《廣韵》格，開口也，切語下字俱用伯、棧，開口也。撰，合口也，而俱用免。故脣音可以在開口圖，亦可以在合口圖。等韵圖所以供學者檢查切語上下字，故《切音指南》依切語之開合而列圖。如止攝開口圖脣音二等云：陂、彼、攺、被、糜、美六字注合口呼，謂陂用爲，彼用委，攺用靡，被用彼，糜用爲，美用鄙，謂爲、委、靡、彼、鄙五字皆當在合口。又如宕攝開口圖脣音有滂、茫，合口有幫、傍。蓋滂、茫皆用郎，而幫用旁，傍用光也。所以如此分別者，以旁在開口圖，光在合口圖也。异國學者見此异狀，遂以爲當劉鑑時諸字之讀已變開爲合，于是創爲等韵圖。乃表一代音讀之説，實未明圖之所由來也。如是，則高氏重脣在開口之理，無由成立矣。

　　高氏又謂在《切音指南》"咸攝的凡、流攝的缶有由雙脣變脣齒的現象，因爲凡字是m尾，缶字是ou尾"。

　　按：凡、缶之在開口，以咸攝、流攝俱本無合口故也。發音爲首，收音爲尾，中有元音，何可以尾喻首？是輕脣在合口之説，亦不可成立矣。

　　高氏又云："在中古漢語跟創造三十字者讀音，是不分狀、禪的。而在反切的著者跟更近代一點的音韵學家，就把它分開了。"高氏所謂中古是第六世紀，魏晉以後反切盛行，韵書亦繁。

　　今依《經典釋文》所載床、禪相混者，僅再見。神、禪較繁，亦僅十五。其不相混者自盛，豈可謂其讀音不分乎？若《釋文》載從、邪之混，已逾五十。但守溫述中從、邪并存，而高氏亦未嘗議及。是高氏徒從守溫之述而爲説，并未從實際反切推求其所然也。

高氏又曰:"泥、娘兩母一等常用奴切,三等常用女切,但一等奴字也用于二等。 相信女字的音在唐朝認爲是舌尖音 ntj,因此把它放在泥母底下。 宋朝著者認爲女是跟腭音知、徹、澄相當的鼻音,因此就造了新的娘母來標它。"由"放在泥母底下"一語觀之,則知高氏于《切音指南》,但知在其圖中尋求門徑,方有此語,不知《指掌圖》《韵鏡》二書之娘,固"不放在泥母下",且此乃位置之狀態,與讀音何干? 試問《切音指南》作曉、匣、影、喻,而《指掌圖》《七音略》《韵鏡》俱作影、曉、匣、喻,能謂影之讀音有異乎? 故位置不定以證明讀音之狀態也。

在《經典釋文》,反切上字泥、娘固相混,但并不因而改變其音讀,如《易經·姤卦》柅,徐乃履反,又女紀反,此二反語之讀實同。 蓋履在旨韵,紀在止韵,旨、止同無泥紐,用乃與用女同。 此徐邈作一字之音,或用乃,或用女,乃、女雖有舌頭、舌上之異,其鼻音之狀實同。 亦猶端與知、透與徹、定與澄也,彼三者之混用,不以爲异代之讀變,獨于泥、娘而謂其爲唐、宋之异制者何哉? 高氏蓋强爲之詞耳,其實無證。

近人張煊《求進步齋音論》,依陳澧《切韵考》明、微合一之規律,遂合幫與非、滂與敷、並與奉,又依錢大昕古音有舌頭無舌上之例,又合知、徹、澄、娘于端、透、定、泥,于是成爲聲類三十三。 并云法言之時,舌頭、舌上之別尚無,輕脣、重脣之异未判,守溫之時則已分析。

張君此言,殆未深考耳。《顏氏家訓·音辭篇》云:徐仙民《左傳音》切掾爲徒緣。 按:《左傳·桓十四》釋文:椽,直專反,《廣韵》二仙直攣切。 俱用直,在澄紐,而徒在定紐。 是法言時,舌頭、舌上固有別,徐邈混用,故顏氏譏之,是舌頭、舌上已有別也。《家訓》又曰:璵璠,魯之寶玉,當音餘煩。 煩,《廣韵》附袁切,奉紐,不音並紐之盤。

再按:《說文》𧱦讀若馮,鉉音敷戎切。 馮在奉紐,與敷俱輕脣。 又憑讀若馮,鉉音皮冰切,在並紐,並、奉俱存。 是東漢之際,重脣、輕脣已判,能云守溫始分析之耶? 且守溫又何所依據而分析之? 惜張氏未能質言其故。

《廣韵》采輯群籍而成,陳君據"陸法言撰本"五字,謂《廣韵》爲法言《切韵》之增加字本者，殆未可從。 觀《九經字樣》云：“避以反言（反言即反語），紐以四聲。” 則知開成之際，反語已爲人所苦。 等韵圖之作，專以解决反語讀音而設。 圖中備列各韵，每紐下字，先從反語上字所在之圖以定紐位，次從下字圖中之紐得其所讀。 依聲立紐，則當爲四十一。 作圖者之意，欲其四四相當牙、喉、舌、脣皆是，故并合于喻，五五相當齒音，故合莊于照、初于穿、神于床、疏于審，一一相當來、日，是以但有三十六位。 雖排列整齊，然于聲音之實際，已大相乖違也。

張君復依錢氏所議、太炎先生所談，及等韵門法舌、脣類隔之説，删併舌、脣八母。 錢、章所制，施諸周、秦古音，自可依從。 類隔之説，乃造門法者用以解决反語上字混用之形而製之名，以著見其義耳。 是類隔止供辨識反語上字是否同紐之用，不能表示發音之是否改變。 若但憑類隔以製聲紐，與實際語音固乖違也。

《切韵考》用系聯之法，分出莊、初、神、疏、于五類，近人遂沿用之。 以《切韵考》所謂不系聯者，概析爲二，如《切韵考》謂見紐古以下九字與居以下八字不相系聯。 錢玄同以格爲古，白滌洲、黃季剛俱用古，曾運乾名曰“見一”。 錢以紀爲居，白、黃俱用舉，曾名“見二”。

《切韵考》謂溪紐去以下十四字與康以下十字不系聯。 錢因之，以客爲康，白、黃以苦，曾名“溪一”。 錢、白、黃又俱以起爲去，曾名“溪二”。

因此亦遂分疑紐爲二。 錢用吾，白、黃俱用五，曾名“疑一”。 錢又用玉，白用魚，黃用語，曾名“疑二”。

《切韵考》謂影紐烏以下六字與於以下十三字不系聯。 錢、白、黃俱以烏、於分別名之，曾名“影一、影二”。

《切韵考》謂曉紐香以下九字與呼以下七字不相系聯。 錢、白俱用呼，黃用虎，曾名“曉一”。 錢用休、香，白、黃用許，曾名“曉二”。

《切韵考》謂清紐此、雌二字與倉以下十二字不系聯。 黃分爲龓、取，曾名“清一、清二”。

《切韵考》又謂從紐疾以下七字與才以下七字不系聯。 黃分爲藏、匠，曾名“從一、從二”。因此黄又分精爲臧、將，曾名爲“精一、精二”。黄又分心爲蘇、須，曾名“心一、心二”。

《切韵考》謂來紐力下六字與盧下六字不系聯。錢分爲盧、力，白、黄俱分爲郎、良，曾名爲“來一、來二、來三”。

于是錢爲四十六，白爲四十七，黄、曾俱爲五十一。此皆依系聯之法，于其本相系聯者而亦分之，是則越乎陳君之矩矣。今讀見、溪、疑、曉四紐，洪、細確有所异，洪出舌根，細出舌前。但疑紐固相系聯，而亦分之，是又捨系聯而但依今讀也。精、清、從、心、來五紐，其洪、細之發實無异狀，分之實無可分。如臧、將、藏、匠、麤、取、蘇、須、郎、良，皆爲韵讀之洪細，與聲無關。諸君特强分之耳，未敢苟從。

審諸家沿用切語上字系聯之法，或損之爲三十三，甚或二十八張煊又舉照、穿、神、審、于五紐與莊、初、床、疏、喻合，然又疑之，或增之爲四十六、四十七、五十一。相去如此，其故何也？曰：法固不可也。

《廣韵》固非陸法言《切韵》，其切語皆取之各書。今陳君以切語爲一人所作，其用字必有一定規律，遂爲系聯之法。于不可系聯者，又徵引書中“又音”，以示其實爲一類。《廣韵》又音蓋取諸家之義與音，故又音之中有切語、直音二式。而切語與當字之切語又多不同，猶可云此非一人之作，如曹憲《博雅音·釋詁》四謨，音呼介；《釋器》羯，音許戒。呼與許，《切韵考》以爲本不相系聯者，然實同紐也。又《釋詁》一䫓，曹音都念，又音丁念。都與丁《切韵考》以爲本不相系聯者，然實同紐也。以此知曹憲心中，并無系聯之見。系聯之法，既非造切語者所爲，今强加之，是誣心。故沿用系聯以增減字母，無一是者也。字母多寡，當以四十一母爲正。

談反切

一、反切是不是拼音

什麽是反切？這不僅是研究音韵學或語言學的人所應弄清楚的問題，而且是一般作清理古代文化遺産工作的人所必然遇到而不能不弄明白的問題。但這個問題，不僅是一般人没有弄清楚，感覺對它没辦法；就是研究語言、音韵的人，也言人人殊，没有得出定論，不能把確切不移的道理教給初學者。而在這些弄不清楚的道理中，有一個最基本的、最爲一般人所迷惑的問題，就是：反切究竟是不是拼音？如果是拼音那就好辦了，可惜有些反切用拼音的方法就會讀成另外一個音，如"東"字的反切是"德紅"。如果説反切不是拼音，但有許多反切又與拼音很相像，如"同"字的反切是"徒紅"，因此也就不能説反切不是拼音了。

爲了弄清這個問題，我們首先應該知道，從反切像不像拼音來説，可以把反切分爲三類：

（一）很像拼音的反切；

（二）不大像拼音的反切；

（三）全不像拼音的反切。

現在先拿很像拼音的反切來分析研究。

如《廣韵》一東"同，徒紅切；叢，徂紅切；籠，盧紅切"等的反切就是。這裏的"徒紅切"，因爲"徒"字是舌尖彈擊上齦的破裂、摩擦、合口、舒舌、圓脣、平聲、喉音的濁音；而"紅"字，是舌根軟腭的摩擦、合口、舒舌、圓脣、平聲、鼻音的濁音。把這兩個字合併起來一讀，很自然地就成爲：舌尖彈擊上齦、破裂、摩擦、合口、舒舌、圓脣、平聲、鼻音的濁音"同"。這就是這一個反切很像拼音的緣故（所謂聲的濁，因聲帶緊急，氣流撞擊的勢子極短。所謂韻的濁，音出了喉就抑而下行過脣就停止了。聲也短，韻也短，兩短相合，所以不能成長音）。其他的兩個反切，也是如此。

又如"蓬，薄紅切"；"蒙，莫紅切"，也同上例。這裏的"薄"和"莫"雖不是合口平聲，但脣聲字本不分開合（脣聲是兩脣相拍發出來的，與合口勢子全同，它的母音完全像開口，所以不分），而入聲本來短促，它與"紅"字相接，自然也像拼音了。

以上這幾個例子，就是大家以爲反切是拼音的實際根據，但是這樣的例子并不多，我們且看（二）（三）兩類的例子吧。

仍以《廣韻》一東這一韻部內的反切爲例："檧，蘇公切"。若照拼音讀，那麼"蘇公"就不能很自然地拼成"檧"。其原因在哪裏呢？因爲"蘇"是舌尖齒尖的摩擦、合口、舒舌、圓脣、平聲、喉音的清音（所謂聲的清，是聲帶鬆緩，氣出無礙，其勢可以延長）；而"公"是舌根軟腭的破裂、合口、舒舌、圓脣、平聲、鼻音的清音（所謂韻的清，是音出了喉，漸漸上揚，繼續不斷，與聲結合而極長）。所以這兩字就不可能很自然地"拼"成"檧"字了。其所以不自然，就是有"公"的破裂勢子在那裏作梗（後來《音韻闡微》改"公"爲"翁"，就可以很自然地讀成"檧"，這因"翁"是純粹的母音，莫有發音的閒隔）。

還有"烘，呼東切"，也不能很自然地讀成"烘"，其原因就是有"東"字的舌尖彈擊破裂的勢子在那裏作梗（《音韻闡微》也把"東"改成"翁"）。這兩個就是不大像拼音的例子和它的原因。

我們再看"公，古紅切"。"古"是舌根軟腭的破裂、合口、舒舌、圓脣、上聲、喉音的清音；"公"也是清音，但"紅"卻是濁音，濁音短，清音長，一短一長，所以讀不成音了。其他如"空，苦紅切""翁，烏紅切""東，德紅切""葼，子紅切""葱，倉紅切"等，也是同一個道理。不過"德"是開口、入聲，"子"是齊齒、上聲；"倉"是開口、平聲、鼻音，也就增加了一些小小的困難。

又如"紅，户公切"，"户"是上聲，"公"是清音，"紅"是濁音。
"峸，五柬切"，"五"是上聲，"柬"是清音，"峸"是濁音。

這兩例也與上例同。而"柬"又有它的彈擊破裂的勢子，讀起來
就更難了。這些例子都説明了舊時的反切是有許多不像拼音的。認爲
反切就是拼音的説法，是完全不能成立的。

那麼，爲什麼有些反切又很像拼音呢? 爲什麼從前的人要造這些不
像拼音的反切呢? 反切既不是拼音，它的性質和作用又是怎樣的呢? 我
們在下面就來研究這些問題。

從上面舉的那些例子可以知道，凡是反切下字的清濁和上字不一
樣的，就不可能讀出音來。所以陳澧《切韵考·聲類考》説: "切語之
法，以上字定清濁，不辨清濁，故不識切語。"作者的這句話，是指上一
字，但依上面的例子看來，下一字也應分別清濁。因爲上字的清濁是
固定的，下字的清濁，若果不和上字一樣，就成了"公"用"紅"來切，
"紅"用"公"來切，兩個字都讀不出音來，這就是下字必當分清濁纔能
够讀得出音的道理。

但從前人爲什麼要造這些清濁混用的反切呢? 這就要從反切的由
來和從它的本質上來研究。

我們看漢人注音，是叫"讀若"。這些讀若，實在值得特別注意。
因爲除了用同音的字來注音之外 —— 如《説文》"璁讀若蔥、儱讀若
聾"，還有: (一) 用發音相同的字，如《周禮·考工記·韗人》"穹者三
之一"注: 鄭司農云: 穹讀爲志無空邪之空 (穹、空都在溪紐)。《説
文》"桙讀若鴻"(桙，下江切。桙、鴻都在匣紐)。(二) 用收音相同
的字，如《説文》"虌讀若馮 (虌、馮都在東韵)、夆讀若縫"(夆、縫都
在鍾韵)。這是由于没有適當的同音的字，其勢必然如此。但這種注
音辦法是不能十分準確的，其勢又必然要在發展中起變化。所以到了
魏晉，注音的辦法就有了很大的改進。那時仍然是用比譬這種勢子，但
是上下字同時比譬。就是用一個和切出的字是發聲相同的字來作反切
上字，比譬它的發聲; 又用一個和切出的字是收音相同的字來作反切下

字，比譬它的收音。一個字有它的發音樣子，又有它的收音樣子，整個字音就可正確地讀出來了。這樣的辦法是不是拼音呢？當然不是。如果是，就不會下字清濁混用如前面所舉的那些例子了。

我們再從後來改進反切的作品來看。南唐徐鍇作《説文繫傳》，朱翱替它作音。朱説：“當許慎時，未有反切，故音‘讀若’。此反切皆後人所加，甚爲疏樸，又多脱誤，今皆改易之。”這就指明了反切是讀若的改進。我們看他所改的反切，仍然有不能到口成音的，如：通，土蒙反；同，牷東反；蒙，母東反；叢，全通反；窮，巨弓反；忡，救戎反，這些反切都是清濁混用。更有下字依當時方音來改易的，如：中，陟紅反；曹，木空反；烘，呼弓反；籠，梁充反，這些反切，雖是變异了韵類，但清濁還是混用，仍然拼不出音來。

宋代所修的《集韵》，也改易舊來反切，這書的《韵例》上祇説了“舊以武代某，以亡代茫，謂之類隔，今皆用本字”這幾句話。從它的反切看來，如：東，都籠切；同，徒東切；籠，盧東切；櫳，蘇叢切；怱，驪叢切；毲，祖叢切；叢，徂聰切；洪，胡公切；公，沽紅切；峽，五公切；夆，樸蒙切。這十一個都是下字清濁混用，都是不能到口成音的。但它所用的上一字除“祖、五”是姥韵，“樸”是覺韵外，全都用了模韵。這個做法，上字不但表示發聲，而且有了等呼的情況，下字不但表示韵類，而且舌音用舌，齒音用齒，牙音用牙，脣音用脣，又包含有發聲的情況。上下字的情況相銜接，比較的和拼音相像，但是沒有注意到下字的清濁問題。所以這書雖然改了許多反切，使反切有了這許多改進，但反切仍然不能成爲拼音，仍然與拼音是兩回事。其原因不是別的，就是因爲朱翱和丁度等人，都是走的“分別比譬上下字”這一條路，不管比譬得怎樣的細緻，但仍然沒有脱離譬況的形式。他們根本沒有把古來的反切改爲拼音的意圖，他們的造作卻更增加了反切的種類，使反切的形式更爲完整，這又怎麼能説反切就是拼音？或者説唐宋以後已改反切爲拼音了呢？

從上面的論述可以瞭解反切與拼音本是兩回事，反切并不是拼音，這應該沒有什麼疑義了。但在這裏還有幾個問題：宋元以後，有沒有人試圖改反切爲拼音呢? 如果有, 其結果怎樣? 究竟可否把原有的反切改爲拼音呢?

　　試圖着改反切爲拼音, 確也有人, 那是在清初的時候了。 雍正時, 李光地奉詔修《音韻闡微》一書, 它的《凡例》説: "世傳《切韻》之書, 其用法繁而取音難, 今依本朝字書合聲切法, 則用法簡而取音易。 上一字取其能生本音者, 凡同母韻異呼法開合相同, 則反切但換下一字而上一字不換, 如姑翁切公字、姑威切歸字、姑彎切關字、姑汪切光字。 此四字皆見母合口呼, 俱生聲于姑字。 又如基因切巾字、基烟切堅字、基腰切驕字、基優切鳩字。 此四字皆見母齊齒呼, 俱生聲于基字。 由此以推, 凡翻切之上一字, 皆取支、微、魚、虞、歌、麻數韻中字, 辨其等母呼法, 其音自合。" 又説: "凡字之同韻者, 其字母雖异, 而平仄清濁相同, 則翻切但換上一字而下一字不換, 如基烟切堅字、欺烟切牽字、梯烟切天字、卑烟切邊字。 此四字皆先韻之清聲, 俱收聲于烟字。 如奇延切虔字、池延切纏字、彌延切綿字、齊延切錢字。 此四字皆先韻之濁聲, 俱收聲于延字。 由此以推, 凡各韻清聲, 皆收于本韻之影母, 濁聲皆收于本韻之喻母。 影、喻二母, 聲有清濁, 乃本韻之喉音。 天下之聲皆出于喉而收于喉, 故翻切之下一字, 用影、喻二母中字, 收歸喉音, 其聲自合。" 李氏這個論點就是明白指出反切下一字應當分別清濁來用, 這樣就與拼音的辦法相合了。

　　這種改進的意圖雖好, 實際上是有困難的, 所以在後面他又説: "有係以今用二字者, 因本母本呼于支、微、魚、虞數韻中無字者, 則借仄聲或別部之字以代之。 但開齊合撮之類, 不使相淆。" 我們看他的書中用字: 黨、亶、斗、膽是開口, 他用合口的朵字。 早、左、宰、走、咎也是開口, 他用齊齒的子字。 從這些例子來看, 則 "德紅" 作 "德翁", "子紅" 作 "子翁", 也就自然地讀出 "東、燮" 的音來, 不必改 "德" 爲 "都"、改 "子" 爲 "租" 纔能讀出。 并且可以看出開齊合撮在上一字的關係并不重要, 這是可以決定的。

　　《凡例》後面又説: "遇本韻影、喻二母無字者, 則借本韻旁近之字以代之。其清母、濁母之分，不使或紊，其取音比舊稍近也。"這個就是反切能否像拼音一樣讀出音來的根本問題（清濁不應該混用的道理，前面已經證明）。《凡例》的缺點是把喻認爲影的濁音，這是錯誤的。一則影在喉的裏頭成音，聲帶自然，所以能够作成極長的音。喻發音在舌前，接近硬腭，聲帶緊張顫動。并且一、二、四等韵中都没得喻，喻本來應該同見、溪細音諸母在一起，因見、溪諸母細音也是由舌前硬腭出來的（這本來是後來所定爲母的形狀，若喻母則舌尖接近下齒尖，更不同了），和影迥然不同。照前面許多的例來説，下字祇消和上字清濁相同，就没有讀不出來的道理。不必一定要用影、喻字，祇要分別一下下字的清濁，就能够讀得出來，豈不簡明又合用嗎？上、去、入聲的清濁，許多地方，是没有分別的。《音韵闡微》于上聲董韵諸母下字都用"孔"，姥韵諸母下字都用"五"（祇有"隖"是屋虎切），去聲送韵諸母下字都用"甕"，暮韵諸母下字都用"路"（祇有"汙"是烏故切），入聲沃韵諸母下字都用"沃"，黠韵諸母開口上字都用"搻"（祇有"殺"是師瞎切）。依此來説，下字必須分用清濁的地方，祇有施用在平聲最爲適宜。但《音韵闡微》在上、去、入三聲中的下字，仍有强爲分別清濁來用的，這就大可不必了。

讀若用的字，都是常用字，反切是由讀若出來的，所用的字也是常用字。這是最值得我們注意的地方。我們看《廣韵》一東的下字用的是"紅、東、公"；二冬用的是"冬、宗"；四江用的是"江、雙"，都是常用字。它之所以不分別清濁，其道理就在于此。《切韵考》的《通論》説："切韵之法，非連讀二字而成一音也（這就不是拼音——作者注）。連讀二字成一音，誠爲直捷，然上字必用支、魚、歌、麻諸韵字，下字必用喉音字。支、魚、歌、麻無收音，而喉音直出。其上不收，其下直出，故可相連而成一音。或雖有字而隱僻難識，此亦必强之術也。"這一段話，正是指出《闡微》的缺點，同時説明不能把反切"改"成拼音的道理。這是非常明顯的。

從以上的論述，可以瞭解唯一的試圖着改反切爲拼音的《音韵闡微》的辦法以及這個辦法在實行上的困難。從這裏可以明白：不可以把原有的反切改爲拼音。如果要改，那祇有用今天的辦法——注音符號，或拼音符號。但這是另外一回事，不在本文論述的範圍內了。

以上所談，我們可以把它總結如下五條：

（一）反切不是拼音。反切是由讀若發展而來，它的作用是用兩個字來分別比譬一個字的發音與收音及其他情況，而不是連讀兩字成爲一音。

（二）不可祇看見某些與拼音很相像的反切，就説反切是拼音；更不可以《音韵闡微》上的反切概括一兩千年來典籍上和韵書上的反切；武斷地説合于拼音的是正例，不合于拼音的是變例。

（三）不可企圖祇用漢字的掉換辦法來把反切"改爲"拼音，因爲這會越改越麻煩，在這裏不應忽略中國文字的特點。

（四）清理古代文化遺産的人，應掌握住反切的一般規律，這對于自己的工作會有很多的便利，可以利用它而不能蔑視它，更不能任意改變它或曲解它。

（五）反切是中國音韵學上的一個最重要的問題，治理音韵的人，應實事求是地掌握材料，深入分析，求得它的一般規律和特殊情況，來教給初學者，不應魯莽從事。

二、如何使用反切

反切不是拼音的道理，我在前文已有所論述。反切既然不能用拼音的辦法來使用——不能到口成音，那麼，我們究竟應當怎樣來使用反切呢？這就是我們還要在這裏討論的問題。

要懂得如何使用反切，還應對于反切的性質作一番認識——深入的而不是浮面的，全面的而不是片面的，真實的而不是虛僞的認識。我們使用任何一件事物，都必須瞭解它的性質、特點，它的内部規律、構成因素。許多人之所以對反切不能使用和不願使用，正因爲他們不願——也就沒有深刻地、正確地認識反切，進而采取魯莽、滅裂的態度，不是一概抹殺，就是片面瞭解，當然不能正確地使用它了。

爲此，我們還須把反切不能到口成音的道理和情況，作一番較爲深入和全面的瞭解。要想使用反切，必須經過一個認識的階段，這是急躁不得的。

反切不能夠到口成音的原因，除掉下一字的清濁不和上一字清濁相同而是相反的時候，不能到口成音之外，還有沒有其他不能到口成音的呢？

首先要指出來的是：用反切切出來的字是重脣，但它的反切上字是輕脣，如“卑”在《廣韻》的五支韻，是重脣幫紐字；但它的反切是府移切，府是輕脣非紐的字，照府字來讀是讀不成卑字的。《廣韻》上平聲末有新添類隔今更音和切改“府移”爲“必移”的“必”字纔是幫紐字。又如“鈹”是重脣滂紐字，《廣韻》是敷羈切，敷自是輕脣敷紐字，陳澧《切韻考·外篇·後論》改“敷”爲“匹”，“匹”纔是滂紐字。又如“陴”是重脣並紐字，《廣韻》是符支切，符是輕脣奉紐字。《廣韻》今更音和切改“符”爲“並”，“並”自然是並紐字。又如彌是重脣明紐字，《廣韻》是武移切，“武”是輕脣微紐字。《切韻考·後論》改“武”爲“莫”，“莫”纔是明紐字。又如“芝”是輕脣敷紐字，《廣韻》是匹凡切，“匹”是重脣滂紐字，《廣韻》下平聲末今更音和切改“匹”爲“敷”，“敷”纔是輕脣音的字。從上面這些例子看來，重脣的字，反切上字都用成輕脣的；輕脣的字，反切上字又用成重脣的。這是什麼道理呢？因爲反切上字是比譬這個字的發聲，重脣輕脣，形勢迥異。在輕重脣互用中，我們卻發現一個事實，看它幫紐衹是用非紐，不用敷、奉、微三紐；非紐衹是用幫紐，不用滂、並、明三紐。就足見當時造反切的人，能夠區別“破裂”狀態與其他狀態，不同的不相混用。但對于輕重脣不加區別反而混用，又是怎麼來的呢？這因爲反切本是應用比譬的道理，輕重脣都是脣在動，這一點形式相同，所以就混用起來。

不單是脣音是這個樣子，還有舌音也是這種情形，如“椿”是舌上知紐字，《廣韻》都江切，“都”是舌頭端紐字，所以《切韻考·外篇·後論》改"都"爲"陟","陟"纔是知紐字。又如"掌"是舌上徹紐字,《廣韻》他孟切,"他"是舌頭透紐字,所以《後論》改"他"爲"丑","丑"纔是徹紐字。又如"縋"是舌上澄紐字,《廣韻》地偽切,"地"是定紐字,所以《後論》改"地"爲"直","直"纔是澄紐字。又如"嬭"是娘紐字,《廣韻》奴蟹切,"奴"是泥紐字,《韻會》"奴"作"女","女"纔是娘紐字。這些舌頭、舌上的反切上字混和來用的理由,也和輕重脣的反切上字混用的理由完全一樣。

上面這些例子,舊來書籍,每多如此,我們今天應當怎樣來處理它呢?就是說應怎樣簡化認識它的方法呢?這裏先從脣音説起。在《廣韻》中,有輕脣的韻一共是:平聲九部(東、鍾、微、虞、文、元、陽、尤、凡),上聲八部(腫、尾、麌、吻、阮、養、有、范),去聲十部(送、用、未、遇、廢、問、願、漾、宥、梵),入聲六部(屋、燭、物、月、藥、乏)。在以上這些韻中,脣音字的反切上字都是用的輕脣。這個樣子等韻家叫它做"音和"(音和的説法,就是反切上字和切出來的字是同在一個字母下的,它的發音是相同的)。若果反切上字不用這些韻的字,用了別的韻的幫、滂、並、明這些紐的字,等韻家就叫它做"類隔"(等韻把脣音的幫、滂、並、明列在圖的一欄,叫做重脣;非、敷、奉、微另列一欄,叫做輕脣,反切這兩個字分在兩個字母下面就不同類了,所以叫做"類隔"。凡類隔照反切上字的本讀那是不能成音的,必定要改成本紐的字纔能成音)。反過來説,不是這些有輕脣音的韻,而是那些有重脣音的韻,它的反切上字是用的那些幫、滂、並、明的韻中字,那自然是音和;若果它的反切上字用的是非、敷、奉、微諸紐字,那反切上字和切出來的字也是一在重脣,一在輕脣,就不是同類,自然叫做"類隔"。音和與類隔,這在認識反切上是必須先弄清楚的。

舌音分舌頭、舌上。在《廣韻》中,有舌頭音的韻一共是:平聲二十二部(東、冬、模、齊、灰、咍、魂、痕、寒、桓、先、蕭、豪、歌、戈、唐、青、登、侯、覃、談、添),上聲二十部(董、姥、薺、賄、海、混、旱、緩、銑、篠、皓、哿、果、蕩、迥、等、厚、感、敢、忝),去聲二十一部(送、宋、暮、霽、隊、代、恩、翰、換、霰、嘯、號、箇、過、宕、徑、嶝、候、勘、闞、桥），入聲十二部（屋、沃、没、曷、末、屑、鐸、錫、德、合、盍、帖）。在以上這些韻中，舌音字的反切，上字是用的端、透、定、泥諸紐的字，等韻家叫做"音和"；若是這些韻的舌音字反切上字用了知、徹、澄、娘諸紐的字，等韻家也叫做"類隔"。反過來説，不是這些有端、透、定、泥諸紐的韻，它的舌音的反切上字用的是知、徹、澄、娘諸紐的字，那自然是音和；若是用了端、透、定、泥諸紐的字，這就叫做"類隔"。以上諸例，都是比譬成音，若不懂得這個道理而機械地按照一般反切的規律來讀，都是不能讀成音的，必須改換了字，纔能讀成音，這是必須知道的。不懂得這個道理，也就還是不瞭解反切的規律。

其次，就來説反切下字。凡是群、定、澄、並、奉、從、邪、床、神、禪、匣、于、喻十三紐，在上聲各韻中，每多讀作去聲，如：動（徒總切，定紐）、重（直隴切，澄紐）、奉（扶隴切，奉紐）、棒（步項切，並紐）、項（胡講切，匣紐）、技（渠綺切，群紐）、跪（渠委切，群紐）、被（皮彼切，並紐）、婢（便俾切，並紐）、是（承紙切，禪紐）、雉（直几切，澄紐）、跽（暨几切，群紐）、兕（徐姉切，邪紐）、視（承矢切，禪紐）、似（詳里切，邪紐）、士（鉏里切，床紐）、市（時止切，禪紐）、巨（其呂切，群紐）、佇（直呂切，澄紐）、敘（徐呂切，邪紐）、窶（其矩切，群紐）、柱（直主切，澄紐）、父（扶雨切，奉紐）、聚（慈庾切，從紐）、豎（臣庾切，禪紐）、杜（徒古切，定紐）、簿（裴古切，並紐）、户（侯古切，匣紐）、弟（徒禮切，定紐）、陛（傍禮切，並紐）、薺（徂禮切，從紐）、罪（徂賄切，從紐）、倍（薄亥切，並紐）、在（昨宰切，從紐）、亥（胡改切，匣紐）、盡（慈忍切，從紐）、腎（時忍切，禪紐）、憤（房吻切，奉紐）、菤（求晚切，群紐）、囤（徒損切，定紐）、但（徒旱切，定紐）、混（胡本切，匣紐）、瓚（藏旱切，從紐）、旱（胡笴切，匣紐）、伴（薄滿切，並紐）、棧（士限切，床紐）、限（胡簡切，匣紐）、瓣（薄莧切，並紐）、峴（胡典切，匣紐）、泫（胡畎切，匣紐）、件（其輦切，群紐）、圈（渠篆切，群紐）、篆（持兖切，澄紐）、辯（符蹇切，並紐）、善（常演切，禪紐）、肇（治小切、澄紐）、紹（市沼切，禪紐）、鮑（薄巧切，並紐）、道（徒皓切，定紐）、抱（薄浩切，並紐）、皁（昨早切，從紐）、晧（胡老切，匣紐）、墮（徒果切，定紐）、坐（徂果切，從紐）、禍（胡果切，匣紐）、社（常者切，禪紐）、下（胡雅切，匣紐）、丈（直兩切，澄紐）、像（徐兩切，邪紐）、沆（胡朗切，匣紐）、上（時掌切，禪紐）、蕩（徒朗切，定紐）、杏（何梗切，匣紐）、幸（胡耿切，匣紐）、靜（疾郢切，從紐）、並（蒲迥切，並紐）、婞（胡頂切，匣紐）、舅（其九切，群紐）、紂（除柳切，澄紐）、婦（房久切，奉紐）、受（殖酉切，禪紐）、部（蒲口切，並紐）、厚（胡口切，匣紐）、朕（直稔切，澄紐）、蕈（慈荏切，從紐）、噤（渠飲切，群紐）、葚（食荏切，神紐）、甚（常枕切，禪紐）、漸（慈染切，從紐）、簟（徒玷切，定紐）、范（防錽切，奉紐）。

這裏共九十個音，都是一般人讀成去聲的。這個讀音不是今天纔這樣，宋代的人早已是這樣讀了（何以會變成這個樣子的理由，尚未見人説過，不敢妄斷）。再則反切下字，本是用來表示讀音的開、合、洪、細，但是脣音的反切下字，它就有些用開，有些用合。在一韵之中，他紐字開合音，有時都同用一個脣音字，這又是甚麼理由呢？這由于凡脣音的字，發音時總是先合脣，讀到元音，脣纔張開，讀合口字情形，正同這個一樣。所以有些合口字，逕用開口字作切。如今一一加以説明，如：卑（府移切）、陂（彼爲切）、彌（武移切）、糜（靡爲切）、泯（武盡切）、愍（眉殞切）、便（婢面切）、面（彌箭切）、卞（皮變切）、徧（方見切）、變（彼眷切）、辟（必益切）、碧（彼役切），這些都是同音。但它的反切下字一個用開，一個用合。

又有雖不同音而在一韵的，如：編（方典切）、摒（彌殄切）、辮（薄泫切），“典、殄”是開，“泫”是合；又：派（匹卦切）、粺（傍卦切）、賣（莫懈切），“懈”是開，“卦”是合；又：粄（博管切）、滿（莫旱切），“旱”是開，“管”是合；又：訪（敷亮切）、防（符況切），“亮”是開，“況”是合；又：滂（普郎切）、茫（莫郎切）、傍（步光切），

“郎”是開，“光”是合；又：螃（補曠切）、傍（蒲浪切）、漭（莫浪切），“浪”是開，“曠”是合；又：繬（蒲革切）、檗（博戹切）、麥（莫獲切），“革、戹”是開，“獲”是合；又：鞞（補鼎切）、頩（匹迥切）、並（蒲迥切）、茗（莫迥切），“鼎”是開，“迥”是合。

又有一韻中同紐的開合兩個反切，下字同用一個脣音字，如：“黠”開口（胡八切）、“滑”合口（戶八切），“卝”（乖買切）、“解”（佳買切）。

又有同韻中開合兩個反切，上下字都相同的，如：“企”開“跂”合俱用丘弭切；“棧”開“撰”合俱用士免切；“格”開“虢”合俱用古伯切；“盎”開“汪”合俱用烏浪切。

更有合口字反切下字逕用開口字，如：“爲”合口字薳支切；“往”合口字于兩切；“迥”合口字戶頂切；“荒”合口字呼浪切；“役”合口字營隻切；“敻”合口字休正切。

從上面所舉出的各種情形來說，足爲反切不是拼音的有力證明。一定要破除了反切是拼音的迷惑，纔能說到正確地認識反切。并且這些反切，都有它一定的來歷，如“企”音丘弭，見《釋文·穀梁序》；“跂”音丘弭，見《釋文·祭義》；“撰”音士免，見《釋文·先進》；“棧”音士免，《集韻》同，它的下面又有“蠽”字，《釋文·釋蟲》“蠽，《字林》仕免反”；“格”音古伯，見《釋文·中庸》；“虢”音古伯，見《釋文·釋詁》；“盎”音烏浪，見《釋文·詩·宛丘》；唯“汪”字未見。又如爲、役、敻、徑、迥俱見徐鉉本《說文》，那就是根據《唐韻》了。

這裏應當留意的是《經典釋文》一書，這部書既是采集眾家音義，這些反切，自然就不是一人一時所造。但它們都是取的常見字，所以字雖不同而反切卻同。這種情形，是應當有的，是自然有的，《廣韻》照樣的寫下來，不敢改變它，到了《集韻》纔開始把它改變了，這是不應該的。

還有支、脂、之三韻開口的牙、喉、脣、半舌、半齒諸紐的字，和舌上、齒頭、正齒諸紐的字，這些反切下字，若是互用了，也是不能讀成音的。因爲牙、喉、脣、半舌諸紐的收音，清聲是"漪、伊"和"醫"，濁聲如"移、姨"和"飴"。它的舌上、齒頭、正齒諸紐的收音，清聲如"斯、私"和"思"，濁聲如"詞"。半齒的收音，就是"兒"字。它們收音的情狀既是不同，自然就讀不成音了，如"移"切弋支、"祇"切巨支、"離"切呂支、"貲"切即移、"雌"切此移、"斯"切息移、"支"切章移、"齜"切側宜、"差"切楚宜、"釃"切所宜、"陴"切符支（以上支韵）。又如"姨"切以脂、"耆"切渠脂、"棃"切力脂、"脂"切旨夷、"咨"切即夷、"私"切息夷、"師"切疏夷、"毗"切房脂（以上脂韵）。又如"飴"切與之、"其"切渠之、"釐"切里之、"治"切直之、"之"切止而、"而"切如之（以上之韵）。

這些字照它的反切來説，都是讀不成音的。也可以説是它下字和上字清濁不相當的緣故。那麽，這裏就再舉那些反切下字是清濁相當的來看，如"詫"切香支、"馳"切直離、"疵"切疾移、"兒"切汝移（以上支韵）。又如"伊"切於脂、"絺"切丑飢（以上脂韵）。又如之韵"姬"切居之。這些反切，儘管上下字清濁相當，仍然是讀不成音的。

再看這三個韵裏頭，它的反切能讀成音的就是這些："摛"切丑知、"犧"切許羈、"眵"切叱支、"施"切式支、"披"切敷羈、"彌"切武移（以上支韵）。又如："鴟"切處脂、"尸"切式脂、"郗"切取私（以上脂韵）。又如："癡"切丑之、"蚩"切赤之、"詩"切書之、"兹"切子之、"思"切息兹（以上之韵）。

這樣看來，它分的三條路綫是很明顯的。能够就平聲分析明白决定它是如何纔能讀得成音，如何不能讀得成音，掌握着這兩個條理，也就可以推得出它的上聲、去聲讀得成音和讀不成音的理由，這裏也就不用再説了。

根據上面有些例子，可以充分看出反切不是拼音，而是上下字分別用來比譬的。若果要説它是拼音，那它也必定和《音韵闡微》一樣，把上下字應該如何使用的來説明。何以現在聲韵書和討論聲韵反切的書以及類書上，都没有提及這件事情？足見舊來反切用字，都不是與拼音的規律相同的。 既然這樣，那就確確實實證明它不是拼音。

今天認識反切，就要怎麼辦：從《切韻考》的《聲類考》及近人所作“韻類”下手，遇到反切上字，就檢查它在《聲類考》某條；下字就檢查它在“韻類”某條。 常見的字，看到的次數多，自易記得；不常見的字，和習慣上讀來錯誤的，特別注意一下也就記得了。 除此以外，也別無簡捷的辦法，因爲這個就是已經掌握了反切規律之後，已經完全正確地認識了反切之後，所得出來的使用反切的辦法。 現在把前面這些話歸納起來，也可以成爲三條：

（一）脣音、舌音反切上字，有時用了類別字，但是它對于這些字的破裂和摩擦和破裂摩擦三種形態，必定是相同的。 足見造反切的人不是不懂得發音的地位不相同，而是要用常見字，使人容易認識。 從前人也有些別的説法，是不見得可靠的。 正齒、齒頭的字，也是有互用的，但是爲數不多，就不必提了。

（二）反切下字，是應該分別它的開、合、洪、細，但是爲了要用常見字的理由，這些也就不分。 并且開口、合口字也可同用一個反切。 陳澧《切韻考》專憑下字來分別開、合、洪、細，是有錯誤的。

（三）支、脂、之三韻中，讀音不相同，編韻書的人，分別歸納下字相同的成爲一個韻，所以會成這樣。 現在如要新造韻書，就可以依照實際的情形來製反切。《音韻闡微》止是齒頭五紐下字，改用斯、時、慈、思諸字；而舌上、正齒諸紐下字仍用影、喻兩紐的字，還是不能到口成音，是不對的。

我對于如何使用反切的意見，大致如此。 我覺得最主要的是：祇有充分認識它，纔能完全使用它。

三、反切上下字使用的一些情況

舊來反切上字多有用四聲相承之字的一例，這裏也先提出來談一談。

怎樣叫做四聲相承呢？ 就是平聲凡某紐的某字，其反切的上一字是取它的上聲、去聲或入聲的字，而不取別個字的上聲、去聲或入聲的字，這樣上字與本字的四聲一致者，就叫四聲相承。

今先説平聲韵的反切上字用上聲的，如：

五支韵的

陂彼爲切，彼在紙韵，正是陂的上聲。

糜靡爲切，靡也在紙韵，正是糜的上聲。

匙是支切，是也在紙韵，正是匙的上聲。

雌此移切，此也在紙韵，正是雌的上聲。

又如六脂韵的

脂旨夷切，旨是旨韵，正是脂的上聲。

又如七之韵的

之止而切，止是止韵，正是之的上聲。

時市之切，市在止韵，正是時的上聲。

兹子之切，子在止韵，正是兹的上聲。

詞似兹切，似也在止韵，正是詞的上聲。

漦俟甾切，俟在止韵，正是漦的上聲。

茬士之切，士也在止韵，正是茬的上聲。

又如九魚的

魚語居切，語在語韵，正是魚的上聲。

初楚魚切，楚在魚韵，正是初的上聲。

疏所菹切，所在語韵，正是疏的上聲。

袽女余切，女也在語韵，正是袽的上聲。

又如十虞的

跗甫無切，甫在麌韵，正是跗的上聲。

無武夫切，武在麌韵，正是無的上聲。

又如十一模韵的

孤古胡切，古在姥韵，正是孤的上聲。

枯苦胡切，苦也在姥韵，正是枯的上聲。

吾五乎切，五也在姥韵，正是吾的上聲。

舖普胡切，普也在姥韵，正是舖的上聲。

其次説平聲韵反切上字用去聲的，如：

十虞韵的

虞遇俱切，遇即遇韵，正是虞的去聲。

又如九魚韵的

虛去魚切，去在御韵，正是虛的去聲。

蜍署魚切，署在御韵，正是蜍的去聲。

又如十一模韵的

蘇素姑切，素在暮韵，正是蘇的去聲。

又如六脂韵的

唯醉綏切，醉在至韵，正是唯的去聲。

再其次説平聲韵反切上字用入聲的，如：

三鍾韵的

銎曲恭切，曲在燭韵，正是銎的入聲。

又如四江的

映握江切，握在覺韵，正是映的入聲。

又如六脂韵的

紕匹夷切，匹在質韵，正是紕的入聲。

又如七之韵的

治直之切，直在職韵，正是治的入聲。

思息茲切，息在職韵，正是思的入聲。

眱式其切，式在職韵，正是眱的入聲。

菑側持切，側在職韵，正是菑的入聲。

又如十一模韵的

逋博孤切，博在鐸韵，正是逋的入聲。

蒲薄胡切，薄在鐸韵，正是蒲的入聲。

模莫胡切，莫在鐸韵，正是模的入聲。

　　俎昨胡切, 昨在鐸韵, 正是俎的入聲。

又如十二庚韵的

　　阬客庚切, 客在陌韵, 正是阬的入聲。

又如十七真韵的

　　賓必鄰切, 必在質韵, 正是賓的入聲。

　　繽匹賓切, 匹在質韵, 正是繽的入聲。

　　親七人切, 七在質韵, 正是親的入聲。

又如十九侯韵的

　　涑速侯切, 速在屋韵, 正是涑的入聲。

　　凡是四聲相承的字, 其發聲的地位動態和韵的開、合、洪、細, 既然完全都相同, 究竟還有無差异的地方呢? 我們説是有的。 那麽差异是什麽呢? 我們説它的差异衹有聲調一點。

　　用四聲相承的字來作音, 在曹憲《博雅音》上可以見到, 如:

　　卷一　懇苦恨, 如上聲讀之。　 抍蒸之上聲, 四聲蒸拯證職。

　　卷三　枡蒸之上聲 (又見卷五)。

　　卷六　懇苦艮反 (此艮《疏證》改作根, 蓋未照顧上條, 不當改)。

　　卷九　艦銜之上聲。

　　照這樣説來, 四聲相承的用法, 在六朝已是通行的, 其所以反切上字要用四聲相承的字, 是在于取其比譬方面又稍爲寬廣一點, 覺得更切近些, 若是用拼音的道理來解釋, 便説不通了。

　　反切下字的使用, 在聲類上也有用得很切近的, 如重脣用重脣、輕脣用輕脣。 他如舌尖齦音、舌葉硬腭音、舌根音、舌前硬腭音、舌葉上齒背音和舌葉上齦音、舌葉硬腭音七類的用字, 莫不一樣。 其中以脣音用脣音一類最爲常見, 這裏也列舉出來談一談。 先看脣音的一類, 如:

　　六脂韵

　　悲府眉切。　　　　　　　　伾敷悲切。

　　邳符眉切。　　　　　　　　眉武悲切, 悲眉互用。

又六豪韵

　　　　襄博毛切。　　　　　　　麌普袍切。

　　　　袍薄襄切。　　　　　　　毛莫袍切，襄毛互用。

　　以上重脣音。

　　又如八微韵

　　　　非甫微切。　　　　　　　霏芳非切。

　　　　肥符非切。　　　　　　　微無非切，非微互用。

　　又如十虞韵

　　　　夫甫無切。　　　　　　　敷芳無切。

　　　　扶防無切。　　　　　　　無武夫切，夫無互用。

　　以上輕脣音。

　　尚有文韵、陽韵亦多此相似情形，不再録出。以上是脣音用脣音
的一類，這一類中又分重脣音和輕脣音兩系。上面舉的悲和眉、丕和
悲、邳和眉、襄和毛等，都是屬于重脣音，其餘如非和微、霏和非、肥和
非等，則屬于輕脣音。

　　其次説舌尖齒尖音，如：

　　　一先韵

　　　　箋則前切。　　　　　　千蒼先切。

　　　　前昨先切。　　　　　　先蘇前切，先前互用。

　　又如十六咍

　　　　哉祖才切。　　猜倉才切。　　　才昨哉切，哉才互用。

　　以上這一類的本字及其下一字都是同屬齒頭音。

　　其次説舌尖齒齦音，如：

　　　六豪韵

　　　　刀都牢切。　　饕土刀切。　　　陶徒刀切。

　　　　猱奴刀切。　　牢魯刀切，刀牢互用。

　　又如二十登韵

　　　　登都滕切。　　鼟他登切。　　　騰徒登切。

　　　　能奴登切。　　楞魯登切，登滕互用。

這一類的本字及其下一字都同屬舌頭音。

其次説舌葉上齒背音,如:

九麻韵的

遮正奢切。　車尺遮切。　　蛇食遮切。

奢賖式車切。闍視遮切。　　若人賖切,遮奢賖車互用。

又如十虞韵的

樞昌朱切。　　　　輸式朱切。

殊市朱切。　　　　儒人朱切,朱字俱用。

這一類的本字及其下一字都同屬舌葉上齒背音。

其次説舌葉上齦音,如:

十陽韵的

牀仕莊切。　　　霜色莊切,莊字用羊。

這一類的本字及其下一字同屬舌葉上音。 這類字比較少。

其次説舌葉硬腭音,如:

六脂韵

胝丁尼切。　　　墀直尼切,尼在娘紐。

又如十四清韵

檉丑貞切。　　　呈直貞切,貞在知紐。

這一類的本字及其下一字都同屬舌葉硬腭音。 這一類的字例爲數
也比較少。

其次説舌前硬腭音,如:

九魚韵

虛朽居切。　居九魚切。　　虛去魚切。

渠強魚切。　魚語居切,居魚互用。

又如二仙韵

員王權切。　翾許緣切。　　勬居員切。

卷丘圓切。　權巨員切,員權互用。

這一類的本字及其下一字都同屬舌前硬腭音。

其次説舌根音，如：

十一模韵

胡户孤切。	孤古胡切。
枯苦胡切。	吴五乎切，吴乎胡互用。

又如九麻韵

煆許加切。	遐胡加切。	嘉古牙切。
舿苦加切。	牙五加切，加牙互用。	

這一類的本字及其下一字屬舌根音。

就上面這些例子看來，它的反切下字，不但表示韵的地位動態，即其發音地位之一致，也都表示了。那麼，它們是否就全無區別呢？肯定地説，它們是有區別的。它們的區別，有聲的破裂和破裂摩擦與摩擦這些情形。有人説過：反切上字祇是用它的發聲那一部分，其餘部分就不要了。反切下字祇用它收聲那一部分，其餘部分也就不要了。這個説法在國際音標、注音符號附音的文字可以這樣説，在反切裏是説不過去的。我們現在看類隔和開合互用那兩種反切，它的發聲和收音兩部分，都是極不合于拼音標準的。不合拼音標準的反切既然有這樣多，那麼就不應該再用拼音來解釋它或稱呼它；要用比譬這個方式，纔可以説得明確。所以反切上下字會用很多字的理由，也能够瞭然無疑了。

四、反切和字母都不是"出于西域"

反切是由讀若演進發展而構造成的，《顏氏家訓·音辭篇》《經典釋文·敍録》《史記正義·論例》都是這樣説[1]。北宋沈括《夢溪筆談》十五纔説："切韵之學，本出于西域。"又説："如不可爲叵⋯⋯之

---

[1] 《顏氏家訓·音辭》第十八：鄭玄注六經，高誘解《吕覽》《淮南》，許慎造《説文》，劉熙製《釋名》，始有譬況假借，以證音字。孫叔然創《爾雅音義》，是漢末人獨知反語。至于魏世，此事大行。陸德明《經典釋文·敍録》説：古人音書，止爲譬況之説，孫炎始爲反語，魏朝以降漸繁。張守節《史記正義·論例》説：先儒音字，比方爲音，至魏祕書孫炎，始作反音。

類，似西域二合之音，蓋切字之原也。"他所謂切韵，即是反切，所以他又説："所謂切韵者，上字爲切，下字爲韵。切須歸本母，韵須歸本等。"所謂切歸本母，照沈説，如：東，德紅切，"東、德"同是端字母，這個話是對的。所謂韵歸本等，是説反切下字應該在第幾等。但他説的這個等是指反切下字在某一紐。某一紐在這一類的第幾位，這個字就在第幾位，如都宗切"冬"，"宗"是精紐的字，精是齒頭第一位，就是説"冬"是端字第一等。他所見的字母，喉音是影、曉、匣、喻，德紅切的"紅"是匣紐字，就説"東字乃端字中第三等聲"。前面曾經説過，反切上下字，各負各的責任，互不相干，像他這樣講反切，祇有越講越莫明其妙了。足見沈括直是不瞭解反切，纔這樣任意妄説。可是自《筆談》以後，大家都説反切出于西域了。南宋時候，鄭樵作《通志》，他在《七音略·敍》説："七音之韵，起自西域，流入諸夏，梵僧欲以其教傳之天下，故爲此書。"又説："臣初得《七音韵鑒》，一唱而三歎，胡僧有此妙義，而儒者未之聞。"我们看《七音略》的形式和《韵鏡》是一樣的。在《韵鏡》前面，有"歸字例"，它説歸釋音字，一如檢《禮部韵》，且如得"芳弓反"，先就它的外轉三十四圖陽韵上求芳字，知屬脣音敷紐，再歸一東韵即內轉第一圖尋下弓字，便從弓字橫數，至敷紐下即知是豐字（見下頁附圖）[①]。芳字是發聲的定位，弓字是收聲的反映，歸字之訣，大概如是。《韵鏡》的使用方法既是這樣，《七音略》的用法自然也是同樣的。但是，《七音略·敍》沒有一句話提到怎樣使用這個圖，祇是引《隋書·音樂志》鄭譯依龜兹人所説把宮、角、徵、羽、變宮、變徵、南吕七調和《七音韵鑒》的羽、徵、角、商、宮、半徵、半商説是一物。不知樂調的宮、商、角、徵、羽、變宮、變徵是樂調高低清濁標準的名詞，《韵鑒》的宮、商、角、徵、羽、半徵、半商是專指發聲地位的名詞，和説喉、牙、舌、齒、脣、半舌、半齒是一樣的，也就是這些字的代名詞。本來是兩個不相同的名詞，他認爲是同樣的，豈不是大錯。足見鄭樵照抄了整

---

① 這裏用《七音略》來證明《韵鏡》歸字例之説，因爲《七音略》是標出了字母的。

以下為兩組等韻圖（鏡面轉圖），原文為直行右起排列，今依音類整理。

外轉三十四（宕攝　唐陽韻）

右半圖（牙・舌・唇音）　角　徵　羽

疑	群	溪	見	泥孃	定澄	透徹	端知	明	並	滂	幫	調・韻
昂		康	岡	囊	唐	湯	當	茫	旁	滂	幫	平・唐（重中）
	疆	羌	薑	孃	長	倀	張	亡	房	芳	方	平・陽（重）
駠		慷		曩	蕩	曭	黨	莽		髈	榜	上・蕩養
仰	強	磢	纕	壤	丈	昶	長	网		髣	昉	上・養
卬	弶	抗	鋼	儾	宕	戃	讜	漭	傍	眑	螃	去・宕漾
軥	弶	唴	彊	釀	伏	帳	悵	妄	防	訪	放	去・漾
咢		恪	各	諾	鐸	託	沰	莫	泊	顜	博	入・鐸
虐	噱	却	脚	逽	着	芍			縛	霉	轉	入・藥

左半圖（齒・喉音・半舌齒）　商　宮　徵

日	來	喻	匣	曉	影	邪禪	心審	從床	清穿	精照	調・韻
	郎		航	蚖	鴦		桑	藏	倉	臧（莊章）	平・唐（重中）
穰	良	陽	香	央		詳常	襄商	牆	昌	蔣章	平・陽（重）
	郎	陽	沆	忼	坱		顙	駔	蒼	蔣（狀）	上・蕩養
	兩	養	響	鞅	上象	賞想	藏	搶	掌	上・養	
	浪		吭	快	尚	相	匠	昨	索	去・宕漾	
讓	亮	漾	向	快	尚	相	匠	斨	灼	去・漾	
	落	藥	涸	惡		索	昨	錯	作	入・鐸	
弱	略	藥		約	妁	鑠	杓	綽	爵	斫	入・藥

内轉第一（通攝　東韻）

右半圖（牙・舌・唇音）　角　徵　羽

疑	群	溪	見	泥孃	定澄	透徹	端知	明	並	滂	幫	調・韻
𢓵		空	公		同	通	東	蒙	蓬	㣪		平・東（重中）
	窮	穹	弓		蟲	忡	中	瞢	馮	豐	風	平・東（重）
	澒	孔	䃓		動	桶	董	蠓	菶	埲		上・董
		控	貢	䚡	洞	痛	凍	幪	㩳			去・送
		焢		仲	蟲	中	夢	鳳	賵	諷		去・送（三）
	哭	穀		獨	禿	穀	木	瀑	扑	卜		入・屋
研	駉	趜	菊	朒	逐	蓄	竹	目	伏	蝮	福	入・屋（三）

左半圖（齒・喉音・半舌齒）　商　宮　徵

日	來	喻	匣	曉	影	邪禪	心審	從床	清穿	精照	調・韻
	籠		洪	烘	翁		緫	叢	蔥	葼（嵏）	平・東（重中）
戎	隆		雄	毃	硫			充	終（融）		平・東（重）
	曨		澒	嗊	蓊		摠	敵	嵷		上・董
	弄		哄	烘	甕		送	敵	認（糉）		去・送
			銃		鞧				崇		去・送（三）
	祿		縠	屋		速	族	瘯	鏃（縬）		入・屋
肉	六	囿	蓄	郁	叔	孰	歗	蹙	簇	粥（淑 蹙 縬）	入・屋（三）

內轉四十二　重中重

	幫	滂	並	明	端知	透徹	定澄	泥孃	見	溪	群	疑	精照	清穿	從床	心審	邪禪	影	曉	匣	喻	來	日	
	羽				徵				角				商					宮				半徵半商		
平	崩	漰	朋	瞢	登	鼟	騰	能	柦				增	[illegible]	層	僧			恒	峘		楞		登
															磳	殑								蒸
	氷	砅	凭	儚	徵	僜	澄		兢	硱	殑	凝	蒸	稱	繩	昇	承	膺	興	蠅		夌	仍	
													驓	毛	繒	線								
上		倗			等			能		肎														等
																殑								
						庱					殑		拯											拯
去	堋		倗	懵	嶝	蹬	鄧		亘				增	蹭	贈	䵞						倰		嶝
			凭			覴	瞪				殑		證	稱	乘	勝	丞	應	興			餕	認	證
													甑								孕			
入	北	覆	菔	墨	德	忒	特	齇	裓	刻			則	墄	賊	塞		餩	黑	劾		勒		德
													側	測	崱	色								職
	逼	愊	愎	菖	陟	敕	直	匿	殛	䩯	極	嶷	職	瀷	食	識	寔	憶	赩			力	日	
					訬								即		堲	息					弋			

內轉第十一　重中重

	幫	滂	並	明	端知	透徹	定澄	泥孃	見	溪	群	疑	精照	清穿	從床	心審	邪禪	影	曉	匣	喻	來	日	
	羽				徵				角				商					宮				半徵半商		
平																								魚
													菹	初	鋤	蔬								
					猪	攄	除	袽	居	墟	渠	魚	諸			書	蜍	於	虛			臚	如	
													苴	疽		胥	徐				余			
上																								語
													阻	楚	齟	所								
					貯	褚	佇	女	舉	去	拒	語	鬻	杵	紓	暑	墅	棜	許			呂	汝	
													苴	䏣	咀	諝	敘				與			
去																								御
													詛	楚	助	疏								
					著	絮	箸	女	據	去	遽	御	翥	處		恕	署	飫	嘘			慮	洳	
													怚	覰		絮	屐				豫			
入																								

套的《七音韵鑒》，裏面名詞都不瞭澈，所以提不出辦法來。

　　再看他説："述内外轉圖，以明胡僧立韵得經緯之全。"他好像不知道内外轉是門法上的名詞，是專用來解釋三等韵中的莊、初、床、疏四紐的字，用在這四紐裏的反切下字上纔讀二等，如是用在照、穿和其他各紐上都不讀二等，所以這樣就叫做"内轉"，是説讀二等的音，祇在這四紐内（見内轉四十二、十一圖）①；外轉仍是指莊、初四紐字用在任何紐上作反切下字的一概讀二等，因爲不限定在四紐内，纔讀二等，所以就叫做"外轉"（見外轉十五圖）②。

　　等韵圖的定規，凡是用某等的字來作反切下字，無論在哪個字母下面，都是讀成和它的等是相同的。如今莊、初、床、疏四母，明明是讀二等，在有些韵裏，它都是讀成二等的，爲什麼把它用在這個字母下面就不能讀成二等，要讀成其他的等呢？在造反切時，并無這個規定，到了製成韵書，製成等韵圖，纔發現三等韵中有這種差別，纔定出這個門法來把它講通。但是，要想把這樣讀音的道理更加明白，就把凡二等韵叫做"外"，凡三等韵無論有無莊、初四紐的字，都叫做"内"。這是在有門法後的説法，決不是最初的規定，這是可以肯定的。他説述内外轉圖，實在説來，内外轉在等韵圖上的作用，恐怕鄭樵也不大清楚。

　　反切和字母在形式上是不是和梵文辦法相同呢？那是不同的。我們試看一下慧琳《一切經音義》所説的就明白了。在二十五卷《大般涅槃》八卷説："梵文總有五十字，從初有十二字，是翻字聲勢③；次有

----

①　"側"在二等，祇有"逼"是彼側切用"側"，是把幫紐的三等字用二等作下字，讀三等。"菹、初、鋤、蔬"是二等，祇有"蔬"是所菹切，用"菹"，它是疏紐字，用"菹"也讀二等。

②　全韵裏頭，反切下一字就是用的"佳、膎"二字，全韵都讀二等，所以叫做外轉。

③　翻梵字的聲勢十二字的名目如次：

襆 阿可反	啊 阿箇反，阿字去聲兼引	瞖 伊以反，伊字上聲	縊 伊異反，伊字去聲兼引
塢 烏古反	污 塢固反，引聲，牙關不開	翳 嬰計反	愛 哀蓋反，引聲
汚 纔固反，大開牙引聲	奧 阿告反，引聲	暗 庵紺反	惡 阿各反

外轉第十五

右圖（角徵羽）

	疑群溪見 （孃澄徹知）	泥定透端	明並滂幫	
角 徵 羽				
平	崔	佳 睚	杖	頪 䃰
上	䭸 篋 楷 解	妳 㿦	買 罷	擺
去	艾 㸌	磕 蓋 㿬	奈 太 太 帶	眛 㜒 賣	需 貝 薜
入			袂 奡 澈 蔽	

左圖（宮商）

	日來喻匣曉影	邪心從清精 （禪審床穿照）	
重中輕			
佳		睽 啓 娃	崽 柴 釵
蟹		蟹 矮 灑	
泰卦	賴	害 餀䔾 邂譺 隘	曬瘵差債
夬廢	祭 曳		祭

三十四字，名爲字母①；別有四字，名爲助聲，稱呼梵字。"他所説的聲勢，在漢語中叫做韻母，字母和漢語的名稱相同。如果兩相比較，可以得到十點不同的結論：

第一，收聲形狀的不同。拿今天規定的注音符號來説②，它的韻母有十四個，其中附鼻音的是兩個：ㄢ、ㄥ。梵文這十二字中，祇有一個暗字是附鼻音，惡字是入聲，其餘的但分上、去（即短和引長）同開、合，況且漢語的鼻音韻有舒舌、翹舌、閉脣三類，又各分開、合、

---

① 三十四字母的名目如次：

迦[居佉反，又取上聲]　佉[墟迦反，取上聲]　誐[魚迦反，迦字去聲重]　伽[渠賀反，伽字去聲重]　仰[虛鞅反，兼鼻音]　左[臧可反，上聲]　瑳[倉可反，上聲]　嵯[慈我反]

醝[嵯賀反引重]　孃[女兩反，兼鼻音]　綺[陵賈反]　姹[拆賈反]　絮[緊雅反]　檫[茶夏反，去聲引]　拏[傳雅反]　𪗖[多可反]

佗[它可反，佗字上聲]　捼[那我反]　馱[陀賀反重]　曩[乃朗反，鼻音]　跛[波下反]　頗[陂我反]　麽[莫我反，兼鼻音]　嵳[婆賀反，嵳字去聲重]

麽[忙勝反，鼻音]　野[音也]　囉[羅字上聲，兼彈舌呼之]　砢[勒可反]　嘯[舞可反]　捨[尸也反]　灑[沙賈反]　縒[桑可反]

賀[何馱反]　乞灑[二字合爲一聲，此一字不同衆份]

又助聲四字：

乙[上]　乙[去聲]　力　力[去聲未曾常用，時往一度，補引聲不足]

② 注音符號的韻母共十四個：ㄧ、ㄩ、ㄝ、ㄨ、ㄚ、ㄛ、ㄜ、ㄞ、ㄟ、ㄠ、ㄡ、ㄢ、ㄣ、ㄤ。

洪、細四聲。

第二，部位字數的不同。梵文三十四字，名爲字母，漢語則三十六字[①]，也叫字母，後來又叫聲類、聲母。梵文前二十五個，依它的反切上字看來，是牙、齒頭、舌上、舌頭、重脣五條，每條都是五字。漢語字母牙、舌、脣、喉都祇四個，齒頭雖是五個，但梵文此條“嵯、醝”二字又分短及引聲，第五字是“孃”，和第三條“拏”的發音，從它的反切上看來，實在是沒有區別。另外又無漢語字母的邪紐。

第三，影母有無的不同。梵文字母裏再沒有聲勢字，漢語字母裏確有一個影母字。爲甚麼會有影母呢？因爲漢語的字母是歸納反切上字來構成的。影母反切也有上字，把它這些上字歸納起來構成的這個字母，叫做“影”。這是梵文和漢語字母根本上特別不同的地方。

第四，聲讀與韵有無關係的不同。梵文字母前五條一、二、三字都讀像漢語上聲哿、馬韵，第四字是去聲，第五字“仰、孃、曩、麽”都像養、蕩韵，下面“野、囉”以後，又都像上聲哿、馬韵。但是，漢語字母不同，它讀時是和韵毫無關係的。

第五，來母多少的不同。梵文“囉、砢”二字的反切上字，在漢語中都在來紐，惟漢語來紐祇有一個，并且梵文的囉字，又兼有彈舌音。

---

① 漢語三十六字母，其類別如次：

脣	重脣	幫 滂 並 明
	輕脣	非 敷 奉 微
齒	齒頭	精 清 從 心 邪
	正齒	照 穿 床 審 禪
	半齒	日
舌	舌頭	端 透 定 泥
	舌上	知 徹 澄 娘
	半舌	來
牙		見 溪 群 疑
喉		影 喻 曉 匣

　　第六，齒音多少的不同。 梵文有捨、灑，漢語除審紐外，又有照、穿、床、禪四紐和半齒音的日紐。

　　第七，輕脣多少的不同。 梵文有"囀"，漢語除微紐外，又有非、敷、奉三紐。

　　第八，喉音多少的不同。 梵文有"賀"。 漢語除匣紐外，又有曉、喻二紐。

　　第九，合音用否的不同。 這裏梵文"乞、灑"是二合音，其他佛經音義上的字母，二合音的還更多些，漢語不是這樣的，漢語祇是一個溪母；梵語的"乞、灑"和"佉"是相同的，就是有了兩個溪母。

　　第十，梵文翻字和漢語反切方法的不同。 梵文翻字，先把三十四字母一一遞加，在聲勢上名爲一番。 又將野字遍加三十四字下，又成一番。 除去野字，即將囉字遍加三十四字之下，再以十二字聲勢翻之，一字生十二字，三十四字翻成四百八字，又是一番。 次以攞前字母作呵字、砢字、囀字、娑前字母作縒字、賀字、仰字、孃字、拏字、曩字、麽字等十二字此處實十一字迴換轉加，成十二番，悉皆備足。 漢語反切祇是用兩個雙聲疊韵的字就構成，不須如此掉換加減。

　　綜合上述，梵文聲勢字母翻字，和漢語韵母、字母反切對比，既有這樣多的差別，還能説反切字母是出于西域嗎? 沈括的話本無根據，鄭樵又加附會，夸大其説[1]，益見他的孟浪。 清代錢、戴諸君，揭破他們的錯誤，可惜當時沒有看到慧琳的《一切經音義》，現在根據慧琳的説法來證明，大家可以不再被那種不正確的説法迷惑了。

原載《漢語論叢》，中華書局 1958 年

---

[1] 《七音略·序》:"七音之韵，起自西域，流入諸夏……天地萬物之音，備于此矣。 雖鶴唳風聲，雞鳴狗吠，雷霆驚天，蚊虻過耳，皆可譯也，況于人言乎? "

説反切

前代説反切者，無過顔之推、陸德明、張守節三家。三家俱謂反切始于譬況作音[①]，其言信矣。譬況之術，以已知之字音推未知之字音，故用字必取同音，而同音必取常見，然後識者易別而呼者易得也。顧同音之字本不甚多，而同音常見者尤少，以是譬況作音不無寬嚴。有如《説文》瑽讀若葱（玉部）、舿讀若聾（有部）、趩讀若池（走部）、醨讀若離（酉部）之比，其二字之音收發全同，而譬況之字葱、聾、池、離又復常見，後世直音之名即出于此。吴承仕《經籍舊音》所云“以一字比況作音，謂之直音”者是也。

有如《禮記·檀弓》注：“居，讀爲姬姓之姬。”居，九魚切；姬，居之切。《周禮·秋官·蜡氏》注：“蠲，讀若吉圭惟饎之圭。”蠲，古玄切；圭，古攜切。居、姬、蠲、圭俱同見紐。《説文·玉部》：“珣，讀若宣。”珣，相倫切；宣，須緣切。相、須俱同心紐。《史記·張儀列傳》集解引譙周云：“益州天苴，讀若苞黎之苞，音與巴相近，以爲今之巴郡。”苴，布交切；巴，伯加切。布、伯俱同幫紐之比，二字發音，其同音但爲地位狀態，而收音則否。凡斯之儔，是謂雙聲，又謂同紐，或曰同母者是也。

有如《漢書·衛琯傳》“創人之所施易”。注引如淳云：“施，讀若移。”施，式支切；移，以支切，俱同支韵。《淮南·氾論訓》“黄衰微”注：“衰，讀繩維之維。”衰，所追切；維，以追切，俱同脂韵。《易·泰》九二“苞荒”。《釋文》：“鄭讀爲康。”荒，呼光切；康，苦

① 顔之推《家訓·音辭》篇：“逮鄭玄注六經，高誘解《吕覽》《淮南》，許慎造《説文》，劉熙製《釋名》，始有譬況假借以證字音耳。”陸德明《經典釋文·條例》：“然古人音書，止爲譬況之説，孫炎始爲反語。”張守節《史記正義·論音例》：“然則先儒音字，比方爲音，至魏祕書孫炎始作反音。”

岡切。光、岡俱同唐韵。《禮記·學記》"待其從容"注："從，讀若富父舂戈之舂。"從，疾容切；舂，書容切，俱同鍾韵之比。二字收音，開、合、洪、細全同，而發音則否。凡斯之儔，是謂疊韵，又謂之同韵者是也。

　　蓋斯三者，皆所以爲取音呼讀之方，故先取同音，復采常見，而其呼讀猶有不易得之者，則必取諸雙聲、疊韵之字以爲譬況。然取雙聲、疊韵，慮有所窮，以得者僅半，未能該全，而準確不移之理更無由著，承學之士所爲惝恍蒙昧而不能曉喻者，此也。

　　下逮魏、晉，反切大行，始變舊規，獨創新法。反切者，本于譬況以證其音，其術以二字譬況一字，即以發音相同之字作爲上字，而以比況其所欲識者之發音之地位狀態；又以收音相同之字作爲下字，而以比況其所欲識者之收音之開合洪細，由是未識之字收音發音既明，而上下所用字復常見，則其得音之準確不移，自可不言而喻。所以上起魏、晉，下迄明、清，學者辨音，皆行此術。《經籍舊音》所云"以二字比況作音，謂之反切"者，正謂此也。

　　顧世人于反切爲譬況作音之說猶復有疑之者，此可觀于前人作音而知其說之易明也。梁釋僧祐《弘明集》音釋有云："秣，莫拔切，音末；頰，古協切，音筴；捽，昨没切，存入聲。"以上見卷一。"怏，於亮切，央去聲。"見卷四。今觀僧祐作切語，多同《廣韵》。然既作切語，而復加直音者，豈非以切語之音多不能連呼成讀，有所哽介，故再加以同音而易識之字以爲比況之乎？又豈非以同音易識之字猶不可得，則又以其字之四聲以爲比況之乎？使非如是，則僧祐何爲不憚煩勞，而以切語、直音同出并載之耶？是知連讀成音之說有必不然者矣。

　　不惟如此，曹憲之《廣雅音》亦復相類，有如拼字，《廣雅音》凡四見，詁一則云："拼，蒸之上聲，四聲蒸、拯、證、職。"餘則俱言："拼，蒸之上聲。"考《廣韵》拯紐拯、拼、撜、䥷、丞五字中，惟拯字常見，外此㥄、殑、殊三紐字亦俱屬難見之字，是則直音、反切二法均無所施。故以拯之四聲以爲比況，其勢然也。

　　《廣雅音》又云："懇，苦恨，如上聲道之。"考《廣韵》很韵所收之字，很紐有很；墾紐有墾、齦、狠；頤紐有誾，俱非經籍常見之字，難于呼讀，故用去聲常見之恨字以爲下字，而復云"如上聲道之"，亦其勢然也。可知直音、反切比況作音，豁然確斯，殊無可疑者矣。

反切出于譬況作音，清代學者陳澧之《切韵考》已明著其説，其言有云"上字定清濁而不論平上去入，下字定平上去入而不論清濁"。學者明此，足袪煩惑。

愚意猶有可爲補葺陳氏之説者，即上字更不論開合洪細是也。下字之不論清濁，以清者音長而上揚，濁者音促而下抑。今有本字之音實清，而反切之下字則濁，如德紅切東，東清而紅濁，是當揚者而使之抑。亦有本字之音實濁，而反切之下字則清者，如直弓切蟲，蟲濁而弓清，是當抑者而使之揚，如是抑揚相違，而欲使之到口成音，何可得也？

陳氏又謂"切語之法，非連讀二字而成一音也"，此語至要。然反切中，如蘇公切樅、呼東切烘、徒紅切同、薄紅切蓬、莫紅切蒙、徂紅切叢、盧紅切籠、去宮切穹、陟弓切中、敕中切忡、房戎切馮、息弓切嵩、昌終切充、以戎切融、如融切戎、凡此之類，其反切上下之字與其本字清濁相當，因以連讀以成一音，非無其例。

而如古紅切公、苦紅切空、五東切崆、德紅切東、他紅切通、子紅切葼、倉紅切怱、烏紅切翁、戶公切洪、居戎切弓、渠弓切窮、直弓切蟲、莫中切瞢、方戎切風、敷戎切豐、職戎切終、鋤弓切崇、羽弓切雄、力中切隆，凡此之類，其反切上下之字與其本字清濁相連，固不能連讀以成一音，亦非無之。

然二者相較，則後者之例實多于前者，是以未可以一偏而概其全，乃謂所有反切皆連讀二字而成一音也。連讀以成一音，以今語擬之，則爲拼音。世人不察反切之實，遂猥指反切以爲拼音，此亦未免推求太過之失矣。今以《廣韵》東韵之反切論，其不能連讀成音者已多，而他韵之稱是者亦所在多有，然則反切之制，如能連讀成音，自較便捷。

乃昔人之造切語、修韵書者不出于此者，以反切之法自出譬況，而其式第有寬嚴之分，學者傳習，苟能心知其意，故不爲改易，究其情實，亦有斷難盡改故也。

异國之士其漸靡所自不同于我，彼日習其國之拼音文字，到口成音，斯自然矣。然遂不審情狀，竟欲以其法施之吾國切語，因又竭其反切之能連讀成音者，證成其爲拼音之説以同乎己，而不遑及其他，于是反切即拼音之説廣被于世，國人之習拼音之説者亦深信之，謂爲適然，而能辨其名實之乖迕者尠矣。

反切之不能連讀成音，固已。雖然，反切之弊，亦已在于此，所以前世譏議，不乏其人；改易修補，踵繼非一。遠在李唐，張守節撰《史記正義》，其書殺青于開元二十四年（736），而其《論音例》中則謂反切爲"又未甚切"。釋慧琳爲《一切經音義》，其書絶筆于元和十二年（817），而景審之《敘》則謂："古來音反，多以旁紐而爲雙聲。"[1]夫曰"又未甚切"，其不能連讀以成音者可知；夫曰"多以旁紐而爲雙聲"者，此其上字但爲雙聲而已，而不及于其韵之四聲。考琳音反切，多用正紐[2]，即以《音義》卷一而論，其數已過五十，如蹤反足庸，蹤、縱、足是四聲相承；霞反夏加，霞、夏、暇、塔是四聲相承；莖反幸庚，莖、幸、覉是四聲相承；紛反拂文，紛、粉、忿、拂是四聲相承，皆是。

審上四式，則所用上字，不但表其發聲，且以示其等呼收音，所不同者，惟聲調而已。可見反切之製，上字所表，如《慧琳音義》又轉視舊日爲周密焉。唐元度之《九經字樣》，上于開成丁巳（837），其云"避以及言，但紐四聲定其音旨"者，亦以反切不如"紐其四聲"之易明其音也。徐鍇《説文解字通釋》之音，改易舊本，而云："此皆後人所加，甚爲疏樸，又多脱誤，今皆新易之。"[3]然考《説文舊音》所載[4]，與鍇本

---

① 正紐、旁紐之名，《玉篇》末載《九弄反紐圖》已詳之。其言正紐者，真（當作征）、整、正、隻，盈（當作寅）、引、胤、懌，此皆四聲相承之字，用之爲反切上字；旁紐者，真、征、顚、之，盈、寅、筵、怡，此但爲雙聲而已，并不涉及于韵之四聲，其區別如是。

② 正紐式之反切，在《釋文》中已爲繁夥，特至慧琳作音時始加之意耳。

③ 錢大昕《潛研堂文集》二十七《跋〈説文繫傳〉》謂此數語爲朱翱所附。

④ 此據畢沅《説文舊音》。

相勘，如菹字，舊音子余反，鍇本且渠反；犓字，舊音楚拘反，鍇本阻虞反；跳字，舊音徒調反，鍇本笛遼反；越字，舊音七私反，鍇本七茨反，玩其所易，未殊于舊，疏樸之譏，殆不然矣。

及宋有丁度《集韵》，上于寶元二年（1039），其《條例》云："字之翻切，舊以武代某，以亡代茫，謂之類隔，今皆用本字。"今觀其卷中切語，改易殊多，匪爲類隔。有如東之用都、籠之用盧，俱同合口；支之用章、施之用商，俱用齊齒；吹之用姝、痿之用儒，俱同撮口，且皆爲平聲。是上字之用，既以表其字之發聲，而又以表其字之四聲等呼也。

而其下字之用，如東、籠互用，蓬、蒙互用，聰、叢互用，紅、公互用，既以表其字之元音，又以示其發聲之地位及狀態也。則是上下二字所表之方并同，較之昔人但易旁紐而爲正紐者尤爲審矣。然東籠切東，盧東切籠，仍不能使人連讀以成其音，足證斯時學者其所歆羨追慕，尚不及此。

本于《集韵》而成書者，有《韵會》，以爲"《集韵》重定音切，最爲簡明"故也[1]。其後《五音集韵》《洪武正韵》又復本于《廣韵》以成其書，蓋以《廣韵》聚録群籍，兼載音義，實于講習最爲便利故也。

至清康熙末，李光地奉詔作《音韵闡微》，其《凡例》則謂："世傳切韵之書，其用法繁而取音難，今依本朝文字合聲切法，則用法簡而取音易……凡字之同母者，其韵部雖异，而呼法開合相同，則翻切但換下一字而上一字不換。姑翁切公字，姑威切歸字，姑彎切關字，姑汪切光字，此四字皆見母合口呼，俱生聲于姑字。又如基因切巾字，基烟切堅字，基腰切驕字，基優切鳩字，此四字皆見母齊齒呼，俱生聲于基字。由此以推，凡翻切之上一字皆取支、微（按：齊齒音用之）、魚、虞（按：撮口音用之，合口音則用虞韵之姑、枯）、歌、麻（按：開口呼用之）數韵中字，辨其等呼法，其音自合。"又謂："凡字之同韵者，其字母雖异，

---

[1] 《集韵》東韵公字注云："孫愐《唐韵》、《禮部韵略》與許慎《説文》、陸德明《釋文》所注之字，反切互异，其音則同。惟司馬文正公諸儒所作《集韵》，重定音切，最爲簡明，今從《集韵》。"

而平仄清濁相同，則反切但換上字而下一字不換，如基烟切堅字，欺烟切牽字，梯烟切天字，卑烟切邊字，此四字皆先韵之清聲，俱收音于烟字。如奇延切虔字，池延切纏字，彌延切綿字，齊延切錢字，此四字乃先韵之濁聲。由此以推，凡各韵清聲皆收聲于本韵之影母，各韵之濁聲之字皆收聲于本韵之喻母……翻切下字用影、喻二母中字，收歸喉音，其聲自合也。”

按：此即《切韵考》所謂連讀成音之説。然《切韵考》之斥之也，則曰：“支、魚、歌、麻無收音，而喉音直出，其上不收，其下直接，故可相連而成一音，否則中有窒礙，不能相連矣。然必拘此法，或所當用者，有音無字，或雖有字而隱僻難識，此亦必窮之術也。”雖然陳氏之説是也，而猶有未盡者，何也？以喻母本無開口合口，則開口合口韵之濁音，即無喻母字可用至明。不但如是，而四等韵亦無喻母，是不得謂韵之濁音皆收聲于喻也，更不待言。

《闡微·凡例》又云：“本韵影、喻無字，再借鄰韵影、喻二母中字以協其聲，係以協用；或雖借鄰韵，并非影、喻二母中字，其聲爲近不甚協者，係以借用；韵部之分，全依反切用字，既憑之以分則不可再有借用。”

按：《闡微》此説，未可謂是。且以《切韵考》中屢云借者明之，如“鰥，古頑切”下陳氏云：“頑在二十七删，蓋陸氏書此韵無與鰥同類之韵，故借用。”按：此説之非，試考之《釋文》即可了然。《釋文·書·堯典、大誥、吕刑、詩·桃夭、敝笱》作鰥，而《詩·大田》作矜，注：字或作鰥；《詩·烝民、何草不黃》《周禮·大司徒》《禮記·禮運》《左傳·成二年、八年、昭元年》同。實即下文綸字。其反切下字，《爾雅·釋草》《禮記·緇衣》《玉篇》（此據《古逸叢書》本）、《廣雅·釋器》《文選·吳都賦》李善注、《説文》鉉音等俱用頑字，足證頑字之非借用也。此其一。

陳氏又云：“儼，魚掩切，徐鉉魚儉切，徐鍇魚檢反。掩、儉、檢皆在五十琰，此韵皆僻字，不可爲切語，故借用琰韵字。”按：此説之非，亦可考之《釋文》而明。　嚴,《釋文·書·皋陶謨》:馬、徐魚簡(當作檢)反。《無逸》正作檢,云:嚴,馬作儼,《詩·柏舟》作儼,《常武》及《禮記·曲禮》作嚴,《檀弓》及《公羊傳·桓二年》并同。　此殆後人因平聲有嚴韵,又析此諸紐爲儼韵耳。　掩,或爲奄誤。　此其二。

陳氏又云:“凡,符咸切。此韵字少,故借用二十六咸之咸字也。”按:此説之非,可考之《廣韵》而明。《廣韵》下平聲卷末“新添類隔今更音和切”云:“凡,符芝切。”所謂今更音和切者,乃改上字之用類隔者以爲音和。　凡字既屬輕脣,其切語上字用符,符亦輕脣,是非類隔也。　如依類隔之例,則上字應爲重脣之某字(今雖無考,其理當爾),其切語下字之芝,雖不常見,究爲《唐韵》之文,以鉉音本于孫愐也。且凡與咸既不同韵,而今凡字切語下字用咸,其必合咸、銜、凡三韵爲十五咸之後所改明矣。　此其三。

夫陳氏所謂借韵之三事,今知其非,已有確證如此,然則《闡微·凡例》所云借韵之説,其爲不可,更昭然若揭矣。

并世瑞典高本漢亦有論反切之説,見所著《中國音韵學研究》中。其言有云(中譯本第十七頁):“用反切來注單字音,就是沒有方法的方法。　其實對于三十幾個字母,每一個字母用兩個就夠了。一個是切純粹聲母的(例如 k),一個是代表 j 化聲母的(kj)。同樣,每一個韵有四個就夠了:第一個當 a,即開口;第二個當 ia,即齊齒;第三個當 ua,即合口;第四個當 kj,即撮口。可是反切并沒有照這個方法作,這無疑的是因爲人不願意拿一個字來注它自己。”高氏此語,雖談反切,但彼所謂方法規律,乃全論拼音文字者也。　即此已知高氏于反語由來,實未之知。　彼所舉之 k 與 kj 以表聲者,乃于反語亦未嘗能相合也。至于高氏所謂 j 化,乃純屬其想象之詞。而所謂細音問題,江永《四聲切韵表·凡例》“三、四皆細,而四尤細”已明言之。　其所謂細,高氏以其三等者爲 j 化。　顧高氏所假定三等爲 j 化者,以見紐而言,古舉不同切,彼提出 j 化以爲解釋,實則但備一説而已。

須知反切上字所表示者第爲其字之發音地位與其狀態,至于等呼則專爲韵首之名，而于聲無關也。昔戴震有言："未有韵書，先有反切。反切散見于經傳古籍，論韵者傳考以成其書。反切在前，韵譜（按：即韵書）在後也。就韵譜部分，辨其脣、齒、喉、舌、牙，任舉一字以爲標目，名以字母。韵譜在前，字母在後也。"又云："神珙《反紐圖》，其人在唐憲宗元和以後，遠距反切之興，已六七百載。而字母三十六字，撰于釋守温，又在神珙後，考論反切者所宜知也。"

　　是知反切之製，源流粲著，乃高氏搜討，未能譖是，徒據字典所録《字母切韵要法》及《等韵切音指南》二圖，强以六七百年後之等韵推論魏、晉閒之反切，遂以縱論中國音韵之學，何其疏歟？又中國中古語言實分四等，就《廣韵》論，自蕭、宵、肴、豪四韵外，又自寒至元，自覃至凡，此三類韵部，其開合四等之异，分別甚明。高氏乃從《切韵要法》之開合正副諸圖，創作開合洪細之標目，而與所談《廣韵》《五音集韵》《切韵指掌圖》《切音指南》諸書俱謂開合各爲四等之説，豈不大相牴牾者乎？

　　綜觀上述，反切之製，本非拼音，其事已著明矣。而後之治反切者，多所改作，重見疊出，轉生迷謬，下至《音韵闡微》，迄未能完成其爲拼音之形式。雖然，通貫反切，亦在于反復熟悉其事而已。其反切之中有連讀以成其音者，如平聲之字，必其上下之字與所切之字清濁相當，而上、去、入三聲中之習讀不分清濁者皆是。又有已識之字在平聲中有其反切而不能連讀成音者，但在平日之審其反切而果加之意焉否也。果加之意，則未有不能深明其故而調諸脣吻者也。其有音同而用字相异者，或其字不易識而難習知其反切者，但能于韵書、字書，勤加檢理，隨而默識，則積習生常，而諸疑悉解矣。

論雙聲疊韵

雙聲疊韵的使用，除了反切之外（見拙著《反切的來源和構造及其運用》），在漢語裏還有五樣。

一、首先談形聲字

字有獨體、合體二種。合體是由兩個字或兩個以上的字體構成的，形聲字就是合體的一種。所謂形，是用一個或一個以上的字體來表達字義的偏旁；所謂聲，是用一個或一個以上的字體來表達字音的另一偏旁。字音偏旁除開和本字讀音完全相同，如"梧桐、功勳"等字外，其餘的就有祇表示字的發聲那部分情狀，叫做雙聲。舉例來說，如"仁"從"二"聲。仁，如鄰切；二，而至切[①]。"二、如"都在日紐。"曼"從"冒"聲。曼，母官切；冒，莫報切。"母、莫"都在明紐。"凝"從"疑"聲。凝，魚陵切；疑，語其切。"魚、語"都在疑紐。"荐"從"存"聲。荐，在甸切；存，徂尊切。"在、徂"都在從紐。以上都是用雙聲字來做字音的偏旁。

還有偏旁祇表示字的收音那部分情狀，叫做疊韵。舉例來說，如"襄"從"襄"聲，汝羊切；襄，息良切。"羊、良"都在陽韵。"葷"從"軍"聲，許云切；軍，舉云切。"葷、軍"都在文韵。"尚"從"向"聲，時亮切；向，許亮切。"尚、向"都在漾韵。"唫"從"金"聲，魚今切；金，居吟切，"今、吟"都在侵韵。以上都是用疊韵字來做字音的偏旁。

和本字讀音完全相同的偏旁不多，同音又容易認識的尤其不多，因此，上面八個字就用它的雙聲或疊韵來做字音的偏旁；這就是打比譬

---

① 本文注音所用的反切，末尾一字是切的根據《廣韵》，是反的根據《經典釋文》。

的意思，也是後來讀若和反切的式樣。

二、其次談解説

古人解説詞義，多用聲音同、意義同，或是音義相近的字來解釋它，使人因義知聲，容易認識，并能瞭解，且可牢牢記着。這裏先舉發聲相同的來説：如像《爾雅·釋詁》：“頤、育，養也。”頤，與之切；育，餘六切；養，餘兩切，“與、餘、餘”三個都在喻紐。《釋言》：“可，肯也。”可，枯我切；肯，苦等切。“枯、苦”都在溪紐。《説文·示部》：“禍，害也。”禍，胡果切；害，胡蓋切。“禍、害”同是匣紐。《説文·人部》：“俗，習也。”俗，似足切；習，似入切。“俗、習”同在邪紐。以上都是用雙聲字來做解説的。

次舉收音相同的，《説文·一部》：“天，顛也。”天，他前切；顛，都年切。“前、年”同在先韵。《説文·牛部》：“牽，引前也。”牽，苦堅切；前，昨先切。“堅、先”同在先韵。《説文·口部》：“局，促也。”局，渠緑切；促，七玉切。“緑、玉”同在燭韵。《説文·教部》：“教，上所施、下所效也。”教，古孝切；效，胡教切。“教、效”同在效韵。以上都是用疊韵字來做解説的。

三、其次談《詩經》《楚辭》中的聯語

漢語中的詞，最早有許多是單音節，到了詩歌裏，單音節的詞不能够表達作者深曲的意，必須要用重言詠歎的詞纔能表達。清代王筠《毛詩重言》説：“詩以長言詠歎爲體，故重言視他經爲多，而重言之不取義者爲尤多；或同字而其義迥别，或字異音同而義則比附，或取引伸之義而其以音爲重則一。”他的《毛詩雙聲疊韵》又説：“音之流變，率由雙聲疊韵轉，皆合兩字之聲，以成一事之義，故泥字則其義不倫，審音則會心非遠，是以謂之正例。”王筠這兩段話，我們應該信服并運用它。現在把《詩經》和《楚辭》中所用的聯語舉在下面，再注明它的反切就明顯了。

《詩經·何彼襛矣》首章"唐棣之華"的唐，徒郎切；棣，徒計切，同在定紐。《卷耳》首章"不盈頃筐"的頃，去瑩切；筐，起狂反。"去、起"同在溪紐。同篇三章"陟彼高岡"的高，古勞切；岡，古郎切，同在見紐。下句"我馬玄黃"的玄，胡涓切；黃，胡光切，同在匣紐。《邶風·谷風》四章"黽勉求之"的黽，莫尹反；勉，彌兗切。"莫、彌"同在明紐。下文"匍匐救之"的匍，薄胡切；匐，蒲北切。"薄、蒲"同在並紐。《楚辭·離騷》"惟草木之零落兮"的零，郎丁切；落，盧各切。"郎、盧"同在來紐。又"彼堯舜之耿介兮"的耿，古幸切；介，古拜切，同在見紐。又"偭規矩而改錯"的規，居隨切；矩，俱雨切，"居、俱"同在見紐。又"忳鬱邑余侘傺兮"的鬱，紆物切；邑，於汲切。"於、紆"同在影紐。侘，丑加切；傺，丑世切，同在徹紐；又"羿淫遊以佚畋兮"的淫，餘箴切；遊，以周切。"餘、以"同在喻紐。以上《詩經》《楚辭》各六條都是雙聲的聯語。

《詩經·關雎》首章"窈窕淑女"的窈，烏了反；窕，徒了反，同在篠韵。《卷耳》二章"陟彼崔嵬"的崔，徂回反；嵬，五回反，同在灰韵；下句"我馬虺隤"的虺，呼回反；隤，徒回反，同在灰韵。《野有死麕》二章"林有樸樕"的樸，蒲木反；樕，桑木反。同在屋韵。《七月》五章"十月蟋蟀"的蟋，息七切；蟀，所律切。"七、律"同在質韵。《東山》二章"果臝之實"的果，古火切；臝，力果反。"火、果"同在果韵。《楚辭·離騷》"眾皆競進以貪婪兮"的貪，他含切；婪，盧含切，同在覃韵。又"長顑頷亦何傷"的顑，呼唵切；頷，胡趕切。"唵、趕"同在感韵。又"貫薜荔之落蕊"的薜，蒲計切；荔，郎計切，同在霽韵。又"吾令豐隆乘雲兮"的豐，敷容切；隆，力中切。"容、中"同在東韵。又"周流乎天余乃下"的周，職流切；流，力求切，同在尤韵。以上《詩經》《楚辭》各六條都是疊韵的聯語。

和王筠同時的鄧廷楨所著《毛詩雙聲疊韵》與王筠所著大略相同。在王、鄧之前，海寧周春作《杜詩雙聲疊韵譜》、何焯評李義山詩，凡是一句中的雙聲，都全部標舉出來。《錢大昕文集》十五卷《答問》十一條説：“漢代詞賦家好用雙聲疊韵，连篇纍牘，讀者聱牙。”其實不僅以周、秦到唐代的韵文喜歡用雙聲疊韵，就是後代元、明的詞曲也是一樣的在廣泛使用。

四、其次談由重言演變爲雙聲疊韵的聯語

清代王鳴盛説：“大凡模拟情、事、景、物，一字不能盡，則迭字以形容之，睢鳩之關關，葛覃之萋萋是也；或用疊韵，則山之崔嵬，馬之虺隤是也；或用雙聲，登高曰高岡，馬之玄黄是也。”[①]就是説單音詞有時是不能很好地表達寫景物的感情的，爲了表達得更好起見，必得加其他的聲音，到了寫出來，就成爲同音的兩個字，有時兩個字中一個字的子音起了不同的演變。 如《詩經·淇奥》的“綠竹猗猗”，毛萇《傳》説：“美盛貌，重言也。”猗，於宜反。《隰有萇楚》的“猗儺其枝”，毛萇《傳》：“美盛。”猗，於可反；儺，乃可反。《商颂·那》的“猗與那與”，毛萇《傳》説：“猗，歎辭。 那，多也。”猗，於宜反；那，乃可反。對于上述這個雙音詞，王筠的《毛詩重言》就説：“《廣雅·釋訓》作阿那。”王筠的意見認爲“猗”當讀同“阿”，“儺”當讀成“那”。 可見“猗猗”變爲“猗儺、猗那”，是因爲下一個“猗”字的子音由影組的“於”轉變爲泥紐的“乃”。 但是它們的元音都没有變，所以叫它做疊韵聯語。 又像《四月》三章的“冬日烈烈”，“烈烈”是重言。 鄭玄《箋》説：“猶栗烈。”《七月》首章的“二月之栗烈”，毛萇《傳》説：“寒氣也。”烈，良薛切；栗，力質切。 可見“烈”字的元音，由薛韵轉變爲質韵。 但是“良、力”都同在來紐，僅是反切的用字不同，它們的子音都没有變，所以叫它做雙聲聯語。

五、再其次談由單詞轉變爲雙聲疊韵的聯語

《説文·左部》：“差不相值也。”“值”就是借作“直”用，是相當

---

① 轉引自《雪橋詩話》卷九。

的意思。“不相值”是説一種物體的長短、大小、精粗、美惡不是相當的。“差”這個單詞轉變爲雙聲的聯語，如《詩經·關雎》二章“參差荇菜”的參，初金反，初紐，侵韵；差，初宜反，初紐，支韵。“差”本是不齊的意思，但是《説文》七篇説：“參，商星也。”《詩經·小星》一章：“维參與昂。”參，所林反，生紐，侵韵。可見“參”的本義是星名，它的本讀在生紐。因爲説話人把“參”字的發音狀態延長，實際沒有適當的專字來用，于是把“參”讀成初金反，使它和“差”字的發音相同，祇是用來表達“差”字發音延長那種狀態，所以叫“參差”爲雙聲聯語。又如《詩經·燕燕》一章：“差池其羽。”“差池”也是不齊的意思。差，楚宜反，初紐，支韵；池，直離切，澄紐，支韵。“池”和“差”不同的是聲，不是韵。因爲説話的人把“差”字的元音延長，也沒有適當的專字來用，于是把常見的“池”祇是用來表達這點延長的音，所以叫“差池”爲疊韵聯語。“差池”的“池”祇是表明“差”字元音的延長，絕對沒有意義的。那麼“參差”的“參”也是這樣，不能單獨説“池”和“參”有不齊的意思。直到後來《説文·竹部》：“篸，差也。”《史記·司馬相如傳》“嶄岩參嵳”，纔爲不齊的意義造出專字。但是《説文·糸部》：“縒，參也。”許慎仍作“參”，足見“參差”是《詩經》以來通用的聯語。在揚雄《甘泉賦》中又演變爲“柴虒”。柴，《文選》李善《注》是初蟻切，虒，音豸（豸，池爾切）。“蟻、爾”都在紙韵。可見“柴虒”是疊韵，和“差池”相同的。支韵和紙韵僅僅是聲調不同，于是這四字更是疊韵雙聲的結合。

　　再舉一個單詞轉變爲雙聲疊韵的聯語。《説文·立部》：“竪，待也。”段玉裁《注》依《韵會》作“立而待也”。又説：“今字多作須，作須而竪廢矣。”足見“竪”字是現在説等一下、遲一下、暫時的意思。它在典籍上作“須臾”。如《禮記·中庸》：“道也者，不可須臾離也。”《漢書·司馬遷傳》：“卒卒無須臾之閒。”都是暫時的意思。須，相俞切；臾，羊朱切。二字同在虞韵。《漢書·禮樂志》“临須摇”，晉灼《注》説：“須摇，須臾也。”摇，餘照切；“羊、餘”同在喻紐。“臾、摇"正是雙聲。《文選》裏所選的《離騷》"聊須臾以相羊",另一版本"須臾"作"逍遥"。王逸《注》説:"逍遥、相羊,皆遊也。"逍,相邀切;遥,餘招切。相,息良切;羊,與章切。不僅是"逍遥、相羊"各爲疊韵,而且"須、逍、相、臾、摇"又是各爲雙聲,和上文所説暫時的意思不同了。還有《禮記·樂記》"禮樂不可斯須去身"、《孟子·告子》"斯須之敬在鄉人",又都是暫時的意義。斯,息移切,和"須"同在心紐,是雙聲聯語。如上所説,凡是兩個字成詞,很多都是雙聲或疊韵的規律來組織成的,字形同而意義不同的也不少,可見王筠對于重言"取聲不取義"的正确性[①]。

雙聲、疊韵這兩個名詞,在江慎修《古韵標準》第四部去聲五實"賣"字注説:凡雙聲有二類:一爲同韵異母,如"窈窕、委蛇";一爲同母異韵,如"踶躅、踟躕"。按:窈,烏皎切,影紐,篠韵;窕,徒了切,定紐,篠韵;委,於爲切,影紐,支韵;蛇,於支切,喻紐,支韵。可見"窈窕"和"委蛇"正是我們通常説的疊韵,而江氏叫做雙聲。與我們今天所認定的有出入,在《古韵標準》裏觸處都有。不但是江氏,在段玉裁《説文解字注》裏也有這樣的例子,如卷一《玉部》"瑰,玫瑰也",下説:"玫瑰本雙聲。"他認爲"玫、瑰"兩個字都在《廣韵》上平十五灰韵中,"玫瑰"正是疊韵。而段氏説是"本雙聲",或者就是依照江氏"同韵異母"叫雙聲的解釋。

雙聲、疊韵聯語的構造、轉變和應用,大略如上所述。而雙聲的作用,在古代漢語裏尤爲突出。因此,着重的再將它探討一下。在《爾雅·釋詁》裏,每一條中很多都是雙聲字。陳蘭甫《東塾讀書記》十一卷曾經説:"《爾雅》訓詁同一條者,其字多雙聲。郝蘭皋《義疏》云:'凡聲同、聲近、聲轉之字,其義多存乎聲。'澧謂此但言雙聲即足以明之矣。有今音非雙聲而古音雙聲者,可以其字之諧聲定之,又可以古元輕脣音及古音不分舌頭、舌上定之。郝氏所謂'聲近、聲轉'即指此

---

① 王筠《毛詩重言·序》。

也。如‘大業’一條内，‘弘、宏、洪’三字雙聲（按：弘，胡肱切；宏，户萌切；洪，户公切。三字都在匣紐），‘介、碬、假、京、景、簡’六字雙聲（按：介，古拜切；碬、假，古雅切；京，舉卿切；景，古影切；簡，古限切。六字都在見紐），‘溥、丕’二字雙聲（按：溥，滂古切；丕，敷悲切，二字都在滂紐），‘訏、憮’二字雙聲（按：訏，香於切；憮，火吴切。二字都在曉紐），‘昄、廢’二字雙聲（昄，方滿反；廢，方肺切。二字都用‘方’），‘奕、宇、淫’三字雙聲（按：奕，羊益切；宇，王矩切；淫，餘今切。‘羊、餘’現在喻紐，‘王’是爲紐，陳時未分），又廓字以郭字爲聲，古音讀如郭（按：廓，苦郭切，在溪紐），則與‘介、碬’諸字雙聲（按：同在見紐）。墳字今輕脣音（按：墳，符分切，在奉紐），古讀重脣音（按：如蒲奔切的盆，在並紐）。凡在同一條内而雙聲者本同一意，意之所發而聲隨之，故其出音（即子音）同，惟音之末（即元音）不同耳。音末不同者，蓋以時有不同故也，其音之出則仍不改，故成雙聲也。

　　陳氏這段話的論點很正確，分析道理也很透徹，所以節録他的原文，加以注解。爲了證明陳氏這種正確理論有實際的根據，再舉揚雄《方言》卷一的“大也”條來説明。《方言》説：

　　　　凡物之大貌曰豐，東齊、海岱之間曰奔（即《爾雅》的“介”），或曰憮；宋、魯、陳土之間謂之碬；秦、晉之間，凡物狀大謂之碬，燕之北鄙、晉楚之間，或曰京，皆古今語也（郭璞《注》“語聲轉耳”）。初別國不相往來之言也，今或同，而舊書雅記，故俗語不失其方，而後人不知，故爲之作釋也。

　　《方言》這段話，正足以説明《爾雅》每條中的雙音字，都是根據舊書上常常記載的一些字和各個地方一些俗語的字，一齊寫出，從它讀音相同或相近來看它們的共同關係，就得用雙聲的規律來説它的意義，所以叫“不失其方”。“方”就是規律。郭《注》的“語聲轉”，就是清代學者著述中常見的“一聲之轉”或“一語之轉”。

　　戴東原因爲郭《注》的話，纔做《轉語二十章》，完全用雙聲來建

立一個規律，總括一切文字。他在《序》中説："用是聽五方之音及少
兒學語未清者，其輾轉訛溷，必各如其位，斯足證聲之節限、位次，自然
而成，不假人意措施也。"他所説的"位"和"位次"，都是指舊來的字
母。他的"節限"，指《轉語圖》上橫分喉、吻（舌頭）、舌、齒、脣五個
大格，每個大格又分發（破裂）、送（破裂摩擦）、内收（發鼻音）、外收
（摩擦）四個位次。位次相同的，就可以相轉，也就可以用相同的意義
來解釋。陳蘭甫説"意之所發而聲隨之，故其出音同"這段話，正是根
據戴東原的立論。不但這樣，就是段玉裁《説文注》裏面很多處的雙
聲，都得要用戴氏轉語的規律，纔可以解釋清楚。

古代典籍上所用的語助詞，現在又叫文言虛詞，因爲它們所表現在
典籍上的形式和轉變很多，是相當難于掌握的。但是如果我們運用雙
聲的規律去整理，確可以解決不少的問題。現在我舉三條例子來説明
我的論點：

我們通用的"何"字，《説文•人部》："何，儋也。""何"本來是
現在説擔負的意義。《説文》的"儋"是現用的"擔"。又《説文•曰
部》："曷，何也。"就是用現在的意義去解釋過去的字義。曷，胡曷
切；何，胡歌切。《詩經•葛覃》三章"害澣害不"，毛萇《傳》説：
"害，何也。"害，户葛反。"害"的本音是胡盍切，這裏談的曷字音。
《莊子•盜跖》"盍不爲行"，《釋文》："盍，何也。"這就是用"盍"
作"曷"。盍，胡臘切。《詩經•日月》一章"胡能有定"，毛萇《傳》：
"胡，何也。"胡，户吴切。《漢書•司馬相如傳》"君乎君乎，侯不邁
哉"，李奇《注》："侯，何也。"侯，户鉤切。《詩經•南山有臺》四章
"樂只君子，遐不眉壽"，王引之《經傳釋詞》："遐不，何不也。"遐，胡
加切。《荀子•哀公》篇"孔子蹴然曰'君號然也'"，可是《家語•好
生》篇作"君胡然也"。號，胡刀切。《孟子•萬章》篇"奚爲不知"，
趙岐《注》説："奚，何也。"奚，胡雞切。上面的"何、曷、害、盍、胡、
侯、遐、號、奚"等詞，一般用，它們的詞義并不相同。但從上面所舉的
典籍看來是同義詞，理解它們的惟一規律，因爲這些詞都在匣紐。

《説文·毋部》："毋，止之也。"《書經·大禹謨》："帝曰：'毋。'"孔穎達《正義》引《説文》後説："古人言毋，猶今人言莫。"現在我們説"莫要"。 毋，武扶切，微紐；莫，慕各切，明紐。《論語·學而》篇"過則勿憚改"，皇侃《義疏》："勿，莫也。"勿，文弗切。《學而》篇"毋友不如己者"，《釋文》："毋，本亦作無。"《爲政》篇："我對曰：無違。""無"就是"莫要"的意義。 無，武扶切。上面的"毋、莫、勿、無"等詞，有時它們的詞義也不相同，但從上面所舉的典籍看來是同義詞，理解它們的惟一規律，因爲這些詞都在微紐（"莫"雖在明紐，但明、微二紐在周秦時代是混用不分的）。

《説文·八部》："尒，詞之必然也。"徐鍇《繫傳》："尒詞者，言之助也。"段玉裁《注》："後世多以尒字爲之，凡曰果爾、不爾，皆訓如此也。""尒、爾"都是兒民切。 王引之《經傳釋詞》："然，狀事之詞，若《論語》斐然（見《公孫長》篇）、喟然（見《子罕》篇、儼然（見《子張》篇）之屬。《禮記·大傳》其義然也。《注》：然，如是也。 凡經稱然則、雖然、不然者皆是也。"然，如延切。 又説："如，猶然也，若《論語·鄉黨》篇恂恂如、踧踖如之屬。"如，人諸切。 又説："若，猶然也。《詩經·氓》三章：'其葉沃若。'文公十四年《公羊傳》：'力沛若有餘。'若，而灼切。"又説："而，猶然也。《書·皋陶謨》曰'啟呱呱而泣'，言呱呱然泣也。"而，如之切。上面的"爾、然、如、若、而"等詞，一般用來，意義是有分別的，但從上面所舉的典籍看來是同義詞，理解它們的惟一規律，因爲這些詞都在日紐。

凡是同在一紐的叫雙聲，我們可以從上述三條例子看出古代助詞的轉變，都是雙聲的關係。 所以《經傳釋詞》十卷，裏面一至四卷是曉、匣、影、喻，五卷是見、溪、群、疑，六卷是舌頭音、舌上音，七卷是日紐，八卷是齒頭音，九卷是正齒音，十卷是輕、重脣音。 這就明白指出這些助詞，凡是意義相同或相近的，都有發音相同的關係。 再看王念孫的《釋大》，它把各種典籍上凡是當"大"字講的字都集合在一起，分聲紐來排列，現存見、溪、群、疑、影、喻、曉、匣八篇（匣紐不全），説明研究古代漢語，從雙聲入手，是一條正确的途徑。

　　若像劉淇《助字辨略》，依照平水韵四聲分別各字，引證雖多，但祇能解决每個單字的問題。有很多同義詞本是雙聲，他却用另三種辦法解釋：一種説是音相近，如卷三"遐"下説："遐得爲胡者，遐、何音相近，何、胡音相近。"另一種説法是某之轉，如卷四"詎"下説："詎得爲何者，豈之轉也。"卷五"獨"下説："獨得爲唯者，特之轉也。"再一種説是并是語辭，故通，如卷二"何"下説："《東京賦》注：如，奈也。愚案如、若并奈辭。"卷五"若"下説："《詩》'抑若相分'，《正義》云：'若猶然也，此言頎若長兮。'《史記·孔子世家》云：'頎然而長。'今定本云'頎而長兮'，而與若義顯通。'愚按而、若、然并是語辭，故通。"其實劉淇這三種解釋都是不恰當的。如第一種的"遐"，胡加切；"何"，胡歌切；"胡"，户吳切，都是匣紐的雙聲字。另一種的"詎"，其遇切，群紐；"豈"，袪狶切，溪紐。溪和群，一清音，一濁音。但同爲牙音，送氣也可説是雙聲。"獨"，徒穀切；"特"，徒得切，都是定紐的雙聲字。再一種的"如"，人諸切；"若"，而灼切；"然"，如延切，都是日紐的雙聲字。可見劉淇所用的三種解釋，特別是"并是語辭，故通"，太没有原則。如果用雙聲來解釋，是使人極容易瞭解的。

　　又像瑞典人高本漢的《漢語詞類》[①]，專用韵的五種尾音來講，4—29頁論以舌尖輔音收尾的，即陰聲收 i、陽聲收 n、入聲收 t 的；70—109頁，論以舌根輔音收尾的，即陰聲收 u、陽聲收 ng、入聲收 k 的。高本漢就是用上述這些尾聲來談韵文和假借等問題。其實，他的辦法也是不妥當的。如29頁論假借説："na（儺）這個語詞（擴大也）或（《詩·隰桑》）寫作 nan（難）。"他認爲《隰桑》的"儺"字借"難"來用，是尾聲相同的關係。按：《隰桑》毛萇《傳》："難然，盛貌。"可見和廣大的意義不同。《爾雅·釋詁》："那，多也。"郝懿行《義疏》認爲《隰桑》的"難"是借作"那"用。退一步説，縱使相借，也是雙

---

①　張世禄譯，商務版。

聲的關係。因爲“難”，乃多反；“儺”，乃可反，同在泥紐，不更直接嗎？他又在 29 頁談韵文説：“na（儺）在《詩·竹竿》裏是和 tsa（左）押韵的，可又是以 nan（難）爲音符。”按：“儺、難”二字，發音和元音都相同，僅僅是有無聲尾這點點區別。音韵學叫有聲尾 n、ng 的爲陽聲，没有的叫陰聲，陰陽聲互相轉變的叫對轉。像“儺”和“難”二字，在韵文裏用對轉的規律解釋是正確的，但也看出它們是有雙聲的關係。而高本漢用聲尾有無來解釋就説不通，因爲以 n 所對的陰聲收 i 的也是没有聲尾。

　　從劉淇和高本漢的著作來和戴東原、段玉裁、王念孫、王引之、陳蘭甫的著作比較起來看，前二人的治學方法是遠遠不及後五人的。後五人很多地方值得我們學習，他們從雙聲入手，掌握聲類的變化關係這一點，就是我們應當走的途徑。

斠 段

　　昔鹽亭黎上成請于余曰："段書前後，多所違牾，與其餘書，亦難弥合。今取勘比，參以他說，疏舛互而決去從，命名宜何？"余曰："宜題'斠段'。"後數年始得覽其篇，羅列秩佚，頗可觀省，惜文繁傷理。今用其律，約其詞，列所采，補所缺，又別爲"平議鈕、徐之失"冠之，仍取舊題云。

戊寅祀灶日趙世忠記

　　段氏作《説文解字注》，初爲讀五百四十卷，歷三十有二年，始隲栝成注爲三十卷，時日悠長，識見遂异，其前說之有差違，後從而補正之者有之；前說本已精密，後以思深反而失實者有之；甚或一字之注，數被删改，因而差池者亦有之，彼非逞臆妄論而示人以罅隙也。昔阮文達序《段注訂》曰："大令書成之時，年已七十，精力既衰，不能改正，而校讎之事又屬之門下士，往往不參檢本書，未免有誤。"此言段注多失所由，最爲平允。

　　蓋段氏之注許書，以二徐之本，皆經改易。且鍇本早已殘缺，《韵會》所載每异今書，而群經釋文、正義、《文選》李注、《玄應音義》及《類聚》《御覽》《玉篇》《廣韵》《集韵》諸書，所引尚存其真，綜覈文義，實爲優長。段氏之據諸書以改二徐者以此。

　　文字本于聲韵，段氏探索群經、子、騷，析顧、江之古韵爲十七部，以之讀經，以之解字，創獲既多，因喜道人之所未道。然每輕信片言而捨群籍，遂致得失相糅，後之人因以掊擊段氏者又如是。今欲定段氏說之是非，自不可不明乎此矣。

　　試觀錢大昕《養新録》"《説文》舉一反三之例、連上篆字爲句、引經异文、唐人《説文》不皆可信”諸條，殆皆直指段氏而言，其説固爲不刊。若其需有奭音、偶相人也、妥霄省聲、夑即阪泉之阪、甾即書卷之卷，則未足置信。

又王引之《經義述聞》之“剴刡皷、濟盈不濡軌、暵其濕矣、哲蔪氏、昌歜、高其閈閎、是謂近女室疾如蠱、黄熊、旄謂之龍、氿泉、楘撲心其迹速、蠆杜螲、膝上皆白惟舁、一目白瞷、二目白魚”諸條，亦爲訂正段注訛謬而發，其説并可保信。此于訂正段氏之説有待審辨者也。

顧錢、王糾彈，但以附著，不爲專書。有之則自鈕樹玉之《段注訂》、徐承慶之《匡謬》始。自鈕、徐之書出，從而爲之説者，遂以生軒輊焉。有如潘祖蔭《敘段注補訂》，則曰：“鈕氏所舉許書不合六端，持論亦正。”姚覲元序徐氏書，則曰：“補苴罅漏，搜別纖微，剥其淨辭，存其精義，寧爲諍友，毋爲佞臣。”雖然，潘、姚之論，語多過實。而佞臣諍友之辨，猶未易言。讀段氏書者，固未可輕率從事也。兹撮録二氏之説，辨訂如次。

鈕氏所舉段注與許書不合六端：一曰“許書解字，大都本諸經籍之最先者，今則自立條例，以爲必用本字”。夫經籍用字，率多假借引申，許君專釋造字之意，軌轍豈同？若單靖公説《昊天有成命》曰：“基，始也。命，信也。宥，寬也。密，甯也。緝，明也。熙，廣也。亶，厚也。肆，固也。靖，和也。”斯非其最先者耶？許君惟取宥字之解，以宥、寬從宀，同爲宫室之廣深也。基云牆始，非牆無以著其從土之義。今云大都本經籍之最先者，似未可信。其謂解説必用本字，自爲拘執，然與許義之所本者并論，又復不同。蓋訓義在明其偏旁之所由，用字在決定何本之可信，此與校讎訛誤者同科，故必用與不必用之説，俱未爲當也。

二曰“古無字書，今創十七部以繩九千餘字”。按：段氏《六書音均表》三“古异部假借互訓”曰：“作字之始，有音而後有字，義不外乎音，故轉注亦主音，假借取諸同部者多，异部者少。轉注取諸同部、异部者各半，十七部爲轉注假借之維綱。”其説六書曰：“轉注异字同義，假借异義同字，其原皆在音均。"其言昭晰若是，而復有疑者，殆未能先通十七部之理，輒究本書，終必窒礙迭出。鈕爲此横逆之言而武斷之，此陽冰、二徐之所以增删改易而悍然不顧。段氏先本《毛詩》、群經、楚騷以立韵部，猶顧、江于《詩》定十部、十三部之理也。

語言詩歌本非殊途，時同則可以互明，時異則觀其流轉。苟不假立封域，徒見其交互背馳，不能明其所以，自必旁求類聚，以證論昔人聲音是否如此，非强古人以就我也。果其證論明，部居定，則訓義文字之訛落者，得謂不如窺其端而補正之耶？鈕氏不達乎此，故言多孟浪，如《訂》一云："妻注中聲，在十五部。妻在八部，合音也。"如其所言，八部與十五部相隔而可合音，則十七部無不可合者。考段注于八部、十五部相通之律，言之極詳，未嘗言遍通各部。即十七部亦有可通不可通者，稽諸相近合用、相遠合用之説，自見其理矣。《訂》五云："猌從犬來聲，讀又若銀，注聲字衍。按：未必衍，蓋聲之轉，故云又。竇從真而讀若資，《唐韵》哈下次真，蓋并聲之轉。"夫聲轉自有其律，非《唐韵》部目之第次可得而受其稱。若資在脂非哈，脂、真之通，乃對轉耳，非部次也。

又云："炟改爲炮，注云皀聲與勺聲同在二部。按：炮讀若駒潁之駒，《玉篇》皀方立切，《廣韵》居立切，則炮從皀聲不誤。"愚考炟、駒都歷切，在錫韵，皀，烏皎切，在篠韵，篠、錫上入相貫。方立、居立則在緝韵，緝、錫無通理，此何可云不誤？

又云："憗，力至切，注《玉篇》《廣韵》皆力之切，大徐力至二字乃力之之誤也。"按：《玉篇》力之切，又力置切，《廣韵》收之平聲之、去聲志，則力至切爲不誤。《廣韵》既收之于去聲志，則改力至切以爲力之，其誤顯然。

《訂》三又云："褎從衣采聲，注聲蓋衍字，采非聲。"按：《關雎》采與友韵，《茉莒》采與有爲韵，采采音同，豈得云非聲？"愚考采倉宰切在海，采徐醉切在至，謂爲同音何故？且褎從采與采何干？横相牽入，豈以褎、友今韵爲尤之上、去部耶？不知在段之前講古音家，無有以爲同部者，部且不同，音更無論。綜上諸條，鈕氏于韵部切語尚不明晰，安可與言流轉分合之律，而乃于天下云："古讀恐非後人音韵所能限。"于鐫下云："許讀恐非後人音韵所能限。"直無理可申而强爲之辭耳。

三曰"六書轉注本在同部，故云建類一首，今以爲諸字音旨略同，義可互受。"按：轉注者，謂文字孳乳之條。建類一首，同意相受者，謂時地既移，語言有疾徐單複之殊，聲韵有輕重洪細之別，文字因以不同，此同義異字之律也。夫文字本語言而來，偏旁由文字而分，今云轉注本在同部，則異部同義者何以爲解？

昔之説轉注者，無解于"建類一首"之義，戴氏言轉注亦但用互訓之説，後人病其不及"首"字，乃釋以五百四十部之首以盡其旨。王貫山作《同部重文》《異部重文》二篇，許印林亟稱其異部重文爲不刊之論。王氏自謂輯同部正爲異部而設，夫重文音義全同，猶或異部。以言文字孳乳，又安可以同部限之？

章氏《轉注假借説》（《國故論衡》上卷《小學》）云："類謂聲類，古者類律同聲，以聲韵爲類，猶云律矣。首者，今所謂語基，考、老同在幽類，其義相互容受。"又曰："以文字代語言，各循其聲，方語有殊，名義一也。其音或雙聲相轉，疊韵相迻，則爲更製一字，此所謂轉注也。"章氏之論，精確無倫。段氏雖宗互訓之旨，而必規以聲韵之律，乃名以轉注，雖不中，不遠矣。今鈕氏未嘗指斥一條之失以見例，但漫爲詆訶之詞，殆理屈而詞窮者歟！

四曰"凡引證之文，當同本文，今或別易一字，以爲引經會意"。按：段麗下注云："凡引經傳有證字義者，有證字形者，有證字音者，如艸木麗于地説從艸麗，豐其屋説從宀豐，皆論字形耳。陸氏《釋文·易》乃云《説文》作麗作豐，不亦謬哉！他如蘱字之引《夏書》，荆字、相字、瞀字、利字、葬字、庸字、厷字之引《易》，孌字之引《詩》，有字之引《春秋》，仌字之引《孝經説》，買字之引《孟子》，易字之引祕書，畜字之引《淮南王》，公字之引《韓非》，皆説字形會意之旨，而學者多誤會。"又注寅下云："凡許書引《易》丼者法也，説荆從丼之意。引

《易》地可觀者莫可觀于木，説相目從木之意。　引《易》先庚三日，説
庸從庚之意。　引《易》豐其屋，説寷從宀豐之意。　引《易》百穀艸木麗
于地，説䕻從艸麗之意。　引《易》突如其來如如不孝子突出不容于内
也，説㐬從倒子之意。”皆稱《周易》以説字形之意。　學者不憭，往往誤
會，于是改厲爲𠪚，改突爲㐬。而惠氏定宇作《周易述》，竟作夕惕若𠪚
厲無咎，㐬如其來如矣。　斯乃段氏之創獲，前此無有言者。

　　鈕氏于𠪚下云：“據《韵會》云徐引《易》夕惕若，知其爲後人因楚
金而增，又妄加𠪚字，今雖改𠪚爲厲，然非許説也。”愚按：今《韵會》
爲熊忠《舉要》本，容或訛漏。　如《繫傳》𠪚字《易》下有臣鍇曰：夕
者，人意懈怠也。　下引《孫武》及《魯語》以證成其義。　若“《易》曰”
爲鍇引，則當與《孫武》《國語》并居。　今《韵會》無鍇語，則見其有
删減矣。　即如所言，亦孤證未足據。　鏐下又言相下引《易》乃《易説》
且義别，按《説文》稱引，經傳序説，其例一也。　相下爲《易説》，荊下
非《易説》乎？　相，省視也。　觀，諦視也。　目，所以視也。　木，所視之物
也。　比合而言，自見其義。　許君因俗儒屈中止句説，向壁虛造，迷誤不
喻，故其引證多顯别造字偏旁之所從，遂以明其本義。　段氏謂解説之舉
人名、地名者，皆證字形，此説無疑，則引經會意之説，亦爲可信矣。

　　五曰“字者孳乳浸多，今有音義相同及諸書失引者，輒疑爲淺人
增。”按：鈕謂删篆凡二十一，其有説者，瑳、𦮀、詅、踞、跛、綏、膠、
豪、麢、窗、瀜十一字耳。　然玭、瑳二字，《毛詩》前後皆作玭，《周禮》
注據《魯詩》前後皆作瑳，是以段氏從《毛詩》删瑳。　𦮀當𦮀誤，《訂》
𦮀改爲𦮀，當本余説。　瀜改爲瀜，蓋本余説。　按：段注舉證有出校録外
者，不得謂爲本之矣。　鞪當作鞪，《訂》云：“《玉篇》鞪，胡加切，履根。
當本《説文》。《廣韵》鞪收麻，注：履後帖，則鞪從叚不誤。　其下鞪
篆解履後帖者，疑後人增，重文鞪亦疑後人改。《急就篇》顏注：緞，
履跟之帖也，乎加切，又音遐，當爲鞪之重文。”愚考《玉篇》云：履
根。《説文》云：履，則不可云本《説文》。《廣韵》麻收鞪，緩收鞪，
又烏可取鞪疑鞪？　按：《急就篇補注》鞪《廣韵》作鞪，履跟後帖，亦作

鞔，音遝。《説文》鞔，徒玩反，或作緞，則《説文》有鞔、緞無鞔明矣。
當顔時《急就》已誤，故段注從而爲之音。王伯厚疑之并陳其説，此當
留心玩索而明之，鈕乃略之不言。

又云："《玉篇》枓爲槝之重文，《説文》枓注乃後人改，今删去槝
篆。又依《韻會》枓下改作高木下曲，不知枓自來不訓高木也。"愚按：
段删槝誠非，若云枓不訓高木，殆未思"下曲"正由高木而來。又云：
《廣韻》云《説文》作窗。如果是窗，則當云在屋曰窗矣。愚按：《匡
謬》云依《廣韻》當于囪部去窗，于穴部改窻爲窗。今删囪部之窗，而
穴部仍作窻，但于注云當删，仍與《廣韻》所稱不合。若云不輕易舊
文，何以一删而一不改？使《説文》遂無窗字。既云囪、窗一字，宜囪部
仍舊，何以竟删窗篆？而穴部反存窻篆？又與已説不合。徐説明于鈕氏
矣，自當以删窻爲是；而未删者，蓋存疑耳。踞字鈕氏亦以應删，餘之
不應者，訡、跛、豪、鷹四字而已。

六曰"陸氏《釋文》、孔氏正義所引《説文》多誤，《韻會》雖本
《繫傳》而自有增改，今則一一篤信。"按：《釋文》、正義之説即本錢
氏，若《韻會》者，則當參證而訂其失，未可空議也。

綜上六端，可取者希。《無邪堂答問》四云："段注包孕閎富，鈕匪
石訐其誤，有段不誤而鈕反誤者。惟勇于删改，是段注之大失。"斯言
最允洽矣。

《匡謬》立十五目，一曰"便巧辭説，破壞形體"。此謂改變篆籀多
爲臆説者。段氏過信他書，輒施改易，自是一失。然徐所舉，亦有未得
段意者，如蔮改作簡。注：簡字鍇本上從竹不誤，鉉本則竹誤爲艸矣。
徐云："《繫傳》作蔮，與鉉同從刀茵，形聲并無窒礙。"愚按：臣鍇曰：
"竹亦有毒，南方之竹傷人則死，箇聲也。"則《繫傳》本從竹。若從茵
聲，《詩·我行其野》篇，茵與特异韵，《邶風》《谷風》毒與鞫、覆、育
韵，《桑柔》與迪、復韵。竹聲有篤，《椒聊》與匊韵，則茵非簡是也，何
云無礙？徐氏昧于聲韵，類此失者，不可勝舉。

又弞改作㱟，從欠己聲。注云：各本引省聲，今正。《玉篇》于㰡、

欣二文下云：改，呼來切，笑不壞顏也。此希馮所據《説文》也。于歛、歆二文之間曰“弞，式忍切，笑不壞顏也”。此孫强、陳彭年輩所據《説文》誤本也。徐云：“《玉篇》弞改同訓笑不壞顏，果何所見而以改爲顧野王所據《説文》，弞爲孫、陳所據《説文》誤本？若因改前弞後，則《玉篇》列字次第與《説文》本有參差，在後各字，不皆孫强輩增入。果據誤本，當以弞爲改，何以弞、改并收？”愚按：唐寫本《玉篇》欠部：改，呼來反。《説文》：㖃不壞顏也。《廣雅》：改，㖃也。野王按亦與咍同，此字在欣下。弞，式忍反，《字書》：笑不壞顏也。野王按：小笑也，或爲哂字，此字在歈下。據此，則段説與唐寫本《玉篇》正合，惟謂弞據《説文》誤本之語未覈，則徐氏之語爲妄測也。

二曰“臆決專輒，詭更正文”。此目分三節，一、二節皆言以臆改，二節又云“當仍舊文，于注言己意”，三節言“段注識見有理，論説有據，當仍舊文于注辨之，徑改本書，是謂專輒”。一節下徐氏所匡正者，條爲之説。二節但于閏下注云：“全書中也字，段氏增删多矣，無關文義，則皆不録，其語氣未安而義有小异者，指出之。”藗下云：“按：凡所竄改武斷之曰脱，曰訛，曰誤，曰俗本，曰淺人改。”愚謂如此過失，正當逐注辨明，今仍之，則何以見其爲武斷耶？如此節筱改條省聲爲攸聲，與一節中“茸改聰省聲爲耳聲”同，“匙改是少也，是少俱存也，從是少”，與一節中“牛改事也，理也”同。今茸、牛有説，而筱、匙無説可乎！三節徐氏謂爲有理有據者矣，如甚作從甘匹，注：“句，匹各本作甘誤。”而卷五“以他書亂本書”目中云“甚作從甘匹，匹，耦也”，注：“各本誤，依《韵會》正。”徐曰：“鍇曰：《禮》曰：子甚宜其妻，會意，正釋甘匹耦也之語，非誤字。”矛盾如此，抑又何耶？三節後語曰：“段氏所是正者，如瑧、砨二篆依解義改從二比，中改從口，凡五十四條，皆有義據，初非臆説，卓爾可稱。”然與前條所舉者多複，不知其條列與總記之异者又何在也。

三曰“依他書改本書”。後語曰：“本書訛舛，義不可通，而他書所引較然明白者，始可據以勘定，不得因援引异文，遽斷爲《説文》之誤也。”愚按：《玉篇》《類篇》大約皆宗許書，《廣韵》本于《唐韵》，所引《説文》可信者多。《古文四聲韵》《集韵》《佩觿》《汗簡》各自成書，《韵會》雖主小徐，亦多定以臆見。

四曰“以他書亂本書”。注云：“據他書异義，改《説文》之解。”後語曰：“雖以《爾雅》《毛詩》之可據，亦不得用彼改此。其他字書不引《説文》，以及《玉篇》《廣韵》之异義，皆毋庸强合。《韵會》雖本小徐，往往就己意增删，或用錯語并入正文，或雜以他説，未可盡據。”按：二目增删改補相同，未見其别，如“改本書”目首云：“禔改安也。”注云：“本安下有福，今依李善《文選注》。”徐云：“此李善引書省福字，非原文。”愚按：《釋文·易·坎卦》、《漢書·相如傳》顔注、《史記》索隱引《説文》、《家訓·書證》篇引《倉頡》，皆曰：禔，安也。是非獨李善然也。亂本書目首條，祇作盛之以蜃，注引《五經异義》，徐云：“《説文》主釋字義，語氣不同，故無之字，不必以書出一手據增。”愚按：《廣韵》十六軫引《説文》亦有之字，豈非較然明白多可信者耶，何以一列改一列亂也？又如“改本書”目中“農作耕人也”注云：“各本無人字，今依玄應書卷十一引補。”“亂本書”目中“嗜改喜欲之也”注云：“此依《韵會》本。”此二條俱依他書，或增或改，亦無所异，而徐氏分列何也？且徐氏于農下云：“《説文》耕也，文義簡該，不必增人字。”不審此説，大失段意。按：段注犁下云：“犁、耕二字互訓，皆謂田器，今人分别誤也。”既以耕爲田器，故必依玄應書增人字，以明農之非田器。然耕注又云：“人用以發土，亦謂之耕，亦以爲稱。”則農下不增人字爲是。嗜下徐云：“解義原文真古言也，所改乃後人文義。”不審此正錢氏承上篆文連讀之例，嗜欲聯語，常見經籍，惟錢氏未曾舉及，徐氏但能以空言詆訶之而已。又徐云异文异義，亦未詳明其旨，則所謂亂者，亦難確定也。

五曰“以意説爲得理”。此謂自立條例以爲依據，因以增删改易解説之文，即注中所稱複舉字之未删者、僅存者、三字句、四字句之類。按：此依錢氏“連上篆字爲句”之條立説而已。

　　六曰"擅改古書以成曲説"。後語云："段氏立一説以爲許書之例，其有不合，斥之曰俗本、曰訛舛、曰淺人所改，或言各本無，或言奪，或言删，或言舊先後倒置，或言各本移入某字下，今補正，其詞不一，總之云依全書通例正。"此專指聯綿文字之移置，説解之删補或易位者。徐氏糾彈，亦有未審，如云："玫，火齊玫瑰也，改玫瑰火齊珠。注云：依《韵會》所引正。"徐氏云："《韵會》倒其文而增珠字，非原書。"愚按：《玄應音義》卷六引《説文》："玫瑰火齊珠也。"《玉篇》玫下云："火齊珠，一曰石之美者。"瑰下云："《説文》云：玫瑰，一曰珠圜好。《子虚賦》云：赤玉玫瑰。《倉頡》曰：火齊珠也。"此等段氏自見之，但未寫《玉篇》《玄應》之名耳。徐氏不加檢論，輒斷曰非原書，可乎！又曰："齒部先齫次齼次齵，今移齵于齫前，解齵齫也。改齵齫，齒不正也。齫，齒不正也，改齵齫也。注云二字各本訛亂，今依《廣韵》正之。"考《廣韵》十八尤：齵，齵齫，齒偏。十九侯：齫，齵齫，五婁切。尤、侯韵近，自可牽引。徐氏云："《廣韵》齫云：齒重生。"不但釋解稍殊，且韵書以同音之字類次，不得爲移改《説文》之據。愚考重生之義見十虞，遇俱切。此不以齵齫連出，正段注數言單字爲名者不得與雙字爲名者相牽混之例，則不能舉以證也。今徐氏捨侯韵而舉虞韵以遂其私，殆未爲可也。"

　　七曰"創爲异説，誣罔視聽"。八曰"敢爲高論，輕侮道術。"依視聽、道術二語，疑若有別，然七目所列璅、趄、道、齉、禾、黍、粟、米、粱、糯、稷、像、侶、顏、癰、侯、沜、洌、目諸字注文之談經，與八目之撫、玠、苞、苗、告、嚏、耳、議、養、曑、緄諸字之談經無异。若謂七目中之⺕、踞、詯、餲、俙諸字注文稱引俗語，因命以視聽，則僅五文，何足以概其餘？且程氏之《通藝録》，亦可名爲异説耶？沜下徐云："《月令》大飲烝注：天子諸侯與其群臣飲酒禮之事。又曰：《記》稱凡養老有虞氏以燕禮，夏后氏以饗禮，殷人以食禮，周人修而兼用之，不言以鄉飲酒禮。經文注説昭然如日月經天，豈可誣也！"愚按：《王制》言四代養老之禮，與漢代禮亡代以燕及鄉飲酒禮，義各不同。四代養老之禮未

立，故云以燕以饗以食，周兼用以定其禮。　漢代禮亡，代之以燕及鄉飲
酒禮，故云不同也。　萬氏《禮記偶箋》云：“詳味《王制》凡養老章，乃
是以燕禮養老，而其升降獻酬與其席次，當如鄭注準鄉飲酒禮推之，何
則？燕禮膳宰爲獻主，此則天子親獻。　燕禮大夫爲賓，賓惟一人。　此
則三老五更群老，故鄭謂三老如賓，五更如介，群老如衆賓，其言良是。
又云：退天子獻三老，三老酢天子，天子酢三老畢，三老乃降立西垱下
當序東面，一如鄉飲酒主賓獻酬畢，賓降立之儀，而五更群老之獻，一
如鄉飲酒之介與衆賓共降立之儀亦同。”《禮書通故》學二云：“養老有
飲禮有食禮，此春養老之以飲禮者也，萬氏申鄭是。”據此，養老有主賓
之儀，鄭注故舉鄉飲酒禮以相準，則段注癵下云：“天子諸侯養老皆用
鄉飲酒禮。”侯下云：“天子諸侯飲酒皆如鄉飲酒之禮，故亦謂之饗。”
泮下云：“古者養老之禮，即鄉飲酒之禮也。”三注相勘，俱爲申鄭，而
侯下云如鄉飲酒之禮，其意極明，與萬、黃皆合，段義未可非也。

　　九曰“似是而非”。　此義含混，且多復見他目，如爼又見“依他書
改本書”目中，㝱、戠俱又見“信所不當信”目中，妥又見“創爲异説”
目中。　亦有段説與他説同，而徐氏引他説以斥段者，如弌古文一，段注
小篆之于古籀，或仍之，或省改之，一二三之古文明矣。　何以更出弌弍
弎也，蓋所謂古文而异者，當謂之古文奇字。　徐氏云：“錢少詹事云，必
先有一二三，然後有從弋之弌弍弎，而叔重乃注古文于弌弍弎之下，以
是知許所言古文者，古文之別字，非弌古于一也。”愚按：段云异，錢
云別，其義一也。　徐氏又云：“奇字之名，本于許君。　今曰几、叿、仝、
兂、㕰，《説文》皆曰奇字，其不言者，未可臆斷。”此説何异于別求所謂
古文之説歟！又有不明段意而妄斥之者，如天下，段注：“天亦可爲顛之
稱。”徐斥之曰：“樹顛不可云樹天，草顛不可云草天，易顛爲天，不成
文理。”愚按：俗語謂額曰天庭，上咢曰天堂，囟曰天靈蓋，豈非在顛者
可云天耶！蓋最初無顛字時，皆以天爲顛。　迨顛字出，乃分其用，徐氏
未及審之耳。　此目論段注無據而改，則近于臆決，具呈經義，則鄰于輕
侮道術。　以非所經見爲訛，則類于不知缺疑。　以輾轉符其曲説，則同

于擅改古書。改易篆文，則又似破壞形體。是徐氏此目，實難畫其界域也。

十曰“不知闕疑”。此言許義不可知，而輒爲之説，又與臆決、异説、高論三目無分。徐氏所疑，如叛，半也。按:《左傳·襄二十六年》:入于戚以叛。疏:判也。半、判、叛三字受名于八，是以俱有分義。小徐、段氏皆牽于叛亂之説而爲之辭，叛亂之云，亦以離去爲不順耳。《義證》謂通作牉判，其説是也。又按:《説文答問》謂嘖言即《左傳·哀二十四年》“是嘖言也”之嘖言，此固其師説也，豈尚以爲疑耶？邐，小徐以爲人所登，故從辵，登而止，故從夊。夊，止也。《左傳》曰:“原田每每。”故從田，未知何故從彔也。段説彔爲刻木者，即《西都賦》“溝塍刻鏤，原隰龍鱗”之義，是皆無須闕疑者也。而徐氏顧以爲疑，蓋欲苛責段氏，是以曲爲之説也。

十一曰“信所不當信”。此與他目多似，如瑞下依《釋文·詩》改讏爲稱，薅下依《衆經音義》改拔爲披，返下依《集韻》祖田改祖伊，榑下依宋本改《春秋》《國語》作《春秋傳》，龍下依《韻會》補皀、肉二字，則類以他書亂本書。稷下旁注云:“詳‘創爲异説’條，如瞿下云:又音衢，音當作若。眦下《玄應書》云:出《字林》，不云出《説文》，許書眦疑後增。隸下云:《九經字樣》《玄應書》右旁皆作柔。朡下云:鄒陽上書，李善曰諱，《方言》作瑋，許書諱亦當作瑋。虞下云:《五經文字》虞隸省也。俾下云;莊述祖云:門侍人，當是門持人之誤。派下云:《韻會》曰:派本作辰。引鍇云:今人又增水作派。派字當删，皆其類也。又如越下丁亥，今《召誥》作丁巳。詆注《詩音義》云:《説文》作誃，引《詩》誃誃兮，蓋三家詩，此引《毛詩》，皆與輕侮道術相似。若宦音良久，緅俗作緅，已見‘似是而非’目。是目共十七條，皆與他目所載無别，則此目不立可也。

十二曰“疑所不必疑”。此謂段注作疑語之非。段氏于無從考訂者，不敢遽加決辭，故曰疑耳。如譍，應也。注云:“譍者，應之俗字，説解中有此字，或偶爾從俗，或後人妄改，疑能明也。”段君斯言，最爲通達。按:《説文釋例》云:"許君之説字也,固多本之經訓,然亦有使人易了,即用漢語者,或于本字下不出其義,惟于他字下見之,是以今義明古義,而不以今義冒古義也……亦有古無是字,取漢字以明之者,使人知漢之某字,即古之某字。或漢某字之義,即同古某字之義也。而讀《説文》者,或以説解有之,欲補于篆文;或以篆文無之,欲改其説解,皆程子所謂扶醉人者也。"斯語亦至明辨。今徐氏專意掊擊,乃曰許君明經載道,豈云偶爾從俗,其爲傳寫者誤用俗書,亦可迂也。

　　十三曰"自相矛盾"。按:段注前後不蒙,或由學有深淺,今是昔非,故爲改正。或由時移見易,故爲改正之語。或因疑而未決,故兼待定。後人研治當循其例,而後可明辨裁決以符其匡謬之義。乃輒云"其詞不定,中無定見","前後乖異而不自知","甫爲之説,旋又改之,以説字爲兒戲",空泛詆訶,亦何异哉!且徐氏之説亦有自相矛盾者,如卷三"是謂專輒"下謂刪遷篆爲有理有據,而"似是而非"下又云:鹿部麤篆亦非後人羼入。又謂羘改牡爲牝爲有理有據,而"以他書亂本書"目又謂鮭注改"牝,羘羊"爲牝羊,與羘注引鮭云羘羊爲中無確見,不思羘已爲牝羊,今曰"牝,羘羊",是曰"牝,牝羊"矣,尚成詞乎?

　　十四曰"檢閱粗疏"。愚按:段以今本《繫傳》非小徐原文,故捨之而援用《韵會》,非不見也。若舊本《繫傳》出于迻寫,其信否待定,故未可遽引之而以爲證也。

　　十五曰"乖于體例"。此謂其引己所著書爲證。夫引己書以作證,誠嫌自炫。然段注與他書有別,按:《説文·序》末段注云:"始爲《説文解字讀》五百四十卷,既乃隳栝之成此注。發創于乾隆丙申(四十一年),落成于嘉慶丁卯(十二年)。"《尚書撰异·序》云:"爲《説文解字讀》五百四十卷,又爲《古文尚書撰异》三十三卷,始爲著雍涒灘(乾隆五十三年戊申),迄重光大淵獻皋月(五十六年辛亥)。"今按:《撰异》中稱《説文解字讀》,不稱《注》,是作《撰异》時,于《説文》則爲《讀》而非《注》。又按:于《大誥》"予惟小子不敢替上帝命"引《説文解字讀》,論石經替字三體,謂《今文尚書》作曁讀爲僭，古文則作普云云。《雒誥》"周公拜手稽首曰"下，謂"殷之禮拜先稽首，後拜手。周之禮拜先拜手，後稽首云云。詳見《説文解字讀》。"今《説文》之竝部普下、手部捧下之注皆無其説，而《撰異》他文與《説文注》同者復多，故《説文注》亦累云詳見《尚書撰異》，今徐氏不舉之者何耶？

又按：《毛詩故訓傳》定本小箋題辭云："乾隆甲辰（四十九年），《周禮漢讀考·敘》曰：乾隆癸丑（五十八年），皆先于《説文注》而成。"又按：《儀禮漢讀考·士冠禮》末云："《禮經漢讀考》一卷，其他十六卷未成，後之人當有能踵爲之者。嘉慶甲戌（十九年）十二月茂堂識。"《説文》卷二："余注論鄭《禮記注》余、予古今字，引《匡謬正俗》而斥之，又云《儀禮漢讀考》糾之詳矣。"徐氏但譏云"亦段氏新著書"，不知斯乃在其未成卷中。既在未成卷中，然注稱之者，蓋本詳其説于《讀》。及作《注》時，以余、予古今字之義異于《説文》之余，故要删而爲此語。以是知段氏始爲《讀》時，悉剌取《詩》《書》《周禮》《儀禮》之言古文者，相與比序于下，而爲之勘定之説。後以考證繁縟，難于省覽，乃分"本義旁證"之條，而別相系屬。故隳栝之于《毛詩》爲定本，《小箋》爲《小學》，于《尚書》爲《撰異》，于《周禮》《儀禮》爲《漢讀考》，于《説文》乃爲《注》，各成專書，以省復出，故于某下皆云詳見某矣。然參校諸書，其閒頗有出入。蓋學識思考，隨時而易，于過與不及之中，交有得失。覽者正宜剖析審取，相互參訂，如循環之無賜，非若他人所作，各不相干者也。然則段氏之引己所著書以爲證者，夫何病乎！又《六書音均表》卷三《十七部合用類分表》云："學者誠以是求之，可以觀古今音分合之理，可以求今韵轉移不同之故，可以綜古經傳假借轉注之用，可以通五方言語清濁輕重之不齊。"又云："學者必知十七部之分，然後可以知十七部，知其分，知其合，然後可以盡求古經傳之假借轉注而無疑義。"準斯以言，是《表》之與《注》，相爲表裏經緯，必先通《表》乃能明《注》之旨。其義尤重于楚金之《通論》，蓋《通論》者《繫傳》之餘文而已。今徐氏于楚金之用《通論》爲是，而以段氏之用《音均表》爲非，斯又理失其平者矣。

綜觀徐氏所立諸目，重複瑣細，迷蒙難明，駁詰之文，每無參證。且出言繳繞，無由著見其旨。即淺近易明之所，亦不能以片言剖決，乃多爲反復窮詰醜惡罵詈之語，以快意飾短，以眩惑人之心目，而爭取一時之浮僞虛名。

乃謂鈕書詞旨多不暢達，而專爲冗長以自蓋，又不能通貫全書，提挈故有綱紀而討論之，是以陷于支離破碎之中而不自知，以言匡謬，去道愈遠。夫謂㠥之乃昆切、奴昆切爲聲轉，是不知反切之例也。謂赴以夬、決省不可解，是不知省聲之例也。謂刷下禮布刷巾爲不誤，是不知《説文》引《禮經》之例也。謂㫃下删“錯畫革鳥”之畫爲不辭，是不知旁注迻寫入正文之例也。謂苓下以苓耳卷耳改卷耳爲詞各有當，不知單名複名相異之例也。謂“一曰”猶“一名”爲無異義何必改，不知許書“一曰”之有二例也。謂耴解從耳下增乚爲破壞實形體，不知象形指事之體必著見于解説之例也。故不知反切，則憑十七部以定形聲聲訓者不明。不知省聲之例，在段君猶有哭家二注之失。不知引《禮經》之例，則裪奠椸縿之云有者，遂生他説。不知旁注迻入之例，則必謂噭下之吼、隙下之孔爲不誤。不知單名複名之例，則澊暑繙冤之當改者而莫能明。不知許書“一曰”之有二例，則淆于同義异義之理。不知象形指事之體必見解説之例，則必誤以爲會意，而非字不出于説之條立矣。

凡書自有其例，不通其例，不得其道。故王貫山有《説文釋例》之作。段氏亦自有例，當匯觀其注之相互推求，以彰顯其未備者。如段氏數言周漢音之异，及漢音合于今音者，今當于《説文》讀若訓詁及後出字之聲，依例證以闡明，使周漢音之或同或分者，顯然有一定之域，則凡所謂合韵者，即得而決其是非，此一事也。

《述誼》餘、罔、亐、㒸、饗、惟諸字注中，備舉群經用字之例，以示各有矩矱。今當遍求各經他字所用之异同，考其原文傳寫之變易，迹其聲音假借，徵其形之詭更、義之旁通，遂以參決其轉移之時、詞例之狀，而定爲何時之古今字，不若近人以于、於決《左傳》之真僞，此一事也。

《段注》橃下云：《廣韵》注以今義列于前，《説文》與今義不同者列于後，獨得訓詁之理。蓋六朝之舊，段氏之前未有言此。考諸新出《切韵》，知段氏所云今義者，陸氏《釋文》引《説文》者，後世附益之語，《廣韵》之音亦當如是。其取通行于時者例爲正，舊讀詭奇者列于又音，與其不重出者，今當依以析别，不以附會他書，而統謂之曰古音古義，此一事也。

《段注》䡄下云許韵末聲，鄭駁异義云：䡄，齊魯之閒言䡄聲第蒐，字當作䡄。鄭所據亦作末聲，鄭謂當從末聲也。第蒐爲䡄聲，則當從未矣。《唐韵》莫佩切，劉、李《周禮》音妹者，鄭末聲之説也。《廣韵》音末，諸經音莫介反，許末聲之説也。經義授受不同，音讀亦异。今之講經傳者，似應知此。若因其异而横生理解，强相葰合，實爲兩傷，此一事也。

凡此四事，段氏實開發其頭角，今當尋繹恢弨以竟其業焉，則徐氏《匡謬》之作爲多事矣。

原載《學林月刊》，重慶，1939 年第 1、2 期

如何讀《經典釋文》

　　1934 年去北平，在北平圖書館見九家校本《經典釋文》，即托賀君昌群用通志堂本覓人照寫一部。過南京謁黃季剛先生，謂我當作《廣韵疏證》，尤應參閱《經典釋文》，并語殷孟倫用叢刊本臨寫先生過錄吳梅代藏劉履芬眾家校本，次年先後得到。又三年在巴縣紅糟房鄉寓，用兩本互校，遂注其同异于孟倫本之眉及行閒，同者注云"北館本同"，异者則云"北館本作某"；北館本《爾雅》二卷缺校。1942 年殷煥先承羅莘田先生命，手抄法偉堂《經典釋文校語錄》寄余。1948 年周法高來成都，從其所錄王筠校語復補寫于眉。又用尊經本校讀，題私意于其眉。并從林山腴先生借得《小學盦遺書》錢馥《校記》，亦附錄之。《爾雅釋文》，又以邵晉涵《正義》本所附，錄其异文。讀盧文弨《考證》、阮元《校勘記》，見其時時根據臧琳、段玉裁所言，改變本字，因讀兩家之書，審別其是非。1957 年寫《廣韵疏證》初稿畢，用盧文弨《考證》作底本，將阮元《校勘記》（引自《注疏》中之《校勘記》者，曰《注疏·校勘記》）、周春《十三經音略》、法偉堂《校語錄》、吳承仕《經籍舊音辯證》（其中《敘錄疏證》，則节錄之），凡諸家説有能互相訂正者，亦有未盡當者，據他家説以補正之。我以垂暮餘年，精力智慧，素不如人，今更衰退，還想整理經籍舊音，會粹前人所説，審別其是非，似近輕妄。昔賢曾説："一息尚存，此志不容少懈。"我敢不竭盡自己一點淺薄技能，寫出素來積蓄，請教于當代治斯學者，得到批判，實所至願。

　　《釋文》係記載儒家經典上魏、晉以來所作反語及訓詁。但古人反切，有到口即能讀出者，即以《釋文》來論，如《易》"乾，竭然反；亨，許庚反"，一念就自然讀出，一點不難；因爲乾、竭、然三字都是濁音，乾、竭同是群紐，乾、然同在仙韵，亨、許、庚三字都是清音，亨、許同是曉紐，庚、亨同在庚韵。 有到口不能讀出者，如《易·坤卦》"疆，居良反；凝，魚冰反"，因爲疆、居在見紐是清音，良在來紐是濁音，凝、魚在疑紐是濁音，冰在幫紐是清音，反切上字、下字清濁不一致，所以就不能到口讀出。 到口讀出者，就是上下二字聯讀成音，後世所謂爲拼音方式。 前人造反切，不是用拼音這個方式，所以纔有居良、魚冰這種反切。 前人何以不把居良、魚冰也造成竭然、許庚這種方式？因爲從前人造反切時，注意到的上字、下字用來是不是容易認識，而未注意到上字、下字能不能聯讀成音。 它的方法，上一字必定取同在一個字母的字，不管它的開合洪細和四聲同不同，下一字必定取同在一個韵的字，不管它的清濁同不同，祇要是常見字就可用；足見從前造反切，并沒有一個規律。

　　按：《釋文條例》有云："文字音訓，今古不同。 前儒作音，多不依注，注者自讀，亦未兼通。 今之所撰，微加斟酌。"此是説明《釋文》爲集取諸家音義之書及其撰擇時所具之態度。 所謂"斟酌"者，因爲前儒作音，或僅依經，或僅依注，致使經、注乖離，不能兼通；所以在撰集時，必取依注作音之書，注既釋經，自不得與經乖異。 例如《釋文·周禮·春官·大祝》云："炮祭，百交反，兼也，劉依司農白交反。"按：注云"鄭司農云'炮祭，燔柴也'；玄謂炮字當爲包，聲之誤也，包猶兼也。"而此所撰集之音，即是依二鄭注經之義所作者。 白（並紐）交與《廣韵》五肴薄交同，爲炮之本讀，明劉（昌宗）依先鄭燔燒之義作音。 百（幫紐）交亦與《廣韵》五肴布交同。 蓋讀作包，即爲後鄭兼包之義而作；陸從後鄭，故列爲首音。

　　又云："若典籍常用，會理合時，便即遵承，標之于首。"此是説明《釋文》列音次第，遵承前儒依注作音，首標勝義，次列衆説，如：《地官·保氏》："差分，初佳反，又初宜反。"按：初佳在佳，爲差殊之差；初宜在支，爲差次之差。《毛詩·關雎》"參差荇菜"，彼《釋文》云："差，初宜反，又初佳反。"與此首末互易。 考《保氏》孫詒讓《正義》云："以差而平分故曰差分。"當爲差殊之意，故列初佳爲首。《關雎》

所言爲荇菜參差不齊，則當爲差次之意，故列初宜爲首。比而觀之，自可見陸音次第，所謂“標之于首”，非無故也。

又云：“其音堪互用，義可并行，或字有多音，衆家別讀，苟有所取，靡不畢書，各題氏姓，以相甄識。”此是説明《釋文》集取反語之方法，除首音是會理合時遵承前儒所例外，其他衆家別讀，可與注義并行者，亦畢書之，以證作音須與注互相依隱之理，便于讀音識別，遂各題其氏姓，如《春官·世婦》：“比其，本亦作庀，鄭毗志反，司農匹氏反，劉芳美反，沈又方（原誤作上，依法偉堂、吳承仕校）二反。”按：本經注云“此次也。鄭司農云比讀爲庀，庀具也”。毗志即爲《廣韻》去聲六至毗至切之比，方二即必至切之比，此爲志、至混用，俱從後鄭比次之義作音。匹氏即爲上聲四紙匹婢切之庀，作庀蓋即庀之音假，芳美讀音相同，此爲紙、旨混用，俱從先鄭庀具之義作音。然則沈與鄭、劉與司農，正所謂“音堪互用”者，比次、庀具，即所謂“義可并行”也。

又云：“其或音、一音者，蓋出于淺近，示傳聞。”此是説明《釋文》所用反語，既撰收衆家別讀，又集取淺近音義，則書或音、一音，以示傳聞，不爲典要。如《春官·大司樂》：“傅土，音孚，或音附。”按：鄭注云“禹治水傅土”。賈公彥疏引《禹貢》云：“敷土，敷布也，布治九州之水土，是敷土之事也。”孫詒讓《正義》謂“《史記·夏本紀》及《荀子·成相》篇并作傅土，傅、敷字通”。此音孚即讀《禹貢》敷土之敷，音附則讀《荀子》《史記》傅土之傅。陸意此義爲敷布，當從《禹貢》，故以音孚列首，而音附則非、奉混用，蓋失正讀，故云或音。至于一音，則有二義：一非正讀之音；一同又音之義。《春官·大宗伯》：“爲罷，如字，一音芳皮反。”按：鄭司農注云：“罷辜披磔牲以祭。”孫詒讓《正義》云：“《説文》冎部：𦜉，別也，讀若罷；故書作罷，先鄭訓爲披，蓋謂即𦜉之假字。”依孫氏説，𦜉字《説文》徐鉉音府移切，即此如字之音。芳皮則讀作披，蓋依先鄭注義而作，然爲別讀，故陸云一音，此一音非正讀也。又《典瑞》：“薦申，如字，一音箭。”按：薦在霰韵，箭在線韵，是霰、線混用，音義無殊，此一音同又音也。

　　綜上所述，可見《釋文》自有條例，陸言已詳。讀是書者，如能依據所説條例以讀之，則經注自明而全書貫穿矣。然而清代治斯學諸家，如盧文弨《考證》、阮元《校勘記》等書，皆對此條例未加細審，因而臆測反語是非，甚至妄加删改，終不免爲讀《釋文》之滯礙。兹將周春、法偉堂、吳承仕三氏所論《釋文》不合之處，撮舉數條，分敍于後。

　　周春《十三經音略》是以後世字母來看《釋文》反語，加以直音，希望學者容易了然。但是直音的缺點，已爲清代學者所深斥；周氏因舊來反語，不盡是到口成音，乃偏加直音，直是開倒車了，其論反語，亦多不合，今舉數條來論：

　　《易經·訟》："褫，《釋文》徐敕紙翻，音恥，徹母字；又直是翻，音豸，澄母字。徹、澄音近，所以有此兩音。"按：《説文》褫，讀若池。許氏云讀若者，已括兩音之理，徐氏不知，竟注平聲直離翻，音池，殊失許氏之旨矣。所謂讀若，是用聲和韵都相當之字表示其所當讀之音。《廣韵》褫字注云"褫虒"，《匡謬正俗》七"池䕁"條云"或作褫、持字，非也"，足明褫、池二字同音，唐代猶存，故用來作聲借。至《釋文·易》敕紙、直是二反，那是經師相傳之讀音，故一并載出；凡仄聲字清濁二紐讀多相混，《釋文》上極多，正今日俗讀相混之由來。池字是平聲的澄紐，何能概括上聲徹、澄二紐的讀？不能成爲理由。

　　《豫》："簪，徐側林翻，音針，照母字也，王肅又祖感翻，音昝；古文作貸，疑即貣字之訛，精母；京作攢，徂官翻，從母；馬作臧，荀作宗，虞作哉，音職。蓋簪有精、照二母之音，臧、宗乃精母之轉，哉則照母之轉也。"按：側林在莊紐，針在照紐，莊、照當分爲二類。在江慎修《切字母位用字表》就説照、穿、床、審四母二、三等不通用，不通用就當分成兩類，二等是一起，三等是一起。此表見《四聲切韵表》和《音學辨微》，周氏何未舉此，仍從宋人錯誤的説法云"側林音針"，是很不對的。"攢，徂官"，按：通志堂本、盧文弨本俱作"攢"，則當作"祖感"，正《爾雅·釋詁》"寁，速也"之寁借，與臧、宗俱同紐；如哉在照紐，與簪和臧、宗都是位同相借。周氏謂貸爲貣之訛，空言無據，是不應該的。

《説卦》："喙，況廢翻，音誨。"按：《廣韵》誨，荒内切，在十八隊韵，喙在二十廢韵。隊、廢洪細不同，何可比擬？這是一誤。

又云："徐丁遘翻，音晝。"按：《廣韵》遘，古候切，在五十候韵，此丁遘即《廣韵》都豆切，它的建紐字是鬥；晝在四十九宥韵，是陟救切的建紐字，讀音各自不同。這是二誤。

又云："丁遘翻音晝，本知母字，以端母隔標出切。"按：等韵家所謂的標，專指切語上字之位而言，上字之位與所切之字不同在一格，就叫"隔標"。如《廣韵》五十候韵"噣，又丁救切"，救在四十九宥韵。宥韵三等，無端紐，有知紐，丁救應當照宥韵陟救切之讀成晝，這樣纔叫做"隔標"；因爲端紐、知紐不同在一格的緣故。丁遘就不是隔標，怎麼説的？遘在候韵，候韵有端紐，丁遘讀成鬥是很自然的。丁、鬥同在端紐，能説丁救、丁遘是一樣的嗎？如今説丁遘是隔標，是周氏于隔標的意義未能徹底明白。這是三誤。

又説："咮有陟晝、都豆兩翻。"又説："陟晝一翻，當是孫叔然最初之音，下一字即用晝字，于法尚疏。"按：《釋文·釋天》："咮，猪究反。"《詩·行露》："咮，郭張救反。"《候人》："咮，陟救反。"《左傳·襄九年》："咮，竹又反。"都不見孫叔然"陟晝"的音；況陟、晝雙聲，不能成反切，書中也絶没有這種方式的反切，有即是錯字。這是四誤。

又説："徐仙民始用隔標爲丁遘、都豆，蓋以宥韵知母僅有晝字一音，而知母張、陟、竹字與晝字不甚逼近，恐轉混于照母之祝（呪同），故用隔標爲尤合。"此節多不可解：《廣韵》晝紐有三字，何以説是一音？張、陟、竹與晝，它的發聲完全相同，何以説它是不甚逼近？晝、鬥聲韵至不相合，何以説是尤合？這是五誤。

又説："《釋文·易》于喙字合咮又作喙，而誤以咮字之音音喙字，以致後人歧出如此。"按：《説文》"喙，口也"，鉉音許穢切，與況、廢相同；"噣，喙也"，鉉音陟救切。喙、噣既是同義，所以喙又用喙字的音來讀它。試檢《釋文》喙、噣、咮、注等字，它的音每每兼有幾個字的音，就因爲義相同，可以彼此互音，而字義更明。周氏説《釋文》誤以咮字之音喙，直是未能通理全書，爲字形所限，就造成了這些謬誤。周氏雖是用字母來解說《釋文》反切，但用的韵書不見得是《廣韵》，類似坊閒詩韵這類的書，所以纔有畫字一音這句話。今審《釋文》分聲、分韵是像《廣韵》，《廣韵》上也纍明載《釋文》音義，足見這兩部書是很相近的。周氏不用《廣韵》，所以說法多不對了。

　　賁，曹憲《博雅音義》云："賁，布魂翻（音奔）；彼寄翻（即《釋文》彼偽翻，徐甫寄翻，同），失之。"又云："賁容，上音奔，《周易·賁卦》世人多作彼寄翻，失之。"按：班、奔同母字，故可相通，後轉入真韵，仍同母也。楊升庵謂："賁字有數音，而府瓮翻（《釋文》李軌府瓮翻），不能直音。又重出音奔，不知瓮與盆同，府瓮乃輕重交互出切，即音奔也，不必重出。"按：《廣雅·釋詁一》"美也"條，賁音布魂反。《釋詁二》"飾也"條，賁容，上奔音。這兩個音，一反切，一直音，不在同卷同條中，可以不必重出。楊氏既誤會，周氏復不解而照樣的說是不對的。又云："顧氏《易本音》賁字下注，八微（周注"肥"字）、十二文（原注：《釋文》王肅符文翻。按：符文亦輕重交互出切，文韵無並母字，音近盆而稍異，即張參《五經文字》防文翻）。"按：文韵全是輕脣，故無並紐，符字是奉紐，符、文正是音和，何以能叫輕重交互？《易本音》所舉韵目，全本《廣韵》，《廣韵》八微有賁字，故舉之，下舉二十三魂、五寘，亦是如此。周氏又云："既失斑字一音，而誤添肥字一音，不知賁之音肥，姓也，見《漢書》（原注：《黥布傳》賁赫）；又地名也，見《後漢書》（原注：《劉虞傳》襄賁侯），與《易》卦之賁何涉？"周氏蓋未察《廣韵》二十七刪無賁字，故顧氏不舉二十七刪。即注二十文者，顧氏必以訓大、音焚者當之，非《易》卦之義也。即此賁字，可見楊、顧兩家考辨之疏。按：《易本音》賁下引《釋文》王肅符文反，云"有文飾，黃白色"。今按：六四賁、皤、翰三字似同爲一韵，當從王肅音爲定，顧氏是從有文飾的說，非訓大也。周氏何不細心體會，乃引《詩》《書》訓大的句子來證明顧氏是這樣說，何其自用如是！

　　周氏使用字母來討論前代的反切，自是別出新裁。但是他不知道照、穿、床、審之當各分爲二母，去聲二十廢，又是祇能合併于夬，今纏合在十八隊中閒，也是不恰當的。全書都用隔標和輕重交互來分析反切用字，但是有誤，显見他的聲韵知識尚有所拘滯，未能貫徹到底了。

法偉堂《釋文校語録》一文對《釋文》確立了一些條例，又將一韵劃分成幾類，并處處用類隔、音和來解説，也有不對的地方；又常常因一音有二三切語者，爲之多方解説，自多吃力不討好。今酌舉幾條以示例：

《易·乾》：“以辯，如字，徐扶免反。”“據《廣韵》扶免反即如字也，此引徐音以申如字意，非异讀也。”按：此因他人于此但音如字，徐氏乃音扶免反，此與有直音又加反切相同，并非申説。

《坤》：“利牝，頻忍反，徐邈扶忍反，又扶死反。”“扶忍與頻忍同，一類隔，一音和也，此改類隔爲音和之例，後仿此，扶死與古韵合。”按：類隔、音和兩個名詞，是宋代等韵家創立的，等韵家把這一韵目的字，按它的字母和等，排列在圖上。《切韵指掌圖·檢例》云：“先求上切居何母，次從下韵去横搜。”上切指反切上字，下韵指反切下字，先求上字所在的韵圖來定上字是何母，次從下字屬于哪個韵圖，在其母下即得其字。反切上字若與所切的字不同在一格，這樣的反切就叫“類隔”。如重唇音四紐的字，排在圖的一等到四等，而輕唇音的字却祇排在三等。《廣韵》輕、重唇不同在一韵，不同韵就不同圖，如頻、牝都在重唇三等，所以叫音和；扶在輕唇，牝在重唇，所以叫類隔。音和、類隔的用處，專是指在等韵圖憑等定字而言，講舊來反切是不需要的。再檢牝字在《釋文》是十一處：《書·牧誓》徐扶允反；《詩·騶虞》徐扶死反，《定之方中》徐扶允反，《吉日》徐又扶允反；《周禮·校人》劉扶忍反，《庾人》無又音，《車人》又扶死反，李扶緬反；《禮記·曲禮》舊扶允反，《月令》徐扶死反；《左傳·昭五年》舊扶死反；《爾雅·釋鳥》舊扶死反。此《考證》云：“監本作扶允反，誤。”則作扶允者五，扶忍者二，扶緬者一，扶死者五。再檢《叢刊》印通志堂本《坤》“允”已改作“死”，其改“允”爲“死”之痕迹尚存，似未可肯定“死”

字是、"允"字非了。其云與古韵合者,法氏從段氏注《説文》云"經典多音扶死切"。盧氏謂"扶死音近'否卦'之'否',今流俗所呼,皆用此音"。殊不知牝,匕聲而讀爲軫韵,此乃雙聲爲聲,在段注《説文》很多這樣説法,何以"牝"字就不能説它并非以雙聲爲聲呢?

《易·姤》:"羸豕,劣隨反,王肅同,鄭力追反,陆讀爲纍。""據此音羸爲劣隨,則《大壯》之'律悲'當作'律隨';又《井》音義亦云'律悲反,徐力追反',殆來紐亦分兩類乎?"按:本經羸字凡三見,惟《姤》首音是劣隨,注:"牝豕也,群豕之中,豭强而牝弱,故謂之羸豕。"按:《説文》四"羸,瘦也",鉉音力爲切,力爲即劣隨,正依注義,所以列爲首音。陸續讀爲累,即從鄭讀。鄭君不作音,力追乃後人所定。鄭以豕繫于金柅,是豕蹢躅,實由拘繫而如是,故讀羸爲纍之借。後師即以力追爲之音,與《釋文·井》"羸其瓶",鄭讀曰纍;《釋文·大壯》"羸其角",云"鄭、虞作纍,蜀才作累,張作纍"下俱有力追反,爲牽絆之義。律悲、力追是用字异,與劣隨不同,不可改"律悲"爲"律隨"。《釋文·條例》云:"前儒作音,多不依注。"《姤卦》有劣隨而《大壯》和《井》皆無劣隨反一音,正陸氏取諸家依注作音的來用。法氏未注意條例此言,乃説來紐分類,真是節外生枝。

又《詩·菀柳》:"自暱,女栗反,又女筆反,徐乃吉反,近也。"法云:"吉與女栗同,此字仍宜以女笔爲正,餘二讀乃各家用字不一律耳,非有异也。"法氏此言極爲精當。《釋文·條例》云:"前儒作音,多不依注,注者自讀,亦未兼通。今之所撰,微加斟酌,若典籍常用,會理合時,便即遵承,標之于首。"陸氏所謂斟酌者,即謂《釋文》取前儒之依注作音者來用,若涉及他經,就取他經與注之音來用。如《詩·桃夭》:"蓁蓁,側巾反。"按:《釋文·爾雅·釋訓》"蓁蓁,郭側巾反",是此音即用郭音。又如《兔罝》干城,《釋文》引《爾雅》"干,扞也"及孫炎云云,舊户旦反。按:《釋文·釋言》"扞,户旦反",因知《釋文》之音皆取用前儒作音以成書,并非本人所作。其時前儒所作音的書,都流傳人間,陸氏斟酌其依注作音者撰集成條,所以《釋文》纔有一音而二三反語者，足見其反語用字雖有別異，其音和義實在并没有區別。但法氏在此有明確的解説，他處就常常齟齬難通，如前所舉辯、牝、嬴三字皆是。

　　尚有《屯》往吝，云"力刃與力慎，未詳其旨"；《同人》于莽，云"冥党與莫蕩同出者，莽一等字，不當以四等之冥爲雙聲也，此音例後密于前處"。按：反切上字本不分等，因爲上字是表示字發聲之狀態，發聲没有等的區別，所以一等的"莽"既可用"冥"，又可用"莫"。以後《大有》的"車"，是三等合口字，王肅剛除反，用一等開口之"剛"，法氏謂之"疏"；《豫卦》的"睢"，也是三等合口，但是用一等之"火"，法氏説是與六朝音例不合；《蠱卦》的"蠱"，徐又姬祖反，"蠱"是一等合口，"姬"是三等開口，與"車"用"剛"恰恰相反。可見上字本是不分等呼的，後來韵書不見這種形式的反語，是修韵書的人不取它了。法氏用等韵家方式來講，忘記以互相對勘的道理來看《釋文》的反語，徒然費了許多話來詮釋，真是作繭自縛。

　　法氏于反語下字，又以同類、不同類來解釋，如《剥卦》所苊云："必利、悲備，至韵重脣分兩類，與《廣韵》同。"韵部用分類來解釋，陳澧《切韵考》就是用這個方法來理解。凡是一個韵中，同音而有二三個反語的説明，陳氏不同意宋代等韵家以等來分韵部，纔創立系聯一韵切語下字的方法，凡能系聯在一起的即叫做一類。近人黄季剛的《并析韵部佐證》云："陸氏以前已有《聲類》《韵集》諸書，切語用字未能畫一。《切韵》裒集舊切，于音同而切語用字有异者，仍其异而不改而合爲一韵，所以表其同音。精于審音者，驗諸脣吻，本可了然，徒以切异字异，易致迷惘，幸其中尚有一字一音而分二切者，今即據此以證其音本同類。如支韵詑，香支切；犧，許羈切，二類并爲漪類。如詑類有觺，即移切；犧類亦有觺，姊宜切，即其一例。"又云"去聲至韵媿、季二類并爲遺類"，此正指必利、悲備二切當併爲一類，不當分立。《廣韵》此二切，正是本于《釋文·易》的。須知它原本同是一音，但從前人製反切用字既然不盡相同，就仍保留其原狀，不把它併合，這是從前人崇實的表現，不是他不知道。

近人吳承仕撰《經籍舊音》二十五卷，《辨證》七卷，黃侃讀了就隨筆附記自己的見解，二君所說，自有超過前人的地方，但是也有缺點。如《大有》："大車，王肅剛徐反，蜀才作輿。"《辨證》云："《釋文・書・牧誓》引韋昭《辨釋名》云'車，古皆尺遮反，從漢以來始有居音'。清儒錢大昕等謂古音斂而今音侈，韋說正得其反。承仕按：韋辯近之，《釋名》非也。使車字相承音居，則王肅注《易》，不煩作音，正當肅時，始有居音，故爲反語以刻定之，懼學者誤從古音尺遮反也。"黃侃云："此謂王肅作車，因翻其音。按：《賁》初六，舍車而徒，《釋文》：車，音居，鄭、張本作輿，從漢始有居音。謂其文本作輿，至漢始讀爲居音，故文作車，非謂口語之車自漢始讀居音。"黃說是，然未完備。按：《困學紀聞》三引曹粹中《詩說》云："古車本音居，《易》曰：睽孤，見豕負塗，載鬼一車；來徐徐，困于金車，其音皆然。至《說文》有尺遮之音，乃自漢而轉其聲。"《唐韻正》四云："陸氏《釋文》引韋昭曰，古皆尺遮反，後漢乃有居音，非也。"《養新錄》五"古今音"條："《釋名》'古者曰車，所以居人也；今曰車，音近舍'。韋昭云云，韋氏誤也。韋特見《詩》'王姬之車、君子之車'，俱與華韻，而不知讀華爲呼瓜切亦非古音也。古讀華爲敷（華讀敷之說，見《釋草》郭注，又見《釋文・何彼穠矣》，然古無輕脣音，敷是輕脣，郭注不可信，華自當讀如呼），車之讀居，又何疑焉？弘嗣生于漢季，稍染俗學，故于古音不甚了了。"按：自吳棫、陳第以來討論古音，没不以麻爲魚、模之變，今乃以麻韻爲古，魚韻爲今，直是可怪。

又《書・堯典》："毨，如勇反，徐又而充反，又如充反。馬云'溫柔貌'（盧文弨校本）。""黷（按：當"鸒"誤），本又作□，又作□，如勇反，徐又而充反，又如充反，謂濡毪細毛也。馬云溫柔貌。《說文》作毪，人尹反，云毛盛貌也（涵芬樓影印唐寫本）。"段玉裁曰："《釋文・書》本作徐而允反，又如充反，俗本并譌作充，而《集韻》《類篇》因有而融、如容兩切矣。"承仕以唐寫本證之，段說近是；然謂此字讀入東部，悉由充、允形訛所致，則未然也。 尋《説文》字正作戁，《尚書》古文作氄。隼聲、喬聲皆屬古隊部，隊諄對轉，則如允、如充等反，是其本音。 然《説文》字亦作氄，重文作㒗，俱從弇聲。 弇在蒸部，蒸、東旁轉，其勢最近，故戁音而隴反。《大司徒》"其动物，宜毛物"注云："貂狐貒貉之屬，縟毛者也。"《釋文》："音辱，一音如勇反。"辱聲在侯部，侯、東對轉，亦最近，故縟音如勇反。戁、縟、氄、㒗同義，雙聲又得相轉，則氄、㒗二字，兼有而隴之音矣。《史記》鳥獸氄毛，徐廣音茸，證知氄字讀入東部，其來蓋久；而《玉燭寶典》字作氉，《廣韵》字作氄，則又因聲而孳乳者也。 又按：而充、如充二反同音。 愚謂以唐寫本相校，通志本而充、如充，皆是而充、如充之訛。《慧琳音義》四之奐，《廣韵》獮韵氄、㒗，皆音而充，此氄正讀如㒗。《尚書撰异》一云："《説文》戁訓羽獵韋絝，而《虞書》㒗毛訓毛盛，六書之假借也。朕聲在古音侵、覃部，而蒸、登部與東、冬部古多合韵，此㒗讀而隴切之理。《古文尚書》㒗、氄字，亦讀而充、人勇二切者，依㒗字讀也。"段氏此説，較吳氏可信。 諄、侵相轉，是章太炎《成均圖》隔五相轉所説。 吳氏既云"戁、氄、縟、㒗同義雙聲"，就當從雙聲來説，較直捷了當，不必迂曲用韵轉來説。 其實《成均圖》無一條不是雙聲，所以黃侃《音略》祇談雙聲，不承認韵部相轉，就是這個原因。

又《詩·匏有苦葉》："鷕，以小反，沈耀皎反，雌雉聲，或一音户了反，《説文》以水反，《字林》于水反。"吳云：顧炎武、段玉裁、畢沅并謂鷕從鳥唯聲，舊以水反，傳寫訛水爲小，遂有以小、耀皎、户了各音。 承仕按：鷕從唯聲，本屬脂部，又與"有瀰濟盈"之"瀰"爲句中韵，自以以水反爲長。 然徐爰注《射雉賦》音鷕以少切，在沈重前百有餘年，《玉篇》《切韵》鷕字亦祇收以沼一音，則此字讀入小韵，自有其變通之理，未必盡關形誤，灼然可知。《廣雅·釋宫》迷，犇也，曹憲音子肖反。 王念孫《疏證》曰："凡脂部字多與蕭部相轉，如有鷕雉鳴之鷕，音以水、以小二反；《周官》（《天官》）追師之追，音丁回、丁聊二反；《郊特牲》壹與之齊，（注）齊或爲醮，《史記·萬石君傳》譙訶，音誰何，皆其例也。"按：《漢書·揚雄傳》："神騰鬼趯。"宋祁曰："趯，一本作趮，蕭該《音義》曰，今《漢書》鬼趯或作趮字，韋昭慈昭反，《字林》才召反。"《左傳·桓十七年》經盟于趡，《釋文》趡，翠軌反，《説文》鉉音千水切。綜合來看：昭，平聲宵韵，召，去聲笑韵，軌、水，上聲旨韵，這是韵的情形；説它的聲，子在精紐，慈、才都在從紐，千、翠都在清紐。"轉語"説這些叫做同位相轉，同是齒頭音，所以叫同位。又如王説丁聊，此自雕琢的珃，由它雙聲相轉，對借用追字來讀成堆的音。又如王説齊或爲醮，此謂《昏禮》共牢而食，無有尊卑，所以叫齊，酌而無酬酢曰醮，《昏禮》莫有酬酢之文，是齊和醮各有它的意思，不可以説成通借。依《釋文·郊特牲》醮，子妙反，精紐；《説文》齊，鉉音祖兮切，從紐，就用聲韵來説，也祇是聲的相近轉變。又如王説譙訶音誰何，按：《方言》七："譙，讓也，秦、晉之閒凡言相責讓曰譙讓。"《説文》三："誰何也。"依《段注》來説，譙與誰都有責問的意義，都是漢代的通語，没有先後變易可言。依《文始》九云："挑，撓也。撓，孥乳爲嬈（奴鳥），苟也（苟即訶借），舒作齒，則爲誚（才肖）。嬈，譊也，小篆作譙。"《文始》卷九是宵部，宵即豪韵。王氏謂爲蕭部，是從譙的讀音，非從偏旁，是錯誤的。《文始》二"攵"下云："敦，《説文》訓怒、訓詆。一曰誰何也，對轉隊，變易爲誰何也。"訶止與推卻，其義固相同，但兩個建首字，兩個韵部相去也很遠，就從韵部相轉來談，也是説不通的。不但譙和誰不能説是韵轉，即脂韵和豪韵也都無法説成是韵轉。因爲脂、灰韵合收音是uei，豪韵無合口，收音是ao，它們的元音没有一點相像，哪能够説它是韵轉？再凡韵轉必定是雙聲，陳澧《東塾讀書記》十一云："凡同在一條内而雙聲者，本同一意，意之所發而聲隨之，故其出音同，惟音之末不同耳。音末不同者，蓋以時有不同、地有不同故也，其音之出，側仍不改，故成雙聲也。"這幾句話是很精確的，説明合韵的用處不如雙聲了。

　　韵的通轉，段玉裁叫它做合韵。合韵這個名稱，起于唐代，顏師古注《漢書》，從《司馬相如傳》以後韵文裏面都用過這個詞。但是師古是用來說明韵文中這些字與通常的讀音不相同，隨字加注，并無一定的規律。到了段氏作《六書音均表》，分古音爲十七部，韵部次第，重新編製，他的著作中叫做“合韵”，也叫“雙聲合韵”。他是將韵部與韵部併合，不是指單獨的字。合韵名稱是舊有的，但它的内涵用法是新的，所以大家都用。嚴格説，應當審慎，黄季剛的《音略》就衹承認陰陽對轉，其餘的“轉”，便認爲是雙聲，話是很對的。

總而言之，舊來反切，用二字來分別比譬字的雙聲和疊韵，使人分別體會得出它的音。但是許多反切都不能聯讀成音，學者遂産生困惑。宋代等韵家便製造等韵圖來解決。等韵是用兩個方式：一個叫憑韵，就是前引《指掌圖·檢例》“次求引韵去横搜”這句話；另一個叫憑切，就是《玉鑰匙》所説的“寄韵憑切”這些門法。如《釋文·内則》：“苗，昌改反。”按：改在上聲一等海韵，昌是穿紐，一等韵無穿紐，昌改就不成音。下文又云“韋昭注《漢書》云昌以反。”按：“以”在六止，昌以就讀如齒。但是《釋文》反語有出于憑韵、憑切兩個方式之外的，如《釋文·何彼襛矣》“栘，一音是兮反”，“兮”在十二齊，“是”在禪紐，齊韵無禪紐，不能成音。《釋文》首音是移，“移”在五支韵的喻紐，齊韵改在支，可以説是寄韵；但禪、喻不同紐，“是兮”讀成移音，不能説是憑切。《玉鑰匙》把它列在寄韵憑切是説不過去的，因此用“等韵”來解説《釋文》的音讀是不能解決《釋文》反切上的問題的。

《釋文》采輯魏、晉至梁、陳閒諸師訓讀，從《釋文·詩經》所擬叶音來看，它和宋、元、明、清諸儒所擬定古音是不相合的。足見當時師讀相傳，已無周、秦古音存在。所以用後人所定古音方法及音理來論《釋文》反語是不適合的，段氏所謂合音，即是其例。等韵是根據反語上下字定出其讀音，并不是魏、晉諸師所作反語已有此規律。若是用等韵來談《釋文》反語，縱然添出許多門法，而問題仍不能解決，所以用古音和等韵兩個規律來講説《釋文》都是不應該的。

等韵淺説

　　等韵書多種，都是爲注音的反切服務的。因爲它是依照反切二字的等來尋求出它正確的音，所以叫做“等韵”。造反切是在魏、晉以後，當時没有四等這個詞。反切上下字，祇是取和它音相似的字來用，因爲這樣反切上下字和切出的字多有不同等的，等韵家纔創立各類門法來解決它。元、明以後，等韵家采輯新的反切，多有不合反切規律的，一有不合，便增加門法，并且門法的詞義，多含糊不清楚，解説它的還有許多錯誤。今作《淺説》，用圖表加以助解，願讀者指摘其失，以便再加改訂。

一

　　魏、晉時代的人，因爲漢人書中擬音的讀若，又叫讀如，太不全面，有些還不容易讀準它的音。于是變通這種辦法，用兩個容易認識的字，分別來比譬它，上字比譬這個字發聲的狀況，下字比譬這個字收音的狀況，這種注音的方式叫“反切”，又叫“反語”。反切比讀若的辦法好得多了，因此從魏、晉到清代的人注音都是用它。但是反切是分別比譬一個字的音，和後來所謂拼音的反切是兩碼事。後者就有一些不能到口讀成音的，如德紅切東、古紅切公，德、古、紅三個字都是常見字，但是合在一起，反而讀不出東、公二字的音來。東、公是常見字，它的反切是不十分重要的，若是一些生僻字就重要了。宋代的人用很機械的方式，把韵書每韵有反切的建首字（就是綴有反切的那個字），按照字母把它一一排在下面格子裏，就叫做圖。例如《古逸叢書》中的《韵鏡》、鄭樵《通志》的《七音略》，都是把《廣韵》《集韵》和其他有反切的書中的字，寫在圖的每格中。其形式是把三十六字母排成二十三行。前四行是唇音，《韵鏡》未標明字母，祇是注出清、次清、濁、清濁

四種名詞，令人難以瞭解。現在依照《七音略》的圖式，完全寫出字母
下面舌音、牙音是相同的，齒音四位又是清，五位又是濁，喉音是清、次
清、濁、清濁，來、日都是清濁。不過《七音略》又把脣音叫做羽，舌音
叫做徵，牙音叫做角，齒音叫做商，喉音叫做宮，來、日叫做半徵商。這
是鄭樵强用古代的七音來代替脣、舌、牙等的各稱，真是比擬不倫，戴
東原《聲韵考》說它是附會，這話很恰當。《七音略》的圖式如下：

《七音略》的辦法是先分成平、上、去、入四大格，每格又分爲一、
二、三、四等。上圖就是一東韵的字，將它按字母和等來安排。如夆字
見《集韵》，《七音略》取它。雄，《集韵》胡弓切，所以排在匣母下。這
個圖的用法，《韵鏡》有"歸字例"説明："歸釋音字一如檢《禮部韵
略》，且如得芳弓反，先就十陽韵求芳字，知屬脣音、次清（即敷母）、第
三位（即第三等），却歸一東韵；尋下弓字，便就脣音次清第三位取之，
乃知爲豐字。"這樣説來，芳、弓、豐三字都在第三等。等韵的稱呼，就
建立在此。

元代至元二年（1336），劉鑑作《經史正音切韵指南》，把《韵鏡》

《七音略》的四十三圖合併爲二十四圖，説是和韓道昭《五音集韵》"互爲體用"，它就是根據《五音集韵》中反切作成的。它把牙音四母同脣音四母互調，曉母同影母互調，分一、二、三、四等爲四大格，每格再分平、上、去、入，韵目一等列東、董、送、屋和冬、宋、沃，三等列鍾、腫、用、燭，所以圖就減少了。無名氏作《四聲等子》，就題做"東冬鍾相助"。所謂"相助"，就是互相補助，不像《韵鏡》《七音略》在一個圖裏面，衹用一個韵中四聲的字。但是《等子》又更減爲二十圖，把江合在陽、唐，佳合在皆，祭、廢借用，文、諄相助，删併入山，先併入仙，庚、登借用，覃、咸、凡、鹽四等，全併十六部爲一圖。托名司馬光所撰的《切韵指掌圖》與上舉各書，又都不相同。如它第二圖是（下頁）：

這個圖是用三十六字母作三十六行，不相重復。如菶爲重脣，風、豐、馮爲輕脣，這樣分列是很明顯的。不像《韵鏡》等書，都是把這四個字并列在三等，使輕重脣異讀的界限不顯明，是不合理的。又如尤韵的謀是重脣，與輕脣的不、浮列在一排，没有分别。《指掌圖》就不是如此。《指掌圖》前有《檢例》，説明圖的用法：

先求上切居何母等韵家叫反切上字爲"切"。原注："且如德紅切東字，須先求德字，記在端字母。"就第四圖入聲等格中求之，端母是德字。

次求引韵去横搜。引韵又叫行韵。原注："次求紅字（紅、洪同音），横過至端字下，即是東字。"

本眼空時上下取。這是指三等韵，有二等和四等的字作反切下字時，還是要依照切出的字的地方定等。如《廣韵》六脂"師，疏夷切"，夷在四等，師在二等，就要在二等格上下找到師字。又如"脂，旨夷切"，脂是三等，雖是用了四等的夷，但應在三等格内去找它。又如"夷，以脂切"，夷是四等，雖是用了三等的脂，但應在四等格内去找它。依照前面所舉的豐、東反切下字，都是和它同等的，就能够在同等格内得到它所要尋找的字來。上面所舉師、脂、夷三字，它們的反切下字都不同等，不能在同格内尋找出，所以要説明。

此葉全無前後收。等韵圖把每韵中開口同合口分作二圖，從前切語下字開合混用。如《廣韵》五支"爲，薳支切"，支在《指掌圖》十八圖四十九頁，

韻圖（等韻圖表）

上半・右表

	見	溪	羣	疑	端	透	定	泥	知	二
平聲	公	空	弓	○	東	通	同	農	中	
上聲	拱	恐	○	○	董	桶	動	○	冢	
去聲	貢	控	共	○	凍	痛	洞	○	中	
入聲	穀 菊	哭 麹	麹	權 玉 駒	禿	禿	獨	○	竹	

上半・左表

	徹	澄	娘	幫	滂	並	明	非	敷	奉
平聲	忡	蟲	濃	○	○	蓬	蒙	風	豐	馮
上聲	寵	重	○	○	菶	菶	蠓	○	○	奉 捧
去聲	疃	仲	○	○	夢	○	幪	諷	○	鳳
入聲	畜	逐	○	扑	木	僕	木 目	福	○	伏

下半・右表

	審	牀	穿	照	邪	心	從	清	精	微
	○	○	○	○	○	○	叢	葱	葼	蕶
	○	崇	充	終	○	○	從	從	椶	蹤
	○	重	○	○	○	松	悰	○	○	總
	○	○	○	腫	○	○	悚	○	○	粽
	○	○	銃	衆	○	送	誦	○	○	縱 鏃
	○	重	○	○	○	○	族	○	○	鏃
	縮 叔	○	○	粥	○	肅	○	○	蹙	足

下半・左表

韻	禪	日	來	喻	匣	曉	影
冬東	○	○	籠	○	洪	烘	翁
東	○	戎	隆	○	雄	胷	邕
鍾	○	○	曨	融	○	○	○
董	○	○	隴	○	○	詾	擁
腫 腫	○	冗	曨	勇	○	○	○
送 送	送	○	弄	用	閧	敻	雍
用 送	○	○	○	用	○	○	○
沃 屋	○	○	祿	○	○	○	屋
燭 屋	熟	○	六	育	蓄	旭	郁

爲在十九圖五十一頁，所以要在前後頁去尋找它。

最後這兩句話，後來都建立成爲門法了。門法，就是用簡單的詞語來概括等韻學中一個問題。我們可以這樣説：等韻是爲反切服務的，而門法又是爲等韻服務的。不過門法的名稱和多少，各種等韻書是不一致的，有些門法在效用上來説，是没有必要的。我在下面有不成熟的一些看法。

張麟之《韵鏡·序》云："楊倓淳熙間所撰《韵譜·序》，言采當塗得歷陽所刊《切韵心鑒》，舊體以一紙列二十三字母爲行，以緯行于上，其下閒坿一十三字母，盡于三十六，一目無遺，楊變卌六行分二紙肩行而繩引。"這樣説來，楊倓《韵譜》和《指掌圖》格式是相同的。等韻圖例衹有上述的兩種形式。

關于《韵鏡》《七音略》《切韵指南》列圖次第：《韵鏡》與《廣韵》次第相同，惟降登、蒸于末。《七音略》的次第則列覃、談九韵于唐、陽前。"韵目表"説："顏元孫《干禄字書》、魏鶴山跋吳彩鸞韵亦同，必《唐韵》舊第如是。"這樣，《韵鏡》和《七音略》的每排次第，係依據"韵目表"的説法，就更明白。

二

等韻圖中的一個小格，止容一音（即一字）。遇有音同而用字不同的，就寄其一在另一格中。《韵鏡》的第九、十圖，入聲大格，凡陰聲韵都無入聲，所以入聲是空白，就列了廢目及其韵中各母字，説是"去聲寄此"，因去聲格已填入未韵字。又在第十三、十四圖，入聲大格，都列夬目和它韵中各母字，説是"去聲寄此"，因去聲格已填入怪韵諸母字。《七音略》的九圖、十圖、十三圖、十四圖完全相同，但未説明是"寄"，就使讀者不明白了。《韵鏡》圖中于《廣韵》一音有二、三個切語的字，也寄其一字在它的空白處，如支韵齒音清，三等列騹，四等列劑。按：《廣韵》騹，子垂切；劑，遵爲切，都是精母四等。精母本無三等，現在列騹在三等格中，也是把它寄在空白處，但未説明原因。以此類推，如清韵、幽韵，它的脣、牙、喉音，都列了四等字，清、幽四聲群母開口共有五音，惟勁、昔無群母（清韵平聲頸、上聲痙，幽韵平聲虯、上聲蟉、去聲趴）。 按：四等韵的齊、先、蕭、青平上去入韵中，都没有群母。 現在清、幽的四等字，知道它本非四等，因爲清韵已列庚韵的三等，幽韵已列尤韵的三等，兩處四等都是空白，所以就把這二韵的字列在空白的地方。

《四聲切韵表》因之，也題爲四等，并且在"凡例"中"四等"條亦説有群，就是根據等韵圖來説的。 既是知道四等韵確無群母，而等韵圖在三等韵群母四等多有字，這也是因爲韵書上群母曾有兩個切語，在等韵圖上就把它分别安排在三等和四等。 不但群母的四等應該這樣解釋，就是其他牙、脣、喉凡有兩個切語者，都應該如此解釋。 此種一音有兩個切語的原因，乃因注各書音義的不止一人，不是一時，不在一地，例如《經典釋文》就有很多這樣的，由于音義諸書流布已久，《釋文》把它寫在一處，以見它們反切用字雖則不同，它的讀音差异甚微。《釋文》如此，修韵書的也照抄下來，等韵圖還是照着做，就用"寄"的辦法，把它排列在空白的地方，便成了下面這個形式。

禪	審	床	穿	照	邪	心	從	清	精
					詞	思	慈	雌	兹
鰲	師	茌	差	菑					
時	詩	○	眵	之					
					○	西	齊	妻	齎

《指掌圖》也有用寄的地方，如十八圖（即上圖） 齒音把兹、雌、慈、思、詞列在一等，也是"寄"的。 因爲齎、妻、齊、西占據了四等的位置，就秖有把這五個字寄在一等空白位上，并非製圖時，這些字都已由四等變成了一等。 又如之韵茌，士之切；鰲，俟甾切，都是床母字，現在列茌于床的本位，寄鰲于禪的二等，但禪母秖有三等，它的二等原本是空白。 總的説來，《韵鏡》寄字的意義是很重要的，不明白寄字，就

不可能理解等韵的種種問題了。

　　上面所舉的《指掌圖》紅、東同在一等格,《韵鏡》弓、豐同在三等格的例子,已足够説明等韵的作用:凡在同等的規律上,得出它正確讀音的字來,都是不出等的,等韵家對于這種情况,叫做“憑韵”。 本來在魏、晉造反切時,并没有列等的説法,反切祇是著重在是否常見字、讀音是否相協或相近。 因而舊來在三等韵的反切下字,每每使用异等的字,等韵家對此就建立一些憑切的門法,意謂反切下字的等既不可憑,不妨改憑反切上字的等來定它的等。 所以《指掌圖·檢例》説:“凡切字以上者爲切(即反切上字),下者爲韵(即反切下字),取同音(牙、舌、脣、齒、喉、半舌、半齒七音)、同母(即同字母)、同韵、同等,四者皆同,謂之音和。 取脣重、脣輕、舌頭、舌上、齒頭、正齒三音中清濁同者(即指破裂、破裂摩擦、收鼻等),謂之類隔。”現在分别解釋。

　　先説類隔。《指掌圖》對于脣音類隔的排列是:

重脣	幫	滂	並	明
輕脣	非	敷	奉	微

它説:“以苻代蒲(原注説“如苻字作蒲字切”),其類奉並。”是指反切上字當用蒲的地方用成苻了,例如《釋文·尚書·益稷》:“薄,蒲各反,徐扶各反。”按:“各”在《廣韵》十九鐸,鐸韵一等,是有重脣無輕脣的。 徐邈用輕脣奉母的“扶”來表示重脣並母“薄”字的發音,是非常規的。 但徐邈爲何這樣處理?除了當時語音發展業已出現顯著變化外,還有乃因蒲、扶(苻同)都是脣音常見字,并都帶音(即同在第三個字母),所以就用了。 又説:“以無代模,其類微明。”例如《尚書·洛誥》:“覆,徐莫剛反,又武剛反。”按:“剛”在十一唐,唐韵一等,有重脣無輕脣。 “莫”是明母,“武”是微母,用“武”來代“莫”,也不是常規的。 下面我再舉《釋文》來説明幫非、滂敷的類隔。 例如《易經·訟卦》:“逋,補吴反,徐方吴反。”按:“吴”在《廣韵》模韵,是一等韵,有幫無非,“補”是幫母,“方”是非母,用“方”來代“補”,

也是超出常規的。 又如《易經·豐卦》：“沛，普貝反，王廙豐蓋反。”
按：“貝、蓋”都在十四泰，是一等韵，有滂無敷，用“豐”來代“普”，
也不符合常規。 重脣反切上字用輕脣的，《釋文》裏極多，輕脣字用重
脣的比較少，例如《易經·豐卦》：“豐，芳忠反，《字林》匹忠反。”《尚
書·禹貢》：“墳，扶粉反，韋昭勃憤反。”“芳”是敷母，“匹”是滂母，
“扶”是奉母，“勃”是並母。

又《指掌圖》對于舌音類隔的排列是：

舌頭	端	透	定	泥
舌上	知	徹	澄	娘

它説：“以丁代中，其類知端；以勑代他，其類透徹。”例如《易經·訟
卦》：“窒，張栗反，徐得悉反。”按：“栗、悉”兩字皆在五質，三等韵有
舌上無舌頭，“張”爲知母，“得”爲端母，用“得”來作知母的反切上
字，不合常規。 又如《詩經·君子偕老》：“掃，勑帝反。”按：“帝”在
十二霽，四等韵有舌頭無舌上，“勑”是徹母，四等無徹，《廣韵》“他計
切”有“掃”，“他”爲透母，這是用“勑”代“他”，也不合常規。 又
如《詩經·小戎》：“縢，直登反。”按：《廣韵》十七登是一等韵，有定
無澄，“直”是澄母，以澄代定，不合常規。 又如《易經·姤卦》：“柅，
徐乃履反，又女紀反。”按：“履”在五旨，三等韵有娘無泥，“乃”是
泥母，以泥代娘，非符合常規。 又如《禮記·哀公問》：“蠤，徐又湯邦
反。”按：“邦”在四江，二等韵有徹無透，“湯”是透母，以透代徹，也
是不合式的。 以上所舉反切使用上下字未能符合常轍的原因基本相同。

再者《指掌圖》尚有齒音類隔的排列：

齒頭	精	清	從	心	邪
正齒	照	穿	床	審	禪

例如《釋文·詩經·螽斯》：“揖揖，子入、側立二反。”按：“子”是精

母，"側"是莊母，這是讀"側"如"則"，亦即莊、精混用。又如《禮記·內則》："扱，又作插，初洽反，徐采協反。"按："扱、插"同爲初母，徐或讀"采"像"釵、差"的上聲，所以用了"采"。又如《周禮·媒氏》："棧，士板反，劉才産反。"按："士"爲床母，"才"爲從母，劉昌宗或讀"才"如士之切。又如《莊子·在宥》："叟，素口反，郭疏走反。"按："素"在心紐，郭象或讀"疏"同"蘇"，故用"疏"。又如《周禮·司服》："毳，昌銳反，劉清歲反。"按：劉或讀"毳"同"脆"，故用"清"。又《弁師》："繸，息遂反，劉詩（《正義》本如此）遂反。"按：劉或讀"詩"同"司"，故用"詩"。又如《禮記·儒行》："楯，時準反，徐辭尹反。"按：徐讀"辭、時"無別，故用"辭"。其餘精、照二母或從、神二母混用的反切都不見于《經典釋文》，祇好不予論列。

《指掌圖》對以上三種統稱爲"類隔"，未加分別。到了劉鑑的《切韵指南》，纔把端、知混用的指爲種類阻隔而音不同，指脣音類隔爲輕重交互，指齒音類隔爲精照互用。本來《指掌圖》止是類隔一個名稱的，劉鑑分爲三個名稱了。甚至《切韵門法》即《門法例》中，又分爲端等類隔、知等類隔、重輕交互、輕重交互、精照互用、照精互用，并且作圖以表明它如何出切、如何行韵、如何取字。于是類隔一門，更劃分成六門了。《玉鑰匙》"類隔"條末尾説："惟有陟邪切爹字，是麻韵不定之切。"按：麻韵雖然有三等，知、徹四母都沒有字，無法讀它，因爲邪是四等，《切韵指南》就把它列在四等的端母，這也是憑韵。真空又有"勑洗切體字，是薺韵不定切；女像切饟字，是養韵不定切；女星切寧字，是青韵不定切。"其實這三個切語，不知道它的根據，而薺韵、青韵本是有端等四母的，反切上字用"勑"、用"女"，也合于類隔的規律，和麻韵本無這四母的迥然不同。養韵是有知等四母的，也和麻韵不同。《門法解》因之分立各韵不同的門法，其實是可以不立，仍然附在類隔門就得了。

次説音和。《指掌圖》對于音和，曾舉丁增切登，説"丁歸端母，登也歸端母"。那就是端母用端母的字作切語上字，和類隔端母用知母的字、知母用端母的字，完全不同了。依上文所舉德紅切東，德、東都是端母一等字，今"丁"確是四等，雖是等不相同，但是同母就可以了，足見反切上字是不必計較等的。《指掌圖·檢例》説："凡切字以上者爲切，下者爲韵，取同音、同母（這是指反切上字與切出字的規律應當這樣做）、同韵（反切下字和切出的字同在一個韵）、同等（反切下字和切出的字完全同等），謂之音和。"就是説明在韵書的一、二、四等韵中，全韵的等都是一致的，惟三等韵有些有二等的照、穿、牀、審四母（即後來分出的莊、初、牀、疏），又有四等的精、清、從、心、邪五母及喉音喻母。既然如此，反切下字纔産生了不同等的現象，于是就增加了些門法。

再説明白點，音和與類隔的區别：音和是反切上下字和切出的字都是同等；類隔的反切上字和切出的字就不同等、不同母，但是它發音的形狀完全是相同的。類隔是限定在上述二十六個字母之内使用的；音和則在三十六母都有用同母字作反切上字。《玉鑰匙門法》説："音和者，謂切脚二字，上者爲切，下者爲韵，先將上一字歸之本母，于爲韵等内本母下，便是所切之字，是名音和門。故曰：音和切字起根基，等母同時便莫疑；記取古洪公式樣，故教學切起初知。"它所説的"古洪公式樣"，不過是隨意例舉見母字以説明音和。到了真空《直指玉鑰匙門法》説："見、溪、羣、疑此四母下字爲切，隨四等韵去，皆是音和，如古洪切公字，古行切庚字，起居切區字，古賢切甄字之類。"于是纔把音和一詞的内涵局限在見、溪、羣、疑四母之内，而與《指掌圖》命名的意義大相徑庭了。到《切韵門法》還有"一、四音和""四、一音和"這兩個名稱，其實在古籍中反切是没有這樣分别的。如《廣韵》齊韵"齊，徂奚切；齋，祖雞切"，徂、祖都是一等，奚、雞都是四等。又如魂韵"孫，思渾切；村，此尊切"，思、此都是四等，渾、尊都是一等。因此，可以説那樣分法對古籍上的反切是不需要的。《門法例》説"音和一門，七音皆具"，不止牙音，此説極是。

《切韵門法》中有"就形門"。它説："牙脣喉一十六母，第三等爲切，韵逢諸母第一，當憑韵切一等字。今詳開合無字可切，仍就形切牙、脣、喉三等字。如巨寒切乾字，無感切錣字，許鍋（戈）切輠字。”這三個切語中，惟“許戈切”見泰定本《廣韵》，張本、黎本并作“許肥”。若“巨寒切”，寒韵一等無群母，“乾”在仙韵，反切下字用寒，和“錣”用”感”都是不同韵的，違反了同韵同等的規律。因此，“就形門”不應該設立。

它又有“創立音和門”，它説：“見類、幫類及曉、匣、影共一十一母，一、二、三、四等爲切，韵逢偏狹攝諸母第三，當切三等字。今詳開合無字可切，即切第四等。如莫者切也字，毘兩切驪字。”按：《廣韵》“者”作“也”，就應在偏狹；“兩”作“養”，也應在偏狹。據此，“創立音和門”，也應當合併在偏狹門纔是。《切韵門法》曾説：“偏狹門中三、四等字皆少，故三通切四，以三、四等在偏狹中，又皆同韵，故名音和。”

《玉鑰匙門法》説：“窠切者，謂知等第三爲切，韵逢精等影、喻第四，并切第三，爲不離知等第三之本窠也，故曰窠切。如陟遥切朝字，直猷切儔字。”這是指三等韵舌上四母，如果反切下字用四等字，還是要憑切讀三等。如圖：

	知	徹	澄	娘	精	清	從	心	邪	影	喻	
三等	陟↓朝		直↓儔									出切取字
四等												行韵

又説：“振救者，謂不問輕重等第，但是精等字爲切，韵逢諸母第三，并切第四。振者整也，能整齊三、四，救護精等之位也。如私兆切小字，詳邐切似字。”這是指三等韵中精等五母切出的字都讀四等。爲什麼説是憑切？因爲“私”是心母，“詳”是邪母，都是四等，而“兆、邐”都是三等，把它完全讀成四等。如：

	知	徹	澄	娘	精	清	從	心	邪	來	
三等	兆								邏		行韵
四等								小↓私	似↓洋		出切取字

又説：“正音憑切者，謂照等第一爲切（照等第一即四等中第二），韵逢諸母三、四，并切照一，爲正齒音中憑切也。如楚居切初，側鳩切鄒是也。”這是指三等韵有照、穿四母二等，如果反切下字用三等或四等的，仍然讀二等，就是憑切。如圖：

	照	穿	床	審	禪	見	溪	群	疑	
二等	鄒↓側	初↓楚								出切取字
三等						居	鳩			行韵

又説：“寄韵憑切者，謂照等第二爲切（照等第二即四等中第三），韵逢一、四，并切照二，言雖寄于别韵，祇憑爲切之等。如昌來切犓字，昌給切苢字。”按：犓《説文》讀如糗。糗，《尚書·費誓》《周禮·漿人》《禮記·内則》《左傳·昭公二十五年》和《哀公十一年》的《釋文》都説“一音昌沼反”，昌沼即《廣韵》尺沼。“來”是咍韵一等，所以説“犓”該讀如尺沼切的麵。“給”是海韵一等，“苢”該讀如韋昭《漢書音》比“昌以切”的齒。這些正是説明古人造反切，上下字都是分别此聱的例證。如圖：

	照	穿	床	審	禪	端	透	定	泥	來	
一等								紿		來	行韵
二等		昌	茝／犕								出切取字

又説："喻下憑切者，謂單喻母三等爲覆，四等爲仰。如于聿切颺字（因爲于是三等字，聿是四等字，所以颺讀三等），余招切遥字（因爲余是四等字，招是三等字，所以遥讀四等）。"按："覆"是指反切上字是三等，下字爲四等，三在四上，所以叫"覆"。"仰"是指反切上字是四等，下字爲三等，四在三上，所以叫"仰"。後來真空遂分仰、覆爲兩個門法。如圖：

	喻	
三等	于→颺	出切取字
四等	聿	行韵

	照	穿	床	審	禪	影	曉	匣	喻	
三等	招									行韵
四等									余→遥	出切取字

又説："日寄憑切者，謂日母下爲切，韵逢一、二、四，并切第三。如汝來切茆，儒華切挼，如延切然。"按："來"是咍韵一等，無日母。《玉篇·艸部》茆，讓之切，無"汝來"之讀。"華"是麻韵二等，無日母。"儒華"疑讀如奴禾切的"挼"，聲韵都改變了，似不當在此。至于"如

延切”見《廣韵》二仙，“延、然”同在仙韵，與知等窠切例同，似可合併，説它是日寄也不合理。 如圖：

	影	曉	匣	喻	來	日	
一等					來		行韵
二等		華					行韵
三等						如儒汝然挼苒	出切取字
四等				延			行韵

《直指玉鑰匙門法》二十説：“通廣侷狹者，謂來母下第三等爲切，韵逢精、清、從、心、邪、喻母第四，并切第三。 如力小切繚字是廣門，力遂切類字是通門，良獎切兩字是侷門，力鹽切廉字是狹門。”但《切韵門法》立爲“小通廣侷狹門”，它説：“此與侷狹門同法，但通廣門亦具此法，故統名通廣侷狹。 謂之小者，祇來字一母也。”可見這和窠切門同理，是可以合併的，不必單獨立它。

《指掌圖》有“辨獨韵與開合例”，説它的二十圖中，“前六圖係獨韵，應所切之字不出本圖之内，後十四圖係開合韵，所切字多互見。 如眉箭切面字，其面字合在第七干字圖（開口）内明母下，今乃在第八官字圖（合口）内明母下，蓋干與官相爲開合（俱見母字）。”《玉鑰匙》訾議這樣叫做“開合不倫”，它説：“諸韵切法皆有定式，惟開合一門，似無憑據。 如永兵切榮，雨方切王，下没切紾，俱萬切建。” 按：兵、方、没、萬都是唇音，凡讀唇音都是兩唇相合，所以榮用兵、王用方。榮、王都是合口，和兵、方的發聲形式相同，故凡合口的反切下字多用唇音，就是這個理由。 又凡唇音字，除模韵外，其餘的字音都是讀元音後將唇張開。 所以紾、建都是開口字，它反切下字用没、萬，就是這個理由。

《指掌圖》在“辨内外轉”時説：“内轉者，取唇、舌、牙、喉四音，更無第二等字，惟齒音方具足。”這是專指三等韵有照、穿、床、審四母的二等字而言。這四聲的字，如果用這四母中字作反切下字，就都讀二等。如《廣韻》十陽：床，士莊切；霜，色莊切。床在床母，霜在審母，莊在照母，都是二等。《玉鑰匙》說"居霜切姜，矣殌切熊"，"霜、殌"都是審母的二等，"居"是見母，"矣"是爲母，和"姜、熊"都是三等。就說明這四母的字，用在這四母內，纔讀爲二等，其他字母下，就依它下字的等來讀，不再讀二等了。《指掌圖》又說："所以叫内轉，用在外轉者，五音四等都具足。"這句話是指一個圖内，五音四等都具備齊全而言。其實祇須說凡二等韵都是這樣的，因爲二等韵全韵都讀二等，跟三等韵中祇有照、穿四母纔讀二等的大有差別。又說："舊圖以通、止、遇、果、宕、流、深、曾八字括内轉六十七韵。"這裏說六十七韵，是包括圖上一些韵來說的，外轉的一百三十九韵也是如此。通就是指平聲東韵的崇，去聲的劓，入聲的纖、琗、縮。止就是指平聲之韵的菑、茬，支韵的差，脂韵的師，上聲紙韵的躧，止韵的滓、剚，去聲志韵的載、厠、事、駛。遇就是指平聲魚韵的菹、初、鋤，上聲語韵的阻、楚、齟、所，去聲御韵的阻、楚、助、疏。果就是指歌、戈二韵，但二韵都無照、穿二等，而有三等開口的迦、伽、佉，合口的䂓、瘸。由此就可以看出照、穿四母祇有在三等韵中纔是又讀二等，和一等是不相干的。就看上面通、止、遇都是指三等韵中有照、穿四母的，果攝雖無照、穿四母，有讀三等開合的諸母，故稱合口的果。宕就是指平聲陽韵的莊、瘡、床、霜，上聲養韵的磢、爽，去聲漾韵的壯、牀、漴，入聲藥韵的斮、擢、浞、朔。流就是指平聲尤韵的鄒、篘、愁、搜，上聲有韵的掫、輙、穄、溲，去聲宥韵的皺、簉、驟、瘦。深就是指平聲侵韵的簪、參、岑、森，上聲寢韵的墋、願、痒，去聲沁韵的譖、讖、滲，入聲緝韵的戢、届、霵、澀。曾就是指平聲蒸韵的磳、殌，上聲拯韵的殌，入聲職韵的側、測、崱、色。所有上面八個字所包括的都是指三等韵中有照、穿、床、審四母讀二等者而言。

　　又說："江、蟹、臻、山、效、假、咸、梗八字，括外轉一百三十九韵。"按：江、蟹（即平聲佳、皆韵）、臻（臻攝雖是祇有三母，但它都是二

等，没有三等，和内轉不同的地方就是在此）、山、效（即平聲肴韵）、
咸、梗（即平聲庚、耕韵）這七個字都是讀二等的。假即平聲麻韵，因
爲麻韵兼有三、四等，變作假字，用以專示它全部中的二等字。這十六
字，後來就叫做"攝"，專門用作分別内外轉的名稱。"轉"是指用韵
中字作爲反切的下字而周轉于諸母下的意思。内轉的二等須憑反切上
一字來定它，内轉就是憑切。外轉全韵都讀二等，它就是憑韵。既然
全韵都讀二等，何以還要立爲門法？這就如建立音和門，使類隔的意
義更加明朗了。前賢對于内外與攝的理解常有舛誤。如江永《古韵標
準》平聲十二總論説："二十一侵至二十九凡九韵，詞家謂之閉口。愚
謂此九韵與直至仙十四韵相似，當以音之侈弇分爲兩部，等韵分深攝爲
内轉、咸攝爲外轉是也。"按：音有侈弇這個説法，始于江氏。《標準》
在第四總論説："真、諄、臻、文、殷與魂、痕爲一類，口斂而聲細。元、
寒、桓、删、山與仙爲一類，口侈而聲大。"又在第六總論説："此部之
音，口開而聲大。十一部（即尤、侯、幽）之音，口弇而聲細。"概括言
之，侈是現代語言學所説的不圓脣，弇是圓脣。不圓脣自不是内，圓脣
也不是外。因此，江氏把内轉、外轉説成聲韵上的不圓脣、圓脣，是錯
誤的。

《切韵指掌圖》又有"廣通侷狹門"，這是專指三等韵照、穿諸母
取字爲韵來説的。"歌曰：支、脂、真、諄、蕭、仙、祭、清、宵八韵廣通
義，正齒第二爲其韵，脣牙喉下推尋四。"既説是八韵，但連蕭就有九
韵。其實蕭四等無正齒第二，蕭確是誤字。這是指此八韵中喉、牙、脣
諸母，有用精等五母和喻四一母的字作反切下字的，就把它排在四等。
如撫昭切漂，撫是輕脣三等，昭是宵韵照母三等，等韵家因爲宵韵重脣
幫母有甫嬌切的鑣，又有甫遥切的飆；明母有武瀌切的苗，又有彌遥切
的蜱；喉音影母有於宵切的要，又有於喬切的妖；牙音溪母有去遥切的
蹻，又有起囂切的趫。這就是前面説的寄的道理，其實它們都是三等。
如圖：

	三等	四等
見	嬌	
溪	起→趬 去	蹻
群	喬	
疑		
幫	甫→鑣	飆
滂		
並	瀌	
明	武→苗 彌	蜱
精		
清		
從		
心		宵
邪		
影	於 妖	要
曉	囂	
匣		
喻		遥

　　《指掌圖》所謂的廣，是指三等字多于四等字；所謂的通，是指通讀三等爲四等。它的移、漂兩個例，祇有余支切移纙與例合，至若撫昭切漂，就不合例了。如圖：

	幫非	滂敷	並奉	明微	照	穿	床	審	禪	喻	
三等	撫				昭支						行韵
四等	漂									移 余	出切取字

又説："鍾、陽、蒸、魚、登、麻、尤，之、虞、齊、鹽偏狹收，影、喻齒頭四爲韵，却于三上好推求。居容切恭，居悚切拱。"這是指鍾韵恭、蛩、顒、邕、胷、封、峰、逢諸字，反切下字都用容字。陽韵羌，去羊切。容、羊都是四等，恭、羌都讀三等。如圖：

	見	溪	群	疑	精	清	從	心	邪	匣	喻	
三等	居 ↙ ↘ 拱 恭											出切取字
四等								悚			容	行韵

這個"登"當"加"字講，因爲登是一等韵，在此是不合理的。之、虞二韵反切無有一個用影、喻齒頭諸母四等字作下字的，則之、虞二字俱誤。《切韵指南》的歌訣説："東、鍾、陽、魚、蒸爲偏，尤、鹽、侵、麻狹中依。"按：東韵戎，如融切，融雖是喻母四等，但戎是日母字，日母不在此數，這個東字亦誤。魚、侵二韵也没有用影、喻齒頭四等字爲韵的，魚、侵二韵也衹是用來凑數的。《指南》纔又分做廣和通、偏和狹。《續通志·門法解》又稱做偏狹攝、通廣攝，這與内外門的攝兩相混淆，措置欠當，因爲廣通、偏狹都是憑切。

真空又有"前三後一門"。他説："非、敷、奉、微第三等爲切，韵逢諸母第一，并切第三輕脣音字，是前三門。幫、滂、並、明第一等爲切，韵逢諸母第三，却切第一重脣音字。"前三的例證見于《經典釋文》者，如《莊子·盗跖》篇：撻，徐扶公反。《説文》徐鉉音：鳳，馮貢切。真空舉"縛哶切浮"。按：《説文》呣，古文謀，鉉音莫浮切，《廣韵》依《釋文·爾雅·釋詁》作亡侯切，這樣哶就在侯韵。其實尤、候兩韵的明母，無分洪細，讀來是一致的。如《禮記·王制》牟，亡侯反，《内則》木侯反，《龍龕手鑒》牛部、《説文》鉉音都是用莫浮。足見尤、侯的明母，讀音確實莫有區别。真空説惟許通、流二攝，所引通攝，就是上文説的撻、鳳二切，流攝就不能成立。因爲它的明母游弋于尤、侯二韵之閒，説是一等、三等都可以的，這樣説流攝的話就不一定了。真空還有"三、二精、照寄正音和門"。他説："照、穿、床、審、禪第二等爲切（原注：即四等中第三也），韵逢諸母第二，并切照一等字（原注：即四等中第二也）。故曰：切三韵二不離初，精、照昭然真可信（原注：精謂精而不雜，照謂照而不恭。《門法解》直名'寄正音和'，删去精、照二字）。如充山切獖字。"按："獖"見《手鑒》犬部，不是常例所有的。這是憑韵，本可不立。

總上二十二個門法（端等類膈、知等類隔、重輕交互、輕重交互、精照互用、照精互用、音和、内轉、外轉、創立音和、就形、窠切、振救、正音憑切、寄韵憑切、喻下憑切、日寄憑切、廣通、偏狹、小通廣偏狹、前三後一、二三精照寄正音和），可以分成憑韵、憑切兩類。依照前面所舉的芳弓豐、德紅東、古紅公三個例子，都是三個字同屬一個等内。有了類隔，反切上字就不得同等了，祇有憑下字韵的等來尋出它的字。音和本是憑韵的，但是三等韵内有照一四母的字，又有精等喻四、四等六母和喉、牙、脣諸母的字，本是三等，在等韵圖上却有把它排在四等位置這樣的事實，如果憑韵的等來尋字，必定錯誤無疑，所以祇有憑切的等來求它，因此叫憑切。《切韵門法》在每個門法下分别標明"憑切、憑韵"，使人更容易掌握，是可取的。但是，舊來反語，也有難以説它是憑切或憑韵的。如《廣韵》的"扅，成𡿨切"，這個字音本來見《經典釋文·詩經·何彼穠矣》扅，音移，一音是𡿨反，《爾雅·釋木》扅，以支反，《字林》上泥反。按："音移"即"以支"。𡿨、𡿨、泥三字都在齊韵，齊韵四等無禪母，但成、是、上三字都是禪母。依照《釋文·條例》所説："若典籍常用，會理合時，便即遵承，標之于首。"可見陸德明是以"音移"和"以支反"爲扅的正音，"是𡿨、上泥"就是條例所説的"字有多音，衆家别讀，苟有所取，靡不畢書，各題氏姓，以相甄識"的體現。那麽，扅字本當讀支韵喻母，"成𡿨"這個切語，若是説它憑切，則不應當讀成喻母的四等；若説它憑韵，又應由齊韵改置支韵。扅字的音，實在無法列入等韵圖中并成立一個門法。 足見從前人製造反切，并不完全依憑上下二字的等。 真空把它列入寄韵憑切，寫作“成攜切”，那是很不對的，看下圖便知：

	端	透	定	泥	照	穿	床	審	禪	匣	喻	
三等					支							行韵
四等				㋱泥嬢		兮			㋱成上是		移以	出切取字

《韵鏡》和《七音略》所收的字音，多出于《廣韵》《集韵》，偶或有不明其所出的。 它的圖次即依韵書各韵分别列爲四十三圖，不相合併。《切韵指掌圖》纔把音讀相同的韵併爲一圖，共計二十圖，以高、公、孤、鈎、甘、金六圖爲獨韵，干、官、根、昆、歌、戈、剛、光、肱、拪、該、基、傀、乖十四圖爲開合，每圖在有音無字處列圈來做記號，無音則不列圖。 董南一的《序》文説：“以三十六字母總三百八十四聲。”它的三百八十四聲，就指列圖處而言。 如牙音四聲共六十四圈，舌頭、舌上各三十二，重脣六十四，輕脣十六，齒頭、正齒各四十，喉音六十四，來母十六，日母四，總得三百七十二聲。 檢查前面辨來、日二字母切字列，“歌曰：日下三爲韵，音和故莫疑（原注：如六切肉，如精切寧）。 二來、娘處取，一、四定歸泥（原注：仁頭切臡，日交切鐃）。”如此説來，日母就應該有十六圖。 三百七十二再加十二，那就恰得三百八十四，必須像《切韵指掌圖》的圖格纔可以這樣計算。 在《經典釋文》裏，確有泥、娘、日混用的，例如《易·説卦》：“輮，如九反，王肅奴又反，又女九反，又如九反。”《周禮·膳夫》：“臡，劉奴兮反，徐耳齊反。”按：奴是泥母，女是娘母，如、耳是日母，原注漏舉了娘母的。 照此説來，應該添上這十二個圖纔説得過去。

《四聲等子》的圖例同《韵鏡》《七音略》一樣，但是它《序》也説“以三十六字母，約三百八十四聲”，那又怎樣講得過去呢？《等子》

的《序》，從此以下，實際上是直抄董《序》至"而況有音有字者乎"句。董《序》在這段前面歷敘音韵書時説："音韵之書亦備矣。然以要御詳，以一統萬，譜分旷别，旁通曲暢，未有若《切韵指掌圖》之精密者。"《等子·序》止説："《切韵》之作，始乎陸氏；關鍵之設，肇自智公。傳芳著述，致使玄關有异，妙旨不同。"董《序》後面又説："經典載籍，具有音訓，學者咸遵用之。然五方之人，語音不類，故調切歸韵，舛常什二三，曩以爲病。暨得此編，了然在目，頓無讀書難字過之累，亦快事也。"《等子》則説："遂得吳楚之輕清，就聲而不濫，燕、趙之重濁，剋體而絶疑，而不失于大中至正之道，可謂盡善盡美矣。"這和前段都失之空泛，可能是就董《序》改換首尾而成的。《等子》所載門法不見《指掌圖》的，則是《玉鑰匙》，詞句多同，反切略改。它辨雙聲疊韵，但載《指掌圖》的解説，削去歌訣，致使段落旨趣很不顯明。如歌訣説："和會徒勞切，商量亦莫尋，驗人端的處，下口便知音。"首句是説反切上字已用雙聲，下字當用疊韵，如果又用雙聲的，就是同字了，所以説是"徒勞切"。次句是説反切上字當用雙聲，如果又使用疊韵，也就是同字了，所以説"亦莫尋"。現在《等子》不引用這兩句，就使人覺得雙聲疊韵都各自成了一個門法，這是告誡後人不要這樣造反切的。并且《等子》的圖完全照抄《指南》，《指南》是二十四圖，《四聲等子》則參照《切韵指掌圖》縮減爲二十，如效攝外五，《指南》在山攝外四後、假攝外六前，這樣措置是合理的；但《等子》列效攝于通攝一後，不知它是如何理解這個"五"字的。可知作圖的人，先不懂得"處五"的意思，便依樣畫葫蘆，使人費解。《指南》曾攝内六，次梗攝外七，後江攝外二，宕攝内五。《等子》依《指掌圖》合梗于曾，合江于宕，題江陽借形，因此少了開合四圖，就成了二十圖。總之，《等子》是雜拌《指掌圖》《指南》來成的圖。《四庫提要》因爲熊澤民的《切韵指南序》中有"古有《四聲等子》爲傳流之正宗"的話，就説此書"頗古"，未察知它是冒名僞作，毫無可取。

　　又《韵鏡》《七音略》都不用攝，到劉鑑撰著《經史正音切韵指南》，纔用内外轉來分圖，又分題廣通偏狹，入聲兼配陰陽，于陰聲韵又題入聲字見某攝，惟果、假合圖，標署"内外混等"。自序説："與韓氏《五音集韵》互爲體用，諸韵字音皆由此韵出，始作門法。"《玉鑰匙》立十三門：音和；類隔；窠切；輕重交互；振救；正音憑切；精、照互用；寄韵憑切；喻下憑切；日下憑切；通廣；偏狹；内外。後來等韵書都由此發展。真空《直指玉鑰匙門法》分二十門，某氏的《門法例》分二十八門，説是由十三門增爲二十門，衍爲二十六門。在這些門法中，有的法義不明，立例乖舛，除已在上文分别評騭敍述并于憑切諸門法作圖解釋外，現在抄録四一音和門圖和解釋來舉例説明憑韵、憑切的大概：

	一等	四等
見 溪 群 疑	行韵取字	出切
端 透 定 泥	行韵取字	出切
幫 滂 並 明	行韵取字	出切
精 清 從 心 邪	行韵取字	出切
曉 匣 影 喻	行韵取字	出切

四一音和門　　　七音憑韵

　　見類、端類、幫類、曉類及來字廿二母下第四等爲切，韵逢諸母一等，隨韵于一等取字，如思甘切三字是也。外如丁當切當字是雙聲，丁光切當字是開合，切法以韵母爲主，等非所拘，取字尤以憑韵爲正。音和一門，七音皆具，固不止牙音也，觀《廣韵》切脚自見。至于四一交互，亦名音和，則二三可知。音和之用，于斯爲極。其餘旁求點窼寄韵，或至憑切不憑韵者，總以盡其變也。

　　這個圖未寫知、徹、澄、娘，非、敷、奉、微，照、穿、床、審、禪十三母，因爲它們都是二、三等的緣故。所謂"行韵"，是指反切下字所在的地方，"取字"是指切出的字的地方，"出切"是指反切上字所在的地方。

　　《康熙字典》前附《等韵切音指南》，也分二十四圖，先是果、假同圖，次爲梗、曾、通、止、蟹、遇、山、咸、深、臻、江、宕、效。果攝仍舊叫內四，假攝仍舊叫外六，實際是不明白內四、外六的涵義。其中圖字和劉鑑所列小有不同，止攝合口見母一等有⑭字，二等有⑩字，咸攝一等列干字，深攝列根字，江攝列⑭字，很像韵法直圖橫圖憑口編讀來得音的例。它還采納了《指掌圖》某些內容，如止攝齒音一等，以貲、雌、慈、思、詞平上去列一等行之左，使四等位全缺，則、城、賊、塞列入聲之右。又以陂、彼、帔、被、靡、美六字列一等，使三等此六位都空。這是它不明白劉圖的意思而臆爲安排劉圖的地方，因爲陂，彼爲切；彼，甫委切；帔，匹靡切；被，皮彼切；靡，靡爲切；美，無鄙切，反切下字的爲、委、靡、彼、鄙都是合口呼，應在合口圖中，恰恰二等無字，故附記出。現在它把這六字排在一等，其意圖就令人無法理解了。所以說《切音指南》直抄劉圖，是殊無用塗的。

三

　　《四庫提要》評議《切韵指掌圖》時說："等韵之說，自後漢與佛經俱來。 然《隋書》僅有十四音之説，而不明其例。 華嚴廿四字母，亦自爲梵音，不隸以中國。"這段話説"等韵自後漢與佛經俱來"，這個説法毫無根據。 十四音明見《玄應音義》二卷《大般涅槃經》八，它説："字音十四字：衷烏可反、阿、壹、伊、塢烏古反、烏、理重、釐力之反、黳烏奚反、藹、污、奧烏故反。 此十二字以爲音，一聲中皆兩字同，長短爲异，皆前聲短後聲長、庵、惡此二字是惡（疑衷字訛）、阿兩字之餘音，若不餘音，則盡不一切字，故後取二字以穷文字也。"

按：上十四音都屬漢語影母，故爲一切字的母音，但它和漢語中影母又有差別，祇能説它近于漢語韵母，而不是字母。《涅槃經》又説："比聲二十五字，迦、呿、伽、伽其柯反、哦，舌根聲凡五字中，第四與第三字同而輕重微异。"它説的"舌根"相當于見、溪、群、疑，但是"其柯"在漢語中不能發音，因爲群母沒有一等，而"柯"在歌韵是一等。 它又説："遮重、車、闍、膳時柯反、若耳賀反，舌齒音。"這些音相當于照、穿、神、禪、日。 它又説："吒重、咃丑加、茶、咤佇賈、拏，上腭聲。"這些音相當于知、徹、澄、娘，但"佇賈"的音，在漢語中也沒法讀。 它又説："多、他、陀、馱徒柯、那奴賀，舌頭聲。"這些音相當于端、透、定、泥。 它又説："婆、頗、婆、婆去、摩莫個，唇吻聲。"這些音相當于幫、滂、並、明。 又有"蛇重"類似漢語的神母，"邏盧舸、羅李舸"相當于來母，"縛"相當于奉母，"奢"相當于審母，"沙"相當于疏母，"娑"相當于心母，"訶"相當于曉母。 又説："此八字超聲。"超聲的意思，類似今語所説的摩擦。 那麼梵語比聲、超聲，它末了總帶有漢語歌、戈的音，這是二者大不相同的地方。 況且漢語的字母，實有四十一個，和梵語三十三個相比，在數目上差別太大了。 漢語四十一字母，實係歸納反切上字所得出來的結果。 根據《慧琳音義·大般涅槃經》説："從初有十二字，是翻字之聲勢（即母音），次有三十四字，名爲字母。 舉字母一字一字翻之，如此遍翻三十四字，名爲一番。"足見梵文造字，與其國拼音文字規律正同，而與中國字母之用迥別。 因此謂漢語梵文字母相同的説法，實際是未能明辨二者差异之所在。

　　四庫館臣這種錯誤的論點，并非清代纔出現的，早在宋代的鄭樵就有這樣的誤解。他在《七音略序》裏説："七音之韵，起自西域，流入諸夏。梵僧……爲此書，雖重百譯之遠，一字不通之處，而音義可傳。華僧從而定之，以三十六爲之母，雖鶴唳風聲，雞鳴狗吠，雷霆驚耳，蚊虻過日，皆可譯也。"這段話把自然呼出的聲音，和等韵專爲解決反切上下字應讀的音相此擬，是不恰當的。

　　鄭樵又説："初得《七音韵鑒》，一唱而三歎，胡僧有此妙義，而儒者未之聞。及乎研究製字，考證諧聲，然後知皇頡史籀之書，已具七音之作。今作《諧聲圖》，所以明古人製字通七音之妙。"可是，我們從他的《諧聲六圖》來看，非但看不出它同四十三轉有什麼關係，而且未加一句説明，令人莫明所以。

　　樵又説："述内外轉圖，所以明胡僧立韵得經緯之全。釋氏以參禪爲大悟，通音爲小悟。"其實内外轉是從反切上下字在圖上尋求字音的一種門法，和釋氏參禪原是兩碼事。

　　他又説："至于紐蹴杳冥，盤旋寥廓，非心樂洞融天籟，通乎造化者，不能造其閫。"這些話更是惝恍迷離了。從實際説來，鄭樵看了《七音韵鑒》，無法讀懂，纔虛構許多不相干的話來搪塞。他的《諧聲圖》恐怕就是雜抄《七音韵鑒》《韵鏡》而成。《指微》和《韵鏡》是相類似的，但在三十一轉以後，韵部有了參差，如《七音略》的三十一是覃、咸、鹽、添，三十二談、銜、嚴、鹽，《韵鏡》俱爲唐、陽；《七音略》三十三轉凡，三十四轉唐、陽，《韵鏡》俱爲庚、清；《七音略》三十五轉唐、陽，三十六轉庚、清，《韵鏡》三十五耕、清、青，三十六耕、青；《七音略》三十七轉庚、清，《韵鏡》侯、尤、幽；《七音略》三十八轉耕、清、青，《韵鏡》侵；《七音略》三十九轉耕、青，《韵鏡》覃、咸、鹽、添；《七音略》四十轉侯、尤、幽，《韵鏡》談、銜、嚴、鹽；《七音略》四十一轉侵，《韵鏡》凡；《七音略》四十二、四十三轉登、蒸，《韵鏡》四十三轉登、德、職。按：錢恂的《韵目表》在"談十二"注説："覃、談在陽、唐之前，顏元孫《干禄字書》列韵同，魏鶴山跋吳彩鸞韵亦同，必《唐韵》

舊第如是。”又在“添廿四”注説：“尤、侯、幽，侵，鹽、添在蒸、登之前，《干禄字書》、彩彎韵均同。”可見《七音略》所依據的是《廣韵》，而《韵鏡》則似依從的《唐韵》。

《七音略》在每圖後分別注明重中重如東、輕中輕如冬、鍾、重中輕內重如支開、輕中重內輕如脂合、重中重內重如之、重中重內輕如微開、輕中輕內輕如微合、輕中重如灰、重中輕如佳開，共分九類。《四聲等子》通攝重少輕多，效攝全重無輕，宕攝重多輕少，蟹攝輕重俱等，咸攝重輕俱等，共分五類。《切韵考·外篇·後論》曾揭露：“何謂重？何謂輕？絶無解説，茫無憑據。《七音略》又注內輕內重者，誰能解之？”或謂是日釋空海《文鏡祕府·論調聲》已有《七音略》中所用的名稱，也就是唐代等韵學者所習用的。這裏必須指出，《文鏡祕府》所説的重、輕屬于發聲，鄭樵所説的則屬于韵部，況且聲韵學上的輕重，一指脣音有輕重的區別，二指音有洪細的差異。鄭樵本不甚諳等韵圖的使用，虛設許多似是而非的話，以眩惑視聽，難怪錢竹汀《養新録》有“夾漈好奇而無識”的批評了。

《韵鏡》最初有紹興辛巳年（1161）一序，歷四十三年的嘉泰三年又有一序，計引鄭樵的話凡六處，最後還説：“學者能由此以揣摩四十三轉之精微，則無窮之聲、無窮之韵，有不可勝用者矣。”依照它的“歸字例”來説，先有反切，然後在圖上檢查它的上字和下字，纔得到它的讀音，何嘗是揣摩四十三轉就可以得出無窮之聲和韵來呢？又每圖都是説內轉幾、外轉幾，是不能删掉“內外”二字而祇叫做“轉”。“歸字例”前上列三十六字母，下列歸納助紐，如幫下列“賓、邊”。它的用法，如“布，博故切”，就説博、賓、邊、布；如“補，博古切”，也説博、賓、邊、補；他如“伯，博陌切；北，博墨切”，都是這樣念。方法是很簡單的：重疊三個雙聲字來念，没有一個韵的字在下面。運用這種辦法，怎樣能够肯定它就是這個字的讀音呢？這和前面“歸字例”所説的芳弓切豐字，弓字是同韵，就不一樣了！必須有反切下字纔能够定讀。現在疊用三個雙聲，如何起作用呢？可見《韵鏡》列入歸納助紐字，是行不通的。張麟之前《序》説:"遂知每翻一字,用切母及助紐歸納,凡三折總歸一律,即是以推千聲萬音,不離乎是。"但是,"歸字例"有多條,却無一條提到歸納助紐字,很可怪的。足見張麟之對于反切和等韵并未深悉,所以後面又附横呼二式:一是有舌上四母,一是有舌頭四母。他想憑據這二式來求出它的音,亦即憑口誦讀得出一些惝恍迷離的音。他在下面又有"凡以平側呼字,至上聲多相犯原注: 如東同皆繼以董聲、刀陶皆繼以禱聲之類"。這也是憑口念讀而非按圖尋字的錯誤辦法。我認爲《韵鏡》圖前的文字,也有可疑的地方,否則何以會如此矛盾呢?

等韵四書門法淺釋

音和門

《指掌圖》

音和切丁增切登字，緣用丁字爲切。丁字歸端字母，是舌頭字，用增字爲韵，增字亦是舌頭字，所以切登字。登字歸端字母，亦是舌頭字。三字俱在舌頭，詩云"音和遞用聲"是也。

按：本書言音和者二，類隔者三，以類隔二十六字圖證之，是舌、脣齒俱有類隔，則音和亦惟此二十六字，音和本不須立門。

門法立之者，欲以明類隔之理也。依《廣韵》"類隔今更音和切"脣音十七，切音二所改易者爲上字，此云同韵、同等，涉及下字，殆失本旨，故不錄。檢例下文于此牙、喉、半舌、齒既無異類，其切語自不必區別。等韵家于圖求密，期上下字俱于同排中見之，于是門法興矣。故《指掌圖》之音和與《等子》諸書之音和名同而實异矣。

《四聲等子》《玉鑰匙》

《等子》云："凡切字以上者爲切，下者爲韵，取同音同母同韵同等四者皆同，謂之音和。"

《玉鑰匙》云："音和者，謂切脚二字，先將上一字爲切，歸之本母，下一字爲韵，隨其平上去入所至之聲，于爲韵等內本母下，便是所切之等。此取其等母聲韵皆同，故曰音和。如古洪切公字，先調古字，即知屬見母，次調洪字，則知爲通攝圖中之韵，便自洪字橫截過見母下第一等平聲眼內，却是公字。如上聲古汞切頴字，去聲古哄切貢字，入聲古縠切谷字之類是也。"

詩云：音和切字起根基，等母同時便莫疑。記取古洪公式樣，故教學切啓初知。

《門法解》

音和謂見、溪、群、疑四母下不拘在第幾字，即隨行韵之等以取字。公（古洪）、庚（古行）、虛（起居）、甄（古賢）。

一四音和謂見、溪、群、疑，端、透、定、泥，幫、旁、並、明，精、清、從、心、邪，曉、匣、影、喻，來，此二十二母第一等爲切，韵逢諸母第四，即隨韵向四等取字。　蹤宗容足宗足高高叫丁東縈齎祖雞雞古奚千蒼先黎郎奚。

四一音和謂前二十二母第四等爲切，韵逢諸母第一即隨韵向一等取字。　三思甘糟焦糟當丁當當丁光葽子紅孫思渾餐七安村此尊。

韡許戈物無鉢

《四声等子》《玉鑰匙》

詩云：出切見幫共淺喉，韵逢三假宕咸流。詳推本眼無斯字，創立須歸第四謀。

《門法解》

創立音和謂見、溪、群、疑，幫、滂、並、明，曉、匣、影一十一母，一、二、三、四爲切，行韵在侷狹攝內諸母第三開合兩門，三等無字，即切本圖第四。　繆眉鳩乜彌者驃毘□哔彌嗟。

此門係韓道昭所立。

就形門

《四聲等子》《玉鑰匙》

《創安門法歌訣》云：就形門出唐，《廣韵》《玉篇》《孔雀藏教篇海》俱載之。脣、牙、喉起等中三，落一亡形絶指南，麻里許戈真可遮，月中無鉢自包含。渠喬遠極群權輿，興驕風王。

《門法解》

就形謂見、溪、群、疑，幫、滂、並、明，非、敷、奉、微，曉、匣、影、喻，此十六母第三爲切，韵逢諸母第一開合兩門，一等無字，即切本圖第三。

方風王

詩云：脣、牙、喉切四中三，韵置諸音一上參。開合果然無有字，就形必取第三函。

《門法解》

風放空渠其□群群魂乾巨寒

此門係《指掌圖》所立，原名就形音和。蓋音和本當憑韵開合兩門而變爲憑切也。今衹名就形，以別于音和諸門之憑韵者。

窠切門

《四聲等子》《玉鑰匙》

《等子》云：窠切門知母第三爲切，韵逢精等影喻第四并切第三等，如中遥切朝字。

《玉鑰匙》云：窠切者，謂知、徹、澄、娘四母下第三等爲切，韵逢精等影喻第四并切第三，如陟遥切朝、治小切肇、女箭切輾、丑悦切�之類。然陟、治、女、丑四切脚，皆居知等第三，而遥、小、箭、悦四聲之韵，咸位精等第四。是等雖有三、四之异，原其同出一韵，而取切之法，仍不離知等第三之本窠也。

《門法解》

窠切者，謂知、徹、澄、娘第二爲切（即四等中第三），韵逢精、清、從、心、邪，影、匣、曉、喻九母第四并切第二知等字。中（知空）、紬（直由）、直（徐息）、超（敕宵）。

朝朝宵，如《廣韵》重直容、尼女夷、鼂直遥。

各韵不定門

《指掌圖》

前此係指類隔。

《玉鑰匙》"窠切門"云：若三等無字便切第四，如必爲爹陟邪切之類隔矣。故知不定之切，其實類隔也。

《四聲等子》《玉鑰匙》

《等子》無。

《玉鑰匙》云：又如陟邪切爹，此係麻韵不定之切，若無統紀。 然對圖臨之，原第三等無，遂以四等爲切，亦符此例。

麻韵不定切，詩云：爹字陟邪不定門，寘三開合自評論。 韵逢影喻精雙四，知二無時端二陳。

《門法解》

各韵不定謂知、徹、澄、娘第二等爲切，韵逢精、清、從、心、邪，曉、匣、影、喻九母第四，當切出第二知等字，今稽開合俱無，却切第二端等字。

爹陟邪體敕洗，《廣韵》他禮饕女象寧女星。

按：此舊名麻韵不定門，因陟邪切爹，而云然也。

振救門

《四聲等子》《玉鑰匙》

《等子》云：振救者，精等五母子爲切，韵逢諸母第三切第四，是名振救門，如蒼憂切秋字。

《門法解》

振救門謂精、清、從、心、邪五母下一等四等字出切，韵逢諸母第三并切第四。

聖在力侵倉林鐫贊員嚼在爵前才然貲祖知，以上四字皆係精一出切。

性西詠小思趙胥相居徐似魚　原例：子子李淺千遠，以上四字，皆係精二出切。

正音憑門

《四聲等子》《玉鑰匙》

《等子》云：照等五母下爲切，切逢第二，韵逢二、三、四并切第二，名正音憑切門，如鄒靴切髽字。

《玉鑰匙》云：照等第一爲切（照等第一即四等中第二也），韵逢諸母三、四并切，照一爲正齒音中憑切也。 如楚居切初，側呂切阻，床據切助，所六切縮之類。

《門法解》

正音憑切謂照、穿、床、審、禪五母下第一等字爲切，韵逢諸母第三、第四皆切照一也。

初楚居創楚況崇鉏龍史山水阻側吕，以上四字係正音憑切三。

佺莊緣莊側羊搜所由愁狀由，以上四字係正音憑切四。

原例：仙山田縮山足搜山幽使山嘴。

寄韵憑切

《四聲等子》《玉鑰匙》

《等子》云：切逢第三，韵逢一、四并切第三，是寄韵憑切門。

《玉鑰匙》云：照等第二爲切（照等第二即等中第三也），韵逢一、四仍切照二，言雖寄于別韵，祇憑爲切之等，故曰寄韵憑切。 如昌來切犙，昌給切茝字之類。

《門法解》

寄韵憑切謂照、穿、床、審、禪第二爲切（即四等中第三），韵逢諸母一、四皆切照二第三等字。

旃章仙慎十寸者炙火譫章盍。

原例：昌昌光。

日寄憑切門

《四聲等子》《玉鑰匙》

《等子》云：日母下第三爲切，韵逢一、二、四，便切第三，是日母寄韵門法。

《玉鑰匙》云：謂單日母下，祇第三等有字，餘等俱無，但遇日母下爲切，雖韵行一、二、四并切等三。 如汝來切萳、如延切然之類。

《門法解》

日寄憑切者謂日字母下第三爲切，韵逢一、二、四并切第三。

饒人高若而郭茸如同汝乳虎。

今訂：蕘如遥攘如羊茸而容芮如鋭。

内外門

《指掌圖》

内外轉内轉者，取脣、舌、牙、喉四音更無第二等字，唯齒音方具足。外轉者，五音四等都具足，舊圖以通、止、遇、果、宕、流、深、曾八字括内轉六十七韵，江、蟹、臻、山、效、假、咸、梗八字括外轉一百三十九韵。

《四聲等子》《玉鑰匙》

《等子》云：内轉者，脣、舌、牙、喉四音更無第二等字，惟齒音方具足。外轉者，五音四等都具足，今以深、曾、止、宕、果、遇、流、通括内轉六十七韵，江、山、梗、假、效、蟹、咸、臻括外轉一百三十九韵。

《玉鑰匙》云：内者謂牙、舌、脣、喉四音，更無二等字，惟齒音方具足，故名内八轉。凡遇牙、舌、脣、喉、來、日下爲切，韵逢照一内轉切三，外轉切二，故曰内外。如古雙切江、矣殊切熊之類。

《門法解》

内三謂見、溪、群、疑，端、透、定、泥，知、徹、澄、娘，幫、滂、並、明，非、敷、奉、微，曉、匣、影、喻，來、日，此二十六母一、二、三、四爲切，韵逢内八轉照、穿、床、審、禪第一者并切第三。

薑居霜金居森玉牛數倣甫爽。

外二謂前二十六母一、二、三、四爲切，韵逢外八轉照、穿、床、審、禪第一者并切第二。

江古雙麻末沙班布山皆□齊。

廣通侷狹門

《指掌圖》

廣通者，第三等字通及第四等字也。侷狹者，第四等字少，第三等字多也。歌云：支、脂、真、諄、蕭、仙、祭，清、宵八韵廣通義。正齒第二爲其韵，脣、牙、喉下推尋四（余支切移，撫昭切漂）。鍾、陽、蒸、魚、登、麻、尤，之、虞、齊、鹽偏狹收。影、喻齒頭四爲韵，却于三上好推求（居容切恭，居悚切拱）。

詩云：脂韵真、諄是名通，仙、祭、清、宵號廣門。韵逢來、日連知、照，通廣門中四上存。即詑（香支）、衹（渠支）、跛（匹支）、陴（符支）、紕（房脂）、葵（渠追）、抾（丘之）、牝（扶履）、癸（居誄）、弃（詰利）、畀（必至）、鼻（毗至）、寐（彌二），以上止攝。因（於真）、賓（必鄰）、頻（符真）、民（彌鄰）、螼（弃忍）、吉（居質）、子（居列）、鷩（并列）、別（皮列）、滅（亡列），以上臻攝。勁（居正）、頸（巨成）、併（卑政）、娉（匹正）、偋（防正）、諻（彌正），以上梗攝。鞭（卑連）、篇（芳連）、便（房連）、鶣（匹戰），以上山攝。標（敷沼）、眇（亡沼）、熛（撫昭）、驃（匹召）、廟（眉召），以上效攝。

《四聲等子》《玉鑰匙》

《等子》云：廣通者，第三等四等字少，第三等字多也。凡脣、牙、喉下爲切，韵逢支、脂、真、諄、仙、祭、清、宵八韵及韵逢來、日、知、照正齒第三等，并依通廣門法于第四等本母下求之（余之切頤，碑招切摽），韵逢東、鍾、陽、魚、蒸、尤、鹽、侵，韵逢影、喻及齒頭精等四爲韵，并依偏狹門法于本母下三等求之（居容切恭，居悚切拱）。

《玉鑰匙》云：止、臻二攝爲通門，山、蟹、梗、效四攝爲廣門，凡此六攝，遇脣、牙、喉下爲切，韵逢來、日、知、照第三并切第四。蓋以通廣門中字多而第三等字之音聲通及第四，故曰通廣。如符真切頻、芳連切篇之類。通、宕、遇、曾四攝爲侷門，流、咸、深、假四攝爲狹門。凡此八攝，若遇脣、牙、喉下爲切，韵逢精等影、喻第四，并切第三，蓋以此門中第四等字少，故名之曰偏狹。如去羊切羌、許由切休之類。

《門法解》

通廣謂見、溪、群、疑，幫、滂、並、明，非、敷、奉、微，曉、匣、影，此十五母一、二、三、四爲切，韵逢知、徹、澄、娘，照、穿、床、審、禪，來、日第三并切第四。

衹渠支篇芳連頻扶真歟呼世。

侷狹謂前十五母一、二、三、四爲切，韵逢精、清、從、心、邪，喻母第四并切第三。

音於尋金古心靴休邪鍼巨鹽。

原例：無無餘。

詩云：鍾、陽、魚、蒸名爲侷，尤、鹽、侵、麻狹中依。韵逢精等喻下四，侷狹三上莫生疑。

即恭（九容）、蛩（渠容）、顒（魚容）、邕（於容）、胸（許容）、封（府容）、峰（敷容）、逢（符容）、拱（居竦）、覂（方勇）、供（居用）、恐（區用）、共（渠用）、葑（芳用）、俸（扶用）、玉（魚欲），以上通攝。乜（彌也），假攝。羌（去羊）、驤（毗養）、兩（良獎），以上宕攝。殑（其孕）、凝（牛孕）、冰（逋孕）、憑（皮孕），以上曾攝。怵（去秋）、受（殖酉），以上流攝。鍼（巨鹽），咸攝。

小通廣侷狹門

《門法解》

來母下第三等爲切，韵逢精、清、從、心、邪，喻母第并切第三。

繚力小䫻力遂兩良將廉力鹽。

喻下憑切門

《四聲等子》《玉鑰匙》

《等子》云：單喻母下爲切，韵逢第四，韵逢第三并切第四，是喻下憑切門。

《玉鑰匙》云：謂單喻母下三、四之等周出一韵。蓋不問韵之所至，祇憑爲切之等，故曰喻下憑切。如余招切遙、于聿切颺之類。

《門法解》

喻下憑切覆者，喻母下第三者爲切，韵逢諸母第四并切第三。

尤有由韵于信羽云取衛于歲

喻下憑切仰者，喻下第四爲切，韵逢諸母第三并切第四。

唯以追弋以職移余支演以善。

前三後一

《四聲等子》《玉鑰匙》

《等子》無。

《玄關歌訣》云：惟有東、尤、非等下，相違不與衆同情。重遇前三隨重體（重謂重脣音，在第一等名後一，若遇前三等諸母下字爲韵，當切出輕脣音字，今却是重脣字，如莫浮切謀、莫六切目之類），輕逢後一就輕聲（輕爲第三等，輕脣音爲前三，若遇後一等諸母下字爲韵，當切出重脣字，今却是輕脣音字，如憑貢切鳳之類）。

《門法解》

前三者，謂非、敷、奉、微第三等爲切，韵逢通、流攝內諸母第一并切第三輕脣字。

俸逢貢浮縛牟逢扶紅鳳憑貢。

後一者，謂幫、滂、並、明第一等爲切，韵逢通、流攝內諸母第三并切第一重脣字。

蓬薄龍剖普柳。

開合門

《指掌圖》

開合韵例後十四圖係開合韵所切字多互見，如眉箭切面字，其面字合在第七干字圖內明字母下，今乃在第八官字圖內明字母下，蓋干與官二韵相爲開合，他皆做此。

《四聲等子》《玉鑰匙》

《等子》無。

《玉鑰匙》云：諸韵切法皆有定式，惟開合一門似無憑據。然溯流窮源，則知其音聲本同一韵，但呼有開口、合口之异，而分爲兩圖耳。若遇此等切脚，直須于開合兩處韵中校訂，始見分明，如永兵切榮、兩方切王、蒲干切槃、下没切紇、俱萬切建之類。

《門法解》

開合謂見、溪、群、疑至來、日三十六母爲切，韵逢各母本圖本排無字，即切互韵。

榮王平王雨方槃蒲干建俱萬

類隔門

《指掌圖》

類隔二十六字圖

重脣	輕脣	舌頭	舌上	齒頭	正齒
幫	非	端	知	精	照
滂	敷	透	徹	清	穿
並	奉	定	澄	從	床
明	微	泥	娘	心	審
				邪	禪

應屬二十六字母下字，謂之類隔。或切在幫字母下而韵不可歸者，即于非字母下求之。或切在非字母下，而韵不可歸者，即：

《四聲等子》《玉鑰匙》

《等子》云：凡類隔切字，取脣重、脣輕、舌頭、舌上、齒頭、正齒三音中清濁同者謂之類隔。如端、知八母下一、四歸端，二、三歸知，一、四爲切，二、三爲韵切二、三字；或二、三爲切，一、四爲韵切一、四字是也。假若丁呂切柱字，丁字歸端字母，是舌頭字（在後曾攝內八啓口呼圖內端下第四等），呂字亦舌頭字，柱字雖屬知，緣知與端俱是舌頭純清之音，亦可通用。故以符代蒲，其類奉、並（如《玉篇》皮字作符羈切之類）；以無代模，其類微、明；以丁代中，其類知、端；以敕代他，其類徹、透。餘倣此。

《玉鑰匙》云：類隔門謂端、知八母下一等、四等歸端、透、定、泥，二等、三等歸知、徹、澄、娘。如一、四爲切，韵逢二、三便切知等字。

或二、三爲切，韵逢一、四便切端等字。　以其爲等類所隔，而韵各出。蓋不以切爲憑而以聲韵所至，是故曰類隔。　如都江切樁、徒減切湛、都教切罩、丁刮切鷄之類是也。

《門法解》

端等類隔者，謂端、透、定、泥一、四爲切，韵逢二、三便切知等字。

中東恭嘲刀包軸文六曩乃庚。

知等類隔者，謂知、徹、澄、娘二、三爲切，韵逢一、四便切端等字。

東智通同除洪等知肯貯張斗。

交互門

《四聲等子》《玉鑰匙》

《等子》無。

《玉鑰匙》曰：謂幫等重音爲切，韵逢非等諸母第三便切輕脣字。非等輕脣爲切，韵逢一、二、四皆切重脣字。　蓋以幫、滂、並、明母下四等之字，重脣之屬爲多，非、敷、奉、微四母下之等輕脣之屬最少。　故取切之法，不論輕重等第，但憑爲韵之等便是所切之字，故曰輕重交互。如匹尤切飍，芳杯切胚之類。

《門法解》

重輕交互者，謂幫、滂、並、明一、二、四爲切，韵逢有非等第三便切輕脣字。

非布追望莫詿分布云芝匹凡。

輕重交互者，謂非、敷、奉、微第三等爲切，韵逢一、二、四便切重脣字。

袍房高不非統胚芳杯愇扶來。

寄正音和門

《四聲等子》《玉鑰匙》

《等子》無。

《玄關歌訣》云：切三韵二不離初（第三照等爲切，韵逢第二照等，祇切第二，如充山切獚字之類），寄正音和有若無。

《門法解》

寄正音和謂照、穿、床、審、禪第二爲切，韵逢諸母第二并切照一。

山書閑牀食莊差充師誟之誟。

互用憑切門

《四聲等子》《玉鑰匙》

《等子》云：切逢第一，韵逢第二，祇切第一，名互用憑切門。

《玉鑰匙》云：精、照互用門，精等第一爲切，韵逢諸母第二，祇切照一字。照等第一爲切，韵逢諸母第一便切精一字。蓋出精、照兩等之字，聲韵各出而音不同，則取切之法不得憑切而憑韵也，故曰精、照互用。如士垢切鱟，則減切斬之類。

《門法解》

精、照互用者，謂精、清、從、心、邪一、四爲切，韵逢諸母第二并切照。

雙三江生心庚棧才版虤昨閑。

照、精互用者，謂照、穿、床、審、禪第一爲切，韵逢諸母第一并切精一。

三師甘草初老叟疏走僧山胘。

來、日二字母切字例

《指掌圖》

辨來、日二字母切字例：來、日二切則是憑韵與内、外轉法也。惟有日字却與泥、娘二字母下字相通，蓋日字與舌音是親而相隔也。

歌曰：日下三爲韵，音和故莫疑（如六切肉、精切寧）。二來强處取，一、四定歸泥（仁頭切糯、日交切鐃）。

匣、喻二字母切字歌

《指掌圖》

辨匣、喻二字母切字歌：匣缺三、四喻中覓，喻虧一、二匣中窮。上古釋音多具載，當今篇韵少相逢（戶歸切幃、于古切戶）。

附　説

　　音和門，原爲舌、齒、脣三類切語上字之在本紐者而作，故《指掌圖·音和》舉丁、登同歸端母爲證，與其"類隔二十六字圖"所言符合，此其正也。而"檢例"則云取同音、同母、同韵、同等四者皆同，謂之音和，是又及于下字矣。《七音門法歌·牙音》云"切時若用見、溪、群四等，音和隨韵臻"，已失原旨。《玉鑰匙》復舉公、穎、貢、谷四字以爲之證，《門法解》遂獨舉見、溪四母，又復析之爲"一四謂上字用一等，下字用四等、四一"謂上字用四等，下字用一等二門，雖所舉有端、幫、精而無知、非、照等，然與製作原意彌相乖違矣。韓道昭設創立音和，以牙、脣、喉三類爲切，三等行韵而切四等。此本三等韵，因其一音有二切語，等韵家析之以爲四等，遂立此門，其實三等也。

　　就形門，《門法解》按語云：此門係《指掌圖》，今依真空《創安歌訣》注云："就形門出唐，《廣韵》《玉篇》《孔雀藏教篇海》俱載之俱載者，謂此等切語耳。"其歌訣稱：麻里許戈即元、明本《廣韵》云：輠，許戈切；月中無鉢當爲物字；興瞜風王興瞜二字不可解，風王當爲方字，然王爲皇誤。渠喬句，疑亦有誤。且喬是三等，于例亦違，就形亦以牙、脣、喉爲切，一等行韵而切三等。

　　通廣門，亦以牙、脣、喉爲切，遇止、蟹、山、效、梗、臻六攝之知、照、來、日十一母三等字行韵而切四等。

　　侷狹門，則以通、流、曾、遇、假、宕、深、咸八攝之精雙喻四六母行韵而切三等。

　　此皆謂三等韵中切語下字有三、四等互用而立者，分其以三等切四等者爲廣爲通劉鑑《指南》于止、臻二攝下注通門，餘注廣門。以四等切三等者爲侷爲狹劉鑑于通、遇、宕、曾四攝下注侷門，流、假、深、咸四攝下注狹門，其實通與廣、侷與狹，更無可分也。綜覽《廣韵》諸攝之切語，必并諸紐之下字始足以明，若拘牙、脣、喉三類，則蟹攝、深攝亦無此等切脚矣。

　　喻下憑切門，《指掌圖》于通廣門舉餘支切移，故無此門。《等子》支作之，移作頤，其例正同。然《等子》復立喻下憑切門者，豈非相犯耶？以是知《等子》既依《指掌圖》矣，復依他書，故遂重出耳。《門法解》又以覆、仰分之，蓋覆即偏狹、仰即通廣也。《門法解》又立"小通廣偏狹門"，此因來紐之三等韵中而以四等字行韵仍讀三等者。惟以用止、效諸攝字行韵者，謂之"通廣"；用宕、咸諸攝字者，謂之"偏狹"。此以既定之攝爲稱，其例又小異矣。

　　內外門，以牙三、舌四、脣四、喉三、來、日十六母爲切其行韵爲通、止、遇、果、宕、流、深、曾八攝中之照一者即二等，則切三等，謂之"內三"以二等之讀限于照一、四母之內，蓋三等韵之二等祇此四母也。行韵爲江、蟹、臻、山、效、假、梗、咸八攝中之照一者，則切二等，謂之"外二"以此皆爲二等韵，其二等之讀，通遍全韵，出乎四母之外也。觀其專舉二等韵目以名外八攝者，其理極明。《門法解》謂臻攝牙、舌、脣、喉四音皆無第二等字，亦名"外轉"，則二等字多少之説不可通，殆未達斯旨也。其"外二"本不須立而立之者，以更證明"內三"之理與立音和以明類隔之理正同。三等韵中之二、四等何以不獨立而附于一韵者，以昔人作切語時，用字不殊，編韵書者因之，製等韵圖者亦然。由是爲作門法以求行韵與取得之字不在一排之中者而通其結轄，此門法所以分析日繁也。

　　振救門，謂齒頭五母出切有一、四等之分，行韵又俱爲四等而俱讀四等。此謂三等韵之齒頭，其上字雖有一、四等之分即音和之例，切語上字本不論等，故音和門公、庚、甄同用古字，此實謂行韵三等而讀四等者也。

　　正音憑切門，謂照一、四母出切，行韵有三、四等之異，而俱讀二等與出切之等同，故云憑切。此亦三等韵之有二等者。

　　寄韵憑切者，謂照二五母出切，行韵爲一、四等，因一、四等韵無照二，則當憑圖中有照二之韵尋求其字如《玉鑰匙》云：昌紿切茝，茝正在其三等韵中，而紿却在一等代韵，《門法解》云：愼，十寸切，寸在臻攝合口一等，愼在其開口三等。此例在《廣韵》中，如章盍切讋，即之涉切之讋；成鬻切移，即以支切之移，此皆于一圖中可以求之也。

日寄憑切門，謂日母爲三等，而行韵在一、二、四等如人高切饒，高在一等豪韵，饒在宵韵，雖高居一等，當讀爲三等之饒。 此例在《廣韵》中，如如亥切疬，《廣雅》作女駭。 蓋古人切語趨于易識，故于聲韵俱有差互耳。 若《指掌圖》之"二來娘處取，一、四定歸泥"，是則憑韵尋字，非憑切尋字也。

窠切門，謂知二爲切，行韵在齒頭、喉音之四等，仍讀三等。 此亦三等韵有四等而憑切以讀者也。

麻韵不定門，蓋同窠切。 惟麻韵無知二，故轉而爲舌頭之四等。 此專爲爹字一音而設，真空輒增體、饢、寧三字，不知體、寧本爲四等上字用救用女，正類隔之倫。 饢在養，養本有知二，則非三等無字。 而《門法解》因之，改爲各韵不定，實未之思也。

端等類隔門，此謂二、三等韵中舌上音字而用舌頭切者也。

知等類隔門，此謂一、四等韵中舌頭音字而用舌上出切者也。

輕重交互門，謂重脣音字而用輕脣音字出切者也。

重輕交互門，謂輕脣音字而用重脣音字出切者也。

互用門，謂精類一、四爲切，照一行韵。 此謂二等韵有之，或照一出切。 精一行韵，則謂一等韵有之也。

以上六門，多以等紐之異而爲立法以求其通。 錢大昕《養新錄》以古無輕脣、舌上解類隔，不知二者本不相襲。 蓋反切盛行，固無古音流傳也。 觀《顏氏家訓·音辭篇》所譏，則知實爲用字之失。 六代言古音，但訂行韵者而已。

開合門，以行韵字有開合互用而別之者也。

等韵筆談匯輯

　　或以爲《韵鏡》非撰于宋代，信乎？按：《宋史》卷十七：元豐八年十一月祧翼祖；卷十九：崇寧三年十月立九廟，復翼祖、宣祖等。又紹興三十二年正月祧翼祖于夾室。張麟之首《序》題"紹興辛巳"，爲三十一年；後《序》題"嘉泰三年"，故注云"舊以翼祖諱敬，故爲《韵鑒》，今遷祧廟"。計自元豐八年十一月至崇寧三年十月，共十九年，《韵鏡》其作于是時乎？

　　若以重爲開，則東、魚兩韵俱合口，江韵開合各半，何以稱爲"重中重"？觀日釋空海《文鏡祕府》所謂重、輕，實屬于聲，《音略》則屬于韵。《祕府》適舉莊、初四類，故覺無礙，若施于精、照五類及其他四類者則難通貫矣。開合僅二名，《七音略》輕重則有九目，有重中輕，內重而無其輕；有輕中輕，內輕而無其重。今若以開合當重輕，即于重中重、輕中輕已不易解，其餘七者更難置辭。

　　脣音八類，平聲兩類，下字用合，上聲全爲合口；去聲無明，俱爲開口，是脣音在《廣韵》下字不分開合。《切韵考》憑下字以分，故歧互難明。今若循其途而謂爲唐宋之异，可乎？

　　尖，《廣韵》子廉切。此已見前圖，則爲衍誤無疑。若"干、根"皆以本韵無字，故借用以明其一等之讀，亦猶復列"恭、光"之意也。此專爲便于橫讀，故必如此。

　　"獨韵"一名實本于《切韵指掌圖》。《指掌》附江于光，故爲六攝，而江爲開合口，則無字。獨者謂一攝中不兼開合，江注此攝。《指掌》亦作"獨韵"，江攝兼開合。若謂《指掌》作"獨"，劉鑑非以江爲獨也。通、遇有合無開，效、流、深、咸有開無合，故謂之獨。《切音指南》但曰開曰合者，實無二義也。《切音指南》逼、塭、愎、窨實在開。

　　《切音指南》列此“資、雌、慈、思、詞”爲一等，殆依《指掌圖》。然《指掌圖》實寄之一等，故《切音指南》亦旁注，以明其非。劉鑑《切音指南》以“陂、麾、彼、皴、被、美”六字當爲合口，故特注于二等，非復列也。又“竹、畜、逐、䖱、遂”本爲遇攝三等，《切音指南》誤置于蟹攝内。止攝合口三等，其列字爲“怵、黜、術、貀”。

　　以德承止攝之意義，正猶曾攝注“恭”，江攝注“光、惺”之類，表其上下數等之讀耳。

　　正齒之二等細于齒頭之一等，齒頭之四等細于正齒之三等，純四等之齒頭與三等之附于齒頭者，其細正同，如邪與喻無有差別也。

　　《切韵指掌圖》多瑕疵，其等之誤者，如一圖群紐：喬切巨嬌、翹切渠遥；幫紐：鑣切甫嬌，飈切甫遥；明紐：苗切武儦，蜱切彌遥，是書分列三、四等，實同屬三等。又三圖上聲四等許字應入三等。又五圖群紐：箝切巨淹，鍼切巨鹽；疑紐：三等鹽、四等鹻應皆屬三等。又七圖群紐：三等乾、四等孅；溪紐：三等綎、四等遣應屬三等。又九圖除齒頭外，所列四等皆應屬三等。蓋真、諄、文、欣俱爲三等韵也。又十二圖穿紐上聲三等碰字，審紐㑺應入二等。又十三圖來紐四等應列三等。又十五圖見紐一、二等，溪紐一、二等，影紐一、二等，皆應互易；明紐上聲一等猛字應爲三等。又十七圖徹紐去聲蠆字應列二等。又十八圖群紐四等應入三等，精五紐一等平、上、去應入四等，喻紐移字應入四等。又十九圖穿紐二等吹字應入三等。又二十圖見紐去聲三等卦字應入二等。又當訂補者，如一圖來紐上聲三等，據《廣韵》補繚字，泥紐入聲一等補褥字。

　　《韵鏡》當訂補者多，以《七音略》爲據者：如内轉第一開口脣音次清平聲應補𡵌字；舌音次清去聲應補蠹字；牙音清濁上聲應補虞字。以《廣韵》爲據者：外轉第三開口合口舌音清音去聲應補懟字、次清巷字、濁音轛字、清濁音鬤字。

　　佛經音義仍用切語解決文字讀音之法，等韵圖直捷了當，故凡爲韵書切語讀音而作圖者，莫不師之。

等韵書所言轉者，乃謂圖中字轉移用于諸紐作切語下字耳。

或謂《四聲等子》之“辨内外轉例”在説轉，而在圖則已并轉爲攝，何耶？按：《韵鏡》《通志·七音略》俱有内轉、外轉諸名目。所謂内轉者，乃謂三等韵中有莊、初、床、疏四紐之字，若二等切語下字用之，在莊、初、床、疏四紐下者，則必讀二等，在他紐則讀三等。故内轉者，乃謂二等之讀限于莊、初、床、疏四紐之内。嗣以雖有此四紐諸字未用作切語下字者，其後又以無四紐之三等韵俱被以内轉之名，如微、文等字是也。所謂外轉者，乃專指二等韵。因二等之讀遍存諸紐，如江是也。又以雖有此四紐，然采用作切語下字者，亦被以外轉之名，如佳、皆是也。臻韵僅有此四紐，而無他紐，亦被以外轉之名矣。麻、庚諸韵二、三等并有，但以二等爲重，亦被外轉之名矣。

或問：等韵書如《四聲等子》《切韵指掌圖》中之“雙聲音韵”條文，《玉鑰匙》未收入，《切音指南》則載在卷首或卷末，其與門法性質是否有關係？答云：《指掌圖·檢例》末有“雙聲疊韵例”，乃專謂切語上字不可再用疊韵，下字不可再用雙聲而言。若切語違犯其一，則失却切語製作之規律，亦弗能成音矣。然則世所謂與門法性質極有關係之論，殆有所未悟歟？

或問：《玉鑰匙》云：“音和切字起根基，等母同時便莫疑，記取古紅公式樣，故教學切起初知。”此言當否？應之曰：此係偶舉見紐者爲例，真空誤解徑取見、溪二紐四字爲例，始有四一、一四創立音和諸名矣。

或問：真空《篇韵貫珠集》内門法改“麻韵不定”爲“各韵不定”，何耶？應之曰：因有體、饕、寧三字故也。或又問：真空爲何改“廣通偏狹”而爲“小廣通偏狹”耶？應之曰：因專論來紐之三等韵中用精雙喻四之字爲切語下字故也。真空之門法原本專爲切語用字之符合條例者而設，後來切語是爲門法而新造者。

或問：《四聲等子》是否始收集門法與韵圖合行？應之曰：《四聲等子》一書内容實係綜合《切韵指掌圖》《通志·七音略》《切音指南》三書而成。門法之製，初爲解説等韵圖之切語，《四聲等子》始附圖而行, 若與韵圖分行, 何能説明其義耶? 又《四聲等子》出于《切音指南》, 若以《四聲等子》爲始作俑者, 殆惑于《四庫提要》之語而然。

或問:《四聲等子・辨音和切字例》與《指掌圖・檢例》兩文内容大同小異, 請舉示其不同處之理。 應之曰: 前者實全抄《檢例》,《等子》既妄加 "所攝" 二字于 "又調洪字, 于求協聲韵" 兩句末尾, 又擅改 "求" 字爲 "於" 字, 故不得稱下文當作 "於圖中尋洪字"。 蓋 "求協聲韵所攝圖中尋洪字" 當爲一句, 不應在 "所攝" 下斷句, 明非脱奪 "於" 字矣。

或問:《四聲等子・辨音和切字例》稱 "取同音、同母、同韵、同等四者皆同, 謂之音和" "增字亦是舌頭字" 兩語如何理解? 應之曰: 音和之 "音" 與稱字母曰聲相同, 前人用詞本不嚴格。《韵鏡・歸字例》正即《指掌圖・檢例》。 同音即指牙、舌、齒、喉、脣五音之音, 所以在同母之上; 音和專謂同母。《四聲等子》謂 "增" 爲舌頭字者實本《指掌圖・檢例》(下文 "吕" 亦舌頭字, 亦然), 再者音和本謂切語上字, 則不當有同等之語。 等屬韵, 屬切語下字, 使不察其失, 則將以音和釋同等矣。

或問: 韵圖是否有字皆係依照實際情況各歸本母者? 應之曰: 等韵圖正爲指示某等有何種字母, 如據應有之字母以决定之, 何嘗爲依實情況各歸本母耶? 例如仕垢切鰍, 其 "仕" 字實爲《漢書・張良傳》鰍生, 顔師古云: "才垢反, 才字之誤。"《史記・項羽本紀》徐廣音即作 "士", "士" 亦 "才" 之訛。 尤應明了者, 反語原于讀若, 讀若有雙聲、疊韵二式, 後遂衍之爲反語。 當注音家製造反語時, 倉促間未取得常用字, 乃變通借用聲音相近者, 等韵家遂立門法以通之, "類隔" 實緣于此。 陳蘭甫《切韵考》以其不合系聯條例, 猥從錢竹汀論古音之説, 謂爲古音之遺迹, 實大惑也。 反語乃定今語之音讀, 烏有古音耶?

或問: 敦煌寫本唐僧守温《韵學殘卷》稱 "疋問切忿, 鋤里切士, 此是切重韵輕隔", 應如何理解? 應之曰: "疋問切忿" 方是切重韵輕, 疋爲重脣三等字, 問是輕脣, 故曰 "切重韵輕"。 若 "鋤里切士", 此見

《説文》徐鉉音、《廣韵》。 鋤、士俱在床紐二等，無輕重可言。 等韵家所用"輕、重"字樣，乃專指脣音也。

或問：爹，《廣韵》音陟邪切，屬麻韵三等之知母字，但《廣韵》以前皆無麻韵三等知母音，此現象應如何理解？應之曰：《廣韵》九麻爹，羌人呼父也，陟邪切。《龍龕手鑒》多部爹，都邪反，羌人呼父也。《廣雅·釋親》爸（步可）、爹（大可）、奢（止奢），父也。 王念孫《疏證》云：爸者，父聲之轉，爹、奢聲相近。 依《手鑒》，都邪則實四等端紐字，《廣韵》始改"都"爲"陟"。《玉篇》父部爹，屠可切（此從《廣雅》），又陟邪切（此從《廣韵》）。《四聲切韵表》以"爹"列四等，在端母，則《廣韵》作"陟邪"爲類隔矣。 麻韵雖三等，而有端母之爹，猶三等之至而有四等徒四切之"地"。 又猶如三等之腫而有都鵝切之"湩"、莫湩切之"鶏"，俱一等，以字少，故附入。

或問：有謂《廣韵》咍韵"犢，昌來切"與"茝，昌紿切"之"來、紿"乃三等音借一等音作反語下字，此言是否合理？應之曰：《説文·牛部》犢，牛羊無子也，讀若糗粮之糗。 徐鉉音徒刀切，《廣韵》豪韵土刀切。 犢，又昌來切。 此昌來切即依讀若糗而作。《釋文·周禮》漿人若糗，昌紹反，《左傳·哀十一年》《公羊·昭二十五年》《禮記·內則》《書·費誓》皆同。 "昌來"即本用糗之發聲，實當從糗讀也。茝，昌改切。 按：《內則》同。 韋昭注《漢書》云：香草也，昌以切。 又《説文》云：䔰也，齊人謂之茝，昌在切。《廣韵》作"昌紿"，皆當從"昌以"之讀。

或人又問：然則釋真空改"昌紿切茝字"爲"成檋切杉字"而"杉"與"欓"又同列一行，是否正符音和之規則而與"犢、茝"兩字不同耶？應之曰：杉，成欓切。《釋文·毛詩·何彼穠矣》杉音移，一音是兮反。《鹿鳴》杉音以支反，又是兮反。《爾雅·釋木》杉，以支反。《字林》上泥反。 上泥、是兮讀同，但齊韵四等無禪紐，則"上泥、是兮"皆不可成音。《集韵》逝來切，未明所本。 來，咍韵一等字，凡一等無禪不能成音，皆當從三等韵以支切之讀，始能成音。 上泥、是兮、成鬻、成橋皆用字不同。

或問:《廣韻》海韻疓,如亥切。《集韻》咍韻荋、腇、鬻等字音汝來切。依中古音通例,日母字不在一等,能否依《四聲等子》《切音指南》《指掌圖》皆排在三等,而認此諸字爲咍韻之三等音?應之曰:《韻鏡》《七音略》之列置"荋"與"疓"在一等音者,乃憑切語下字之爲"來"與"亥"也。又《廣雅·釋詁》疓(而亥),《廣韻》取之,依《指掌圖·檢例》後"辨來、日二字母切字例"歌曰"一四定歸泥",疓當讀如奴亥反,故在一等。鬻,《廣韻》人兮切,亦同此例,讀同奴低切之鬻。此音具在《釋文》。

或人又問:然則《玉鑰匙》之"日寄憑切門法",其含義爲若何?請詳言之。應之曰:所謂日寄者,乃謂日紐之字寄在他韻者。所謂憑切者,乃謂凡切語下字之不同等者,則依切之等讀之。如荋,汝來切,當讀如《玉篇》讓之切之荋,《説文》如之切、儒華切即讀如《廣韻》儒佳切捼。蓋韻圖所以解決反切之讀,設使摒去反切而不顧,則殊失製圖之旨矣。若如延切然,延、然同在仙韻,仙韻三等有日與一、二、四等韻無日者异,非寄也。《玉鑰匙》徒欲顯示其四等之説,特取之,曾不知其已不符"寄韻"之名矣。

或問:《廣韻》戈韻靴,許戈切。曉母之"許"依反切通例不應與一等韻"戈"字相切,"戈"豈爲借用乎?應之曰:反語下字無借用之例,今從《切韻考》之説以爲係借用,竊以爲殊涉强附。何則?蓋"許戈"之音見《説文篆韻譜》,明刻本、顧本因之,《切韻考》從之,張本、黎本作肥。《慧琳音義》卷六五韄,酗禾反。諸字書無疊韻,《説文新附》許臛切。按:《廣韻》臛切縷䏍,䏍切去靴,今靴切許臛,正陳蘭甫所謂遞用。而陳氏必以隱辟字斥之,又于巨靴切之臛,則又以爲無害而存之。若從其説,其或未細檢歟!

或問:《韻會》之鳳字列在三等,其切語馮貢切之"貢"字在一等,而門法將"鳳"列入"前三後一門",是否係誤置?應之曰:鳳,馮貢切,見《説文》徐鉉音、《希麟音義》,而《慧琳音義》四《蜜多經》三九八作"房諷反"，此正音也。

或問：海韵之伭，夷在切，喻母無一等音，而韵圖將此切語列入一等，與"在"字同行，此種現象應如何理解？應之曰：伭，夷在切，本爲徐鉉音。按：《漢書·司馬相如傳》中《大人賦》"仡以伭僸兮"句，張揖云："伭僸，不前也。"師古云："伭，丑吏反，又音態。"《釋名·釋姿容》："貸駭，不相量事者之稱。"二義與癡同，亦即海韵之他亥切也。膔，與改切，其讀音亦同。《慧琳音義》十七《如幻三昧經》："下伭礙切，上胎賚反。《考聲》云：伭礙，癡貌。"按：夷、在與改俱當讀如他亥切之嘦，茞則讀如齒，疜則讀如乃，紐異而其例亦異也。

或問：《切韵指掌圖·檢例》下有"此叶無時前後搜"句，其語意應如何理解？應之曰：音和專爲同母而立，不同者則有類隔。等韵圖于切出之字與切語下字必須同叶。《檢例》所云，正指不同圖者而言，專指開合也。真空謂"俱萬切建字"者，《廣韵》"建，居萬切"，"俱"與"居"同紐，"俱萬"即此"具萬"，何爲韵書所無？

或問：《玉鑰匙》"輕重交互門"謂"非等輕脣音爲切，韵逢一、二、四皆切重脣字"句意應如何理解？應之曰：所謂韵逢一、二、四者，乃謂以輕脣音、重脣音之字不得在同母內出現也，故無三等字。《四聲切韵表·凡例》云："凡三等脣音，輕重不兼，有輕脣而復有重脣之明母者，惟尤韵之謀，屋韵之目、牧等字，三等之變例也。"

或問：《玉鑰匙》"輕重交互門"云"幫等重脣音爲切，韵逢有非等處第三等，便切輕脣音字"數語意義，請舉例說明之。應之曰：例如凡韵之芝，匹凡切。"匹"是重脣，"芝"是輕脣，今則更爲"音和"切者，即改"匹"爲"敷"字之意。

或問：釋真空所立"廣通偏狹韵"之含意應如何具體理解？應之曰：真空所立廣通、偏狹兩門，乃專爲某些韵之字而設者，其切語下字必須使用某些紐之某等字，紐多者稱爲廣通韵，反之則稱爲偏狹韵。例如廣通者謂支、脂、真、諄、仙、祭、清、宵八韵之切語下字必用照、穿諸紐三等字，在脣、牙、喉諸紐俱讀四等。其所以名廣通者，以見、溪、群、疑、幫、滂、並、明，非、敷、奉、微，曉、影、于等十五紐之字用作切語上字，紐數衆多，故曰“廣通”。 偏狹韻者，謂切語下字限于鍾、陽、蒸、魚、麻、尤、之、魚等八韻中以精、清、從、心、邪、喻六紐字在三等韻中字。 兩者不僅分指切語上字、下字，其紐之範圍亦有廣狹多寡之不同。 其在三等韻中三等紐多，故曰廣；四等紐少，故曰偏。《續通志·七音略·門法解》之“小廣偏狹”，始專爲來紐而作，《玉鑰匙》不如是也。

或問： 等韻家所立窠切門，俱見《四聲等子》《經史正音切韻指南》《直指玉鑰匙門法》《續通志·七音略》，其含義如何？應之曰： 所謂窠切者，乃專指知、徹、澄、娘四紐切語下字是用精雙喻四而言，粗看似與偏狹相似，實則區別顯然，更全不似廣通。

或問： 等韻家皆立有寄韻憑切門，其含義又若何耶？應之曰： 寄韻憑切始見《玉鑰匙》。 此一門法乃專謂照二之切語下字用一、四等者仍讀三等也。

或問： 世謂偏狹現象發生于之、鹽、侵諸韻，當否？應之曰： 遇、注（之戌）之韻全無，不可謂偏狹現象發生于之、鹽、侵。 蓋鹽韻之鹽、琰、艷、葉固皆屬四等，但鹽韻之其他字皆爲三等，其切語下字雖用四等作切，其實皆同三等。 以昔人製作切語祇取其易識之字爲之，未嘗有等之別。 等韻製圖意在并存，則以空白地處之，非果示其爲四等也。 讀等韻書者應深切注意之，否則將被韻圖收字之現象迷惑而不解。 又如清韻有群、有舌上、有照、穿等，有喻、有邪而無匣，凡此皆屬三等韻。《七音略》《指掌圖》列置庚、梗、敬、陌之三等于三等格内，遂寄置清、勁、清、昔于四等格内。 幽韻亦如是。《四聲切韻表》已未作此區別，他人皆承其説，俱誤。

或問： 韓道昭《五音集韻》謂“故創安、泥母，用乃驃切釀爲第四音和，却用毗饆切驃，亦是第四音和”，此段文字如何理解？應之曰： 此正後來造反切以證明門法之所由也。

或問：《玉鑰匙》所謂之“内轉切三、外轉切二”，等韻家省稱爲

“内三外二”者，其義爲何？應之曰：所謂内乃指照系四母之内也。所謂切三者，乃謂此四母之外皆切三等韻（惟此四母始切二等），故云切三。外二者乃謂照一以外之紐皆讀二等也。

或問：真空稱：“切時若用見、溪、群，四等音和隨韻臻。”其語意爲何？應之曰：此用音和二字誤。音和乃專謂切語上字，四等專論切語下字，各居其職，何能相擬？見紐中既有非屬音和者，正説明見紐本無音和、類隔之別。如古賢、古行之古，即不同等矣。

或問：《切韻指掌圖・檢例》雙聲疊韻例稱：“和會二字爲切，同歸一母祇是會字，更無切也，故號曰雙聲。如章灼、良略是矣。”應如何理解？應之曰：此乃謂反切下字不能與本字用雙聲，因兩者已屬同韻，如下字仍用雙聲字，則與本字同音。是以“和會”即會，“章灼”即灼，“良略”即略，遂失却比況作音之原則，亦莫能表現反切之作用矣，安用反切爲？

或問：等韻家所立門法，其用意何在？應之曰：等韻門法純爲切語上字或下字與所切出之字不密合其格局而立者，類隔指上字與切出之字不同格局之因由。反切創製在前，韻書繼而興起，字母及等韻圖後成。因之何能以等韻圖之規格作爲評議早出反切之條例耶？自錢大昕《十駕齋養新録》以舌頭、重脣爲古音，謂凡屬切語上字爲輕脣音者，古音皆讀重脣。此説實不盡確當，如《詩・生民》副，孚逼反（《字林》匹亦反），上字用輕脣，匹亦反用重脣，足見陸德明胸中并無古重今輕之見解。輕脣音恐兩漢之際已有，《説文》䰜讀若馮，《周禮・籩人》其實䰜蕡，後鄭曰：“今河内以北煮穜麥賣之，名曰逢。”馮、逢同音，自是輕脣。錢書采集反語爲證，今日援用則應仔細斟酌，例如《養新録》卷五頁十九引《字林》䅸，方遥反；襮，方沃反；邨，方代反。吕忱魏人，其時初行反語，就此反語便可得“方”之正音。六朝以後，輕重脣如輕脣，後世不知有正音，乃强爲類隔之説，謬矣。余嘗屢言之，反語本于讀若，其用字每取其近似而已。如開合互用，三等韻中常互用二、四等字作下字，此與上字用類隔者之例正同。類隔原屬等韻家言，但因舊有之切語有此等現象，排之于圖，觀之不合例，遂稱爲類隔，謂當于他排中求得之，非強爲之説。輕脣讀爲重脣，江慎修書屢言之，惟江氏拘守等韵，輕脣必歸三等。今當云"必讀重脣之一、四等"，庶可交轉無礙。

或問：《字學元元》體例如何？其影響又如何？應之曰：《字學元元》因門法而立門法，添造反切，殊不合舊規。但自其書問世以後，談門法者多效之。門法原爲有例外之切語而造作，用門法以解釋反切在韵圖中之不合等者，并解説其理。但等韵家則用以概括其他圖中之非不合者，且措辭繳繞含糊，致今讀者驟難洞悉其所以。故清代古聲韵家不言之，江慎修雖則使用等韵，亦絶無語及門法。内轉、外轉者，門法也，江氏未嘗稱道，戴氏雖亦用之，却迥非門法之初義。試觀等韵諸書，無一圖不談内、外，但設使深入追問，内、外果何義耶？若見《切韵指掌圖》十八圖兹、雌、慈、思、詞列在一等，因謂爲宋代音變，則大誤矣。蓋一等韵齒頭無邪紐者。此"詞"在邪紐，其他韵圖中一等俱無邪紐之例，即其他等韵書亦不相同，其理可思也。又十八圖禪紐二等有漦、俟，此俱床紐字，他書無此例，以切語用字不同，遂附寄于此。又其書三圖之㺲、五圖之儳、十圖之鑡、十六圖之蹟皆同。若明了此等之屬于附寄，則兹、雌、慈、思、詞五字之屬附寄，亦可推知。惟禪紐之有（二等）諸寄字，則因其切語用字與床紐者不相同，韵書既兼載之，韵圖未敢删併，遂附寄于禪紐矣。若兹、雌、慈、思、詞等五字則又不屬此例，此五字本當在四等（其他韵圖皆在四等），以齎、妻、齊、西等已占居四等之位置，再無四等空隙容納之，乃寄之于一等。此理昔無人言之，《等韵切音指南》不解其意，其圖將齎、妻、齊、西等列在蟹攝，貲、雌、慈、思、詞等用小字旁注于止攝之一等欄内，而其四等平、上、去俱是空圈，實大可怪也。

韵學餘論

《詩經》平、上、去、入四聲分用者多，合用者少。合用者其未變易者，分用者其已變易者也。故世謂四聲由轉佛經而來，其失猶宋、元人謂字母本于釋典。

東、冬不分，六朝時已然，《經典釋文》謂公、攻分作兩音，即其例也。人或謂二韵不分在明吕坤《交泰韵》時代，實欠深稽。

《切韵》反語沿襲舊文無所改作，有謂其世舌上、舌頭已近全分，輕脣、重脣全然不分，乃緣尚未明反語真諦之誤解。

《切韵譜·後序》云："初，韵譜既成，廣求餘本，孜孜讎校，頗有刊正。今復承詔較定《説文》，更與諸儒精加研覈，又得李舟所著《切韵》，殊有補益。其閒有《説文》不載而見于《序例》注義者，必知脱漏，并從編録。疑者則以李氏《切韵》爲正，殆無遺矣。"詳玩是文，所謂"廣求餘本，更加研覈"，"又得《切韵》補益"，皆謂增訂脱訛，以是爲正，而于韵目次序全不相干。若憑此臆定爲二系，何可從也。

學者閒每謂《廣韵》切語之重脣與輕脣不分，實則《廣韵》三等重脣上字與輕脣系聯，一、二、四等重脣上字又別爲一系，是其輕重脣亦相分也。

餘杭章君《國故論衡·音理論》篇已謂《廣韵》分韵繁夥之故，乃因其書兼包古今方國之音。戴氏《答段若膺論韵書》(《聲類表》卷首)則以爲"蓋定韵時有意求其密，用意太過，強生輕重……定爲音切，不足憑也"。陳澧《東塾讀書記》又以爲其時之音判然有別。瑞典高本漢《中國音韵學研究》亦謂每韵均有相異之音值，蓋謂切語下字不同，其音值必異。吳承仕則謂《切韵》所用上下字大抵沿用舊文而無改作，故一字兩切，其實一也。江永于《四聲切韵表·凡例》云："凡三等重脣音，輕重不兼有。輕脣而復有重脣之明紐者，惟尤韵之謀、屋韵之目、牧等字，腫韵之鵐字，三等之變例也。"古音風字，方愔切，入侵韵。侵韵已有重脣而復有輕脣，亦此類。如《切韵》真、諄不分，《廣韵》分爲二。高氏標十七真開口爲iěn，合口爲iʷěn，十八諄爲iuěn，其實誤也。又高氏謂覃與談、咸與銜、山與刪之分，一爲長音，一爲短音，如牽爲ɑn、談爲ānn、咸爲am、銜爲ām、山爲an，亦皆誤也。蓋切語下字异耳，《釋文》刪山爲一，咸銜爲一，可證。

又高氏謂三等爲腭化音，然考之《釋文》，則殊不盡然。一、二、四等字常與三等混用，如見紐夾（居洽、古洽二切），車（音居，又剛除切）；溪紐窺（去規、苦規二切），缺（苦悅、窺悅二切）；疑紐毅（魚既、五既二切）；曉紐馨（訏經、呼庭二切）。又三等以外之重脣仍可以輕脣出切，如幫紐通（補吳、方吳二切）；滂紐豐（芳忠、匹涓、敷妙三切）；並紐牝（頻忍、扶忍二切）等，皆其例也。

《切韵》《釋文》修撰并時，而《釋文》异于高氏之設，此其一也。

《切韵》不系聯之字，不必定爲二類，如來母分爲三類，端母分兩類，清、從各分兩類。重脣之匹、譬爲三等，與敷紐不系聯，而陳氏合于一、二、四等，是據切語上字分類，未可盡從，此其二也。

高氏以舌上二、三等通用，則謂舌上二、三等腭化，則又自破其例矣。高又謂影紐三等與一、二、四等混，惜苦無確證，此其三也。

黃侃訂《廣韵》聲讀爲四十五類，愚增益之爲四十七類。蓋謂齊韵之奚、攜，先韵之賢、玄，篠韵之皛，青韵之荆，添韵之嫌，凡此皆爲四等，亦异于一、二等之匣紐，而本同于本韵之曉紐。雖總四聲之音至少，然既有分异，即應析出，不可强合。故循黃氏例增一賢字（聲帶弛緩，氣流回環，然有氣有聲），是三等之聲并無別于他等者也，此其四也。

照（氣出聲帶立起，氣流徑直，亦有氣無聲）、莊（氣出聲帶立起顫動，有氣無聲）二紐之字，其聲勢黃氏有言明之，高氏不納而以照、莊之別在于發音部位之高低，照係舌面摩腭，莊係舌面捲腭。然驗諸口吻，黃說實較勝，此其五也。

隋代音值并非難求，苟能以《切韵》同時之書，若《釋文》《玉篇》等細考之，即可得也。

沈重《毛詩音》于《邶風·燕燕》三章"遠送于南"句下注云"協句，宜乃林反"者，乃謂南字須讀如其時乃林反之音，始與"音、心"協，非謂周時有此讀，其事實與唐玄宗改"頗"爲"陂"之理同。

顧炎武《唐韵正》乃其《古音表》之詳注，而非《詩本音》者，以收字與表同，而與《詩本音》异故也。

弇即今謂之舌後元音，侈即今之舌前元音，非閉口、開口之謂，否則真至仙收n者也，侵至凡收m者也。江慎修又復分之爲二，是非收n收m之謂，當别有其解矣。蕭、尤七部亦有侈、弇之殊，不能捨而不語。又段懋堂"古音多斂，今音多侈"之説，最無準則。

段氏《六書音均表》謂樂、籥、爵、綽等二十二字《詩經》皆平聲之説，并非有據。又段氏之以古韵分今韵二百六部之條理，亦有可得而言。之、咍至魚、模，皆上舌喉音，蒸、登其陽也，東、冬、陽、唐、庚、耕亦其陽也。中閒以侵、覃者，特以登、覃在《詩》每多同用，其實不應如此。脂、微、歌、戈，舒舌喉音也。中閒以支、佳，亦改支、歌相變，故比次之，其失如侵、覃。

或謂段懋堂倡古斂今侈之説，乃指元音之啓閉程度。而錢大昕評段説，見《潛研堂文集》卷十五《答問》十二，則兼論輔音、元音，有誖音理。此議似未達錢言之旨，蓋錢主以聲變韵亦變，舌頭變爲舌上，正齒聲變矣，而其韵部亦必變，變則侈弇亦异矣。段説僅論韵，其識淺。錢則兼聲韵論之，自深于段氏矣。

錢氏《答問》十五謂"古人讀九本有糾、鬼二音"。其實《詩經》已有變音，錢氏尚未見及，一字二音，不可從。

孔廣森《詩聲類·序》云："蓋入聲創自江左，非中原舊讀。"此説大誤。

或謂餘杭章君創用漢字描寫古音二十三部之音值，實則章氏古音讀法晚于黄元同《六書通故》。

章氏古韵之分實本于嚴可均，隊部始析于章耳。章氏析入爲陰陽者，尚未明乎入聲之本然。其侵、冬同居與東、蒸俱爲收脣，甚且以侯、幽、之、宵亦與收脣者相轉，皆失之大者。魚、陽爲軸音，無所不通，實爲雙聲倫，非收音之流逐。音轉三例，戴君盡之矣，逾乎此，則俱雙聲也。

或有讀黄侃本韵變韵之條，未明其意，遂謂不能憑《廣韵》定《詩經》。此不知《詩》有變韵，如裘、俅在之韵，罠在耕韵，讀溱爲增、爲潧，皆是也。段氏合韵之説，其非屬對轉、旁轉或非韵者，皆當爲變之流。若削而論，則例不可通。若糾合而爲一部，則又同异不齊，當何以立言耶？

《集韵》網羅舊音，雖變易切語上字，蓋改類隔爲音和，未可謂爲循其時語音之變也。

高本漢所定上古韵部音值，乃依《切韵指掌圖》以一定格式而爲定其音，既非《切韵》音讀之狀，更非古音之情，古音無之。脂、尤、職、怪、麥，今一一爲之定音，而云上古音值如是，豈可信耶？

讀戴東原《聲類表》

戴東原《聲類表》，有所謂“同位、位同”者：凡發音之地位同，如見、溪、群、疑、影、曉、喻、匣同爲牙音者，謂之“同位”；凡表中所列位置相同，如群紐、並紐同在濁音第三位者，謂之“位同”。凡同位、位同皆可相通，今以程瑤田《果臝轉語記》中所列之字證之如下：

果古火臝郎果——栝古活樓力侯　　果、栝皆見紐，臝、樓皆來紐，其所以通轉者，由于同位。——蠃古火臝郎果　　與栝樓同紐，與果臝切語全同，仍爲同位。——蒲蒲胡盧力吳　　蒲在並紐，爲脣音，乃發聲字，與轉語無關。盧，來紐，與臝字爲同位。——果古火臝落戈　　上一字見紐，下一字來紐，爲同位。——鍋古禾鑼落戈　　與果臝同紐，爲同位。——瓜古華　　見紐，與果、鍋、栝等皆同位。——苽古侯瓟落侯　　上一字見紐，下一字來紐，爲同位。——鉤古侯　　——藈苦圭姑古胡　　三字皆牙音。鉤、姑在見紐，藈在溪紐，皆與苽爲同位字。——蔞落侯蛄古胡　　蔞爲瓟之同位字，蛄爲苽之同位字。——蔞力侯蠦古或　　蔞，來紐，蛄、蠦，見紐，故爲同位。——舻古侯艫盧谷　　舻、蠦，見紐，艫、蔞，來紐，爲同位。——痀居具僂良付　　痀、舻，見紐，僂、艫，來紐，同位。——岣俱雨嶁力主侯　　同紐同位。——昫古侯膢落侯　　同紐，故同位。——枸俱縷簍落侯　　同紐，故同位。——萬姜禹蔞良主　　萬、枸同紐，蔞、簍亦同紐。——拘舉朱留力求　　上一字見紐，下一字來紐，爲同位。——拘舉朱攣呂員　　同紐，故同位。——句舉朱驪呂支　　同紐，故同位。——車九魚犂郎奚　　同紐，故同位。——俱舉朱盧落胡　　同位。——伊於脂利力主　　伊，影紐，在《聲類表》同爲牙音，與見紐爲一類，故亦係同位。——諸章魚慮力余　　諸，照紐，與見紐同爲第一位清音，故爲位同。慮，來紐，仍是同位。——偶俱雨

旅力舉　　同紐，故同位。——雾羽俱婁郎侯　　雾，喻紐，與見紐爲一類，亦同位。——茹人諸蘆力居　　茹爲日紐，濁音第七位，喻紐在牙音中亦濁音第七位，故茹、雾位同，婁、蘆同位。——句古侯廉力鹽　　同位。——宼古胡夐落侯　　同位。

蒲薄胡盧落胡——蒲蠃落戈　　同位。——蚹蠃力禾　　同位。——蚯余支蝓羊朱　　蚹在奉紐，蚯、蝓皆在喻紐，奉、喻皆第七位濁音，故爲位同。——莩薄胡攎朗胡　　與蒲盧同位。——扶防無櫨力求　　同位。——苻蘿力支　　同位。——覒亡革髳莫浮　　二字皆脣音，由苻字轉來，同位也。——苐分勿離　　與苻蘿同位。——彌離　　同位。——蒙莫紅襱盧紅　　同位。——符離　　同位。——菩薄胡提杜奚　　提字在定紐，定、泥一類，仍爲同位。——蓓薄亥蕾落猥　　同位。——痱蒲罪瘣落猥　　同位。——叵普火羅盧何　　同位。——頗羅　　同位。——饆卑吉饠盧何　　同位。——波波博禾　　二字皆由饆字轉來，同爲脣音，故同位。——沷莫狄灑盧何　　與饆饠同位。——縛茆莫飽　　二字皆脣音，由沷字轉來，同位。——莩蒲没籠　　與沷灑同位。——普滂古魯郎古　　同位。——蒲薄胡籃魯甘　　同位。——蓬薄紅薄傍各　　二字皆由蒲字轉來，爲同位。——樠傍各櫨力胡　　同位。——苻防無蔓力侯　　同位。——部蒲口蔓路口　　同位。——嶅薄回蔓　　同位。——甌烏侯蔓落侯　　甌在影紐，與果蠃二字同位，果見紐也。——蟹胡買螺落戈　　蟹，匣紐。影、匣同位。蔓、螺同在來紐，亦同位。——坏薄回塿郎斗　　與嶅蔓同位。——甂路口罋乙耕　　罋，影紐。甂，來紐。與甌蔓二字顛倒相轉，皆爲同位。——甌烏侯瓿步侯　　甌，影紐，與罋字爲同位。瓿在並紐，與坏、嶅、普等字同位，皆屬脣音也。——瓵弋之　　影紐，與甌字同位。——甌烏侯脱徒活　　脱，定紐，與並紐同爲濁音第三位，脱與瓿之位同，甌則同位也。——仳匹指離　　與苻蔓、部蔓爲同位。——芘房脂莉郎奚　　同位。——栖布回落盧各　　同位。——蛺步禮䠡毗支　　兩字皆與栖同位。——（茯祁堯）芘婢夷茮房尤　　同位。——蚍蜉　　同位。——芙

防無藥強魚　　上一字脣音爲同位，下一字在群紐，與蜉之奉紐同爲第三位濁音，故爲位同。——孚芳無俞羊朱　　上一字脣音爲同位，下一字在喻紐，與群紐同類，亦爲同位。——扶揄羊朱　　同位。——屬之欲鏤力俱　　屬，照紐，與影紐爲位同，故由甌甄轉來。——鹿盧谷盧落胡　　二字皆來紐，與鏤字同位。——夫防無襫如遥　　與扶揄二字相通，扶、夫同位。揄，喻紐。襫，日紐。皆濁音第七位，位同。——敷芳無蒲羊朱　　與扶揄同位，與夫襫下字位同，上字同位。——藍豈俱蕕羊朱　　藍，溪紐，與喻紐之蒲同位。蒲、蕕同位。——藍藌余六　　蕕皆喻紐同位。——摳豈俱揄羊朱　　同位。——扶揺　　揺，喻紐，同位。——猋必遥　　與扶字同位（即雙聲），與揺字疊韵。——飄符宵　　與猋字既同位，又疊韵。——怤芳無愉羊朱　　與扶揄同位。——敷愉　　同位。——呴況於俞羊朱　　呴，曉紐，與喻紐同位，愉、俞同位。——傴甫紆拊芳無　　傴，影紐，與曉紐之呴同位。拊，敷紐，與敷愉之敷同位。——嘔一侯喻羊戍　　嘔，影紐，嘔喻二字與呴俞同位。——噢於喻咻虛喻　　噢，影紐。咻，曉紐。與嘔喻之影紐、喻紐皆爲同位。——漚於武庚主以　　同位。——孚俞　　與扶揄同位。——蚨衧　　同位。——蚰以周蜒以然　　兩字皆喻紐同位。——扶胥相居　　扶字脣音同位。胥在心紐，與曉紐位同。呴、咻皆曉紐字。——扶蘇素姑　　同位。——渠強魚　　群紐，與喻紐字同位。俞、揄蚰皆喻紐字也。——楯食尹　　神紐字，與群紐皆爲第三位濁音，位同。——旁步老排步皆　　兩字皆並紐，與群紐、神紐皆爲第三位濁音，地位全同，故爲位同。——蒲胥　　同位。——蒲疏所菹　　疏，審紐，與神紐之楯爲同位。——鉤古侯鬚相居　　鉤，見紐，與群紐之渠爲同位。鬚，心紐，與胥字爲同位。——雲王分　　微紐，與扶、蒲等同位。——浮縛謀思息兹　　與扶胥同位。——置古牙罘　　置與鉤同位。罘，脣音，與扶、浮皆同位。——罜罳　　同位。——蒲且子余　　且，精紐，與胥字同位，扶、蒲亦同位。——余且　　余，喻紐。蒲，並紐。皆第三位濁紐，故爲位同。下一字則同位。——于思　　于，喻紐，與余字同位，

思、且亦同位。——夫須 與扶胥同紐同位。——蒲梢所交 與
蒲疏同紐同位。——婆蒲波娑蘇禾 同位。——容餘封與余吕 容，
喻紐。與，亦喻紐。皆由余、于轉來，同位也。——容裔餘制 同
位。——茱市朱萸羊朱 茱，知紐，與喻紐同爲摩擦音，實同位字。
《聲類表》未將喻紐提出。——豬陟魚蕩 豬，知紐，《聲類表》中與
審紐同格，故爲同位轉。——朱章俱獳人朱 朱、豬知紐，同位。獳，
日紐，與喻紐同爲第七位濁音，故位同。——椽陟劣儒 同位。——
竈陟離龜 兩字皆知紐，與朱、椽同位。——蠾之欲蝓音臾 蠾，
照紐，與知紐同爲齒音，爲同位。蝓，喻紐，與儒、獳位同。——蟱徒沃
蜍 蟱，定紐，與知紐同爲齒音，同位。蜍，喻紐，亦同位。——殊
屢 同位。——陳陵 同位。

　　孚俞——蜉縛謀蟱以周 蜉、孚皆奉紐，蟱、俞皆喻紐，同
位。——渠强魚略離灼 渠，群紐，與奉紐皆第三位濁音，故位同。
離，來紐，與喻紐同爲第七位濁音，故位同。——戵觚 戵，溪紐，
與渠同位。觚，喻紐，與略位同。——儲直魚胥相居 儲，澄紐，與
溪位同。胥、觚位同。——駆渠追瞿巨駒 駆，群紐，瞿亦群紐，由渠
字轉來，同位。——蘧强負蔬所菹 蔬，審紐，與心紐之胥同爲第四
格清音，位同也。蘧、駆、瞿皆同位。——渠搜所留 同位。——杷蒲
巴 並紐，爲第三位濁音，與群紐位同。——渠挐人諸 渠、杷位
同。挐，日紐，第七位濁音，與喻紐位同。——渠疏 疏，審紐，與
蘧蔬顛倒相轉，皆同位。——巴伯加 與把字同位。——把 同
位。——爬 同位。——笆傍下 同位，並紐。——扶 奉紐，同
位。——桴 奉紐，同位。——拳巨員 群紐，與並紐、奉紐皆位
同。——渠 群紐，同位。——椎直追 澄紐，亦第三位濁音，與
群紐位同。——荅徒合 同位，定紐。——蕻秦悉藜郎奚 蕻，從
紐，與澄紐爲同位。藜，來紐，語尾也。——蠷强魚蒐所留 蠷，群
紐，與從紐位同。蒐，審紐，與來紐亦位同。——戵觚 戵、蠷同
位。觚，喻紐，與群紐同位。——魼即戵粔即戵 同位。——甀甀即

飳　　　同位。——㸿徒盍甐徒亘　　定紐，與群紐、喻紐位同。——櫂
疏　　　與蠻蛟同紐同位。——鸘息逐鶊疏雨　　鸘，心紐，與審紐位同。
鶊，審紐，同位。——欛相邀森所金　　同位。——瀟逐箾所角　　同
位。——鬱於月翁烏紅　　兩字皆影紐，與甐飳兩字爲同位。——薆烏
代葑都隊　　薆，影紐，同位。葑，端紐，與影紐位同。——庨同都麻素
姑　　庨，定紐，與葑同位。麻，心紐，與疏、森等位同。——蘇素姑
塗同都　　與庨蘇顛倒相轉。——籧强魚篨直魚　　篨，澄紐，與塗字
同位。籧，由蠻字同位轉來。——簟徒玷　　透紐，與澄紐同位。——
籧苗丘玉　　籧，同位。苗，溪紐，與透紐、澄紐位同。——籧盧力
胡　　盧，來紐，與透紐同紐，籧同位。——穹去弓盧　　穹，溪紐，與
籧字同位。——穹隆力中　　同位。——困去倫鹿盧谷　　同位。——渠
黎郎奚　　渠，群紐，與溪紐之穹同位。黎、隆同位。

　　蒲盧——匍薄胡匐蒲北　　兩字皆由蒲字轉來，同位也。——扶防無
服房六　　同位。——扶伏　　同位。——撫　　同位。——拊　　同
位。——跋　　同位。——跗　　同位。——攓普角撲蒲角　　同
位。——莱落哀葅蒲北　　與蒲盧二字顛倒相轉，皆同位。——盧力何葩
蒲北　　同位。——葵陀骨　　定紐，與來紐一類相互爲同位字。——
雹步角突他忽　　突，透紐，與葵字同位。雹、葩同位。——荳洛谷薘
徒合　　荳，來紐，與盧字同位。薘、突同位。——蜚扶味　　與葩字
同位。——轤力胡蜚符非　　與盧葩同位。——豹北角突　　與雹突
同位。——不逋骨托他各　　同位。——餺補各飥他各　　同位。——
飥　　同位。——襆匹各擇他各　　同位。——榑補各跎徒河　　同
位。——陁滂禾陀徒河　　同位。——橐他各䖳　　亦同。——條徒遼脱
徒活　　與䖳駝皆同位。——落郎各魄　　與轤蜚二字顛倒同位。——
磟盧谷磘徒沃　　與駱駝二字紐位皆同。——驪驪徒谷　　同位。——
綠力玉竹陟六　　同位。——綠薄　　同位。——罜之戎麗　　與綠薄
顛倒相轉，皆爲同位。——犢盧谷轤落胡　　二字皆來紐，由麗字轉來，
同位。——滴都歷露洛都　　與驪驪顛倒同位。——輷魯回轆　　與

轐轤紐位皆同。——　婁力侯羅魯何　　同位。——　覶魯戈縷郎斗　　同位。——　鸕盧谷鷚　　同位。——　贏陸力主　　同位。——　欚褸力主　　同位。——　鸕魯甘鸞力主　　同位。——　郭公古紅　　見紐，與端紐一類，與滴字位同也。

麐落賢爒力侯　　同位。——　㻫嘍　　同位。——　謰謱　　同位。——　㘓落干哞魯刀　　同位。——　連嶁　　同位。——　離呂支嶁　　同位。——　離婁　　同位。——　麗廔　　同位。——　縷麗　　同位。——　琉璃　　同位。——　留離　　同位。——　鶹鶨力質　　同位。

蒲盧——　瓠廬　　瓠，匣紐，與果、贏二字同位。果，見紐，見、匣在一類也。——　箶簏　　同位。——　枑古胡棂魯令　　枑，見紐，與匣紐同位。簏、棂亦同。——　瓠戶郭落　　同位。——　蠖於鑊略　　蠖，影紐，與匣紐同位。略、落皆來紐，亦同位。——　檴戶郭落　　同位。——　槈胡巧嫽奴巧　　槈、檴同位。嫽，泥紐，與來紐亦同位。——　河胡歌漏力候　　同位。——　揮許歸霍虛郭　　兩字皆曉紐，與匣紐之河同位。——　碻苦郭輠盧各　　碻，溪紐，與匣紐同位。輠與紐位皆同。——　郭古博洛盧各　　同位。——　鮮相然卑府移　　鮮，心紐。卑，非紐，與河漏二字顛倒位同，第四格也。——　犀先稽毗房脂　　同位。——　師疏夷比　　師，審紐，與心紐位同。比、毗同位。——　鉤古侯　　郭之同位字。——　鹿盧谷觡古伯　　與郭洛顛倒相轉同位。——　鉤格古伯　　二字皆見紐，由鉤字轉來同位。——　皋落　　與郭落同位。——　嶠崒魯刀　　同位。——　蝴戶吳嚨盧紅　　瓠，匣紐，與見紐同位。嚨、崒同紐同位。——　睽罬　　兩字皆見紐，與匣紐同位。——　廖呼交譹呼括　　兩字皆曉紐，與匣紐同位。——　趫去囂悍侯旰　　趫，溪紐。悍，匣紐。皆同位。——　虓豁　　同位。——　都當孤盧落胡　　都，端紐，與來紐同位。皆由嚨、嵑等字轉來。——　杔陟格櫨　　杔，知紐，與端紐一類，位同。——　項徒落顅落胡　　同位。——　髑徒谷髏郎侯　　同位。——　舳直六艫　　同位。——　姀娌　　同位。——　疾七木蠡力果　　疾，清紐，與澄紐位同。蠡、艫同位。——　疾瘵　　同位。——　蒺秦悉藜　　同位。——兜當侯羅魯何　　兜，端紐，與澄紐同位。——堵當古羅　　同位。——兜離　　同位——嶁筤　　顛倒相轉同位。——䣂力愧　　與嶁字同位。——蕭都挺董多動　　二字皆端紐，由筤字轉來同位。——蠨都計㴂德紅　　同位。——虹　　匣紐，在第二項，與第一項之端紐可通轉。——活户括東德紅　　活，匣紐，與虹字同位。東、㴂同位。——離力知南那含　　南，泥紐，皆由嶁字轉來，同位。——活芄　　與活東同位。——倚商式羊　　倚，影紐。商，審紐。與匣紐同位，來紐位同。——活脱　　與活芄同位。——螺屬　　與羅顛倒同位。——蝸户八蟬場伯　　與活脱二字同位。蟬，澄紐，與脱同爲齒音。——骨古忽董多動　　骨，見紐，與匣紐同位。活字，匣紐也。東、董同位。——古董　　同位。——孤毒　　同位。——骨古忽朵丁果　　同位。——胍肬　　同位。——孤都　　同位。——大軱　　同位。——撐丑庚黎郎奚　　撐，徹紐，與端紐同位。黎，來紐，亦同位。——孤塗　　與孤都同位。——骨都　　同位。——谷古禄蠡　　蠡，來紐，與端紐之都同位。骨、谷亦同位。——鹿盧　　兩字皆來紐，由蠡變來。——穀古禄晶力追　　與谷蠡皆見紐、來紐同位。——穀龠力迤　　同位。——囻呼骨圖　　同位。——斠古禄輪盧昆　　同位。——果陏徒火　　與孤都同位。——果瓜郎果　　同位。——果臝　　同位。——果摇余招　　摇，喻紐。隋，定紐。位同。——婁其矩數所矩　　婁，群紐。數，審紐。在第四格。來紐在第三格，齒牙音近，故清濁相通轉，位同也。——局渠玉縮所大　　同位。——卷婁力主　　與果臝爲同位。——拘攣　　同位。——痀朱舉僂力朱　　同位。——臚句　　與痀僂顛倒相轉皆同位。——盧朐　　同位。——婁其矩籔所矩　　與婁數同位。

　　婁溪紐數審紐——薽先老縷力主　　薽，心紐，與審紐位同。縷，來紐，與溪紐亦位同。——搜所留牢魯刀　　搜、薽位同。牢、縷同位。——搜略離灼　　同位。——浻浪　　兩字皆來紐，同位。——摎蓼音老　　與婁數同位。——牢落　　同位。——遼落蕭落　　同位。——鞣蘇各釋徒落　　鞣，心紐，與搜字位同。釋，定紐，與牢字同位。——速桑谷獨　　同位。——絡索　　與鐸鞤顛倒相轉同位。——流力求蘇素姑　　同位。——騷蘇遭殺所八　　騷、蘇同位，殺、流位同。來、審相轉。——疏所涹索　　與騷殺顛倒相轉，皆同位。——馺蘇合娑蘇何　　上一字與騷字同位，下一字位同。——颰思合纚山綺　　與騷殺同位。——襂所炎攦史宜　　上一字與颰字位同，下一字與纚字同位。與馺娑二字皆位同。——邮蘇没勿文物　　邮，心紐。勿，明紐。與鞤鐸二字上一字同位，下一字位同。——搔摩莫何　　同位。——摩娑　　與搔摩相互倒轉，皆同位。——末莫撥殺所八　　末、摩同位。殺、娑位同。——靺莫佩鞈古沓　　靺、末同位。鞈，見紐，與前窶字同位轉。——密莫八偺呼八　　密、靺同位。偺，曉紐，與見紐之鞈亦同位。——顝母官頹許干　　顝，明紐，與密同位。頹，亦曉紐，與偺同位。

跋戴震《輶軒使者絕代語釋別國方言疏證》

第　一

秦謂之謾言謾詑，音詑，大和反。謾，亡山反。

《疏證》云：《惜往日》篇：或訑謾而不疑。《説文》云：謾，欺也。沆州謂欺曰訑。注內訑即詑之俗字。此書音某及某某反之類，多後人所加，雜入郭注。今無從辨別，姑仍其舊。

咸按：盧本作謾，莫錢反，又亡山反。詑音大和反。今按：卷十二內謾亦音莫錢反，是舊讀如此，非傳寫之誤，本或删去前一音，非也。今人音莫半反。詑舊作訑、詑，皆俗字。舊先音詑，後音謾，亦誤倒，今皆改正。

晉謂之㦗音悝，或莫佳反。

咸按：佳，盧本作佳。

娥嬴音盈，好也……宋魏之閒謂之嬴言嬴嬴也。

咸按：《廣雅》作嬴，今從眾家本作嬴。

自關而東河濟之閒，謂之媌今關西人呼好為媌，莫交反。

咸按：盧本呼上有“亦”字。

或謂之姣言姣潔也。

咸按：“言”上，盧本有“音狡”二字。

自關而西，秦、晉之故都曰姸秦舊都今扶風雍丘也。晉舊都今太原晉陽縣也。其俗通呼好爲姸，五千反。

咸按：盧本注末有“姸亦作忓”四字。

烈栿，餘也謂烈餘也。五割反。

咸按：注烈字，盧本作遺，從卷二注改。

秦、晉之間曰肄音謚。《傳》曰：夏肄是屏。

咸按：盧本從宋刻作隸。

自家而出謂之嫁，由女而出爲嫁也。

咸按：郭注《爾雅·釋詁》引此文“由女出爲嫁”，然則“而”字當爲衍文。

延，年長也。凡施于年者謂之延，施于衆長謂之永各隨事爲義。

《疏證》云“李善注引《方言》：‘延，年長也。’《爾雅·釋詁》疏引《方言》：‘延，年長也。凡施于年者謂之延，施于衆長謂之永。’據此，兩引年長可爲確證矣。”

咸按：李注蓋隷栝施于年者謂之延，意《爾雅》疏引《方言》遂作延年長也，不出永字，則下文永字何所承乎？若上文作延年長也，下文祇當云：永，衆長也。亦可矣。何必更加分疏，或據《爾雅》疏改此文誤甚。又按：《書》惟以永年，降年有永有不永，永未嘗不可施于年也。

嬛火金反。

咸按：金，盧本作全。

躋濟渡，登也。

《疏證》云：“注內‘濟渡’當作‘音濟渡之濟’。”

咸按：躋，攀，《釋文·爾雅·釋詁》：躋，子兮反。《説文》祖雞切。皆無濟音。

第　　二

窕徒了反，艷美也。南楚之外曰嬌音矮嬌也。
咸按：徒，盧本作途，音作言。

髇音欶，雙也。
咸按：髇，今從宋本作瞍。

或曰偍言偍偍也。
咸按：偍下盧本有"度指反"三字。指，舊作皆，今從卷六内音改正。

陳、宋之間曰膠膠胖，麤大貌。
咸按：胖，盧本作佯。

凡物小者謂之私小。
咸按："小"字當爲衍文。

秦、晉曰靡靡靡，細好也。
《疏證》云：《魯靈光殿賦》：何宏麗之靡靡。李善注云：郭璞《方言》注曰：靡靡，細好也。今《方言》各本注内脱一靡字，據此所引訂補。
咸按：近校者據李善注，因謂脱一靡字，當補，不知善但順賦之成文耳。如善注陸機詩：奕奕馮生。引《方言》：自關而西，凡美容謂之奕奕。今《方言》奕字并不重。此類非一，皆不當增。

抱音赴嫋孚萬反，一作媲，耦也耦亦匹，互見其義耳。荆吴江湖之閒曰抱娩，宋潁之閒或曰嬔。

咸按："耦也"及注，舊本俱誤在下條"抱娩"下，今移正。作"抱娩音赴，一作嬔，孚萬反"。娩俗本作嬔，今從宋本，下并同。"音赴"二字舊誤在前"耦也"注末，今按當在娩字下。《廣韵》娩與赴同音，兔子曰娩，又孚萬切。按：《説文》嬔字在女部，生子齊均也。從女生，免聲，芳萬切。按：嬔字注當本是。芳遇切，從兔得聲，形近誤爲芳萬切。《玉篇》娩下但音孚萬切，嬔字云同上，是所見已是《説文》誤本。《廣韵》娩在赴紐下是矣，而又出孚萬切一音，亦是沿《説文》誤本，故兩歧也。《方言》宋本孚萬反在"一作嬔"之上，亦誤。今以音赴爲娩字正音，以孚萬反爲嬔字正音，庶幾得之。

雍梁之西郊，凡罾支體不具者，謂之踦。

咸按：罾，家畜也。宋本作獸。

自關而東，周鄭之郊，齊魯之閒，或謂之佫，或曰懷。

咸按：宋本"或"字誤在"曰佫"上，今移正。各本作"或謂佫曰懷"，戴本作"或謂之佫，或曰懷"，亦未得也。

齊魯青徐自關而東，或曰剢音黏剢也。

咸按：音，盧本作言。

自山而東，或曰逞，楚曰苦苦而爲快者，猶以臭爲香、治爲亂、徂爲存，此訓義之反覆用之是也。

咸按：亂爲治，各本作"治爲亂"，誤，今據《爾雅》注改。又"是也"疑當作"者也"。

秦晉之閒，凡愧而見上謂之報《小爾雅》曰：面赤愧曰報。

咸按：盧本無"爾"字。《小雅》即《小爾雅》，凡《五經正義》

及李善注《文選》多如此，省文也。舊本衍"赤"字，今《小爾雅》作"面慚曰戁"，戁與赧古通用。

懝，刺痛也懝懝，小痛也。音策。
咸按：懝，盧本作憿。

瞯音閑、睇音悌、睎、睍音略，眂也。
咸按：盧本悌作梯，從宋本。

晉、趙之閒謂之鉇鉇。
咸按：疑衍一鉇字。

第　　　三

秦、晉之閒駡奴婢曰侮皆爲人所輕弄。
咸按：盧本皆作言。

戢，協汁也謂和協也，或曰瀋汁，所未能詳。
咸按：戢疑是戡字之誤。《說文》：戡戡，盛也。子入切。《廣韵》：昌汁切。引《字統》云：會聚也。《復古編》：尺入切，會集之也。皆與協汁義相近。然注又云"或曰瀋汁"，似郭所見已作戢。惟戢縱可爲羹汁，若施之協，不可通矣。

南楚江湘之閒謂之莽嬷母反。
咸按：母下本無反字，增之非也。

陳、楚之郊謂之薹。
咸按：郊，宋本作閒。

凡草木刺人，北燕、朝鮮之間謂之茦《爾雅》曰：茦，頼也……或謂之劓劓者，傷割人名，音鱥，魚也……江湘之間謂之棘楚詞曰曾枝剡棘，亦通語耳。音己力反。

咸按：頼，盧本作刺。鱥，依宋本作鱖，音己力反。盧本無音字。

北燕、朝鮮之間謂之癆癆瘌皆辛螫也。音聊。

咸按：或當是音乖剌，郎達反。聊，依宋本作澇。

汝南人呼欺爲譴訰，他回反。亦曰詒音殆。

咸按：俗本訰作訰，戴本譴訰連文，又增他字作他回反，誤。

秦曰湛音閻或諶。

咸按：宋本作音諶。

軫，戾也相乖戾也。江東音善。

咸按：軫與紾、抮并同。《考工記》：老牛之角紾而昔。《釋文》云：紾，許慎尚展反，又徒展反，與注抮縛之抮同。此音善亦相合。

或謂之褸裂裂衣壞貌。

咸按：注文"裂"上"褸"字舊本脫。

蠲，亦除也，音涓，又一圭反。

咸按：又一圭反，盧本作一音圭。舊本作一圭反，誤。按：《詩》：吉蠲爲饎。三家《詩》作吉圭爲饎，是蠲有圭音，今改正。

第　四

楄，施裒囊也。房報反。

咸按：盧本房上有裒字。

汗襦《廣雅》作裕……衹裯衹音止。裯，丁牢反。亦呼爲掩汗也。

咸按：《廣雅》：襌裕衹裯襜裕也，無汗裕，此恐誤。又盧本止作氏，正德本音止。按：《廣雅》音低，《玉篇》丁兮切。

或謂之袯音沸。

咸按：沸，《爾雅》疏音弗。

齊魯之郊謂之袨昌詹反。

咸按：宋本、正德本魯作楚。又袨，宋本作裌，《爾雅》疏則皆同今本。

襌，陳楚江淮之間謂之褋錯勇反。

咸按：錯，宋本作息。

褸謂之緻襤褸，綴結也。

咸按：綴，從宋本作緻。

綃謂之袙于苕、丁俠兩反，未詳其義。

咸按：于苕，從宋本作所交。《玉篇》山交切。

掩尖劍反謂之襦。

咸按：尖，宋本及《玉篇》俱作於。

袊緣謂之襌今又呼爲涼衣也。灼纏兩音。

咸按：戴氏《疏證》云：襌，各本訛作襌，今訂正。今按：宋本、正德本作襌，戴説未安。

緊袼謂之襏即小兒次衣也。緊袼襏三音。

咸按：宋本嘔作漚。《玉篇》：嘔，乙侯切。漚，於候切，又音謳。

屨，東北朝鮮冽水之間謂之䩍角䩍音印……或謂之𡳪下瓦反，一音畫。

咸按：屨，盧本作屨。 盧曰：屨，俗本與下文并作屨，誤。 今從宋本改正。 今按：戴本改此屨字作屨，恐未是。《玉篇》尸部：屨，居芊切，履屬，麻作謂之屨也。 屨，他回切，履也。 西南梁益謂履曰屨。屨，同上。 前者爲通語，而後者則爲方言。 又下瓦反之下，盧本作乎，同《玉篇》。

第　　五

海岱、東齊、北燕之間或謂之㿼音卷。

咸按：音，盧本作書。《玉篇》皿部：㿼，丘拳切，盂也。

齊之東北、海岱之間謂之𤭼所謂家無甔石之儲者也，音儋荷字，或作甔。

咸按：儋，盧本作甔。

缶謂之瓿𤬛即盆也。音偶，其小者謂之瓶。 甖甂謂之盎按：《爾雅》：甂，康壺。而《方言》以爲盎，未詳也。 甂，卻罶反。 盎，烏浪反。

咸按：昌黎詩：瓴大缾罌小，所任自有宜。 缾罌即此瓶甖也，今據改正。 又甂，《説文》魚列反。

其小者謂之升甌惡牟反。亦音憂。 甌音邊，陳魏宋楚之間謂之題今河北人呼小盆爲題子，杜啓反。 自關而西謂之甀，其大者謂之甌。

咸按：《廣雅》云：題、甌，甀也。 舊本甌字誤在上條之末，今改正。

薄，或謂之麴此直語楚聲轉耳，自關而西謂之薄。

咸按：耳，宋本、正德本作也。 又盧本此條末尚有"南楚謂之蓬薄"一句。

東齊、海岱之間謂之縴相下反。

咸按：卞，盧本作卷。

籆，榬也所以絡絲也。音爰。

咸按：注文"也"字，《玉篇》同，盧本作"者"。

第　　　六

罣山頂反，獎，欲也皆強欲也。

咸按：頂，盧本作項。

自山而西凡物細大不純者謂之傀音俄傀也。

咸按：音，盧本作言。

鎗音含。龕，受也今云龕囊，依此名也。齊楚曰鎗，揚越曰龕，受盛
也，猶秦晉言容盛也。

咸按：龕，依《九經字樣》《玉篇》改作龕。

矔慣習，眮倂侗，轉目也。

咸按：倂侗，當依卷十二內音挺挏。

齊、楚、晉曰逴行路逴也。

咸按：路，盧本作略。

或曰挺柤黎。

戴氏《疏證》云：挺各本訛狚。《永樂大典》本下有"伹，伺也"
三字，舛誤不可通。後卷十內挺，取也。挺下柤黎二字可證狚即挺之
訛，伹伺也即柤黎之訛。柤黎當云音柤黎之柤。《廣韵》：索挺，掩取
也。義本此。曹憲《音釋》：挺音莊加、子冶兩反。

咸按：不知狙伺而取與掩取義正合，不當以彼易此。《管子・七臣七主》篇：從狙而好小察。注：狙，伺也。《史記・留侯世家》注引服虔曰：狙，伺候也。應劭曰：狙，伺也。

　　徥，用行也徥徥，行貌，度揩反。
　　咸按：盧本揩作指，從宋本也。《説文》是支反。

　　傁醢醢酢弄鎌弄音聳，危也。
　　咸按：醢，盧本作醢。

　　佚婸趺唐兩音，婬也。
　　戴氏《疏證》云：各本婸訛作愓，婬訛作緩，今據《廣雅》訂正。
　　咸按：佚愓與佚蕩、佚傷、㑃婸、趺宕皆同。《漢書・揚雄傳》云：爲人簡易佚蕩。晉灼曰：佚蕩，緩也。正本此。戴本遽從《廣雅》改此文，不考之《漢書》注，非是。

第　　八

北燕、朝鮮冽水之間謂伏雞曰抱房奥反。江東呼蓲，央富反。
　　咸按：房，盧本作旁。《手鑒》手部：㧒，薄報反，鳥伏卵也。

　　其大者謂之鳻鳩立斑。
　　咸按：立，盧本作音。

　　燕之東北、朝鮮冽水之間謂之鶰音或。
　　咸按：或，盧本作域。《玉篇》鳥部：鶰音域，戴鵀。

　　自關而西謂之桑飛，或謂之懱爵言懱㨉也。
　　咸按：盧本從宋本作鸋雀。言懱㨉也，四字不可曉。言或音字之誤也,當衍文。《玉篇》鳥部:鶪,亡結切。鶪雀,亦巧婦。

第　　九

南楚宛鄖謂之匽戟音偃。鄖,今江陵也。余正反。

咸按:盧本從宋本正作整。《手鑒》邑部:鄖,以整反。

或謂之鏦《漢書》曰鏦殺吳王。錯工反。

咸按:盧本工作江。《玉篇》金部:鏦,楚江切,矛也,撞也。

車枸簍即車弓也。音縷……或謂之隆屈尾屈。

咸按:盧本縷從宋本作鏤。《玉篇》竹部:簍,力甫切,車弓籠也。
又落侯切。金部:鏤,力俱切,又音漏。尾屈,盧本從宋本作屈尾。

江淮家居籧中謂之薦音荐。

戴氏《疏證》云:注内音荐二字各本荐訛作符,今訂正。

咸按:符,宋本作箭。《玉篇》鳶部:薦,子見切。草部:荐,在見
切。《手鑒》同。

第　　十

湘潭之原潭,水名,出武陵。音譚,亦音淫。

咸按:譚亦盧本作潭一,從宋本。

諫,不知也音癡眩,江東曰咨,此亦知聲之轉也。

戴氏《疏證》云:諫,各本訛作諫,今訂正。《玉篇》云:諫,不知
也。丑脂、丑利二切。諫,同上。又力代切,誤也。《廣韵》作諫,以
入脂、至韵者爲不知,入代韵者爲誤。此注云音癡眩,與丑脂切合。癡
多訛作瘶,曹毅之本不誤。以六書諧聲考之,諫從言黍聲,可入脂、至
二韵;諫從言來聲,應入代韵,不得入脂、至韵。《玉篇》《廣韵》因字

形相近訛舛，遂溷合爲一，非也。知聲之轉，謂知與咨乃聲之變轉。各本知訛作如，今并訂正。

咸按：戴説非也。《左傳·宣二年》：于思于思，弃甲復來。陸德明《釋文》云：來，力知反，又如字以協上韵西才反。又《詩·邶·終風》：惠然肯來。陸云：古協思韵多音棃。又按：《素問》：恬澹虚無，真氣從之。精神内守，病安從來？來協之，正與此音癡同韵，安在從來之非而從棶之是乎？音下癡字舊本誤作如，戴本改知亦未是。今按：癡字俗作痴，而脱其畫耳，故從上定作癡字。《玉篇》疒部：癡、痴并丑之切。

九疑荆郊之鄙謂淫曰遥言心遥蕩也。
咸按：郊，疑或是鄽字之誤。

宋，安，静也。江湘九疑之郊謂之宋。
戴氏《疏證》云：各本訛作家，筆畫之舛，遂成或體。江淹《别賦》：道已寂而未傳。范蔚宗《樂游應詔詩》：虚寂在川岑。李善注并引《方言》：寂，安静也。寂即宋。《廣雅》：宋，安静也。義本此。宋與安皆訓静。李善連引安字，殊誤。
咸按：宋本有音寂，在句末家字下，今移此。各本皆缺音家，其來已古。戴本以爲訛字，改作宋，太泥。《玉篇》宀部：宋，前的切，無聲也。又作誎、寂、家，并同上。《手鑒》宀部：寂、宋、家，三正。寀，今亦通，情歷反，安也，静也，四。寀，俗，同上。則安與静已判爲二義矣。

或謂之𧮉語𧮉難也。今江東又名吃爲喋，若葉反。
咸按：若，盧本從宋本作苦。

楚郢以南，東揚之郊，通語也六者中國相輕易蚩弄之言也。
咸按：中上，盧本從宋本補亦字。

第十一

江東人呼㺊蟧。

咸按：㺊，盧本作蟃。《玉篇》虫部：蟃，古幺切，水蟲。

麥蚻如蟬而小，音札。 今關西呼麥蟦，音癭瘶之瘶。

咸按：盧本無之瘶二字。

螇謂之寒螀，寒螀，瘄蜩也按《爾雅》以蜺爲寒螀，《月令》亦曰：寒螀，知寒螀非瘄者也。此諸蟬名通出《爾雅》而多駁雜，未可詳據也。寒螀螿也，似小蟬而色青。螇音應。

咸按：盧本從宋本，小字在而字下。

蛄詣謂之杜蛒音格。

咸按：盧本詣作諸。

或謂之蚄蚄。

咸按：蚄下有音羊二字云，舊誤在下條，今移此，盧云。今按：《玉篇》虫部：蚄，弋掌切，蚄搔也，又音羊。《説文》作蚄，《玉篇》誤。

米中小黑甲蟲也。江東謂之蚅，音加。建平人呼蚄子，音芈。芈即姓也。

咸按：姓，盧本作蚄。陳氏方言類本作芈，即蚄也。云今吳會通呼芈子，作“即姓者”訛，今據此改正。《玉篇》虫部：蚅，古牙切，米中蟲。蟢，式移、式豉二切，米中黑甲蟲。無蚄字。

蟞音蘽，蝑音墻沮反。又名蚣蝑，江東呼虴蜢。

咸按：蘽，盧本從宋本作薐。牆，各本作壞，盧本從宋本作思。《玉篇》草部：蘽，在紅切。薐，子公切。蝑，思間、思吕二切。《手鑒》

虫部：蛸，相居反。 作墙、作壞皆誤。

或謂之蚴蛻_{幽悦二音}。

咸按：悦，盧本從宋本作税。《玉篇》虫部：蛻，尸銳、始悦二切。尸銳切，音税。

燕謂之蛾蜉_{蟻養二音}，建平人呼蚔，音侈。

咸按：《太平御覽》引此，蛾蜉下有“楚郢以南蟻土謂之封”九字，見卷十內。

或謂之卷蠾_{書卷}。

咸按：卷，盧本作蚕。《手鑒》虫部：蚕，音眷。 蚕蠾，蝨蚕別名也。《玉篇》虫部：蚕，居袁切。 蚕蠾，蛸蟱。

第 十 二

爰，嗳，哀也_{嗳，哀而恚也，音段}。

戴氏《疏證》云：曹憲《音釋》云：《方言》音叚，叚即段之訛。

咸按：叚即段字，見《篇海》。

儒輸，愚也_{儒輸猶懦撰也}。

戴氏《疏證》云：《荀子·修身》篇：勞苦之事，則偷儒轉脫。 楊倞注云：或曰偷當爲輸。 揚子《方言》云：懦輸愚。 郭注謂懦撰也。 此所引并《方言》正文，亦作懦，非也。 以雙聲疊韵考之，儒、輸疊韵也，不當作懦。 注內懦、撰亦疊韵也。 懦，讓犬反。 撰，士免反。 各本懦訛儒，今據《荀子》注訂正。

咸按：《漢書·西南夷傳》云：恐議者選奭，復守和解。 顏注：選奭，怯不前之意。《後漢書·西羌傳》作選懦。 又《玉藻》：諸侯荼前詘後。 直注：荼讀爲舒遲之舒，舒懦者所畏在前。

澂妨計反，澂音澄，清也。

咸按：《玉篇》水部：澂，匹袂、普結二切。 妨，宋本作匹。

抒抒井，癒胡計反，解也。

戴氏《疏證》云：注内抒井當作音抒井之抒。《廣韵》"抒"字注云：渫水，俗作汿。

咸按：盧本井作渫，宋本作潵，乃抒渫之誤也。 見《廣韵》。 抒渫聯語，《漢書·王褒傳》：略陳愚而抒情素。 注：抒猶泄也。

堪捧音釘鍋，載也。

咸按：釘鍋，宋本作封局。

蒔，植，立也。 蒔，更也謂更種也。 音侍。

咸按：侍，盧本從宋本作恃。

遵，遭，行也遭遭，行貌也。 魚晚反。

咸按：晚，宋本作偃。《玉篇》辵部：遭，魚偃切，行貌。《手鑒》辵部：遭音彥，行也。

憤，自盈也。

咸按：自，盧本從宋本作目。《國語·周語》：陽癉憤盈。 注：憤，積也。 鬱積而怒滿也。 自字不誤。

第 十 三

儲音遶，宵音躪，使也。

咸按：躪，盧本從宋本作蕭，字書無躪字。《玉篇》草部：蕭，蘇條切。 宀部：宵，思摇切。

忽，達，芒也謂草杪芒躰也。

咸按：也，盧本作出。

聳山頂反，悚也謂警聳也。

咸按：頂，盧本作項，云與卷六音同。宋本作山拱反，誤。

藗，蕉也謂草穢蕉也。音務。

咸按：務，盧本從宋本作無。

憚，怛，惡也心怛懷，亦惡難也。

咸按：懷，盧本作懹。卷七：憎，懹，憚也。陳曰：懹，《廣雅》憎懹憚難也，人尚反。今據改正。《玉篇》心部：憚，徒旦切，難也，畏憚也。懹，人向切，憚也，相畏也。

㿉巨畏反，極也江東呼極爲㿉，倦聲之轉也。

咸按：巨，盧本作許，從宋本，與前卷十二殰音義同。

㝩，空也。㝩㝗，空貌。㝩或作歁虛字也。

咸按：《玉篇》宀部無㝗有㝩，苦郎切，虛也，空也。欠部：歁，苦岡切，飢虛也。《手鑒》宀部：㝩音康。㝗音朗。㝩㝗，空虛也。又平聲。㝩、歁皆非虛詞，此注文之字疑衍。

隑，碕也江南人呼梯爲隑，所以隑物而登者也。音剴切也。

咸按：盧本切下無也字。

朒，膄也膄膄，肥充也。音脲，亦突。

咸按：脲，盧本作腏。

蹫，行也。音跳蹫也，音藥。

咸按：跳上音當作言字。《手鑒》足部：蹫音藥，跳也。

盬，且也盬猶嘑也。

戴氏《疏證》云：盬讀爲姑息之姑。《廣雅》：嫭，且也。皆古字
假借通用。《禮記·內則》篇：姑與之而姑使之。鄭注云：姑猶且也。
注內嘑字各本訛作嘑，曹毅之本不誤。《玉篇》《廣韵》有嘑字，并云：
嘑，息也。

咸按：《手鑒》嘑部：嘑，俗；嘑，正，古胡反，嘑息也。《五音集
韵》：嘑，古胡切，嘑息。《禮記》作姑。《玉篇》虎部：嘑，古呼切，息
也。《嘑部》：嘑，古胡切，嘑息也。是其字偏旁作虎、作嘑、作虙、作
虡、作虔，皆假借混用。《集韵》有齟字音柞，且往也，義亦近之。即嘑
亦不必定作嘑，隷書據字亦作攄，似可通。

摩，滅也或作攠滅字音糜。

咸按：摩，盧本作靡。《玉篇》手部：摩，莫羅切，研也。攠，同
上。《手鑒》手部：攠，俗。摵、攠，二或作，音摩，攠抄也。

暟，臨，照也。暟，美也暟暟，美德也。呼凱反。

咸按：凱，盧本從宋本作亥。《玉篇》日部：暟，口亥切，美也，照
也。《廣韵》海韵：暟，苦亥切，美。

箄方氏反，籆音縷，箕音餘，筈弓弢，篼也古笪字。

咸按：方，盧本從宋本作必。《玉篇》竹部：箄，必匙、必是二切。
《手鑒》竹部：箄，必計反。

籨盛餅筥也，南楚謂之筲今建平人呼筲，音鞭鞘。

咸按：餅，盧本從宋本作餼，餼即飯字。《玉篇》竹部：籨，力渚

切，盛飯器也。 食部：飯，扶晚切，餐飯也。餴、飰，并同上，俗。《手鑒》竹部：籚，音吕，筲器也。 食部：飰，通。餴、飯，二正，符萬反，飯食也。

錫謂之餳餭即乾飴也，飴謂之餃音該，餦謂之餚以豆屑雜錫也。音髓，錫謂之餹江東皆言餹，音唐。 凡飴謂之錫，自關而東，陳楚宋衛之間通語也。

戴氏《疏證》謂錫字《説文》從食易聲。《廣雅》作食旁易。《玉篇》錫與餹并徒當切，而字作食旁易。《釋文·周禮·小師》：錫，辭盈反，李音唐。 辭盈、辭精反音同，當作錫，若音唐則當作錫。 此字應以《説文》爲正。

咸按：《説文》從易，偶脱中閒一畫耳，不可執是過生分別。

粿餦音小麥麴爲粿，即䴭也，麴也。

咸按：餦音盧本從宋本作音餜。 今按：字書無餦字，《玉篇》食部：餜，古火切，餅子。

揚雄答劉歆書

而雄般之按：般，古服字。

咸按：《古文苑》注云：般，蒲官切，樂也。 按：雄自以爲有樂乎，此聞伯松之言，仍自若也。 戴改作服爲般字是。《玉篇》舟部：般，步干切，大船也，又樂也，又北潘切。《手鑒》舟部：般，蒲官反，樂也。

夫聖朝遠照之明。

咸按：夫，盧本作扶。

讀嚴可均《説文聲類》

烏程嚴氏因段氏合韵之條，作《説文聲類》，分十六部，陰陽混一，順逆互轉。其合也一統無外，其分毫釐有辨。循環精密，誠爲佳製。惟其取證宏，固難免乎差疏。貫穿繁，自多近于皮傅。今采擷昔賢論議，以匡正其違失，別爲四目。無所取證者，謹抒愚意，以附于末。

一　以漢讀爲通聲

如之通脂。云，鯛或作鰤。《六書音均表》云：《離騷》合韵服字，此今韵即、唧字入職之所由也。

通宵。云，闐讀若糾段《注》云：龜，古音姬，漢人多讀如鳩，合音最近。咸按：馗，九達道也，似龜背。段《注》云以疊韵爲訓，則鳩、糾爲平、上之異，正足相證。謂之爲合、爲通俱誤。

脂通之。云，敉讀若弭《周禮》：男巫春招弭。杜子春讀爲弭兵之弭。玄謂弭讀爲敉，字之誤也。孫詒讓云：此聲之誤。《小祝》注亦云：彌曰敉。注當用今字作弭。

通支。云，陞讀若蜺段《注》云：霓，平聲，五兮切。入聲五的反，又五結反。咸謂五結反則在屑，爲本韵矣。

通歌。云，厌讀若移段云：凡厂聲字，古音在支部；移從多聲，在歌部。咸按：移古讀如駞。漢已讀如今語，故段氏、朱氏皆以厂、乁列支部也。

通談。云，軜從內聲段云：內聲當在脂，而脂部字之入談部者，自古然矣。

魚通侯。云，眴讀若拘段《注》：瞿讀若章句之句，云知許時章句已不讀鉤矣。咸按：嚴氏謂句古有兩讀，章句之句讀若瞿，入魚類；句曲之句讀若鉤，入侯類。此蓋本于段氏。然猶有此説，何耶？

通陽。云，氍讀若廳此依《釋文·詩》。段《注》云：《泮水》憬然淮夷，憬下既引之，而此作穬，假借字也。《釋文·詩》則云：憬，《説文》作懬，音獷。《文選》注引《韓詩》則作獷。矍在魚，讀若從廣聲字者，魚、陽同入也。

支通歌。 云，妭或作狐，緹或作衹，曷或作扡，髶或作髢段《注》十六部也下云：其字在十六、十七部之間。妭下云：支、氏同部。衹下云：古氏與是同用。髢下云：此字今音大計切，于也聲得之。地亦也聲。朱氏列氏與也于解部，則是本聲而非通也。

宵通幽。 云，牧讀若滔段《注》云：舀聲字，周時在尤、幽部，漢時已讀入豪、蕭部，故許云，牧讀若滔。咸謂古音但有高類之豪，其咎類之橐，則爲蕭之變。蕭但有周類之雕、調，攸類之條。其刀類之貂、苕，兆類之跳，則爲豪之變。其變爲宵、爲肴，亦猶是也。故豪、蕭多互轉。如幽通宵云：譙，古作誚，朝從舟聲；廟古作庿，䍃從肉聲；叜讀若摽；羀讀若勯；赳讀若鐈；楸讀若髦。如宵通幽云，膘讀若繇，祔讀若雕，惱讀與怒同。蓋凡巢、喬、毛、堯、戈固豪部，焦、屮、矛、叾等固蕭部。至其變如侯，則爲尤、幽。故罶或作罼，稃或作秿，筝讀若魯公子彄，此正區、孚、婁、付同在虞韵之證，皆如今讀也。

通魚。 云，䣕從鹿聲段云：凡《漢志》地名皆隨地語言爲音故也。

蒸通侵。 云，軨讀如穹段云：穹，弓聲。弓古音如肱，故軨亦作軓，又作 。咸謂此蓋漢讀同。

真通幽。 云，媪讀若奧段云：讀若奧，方俗語音之轉。

東通之。 云，艐讀若莘段云：此音與子紅爲雙聲，漢時語如是。

通蒸。 云，馮讀若馮段云：漢時馮姓之馮，蓋已如今音矣。咸謂如段言，則漢世已有輕脣音。

通侵。 云，兢讀若矜段云：漢時讀矜如今韵矣。

元通真。 云，粹讀若引咸按：《周禮·大師》注：鄭司農云：讀爲道引之引。段《注》云：許説與大鄭同，疑當從申柬，申亦聲。申之言引伸也，柬之言小鼓與大鼓分別也。據是，則正漢讀。

二 以雙聲爲通聲

如之通支。 云，弭或作㧑朱允倩云：兒、耳雙聲。

通脂。云，闟或闖，臧讀如洫朱氏俱謂雙聲。　　奯，楊雄作胇朱云：士，宋聲之轉。

通魚。云，奭讀若郝朱云：假借爲赫。《采芑》路車有奭。傳赤貌。《瞻彼洛矣》韎韐有奭。《白虎通》爵作赦奭。郝、赫雙聲。

通幽。云，珛讀若畜朱云：一聲之轉。　　樞，籀作㰚朱云：雙聲。

通真。云，悇讀若沔朱云：雙聲。　　允從㠯聲朱云：一聲之轉。

支通脂。云，蠱或作蜜朱云：鼎、宓雙聲。

通耕。云，娃讀若同朱云：一聲之轉。

脂通耕。云，蚩讀若騁，鞞讀若騁段云：中聲而讀騁者，以雙聲爲用。

通元。云，延從廠聲王云：雙聲。　　元從兀聲王云：雙聲。段云：相爲平入。咸按：正雙聲也。

通歌。云，孈讀若陸王云：此所從之聲，與其讀若之字皆雙聲也。

通真。云，㺃讀又若銀王云：雙聲。

歌通之。云，麿讀若洇水朱云：《荀子·禮論》《史記·禮書》以彌爲之。彌、麻雙聲。段云：《史記》之彌即許之麿。咸謂麿、洇亦雙聲。

通元。云，萑讀若和朱云：和、萑一聲之轉。　　裸從果聲王云：雙聲。

魚通之。云，匿從若聲段云：匿、若取雙聲爲聲。

通支。云，狛讀若檗段云：正雙聲之轉。

通脂。云，暱或作昵朱云：尼、匿雙聲。　　閼從於聲段云：雙聲取音。

通侵。云，扈古作岠朱云：丂、户一聲之轉。

通談。云，叔從古聲段云：此于雙聲合韵求之。

侯通脂。云，嫠讀若庫王云：雙聲。咸按：嚴以庫入脂，誤。詳下。

通魚。云，嫗讀若倨段云：雙聲合音。朱云：雙聲。　　楯讀若芟刈之芟朱、王皆云：雙聲。

通東。云，叢從取聲朱云：雙聲。　　容從谷聲段云：雙聲諧聲。　　竦從束聲朱云：一聲之轉。

幽通元。云，曼從冒聲段云：以雙聲爲聲。

　通東。云，充從育省聲朱云：充、育一聲之轉。

宵通脂。云，截從雀聲段云：當于雙聲合韵求之。

　通侯。云，樔讀若藪段云：樔、藪雙聲。

蒸通之。云，冰俗作凝段、王皆云：雙聲。

　通脂。云，丞讀若几朱云：几、謹、己、兢皆一聲之轉。咸按：丞謹身有所承也。從己從丞，己亦聲，讀若謹，雙聲也。

　通真。云，淩司馬相如作薐段、王皆云雙聲。

　通陽。云，夢讀若萌王云：雙聲。咸謂萌已如今讀。

耕通之。猜從青聲王云：雙聲。

　通真。云，鎣讀若銑王云：雙聲。

真通之。云，恩從囪聲王云：雙聲。

　通支。云，佣從囪聲段云：絪字亦囪聲，蓋取雙聲。

　通脂。云，蜦或作戾段、王皆云雙聲。　　犀從辛聲王云：雙聲。

　通歌。云，儺從難聲王云：雙聲。　　鼉從單聲王云：雙聲。

　通耕。云，郱讀若寧王云：雙聲。

元通支。云，霹讀若斯段云：雙聲合音。

　通魚。云，祥讀若普段云：于雙聲得之。許讀如此，王亦云雙聲。

　通幽。云，奧從柔聲段云：取雙聲爲聲。

　通脂。云，觶從單聲。通歌。云，觶，《禮》作觚。通真。云，或作觗段云：單聲，而支義切由古文本作觗，從氏聲。後遞變其形從辰、從單爲聲，而古音終不改也。咸謂支義切與單爲雙聲。錢曉徵謂古讀照如端也。辰、氏雙聲。錢氏亦謂禪古讀如定。于單、于觶皆雙聲也。

　通談。鐫讀若瀸王云：雙聲。

東通之。云，繪籒作綵王云：雙聲。

　通蒸。云，曾從囱聲朱云：窗、曾一聲之轉。此以雙聲得聲。王氏同。　　《韵會》兢從卝聲段注作芇。云：芇讀若介，此取雙聲也。二芇皆聲。

　通真。秦從舂省聲王云：雙聲。

侵通之。云，倗讀若陪位，郍讀若陪_{朱云：倗、陪雙聲。又云郍、陪一}

聲之轉。

通蒸。云，躳俗作躬_{王云：弓與躳雙聲。咸按：营或作芎，正同是例。}

通耕。云，者讀若耿_{段云：雙聲。}

談通之。云，叒讀若澩_{段云：澩與涩同義而雙聲。}

通魚。云，庫或讀如逋_{王云：雙聲。}

通歌。云，郉從丮聲_{段云：雙聲合音。}

通蒸。云，熊炎省聲_{王云：雙聲。}

三　以衍誤爲通聲

如之通脂。云，必從弋聲_{段云：八聲。朱云：會意，弋非聲。}

通侯。云，杏從否聲_{段云：丶聲，或字歀從豆聲，豆與丶同部。}　　巖

讀若費_{段云：即巖之或體。}

通宵。云，屵從屮省聲，讀若躍_{段依大徐作屮省，《注》云：屮省當作}

屮。豈陳樂立而上見，從屮屵上見，故以屮象之。

通真。云，柭從來聲_{段云：會意。聲字衍。朱說同。}

通元。云，繇從每聲_{段云：有聲字非也。每者，艸盛上出。會意。朱}

說同。

支通魚。云，索從糸聲_{段云：宋，糸者，謂以艸莖葉糾繚如絲也。}

通耕。云，餳從易聲_{段本篆作餳，云從易聲，故音陽，亦音唐。《釋名》}

曰：餳，洋也。李軌《周禮》音唐，是也。其陸氏《音義》：《周禮》辭盈反。《毛詩》

夕清反，因之《唐韵》徐盈反。此陽、唐音轉入于庚耕，如行、庚、觥等字之入庚韵。

郭璞《三倉解詁》曰楊音盈，協韵。晉灼《漢書音義》及楊惲爲由嬰，其理正同耳。

淺人乃易其諧聲之偏旁，《玉篇》《廣韵》皆誤從易。然《玉篇》曰：餳，徒當切。

《廣韵》十一唐曰：糖，飴也。十四清曰：餳，飴也。皆可使學者知餳、糖一字，不當

從易。咸按：段語至確。嚴氏不從之者，以其爲通耕之礙耳。

通元。云，扇從狋省聲_{段依《韵會》本作從戶羽，云：從羽者，如翼也。}

朱云：會意。門兩傍如羽翼也。

通談。 云，思從册聲段云：小徐作册聲，誤。 蓋從删省聲，如珊、姍字之比。 朱説同。

脂通之。 云，息從自聲段云：會意。 心氣必自鼻出，故從心自，如心思上凝于囟，故從心匈，皆會意。 各本有自亦聲三字，非其聲類。 肊從乙聲段本作從肉乙，云：各本作乙聲。 今按：聲字淺人所增也。 從乙者，貌其骨也。 朱云：乙者，胸旁骨，象形。

通文。 云，疙從乙聲段云：疙，乙聲。 按：聲字衍。 或于雙聲取音。

通歌。 云，离從屮聲段云：從屮，若萬字之首，象其冠耳。 朱亦云：象形。

通宵。 云，敹從㪔聲段云：各本有聲，誤，今删。 㪔或㪌字，《柴誓》某氏注，言當善簡汝甲冑。 鄭注謂穿徹之。 咸按：段《注》下云：㪔下云：從卜，亦網罟殘害之意。 鄭云：穿徹即縫綴也（王鳴盛《尚書後按》云）。 是穿徹與縫綴同意，即殘害也。

通真。 云，盾從厂聲段云：鍇曰象盾形。 按：今鍇本或妄增厂聲。 咸按：《文始》二云，大徐本無厂聲。 按：扞身則當言厂聲，本當云從目象形，厂聲，十象盾握，扞則不能象盾也。 厂聲與扞相應。 咸謂從鉉本則當如段説，十象盾，握厂，象盾瓦也。《文始》云：厂聲者，從鍇本也。 昆從比聲段、朱皆云：會意。 辰從厂聲朱云：厂象人之形。 𢁉從聿聲段云：疑從聿省。 咸按：當有聲字。

通元。 云，冃從口聲段云：各本有聲字，非也。 從口者，象其首尾相接。 貫從貝聲段、朱皆云：會意。 㐱從彡聲朱云：會意。

通侵。 云，劼讀若簟段、朱俱不載此讀。

通談。 云，迒一讀若拾朱本作迏，云：今本《説文》誤從朩，與行貌之迒同形。 而《唐韵》北末切不誤，今訂正。 盍從大聲朱云：大象覆蓋形。 習從白聲朱云：會意。

歌通脂。 云，地籀作墬段本作墬，云：小徐作墬，非其聲也。 今正作墬，象見互部，蠡、隓、墬皆以爲聲，在支部。 地字古音本閒于支、歌兩部也。 若大徐作隊，𨸏部隊音徒玩切，其謬愈難糾矣。 漢人多用墬字，傳寫多誤，少一畫。

通魚。 云，魯從鮺省聲段本作魚聲，謂鮺爲淺人妄改。

通侯。云，遳讀若住段云：讀若住，當在從辵豆聲之下。豆、主同部。

通耕。云，贏從贏聲。段云：惟贏、贏字可云贏聲，贏字當云從貝贏。贏者，多肉之獸也，故以會意。女部贏當云贏省聲，今本多誤。

通陽。云，杏可省聲段、朱皆云：向省聲。

魚通之。云，匿讀若笵段云：讀若羊，騷篝。此有訛奪，當云：讀若羊篝鷙之鷙。金部曰：鷙者，羊篝尚鐵也。鷙讀若至，至古音同質。匿讀若鷙，即讀若質也。古亦讀尼質切，今音乃女力切。朱云：讀若鷙，鷙、匿雙聲。

通支。云，剈讀若羃段、朱皆云：冥省聲。則冥、羃正四聲相承。

通脂。云，虡讀若薊蓁草之薊段云：當作薊蓁之蓁。

通歌。云，奢籀作奓段、朱皆云會意。

通幽。云廖從尞省聲段云：尞者，文也。尞者，際見之白。際者，壁隙也，覺之細者也。各本有聲字，誤。 冒，小徐目聲段《注》云：會意。曰目者，目無所見也，曰亦聲。 咎從各聲鍇本聲下有"人各者相違"。鍇云：會意。

通宵。云，裹從馬聲段云：衣馬者，以帶組馬也。

通元。云，弎讀若棘原注：均按棘字古有兩音，《無衣》澤棘作協音。《易林》益之遯苦棘協音。《釋名》棘，格也，在本類。棘從氒聲。《子虛賦》棘箭協音，則入元類。咸按：段本作棘省，《注》云，省作聲者誤。今依徐鉉正從氒，猶從弋，謂柲長丈有六尺也。按：大徐有"讀若棘"三字，非也。古音讀如脚。又云：《周禮》棘門，《明堂位》越棘大弓。《左傳》子都拔棘以逐之。棘皆訓棘。棘者，刺也。棘有刺，故名之曰棘。咸謂既如段氏所舉棘、棘通用，則讀若棘三字非衍。故朱氏以棘列頤部，以棘、格爲雙聲，皆謂漢讀也。若《無衣》棘與澤作相協，此先秦之讀，段謂棘非聲則是。

通陽。云，識俗作誌朱云：誌，會意。

通談。云，暺從炎聲段無聲字。朱云：會意。

侯通脂。云，最從取聲段云：小徐衍聲字。

通東。云，竦從束聲段云：會意。

幽通之。云，簋古作飢，飢聲段云：各本作飢，飢非聲也。從匚，從食，九聲。古者簋、軌皆讀如九。 革從臼聲《文始》八云：尋古文當爲象形，象烏全

剝羽毛，下首上尾旁翼也。若本曰聲，小篆無由改爲革矣。　　翯或作翯，又聲
段云：又在一部，不當爲聲。各字皆從翯，無從翯者。此字當去。又作翯，江伯蘭云：
翯誤加又爲俗書壽字從寸之由。

　　通脂。 云，徹從育聲段云：從彳，從攴，從育，蓋合三字。會意。攴之
而養育之而行之，則無不通矣。《文始》二云：從育，與屮木初生同意。　　眍從
叉聲段云：目叉者，目爲叉捪也。會意。又以擎、堅列十四部。咸按：此平、入相
通。　　采從爪聲，或作穗鍇云：爪禾爲采。會意。段云：小徐作爪聲，非。
《文始》三云：爪象禾穗。

　　通支。 云，昊從目聲鍇云：會意。則聲字衍。

　　通魚。 云，韗從革聲鍇云：皮革得雨，韗然起也。段云：會意。　　貈
從舟聲。下各切段云：乃貈之古音，非此字本音也。今字乃皆假貈爲貊，造貊爲
貈矣。又《注》涸讀若貈，下云：貈當作貉，恐音既變之後，羼經改竄耳。

　　通真。 云，甸從包省聲段本作勹田，云：甸之外九服，重重勹之，故從勹
田。朱云：會意，田亦聲。　　蠹從驫聲段云：驫，甫虬切。曹憲《廣雅音》香
幽、必幽二反。《廣韵》甫烋切。然則蠹音當在三部明矣。而鉉云所臻切，與許云
驫聲者不合。蓋燊屬會意，蠹屬形聲，而皆訓盛。燊，讀若莘莘征夫之莘，因强同
之耳。

　　通侵。 云，突從求省聲段云：穴中求火，突之意也。此會意字。

　　通陽。 云，續古作賡段云：賡會意，以續釋賡，以今字釋古字，猶許云易
雖也。庚貝者，貝更迭相聯屬也。

　　宵通侯。 云，頫從兆聲段作逃省，云：逃者多愧而俯，故取以會意。

　　真通脂。 云，伊從尹聲解說云：尹，治天下者。段云：此説從人尹之
意。　　津古作艜段云：當是從舟從水，進省聲。

　　通元。 云，觲讀若弲原注：據小徐增讀若二字，據《釋文·角弓》引改作
弲弲。段云：《小雅》騂騂角弓。毛曰：騂騂，調利也。今《詩》作騂騂，許引作觲，
則不得言讀若，鉉本所以删讀若也。《詩音義》云：《説文》作弲，火全反。此陸氏
之誤。當云《説文》作觲也，弲自訓角弓，不訓弓調利。

　　通侵。 云，參從㑋聲段云：㑋象形。彡者，象三星，其外則象其畛域，

與朱云三身四足皆明大。中央有伐斜曳，亦三星微。人象光大，下丞彡即三也。彡亦聲。

　　通歌。云，穭讀若靡段《注》引王念孫云：靡當作𪎭，字之誤也。

耕通侯。云，裻讀若祩段云：祩當作靜。

元通幽。云，㞋古文以爲醜字醜，鍇本作覸。段云：鉉本作醜誤。

　　通談。云，舌從千聲朱從“一曰千，所以舌之”之説，曰會意。

陽通侯。云，囦從丙聲段云：不可通。朱云：從内，會意。即本鉉説。

　　通宵。云，炮讀若駒穎之駒段本作炮，皀聲。《注》云：皀見日部，望遠合也。從日匕。各本篆體作炮，皀聲。按：皀聲讀若逼，又讀若香于駒不爲。諧聲、皀聲、勺聲，同在宵部。葉抄宋本及《五音韵譜》作炮，皀聲，獨爲不誤。

　　通元。云，衍從行聲段、朱皆曰會意。

東通真。云，㮚從㬪省聲。均按：衮從公聲同例段云：地宜禾者説字形，所以從禾從春也。衮各本作公聲，篆體作衮。公與衮雖雙聲，非同部。按：《爾雅音義》曰：衮，《説文》云從衣從㕣。㕣，羊㕦反。或云從公衣。從㕣當作㕣聲。或云從公衣五字，非許語也。許明云天子衣矣。

　　通侵。云，徣讀若蠶段、朱皆云蠶聲，作蠶誤。

　　通談。云，弆從合廾聲段云：廾合，鍇誤倒。

侵通之。云，意從音聲段本無聲字，云：察言而知意也。説從音之意。朱云：會意。　　啻從中聲段云：會意。中之言得也。言而得故快。

　　通脂。云，彌古作𢏳段《注》云：囟讀若誓，誓與彌同。十五部。弗者，矯也，故從弗，弗亦聲。是誓、弗同在曷類。

　　通幽。云，牢從冬省聲段云：從古文冬省也。取四周象形。　　茵讀若陸陸，段從鍇本作佹是。

　　通真。云，瘫或從人聲作瘫鍇曰：鷹隨人所指㧑，故從人。段依《韵會》作從隹從人，瘤省聲。

　　通元。云，監古作譼段云：從言，會意。

　　通陽。云，彭從彡聲段作從彡，云各本作彡聲，今正。從彡，猶從三也。指之列多，略不過三，故毛飾畫文之字作彡，彭亦從彡也。《大司馬》冬狩言三鼓者四，言鼓三闋者一。《左傳》曹劌亦言三鼓。雖未知每鼓若干聲，而從彡之意可見。

通談。 云，碞讀與嚴同段《注》：品象石之礧礥，品亦聲也。既云象形，則非品字。又云亦聲，不亦謬乎！嚴氏或本之。

談通之。 云，猒或作猒，旨聲段《注》：旨，用也。用之猶甘之。

通支。 云，卑從甲聲段《注》：古者尊又而卑左，故從左在甲下，甲象人頭。

通脂。 云，欻讀若忽段《注》：此篆久訛，從炎非聲。蓋本從羍聲，訛而爲炎，莫能諟正。倘去聲字，説以炎，會意，亦恐非也。 騭讀若郅段《注》：陟聲在職，郅聲在質，相隔甚遠，必後人羼入，非許原文也。諸家訓登子慎音陟、騭之爲之翼切，無可疑矣。陸德明乃曰之逸反，師古乃音質。 熱從執聲段校改篆文作熱，從日執聲，謂執聲誤。又云：熱與褻音同義异。咸按：《廣韵》薛紐鼙、褻、熱皆從執，與熱、褻同。且通韵無執聲字，則段校是。

通魚。 云，羍讀若瓠朱氏云：《漢書》北海郡觚，注：即執字，疑卂形誤爪，因又讀瓠也。

通真。 云，摯讀若晉段《注》：汝南平輿有摯亭，讀若晉。云：《春秋》蔡滅沈。杜預、司馬昭皆云，平輿有沈亭，疑沈亭即摯亭也。摯從執聲，執與沈皆七部字也。讀若晉之晉，疑有誤。 顰從卑聲段《注》：《易》頻復本又作嚬，王弼、虞翻、侯果皆以頻蹙釋之。鄭作卑，陸云音同。按：諸家作頻省，下卑鄭作卑省，上頻古字同音，假借。則鄭作卑爲是，諸家作頻非。顰本在支韵，不在真韵也。自各書省爲頻，又或作嚬。又《莊子》及《通俗文》假矉爲顰，而古音不可復知，乃又改《易》音義云鄭作顰。幸晁氏以道古《周易》、呂氏伯恭《古易音訓》所據，音義皆作卑。晁氏云：卑，古文也，今文作顰。考古音者得此，真一字千金矣。咸按：嚴氏引《釋文·莊子》云：是顰聲同矉也。豈未睹段説耶？抑諱之歟？

通元。 云，㬎古文以爲顯字段《注》：顯爲頭明飾，㬎爲日中見微妙，則經傳顯字皆當㬎。㬎者本義，顯者假借。載籍既皆作顯，乃謂古文作㬎爲假借矣，故曰古文以爲顯字。頁部顯下曰，從頁㬎聲。是則㬎之讀如顯（呼典切），或曰讀若唫。唫，當作讀若口唫之唫，轉寫訛謁奪耳（巨錦切）。或以爲繭，云謂或用爲繭字也。其字從絲，故或用爲繭字，則㬎古典切。以上三義畫然三音。大徐總曰五合切，非也。惟第二義讀若唫，故濕字從之爲聲。

　　通侵。云，燅，《韵會》從炎聲。均謂讀若尋_{段本作從炎從熱省，}《注》：《禮·有司徹》，乃燅尸俎。鄭注：燅，溫也。古文燅皆作尋，記或作尋。按：燅者正字，尋者同音假借字。又云：小徐本省下有聲字，誤也。此會意。嚴氏不從段説，而曲從《韵會》謬語，不可信。

四　以臆測爲通聲

　　之通侯。云，需從而聲_{咸按：古讀自如奴鉤切之耎，《釋例》謂與耎雙聲，}得聲猶耎從而聲，古讀同乃官切之渜也。需讀相俞切者，以舌頭轉爲齒頭。侯轉爲虞，故與堥同。段氏謂爲會意，朱氏謂爲耎省聲，皆非。

　　通元。云，耎從而聲。通歌。云，而聲之胹或作臑_{咸按：《郊特牲》}臑，乃兮反。《字林》作胹，人兮反。《有司徹》臑音同。《醢人》臑，乃兮反，又人齊反。《公食大夫禮》麋臑奴兮反。《字林》作胹，人兮反。《釋器》臑，奴黎反。《字林》作胹，人兮反。《説文篆韵譜》胹，仍奚反，《繫傳》年低反。是胹當在齊不在歌。嚴氏謂通歌者，其以鉉本作人移切。移從多聲歟？然移當移誤。栘，《廣韵》成臑反。《古文四聲韵》以栘爲十三部。錢恂云：《魏鶴山集》、吳彩鸞《唐韵》別出栘、臑爲一部。注云：陸與齊同，則胹實在齊韵，無入歌之迹。嚴氏捨諧聲及舊讀而徇切語偏旁以爲相通之證，不亦武斷耶！段氏憑據諧聲以易切語用字，今乃據切語用字以定古讀，其可耶？王氏又以栖從而聲爲雙聲，今嚴氏不別之，亦爲疏矣。

　　通談。云，甂從耎聲_{咸按：此與忝從天聲、箈讀若錢同例，正後世先、添}相混之嚆矢，未足爲之、談相通之證。

　　通侯。云，侮從每聲_{咸按：《説文注》謂在五部，與一部合。《詩經韵}譜》列入四部。按：《詩·正月》侮與痡、後、口、口、愈韵，《緜》與附、後、奏韵，《皇矣》與禡、附韵，《行葦》與句、鍭、樹韵，《正考父鼎銘》與僂、傴、俯、走、口韵，是侮固在侯矣。母聲而在侯者，其諧聲爲雙聲矣。

　　通脂。云，入《廣韵》誤入緝，《思齊》式、入協音_{咸按：式在職，}入在緝，相協者，猶平聲之蒸、侵相協耳。　亼《韵會》引入聲段《注》云：于雙聲求之。　入均謂入亦聲段《注》：從入一而非會意，則又足之曰象三合之形，謂實象形也。朱云：指事，非入一字。咸按：朱説是，以讀若集論之，集、入正古今字，謂爲相通殊非。

脂通之。　云，脅小徐曰聲咸按：鍇本作從曰，鍇曰：曰音越，詞也。《韵會》引作曰聲，依小徐詞也之訓，則《韵會》爲誤。段、朱本皆作從曰，依篆體下作曰，不作曰。則段、朱本不誤。再以籀文從二子與奇字晉同一語證之，更當從曰。晉之篆文從臸曰，而奇字晉乃似二子，此乃其形近言，非謂以脅爲晉也。嚴氏乃以爲聲通，實爲誤解。至鉉本音魚紀切者，即依若薿之音耳。

通幽。　云，屮古文或以爲艸字段《注》：汙字，古或以爲没字。下云：善水者或没或浮，皆無不可，假借。亦有不必同音者，如用臭爲澤，用丂爲亏，用屮爲艸之類。于屮字下云：至于古文以屮爲艸字，以疋爲足字，以丂爲亏字，以佚爲訓字，以臭爲澤字，此則非屬依聲或因形近相借，明確如此。而嚴氏必以韵通説，實非。　　疑謂吳聲段《注》：從子止匕矢聲六字有誤。匕、矢皆在脂部，疑、止皆在之部，止可爲疑聲。朱云：從矢止，會意。止聲疑定也。吳古文矢字，與疑訓未定，從匕、矢聲者別。

通蒸。　曰鹵從西聲段《注》：鹵者籀文西字，以西爲聲，古文西讀如詵，又如仙。鹵讀如仍，則謂從鹵乃省聲，或説與前説迥异。朱氏于或説云從栖省，乃省聲。栖，古文遷字。餘同嚴氏，殊無區別。

通真。　云，舃從西聲段于西下云：今音先稽切，古音讀如詵，讀如仙，如西施亦作先施。《漢書》云：西遷也。古音在真、文部。于樓下云：從妻，爲聲。蓋製此篆之時，已分別舃爲東西，樓爲鳥在巢，而其音則皆近妻矣。咸按：舃本讀先，顧氏詳之，故段列之諄、文，朱列之于坤也。嚴氏改易前賢之讀，然無有證，殆不可從。　　疢從火聲段《注》：其字從火，故知其熱病，會意。　　蒪從中聲段《注》：鉉本常倫切，當從《集韵》徒官切。據是非在真也。中、專正平、入相通。

通元。　云，羸從㒼省聲原注：《韵會》引篆體如此，云㒼省聲。《六書故》引唐本從㡆。按：依唐本則當云㡆聲。今《説文》作羸，云㒼省，是篆體與説解不合也。咸按：《繫傳》七㡆下臣鍇曰：羸字從此。則鉉本云蒜省。《韵會》云：㒼省聲，的爲誤字。　　彖希讀若弟。均謂彑亦聲。今《説文》彖在彑部，希爲部首，重出。據十五上舊目，彖乃部首字也，因迻正。籀文今誤作𦥑，當減去一畫。　　彖原注：部首已有此字，彑部重出當删。　　彖讀若弛原注：均謂此即彖、豕二字之訛。咸按：𦥑下云：從彑，下象毛足，讀若弟。段《注》云：《釋獸》曰：貄，修豪。希者正字，貄者俗字。又彖下云：彖，豕也。從彑從豕，讀若弛。段《注》云：《廣韻》尺氏切是也。蠡從蟲彖聲。𢝰從心彖聲。今韵蠡入薺，𢝰佳皆不誤，而字形從彖則誤。朱云：彖與彖字音、義俱别。按：即豕之异體。又彖下云：豕走也。從彑，從豕省。朱云：與彖從彑從豕者音義俱别。咸按：《廣雅·釋言》：彖，挩也。《疏證》云：《説文》彖，豕走挩也。挩與脱通，脱、彖聲相近，彖猶遯也。遯或作遂。《漢書·匈奴傳》贊遂逃竄伏，字從辵彖聲。彖、遯聲亦相近。據諸家之説，則彖與彖、希實非一字，而希、彖亦當分也。嚴氏以彖聲之瑑、鶨、篆、椽、掾、緣、蝝爲脂通元者，實臆説矣。

　　通談。　云，沓從乙聲段《注》曰：下云，各本作乙聲，非是。沓從水，曰下云，會意。咸按：大小徐本俱不云曰聲。

　　歌通支。　云，弛或作𫘤段《注》云：俱十六部。朱俱列入解部。又段《注》：乁讀若移。下云：移從多聲，在十七部，亦用于十六部，乁與厂古音同在十六部也。又《注》：字從乁亦聲。下云其字在十六、十七部之間。咸按：《説文》迻、㒾俱讀若池。《淮南》高注：籭讀池澤之池。則知虒聲讀如池，漢世固同今讀。

　　通魚。　云，巫古作𠮛咸按：毛下云，象巫采。巫下云，艸木華葉巫，象形。則古文從毛，即示巫意。𠮛正象巫形也。

　　通幽。　云，囧或作𡆀段《注》云：本二字，非同字。

　　侯通魚。　云，芟從殳聲原注：載芟載柞一句兩韵。木部楺讀若芟刈之芟，是芟在魚類。咸按：《詩·泉水》：載脂載舝；《氓》：載笑載言；《載馳》《皇皇者華》：載馳載驅；《七月》：載玄載黃；《四牡》：載飛載下；《四牡》《沔水》：載飛載止；《采薇》：載飢載渴、載渴載飢；《菁菁者莪》：載沈載浮；《沔水》：載飛載揚、載起載行；《小宛》：載飛載鳴；《四月》：載清載濁；《采菽》：載驂載駟；《生民》：載震載夙、載生載育、載謀載惟、載燔載烈；《泮水》：載色載笑。凡此，昔賢皆不以爲句中韵。惟《賓之初筵》載號載呶，高郵王氏以之爲韵，而嚴氏于此不用，反以呶傲協音爲之、魚之合，殊爲不宜。若楺與芟，朱氏、王氏菉友皆謂之雙聲，的是。嚴氏又謂雹讀若芟，爲談通魚者，正本此。

幽通侯。 云，狄、務從矛聲咸按：矛聲本在幽，惟鶩、桑、務、蝥諸字音木，斯猶戊、茂、愁、袤、柔、懋、瞀、蔟、楙、雺之在侯，而不在宥也。 嚴氏其以音木而遂入之侯歟？不然，無證。

通侵。 云，彪原注：均謂彡、彪從彡亦聲。咸按：段《注》彡下云：彡猶毛也，會意。《五經文字》必由反，在幽部，音轉乃爲必凋反。其云所銜反者大謬，誤認爲彡聲也。又注：彪從虎彡，彡象其文也。下云：說從彡之意。彡，毛飾畫文也，故虎文之字從之。按：如段說，則彡非聲。

真通之。 云，宰原注：均謂辛亦聲。恩從囟聲，囟或作膟，繪籀作緈，此真通之、蒸之例。段《注》緈下云：不曰辛聲，定爲宰省聲者，辛與曾有真、蒸之別。宰省與曾爲之、蒸之相合通轉最近。王云繪從宰省聲者，其偏旁爲雙聲。段《注》從宀從辛，辛，辠也。下辛即辠之省。朱氏云會意，則宰不當云從辛聲也。又謂膟從宰聲。咸按：囟，息進切。宰，作亥切。正同位雙聲。

通宵。 云，匘原注：均謂從匘，象形，亦會意。咸按：段《注》云：頭髓不可象，故言其匕箸于髟與囟以三字。會意。

通侵。 云，農、襛原注：均謂籀文襛從林聲。咸按：段氏、朱氏皆不云林聲。

幽通之。 云，鎠從肅聲原注：今《說文》無此字。《史記·高帝紀》索隱引有之，音力。咸按：《高紀》從杜南入蝕中。索隱李奇曰：蝕音力。孟康音食。王劭按：《說文》作鍾器名也。地形似器，故名之，音力也。審王劭之言，蓋謂蝕當從《說文》作鍾，似其地形，故云。若音力也三字，此小司馬仍從李奇作蝕之音也。未明嚴氏所依何本。即《康熙字典》亦無鎠字，則的爲訛謬。嚴氏就之立說未足信。

通宵。 云，丩聲之糾嚴氏無證，其以《釋文·月出》引《說文》己小反歟？咸按：《釋文》引此，或依《詩》讀如其趮其小然也。下云又居酉反，乃與今本居黝切同。

通元。 云，幱讀若羆原注：均按《廣韵》翰部及《類篇》皆作幱。據脂、真對轉之例，似改從夒聲爲是。然幽、宵從之轉，可通脂、真、元，在《說文》實有成例。求諸于經傳，《江漢》瓚卣人田命，命、年協音。《行葦》傳天子敦弓，《公羊》解詁作雕弓。《詩》疏遂讀敦爲雕也。今故定從夒聲，不改。咸按：丁以此云

《詩·江漢》宣、翰與瓚韵，元部。卣、首、首、休、考、壽韵，幽部。人、田、命、命、年韵，真部。是瓚、卣俱非可與人、田諸字協也。今《聲類》有卤無卣，此卣亦作卤，殆誤合爲一字也。朱氏引其尊人語曰：卣字無從下筆，此卣之誤體。或以爲卤字，非。此蓋指斥段氏。嚴説實本于段也。段本訂嬽作嬟，云：嫏聲各本皆誤作嬟，今正。按：許讀如嫘。大徐據《唐韵》乃昆切，《玉篇》奴昆切。蓋古溫嫘之嫘讀乃昆切，《玉篇》、曹憲《廣雅音》、《廣韵》又乃回、奴回切，則乃昆之轉，脂文之合。《釋文·莊子》引《漢書音義》音温，與乃昆一音相近。韋昭乃回反，則乃回一音之所本也。乃昆之音，因于嫏聲。嫏者，古文婚字，見女部。車部輼以爲聲，讀若閔。然則此爲嫏聲，而非嫛聲明甚。嫛在尤、幽部，轉入蕭、宵、肴、豪部，斷不得反以乃昆也。顧嫛孰嫏生，《説文》及《漢書》嬟乃訛嬽，賴可據音以證其形。今《漢書》字竟作嬟，乃高反，《釋文·莊子》竟作嬑，莫能諟正。近盧召弓重刻《莊子音義》，乃改音温作音鐃，可不急辨其非哉！乃昆之音可爲乃回，而斷不可爲乃高，斯聲音自然之理，學者所當究心也。蓋師古之後，字誤作嬟，而後有妄改顔注音耳。此論極是，故朱氏從之。然輼、輼俱從嫏，嚴氏俱列于真，獨謂此宜從嫛。從嫛者，徒爲幽、宵之轉可通脂、真、元之證。故毅然作是語，證雖多，皆可疑也。

　　元通脂。云，贇讀若回原注：均謂麏亦聲。咸按：段、朱皆無是説。朱云：今音讀如縣。是與回爲雙聲也，故《爾雅音義》云：胡犬反。　　單聲之蘄段《注》：《説文》無蘄字，蘄當是從蕲斤聲。如虫部蠋字當是從蜀，益聲。不立蕲部、蜀部，是以附于艸、虫二部，而蘄聲不可通。　　窩原注：均謂言聲，讀若忽。咸按：段《注》云：會意。

　　通真。云，龠原注：均謂令聲。咸按：段《注》：未詳。

　　通歌。云，狋從犬聲原注：《廣韵》誤入佳。均謂讀若垂。《左·隱八年》：遇于犬丘。解：犬丘垂也。一地二名，歌、元對轉，故犬有垂音。咸按：狋音五佳切。段《注》：《玉篇》邑部：郔，胡灰切，睢陽鄉名。郔即雅字，有雅水而後有雅鄉也。又按：春秋一地二名實繁，如《宣六年》：公會晉侯、宋公、衛侯、鄭伯、曹伯于黑壤。傳：盟于黃父。注：即黑壤。《昭元年》：晉荀吳帥師敗狄于大鹵。《穀梁傳》云：中國曰大原，夷狄曰大鹵。《定十年》：公會齊侯于祝，其實夾谷。《十三年》：齊侯、衛侯次于垂，葭實夾谷。此皆異名之無關于韵者。若《隱十一年》：公會鄭伯于時來。傳作郲。注：時來，郲也。《桓十二年》：公會宋公、燕人盟于穀丘。傳：公及宋公盟于句瀆之丘。《定七年》傳：乃盟于瑣。注：即沙也。此皆异名關于韵者。若犬丘與垂，非疊韵雙聲，遂以歌、元對轉定之。他可言者，而又不舉，其故何耶？　开原注：均謂兩干爲开，亦取干聲。許云：开，平也，象兩干對構，上平也。蓋干本作丫，從到入而變爲干，是上平也，而即以平爲義，故刑、邢等字讀皆近平，入耕類，所謂聲隨義轉也。又按：开從平干，取平聲，與长從到𠚊，取𠚊聲同例。咸按：此實本段《注》。段云：开從干，古音仍讀如干，何以證之？籀文栞讀若刊，小篆作栞，然則干、开同音可知。咸謂段説有失。審説解兩用平字爲釋，則开本在清，故《文始》云：古音开在清部。故形、刑、邢、鈃從之爲聲，汧、研、妍等字入先部者，清之轉也。清、支對轉，故开聲與支聲字相通。咸謂清、支當云青、齊，俱舌之四等，是以相轉。齊之對轉又爲先，亦爲四等，此猶令聲、冥聲、并聲、年聲有先、青二部之讀也。此類韵首、韵尾悉同，惟韵腹有舒舌、翹舌之异。惟其俱爲四等，口開極狹，舒翹變轉，尤至易易。若謂干本上犯，故從反入。开象對構上平，故從平干，此亦沿襲段説之誤。嚴申段義，變丫爲干，實爲强語。但觀青、齊、先三部，固無干聲之字，足證其非類也。

　　陽通東。　云，砳原注：今《説文》古文作屮，《五經文字》《九經字樣》引皆以屮爲古卵字，後人移屮于礦下，妄也。《一切經音義》卷二十四引礦，銅鐵璞也。古文研同屮，隸書収字。是舊本作砳取収聲，東、陽聲近，故可通。《周禮》屮人本借収字爲之，俗體作丱，校者遂改爲屮，不知《周禮》當作丱，許所見《周禮》本作研也。《廣韵》以鈃爲古文，《集韵》以鈃、研爲古文，今皆誤從屮，當改復。咸按：《周禮‧屮人》注：屮之言礦也。孫氏《正義》引王聘珍云：《説文》石部：礦，銅鐵樸石也。重文屮。古文礦。《周禮》有屮人，是屮爲礦之古文。按：王説是也。依鄭説，則屮與礦聲近字异。依《説文》，則屮即礦之古文。鄭説字不必盡同。《五經文字》云：屮，《説文》以爲古卵字。與今本《説文》不合，恐不足據。《文始》五云：屮蓋象礦脈從橫，猶卜象龜兆從橫。《周禮》鄭注云：屮之言礦也。賈疏因云：屮是總角之丱字。《五經文字》《九經字樣》且云《説文》以爲古卵字，卵果作屮，于象形指事何取？《詩》之卵字，當是丫字，隸省丫爲羊角，正象總角之形，適與卵字古音相合，何得謂爲同字？按：礦下段注：正據張參、唐元度之言立説，嚴氏緣用，而又易之爲収以成其陽、東相通之證。今按：三氏之語至明，嚴説失據矣。

魚部，牡原注：《廣韵》誤入厚。《駉驖》牡、碩、獲協音。《車攻》牡、奕、烏、繹協音，當入姥韵，轉讀若旷，當兼入幽。魚從侯轉可通幽，故牡字古有兩音也。咸按：牡從土聲，自難解説。若《駉驖》之辰牡，《車攻》之四牡，皆上下句相連爲韵，其碩、獲、奕、烏、繹各自爲韵，不與牡叶。正王懷祖《答江晉三書》云：若《賓之初筵》二章以洽百禮，百禮既至。此以兩禮字爲韵，而至字不入韵。四海來格，來格祁祁，亦以兩格字爲韵。凡下句之下二字與上句之下二字相承者，皆韵也。如是，牡未嘗有異音也。

陽通魚。云，襄古作㦻，古聲咸按：段《注》云：不得其會意形聲所在。朱云：未詳。是此字未能强説，新出《三體石經》作㝮，與《説文》小异。

通蒸。云，涊從並聲原注：今《説文》無此字。《一切經音義》卷十八引有之。又引《玉篇》皮冰反。均謂讀若溯，與强從弘聲同例。其引《玉篇》，則未修舊本也。咸按：慧琳本注首有“又作溯同”四字，則嚴讀符合。然玄應本作排咸、白監二反。《玉篇》涊，蒲監切，則玄應二音與《廣韵》合。玩甍、涊從並聲，在並紐，實雙聲爲聲。其云《玉篇》皮冰反者，正溯字之讀，非音涊也。

通談。云，鵖從皀聲段《注》：皀又讀若香，下云許書中鄉、卿字從皀聲，讀若香之證也。烏部鴭、鵖字從皀聲。《爾雅音義》云：鵖，彼及反。郭房級反，《字林》方立反，是則皀有在七部一音。

真類矜原注：今《説文》無此字。《華嚴音義》卷二十一引有之。東類競讀若矜。均按：矜從今聲，在侵類。侵、蒸亦合爲一類。侵類矜，《廣韵》誤入蒸。韋孟《戒子孫詩》矜、心協音。咸按：段本作矜，令聲。注云：各本篆作矜。解云：今聲。今依《漢石經・論語》《溧水校官碑》《魏受禪表》皆作矜正之。《毛詩》與天、臻、民、旬、填等字韵，讀如鄰，古音也。漢韋玄成《戒子孫詩》始韵心。晉張華《女史箴》、潘岳《哀永逝文》始入蒸韵。由是巨巾一反，僅見《方言》注、《過秦論》李《注》、《廣韵》十七真，而他義則皆入蒸韵。今音之大變于古也。又云：令聲，古音在真部，故古假矜爲憐。《毛詩・鴻雁》傳曰：矜，憐也。言假借也。又按：許瀚矜讀若虔，辨云本從令聲，不知何時誤令作今。令則當讀巨巾切，今本音在侵部，而轉音入蒸，故居陵切。徐氏局于《唐韵》，不諳古音，并許書篆文妄加校改，此形訛音變所以日淪于俗而不可反也。據上二説，則《説文》矜爲怜訛，當有矜無矜。嚴氏兼存二文者，蓋爲侵、蒸合類之證耳。

東部夵原注：今《説文》無此字，偏旁有之，當從火卅聲。咸按：朱氏云：夵，火種也。從火從卅。會意。按：《管子·弟子職》櫛之遠近，乃成厥火。《韵會小補》𦠆字注引《譚苑》曰：櫛，假借字，正作夵，音爐。又按：《文始》九云：《説文》失夵字，依《考工記》故書燂作朕，則夵當爲燂之古文。蒸、侵旁轉。又按：《周禮音義》燂音潛，又音尋，或大含反。《説文》大甘切，又徐鹽切。以大甘、大含論之，則本在覃韵定紐，聲轉爲侵韵、鹽韵邪紐。潛即徒、邪相轉。朕，直稔切，亦覃、定之轉。朕古讀如滕，亦朋、凰之流，聲韵相挾而變此之謂也。謂爲卅聲，東部未見其徵。朱云會意，是。餘説都非。章謂夵爲燂之古文或是。

侵部雁原注：今《説文》無此字，據説解當有之。其人聲之雁乃或體也。咸按：朱氏云：從隹，瘖省聲。此小篆即古文也。籀文又加人。應、膺字皆從籀文。徐鉉曰：鷹，隨人所指蹤，故從人。段《注》亦引徐鉉説。依《韵會》訂作從隹從人，瘖省聲。瘖在侵，而雁在蒸，合韵最近也。　　彤原注：小徐、《韵會》引彡亦均謂徒箴反。　　彤原注：《廣韵》入侵，丑林切是也。又誤入東。　　融、融原注：均謂讀若郴。《思玄賦》展泄泄以彤彤，正用《左傳》語。善曰融與郴古字通，是融音丑林反也。咸按：杜注融融，和樂也。《釋文》羊弓反。郝氏《爾雅義疏》：商曰彤云，彤者融之假音。《書·高宗彤日》、《絲衣》箋商謂之彤。《釋文》彤作融，餘戎反。《尚書》作彤，音同是也。《釋詁》：融，長也。《方言》融與繹俱訓長，是融、繹義同。《小學答問》云：古讀蟲如彤，彤蟲蟲螻皆糟爲彤，讀融亦如彤。《説文》復有烾字，云：赤色也。又爲旱氣歊熱，與融爲炊氣上出同意。據上諸説，則彤、烾融聲，誼得相引申。是《思玄賦》之彤彤乃丹部之彤，非舟部之彤也。熏蒿上蒸，故引申爲和樂，舟行之彤無是義也。《廣韵》因他書誤以祭名之彤爲彤，故云又敕林切。段《注》彤下云：商曰彤，即此字取舟行延長之意也。其音以戎切，其字《毛詩》箋作融。然《尚書撰異》九云：《玉篇》《五經文字》皆云從舟，即丑林切之彤也。《集韵》東韵引李舟《切韵》云從肉。玉裁謂皆非也。從肉既無據，從舟亦音韵絶遠，蓋即《説文》丹部之彤字。彤，徒冬切，疊韵。又爲融音，同部假借。斯説與郝、章之旨同。《説文注》失之矣。嚴氏不采《撰異》之語，而從《玉篇》《五經文字》、段《注》之言，疏矣。　　　占原注：《廣韵》誤入鹽。均謂讀若新。《斯干》乃寢乃興，乃占我夢。咸按：此類句例參差，未可爲韵，故古詩隨處有韵不舉之。　　　仲原注：《廣韵》誤入送。均謂讀若曲肱而枕之枕。咸按：仲、枕异紐，不足相況。　　　沖原注：讀若動。均謂本讀若筬。《七月》沖、陰協音。《蓼蕭》濃、沖協音。又聲轉入東。《蓼蕭》末章濃、沖得與離、同協音，故許讀若動。咸按：許讀正如桺，讀如鴻，鈕讀若同，皆實漢音。孔氏分爲二韵，王懷祖合之，王氏是也。按：《蓼蕭》前三章皆不异韵，何爲此章獨异？且《何彼穠矣》首句之禮與三句之雝相叶，正此例也。今語東、冬鮮能別之者，其原遠矣。　　　戎原注：《廣韵》誤入東。均謂讀如任戎菽謂之荏菽。《出車》薄伐西戎是也。古又讀若汝，戎汝也。《常棣》務、戎協音。《常武》祖、父、戎協音，皆音汝。《狐裘》蒙戎與伯協音。《左傳》作尨茸，則與東同協。咸按：嚴氏本于《古韵標準》，而《詩聲類》則以戎與朋叶，上二句不入韵。孔説是也。蓋九字作一氣讀，其義始足也。是以譏吴氏將戎字叶音汝爲臆鑿闊鷔之甚。然孔氏謂戎古讀爲仍，《集韵》蒸韵有戎字。按：《集韵》以拭爲扔之或，戎亦省。此戎非扔義，不當讀爲仍也。孔氏于《常武》亦以祖、父韵，戎、國韵，亦以整我六師，以修我戎爲無韵。蓋八字作一氣讀，故無韵。至狐裘蒙戎，《釋文》云：蒙，徐武邦反；戎，徐而容反。按：徐此音實依《左傳》讀作尨茸字，依下文東同之韵作茸，讀則在本部。若作戎爲毛本變易之字，非本然也。嚴氏謂戎叶伯，昔無有也。　　　宗原注：均謂讀若簪朋盍簪。京房作盍宗。咸按：豫釋簪，徐側林反。鄭云：速也。京播，荀作宗，虞作戠。戠，叢合也。蜀才本依京義從鄭。據此，則云京房作宗非。宗、戠俱叢合也。簪則聲借，蓋雙聲。

侵通脂。　云，囟讀若誓《文始》一云：讀若誓變易爲舌。咸按：此亦中聿世葉之例。

侵可通幽原注：陰陽對轉之例，自孔顨軒發之。然其書以幽配冬，以宵配侵，實有未盡其藴者。古音冬即侵也，不應分爲二類。談則侵之變，宵則幽之變。孔以宵配侵，既不順口，又左諗絶稀。惟恃芽從巢省，以爲巢正侵之陰聲。實則巢省者形也，非聲也。《説文聲類》併冬入侵，更定爲幽、侵轉，則憑據實多。如囟讀若導，又讀若沽。導讀如字，又讀爲禫。農字籀從林聲。《楚辭·橘頌》任、醜協音。《公劉》曹、牢、匏、飲、宗可分爲兩韵，亦得合爲一韵，皆幽、侵對轉之證。咸按：孔氏但云冬、侵、蒸通用，幽、宵、之通用，談、合互收。嚴氏蓋患其以入配平，故併冬于侵，削去合部。不知冬、蒸者翹舌之侈，侵者閉脣之侈。稽諸《音韵表》，蒸韵之有侵者，《小戎》之音，《閟宫》之綅；侵韵之有蒸者，《大明》之興；東韵之侵者，《小戎》之驂，《七月》之陰，《公劉》之飲，《蕩》之諶，《雲漢》之臨；有蒸者，《召旻》之弘而已。此正《風》《雅》時之音變。冬、蒸、侵俱屬侈，其等又同，其轉移也易，猶求聲字俱在蕭，而裒在咍，敖兼入蕭、豪，亦皆侈也，故亦相通。然咍、蕭、豪不因之而併合，則冬、侵之不當合一益明。幽有群紐而無舌頭，則幽之古讀實爲蕭，蕭之陽當爲青非侵也。丙讀若導者，後出字爲猷，猶桮讀若導，讀若沾者，即爲甜（本《文始》）。此爲譬況之詞，非其本音然也。夫所謂變者，必偏旁多同，而等紐殊异。今侵、談、幽、宵偏旁迥别，等紐悉同。侵本爲覃，覃、談等紐悉同而侈弇别。宵本爲豪，豪、蕭紐同而等异，不合者一；苟有正變，則有後先，有後先則不可并舉，不合者二。若襢讀若導，此正雙聲之擬。以《禮》注襢之言澶，澶然平安意也知之。今云導又讀爲襢，殊失注旨。又若嫐或作㺅，猶猱之作狨，皆後世孳乳之字，未足以相比。嫐本在蕭，音變入豪，猶橐尻之倫，既入于豪，豪之對乃爲農矣。餘之辨證，見于當條。

　　故侵可通談，可通蒸原注：侵聲長，談聲短，二類截然分界，猶幽、宵截然分界也。然衹是一聲之變，故古音通爲一類。蒸聲則介乎侵、真之間，故古人多侵、蒸通韵，而蒸、談通韵者絶少，是其長短侈弇之分不可不審也。咸按：此之所云長短侈弇者，實不明所謂，以他類未嘗如是説也。以侵三等清，或所云長與弇，談一等濁，或所云短與侈。但就是二者言，疑有區别。若舉覃、談相較，豈尚有二狀耶？且侵爲閉脣，真爲舒舌，蒸爲翹舌，三狀絶异，于《説文》無徵。嚴氏謂《清廟》天、承、人協音，《詩聲類》謂天與人爲首尾韵，不舉承也。嚴氏又謂夆以隆臨之假而讀若臨，宋審從采番之義而以元、侵相通。坎音寢，馠音貪，氾、汜蓋符浸反，冘均謂讀若殳，則皆不明其所本。

　　蒸類穹原注：《廣韵》誤入東。均謂七林反，穹、隆疊韵，其音爲侵臨。《韓詩·薛君》章句穹谷，深谷也。蓋穹聲近深。鄭注：《鞠人》穹讀爲空，既竣改讀，則非本音。咸按：《鞠人》注，鄭司農云：穹讀爲志無空邪之空，謂鼓木腹，穹隆者，居鼓三之一也。玄謂穹讀如穹蒼之穹，穹隆者，居鼓面三分之一。又按：司農易字，故讀爲空，謂鼓腹之空。鄭君不易字，故云讀如穹蒼，復證明其義曰鼓面。《黍離》正義引李巡曰：古時人質，仰視天形穹隆而高，其色蒼蒼然，故曰穹蒼。是穹隆爲漢語。就司農讀穹爲空，亦足明今韵空、穹同在一部，由來久矣。嚴氏以漢諱隆爲隆，引爲同音，不知諱邦爲國、徹爲通者，亦可以同音議之耶？穹在溪紐，不知何以讀之爲七林反耶？

　　　　脂類實原注：均謂貫亦聲。咸按：解説云，貫爲貨物，段《注》以貨物充于屋下，是爲實。　　　　庫原注：《廣韵》誤入暮。均謂讀若失。潘岳《西征賦》日、室、逸、庫、一協音。咸按：《西征賦》云：於是孟秋爰謝，聽覽餘日（韵）。巡省農功，周行廬室（韵）。街里蕭條，邑居散逸（韵）。營宇寺署，肆廛管庫（句）。蕞芮于城隅者，百不處一（韵）。按：此類句法如《西都賦》：東郊則有通溝，大漕潰渭洞河，（韵）汎舟山東（句）。控引淮海通波（韵）。西郊則有上囿禁院，林麓藪澤陂池連乎蜀漢（句）。繚以周墙四百餘里（韵），離宮別館三十三所（句）。神池靈沼往往而在（韵），東薄河華（句）。西涉岐雍（韵），宮館所歷百有餘區（句）。行所朝夕，儲不改供（韵）。《南都賦》：及其去危乘安（韵），視人用遷（韵），周召之儔據鼎足焉以供王職（句）。縉紳之倫經倫訓典，敷納以言（韵），是以朝無缺政，風烈昭、宣（韵）也。以是論之，漢賦非必二句一韵，亦如《詩》之八字作一氣讀者，四句、六句乃得一韵也。且潘《賦》下文軼棔里于武庫之庫，與怒、寤、度韵，其讀未嘗異于今，則管庫一句直非韵也。嚴氏又謂《子虛賦》截、箭協音。咸按："于是乎乃使剸諸之倫"至"右夏服之勁箭"九句皆無韵，與下文"于是王無以應僕"至"而累于楚矣"十八句，"于是乎盧橘夏熟"至"答遝離支"八句，"于是酒中樂酣"至"創業垂統"十二句，"于是歷吉日以一齋戒"至"游于六藝之囿"六句，俱爲無韵之句。蓋敘事敘物一氣敘已乃行韵也。此亦漢賦通則。嚴氏又謂虛、駼、騠協音，爲之、魚相通。咸按：騠爲無韵句，猶下文被阿緆，揄紵縞二句；觀乎成山，射乎之罘二句；觸穹石，激堆埼二句；馳波跳沫，汨濦漂疾二句；鰫鰫鰬魠，禺禺魼鰨。捷鰭掉尾，振鱗奮翼四句；被山緣谷，循阪下隰二句；庖厨不徙，後宮不移二句，孫叔奉轡，衛公參乘二句；流離輕禽，蹴履狡獸二句；凌驚風，歷駭猋二句；與其窮極倦，劦驚憚矍伏二句；實陂池而勿禁，虛宮館而勿仞二句；出德號，省刑罰，改制度，易服色，革正朔五句；戈玄鶴，舞干戚二句；次群臣，奏得失二句；德隆于三王，而功羨于五帝二句，皆爲無韵句也。　嚴氏又謂《西征賦》麗、佊協音，隷歌部。　咸按：麗、佊之上爲視、祕、水、墜、至、恣、翠、美、賜、靡、智十一字，下爲暨、帥、毅、彎、擅、貴六字，皆今韵寘、至、未諸部字，而閒以上聲紙、旨諸部字。今謂暨古讀如羅，麗古讀如暨，此沿《音均表》之誤，而不知其未足相例也。　　《鄉射禮》今文以爲與，爲之、魚通咸按：胡氏《疏義》云：《注》以猶與也。疏云：訓以爲與者，《春秋》之義，能東西之曰以。若存以字，謂言尊卑不同，任意以之，故轉爲與，則平敵之義也。承琪按：疏説是也。上文主人以實揖。《大射儀》以耦左還，注皆云：以猶與也。咸謂依此，正由聲誤，非關韵通。　　《士昏禮》今文阿爲庪，爲支、歌通咸按：黃氏《宮室通》故云：梁之曲處謂之阿，其中正當棟。故鄭注訓當阿爲當棟。賓于曲梁，當棟之處，致命主人于作階上，再拜賓退負序，遂從而南，主人鄉與客并而受。故下云授于楹閒南面。今文阿作庪，則授受當在楹外矣，故鄭注不從今文。又按：《疏義》云：鄭云：阿，棟也。入堂深示親親。《鄉射記》注云：制，五架之屋，正中曰棟，次曰楣，前曰庪。今文阿爲庪者，即屋檐。鄭于《聘禮》公側襲受玉于中堂與東楹之閒注：入堂深尊賓事也。及此經皆以入堂深爲義，故不從今文。據是，庪爲今文家之説，乖經義，非音通也。

　　《既夕禮》古文算皆爲策，爲支、元通咸按：算本作筭，策本作筴。《疏義》云：上文云：書遣于策，筭所以釋數，必執筭者，物有多寡，宜知其數。筴乃策字之別。古文筭爲筴者，筭本籌策之物，故亦可爲策。鄭嫌于書遣之策，故從今文，是亦由義，非由音。

　　《公食大夫禮》今文臛皆作㷡，爲脂、歌通咸按：段《注》：腝，有骨醢也。臛，腝或從難。下云：臾、難二聲同部。《公食大夫禮》注今文臛皆作㷡，㷡係腝之誤。《儀禮》《爾雅音義》云：臛，《字林》作腝。《五經文字》云：臛見《禮經》，《周禮》《説文》《字林》皆作腝。據此，則《説文》本無臛字甚明，後人益之也。許于《禮經》或從今文或從古文，此從今文腝，鄭則從古文臛也。《疏義》云：按：此注當本是今文，臛皆作腝，若今文臛皆作㷡，則于義不通。鄭當定爲字誤，不應僅存而不論。然疏標注目已云：醢醢至大作㷡。則賈時所見已同今本，其誤久矣。準是，則㷡爲誤字。

　　《射儀》古文椯作剬。《少牢饋食》今文切皆爲刉咸按：《疏義》云：

魁與椑一聲之轉，古文同聲假借。鄭所不從。又按：《特牲饋食》刌肺三。注：今文刌爲切。《疏義》云：《説文》：刌，切也。切，刌也。二字雙聲同義。故今文于刌肺之刌作切，于安下切上之切又作刌。鄭意蓋以專指牲體之名則作刌，兼言剝割之事則作切，故于二處皆從古文。按：此云雙聲同義，正本段説，以切在屑，刌在混，不得以韵通轉説之也。

《既夕禮》今文錧爲鐬，爲脂、元通。咸按：《疏義》云：錧即轄。《説文》：軹，轂耑錔轂，在輪中，其裏以貫軸，其表以湊輻，錔者以金有所冒也。轂孔之裏以金裏之曰釭轂，孔之表以金表之曰軹。軹本從車，以其用金，故字或從金作耳。《説文》舛部𡕣，車軸耑鍵也。金部鍵，一曰轄也。車部轄，一曰鍵也。是轄與𡕣同以鐵豎貫軸頭而製轂者，轄本從車，亦以用金，故或作鐬。惟錧與鐬截然二事，錧不可以爲轄。鄭注：木錧云：取少聲，車之有聲，由轂與軸相切而作。轂耑用木，故少聲，若鐬以鍵軸，非聲之所出，故鄭從古文，錧也。依是，則鐬爲錧之形誤。

《鄉射記》今文皮樹爲繁豎《士喪禮》古文麗亦爲連。《既夕記》今文披皆爲藩。《司尊彝》注獻讀爲摩莎之莎，齊語，聲之誤。皆歌、元對轉咸按：《疏義》云：古音皮讀如婆，繁讀如鼙，皮、繁之轉。又錢氏“古無輕脣音”條云：古讀繁如鼙。《釋文·左·成二年》：繁，步干反，又轉如婆音。《釋文·左·定四年》：繁，步何反。據是，繁亦可讀婆，猶樹、豎之音同而字異也。《疏義》云：麗、連一聲之轉，則雙聲也。《疏義》又云：惠棟曰：《十月之交》蕃爲司徒。《古今人表》蕃作皮。魯國有蕃縣，應劭曰：蕃音皮。按：披從手皮聲，古音皮與蕃同，故今文披皆爲藩聲之誤也。承珙按：注云：披絡柳棺，上貫結于戴人居旁，牽之備傾虧，不言藩爲誤字。以披音既同藩，即作藩字，義亦可通，似非今文聲誤。又按：《漢讀考》云：謂齊語莎誤爲獻，如《明堂位》獻尊。鄭君獻讀爲娑，亦其證也。咸謂此心、曉相混，與今語同。戴氏《轉語》謂之曰位同，故可轉。凡韵轉，其聲亦必可相轉。

《士冠禮》古文啐爲呼，爲魚、脂通咸按：《漢讀考》云：呼與啐音義皆隔，必是誤字，當是古文啐爲嘩之誤。

《既夕禮》今文杅爲桙，爲魚、幽通咸按：《疏義》云：杅爲水器，當亦可爲食器。此經云兩敦兩杅槃匜。《內則》云：敦牟巵匜。牟即杅。《禮記》從今文，故作牟。鄭云：牟讀曰堥。敦牟，黍稷器也。《釋文》云：齊人呼土釜爲牟。正義引《隱義》曰：堥，土釜也。今以木爲器，象土釜之形。蓋杅本飲食之器，以其形象土釜之堥，故得牟名。

《特牲饋食禮》今文涫作激，爲真、宵通咸按：《疏義》云：《釋文》激一本作浮，劉本作徼。王引之曰激與涫聲不相近，激當爲敦。蓋因涫字而誤加水旁，形與激近，故訛爲激，又訛爲徼也。敦、涫相近，今文淳作敦。《周禮·内宰》，出其度量淳制，故書淳爲敦，是其證。

《儀禮》今文肩爲鉉，爲耕、真通咸按：段《注》鉉下云：《易》謂之鉉者，《周易》鼎六五鼎黃耳。金鉉上九鼎，玉鉉是也。古説皆云鉉貫于耳。《禮》謂之鼏者，《士冠禮》設肩鼏。《注》：今文肩爲鉉，一部皆然。《考工記》：《匠人》亦作肩。許所見《禮經》，肩作鼏，即鼎部所云橫關鼎耳而舉之者也。鼏與肩皆以郊門之門爲聲。肩訓外閉之關，音義皆同。又注鼏下云：今本作大肩七個。許所據作鼏用此，知《禮經》古文本亦作鼏。古文以鼏、密連文，今文以鉉、鼏連文。鄭上字從古文，下字從今文，遂鼏、鼏連文，轉寫恐其易混，則上字易爲肩耳。鼏、鉉異字同義，或讀鉉，古冥反，則非矣。據段説，則肩、鉉不可云音通也。

《聘禮》古文奉爲卷，爲東、元通咸按：《疏義》云：鄭云：奉所奉以致命，謂束帛及玄纁。古文奉爲卷者，《禮記·雜記》：納幣一束，束五兩，兩五尋。注云：兩五尋，則每卷二丈也。是束帛本有卷稱，鄭不從者，以下行禮凡幣皆言奉故也。據是，卷乃形誤。

《既夕記》今文堀、坅爲侵、脂通咸按：堀本作掘。《疏義》云：《玉篇》引《埤倉》云：坅，坎也，坑也。按：今文掘爲坅，是坅者掘坎之名，故下文云：甸人築坅坎。注云：穿坎之名，一曰坅，後人以穿坎爲坅，而坎亦謂之坅。疏云：經直言甸人掘坎于階閒，不辨大小。故記人明之，當從古文作掘坎。按：堀、坅正雙聲相通。　　今文窆爲堋，爲侵、東通咸按：《説文》土部堋，喪葬下土也。《春秋傳》曰：日中而堋，《禮》謂之封，《周官》謂之窆。《周禮漢讀考》云：《禮》謂十七篇也。許于十七篇從今文作封，《戴記》皆作封，《戴記》從今文也。按：堋、窆、封三字分蒸、侵、東三韵，而一聲之轉。又按：堋，朋聲。窆，乏聲。朋俗讀如蓬；窆，方勇切，故《禮記》以封字代窆、堋字也。語言斂侈，而字因之异焉。不特异字同義，實一語也，故《遂人》注曰聲相似。咸謂《左傳》《周官》皆爲本字，《儀禮》爲假借字，皆雙聲也。

《士冠禮》古文坫爲檐，爲侵、談通咸按：《疏義》云：檐本作櫩。《爾雅》櫩謂之楣。《説文》櫩，槾也。梠，楣也。楣，秦名屋櫓聯也。齊謂之櫩，楚謂之梠。《儀禮》所陳，容有以屋爲度者，故古文以坫爲檐。然《儀禮》凡言坫者，皆堂角之名。《大射儀》取公之決拾于東坫，《上士虞禮》饌于西坫上，則坫非屋檐甚明，故鄭疊古文不從也。必知古文當爲檐，不爲襜者。考《釋文·小雅》不盈一襜，云：襜，赤占反。《論語》襜如也，云襜，尺占反。《爾雅》云：袡或作襜，昌占反。惟于此音以占反，是爲檐字作音。蓋陸所見《儀禮》注本乃坫爲檐，後傳寫誤作襜耳。據是，坫、襜乃説經家之誤解，襜乃誤字，俱非關音。

《士冠禮》古文葉爲擖，爲談、脂通咸按：《漢讀考》云：擖當作擸，字之誤也。舊籍鼠皆訛葛，如獵作獦、臘作臈、鑞作鎑、钀作齾、蹀作蹃、鬣作鬃皆是。《士冠》《士昏》注皆云：古文葉作擖。而《聘禮》以栖兼諸觶尚檧，檧即擖字。《聘禮》從古文，《冠》《昏禮》從今文也。所從不一者，葉是本字，謂平面如木。然檧是假借字，皆可從也。《聘禮》注不云今文擸爲葉者，可互見也。必知擸是擖非者，擸與葉同部，葛部不同部也。今《儀禮》經注皆從手作擸，而《廣韻》葉韻云：檧栖端，擸理持也。《集韻》亦云：檧栖端，弋涉切。擸，《説文》：理持也。力涉切。然則《禮》經古本檧從木明矣。段語明白如是，嚴不之從，何也？

《有司徹》今文摭爲捈，爲談、魚通咸按：《疏義》本捈作揲，今依宋十行本訂正。按：《説文》拓，拾也。拓或作摭。揲，撮取也。撮取者謂少取之。摭與揲本非一字，因雙聲而借。又按：《廣韻》摭，之石切；揲，都計切，故云雙聲。

昔才老搜集唐虞至北宋之文詞，以成《韻補》。後世病之，故亭林作《詩本音》，慎修作《標準》，一如《毛詩古音考》以《詩》爲本證，他書爲旁證。蓋就其韻例之聯絶以定其分部。證據繁多，無有穿鑿。今嚴氏取證訖于晉代，同乎才老之失，而違段氏隨時遷移之律。昔段氏畫唐虞、夏、商、周、秦、漢初爲一時，漢武迄漢末爲一時，魏、晉、陳、隋爲一時，已殊異乎顧、江，然亦不周。《詩》《易》、群經、子、騷，其中用韻異同參互。若以定律齊之，則截長續短，牽率必多。此段氏古合韻之律所由作也[①]。

① 《詩經韵表》五部《古本音》蹠下云：第五部入聲與第十六部入聲分用。漢人《十九首》中“青青陵上柏，磊磊澗中石”一章與“明月皎夜光，促織鳴東壁”一章可徵也。晉盧諶若《答魏子悌》用第十六部十二字，而雜以腋、昔字。陶淵明《移居》以宅、夕、席、昔與役、析韵。宋謝靈運《南樓遲客詩》以客、迫、昔與適、隔、擿、析韵。謝惠連《雪賦》以錯、索、奕、隙、席與積、壁韵。謝莊《月賦》以斁與壁韵。梁江淹《擬陶潛》以陌、夕、隙與適、役、績、益韵。此第五部入聲入于第十六部入聲之漸，而法言之所因也。又啞下云：第五部之字，漢、晉、宋人入于第十七部合用，皆讀如歌、戈韵之音。至梁、陳閒，第十七部音變析麻韵，而皆在麻韵矣。一部古本音霾，今入皆，始見于顔延之《和謝靈運一首》，韵迷、萋、泥、淮、偕、懷等字。龜今入尤，始見于《史記・龜策傳》、班固《幽通賦》、李尤《辟雍賦》、宋《讀曲歌》。今入脂，始見于曹植《七啓》，與歸、機、飛韵。節本音在第十二部，《離騷》合韵服字，讀如側，此今韵即、喞字入職韵之所因也。第三部古合韵，久，本音在一部，《詩》三見，《易》三見，而《臨象》傳韵道，《乾象》傳韵道、咎、造、首，《大過象傳》韵醜、咎，《離象》傳韵咎、道，凡四見。聲音之道，隨時變遷。孔子贊《易》時，與《三百篇》音韵稍异，是以一久字而同《詩》者二見，异《詩》者四見也。第四部入第五部合用者，如“田于何所”之歌以口、後、斗與所、兩、黍韵，“日出東南隅”之曲以隅、樓、鉤、襦、頭、愚、蹰、姝、趨、須、殊、駒與敷、鋤、餘、夫、居韵。第六部古合韵綅，凡古曾之爲朁、興之爲廞、堋之爲窆、朋之爲鳳、戴勝亦爲戴鵟、仍叔亦爲任叔，皆第六部、第七部關通之義。第十部古本音，慶，漢人始有讀入十一部者，如彰皇德兮侔周成，永延長兮膺天慶之類。然尚讀平聲，後此又讀去聲入映矣。十一部古合韵，金，本音在第七部，《周語》引諺，合韵城字。言，本音在第十部，《萃象》傳合韵正、命字，《乾・文言》傳合韵情字。令，本音在第十二部，《詩・小宛》以韵鳴、征、生，《左傳》引《逸詩》以韵挺、扃、定，《士冠禮》亦以正、令爲韵。領，本音在第十二部，《詩・節南山》合韵騁字，《桑扈》合韵屏字。天、命、淵、賢、信、民、賓本音皆在第十二部，《易・彖象》傳合韵形、成、貞、寧、生、正、平、精、情字。睘，本音在第十四部，《詩・杕杜》合韵菁。姓字，第十二部，古本音音矜，矜字在此部，《菀柳》《何草不黄》《桑柔》三見。漢韋玄成《戒子孫詩》韵心，則入侵韵。晉張華《女史箴》韵興，潘岳《哀永逝文》韵興、承、升，始入蒸韵。苓，令聲在此部，《詩・簡兮、采苓》二見。自漢枚乘《七發》韵鵲、纓、鳴，楊雄《反離騷》韵榮，今韵乃轉入青矣。第十三部西聲在此部，《禮記》與巡韵，劉向《九歎》與紛韵，漢、魏、晉人多讀如下平一先之音，今入齊。第十五部邇，爾聲在此部，《詩・汝墳、小雅・杕杜》二見，今入紙。凡介聲字，漢人入十六部用，如《故人心尚爾》韵綺、被、解，此之類是也。泚，此聲，在此部，《詩・新臺》一見，今兼入紙。凡此聲字，漢人多入十六用。十六部古合韵，雌本音在第十五部，《詩・小弁》合韵伎、枝、知字，爲此聲字入十六部之始矣。十七部古合韵，路本音在第五部，《大戴禮》《驪駒詩》合韵駕字，讀如羅，爲漢以後第五部入第十七部合用之始。

　　嚴氏拘于對轉，削合韵部，侈引篇籍，蔑弃時代相通之證，遂以益富，疑若可信矣。慨自成周諭名之典不行，而言語异聲。秦兼天下，移豪俊，罷异文，是秦、漢之際，音已別于三代，不必待漢武也。漢音不可以返古，而實足以開今。故《子虚賦》以綏叶蕤，以施、池、犧、鵝、加叶隄。《上林賦》以施、離叶追，以靡叶庵、罍、巍、豸，以離、莎叶夷，以倚、砢、欘叶佹、峗，以犧叶雞，以化、義叶帝。《大人賦》以馳、離、河、沙叶魁、夷、師、危、歸，以倚叶趡。《甘泉賦》以馳、蛇、施叶威、危、回、蕤、妃、眉、資、祈，以綏、欘叶開梐反。《離騷》以馳叶師，以峩叶厓。《羽獵賦》以儀、宜叶非，以披叶師，以蛇、陂叶梨、飛、犀、衰，以池、河、陂叶厓，以碕、螭叶蠡，以離叶妃。《長楊賦》以加、馳叶夷。《解嘲》以隨、奇、爲叶隤、知。《光禄勳箴》以籬叶岐，差叶鞞。《冀州牧箴》以化叶易。

　　又若《説文》趢、襹、觀俱讀若池，孋讀若陸，憰讀若移，董讀若遲，鷊讀若嫣。《淮南》高注：篦讀池澤之池。《漢書》陒，服虔音義《大司樂》注播之言被也。段氏云：皮古音如婆。漢末歌韵已多轉爲支部，以知在周爲歌韵者，于漢已與灰、齊諸部雜厠。此正後世歌、齊二韵所由分爲支、佳也。

　　又若《上林賦》以旗叶虬、游，《甘泉賦》以芝叶虬，《兖州箴》以久叶咎。《説文》玖，或曰若人句脊之句，此咍韵所由分爲尤、幽也。

　　又若《子虚賦》以具叶御。《上林賦》以口叶浦、壄、下、怒，以藕叶陼，以具叶處、舍。《羽獵賦》以侯叶射、路，以流、驅叶輿，以注、脰、聚叶與、邃、怖，以部叶伍。《反離騷》以耦叶女。《解嘲》以搜、區叶塗、銖、書、廬，以殊叶如。《解難》以斸、後叶鼓、睹。《趙充國頌》以後叶虎、雅、武。《長楊賦》以隅叶斜、罝、胡、猪、胥、圖、乎。《兖州賦》以走叶緒。《雍州箴》以主叶緒、寓。《淮南》高注：呴讀以口相吁之吁。《史記·高祖本紀》姁，李奇音吁，孟康音詡。《説文》趨讀若勈，瓥讀若庚，眗讀若拘，邟又讀若區，瞿讀若章句之句，詢讀若麟，此侯韵所由分爲虞也。

又若《子虛賦》以華叶沙。《上林賦》以遮叶歌、和、波、歌。《羽獵賦》以遮叶羅、波。《淮南》高注荷幽讀如燕人强秦言胡同。《周禮》揟，疏俱讀爲沙。《説文繫傳》姐讀若左。 此模、歌二韵所由分爲麻也。

又若《子虛賦》以年叶園。《上林賦》以蓀叶蘋、原，以榛、顛叶間、閒、遷，以春叶關、巒。《哀二世賦》以榛叶衍。《甘泉賦》以垠、瑉、鱗、炘、神、嶙、桭、顛、天、門、侖叶藩、川，以淵叶延，以芬、麟、闇、神叶壇、山，以天叶垣。《羽獵賦》以門、淵叶山，以紛叶繯，以軫叶阪、遠，以門、紛、塵叶狿、嗳、卷，以神、鄰、臣叶前、山。《長楊賦》以侖叶關，以天叶餐、汗，以文叶穿。《解嘲》以文、天、倫、門叶言、泉，以存叶全，以君、玄叶山、連。《楊州箴》以昏、親、君叶巒、旋、山、川、干。《大僕箴》以令叶殷、昕、駰。《廷尉箴》以淵叶全。《大鴻臚箴》以文、淪、鄰叶官、漫。《少府箴》以雲、臣、遵叶煩。《説文》瀳讀若尊，奠讀若頒。《禮記》注忿讀爲班。《周禮》注頒讀爲班布之班。此先、魂、痕三韵所由分爲元、山、仙也。

《大人賦》以旄、髾、搖叶州、留、游、浮、綢、浮。《豫州箴》以巢叶州。《儀禮》注牢讀爲樓。《説文》等讀若《春秋》魯公子彄。《漢書》蘇林注牏音救。《釋文·易》引鄭注需讀爲秀。《淮南》高注牢讀屋漏。 此蕭、豪二韵所由分爲尤、幽也。

《甘泉賦》以楊叶榮。《解嘲》以行、堂、卿、光、衡、當叶星。《趙充國頌》以羌、陽、章、亢、京叶庭。《荆州箴》以剛、强叶荆。《幽州箴》以萌叶征、騰。 此唐、青、登三韵所由分爲庚、耕也。

《上林賦》以鞰叶略、獲、若、藉、澤，以約、弱、削、礫、藐叶俗、服、郁、側。 此沃韵所由分爲屋之三等與藥、錫也。

《長楊賦》以伏、息叶鏃。《上林苑令箴》以伏叶穀、陸、麓。《司空箴》以力、勒、側叶鬻、覆。 此德韵所由分爲屋之三等也。

茲但依相如、子雲之文，許、鄭、高、蘇之讀得證已如此，則漢音之變易于二周而漸近于今讀也。 不亦分明耶！段氏于此謂之爲合韵，嚴氏謂之爲相通，皆以爲返古之途，不知其既往而不可返也。此乃沿襲《唐韵正》輒云誤入之語。蓋顧氏未知《唐韵》爲酌古準今之作[①]，實無存古復古之念。今一一謂之曰誤入，不亦乖繆乎！

昔婺源江氏云：今爲《三百篇》考古韵，亦但以今韵合之，著其异同，斯可矣。必曰某字後人誤入某韵，混入某韵，此顧氏之過論，余則不敢。斯語至明，而段氏、嚴氏猶用之者，以可爲合韵、通韵之資耳。嚴氏于之通幽云：毒從毐聲咸按：王念孫云：毒有代音，與毐聲相近。《漢書·地理志》多犀象毒冒。顏云：毒音是也，此亦雙聲。复從畐省聲咸按：《廣韵》福紐有腹、複、復、馥、鍑、輹，伏紐有復、馥、覆、輹、楅、鞴、痩、鵩、窚、复、鰒。二十五德：覆，匹北切。是复、畐俱本在德，于《詩》乃讀入幽耳。幽古音爲蕭，然蕭韵固無复聲，則复之當在德，明矣。 脂通支。云，巂從冏聲咸按：此與支通脂，云夔讀若癸、哇讀若醫、薩讀若壞之比，其讀皆同于今者也。 幽通支。云，徹古作徹咸按：徹在薛，冏在陌，亦支、脂相通之例。 通真。云，雖或作隼咸按：《釋文·詩》雖音佳，《易·解卦》荀尹反，《繫辭》恤允反，《周禮·遷氏》息允反，《鄉師》雖允反，《爾雅·釋鳥》西允反。《廣韵》準韵：雖，《説文》曰：祝鳩也。隼，鷙鳥也。《説文》同上。是《説文》以雖、隼爲一鳥，他書則否，故音亦不同。 歌通脂。云，桵、綏從妥聲咸按：妥本土果切，音變爲綏，息遺切。以綏與綾、夊通用。段《注》夊下云：古音在十六部，則當在支。今音息遺切、儒佳切者，此切語用字之异，因在脂也。《文始》一曰：禾從木從丞省，丞象其穗。按：此合體象形，以丨象丞穗，非必從丞省也。孳乳爲委。委，隨也。委復變易爲妥，《説文》不錄。爪即象禾穗，以爲禾字。又按：《詩·樛木》纍、綏（《南有嘉魚》同），《南山》崔、綏、歸、懷，《有客》追、綏、威、夷，《釋文》俱無音，惟《鴛鴦》摧音采臥反，綏音土果反。此蓋讀摧爲莝，因讀綏爲妥也。用知綏訓安、訓坐，皆妥之借，《詩》與脂韵諸字相叶者，正同今讀也。 幽通侯。云，賣、犢、讀、竇、續從六聲咸按：沃韵無六聲，《詩·干旄》之祝、六、告，《考槃》之陸、軸、宿、告，《無衣》之六、燠，賣聲諸字殊途，斯蓋《詩》之讀已同今矣。 魚通幽。云，籈

或作簜段《注》云：《爾雅》作簜，故郭音七（周春校士）角反。《唐韵》竹角反。《說文》作籊，故《廣韵》苦郭反。 咸按：沃、鐸二韵，漢讀已殽。 如鑿《揚之水》子洛反，《輪人》在洛反。襮音博，《字林》方沃反。暴，步莫反。 此皆《詩》讀、漢讀皆同于今者也。

再以《周禮漢讀考》證之，《臘人》注：豆當爲羞聲之誤也咸按：段注《說文》，羞在尤、幽，即蕭，豆在侯。 《瘍勿醫》注：祝讀如注病之注咸按：段注《說文》，祝在尤、幽，注在侯。 《内司服》注：狄當爲翟揄狄畫揺者，揄、狄聲相近段氏云：揄與揺聲近，揄本音在侯，侯、蕭轉移最近，入蕭韵，與揺聲同。 狄本音在錫，翟本音在侯，二部平聲而轉入聲，則音同狄。 是以《簡兮》翟與籥、爵韵二部也，《君子偕老》翟與鬒、揥、皙、帝韵，錫部。 竊謂此語有誤。以《詩·羔裘》曜韵膏、悼，《靈臺》濯、躍韵翯，《桑柔》濯韵削、爵、溺，《崧高》濯韵藐、蹻，此皆入聲也，翟之本音也。《釋文·君子偕老》狄本亦作翟，則《詩》之翟固作狄，猶《周禮》之闕狄、屈狄。 惟其作狄，故與鬒、揥、皙、帝韵。 又按：《尚書撰异》羽畎夏翟下云：《周禮·染人注》：其色以夏狄爲飾。《禹貢》曰：羽畎夏狄。《夏本紀》作翟，《地理志》作狄。《毛詩》右手秉翟，《韓詩》作秉狄。以《五經异義》知之，經文本多假借，故《簡兮》與《君子偕老》所韵殊。 猶《考工記》注引其鎛斯挏，《說文》作或舀，皆傳本之殊也。 《大司徒》注膏當爲槀，字之誤也段氏云：此鄭君謂爲聲之誤也。膏，高聲，在豪部。槀，咎聲，在尤、幽部。咸謂《古韵標準》所以分膏、槀爲二部非無據。 《封人》注：緌，今時謂之雉，與古者同名。 玄謂緌字當以豸爲聲段氏云：緌，豸聲，直氏反。漢時謂之雉，古音豸在支、佳。 雉在脂、微。 《均人》注：旬，均也，讀如營營原隰之營段氏云：營營今《詩》作匀匀。營在庚、耕、清、青部，匀在真、臻部，古時合用也。 《遂師》注：屢車。《禮記》或作槫，或作輇段氏云：辰聲，在古音痕、魂部，專聲、全聲在寒、桓部，合韵最近。咸按：孫氏《正義》引曾釗云：《說文》輇字《注》云：蕃車下庳輪也。《既夕》注、《雜記》注說正與《說文》庳車之說合，則字實以輇爲正。屢、團、槫、輇皆聲近通用之字耳。 《司尊彝》注：故書縮爲數。杜子春云：數當爲縮段氏云：數古音在侯，縮在尤、幽之入聲。 《典同》注：鄭大夫陂讀人短罷之罷段氏云：皮聲、罷聲同在歌、戈部，轉入支、佳部。《説文注》云：䯐短人立䯐䯐貌。䯐即罷字，卑在支部。　　《甸祝》注：玄謂禂讀如伏誅之誅段氏云：周聲、朱聲古音在尤、侯類。　　《掌固》注：杜子春云：讀蟊爲造次之造。《春秋傳》所謂實將趣者，與造音相近段氏云：蚤聲、取聲、告聲古音同在尤、侯類也。　　《雉氏》注：故書萌作甍。杜子春云：甍當爲萌段氏云：甍古音在蒸部，萌古音在陽部，雙聲合用。

　　準上群説，知漢時豆、羞、造、趣讀近，則尤、幽之所以類于侯也。翟、狄讀同，則錫部之半爲沃部，偏旁也。膏、纛讀同，此正合豪、蕭爲一部也。緌、雉名同，此齊韵之應分爲二，段氏合其一于支，一于灰也。句讀同笱，此先、青二韵偏旁之相雜也。揄、摇讀同，此尤韵之有侯韵偏旁也。祝、注讀同，數、縮讀同，此遇、燭去、入之相承，而以別于候、屋也。禂讀如誅，此虞韵所以有蕭、侯偏旁也。宎、封、埲相似，此東韵之三等所以有風、夢、芃、雄諸類也。蜃或作團、作樽、作輇，此元、山、仙之所以兼有魂、痕、寒、桓諸韵字也。䯐即罷字，此歌、戈所以變成支也。甍、萌音同，此唐、登所以變成庚也。豈非漢音所以遠于古而近于今也哉！嚴氏謂句古有兩讀，章句之句讀若瞿，入魚類；句曲之句讀若鉤，入侯類咸按：《關雎》正義云：自古而有篇章之名，秦漢以來，衆儒各爲訓詁，乃有句稱。《論語》注：此我行其野之句是也。《六藝論》云：未有若今傳訓章句明爲傳訓以來，始辨章句，或毛氏即題，若在其後，人未能審也。據此，則章句之讀是秦、漢而非往古也。　嚴氏蓋有蔽而未討治之耳。

　　段注《説文》，數言雙聲，《釋例》亦舉讀若、形聲之有雙聲。而嚴氏不言雙聲，但言疊韵，以成其十六部相通之證。《東塾讀書記·小學目》論《爾雅》云："凡同在一條内而雙聲者，本同一意。意之所發而聲隨之，故其出音同，惟音之末不同耳。音末不同者，蓋以時有不同、地有不同故也。其音之出則仍不改，故成雙聲也。"此語至精。惟音末不同，則其音端必同。音端既同，故轉迻之途多，于是假借、讀若、形聲之條皆取于是矣。雙聲者，非獨同紐而已。戴氏同位、位同之説，實有至理。同位者，其發音之點同，其發出之狀不同也。位同者，其發出之狀同，其發音之點不同也。發音之點者，喉、腭、舌、齒、脣也。發出之狀者，戛、透、轢、捺也。同者有其一則相轉矣。請以《釋文》證之：

如《易·繫辭》剗，以冉反；《字林》囚冉反。《舜典》巡，似遵反；徐養純反，此邪、喻之通。如《鄉飲酒禮》殺，所八反；《左·昭二十七年》始察反，此疏、審之通。如《詩·信南山》騂，息營反；《字林》許營反；《旱麓》許作火，此心、曉之通。如《內則》漱，所救反；徐素遘反，此心、疏之通。如《儒行》楯，時準反；徐辭尹反，此邪、禪之通。如《燕禮》媵，以證反；又繩證反，此喻、禪之通。如《易·訟》掇鄭本作惙，陟劣反；《莊子·秋水》掇，專劣反；《書·泰誓》障，之亮反；《爾雅·釋言》知亮反，此知、照之通。如《左·文十三年》撾，張瓜反；王鄒華反，此莊、知之通。如《周禮·鐘氏》緅，側留反，劉祖侯反；《鄉黨》莊由反，《字林》子勾反，此莊、精之通。如《曲禮》馴，似遵反；徐食倫反，此神、邪之通。如《釋丘》乘，又市陵反；《釋獸》事陵反，此床、禪之通。如《內司服》毳，昌銳反；劉清歲反，此清、穿之通。如《典同》鎗，初衡反；《樂記》叱衡反，此清、初之通；《樂記》又徐敕庚反，此初、徹之通。如《易》出，徐尺遂反；王嗣宗勑類反，此穿、徹之通。凡此皆位同之倫也。

若言同位，則《詩·北門》讁，直革反；《玉篇》知革反；《殷武》徐張革反，此知、澄之通。如《啎蔟氏》啎，徐丈列反；沈勅徹反，此澈、澄之通。如《士虞禮》脡，徒頂反；又他頂反，此透、定之通。如《繫辭》斷，丁緩反；又徒緩反，此端、定之通。如《盧人》鐏，存悶反；劉子悶反，此精、從之通。如《釋草》蘆，施、謝才古反；郭采古反；《字林》千古反，此清、從之通。如《釋樂》棧，郭側簡反；或助板反，此莊、床之通。《聘禮》繒，似陵反；又才陵反，此從、邪之讀同。《釋木》散，謝音舄（心紐）；郭音夕，此心、邪之讀同。《喪服四制》擔，是豔反；又食豔反，此神、禪之讀同。《漸漸之石》漸，士銜反；沈時銜反，此床、禪之讀同。《檀弓》侈，昌氏反；又申氏反，此穿、審之讀同。《司市》貰，劉傷夜反；一音時夜反，此審、禪之讀同。《瓶人》暴音剝，幫紐；又音雹，並紐，此幫、並之讀同。《易略例》沛，步貝反；又普貝反，此滂、並之讀同。《大司寇》憋，劉芳滅反；又卑設反，此幫、滂之讀同。《鄉射禮》弣，芳甫反；劉方輔反，此非、敷之讀同。《頤》拂，符弗反；一音敷弗反，此奉、敷之讀同。《釋草》薊，居例反；郭巨例反，此見、群之讀同。《內則》唯，于癸反；徐以水反，此于、喻之讀同。《斯干》熊，于弓反；《月令》乎弓反，此于、匣之讀同。《鬱人》酚，侯吝反；又音胤，此匣、喻之讀同。《曲禮》閾，于逼反；一音況域反，此于、曉之讀同。《生民》芑音起；徐又巨己反，此溪、群之讀同。凡此皆同位之倫也。

　　反語者，所以刻畫音讀，使無浮游之狀。今語于諸紐不分明者，證以古讀，亦復相應，斯自六代已然。且繁稠如是，則訓詁、諧聲、假借、讀如之儔，烏可不論雙聲耶？而嚴氏于甕從爾聲，雙聲也，而名曰之通元。琥、狚、怯從去聲，雙聲也，而名曰魚通談。毀從呈聲，截從呈聲，雙聲也，而名曰耕通脂。郇讀若泓，雙聲也，而名曰真通蒸。趨讀若塋，蹁讀若莘，皆雙聲也，而名曰真通耕。鞻讀若鷹，雙聲也，而名曰東通侵。病籋作痕咸按：冉，而琰切；艮，人善切，正雙聲也，而名曰談通元。疌從中聲咸按：疌，疾葉切；中，丑列切，正雙聲也，而名曰脂通談。沙從少聲，雙聲也，而名曰脂通歌。是皆用同紐、同位、位同之律可以定之。

　　夫雙聲有律，則疊韻亦當有律。戴《覆段書》云：正轉之法有三：一為轉而不出其類，如脂轉皆、之轉咍、支轉佳是也咸按：此但等呼之差；一為相配互轉，如真、文、魂、先轉脂、微、灰、齊，換轉泰，咍、海轉登等，侯轉東，厚轉講，模轉歌是也咸按：此即孔氏之對轉；一為聯貫遞轉，蒸、登轉東，之、咍轉尤，職、德轉屋，東、冬轉江，尤、幽轉蕭，陽、唐轉庚，藥轉錫，真轉先是也咸按：此但侈弇有別者。嚴氏不師此律，但名云通，如之通蒸云，仍從乃聲。脂通真云，趨從叡聲，讀若紃，璿從睿聲咸按：叡、睿，以芮切。趨，詳遵切。璿，似沿切。皆為對轉之律，與菔或作萉，蚳古作𧑓，吻或作脗，鼓讀若眼，狋讀又若銀，𩎟讀若頒，員從口聲，蜀從罔聲，殷從𦥑聲，砒從比聲，賁、弄從𡴄聲，鰥、㒩從眔聲，虦從七聲，氾從乜聲，延從厂聲，皆是也。又按：罙從罙聲。《詩經韵譜》以逮聲列十五部。《六書音均表》以隶、罙列十五部。脂通元云，莧從首聲，讀若丸，元、髡從兀聲，奴、奻從卢聲，叀從中聲。侯通東云，喁、顒、鰅從禺聲。 真通脂云，臨讀若指，箸讀若威，霣讀若資，芛從尹聲，翬、暉從軍聲，兌從仌聲，祈、頎、蚚從斤聲，釁、櫬、灡從獻聲，蝕從卂聲，質從所聲咸按：所，語斤切，此《唐韵》之讀若以斤聲，則于質正位同也，㓝從厂聲咸按：銳本末韵，厂本寒韵。 元通支云，瓊或作瓗。通脂云，或作璚璇，或作鐍趨，讀若繘咸按：内本屬没，巂從内聲，本當在灰。然《詩》讀入支、齊，或已變易，以其與夐相轉。夐固在寒，以其與矞相轉，矞仍屬没也，罐、蠸、嬛讀若繯，頞從安聲，擐從匽聲，舌、訐從干聲，揾從官，講、糒、螨、厲從萬聲，笪、炟、黜、怛、悬從旦聲，橋從雋聲。 通歌云，瑞、惴、稇、喘、惴從耑聲。 陽通魚云，歧讀與撫同，普從竝聲，莫從艸聲，黌讀若郭。 東通侯云，襱或作襩，訟古作誻。 皆戴氏所謂相配互轉也。嚴氏又謂真通元。 云，珣讀若宣，㒼讀若蠻，髳讀若蔓，鸂、難、漢、歎從菓聲，騂、罃從囟聲。 元通真云，觲或從辰，巽從顨聲原注：今《易》借巽為之。《蒙》傳順、實、巽、順協音。《家人》傳變、巽協音。《萃》傳亂、變、巽協音。《漸》傳巽、順、亂協音。仍在本類，是顨字古有兩讀也。咸按：此亦旁轉，猶珣、宣、騂、囟之流，非有兩讀也。 侵通談云，醓讀若鹽咸按：竷已讀坎，鹽從盍聲，坎、盍正旁轉也。 談通侵云，讖從韱聲咸按：讖，楚蔭切；韱，息廉切，正旁轉也。 皆戴氏所謂聯貫遞轉也。

按：對轉者，韵首、韵腹同，惟韵尾有差異。聯貫遞轉者，韵首、韵尾同，韵腹惟有侈弇之异。 失此則不能以轉，故之真、之元、之談不得以相轉，支元、支談不得以相轉，脂蒸、脂耕、脂侵、脂談不得以相轉，歌耕、歌陽不得以相轉，魚元、魚侵、魚談不得以相轉，侯侵不得以相轉，幽真、幽元、幽陽、幽侵不得以相轉，蒸脂不得以相轉，耕之、耕脂、耕侯不得以相轉，真之、真支、真歌、真幽、真宵不得以相轉，元支、元魚、元幽不得以相轉，侵之、侵脂、侵幽不得以相轉，談之、談支、談脂、談魚、談宵不得以相轉。 蓋之、支、魚、侯、幽、宵皆翹舌之陰，脂、歌皆舒舌之陰，蒸、耕、陽、東皆翹舌之陽，真、元皆舒舌之陽，侵、談皆閉脣之陽。　嚴氏不從孔氏以合配談，乃以幽、宵配侵、談，殽亂翹舌、閉脣之界，一也；幽本爲蕭，侵本爲覃，等有洪細之差，二也；宵本爲豪，與談有侈弇之异，三也。　觀嚴氏談通宵者，祇匹標切之蠱、蟲。　侵通幽者，祇因讀若導，茵讀若陸，牢從冬省。　幽通侵者，祇求聲之突，曹聲之憯，彡聲之髟、彪而已。　然卑非甲聲，牢非冬省聲，突非求聲，彪、髟非彡聲。　憯，藏宗切，蓋借作悰[①]。　導則雙聲，陸乃誤字。　是舉諸證，無一可者。　況宵通談之證，嚴氏竟無一焉。　返觀脂真、脂元、歌元、魚陽、侯東之證，何其繁歟？聯類遞轉，其理實同，故支脂、脂歌、幽宵、真元、東蒸、侵談之轉亦衆，他類則俱雙聲耳，而可以韵通論者極爲鮮寡也。　是故言疊韵者，必取途于同部、同類、對轉、旁轉之律，捨此則不可名以疊韵。　言雙聲者，必取途于同紐、位同、同位之律，捨此不可名以雙聲。段、孔、嚴、章合韵、通韵之説多難信者，俱此失也。

---

① 憯，《爾雅音義》云：字書作悰，藏宗切。咸按：《説文》：悰，樂也；憯，慮也。義既相乖，雙聲相假耳。

跋孔廣森《詩分韵例》

頁二"凡《詩》一章四句八句居多"條

咸按:"就其深矣"章五句亡,七句喪,有韵,非疊用二例。《崧高》之及申、維申相叶,故下換韵。如"不我能慉"章,慉無韵,意未足。此誤讀爲獸,遂爲韵。"喓喓草蟲"章,《詩本音》于"子弟"三句"子"下注云"與下止叶";七句"仲"注"一送則句句韵"。《桑柔》"菀彼"章,《詩本音》于"柔"下注:"與劉、憂叶句,諄、民(真)、填(先)、天(先)、矜(居銀反),則句句韵。"《鹿鳴》後兩章之首句、三句、七句,皆聯音相叶。

頁四"凡《詩》奇句者"條

咸按:《君子偕老》玼非韵,云非韵。又"右九句三例……"此重在論句,故廢顧炎武、江永之語。江慎修有"隔章尾句遥韵"例,如《文王有聲》之"文王烝哉"是,非無韵也。顧氏亦先言之。又江氏以《君子偕老》二章之翟、髢、揥、晳、帝去入爲韵,不謂入讀爲去也。又《褰裳》之"豈無他人、豈無他士",語意未足,"狂童之狂也且"始説明。四句實不成章,《詩本音》末句無韵,蓋以二章合而爲韵。又《召旻》首章威、飢相叶,喪、亡、荒相叶。

頁五"凡六句一章,平分之"條

咸按:《楚茨》首章二句棘、四句稷、六句翼、八句億、九句食、十二句福;次章蹌、羊、嘗、亨、將、祊、明、皇、饗、慶,此十句之韵,十二句疆有韵。三章踖、碩、炙、莫、庶、客、錯、度、獲、格、酢,顧、江二君所訂如此,與首韵别例。四章我孔熯矣,或禮莫愆,顧、江二君以爲韵。江云"平、上爲韵"。《釋文》熯音漢,平、去爲韵,舊誤以爲問句,而以愆與下文孫字爲韵,非是。 五章段氏以備、戒、告列入聲。 顧云"告不入韵"。 六章顧氏以奏、祿叶,將、慶叶,飽、首、考叶,皆非三句分解。

《假樂》首章子、德。江氏曰"舊叶子,音則誤"。 此云:"上二句一韵,正從舊叶,讀如去聲。"又云:"後兩章皆上,四句一韵。"按:三章抑(顧音於逸反)、秩、匹韵(但三句惡非韵)。《緜》五章第五句,顧、江二君俱以載韵直、翼,惟首句不韵。

頁六"《無羊》之後三章"條

咸按:《無羊》首章第五句"思"下,顧云"與下思叶"。 三章首句、四句,其例同,自有韵。

頁七"《韓奕》韓侯出祖"條

咸按:《韓奕》詩,自屠字以下之壺、魚、蒲、車、且、胥皆平聲。江氏《四聲通韵》不舉此章,則祖非韵。 此從顧氏處置,誤。《詩》屬疊韵例,同空韵例。

跋孔廣森《詩聲類》

卷二頁一"蓋清之與仙"條

咸按：營、還實雙聲，《釋文》還音旋。至于睘，《釋文》本亦作熒，求營反，則當在清韵，而不在寒韵矣。

頁三"大抵真、清音本相近"條

咸按：清、真本別而令流動于其閒，猶敖之流動于蕭。昏于《詩》在魂，民聲在先韵。又猶裘、求一字，《詩》之裘在咍韵，求在蕭韵，皆謂其字如是，未可牽引他字也。論《詩》韵當以《詩》爲主，不可牽引其他韵文，以其時異地異也。

虆鼓淵淵，顧寧人《詩本音》不以爲韵。

卷三頁四"至于陰聲諸部亦頗有界限"條

咸按：四聲之名定于周顒、沈約，四聲之實，《詩經》備矣。且周、沈之意確指造句之調叶，非斥行韵也。又《詩·日月》顧字，《釋文》徐仙民音古，此亦協音也。

若《微子》之音，雖爲徐氏所作，又不可與此比。

頁五"陽韵爲魚韵之陽聲"條

咸按：對轉衹可以論隻字之音義，而不可以論行文之用韵。

卷四頁二"《詩·九罭》"條

咸按：《詩·九罭》鴻飛、公歸，句中雙聲韵。"句中雙聲韵"者，謂鴻、公東韵，飛、歸灰韵。

卷五頁二“彤本丑林反”條

咸按：《尚書撰异·高宗肜日》謂肜即融，借丹部之彤爲之。《説文解字注》則謂爲丑林切之肜，實誤，孔殆從之。

“狐裘蒙戎”條

咸按：《釋文·詩》蒙，如字，徐武邦反；戎，如字，徐而容反。 按：徐此音是依《左傳》讀作尨茸。 愚謂蒙、茸本疊韵聯語，戎、茸六朝時已同音。

卷七頁二“《皇矣》無矢我陵”條

咸按：《詩·皇矣》陵、陵韵，阿、池韵，泉、泉、原韵，非對轉相叶。

“嫄，《生民》厥初生民”條

咸按：《詩·生民》“厥初生民，時維姜嫄”八字一句，嫄非韵字。

頁三“儺、㜤二字”條

咸按：《詩·桑扈、隰桑》諸難字并讀如儺，此實雙聲相轉，猶儺之從難聲，㜤、𦚏、驒、𪅏、𤲮、嶩皆同。 難本但讀如泥（《玉篇》奴雞切，《廣韵》奴低切，即本《經典釋文》）。 今孔氏謂重見齊韵，何也？

“此章蒐字連上章穨、懷、遺爲韵”條

咸按：《詩·正月》十一章，依《釋文》樂音洛；炤，之若反，與虐爲韵，俱入十二章肴，平聲，似不宜合。《召旻》五章職兄斯引，顧氏《詩本音》謂無韵。 六章頻則平聲，亦不宜合。 支、歌之混，顧謂《三略》殆以施、加、宜、移、隨入支。 江謂委、蛇二字，《離騷》與《遠游》韵馳，《東君》篇韵雷，《懷歸》《遠游》篇末與妃、歌、夷、飛、徊爲韵。

卷八頁二"《蕩》辟與帝協"條

咸按:《詩·蕩》首句、三句帝叶,二句、四句辟叶。《釋文》上辟,必亦反;下句,匹亦反。孔説實本于顧。又《瞻卬》狄叶剌本于段説。《殷武》辟叶解本于顧説。辟,《釋文》音壁,王音僻。

卷十一頁十八"《鄘·柏舟》之舟,《正月》之高、局也"二條

咸按:《詩·鄘風·柏舟》髦當作鬆,與舟韵。《正月》高、局俱非韵,此四句起韵。

讀俞正燮《反切證義》

　　《癸巳類稿》七《反切證義》謂反切非自西域入中國，是也。又謂反切蓋兩合讀法，緩讀則二字，急呼則一字也。此仍沈、鄭諸家之例。不知經典緩讀、急讀之成一字，其合反語之律者，猶《切韵考》謂徒紅切同、陟弓切中之爲偶然耳。若不區別而一切括取，實增反語之疵病。必以合音始可爲反語，或异紐异韵俱可爲反語，是使人愈不明反語之所以然。今綜其所言，則有五失：

　　一、聲韵俱异。如謂犬，邱垂也按：垂，是爲切。犬，苦泫切。邱，去鳩切。凡言切者依《廣韵》。垂，葭郚也原注：葭音如姑。按：郚，古圂切。姑，古胡切。壽夢原注：音疇萌，乘也按：乘，食陵切。壽，殖酉切。疇，直由切。萌，莫耕切。依神、禪相近之律，則壽是疇非。且，于鉏也按：鉏，仕居切。且，子餘切。于，羽俱切。勃，提披也按：披，普皮切。勃，步忽反。提，丁兮反。凡言反者依《釋文》。女信爲佞按：佞，乃定反。女，尼吕切。信，息進切。兹其爲鉏按：兹，子之切。其，居之切。鉏見上。丁寧爲鉦丁，原注音爭。按：鉦，諸盈切。爭，側莖切。寧，奴丁切。邞妻爲鄒按：鄒，側鳩切。邞，陟輸切。妻，落侯切。不來爲貍按：貍，力之反。不，甫鳩切。來，洛哀切。顓孫爲申按：申，失人切。顓，職緣切。孫，思渾切。衷爲征鐘按：衷，陟弓切。征，諸盈切。鐘，職容切。般若反不染按：般，北潘切。若，人者切。染，而琰切。蕨攗爲芰按：芰，巨義反。蕨，居月反。攗，亡悲反。口齒爲齧按：齧，五結切。口，苦后切。齒，昌里反。是麼爲傻原注：傻，山瓦切。按：是，承紙切。麼，亡果切。潘爲蒲坂按：潘，普官切。蒲，薄胡切。坂，府遠切。餑爲饆饠按：餑，蒲没切。饆，卑吉切。饠，魯何切。朱口爲味按：味，陟救、都豆二切。口，苦厚切。朱，章俱切。至秦爲臻按：臻，側詵切。至，脂利切。秦，匠鄰切。日安爲晏按：晏，烏澗切。日，人質切。安，烏寒切。邑牙爲邪按：邪，以遮切。邑，於汲切。牙，五加切。牙、邪雖同在麻韵，而有二、三等之別，其下字不通用也。 禿貴爲穦按：穦，杜回切。禿，他谷切。貴，居胃切。 羽異爲翼，羽立爲翊按：翼，與職切。羽，王矩切。異，羊吏切。立，力入切。 皀人爲食按：皀，彼側切。人，秦入切。食，乘力切。 衣谷爲裕按：衣，於希切。谷，古禄切。裕，羊戍切。 月又爲有按：有，云久切。月，魚厥切。又，云久切。 肉厺爲育按：育，余六切。肉，如六切。厺，他谷切。 委嵬爲魏按：魏，魚貴切。委，於詭切。嵬，五回切。 者竹爲箸按：箸，遲倨切。者，章也切。竹，張六切。 山幷爲神按：神，食鄰切。山，所閒切。幷，府盈切。

二、韵是而聲非。 如謂行人爲信按：行，戸庚切。人，如鄰切。信，失人切。 圈爲屈攣按：圈，渠篆切。屈，區勿切。 巾氏爲昏按：昏，諸氏切。巾，居銀切。 赤貞爲赬按：赤，昌石切。赬，丑貞切。 凡虫爲風按：凡，符芝切。風，方戎切。 十乚爲肔按：肔，義乙切。十，是執切。 虫之爲蚩按：蚩，赤之切。虫，本許偉切，今依俗讀直中切。 團爲突欒按：團，度官切。突，他忽切。 蠣蝓反鼅鼄按：蝓，羊朱切。鼄，陟離切。

三、聲是而韵非。 如謂朱，鉏州也按：州，職流切。鉏，仕魚切。 句，瀆穀也按：穀，古禄切。《釋文》瀆音豆，與穀有去、入之別。 負鼄爲蜰按：蜰，府尾、扶沸二切。鼄，附袁切。蜰，府尾切。則三字俱同紐，失反切之律。 大祭爲禘按：禘，特計切。祭，子例切。 茅蒐爲韎按：韎音妹，又亡界反。 温休是幽婚按：休，許尤切。幽，於糾切。 早晚爲寁按：寁，子感切。晚，無遠切。 居閒爲介按：介，古拜切。閒，古閑切，與居同紐。 衕爲衖衕按：衕，胡絳切。衖，徒弄切。 還來爲回按：回，戸恢切。來，落哀切。 何不爲盍按：盍，胡臘切。不，《指掌圖》云：逋骨切。 之矣爲只按：矣，于紀切。只，諸氏切。 之乎爲諸按：諸，章魚切。乎，戸吳切。 曲爲屈律按：律，呂卹切。曲，丘玉切。 赤至爲桱按：桱，丑貞切。至，古靈切。 目民爲眠按：眠，莫賢切。民，彌鄰切。 麥丏爲麪按：丏音緬，彌兖切。麪，莫甸切。 八弋爲必按：必，卑吉切。弋，與職切。 鬼臾爲車按：車，九魚切。臾，羊朱切。 不聿爲筆按：筆，鄙密切。聿，余律切。 癃爲龍鍾按：癃，力中切。鍾，職容切。龍、鍾同韵，失反切之律。 恰爲邱八按：恰，苦洽切。八，博拔切。 太爲特殺按：太，徒蓋切。殺，所拜、所八二切。 常閣反石岡按：常，市羊切。閣，古落切。石，常隻切。岡，古郎切。此謂閣常反岡，常閣反石，石岡反常，岡石反閣。　任調反饒甜按：任，如林切。調，徒遼切。饒，如招切。甜，徒兼切。此謂任調反饒，饒甜反任，調任反甜，甜饒反調。　清暑反楚聲按：清，七情切。暑，舒吕切。楚，創舉切。聲，書盈切。此謂清暑反楚，楚聲反清，聲楚反暑，暑清反聲。　天州反偷甎按：天，他前切。州，職流切。偷，託侯切。甎，職緣切。此謂天州切偷，偷甎切天，甎偷切州，州天切甎。　曲録鐵反契練禿按：曲，丘玉切。録，力玉切。鐵，他結切。契，去訖切。練，練結切。禿，他谷切。此謂鐵録反禿，禿練反鐵，曲録反契，契練反曲，練禿反録，録鐵反練。　窟後反口缺按：缺，胡穴切。窟，苦骨反。　叔寶反少福按：寶，博抱切。少，書沼切。　侵詰反金截按：金，居林切。截，昨結切。侵，七林切。詰，去吉切。此謂侵詰反截，截金反侵，金截反詰，詰侵反金。　火共反烘按：共，九容切。烘，呼紅切。　袁愍反殞門按：袁，雨元切。愍，眉殞切。殞，于敏切。門，莫奔切。　舊宮反窮厩按：舊，其九切。厩，居祐切。

四、上下字與所指之字同音。　如謂老爲澇倒按：老、澇俱盧晧切。束疋爲疏按：疋、疏俱所菹切。而束，書玉切。　人夰爲伣按：夰、伣俱夷質切。而人，如鄰切。　言台爲詒按：台、詒俱與之切。而言，語軒切。　肉臾爲腴按：臾、腴俱羊朱切。而肉，如六切。

五、本字上字雙聲相轉，下字勿用。　如謂叔母爲孀按：孀，式荏切。叔，式竹切。母，莫厚切。勿用。　舅母爲妗按：舅，其九切。妗，巨禁切。末有爲靡按：靡，文彼切。末，莫撥切。有，云久切。勿用。　弗曾爲分按：分，府文切。弗，分勿切。曾，作滕切。勿用。　不要爲別按：別，彼列切。不，逋没切。要，於笑切。勿用。　等物爲底按：底，都禮切。等，多肯切。物，文弗切。勿用。

此外尚有疑不能明者，如謂覛爲麻披按：覛，胡狄切。麻，莫霞切。披，敷羈切。　珍藥反張鑑按：珍，陟鄰切。藥，以灼切。張，陟良切。鑑，夷質切。佳奚爲雞按：雞從佳，此云從佳，始成雙聲。

是篇所論計百四十五條，其可議者得八十九條。夫反切上字但取雙聲，下字但取疊韻。雙聲必别爲四十一類，照、喻等五紐必析之爲二，雖從、邪、神、禪、娘、日俗讀無别，然必當分也。　疊韵必依二百六部，即其開合四等如東、戈之一、三等，麻之二、三等，亦不混用。 取雙聲者，必須异韵。 取疊韵者，必須异紐。 不异則同音，音同則失反切之規矣《玉鑰匙·捷徑門法歌决》中之切語异字者，皆病此矣。 吴檢齋《經籍舊音》云：沿及六朝反語益衆，清暑楚聲，大通同泰之等，顧炎武《音論》所録不下數十事，俞正燮《反語證義》所舉尤多。 或由聲音節族，眇合自然，或由顛倒音辭，用資談謔。 雖與反語相應，究非比況作音。 斯言甚正。 蓋俞氏亟欲證明反語不本西域，遂恢擴沈、顧之例，不知沈、顧已失，今復由之，益多失矣。

跋徐承慶《說文解字注匡謬》

卷　一

頁一上行八"皇改作皇"條

咸按:《經解》本作皇,説解俱云從自,則經韵樓本作皇是誤,非改也。

同頁下行七"毃改作鎣"條

咸按:此段過信他書之失,但無增減而變易形體,未可云不成字。

頁十三上行七"导改作导"條

咸按:從𦥑ヨ之臼與巢之以臼象形者迥別。從𦥑ヨ者,居玉切,叉手也,何能認爲一字?丨乃木之頭,寫巢則可,寫导則不可。

頁十四上行七"埶改作埶"條

咸按:桂馥曰:"執聲當爲執。"《五經文字》《廣韵》《集韵》《增韵》《字鑒》并從執,本書爇亦從執,則段君改是。

頁十五上行十三"窔改作窜,從穴,丣聲"條

咸按:《廣韵》從丣聲者,其切語用力、魯、落三字,與一字丑、一字直、一字無用脣音;從卯聲者,用莫、用博、用匹,惟脣音矣。今《釋文·左傳》音窔爲力救、力到,其當從丣不從卯明矣。《考工記》劉音古孝,蓋謂窔爲窖也。《釋文》既無脣音之讀,則脣音自誤丣爲卯而然。

頁十六下行三"改痹籀文作疲"條

咸按：大、小徐本及《韵譜》俱從反，即反之或文。嚴可均云"宋本作從反，此作從皮誤。反者反之或體。反、袒聲近，故上文云：又讀若袒。"據此，則段改固非。若從夋或反，又何以殊于疲乎?

頁十七下行七"覴改作規"條

咸按：段以干在寒韵，芙在覃韵，二部不通，覴讀若鐮，自當作羊也。

頁十九下行三"頼改作頼"條

咸按：豕部豭字注云：篆體從辛豕。今按《五經文字》毅下云，從辛省，正從辛省之訛，以毛豎如食辛辣也。

頁三十一下行一"愻改作愻，從心彖聲"條

咸按：彖（通貫切）聲在唤，彖（式視切）聲在旨。愻（户佳切）、蠡（盧啟切），旨、薺、佳同類，故皆當從彖。若喙（許穢切）在祭，祭與唤通，則當從彖也。

頁三十三下行六"聊改作聊，從耳，丣聲"條

咸按：凡從丣聲，俱當以落蕭切爲古音。劉則變音也，徐云從卯，非。

頁三十八上行五"□改作墬，從自土，彖聲"條

咸按：地古音在歌，戈變而入支，轉而在脂，故云彖聲。若錄則故云未詳，且引《玄應音義》以證，其各字烏得而改之?

頁四十上行七"𢍌，古文申，改作𢍌"條

咸按：段未嘗有元字重文作𢍌，此誤，遂依虹陳字偏旁改篆之語。段以虹下云：籀文，故改作𢍌。今申下云：古文，故改作𢍌也。段依古、

籀之殊耳，不得云不符。

卷　　二

頁二下行二"帝，辛下删言字"條

咸按：桂氏（馥）謂古文以下皆後人加之，極是，段但删言字，誤。

頁四下行二"瓊改石爲玉"條

咸按：王筠曰：蓋本作"石之似玉者"，故《玉篇》《廣韵》皆承之，則作"石之玉"實誤。又按：《韵會》悉協切，無瓊字，此語失據。

頁五上行八"葬改古者葬"條

咸按：段謂"改古者葬"，然無解説，必謄寫誤。

同頁行十二"必改從八弋，八亦聲"條

咸按：弋在職韵，與"必"遠，故徐灝從之。承慶以弋爲誤字，失之。

頁六上行七"牼删日字"條

咸按：以"宋有司馬牼"五字，傳無此語，故云："鄭有子蟜，同。"

同頁行九"噲，改一曰噲，噍也"條

咸按："一曰嚵噲也、一曰喙也"例异，蓋嚵噲則爲一名，詞書文無見，故改作噲嚵，與"一曰喙也"之不復舉者同矣。

頁七下行七"齠，歲下删齒臼二字"條

咸按：依《齊民要術》云，八歲，上下盡區如一，受麥，九歲，下中央兩齒臼，受米。則八歲不當云齒臼，段删是。

頁八上行二"半，删倒字"條

咸按：嚴氏曰：毛氏刊補"倒"字于"入一"之上，依小徐也。干下已云"反入"，此毋庸補。

頁九下行五"戒，改從廾戈，持戈，以戒不虞"條

咸按：會意字其體不連出者，段氏俱補出，如執下補丮字，畫下補從聿二字。

頁十下行二"鞭，改歐也"條

咸按：段于歐注云：驅訓馬馳，歐訓捶轂，試思爲淵歐魚，爲叢歐雀之類，可改爲驅魚、驅爵乎？分別歐、驅甚明，確可信徐氏未一檢視。

頁十二上行七"畫，改介也，從聿，象田四介，聿所以畫之"條

咸按：謂介、界一字，不必改界爲介是。謂篆增一畫亦失，則非。

頁十四上行六"羌改西戎羊種也"條

咸按：若此六族包舉僰、焦僥、夷，則當在"有以也"下，而東夷上之"唯"字亦如徐氏之移居"西南"上矣。

頁十七下行六"曰，改從口乚，象口氣出也"條

咸按：既云"乙聲"，何云"亦象口氣出"？段訂是。

頁十九下行二"榰，作柱氐也"條

咸按：砥者，厎之或體，柔石也。榰者，柱下之所支，與柔石全無關涉。若以今用石則當作砥，豈古以木即當作柢乎？段謂柱氐即柱下，極確。

同頁行五"枅，屋下增欂字"條

咸按：欂櫨聯語，不得但稱櫨。上文"㮰，欂櫨也"可證。

頁二十上行九"櫼，改㘡之食器"條

咸按：昔人謂"豕生子在《釋獸》爲錯簡"，此説實附會無稽。

頁二十五上行四"兩，改從门、從㐅、從丨"條

咸按：此鉉本從闕之説。《韵會》引鍇曰："㐅，二入也。"今本删此語。

咸按：《廣韵》罙，罙入也。《切韵》作深入。朱駿聲曰：毛傳訓深，則謂突字是。《廣韵》之罙，罙入也，即《詩》之"罙入其阻"。若冒與周行二義，自當繫乎"罙"下。《五經文字》云："罙、罙相承，隸省。"殆與《切韵》俱沿《釋文》之誤。徐氏謂罙與罙字小异，語殊附會。"

頁二十六下行七"企，改人止"條

咸按：從止猶從足也，不應有"聲"字。

頁二十七下行三"俄，作頃也"條

咸按：行頃何以與俄頃義同？謂其爲古言，何據？直不得其因由，而又强爲之辭也。

同頁行六"侮，改傷也"條

咸按：侵害與傷害義异。輕慢其力而加施侵害，侵害之終乃成傷害，不得因一害字而牽合其始終也。

頁二十八上行八"臥，改伏也"條

咸按：監、臨俱俯視，故從臥，以臥訓伏也。隱几而臥，即俯首于

几也，伏字是。

頁三十八下行六"騺，改縶爲墊"條

咸按：《詩·天保》傳："騺，虧也。"虧損、低陷，義同，自當作墊。徐氏謂縶爲腹病結聚不得舒，亦未知所本。

頁四十二上行六"息，删自亦聲"條

咸按：志、至不同用，自段氏創議，已成定律，不能輒加以逆知之譏。

同頁行十"意，改志也，從心音，察言而知意也"條

咸按：小徐"聲"字，以其通論觀之，則實爲衍文。大徐兩出"從心"，則下之"從心"二字亦衍。

頁四十五上行八"改首至手也"條

咸按：《左傳》正義曰：稽首，頭至地，頭下至手地也。《尚書》每言拜手、稽首者，初爲拜，頭至手，乃復伸頭以至地至手，是爲拜手；至地，乃爲稽首。然則凡爲稽首者，皆先爲拜手，乃成稽首，故《尚書》拜手、稽首連言之。傳雖不言拜手，當亦先爲拜手乃爲稽首，稽首、拜手共成一拜之禮。《周禮·大祝》三曰空首，注："空首，拜頭至手，所謂拜手也。"據此，則拜爲空首明矣。讀段之釋拜，亦知其所據之非虛。

頁四十九上行八"垛，作門堂孰也"條

咸按：門堂二字，段本《考工記》《爾雅》注。段云："删去門字，于制不可通。"其言明辨如此。今徐但謂古人文義不類後世，烏足以傳信耶？

同頁行十"疆，作或從土彊聲"條

咸按：大、小徐都誤弓畺聲，遠彊土何義？不辨其是非，徒斥段訂，類此者多矣。

卷　　三

頁一上行七"閏，再閏下刪也字"條

咸按：大、小徐俱無"也"字。

同頁行十"環，刪也字"條

咸按：環亦引《爾雅》，應無"也"字。

同頁行十一"瑧，飾下增也字"條

咸按：不應增"也"字。

同頁下行七"芸，作淮南王説"條

咸按：依畜下、㠠下及《廣韵》引此字，俱作淮南王。

同頁行十一"蔇，刪雖字"條

咸按：孫本無"雖"字。

頁二下行七"改逝篆從折"條

咸按：以折爲隸省，篆體不應從之。

同頁行十二"徭，作從彳，柔聲"條

咸按：以，讀房密切，非其聲也。

頁十一上行四"部，作否聲"條

咸按：否爲讆字，校者疏失，非段改。

頁十二上行六"秫，象形，上增"條

咸按：段改术爲之，非增。

同頁下行五"室，依鍇本而删上下屋"條

咸按：孫本亦無"屋"字。

同頁下行十"怨，改宛或從心"條

咸按：孫本正作怨。

頁十三下行二"窠，改在树上曰巢作上句，又删一曰二字"條

咸按：此依巢下解説改易。

同頁行十三"囚，作古文网"條

咸按：孫本"囚"作"网"。

同頁下行五"署，所下删也字"條

咸按：孫本無"也"字。

頁十五下行十"歜，歙下增歉"條

咸按：孫本作"欲歙歉"，則歉字非增。

頁二十五下行十一"絹，稍下增色字"條

咸按：殘本《玉篇》引有"也"字。

頁二十六下行五"紼，改亂枲也"條

咸按：殘本《玉篇》引作"亂麻也"。

頁二十八上行十一"坴，從土，下疊土字"條

咸按：孫本從土，畾省，土所止也，則非增。

頁三十二上行三"蔡，作艸丰聲"條

咸按：觀徐氏此説，亦昧于建類一首之旨。夫首非部首也，丰、蔡真可謂爲轉注。

頁三十八下行四"甓，作令適也"條

咸按：《爾雅·釋宮》郭注云："今江東呼爲令甓。"是瓴甋即令甓，鉉本不誤。

頁四十上行十"鞣，改車网也"條

咸按：依"繌"下改"蹴"作"戚"，則蹴、戚殊。此又云戚古音同，則"繌"下改者非。

卷　　四

頁一下行二"琁，移在璿下，云璿或從旋省"條

咸按：《篇》《韵》俱不以琁次于瓊後，《山海經·中山經》注：璇音旋。則琁不當爲瓊之或體明矣。

同頁行七"增瑋篆，云古文珌"條

咸按：王仁昫《刊謬補缺切韵》："韠，胡（當作朝）服蔽膝；珌，刀上飾，亦瑋。"又唐寫本《切韵》、《唐韵》韠、珌相比，則《廣韵》誤。

頁二上行一"璊，改虋爲稱"條

咸按：《集韵》有稱。段校《釋文》云"璊叶作稱"。宋《毛詩》稱，元《注疏》同。自以作稱爲是。

頁四上行九"蓲，改在草曰蓲"條

咸按："凡艸之屬皆從艸"者，謂凡艸部之所屬之字皆以艸爲偏旁，非云艸類之物皆當從艸也。

頁五上行六"莠，本爲秀誤"條

咸按：《釋文》莠，本爲秀誤。《説文》作采；禾部采，禾成秀，人所以收。《玉篇》亦作穗，則知非誤。

頁六上行五"芿，改曰作記"條

咸按：《説文》引書于其敘傳説解之文，俱不別出，故此不曰記。

頁七下行五"胖，删肉字"條

咸按：胖既爲夾脊肉之名，則不當删肉字。

（編者按：此處原文缺字）

咸按："口張齒見"者，言齒突露而脣不能閉。《玉篇》齨，露齒，即此意。齒齨者必疏，故下云"歷齒；歷，疏也"。若張口見齒，自尋常事，何足云醜？

頁十上行二"蹻，作舉足小高"條

咸按：《晉書音義》八十九：蹻，許慎云舉足小高也。《廣韵》《龍龕手鑒》俱作"舉足高"。小高與高相比，義近，故可省"小"字。若"行"與"舉足"，則爲二事。"舉足"不足以兼"行"，則"行"字不可省。

同頁下行十"譯，傳下删譯字"條

咸按：段引《方言》删"譯"字是。

頁十一下行十二“矘，作兒初生蔽目者”條

咸按：《西都賦》“目眴轉而意迷”，當以“眩”爲本字。眴轉、矘轉俱聯語，故用字不定。若“瞥”，殊無轉目視人意。

頁十七上行六“瞫，作視而不止也”條

咸按：《集韵》《五音集韵》俱無“不”字。

頁十二下行十“鴍，去下删化字”條

咸按：應有“化”字。《注》云：人化爲鳥。則當有“化”字。

頁十三下行十“躃，作鋪跂也”條

咸按：《釋文·爾雅》云：“餔音步，字或作鵏。”段校以爲應作“鵏”，并引《一切經音義》《廣韵》十一暮韵無作鋪之説。

頁十四下行二“殂，作勛乃殂”條

咸按：敦煌本《釋文·舜典》出“放勛”二字。乃殂二字注：才梧反，死也。馬、鄭本同，方興本作“帝乃殂落”。則《説文》無“落”字極明。

頁十五下行一“耒，作耕曲木也”條

咸按：段氏以耕爲名詞，故此去“手”字。又耦字下，改耒爲耕。

頁十六上行一“增个，篆云箇，或作个，半竹也”條

咸按：段《注》據《六書故》所引唐本《説文》增“箇或作个，半竹也”，此實段誤，當從王引之《經義述聞》所訂。

頁二十二上行十一“棗，作艸木垂華實”條

咸按：已云“艸木之華未發函然”；甬云“艸木華甬甬然也”，則棗

亦當有"艸木"。 徐但謂"有艸字非"，無證。

頁二十三下行五"冄，作讀若艸苺苺"條
咸按：艸苺之苺，蓋謂山苺、木苺，非"原田每每"也。

頁二十四下行二"裔，改衣裾也"條
咸按：下文云"裾，衣袍也"。 此又云"衣邊"。 則作"裾"似誤。

同頁行八"艘，著下增沙字"條
咸按：張揖之説乃此義之引申，未足以證。

頁二十五下行二"顤，癡下增顤"條
咸按：癡云不慧也。 慧，儇也。 毛傳："儇，利也。" 則癡乃不敏捷，與此言"不聰明"异。 此非連篆讀。

頁二十六上行一"魃，作老物精也"條
咸按：蜩下注云："魃，老精物也。" 則或作"物精"非是。

頁二十七下行十"駰，作馬陰雜毛黑"條
咸按：上文騢云"赤白雜毛"；騅云"蒼黑雜毛"；下文驄"青白雜毛"；此駰云"陰白雜毛"，正同，不當有黑字。

卷　　五

頁一下行十一"璪，改從玉象聲"條
咸按：後人不解形聲字，喜云聲兼義，故形聲字多被曲解。

頁二上行六"藕，芺輿上增藕車二字"條
咸按：藕車聯語，不得但書藕字，故不依《爾雅》。

同頁下行七"蘿，作綬艸也"條

咸按：《説文》與《詩傳》合，應有艸字。

同頁行九"蘜，作一曰雗"條

咸按：雗、雛色同。蘜一曰雗，亦以色同而假借，無容別异。

頁三上行八"蔭，作從艸陰"條

咸按：會意兼聲與形聲兼意，實爲一例，不當或增聲字或删聲字。

頁四上行十三"犀，作徼外外"條

咸按：《國語·越語》韋《注》亦無"南"字。

頁五上行二"咺，改從口亘聲"條

咸按：宣亦從亘聲，《韵會》是。

同頁行三"君，改從尹口，口以發號"條

咸按：后字下云"施令以告四方，故從口"；辟字下云"從口，用法者也"；曹字下云"治事者從曰"；此君下云"發號，故從口"，其例正同。《韵會》不可從，段引不當，徐説亦欠深考。

同頁行六"嗜，改喜欲之也"條

咸按：嗜欲聯語，猶參商、崧周之屬。

頁六上行四"䀠，户下增青字"條

咸按：青疏即青瑣，段增"青"字是。

同頁行八"舌，作在口所以言别味者也"條

咸按：口字下云"人所以言食也"。言字下無也字。

同頁下行五“謼，作評也”條

咸按：鍇曰：《山海經》云“鳥其鳴自謼，謂自言其名也”。段君以評、謼同字，故删。

頁七上行二“謷，改不省人言也”條

咸按：《切韵》豪韵作“不省語也”，《説文通訓定聲》亦訂作“省”。

同頁行七“訐，告上删相字”條

咸按：删者是，“面相斥罪告訐”，“相”字自貫下爲義。

同頁下行十一“羃，改引繒也”條

咸按：敦煌本《切韵》作繒，内府本作給。

頁八上行一“靲，作鞧内環靼也”條

咸按：車部輨，轂錔也；革部鞧，車鞁具也。今按：轂、錔無有用環靼處，車鞁具中則有環靼。

同頁行四“反，删反形二字”條

咸按：徐鍇謂爲指事，是也。

同頁行十三“夐，作人在穴”條

咸按：鉉本是，言字形也，《韵會》漏。

同頁下行五“眗，作一曰久視也”條

咸按：不增“視”，字義晦。

同頁下行十“辩，眼下增視字”條

咸按：段從《廣韵》蒲莧切下注，徐舉匹莧切下，《注》匡之，非。

頁十上行十"雁，改從隹、從人，瘖省聲"條

咸按：諸書無雁字，則此或字衍。依鍇云，雁隨人所指蹤，故從人，則本從人也。人、雁韵部太遠，"人亦聲"三字亦衍。雁字解説亦可證。

同頁行十三"隹，隹隹下增然字"條

咸按：隹隹疊用，爲形容詞，加"然"字是。

同頁下行七"兆，改夷作羠"條

咸按：許語謂常見者，鍇失許意。

同頁行九"羡，相下增羡"條

咸按：矮羡猶委積也，故鍇云"羊性好矮羡"。羴下云"羊相厠"，亦此意。

頁十一上行七"畢，田网也。下增從田二字"條

咸按：以下有"或曰田聲"定之，當有從田二字。

頁十二上行六"刷，改禮有刷巾"條

咸按：奠下云"禮有奠祭"；栖云"禮有栖"；繢云"禮有繢緣"。則段依《韵會》爲不誤。

同頁下行七"衡，删其角二字"條

咸按：無"其角"二字，則從角之義不明。

頁十三上行四"笙，删聲字"條

咸按：此類可不删增，若徐舉管注相證，官無芽義，不足相況。

同頁下行一"奠，删者字"條

咸按：依《類篇》，則删者是。

同頁行八"甚，作從甘匹。 匹，耦也"條

咸按："耦也"正釋"匹"，非釋"甘匹"。《白虎通》匹，耦也，與其妻爲耦，陰陽相成之義也。

頁十五下行九"桀，作軍法入桀曰桀"條

咸按：乘車之乘，本登之借。 桀訓磔之義，惟軍法用之，故曰"軍法曰乘"。

頁十六上行四"枵，作歲在元枵。 枵，虛也"條

咸按：鉉本作"玄枵，虛也"，此本《爾雅》。 鍇本依《左傳》"枵，耗名也"，删"玄"字，非。

同頁下行二"朻，改高木下曲也"條

咸按：此蓋字异義同，不當併合。 徐云正義混而一之，正義例依本經之字也。

頁十七上行一"橧，槢篆"條

咸按：槢與槢櫨异義，當分。

同頁行十三

咸按：段引《漢書·高祖紀》《後漢書·光武紀》注，致足信也。

頁十八下行四"嘆，删火離也三字"條

咸按："火離也"三字如暜下不云"日離也"，則此三字必非許語。

同頁行九"旟，作錯革鳥其上"條

咸按：革鳥爲急疾之鳥，革鳥合成一語，豈容著"畫"字于鳥上耶？

頁十九下行八"鼎，寶器也"條

咸按：鍇本始云從貞，省聲。古文以貞爲鼎，是段氏易"貞"爲"貝"亦是。

頁二十上行八"舂，作從臼，干聲。一曰干所以舂之"條

咸按：此當從鉉本作"從臼干，所以舂之"，鍇本聲字衍。《通訓定聲》如此。

同頁下行二"嵩省下增象刺文也"條

咸按：祁本亦同下。鍇曰：业，象刺文也。上下相舛，則許原無是語。

頁二十二上行九"值，改持也"條

咸按：置也，爲措之義。值無訓措者，自當本《詩·陳風》傳曰："值，持也。"作持。"一曰逢遇"正"直"之引申。

頁二十三上行一"身，改從人，申省聲"條

咸按：象人之身謂㠯，若從申省聲，則象人之身句無著。

同頁行六"褕，作褕翟羽飾衣"條

咸按：此依連篆文讀以"褕翟"句，則不須增"褕"字。

同頁行八"襤，作無緣衣也"條

咸按："衣"字當增補。襤、幦一字。

同頁下行七"卒，改隸人給事者爲卒"條

咸按：此以衣名而用爲人名，不當改。

頁二十四上行五"褚，改一曰裝也"條

咸按：製衣之製，不當用雨衣之義，即用裁義。

同頁行十三"儿，刪仁人也三字，改儿在下"條

咸按：《說文》引"孔子曰"，多謂字形在人下，故詰詘。謂字詰詘者，象人之下體耳。

頁二十五上行十"丸作圜也"條

咸按：此即"專，小謹也；殘，穿也"之例。蓋丸、圜通用，故以圜釋丸。段補也字是，徐說非。

頁二十六上行四"改騢篆作騢，從馬，亞聲"條

咸按：依下文"駱曰黑鬣尾"例之，段改毛作髦是。

同頁行十一"馽，作絆馬足也"條

咸按：以之絆馬足，有"足"字是。

頁二十七下行二"爟，改舉火曰爟四字于政令下"條

咸按：段以《周禮》曰"司爟掌行火之政令"，而許則以證取火于日官名之義，"舉火曰爟"別爲一義。

頁二十九下行一"漳，濁漳上作水名，從水，章聲"條

咸按：前後連篆讀，作某水。此分濁漳、清漳言，故無水字。

同頁行六"涯,作涯水"條

咸按:段氏斷"……盧聚"句,"南出涯浦關"句,"爲桂水"句。此與漾字下云"出隴西獂道,東至武都爲漢"例同。若改"南出"爲"山",盧聚非山名。涯浦關在南海中宿縣。若不云南出涯水,由何而至之道不明。

頁三十下行四"漕,作水轉穀也"條

咸按:以車載物,可云轉轂。以舟載物,則非用轂也。徐氏殆未深思。

頁三十二下行七

咸按:《釋名》"謂兄弟之女爲姪",則漢代有是説。各本落"弟"字,作"兄之女也"。段氏竟謂許君誤會而用《公羊傳》"兄之女"爲訓,非是。

同頁行十"孅,作兌細也"條

咸按:各本"兌"作"銳"是。段謂"兌者,悅也",非。

頁三十三上行九"繭,改從糸,從虫,從芇"條

咸按:《繫傳》芇下云:"繭字從此"。則"從芇"不誤,各本作"𦬰省",非。

頁三十八下行三"蔣,作苽也"條

咸按:苽、蔣非連語,各本"蔣"字衍。

卷　　六

頁十七上行八"粟,嘉穀實也"條

咸按:粟本爲禾實,引申始爲諸穀之稱。黍曰禾屬,其狀相似耳。

禾可云"嘉穀"，黍不可云"嘉穀"也。而許君謂爲"嘉穀"者，實引申之名，亦本《詩》義。禾也，粟也，嘉穀也，一物也。禾下段《注》是。

同頁下行五"米，粟實也"條
咸按：此粟亦但指小米而言，段兼舉黍，非。

頁十八下行七"稷，注云"，頁二十上行四、六條
咸按：禾稼者，謂在野百穀。禾麻者，謂粟與麻也。正義以禾爲大名者，禾稼之禾也。麻、菽、麥皆穀屬，故相次。正義云：麻、菽、麥無禾稱，實誤會經旨。劉楚楨《釋穀》云："考之經、傳，言穀必及禾，否則或舉未實則曰粟，舉粟米則曰粱（俗稱小米）。後世誤認粱、稷爲一物，于是禾之名幾不知所歸，禾之實亦不知所指矣。"據是，則禾非本爲凡穀之稱，乃推引以爲名凡穀耳。

《詩・生民》箋云："黍、稷任舉二穀耳。"正義云："穀之黄色惟黍、稷。"併經、傳、箋而爲一言，此正義之體例。禾實黄，爲民食主，何以不舉？蓋秦、漢人以稷爲粱，故不言禾也。

秬、秠、糜、芑爲禾黍中之別名，上言禾役，此復言別名者，亦猶《閟宮》既言有黍，又言有秬耳。虋曰粱粟，芑曰白粱粟。《九穀考》云："是不知赤、白在苗，而不在粟也。"徐氏不引此而加以駁斥者，知無有以易之也。段《注》全本《九穀考》，徐氏何不一一舉而辨之？

《説文》本乎《爾雅》，而徐云段氏誤讀，不知徐氏讀《爾雅》如何也？讀"虋，禾之赤苗也"又如何也？

同頁行十三（同上），下行四，頁二十二上行七
咸按：《周禮・倉人》疏謂粟爲稷，誤。

粟猶禾，然本爲小米之專名，故謂稻之呼粟爲借。粟引申爲黍稷稻實之名，故段謂"穀猶粟也"。

邵晉涵之説亦沿以稷爲粱之謬。《九穀考》引《漢律》云："稷米、

粟米分言，各不相冒。”《釋文·爾雅》引《本草》：“稷米在下品，粟米在中品。”據此，則《倉人》云“稷，粟也”非。

頁二十四下行三“昭下注云”條

咸按：段氏“從鬼從示”之説固迂，錢大昕之説亦空疏無憑，殆因斥段而爲之辭，不可從。

頁二十六下“泮下注云”條

咸按：侯字下注云：“天子諸侯飲酒之禮皆如鄉飲酒之禮，故亦謂之饗。”萬斯大云：“《文王世子》養三老五更群老，是以燕禮養老，而其升降獻酬與其席次，當如鄭注準鄉飲酒禮推之，是養老之禮如鄉飲酒。”段此説是，餘謂即鄉飲酒則非。

頁二十九上行五

咸按：朱峻聲云：“鮡字後人所增。”今按：《吴都賦》鮡、鮐連文。今云鮐，海魚名，亦無鮡字。《荀子·榮辱》篇楊倞注謂鮢字蓋當爲鮍，而義迴殊。鮇鰂魚出東萊。《廣韵》鰂，鯿魚。則與鮇鰂爲東萊之産亦异。鮡，《釋文·爾雅》音兆，又音姚。

同頁行十“閉下注云”條

咸按：閇字乃隸變，不足引以説篆文閉。

同頁下行六“娼，一曰梅目相視也”條

咸按：《説文》之梅字，不可以《禮記·玉藻》“視容瞿瞿梅梅”説之，蓋“不審”與“相視”不相屬也。

頁三十下行三“㠯，用也”條

咸按：指事、象形不可并居，虚實之説亦難從。

頁三十六上行五"哭，注云"條

咸按：省聲固有後人增益者，蓋欲因聲以見義，改益乃多。王貫山于省聲字輒疑以省，遂不成字也。

頁四十上行二"狗，叩也"條

咸按：叩擊之叩當作敂，叩問之叩當作訆，若扣，牽馬也，聲借爲敂、訆也。叩，藍田鄉漢隸亦爲聲借，且漢隸卩、阝固混，未可謂叩即叩之本字。

卷　　七

頁一下行十"弌，古文一"條，行十三

咸按：因一、二、三爲最初古文，則弌、弍、弎自爲後出之异體字也。大篆與古文或異，但決非奇字。

頁二上行八"天，注云"條

咸按：最初無"顚"字時，皆以天爲顚。及顚字製出，乃分其用。而高上之名猶曰天庭、天堂。天靈蓋、天窗之屬，仍謂之天也。

頁十七上行四"䣊，讀若粗䩱"條

咸按：以《公羊傳》作䩱、《大司馬注》作粗、《吕覽》作䩱、《月令》作粗例之，則粗、䩱在漢通用，故云"䩱衍字"。

頁二十上行八"桵，注云"條

咸按：太炎《文始》一云："委變易爲妥，《説文》不録。爪即象禾穗，以爲禾字。"據此，則妥、委一字。

頁二十一下行五"郂，周文王所封"條

咸按：郂爲分別後出字，故經籍不録。

頁二十二上行三"昏，日冥也"條

咸按：段以"民"在十二部，"昏"在十三部，兩部皆段新分，不容有合用者。

頁二十四上行三"鬲，翌也"條

咸按：《爾雅·釋言》翌，明也。翌爲周、漢閒通用字，故解説作翌，不作昱。

頁二十五上行十"瘴字重文"條

咸按：許書于重文每云某省，蓋謂是字于正文爲省，如瘴本從夆聲，與癃從隆聲者異體，非籀文從篆文之省也。

頁二十九上行十"簋，簋箸也"條

咸按：簋箸、峕躇，一狀思想，一狀行止。峕躇則二字俱成。簋箸則一成字，一聲借，聯語似此者多矣。

頁三十二上行十一"戕，盾也"條

咸按：干借用作戕，伐借用作戙。戙字注引《方言》徑改戙爲戕，與此并非。

頁三十三上行一"紫，白青赤色"條

咸按：段謂紫爲赤，合于黑，非言紫爲青。黑青乃今人所謂之緑。

頁三十六下行二"疑，從子止，矢聲"條，頁三十七上行一、十一

咸按：賄雖列在十五部，中有一部之偏旁。段氏《六書音均表》有"古本音"之目，以今韻書异于古讀也。灰、隊例同。

備、戒韵與止、起韵，皆二句相協。"孝孫徂位二祝致告"八字作一句。徐氏謂"位"與備、戒韵，段氏謂"告"與備、戒韵，皆非。又徐氏

此條所舉《甫田》三章、《文王》二章、《既醉》五章、《假樂》四章諸用韻例俱有舛誤，不可從。

齊韵當分爲二，段氏説是。圭、攜入十六部而無齊韵之名者，段不如顧（炎武）、江（有誥）以韵目分別三部也。

卷　八

頁二上行六“曑，從晶，今聲”條

咸按：言音須以時代論，段氏劃周、秦、漢武爲一時，下至漢末又爲一時。邵正、皇甫謐皆爲魏、晉閒人，班固東漢人，于古音俱不能相比。

頁四上行十二“越，注云”條

咸按：甲字、亥字自當依段説改，江聲、孫星衍二氏輒謂爲逸文，非。

頁六下行十三“龍，改從肉，肉飛之形”條

咸按：《六書故》所見唐本《説文》作“從肉，從飛及童省”者，乃言從飛省及童省也。非謂從古文及𠃊、肉，𠃊、肉二字不當增。

頁七下行十“答，擊也”條

咸按：段氏依“律，所以書也”例，每于名詞而以動作解者，輒加“所以”二字。

頁八上行七“豐，注云”條

咸按：徐引《儀禮·大射儀》賈逵疏以釋鄭説，實則未明鄭玄旨。鄭云“曲聲”，即謂中作𢆶者也；云“似豆大而卑”，非謂穀豆也。

原跋　　戊寅秋七月二十七日讀畢

讀王筠《説文解字句讀》札記①

卷二上

小部

小，物之微也。從八丨，見而八分之。

咸按：丨體本微，以此爲體而復分之，則更微矣。"見"即今語發現意，王氏謂丨有見義，誤。丨見者，言有一點露出而八分之者，言即分之則真小矣。中以丨象其莖，非生出之意。

八部

曾，謂詞之舒也。

咸按：既知"謂"非許語，引而疑之，是謂自擾，類此甚多。又"曾"與庶、誼別，自應加"也"以著明之。

釆部

釋，解也。從釆，釆取其分別物也。從睪，睪亦聲。

咸按：睪字各本不重，添"亦"字，誤。因之注解亦謬。

牛部

犅，特牛也。從牛，岡聲。

咸按：《魯頌》用借字，《公羊》用本字。王氏謂"此當云剛省聲以關之"者，豈以剛可表牛父之誼歟？大迂。

---

① 先父手批《句讀》之卷，本已散佚于浩劫，今特恭録殘存者付刊。　　呂甫謹識。

牻，畜，牲也。

咸按：王氏不知轉注爲何物，故創"羅紋"之名，不可信。且畜牲二字亦不能分讀。

牽，引前也。從牛，象引牛之縻也。

咸按："非字不當出"之例亦創于王氏，因是多生謬解，亦不能從也。于鬯《説文職墨》曾辨之。

牢，閑，養牛馬圈也。從牛，從冬省，取其四周帀也。

咸按：牛冬時乃入牢，其三時何居？段氏謂冬取完固之意，亦取四周象形。章氏謂◙爲纏急，古之囚字，宜但作◙，觀◙字從◙，可知其義。此二説皆勝王説。

犓，以芻莝養國牛也。從牛芻，芻亦聲。《春秋國語》曰：犓豢幾何。

咸按：《牛人》所養國之公牛，故曰國。《七發》注作圈，言養牛于閑中。王氏妄指許説出于《牛人》，不知犓豢本養牛馬之通語也。

犕，兩壁耕也。從牛，非聲。

咸按：桂氏引《廣雅》謂犕即耦耕之意，王説非。

犛，西南夷長髦牛也。從牛，𠩺聲。

咸按：段氏不分犛、氂爲二，章氏以犛、氂讀氂讀均可，亦認爲一物。今按：犛曰長髦牛，氂曰犛牛尾，是許氏本以爲一物也。王從桂氏分爲犛牛、旄牛，殆未之考耳。

氂，犛牛尾也。從犛省，從毛。

咸按：王引《爾雅翼》之説以釋其義，不足據。

口部

嗷，吼也。從口，敫聲。一曰，嗷，呼也。

咸按：吼當依段作“口或作孔”。章曰，嗷則言竅，通言。

唯，諾也。謂應之敬辭也。從口，隹聲。

咸按：《義證》唯下“諾也”者，《一切經音義》引同。又引《禮記》鄭注云：唯者，應敬之辭也。是。王氏指爲“庚注”，誤矣。段氏曰，此渾言之。《玉藻》云云，析言之也。且唯、諾俱應詞，故以諾釋唯。《論語》皇侃疏唯猶今應爾也。《廣雅》唯，應也。未嘗加敬字，許意亦如是。

唉，應聲也。從口，矣聲。讀若塵埃。

咸按：唯、諾、唉、應皆以聲造字，故讀如其聲，不應有聲字。

哉，言之閒也。從口，𢦏聲。

咸按：王氏此書本用段、桂，此節捨段而從桂，又誤讀其書。桂引戴氏震曰：“《釋詁》孔魄哉延，虛無之言閒也。郭注：孔穴延魄，虛無皆有閒隙，餘未詳。考之《説文》，哉，言之閒也，言之閒即詞助。然則‘哉之言’三字，乃言之閒。言爲詞助，見于《詩》《易》多矣。”觀此，蓋謂“哉之言”三字俱訓“言之閒”，而言字之爲詞助見于《詩》《易》者多矣。王氏乃謂“之言閒”即“言之閒”。按：《釋詁》全篇無此詞例，且戴氏明言“言爲詞助，見于《詩》《易》”，何能以《爾雅》之“言閒也”爲“言之閒也”耶？

嘫，語聲也。從口，然聲。

咸按：然否之然、然諾之然同義。語聲之解，已括二義，《集韵》所引殆非。

啖，嚱啖也。從口，炎聲。一曰噉。

咸按：一曰噉，此後人校篆文語也。意甚是。惟篆體易“啖”爲“噉”，何居？

吚，唸吚，呻吟也。從口，尸聲。

咸按：何以知“唸吚，呻吟也”用毛傳，不用《釋訓》？

各，异詞也。從口夊。夊者，有行而止之，不相聽意。

咸按：夊象人兩脛後，“有致之”者即“有行而止之，不相應”意，“從口”者詞也，言詞從口出，故從口。王説非。

吠，犬鳴也。從口犬。

咸按：吠與鳴、啼同意，《字林》及《繫傳》所引“或説”均非。

走部

走，趨也。從夭止。夭止者，屈也。

咸按：段、桂皆不主夭，鈕匪石信漢隸之譌言，今王氏舉周吉金之文以申其説，并謂此據形系聯之意，似信而有徵。但夭部奔下云與夭同意，俱從夭。明白如此，又何以解説也。

趑，蒼卒也。從走，尗聲，讀若資。《易》曰：其行趑且。

咸按：“其行次且”句本無正字，鄭氏作趑，蓋用《説文》倉卒之義，與馬訓“却行不前”自不相同。但許是否以趑爲次，又無旁證，而王遂指定之，不亦過乎？

趯，行聲也。從走，異聲，讀若敕。一曰，不行貌。

咸按：趯、趯二字，段、桂均不定爲一，且義本不近。王氏堅認趯字爲譌，毫無的證，何自信之深也。

止部

止，下基也。象艸木出有址，故以止爲足。

咸按：斷不能止，後于趾，趾爲後出古文，故許不之收。

峙，踞也。（謂峙止，不前也。）

咸按：踞下云：峙踞，不前也。玄應所引，或聯踞下之語，非庾注也。

卷三補正

頁三“許君但據所引兔爰説之也……”條

咸按：譌之爲訛，南譌作南爲，蓋以爲從皮省聲（皮音古如婆），因變如訛（同韵也）。譌從爲聲，亦可爲，初無化美化惡之分。吪訓動，譌訓譌言，俱引《詩》句，意極明白。王氏訂爲一字，何所憑依？又其爲禽好爪，故借以爲作爲。

“《王風·兔爰》文……”條

咸按：古人聲近即可通用，未可指索隱所稱即真本也。

卷　　　　四

辵部

辵，乍行乍止也。從彳，從止。

咸按：桂氏引《公羊傳》孔疏：越階四也。越階謂左右足越三等，且行且止，故以彳爲乍行、止爲乍止之訓。王云不能前行而後止，實未達許義。又王云辵各分其半而從之，不審何從？

巡，視行也。從辵，川聲。

咸按：《左傳》巡功、巡丈城、巡、三巡數之，皆有巡繞遍行之義，故曰延行。

遷，逭也。從辵，眔聲。逭，遷也。從辵，合聲。

咸按：隸部隸，天之未陰雨。今《詩》從毛傳。逭，及也。《釋文》音待。《方言》三：東齊曰逭，音殆。是郭璞、陸德明音同逭，非逭訛可知。蓋逭爲隸之變，逭、遷雙聲。《説文》遷、逭互訓，逭、遷疊韵，皆符于轉注之旨，焉可偏廢？

逶，逶迤，衺去之貌。從辵，委聲。蟡，或從虫爲。

咸按：逶迤疊韵聯語。《詩・羔羊》之委蛇，《韓詩》即作逶迤。經傳中聯用者多，委訓委隨也，從ㄟ流之ㄟ，亦相隨之意，故逶迤可以獨用，可以聯用，可以疊用。如《周禮》苗栗不迤，《笙賦》餘簫外逶，皆獨用也。《後漢書・楊秉傳》逶迤退食，《西京賦》歌聲清暢而逶蛇，皆聯用也。《君子偕老》章，委委佗佗，則疊用也。字體雖不一致，而其義多通。焉可以字不聯繫遂定之爲後人合併耶？又蟡見《管子・水地》篇，其形若蛇，其八尺逶之，用蟡，猶迤之用蛇也。按：《詩》謀猶回遹。傳云：回邪，遹避也。段、桂皆云辟即僻，是回遹即邪僻。遹、辟疊韵，《詩》之回遹即許之回辟也。又避訓回，今語亦云回避。回避之義，猶《禮》之還辟、般辟也，當其回轉，自是邪行，故回轉、邪僻一義之引申矣。

連，負連也。從辵車。

咸按：員連段訂爲負車，其説極是。王不從而又易員爲負，真無據矣。王氏引《周禮正義》正作輦，《釋文》作連，而王氏謂輦、連爲二物，即依王説爲連車組軨。然《説文》輦下云輓車，果爲二種，但同是人輓，其利若何。王氏又不考訂，是無據也，何以服人。

逑，斂，聚也。從辵，求聲。《虞書》曰：旁逑孱功。又曰：怨匹曰逑。

咸按：《詩・破斧》二逑字，一訓斂，一訓聚。斂訓收，即聚，二義本一貫。典籍中用聚斂、斂聚均不別，何能于斂字作句。又《爾雅義

疏》曰：仇者，述之假音也。　孫炎曰：述，相求之匹也。　李巡曰：仇，
讎怨之匹也。　然《詩·關雎》君子好述，《緇衣》引君子好仇，是其字
通之證。　李巡、孫炎之説，猶未免望文生訓矣。

彳部

彳，小步也。　象人脛形，三屬相連也。

咸按：彳亍本雙聲聯語，形容詞，皆象三屬之動。　行從彳亍亦然。
彳亍非分行之半也。

徎，徑行也。　從彳，呈聲。

咸按：徎、逞本同字，《玉篇》《廣韵》俱奪。

循，行，順也。　從彳，盾聲。

咸按：凡循皆訓順，無獨訓行者，故行字不當句絶。

徛，舉脛有度也。　從彳，奇聲。

咸按：度，法度，引申爲度量。　徛爲石杠，所以過水，自當作渡，不
當依《釋文》。

律，均，布也。　從彳，聿聲。

咸按：均，布也，不當以均斷句。

廴部

建，立朝律也。　從聿，從廴。

咸按：聿、律皆以竹管爲之，故以聿爲朝律。　以廴爲長行，何能云
彳變廴？律即變建，全書俱無此例。

行部

衡，通道也。從行，童聲。《春秋傳》曰：及衡以〔戈〕擊之。

咸按：删去戈字，則擊之者何物？

足部

蹢，住足也。從足，商聲。或曰蹢躅。貫侍中説，足垢也。

咸按：蹢無獨用者，段據《文選》注改，甚是。王氏引《詩》"有
豕白蹢"爲獨用之證。今按：毛傳：蹢，蹄也。箋四蹄皆白曰駭，則蹢
爲蹄明矣。蓋蹢，帝聲；蹄，虒聲（蹄俗），同韵相假。且下文躅即曰
蹢躅。住足與行不進義同，與王所云遲回遷延義亦同，惡可是己而非
彼也！躅曰軌躅、塵躅，實假爲足。按：《文選·古詩十九首》注曰：躑
躅與蹢躅同。《贈山濤》曰：躑躅，與蹢躅同。《招隱詩》躊與躑同。
《别賦》曰：蹢與躑同。雖其字不一體，而訓住足則一。蓋駢詞無定
字，隨聲之清濁而變易也。拘字而言則不能通者多矣。

品部

喦，多言也。從品相連。《春秋傳》曰：次于喦北。

咸按：乁從彳引之，喦從品相連，皆由字變體，非比類合誼也。不
得指爲會意。

龠部

龠，樂之竹管，三孔，以和衆聲也。從品龠。龠，理也。

咸按：龠訓樂之竹管，猶柷訓樂本空，磬訓樂石，鐘訓樂鐘。樂器
繁夥，故曰樂之某也，某樂也，亦同。樂之竹管猶笛曰七孔箚，籥曰吹
箚，非簫管之管，亦非管轄之管，乃箚管之管也。黄鐘長九寸，而吹龠長
尺，其制差異，不可云一物，蓋終古未造字耳。又郝懿行曰：蓋龠施用
有異，故孔數不同。其施于吹以和樂者，則三孔如笛而短；其施于舞所
執者，則六孔如笛而長。舞龠長三尺，吹龠當不過一尺也。又龠舞者

歈，龠以舞，故《龠師》注云：龠舞者所吹，掌教舞羽歈，龠舞無笙簫塤籥，故但云去龠。

卷四補正

且部中，徙字從止聲……

咸按：徙，乍行乍止也。部中字分訓行或止均可。王氏必以從辵即有止意，無乃固乎！徙從辵從彳，皆行意。必曰辵非其比，即辵疑已從止，址又從止聲，是復矣。

卷　　　五

干部

屰，不順也。從干，下〔凵〕屰之也。

咸按：王不知凵爲陷之古文，故曰非字而删之。

谷部

臄，谷或從肉、從豦。

咸按：噱、臄本不同物，惟聲同相假。王依《廣韵》補“一曰笑貌”，非。

只部

只，語已詞也。從口，象氣下引之形。

咸按：矣下云語已詞也，則此非庾注可知。

古部

古，故也。從十口。識前言者也。

咸按：《周禮·保章氏》注：識，記也。則此亦當作記解。

　　鍜，大，遠也。從古，段聲。

　　咸按：桂曰："當是大也，遠也。《釋詁》鍜，大遐，遠也。遐即鍜之俗體，鍜爲遠大，祝詞取之。《郊特牲》《饋食禮》進聽鍜。注云：鍜，長也，大也。"桂氏之意，謂作大與遠解均可。王氏則許以遠申解大意，且謂大大不詞，如《詩》碩大無朋，豈亦不詞歟？蓋古語多以同意字作聯語形容詞矣，王氏其未之深考也。

言部

　　謨，議謀也。從言，莫聲。《虞書》曰：咎繇謨。

　　咸按：議，語也。論難曰語，是謨亦有慮難意。謀、謨雙聲，古通用。

　　諶，誠，諦也。從言，甚聲。《詩》曰：天難諶斯。

　　咸按：諦，審也。經解注：誠猶審也。誠、諦意同，不當于誠字句絶。信亦誠也，是忱、訦、諶三字直一字耳。

　　詧，徒歌。從言肉。

　　咸按：詧亦從肉聲，故詧之後出字作謡，或以詧肉聲遠而改之歟。今按：詧、譶皆讀如由，與肉疊韵。《六書故》所引唐本、蜀本悉不足據，徐鍇所見必信于侗，而曰"今《説文》本皆言徒也，當言徒歌"，必脱誤也。下言"從言肉"，亦誤也。本無謡篆，故詧曰徒歌，"繇曰隨從"，分別明辨，諸説俱非。

　　計，會也，筭也。從言，從十。

　　咸按：《周禮·小宰》注謂計最之簿書，月計曰要，歲計曰會。《齊策》五官之計。高誘曰：計，簿書也。《後漢書·光武紀》計謂庶人名籍，若今計賬是。凡會合記數之册皆曰計。《後漢書·馮勤傳》八歲善計。注：計，算術也。此桂氏證會、算爲二義甚明，王氏曷弗從之？

設，施，陳也。從言，從殳。殳，使人也。

咸按：旻，舉目使人。從殳者，殳有指揮之意……皆有使爲之意，故設亦從殳，政、敹從攴亦同，烏可以今人言打例之？

諺，傳言也。從言，彥聲。

咸按：凡曰"庾注"皆難信，蓋庾書既不傳，不能以不見于今本《説文》者，皆可目爲庾嘿之書也。

訌，潰也。從言，工聲。《詩》曰：蟊賊内訌。

咸按：《釋言》作"虹，潰"，俱借字。王注中篆文訌，下虹字疑衍。

謈，大呼，自冤也。從言，暴省聲。

咸按：大呼不當句絶。

詥，古文訟。

咸按：公、谷疊韵，古文訟以谷爲音，《玉篇》作訟誤。

譴，謫，問也。從言，遣聲。

咸按：桂引《倉頡篇》：謫，呵也。今按：呵即訶，大言而怒也，有問意。謫字不當句絶。

諜，軍中反閒也。從言，枼聲。

咸按："諜，記也"之諜，實牒之借。桂氏已臚列。《史記》諜字亦沿李善之誤，段氏不從。

譯，所以傳〔譯〕四夷之語也。從言，睪聲。

咸按："傳譯四夷之言"者，義甚明晰。段依李善、徐堅注，删"譯"字，改"言"字，非。王氏删補，更誤。

音部

韶，虞舜樂也。《書》曰：簫韶九成，鳳凰來儀。 從音，召聲。

咸按：韶，虞舜樂，故字入音部。 金文作紹，實借紹字。 今王氏捨有義之韶，而信借用之紹，意太偏頗。

丵部

業，大版也。 所以飾栒懸鐘鼓，捷業如鋸齒，以白畫之，象其鉏鋙相承也。 從丵，〔從巾〕，〔巾〕象版。《詩》曰：巨業維樅。

咸按："從巾巾" 三字，巾象版形。 王氏例以不成字者不入注解，故删，蓋許氏之意祇以某象某使讀者明達其旨，不致妄揣，本無音讀。 今王氏乃强爲之説，而于不可説者則概訂之曰後增。 其果有據耶？何不引之以爲徵？果無據耶？又何以出此？

収部

兵，械也。 從収持斤，并力之貌。

咸按：斤斧一物。《詩》既破我斧，則斧亦兵屬明矣。 干、戈二字數見經籍。 干，盾也，雖無刃，亦捍身蔽目之械，則從干亦通。 殳亦無刃，何亦爲兵？

共部

龔，給也。 從共，龍聲。

咸按：段氏于龔下云紀庸似從廾得聲未詳，與此下所云同。 按：共、廾、龍、庸、容，《廣韵》俱在鍾部。 段氏《六書音均表》亦同部，則從龍得聲又何疑乎？王謂龔仍是共字，古人好茂密，加龍字。 此説殊非。 按：共爲共同，龔爲供給，相因而生，未可定爲一字。 古人因聲以造字，讀音如龍，故以龍表之耳，于定形不相干也。

卷　六

革部

靰，車束也。從革，必聲。

咸按：《方言箋疏》云：維車，趙魏之間謂之轏轆車，單言之則謂之鹿車，非謂僅容鹿也。謂之轏轆者，亦以束之圍繞歷録然名之也。

鞌，馬鞁具也。從革，安聲。

咸按：段《注》云：此爲跨馬設也。《左傳》趙旃以良馬二，濟其兄與叔父，左師展將以公乘馬而歸。三代時非無跨馬者矣。《春秋經》有鞌字。按：《日知録》即云：騎不始于武靈王。王應麟謂《公羊傳》齊侯唁公，以鞌爲几。《公羊》，周末之書也。愚謂《公羊》雖生周末，而紀事則春秋時，是鞌制不始于周末，而騎馬亦早矣。

鞭，驅遲也。從革，便聲。

咸按：鞭、策雖云同物，未嘗聞有本末之异，王謂"其末用革，故字從革；其本用竹，故策、箠從竹"何據？

鬲部

鬻，内肉及菜於湯中，薄出之。從鬲，翟聲。

咸按：鬻，今蜀語亦謂以薄肉片及菜于湯中急取出曰鬻，使之適熟不過。王謂"不使熟"，誤。

丮部

馭，食飪也。從丮，𩵋〔聲〕。《易》曰：馭飪。

咸按：𩵋、馭一字，且爲雙聲。王氏删聲字，不當。

又部

夬，分決也。從又，㞢象決形。

咸按：《通釋》曰：コ，物也。丨，所以決之之器也。此指事。段氏從之。嚴可均謂"當作㞢聲"，王謂"㞢即文，音綏"，并失之。

彗，埽竹，所以用埽者也。從又持㸅。

咸按：埽竹者，埽地之竹枝也。"以、用"同義而疊用于一處，非許書例。

叚，借也。從又，〔從〕コ昏闕。

咸按：闕者即昏字，不知其所以也。且小徐之説不應闌入。

友，愛也。同志爲友。從二又相交。

咸按：同志爲友，即相助相扶，愛在其中矣。不當增補。

聿部

聿，所以書也。楚謂之聿，吳謂之不律，燕謂之弗。從聿，一聲。

咸按：吳音輕緩，故謂筆曰不律，不、筆雙聲，律、筆疊韵，誠與令、丁、終、葵同類。至不類、不若與靁屬、若屬，均因聲以製名，不似筆、聿各爲一物也。即不能以同用不字而謂之曰同。《爾雅義疏》云：不律者，蓋筆之合聲。《左·襄十年》注：壽夢，吳子乘。《十二年》經注引服虔云：壽夢發聲，吳蠻夷言，多發聲。數語共成一言，于此俱可證不律爲筆也。

殳部

殳，以杸殊人也。《禮》殳以積竹，八觚，長丈二尺，建于兵車，旅賁以先驅。從又，几聲。

咸按：殳，竹制；杸，木制，故爲异字。許例以動詞解名詞，如箕、簸、舂、臼之屬。

几部

鳧，舒鳧，鶩也。從鳥，几聲。

咸按："舒鳧，鶩也"與"大菊，蘧麥蔜月爾析蓂大薺蘠蘼葵冬"例同，《説文韵譜》或依他書爲之，不可據也。

寸部

尋，繹，理也。從工，從口，從又，從寸。工口，亂也。又寸，分理之。彡聲，此與殷同意。度人之兩臂爲尋，八尺也。

咸按：尋曰"工口，亂也。又寸，分理之"即繹理之義，繹字不當句絶。

卷六補正

"手部持字以下……"條

咸按：持，握持之總稱，故自"挈"以下皆分別言之。爪、扎皆持也，無別。若爪云三指向下，爲持脈之狀，則扎又爲何形之持乎？

卷　七

曼部

夏，營，求也。從曼人在穴中。《商書》曰：高宗夢得説，使百工夏求，得之傅巖。巖，穴也。

咸按：營求，環求也。環、營古通用，營字不當句絶。

目部

目，人眼也。象形。〔重童子也。〕

咸按：王刪"重童子也"，意謂無童子，不審其中二筆何指歟？

瞳,目童子精也。 從目,喜聲。 讀若《爾雅》禧福。

咸按: 精本謂光晶,精光也。 可證上文"縣,盧童子也",即今語云黑眼仁也。 "瞳,目童子精也",即今語曰童子也。

瞞,目旁薄緻瞞瞞也。 從目,㝮聲。

咸按:《釋言》瞞,密也。 則其字有密義。 緻,俗致字,亦作密解。今易綴字,則疏矣。

睴,大出目也,謂人目大而出曰睴。 從目,軍聲。

咸按: 睴既訓目大而突出,則原文"目大出也"不誤,而補句亦可删矣。

睒,暫視貌。 從目,炎聲。 讀若白蓋謂之苫相似。

咸按: "相似"之義,段云: 謂讀與《爾雅·釋器》之苫字音略同也。 四聲之説不始于漢,顧、戴已證明。 許氏之時亦非漢末,王説誤。

睽,目少精也。 從目,癸聲。

咸按:《易·睽卦》象曰: 二女同居,其志不同行;《序卦》曰: 睽,乖也。 則"目不相聽也"是,"目少精"之説非矣。

睩,目睞謹也。 從目,录聲。 讀若鹿。

咸按:《洛神賦》明眸善睞。 李注: 睞,旁視。 則睞有視意。 目睞謹即目視謹也。 段云: 言注視而又謹畏也。

白部

皆,俱詞也。 從比,從白。

咸按: 皆入白(自)部者,以白(自)爲詞言之意。 皆爲俱詞,意重在詞,故不入比部。

習部

覠，習，戫也。 從習，元聲。《春秋傳》曰：覠歲而愒日。

咸按：下覠習字不應句絶。

羽部

翯，鳥白肥澤貌。□從羽，高聲。《詩》云：白鳥翯翯。

咸按：王氏多引竹君本以訂，未見可信，如此處，何必有□耶？

羊部

羊，祥也。〔從丷〕，象頭角足尾之形。孔子曰：牛羊之字，以形舉也。

咸按：羊先丷造，語亦無證。 羊謂從丷，許君釋形，無關造字之先後，删而從大徐本，殊無謂也。 許君每言從某者，皆言字之某形似某而已，故不關乎先後，自無會意之嫌。

羯，羊羖犗也。 從羊，曷聲。

咸按：《急救篇》注：羖之犗者爲羯，謂劇之也。 羠亦騬羊也。 又西方有野羊，大角。 牡者曰羱，牝者曰羠，一曰夷羊，重百斤者爲羜。 據此，則羠是騬羊，而羜下之夷羊義别，字自不同，未可牽合。

羌，西姞羌，西戎牧羊人也。 從人牧羊，羊亦聲。

咸按：羌種不一，不能舉一概百。《漢書》紀事，故云“出陽關，自近者始”。《説文》釋義，故云“凡西戎之牧羊人皆曰羌”。 西姞羌三字不應增。 又“從”字不應改作牧，此説字之寫法，非説字義也。

鳥部

鳥，長尾禽總名也。 象形。 鳥之足似匕，故從匕。

咸按：既明言“鳥之足似匕，故從匕”，此言字形，于匕無意。 乃云兼會意，實未明乎書旨，故有非字不入解説之例也。

卷　　八

幺部

幼，小也。從幺，從力。

咸按：少者年少也，少、幼同義，不必依《御覽》《字鑒》改。

丝部

丝，微也。從二幺。

咸按：二幺爲丝，猶二木爲林、二糸爲絲，乃謂析一爲二，其細更甚。

幾，微也，殆也。從丝，從戍。戍，兵守也。丝而兵守者，危也。

咸按：幾、殆，危也。見《爾雅》。此殆字亦當訓危。解説中曰：丝而兵守者，危也。更可證。至于庶幾，本聯語。

叀部

鐵，古文惠。從芔。

咸按：段云：鐵，古文惠。從心，叀省，從卉聲。是鐵不見《説文》。又疑《無專鼎》之鐵即叀之變也。

寋，礙，不行也。從叀引而止之也。叀者，如叀馬之叀。從此與牽同意。

咸按：叀下之此，屬下讀，此亦不應于“從此”句絶。叀與牽同者祇门，而王氏謂牽從古文叀，亦聲，何所憑依以改易字形及解説耶？

玄部

玄，幽遠也。黑而有赤色者爲〔元〕，象幽而入覆之也。

咸按：《隰桑》及《玉藻》之幽皆黝之借，故鄭云“讀爲”。又人非入字，象覆形。 幺象微物極細微者，已不易見，又覆之，更不明顯矣。

肉部

隋，列肉也。 從肉，從陸省。

咸按：《儀禮·少牢饋食禮》：尸取韭菹辯擩于三豆，祭于豆閒。上佐食，取黍稷于四敦。 下佐食，取牢一，切肺于俎以授上佐食。 上佐食兼取黍以授尸，尸受，同祭于豆祭。 又曰：上佐食取四敦黍稷，下佐食取牢一切肺以授上佐食，上佐食以綏祭。 又曰：主婦西面，于主人之北受祭，祭之，其綏祭如主人之禮。《有司徹》亦曰切肺，一司宮埽祭。《特牲禮》亦曰刌肺，三祝命佐食，墮祭佐食取黍稷，肺祭授尸，尸祭之。 以此觀之，曰切肺，曰刌肺，是裂之也。 曰祭于豆閒，非祭之地也。

脴，北方謂鳥腊曰脴。 從肉，居聲。

咸按：《釋文·穀梁傳》盧校改云：傳曰：堯如腊，爵如脴，上"如"字舊脱。 據此，則上"如"字脱，下"始"字仍作如也。 若如王説，衹以一始字而改舊説，究何所據？按：《論衡·語增》篇"如"作"若"。小徐即引以證許，與王同，亦未指爲造作也。

腏，肉表革裏也。 從肉，弱聲。

咸按：《廣雅》腏訓膜，又復訓肉。《疏證》于"肉也"下引《廣韵》"腏，脆腴也"。 是《説文》之腏與膜義同，非"肉也"之腏，何爲訓肥肉即指《説文》之腏爲《廣韵》之腏？然脆腴之謂非肥肉可知。且肉亦無專指赤肉者，王説更無據矣。 至云革者，謂獸也。《禮運》膚革充盈，人之肥也，則人亦可稱革矣。

散，雜肉也。 從肉，㪔聲。

咸按：林部㪔，分離也，此則分㪔之㪔。 散，雜肉也，此則散亂之散。 是㪔碎、散雜之字不同矣。

筋部

筋，體之力也。可以相連屬作用也。從力，從肉。從竹，竹物之多筋者。

咸按：筋，肉之力也，故字從肉。《釋名》亦曰：肉中之力。玄應亦曰：肉之有力者。觀此，則筋訓肉之力，是。《御覽》所引無據，王氏易此肉字爲體，又依以增"骨下曰體之質也曰"，與此相儷，真因誤生誤也。

刀部

刀，兵也。象形。

咸按：兵之名，以能殺傷人者之謂。《周禮》之五兵，祗擊刺之器，無斬斫之物，皆長兵也。刀劍皆短兵，故未之及。《廣雅》以陳寶爲刀名，而鸞刀之用當在割刀之後，刀字象刀有環之形，不足致疑。

利，銛也。從刀。和然後利，從和省。《易》曰：利者，義之和也。秒，古文利。

咸按：禾下云：得時之中和，故謂之禾。是禾有和義，如盉、龢、味，皆從禾也。故利亦從禾。又秒旁之勹亦刀也，文體繁重而已。嚴、王所論，毫無足徵。采、妥所以可信爲㽺。然采即利，采以何因聲轉而讀爲利耶？

剛，強，斷也。從刀，岡聲。

咸按：金部鏤，剛鐵，可以刻鏤，是剛爲鐵屬。劉琨詩曰：何意百煉剛，化爲繞指柔。是剛實強也。

切，刌也。從刀，七聲。

咸按：《慧苑》所引《說文》近于《字說》矣。蓋自漢以後，多改聲爲意者，故唐宋後典籍所引《說文》宜當抉取之。

卷　九

竹部

筤，竹膚也。從竹，民聲。

咸按：《廣韵》筤，爲贇切，與武巾切之筤非雙聲也，王説失之。

籍，簿書也。從竹，耤聲。

咸按：簿書爲聯語，王以《説文》無簿，當作薄，失之。蓋薄無其義，不可從。《小學答問》云：諅、榜、簿三者皆當作匸，古亦以博爲之。《孫卿子·大略》云：先王之道，則堯舜已；六貳之博，則天府已。此爲儷語，博即簿。

箋，表，識書也。從竹，戔聲。

咸按：《文心雕龍·書記》篇：箋者，表也，表識其情也。王删"識"字上之"表"字以成己説。識，記也。表識即今語表記、標識之謂，"表"不當句絕。

籍，飯筥也。受五升。從竹，稍聲。秦謂筥曰籍。籍，陳留謂飯帚曰籍。從竹，捎聲。一曰飯器，容五升；一曰宋魏謂箸筩爲籍。

咸按：籍、籍俱訓飯器，容五升。但籍有飯帚、箸筩之訓，不同于籍，不應删。

籑，褢也。從竹，襄聲。

咸按：許書悉以器之用解器名，"籑，褢也"亦是。王謂籑是虛字，實未達其理。且上下皆實物，何能以虛字厠其閒耶？

兀部

迅，古之道人，以木鐸記詩言。從辵，從兀，兀亦聲。讀與記同。

咸按：鄭注：其，語助也。語助則字多可通用無定，用迅亦可，何能定爲直可作兀？

丂部

丂，氣欲舒出，勹上礙于一也。丂，古文以爲亏字，又以爲巧字。

咸按：丂獨體指示字，勹以象氣欲舒出之形，一象上礙。亏一之形，不得云從丂也。丂之次猶巴之次已。

豆部

豆，古食肉器也。〔從口〕，象形。

咸按：豆上橫象蓋，非象肉。王謂“小篆迻肉在上”，失之。

桓，木豆謂之桓。從木、豆。

咸按：豆、桓之爲兩字，猶殳、投之爲兩字也。

𥁰，豆飴也。從豆，夗聲。

咸按：呼菽爲豆，始于戰國。聲變，故許氏不于豆下出其義。而登𥁰入豆部者，以形從也。叔之豉云俗從豆，足證豆之名非古。

豊部

酆，爵之次弟也。從豊，從弟。《虞書》曰：平酆東作。

咸按：爵本飲器，以人用之有貴賤，因以稱官職之尊卑曰爵。故桂氏之證，引申之義也。段氏之證，本義也。王氏誤認，遂云“從禮”。

虍部

虞，騶虞，仁獸也。白虎黑文，尾長于身。食自死之肉，不食生物。

從虍，吳聲。《詩》曰：于嗟乎騶虞。

咸按："食自死之肉"與"不食生物"意同，毋庸增補。

虘，虎不柔不信也。從虍，且聲。讀若鄜縣。

咸按：虘即狙詐之義，虎有之，豈能以騶虞至信而刪此？

虎部

虎，山獸之君。〔從虍，虎足象人足〕，象形。

咸按：虍先虎造，虎文异他獸，故以其文造虍。繼以虍專訓虎文，又造虎字。書其兩足以爲之別（如由鬼、囧朙之屬），象人足者，字形相似（如鳥鹿相似；魚尾與燕尾相似；龜頭與兔同，足與鹿同；莧從足能似；鹿㲆頭與禽离頭同之類），非稱物體相似。且古文虎亦云從儿矣。

皿部

齍，黍稷在器以祀者。從皿，齊聲。

咸按：《周禮》稱齍、稱齍盛，皆齋之借；稱玉齍者，乃齍之義。鄭注分明，故于六齍之注，讀爲粢，即桼之借。

盧，飯器也。從皿，虍聲。

咸按：以呂之篆文從旅聲，則筥、旅一字。《士昏禮》注之"筥，筲簹"者，即《方言》之"簏，筲籢"也。蓋筥又名筲簹耳。王謂"筥、簏、簹三字爲名"，誤。

卷　　十

青部

青，東方色也。木生火，從生丹。丹青之信，言必然也。

咸按：許引舊説，多證字形。"丹青之信"者，證青之從丹。㐭下云

"不喪匕鬯",證鬯之從匕也。　相同非別義。

皀部

皀,飯剛柔不調相著。　從皀,亼聲。　讀若適。

咸按:《廣韵》之義與許説同,《玉篇》有奪字。　飯柔固可粘,若堅
離離矣,何能相著?"剛柔不調相著",成都俗語夾生飯也。

食部

飯,食也。　從食,反聲。

咸按:《釋文》之論飯字,段氏已譏其誤。　王又從而爲之辭,更誤。
又《釋文·周禮》膳夫食飯(扶萬反,依字作飤)。　又《禮記·曲禮》
之飯(依字書,飤,扶萬反;飯,符晚反),二字不同,今則混之,故隨俗
而音此字。　據此,知陸氏分別,非沿舊説,則六朝諱反,亦爲習非矣。

亼部

舍,市居曰税舍。　從亼。　中象屋也。　口象築也。

咸按:《方言》:税,舍車也。《爾雅·釋詁》:税,舍也。　毛傳:
税,舍也。《周禮·典路》注謂税,舍車。　蓋皆謂税爲舍,非謂税舍也。
《荀子·大略》篇、《大戴禮·王言》篇皆與此合,均無税舍之稱。《御
覽》引有"税"字,不足信。　又徐鍇曰:中,立柱楠税之形。　段玉裁
云:象屋上見之形。　二説皆可信。　王以非字不出,故謂中爲茅茨誤,豈
舍俱草蓋耶?

缶部

匋,瓦器竈也。　從缶,包省聲。〔古者昆吾作匋。　按:《史籀篇》讀
與缶同〕。

咸按:經籍皆借陶爲匋,匋、陶義別,不相引申,何能命陶爲匋之纍
增乎?王説無據。　又匋,瓦器也,與"䍃,瓦器也"同字,今人猶呼瓦器

爲匋。 瓦器甂之字當作窯。 窯，燒瓦窯甂也。 王依《詩》疏增甂，誤。
段增作字，亦誤。

矢部

短，有所長短，以矢爲正。 從矢，豆聲。

咸按：五扶、七扶之矢，投壺之籌也，非矢之正。《周禮·矢人》
注：矢，稾長三尺。《鄉射記》曰：物長如笴。 注：笴，矢幹也。 長三
尺，與跬相應。 矢長有制，故云。

冂部

市，買賣之所也。 市有垣，從冂，從乁〔乁古文及〕，象物相及也。
屮省聲。

咸按：以所引證之，正當作"所之"也。《御覽》誤。

𩫏部

𩫏，度也。 民所度居也。〔從回〕，象城𩫏之重，兩亭相對也。 或但
從口。

咸按：《注》曰：回象內城外𩫏。 許云從回，亦猶王意。 而書中盡
刪之，何不思之也？

京部

京，人所爲絶高丘也。 從高省。〔丨〕象高形。

咸按：丘、京對文則异，散文則通，《爾雅》《説文》皆釋對文，故
殊异之。 王依桂説，非是。

就，就高也。 從京，從尤。 尤，异于凡也。

咸按：就高者即《孟子》"爲高必因丘陵"義，因高復增之也，故曰
尤异。 "于凡"引申有將説之意，如就下、俯就，皆其引申。

麥部

麥，芒穀，秋穜厚薶，故謂之麥。麥，金也。金王而生，火王而死。從來，有穗者從夊。

咸按：有穗者是釋"從來"，非釋"從夊"，王氏斷讀失之。

夊部

韰，䜌也，舞也。樂有章。從章，從㚔，從夊。《詩》曰：韰韰舞我。

咸按：《爾雅》徒歌謂之謠，此䜌即謠，故曰樂有章，從章。舞從舛，猶從夊，故曰舞也。又韰之用㚔聲，如風從凡聲、熊從炎省聲之例。

韋部

韠，韍也，所以蔽前也。〔以韋〕，下廣二尺，上廣一尺，其頸五寸，一命縕韠，再命赤韠。從韋，畢聲。

咸按：天子、諸侯、卿大夫用巿，士用韠，以尊卑分，不以事。黃以周曰：許意巿、韠、袷，乃尊卑之別名，非以服殊也。

卷十一

木部

栞，槎，識也。從木，㓞聲。《夏書》曰：隨山栞木。讀若刊。

咸按：若栞非伐而斷之，則書傳斷木通道之訓誤矣。古者林木深密，斬之則道通，日久尋其疏而短者以往來，故曰槎識。若僅去皮，則創合後豈復易識，其其義矣。

槮，木葉搖白也。從木，聶聲。

咸按：凡葉背色皆淺于葉面，故搖則白見。

互，古文桓。象舟竟兩岸。

咸按：《説文繫傳》臣鍇曰：舟竟兩岸也。其非許説明矣，何能增補？

檻，櫳也。從木，監聲。一曰圈也。

咸按：圈，養畜之閑，本靜詞，引申成動詞。檻、櫳、柙同。王氏但云圈有二義，未達。櫳下又增牢義，亦誤。

槥，棺櫝也。從木，彗聲。

咸按：槥，小棺似櫝，故槥即曰櫝。魯昭公爲馬作槨，紀實也，非諱也。

椁，葬有木章也。從木，章聲。

咸按：韋韋落于外。《檀弓》：椁周于棺。《急就篇》顏《注》：椁，所以斂棺也。曰周、曰斂，是有上下矣。曰五寸之椁，是裁制之非植木矣。

梟，不孝鳥也。食母而後能飛。故日至捕梟磔之。從鳥頭在木上。

咸按：《嶺表録異》《太平廣記》等書惡足信？

林部

森，豐也。從林奭。或説規模字，從大。卌，數之積也。林者，木之多也。卌與庶同意。《商書》曰：庶草繁無。

咸按：奭從廿。廿，二十并也，有多意。卌，四十并，亦多。森從卌，庶從廿，故云同意。王未達其旨。

卷 十 二

出部

出，進也。象草木益滋，上出達也。

咸按：出象草木之進，引申爲人物之出入。毛傳：茁，出也。

朮部

朮，草木盛，朮朮然。　象形。　八聲。

咸按："東門之楊，其葉肺肺"，以肺從宋聲，故借肺，楊木也。　何以加肉？孛星之孛，木當作宋，以聲同借孛，非加子也。　涒然之字後出，字本以形容水貌，故從水。　借以貌兒苗悖焉，亦聲借，非加心也。

索，草有莖葉，可作繩索。　從朮糸。　杜林説：朮亦朱宋字。

咸按：赤芾、朱芾之芾，本借芾爲之。　芾、市疊韵，非加草也。

生部

生，進也。　象草木生，出土上。

咸按：生、屮、出三字同意，故俱以進釋之。　屮之一，地也，地與土何分乎？

丰，草盛丰丰也。　從生，上下達也。

咸按：竸從丰聲，非生也。

口部

圜，天體也。　從口，睘聲。

咸按：天形圜，故能覆，謂曰道體，則有背于如笠如蓋之語矣。

困，故廬也。　從木在口中。

咸按：若故廬果有廢頓之意，則故國何意？復按：故者古之借，故廬者，老屋之意，何以知之？爲老屋以有喬木耳，與宋同意。

貝部

貟，貝聲也。　從小貝。

咸按：王引《爾雅翼》之説爲證，惡可信？

負，恃也……一曰受貸不償。

咸按：古無輕脣，負即如背。

賓，所敬也。從貝，宀聲。

咸按：古者相見必執贄爲禮，故賓從貝。王謂“非指贈賄之物”，失之。

贅，以物質錢也。從敖貝。敖者猶放，謂貝當復取之也。一曰最。

咸按：最無會聚意，當作冣。

賈，賈市也。從貝，西聲。一曰坐賣〔售〕也。

咸按：市本買賣之所，引申買賣均曰市。賈曰市，亦謂買賣有賈。“賈市也”之賈衍文，段已言之，王説附會。

邑部

扈，夏后同姓所封，戰于甘者，在鄠。有扈，國也，有甘亭。從邑，户聲。一曰止也。

咸按：户，護也，即有止意。《左傳》假扈爲之。《韻會》所引不足據。

郗，周邑也，在河内。從邑，希聲。

咸按：《尚書》《周禮》以絺爲黹，鄭注作希者，正明其假借耳。《左傳》《漢書》以絺爲郗，亦假借而已。今王氏謂以絺爲郗，直是省形存聲，何耶？

郫，蜀縣也。從邑，卑聲。

咸按：段《注》辰部，讀若稗縣下云：禾部曰：琅邪有稗縣。今

《地理志》作椑縣，誤也。　小徐本作"蜀稗縣"，非，蜀祇有郫縣，音疲。王説爲一，誤。

𨛜部

𨛜，邑中道也。　從𨛜，從共。　言在邑中所共也。

咸按：王所引《三倉》《詩》"巷無居人"，傳皆曰里，則里邑而邑非。《周禮》五家爲鄰，五鄰爲里，𨛜爲鄰道，𨞜爲里中道，亦謂數家所共出入而已。𨛜、𨞜本一字。

跋《十三經音略》

昔錢竹汀云："疊韵易曉，雙聲難知。"蓋疊韵有書，自幼講習，易于通貫。若雙聲既無專篇，尋繹等韵，則門法闃闑，而字復不備，無由探索，故云難知。海寧周松靄作《十三經音略》十三卷，專論雙聲，尤好言舌、齒之隔標，脣音之輕重交互，實爲難得之書。觀其言八代聲韵不取則于《廣韵》，而取淺俗韵書，是以多舛，一失也。詳説舌、齒、脣之互用亦有乖錯，而照、穿、床、審、喻五類不施鉽析，二失也。江慎修云："直音之謬，不可勝數。"今全書皆注直音。既云讀如某韵之某，又云歸于某韵，違依下字定韵之律，三失也。《釋文》于衆家音同而用字異者，靡不畢書。今云不應重出，或以開合訂之，四失也。自吳、陳考正古音，皆以聲旁定讀。顧氏以下沿襲其規，故所附音多非同紐。而周氏必以同紐摘之，其繆亦繁，五失也。《釋文》傳寫易訛，周氏頗爲是正，亦有因繆以立説，六失也。茲分別論之：

一 言韵多舛

如《易》褫，徐敕紙翻，音恥按：恥，敕里切。在止非紙。賾，仕革翻。《易》纂言思革翻。蓋因京房賾作嘖，即以嘖字之音音賾，且混嘖如息，所謂失而又失也按：《廣韵》嘖，側革切。革二等韵，無心紐，無緣相混，思字亦誤。揲，又吉列翻，音決，吉必即舌字之訛按：列在薛，舌、列同韵，不可爲反語。吉字不誤。但吉列當音揭，決在屑韵合口，即依音決言之，舌實爲誤字。訖，王肅其乞翻，讀如掘按：乞在迄韵開口，掘在物韵合口。嚎，況廢翻，音誨按：嚎在廢韵，應如穢，不當如隊韵之誨。又云：徐丁遘翻，音晝，本知母字，以端、知隔標出切也按：晝在宥韵知紐，遘在候韵端紐。候有端無知，丁遘自當如鬥，非晝也。晝自在宥韵知紐。凡云隔標，必本韵無其紐而用之者，始云隔標。

宥韵有知，凡云陟救、知宥、丁救、張救皆其音也。候韵有端，凡云丁遘、都豆、丁豆、陟遘皆其音也。此音本不同，而强以隔標斷之，增人迷惘，全書似此多矣。 又云：哶，有陟晝、都豆兩翻。陟晝一翻，當是孫叔然最初之音，下一字即用晝字，于法尚疏按：《切韵考·通論》類舉叔然反語五十八條及《釋文》全書，俱無陟晝一音，且陟、晝同紐，實違反切之例。 賁，王肅符文翻。 按：符文亦輕重交互出切。 文韵無並母，字音似盆而稍異按：文韵無並有奉。符本奉紐字，賁用符，正本音出切，何云交互？如《書》勖，子六翻，音鏃按：子六切，當音蹙。鏃，作木切，同韵異類。 暱，女乙翻，音匿按：女乙在質，匿，女力切，在職。 膇，又一郭翻，音近郁按：一郭與上文烏郭音同而用字异。今烏郭云音近沃，此云近郁，誤從一字之等。 如《詩》“析薪柂矣”，敕氏翻，叶湯何翻。敕氏音恥，掎音己。 掎、柂本同紙韵。 柂字叶湯何翻，用隔標也。 叶者欲以上兩韵就下佗字之故，遂并上兩韵而亦叶之，不若將佗字借叶他里翻，音如齊韵之體，雖紙韵無透母字，而可有其音也按：既無透母，又何能有其音？一也。 也聲、可聲古在歌韵，故柂叶湯何，在紙爲徹紐者，在歌爲透紐。今云佗叶他里，又云如體，等韵俱殊，二也。古有舌頭無舌上，所謂叶者改今音從古讀也。今易歌從紙，是以古從今，三也。又一韵之中舌頭、舌上不并有。今有他里，復有敕氏，違乎常規，四也。《周禮》蚳，直其翻，音遲。徐長梨翻。齊韵無澄母字，長梨者讀齊韵澄母也，仍是遲而微別按：梨，力脂切。長梨正切遲。若齊韵則當作黎，不作梨矣。齊韵無澄，非無其字，實無其音。今云仍是遲而微別，微別之狀果如何耶？

廿，劉侯猛切，梗韵匣母。有何梗翻音杏，與侯猛之音不同。此當讀如衡，上聲按：衡、梗、杏俱開口，猛合口。《廣韵》乎礦切有廿，即用劉音。《儀禮》靲，劉舉琴翻，音今。《説文》其閹翻。閹當讀烏南翻。其閹翻音近靲按：《説文》段《注》謂鄭以爲紟字。紟者，繫也。《廣韵》居吟切有紟，衣小帶。又其禁切、巨禁切有紟，云帶。與段説合。此其閹即《廣韵》之其禁、巨禁，等韵家所謂憑切。則閹非當音烏南也，且覃韵一等固無群紐。《禮記》齕，恨没翻，音紇。没韵字徐胡切翻、胡結翻同音頁。毛居正以胡切當作胡勿，讀入勿韵，非。盧氏《釋文考證》以古讀齕與齧音相近，疑匣不分，尤非按:《檀弓》紇,恨發反。《周禮·司盟》《論語·八佾》《莊子·馬蹄、駢拇》齕音同。蓋没韵開口,惟一下没切,無他字可用。曹憲《廣雅音》齕痕入謂爲痕之入聲,又云乎謁。其用謁與用切、用勿、用發同,皆取其爲常見字耳。盧云近齧,周云音頁,皆非。《爾雅》秴,《廣韵》又他乎翻。虞韵無透母字按:秴本在模韵。蜎,郭狂兗翻。又巨兗翻,音件,與狂兗母同微異按:兗合件開,不可以注音。巨、狂用字雖異,而音固同。不審,何云微異? 麐,《字林》力人翻,齊齒呼。又音力珍翻,撮口呼。并讀如鄰按:鄰、人、珍皆齊齒呼。既并如鄰,烏云撮口? 𧳈亦作麙,五咸翻,音嵒。《廣韵》陟鄰翻,音真按:陟鄰切無麙。且當音珍,非真也。

二　誤論類隔

如《易》簪,側林翻,音針,照母字按:針,職深切,三等。側林則二等,當分。輮,王肅奴又翻,音耨按:《廣韵》耨,奴豆切,候韵。又在宥韵。奴又與如又同用奴,爲類隔也。賁,王肅符文翻,按:符文亦輕重交互出,文韵無並母字,音似盆二稍異按:文韵無並有奉,符本奉紐字,賁用符正本音出切,何云交互? 又云似盆而稍異,何似耶此類語愈令人不明。《詩》蟄,尺十翻,音參(初林翻),入聲按:尺十當如昌汁切之馽,與初簪切之參迥别。揖,側立翻,爲緝韵照母字,音如執按:執之入切爲三等,側立爲二等,當别。不我信兮之信,音師人翻,與申同按:申,失人切,三等。師,疏夷切,二等。此蓋周氏所自作。掋,敕帝翻,音近寘韵之眙。霽韵無徹母字,此正徹母字也按:此正隔標出切。既云無徹母,又云此正徹母字,不可解。毳,尺鋭翻,釵去聲按:釵,楚佳切。其去聲爲差,楚懈切,二等開口。尺鋭在祭韵三等合口,此説大誤。役,都外翻。當如霽韵之綴,竹衛翻,歸于泰韵。此端、知隔標出切。又都律讀如窋,質韵無端母字,可爲隔標出切之證。又云《禮記》綴,丁衛、丁劣二翻,皆知母撮口。又都外翻,都、丁同爲隔標,并非讀歸端母按:《詩·候人》荷戈與祋。《樂記》注引《詩》祋作綴。按:《釋文》之例,先列當字之本音,次列假借字之本音。或先列假借字之本音,而後列當字之本音。如《詩》之祋爲本字,其首音都外反,本音也。又都律反,蓋用綴字本音。《樂記》作綴,云《詩》

作伇同，都外反。若其復綴下云丁劣反，又丁衛反，則爲綴字之本音。按：衛在祭，劣在薛，律在術，皆有知無端。都律即《廣韵》術韵之竹律切，音怵。若窟則在没韵之溪紐，音苦骨切矣。若丁衛、都律、丁劣可云隔標。若都外則本母出切，而亦謂之隔標，殊失。《書》咤，陟嫁翻，又音妒。《説文》作詫，丁故翻。以端切知，乃隔標也，與竹句翻同。竹句音如注，後竟以丁故隔標出切，音如妒按：詫爲本字，丁故音妒，其本音。大徐本作當故。咤，假借字也，陟嫁其本音也。陟嫁在禡，二等也，有知而無端。丁故在暮，一等也，有端而無知。本母出切也，非隔標。竹句在遇，知紐三等，與妒迥別也。《周禮》湛，直減翻，本隔標出切，音淡。《廣韵》止有徒減翻，古文作湝，可證也。後人以直字本母出切，遂有澄母，讀近屏原注：韵母并異。一音其來久矣按：減在豏，豏二等無舌頭。直減音和，徒減類隔。《廣韵》古文本于《説文》，其形難識，名之以淡，無乃專輒。趣，色到翻，音少按：少在笑三等，到在號一等，色二等。色到乃齒音類隔，即《廣韵》之蘇到，當讀如哨也。稍，劉色例翻，音税按：税，三等合口，舒芮切，祭韵。色例即所例，當音鏻也。菑，側冀翻，音至。又側其翻，音支按：側冀當如志韵之戴，側吏切，二等。若至則脂利切，三等。側其當如之韵之緇，側持切，二等。支則章移切，三等。《爾雅》鶅字同。《儀禮》執挑之挑，湯堯翻，音超。此透、徹隔標出切也。劉湯姚翻，又他羔翻，亦隔標出切音。如超而讀入豪韵爲異。挑字本他彫翻，音祧。又他刀翻，音叨。并讀透字本母，而此當讀隔標。《爾雅》斛，郭云古鍬字，七遥切。《五經文字》斛，他幺翻，見《爾雅》。按：他幺以透母隔標出切，今人呼治土者敕宵翻，以徹母出切，同音超。至七遥、敕宵原注：他幺、湯堯同，音義不同。今《儀禮》音湯堯，《爾雅》音七遥，似互易而誤。豈古人于此兩音尚未細辨耶？按：《儀禮古今文疏義》云：二手執桃匕枋以挹湆。注：桃謂之歃，字或作挑（注疏本此字仍作挑，非是）者，秦人語也。又云：《周頌》傳錢，銚也。銚即斛字。鄭又云：此二匕者，皆有淺斗，狀如飯樏。《方言》云：臿，趙魏之間謂之喿也。又云：字或作挑，秦人語也者。此如今人猶有名小勺爲挑者，作土貌反音是也。據是，則讀湯堯反者，以字作挑也；他羔反者，字本作桃，故作挏音也。又按：段注《説文》銚下云：銚、斛、喿三字同，即今鏊字也，七遥反，亦湯料反。今人俗語正切七遥。據此，則諸字音義互通，而周氏云音超隔標，諸説俱無根矣。《禮記》潘，芳煩翻，音拌。 此敷、滂交互出切，仍讀如寒韵之普官翻。坊本音翻，非按：此字《廣韵》孚袁切，作潘，米汁。普官切作潘，淅米汁，是本有二讀。孚袁即芳煩，元韵之輕脣。普官則重脣，俱爲本母出切，非交互。《左傳》宛茷，扶廢翻，即蒲蓋翻，泰韵，而音如隊韵之佩，乃奉、並互切按：扶廢音當如吠，蒲蓋音當如旆。舊茷音步貝反者，謂借茷爲旆，故從旆讀。云又音吠者，即茷正讀，俱本母，非互切。《穀梁》茀，李軌扶憒翻，音孛去聲。徐邈扶勿翻，音孛入聲。 此以輕切重也按：憒在隊，扶憒即《廣韵》蒲昧切之字，謂彗星也。徐音即用茀之本音，物韵敷勿切有茀也。雖蒲没切有孛，訓星名，而徐固依字作音，皆爲本母出切，非以輕切重。《爾雅》莉，郭陟孝翻，知、端隔標出切。因效韵無端母字，故用隔標，讀如號韵到字也按：陟孝自讀如罩，效韵有知母也。《廣韵》都導切有菿，蓋從孫都耗反之音。所依不同，未可强以隔標論之。饙，方云翻。《玉篇》甫文，《廣韵》府文，音分。 字又作餴，同。 按：此當是非、幫交互出切，音奔按：《釋文·詩》甫云反，正音分。《廣韵》奔紐無饙、餴字，此正本紐，非交互。 傳，徒端翻原注：音團。 郭徒原注：訛作徂，下同沇原注：音近斷、徒沿原注：音近團。二翻按：仙韵、獮韵俱有澄無定。又有從，郭所見本異字，故依字作音，猶施所見本爲博，故音逋莫反，周改無據。姪，大結翻。定、澄隔標出切，即音帙也。《字林》又丈一翻，音帙。《釋文》已誤分兩音按：結在屑，屑有定無澄。乙在質，質有澄無定。顯爲二音。則大結實非隔標。 巢，孫、顧并仕交、莊交二翻。孫又祖交翻，讀近樵，從母。 按：巢字本音當依牀母讀。孫氏于東漢末造翻切，已分仕交、祖交兩音可知按：肴韵二等無從有牀，則祖交即仕交之隔標出切者。 旄，謝音毛。《字林》作堥，又作堥，亡付翻。 微、明輕重交互出切，音務按：《釋文·詩》旄，丘音毛。《字林》作堥，亡周反，又音毛。山部又有堥字，亡付反，又音旄。蓋《詩·雅》字俱作旄，故音毛。《字林》始作堥、作堥，故有亡付之音，又有毛、旄之音，俱屬本紐，何云交互？洔，恥力翻，音測，穿母字按：恥力當音敕，徹母字。測在初母，亦非穿母字。 蝮，孚福翻，音腹，郭蒲篤翻，奉、並輕重交互出切，音復按：沃韵有蒲沃切，即蒲篤也。與孚福反异讀，自非交互。 蓚，他六翻，音禿按：禿在屋韵一等，六在三等。三等無舌頭，當云隔標出切。 齝，謝初其翻，音蚩按：《廣韵》齝，丑之切。蚩，赤之切。初其即楚持。與蚩類隔。《詩》疐，又作疌。舊竹利翻，又丁四翻，又渚吏翻，或竹季翻。鄭本作嚏，都麗翻。按：真韵無端母字，故都麗翻讀入霽韵，音蒂。其實此字止有竹利一音，後人不明隔標，改丁四爲都麗，其誤在六朝時。又云：《爾雅》疐，仆也。都麗翻，一音致。按：都麗翻，因真韵無端母字，竟用本母出切，讀如霽韵之柢，其誤始于六朝矣按：《狼跋》疐，丁四反，又陟值反。《釋言》疐，跲也。疐，竹利反，又得异反，又竹季反。若以隔標論，丁四、得异是也。至韵、志韵本無端紐，今用之，故云隔標。又按：《終風》疌本又作疐，鄭作嚏，音都麗反。《釋言》疐，仆也。疐，都麗反，一音致。以《詩·雅》相校，或“疐，仆也”之疐原本作嚏，故以都麗反爲首音，致爲次音也。又按：《釋文·曲禮》疐之音帝。《釋木》疐，丁計反。《廣韵》十二霽疐，柢也。《爾雅》棗，李曰疐之謂去柢也。據是，則柢、疐俱非本字，實借作蒂，故從蒂音。都麗即丁計，俱本母出切。今云六朝誤改，實自誤也。 條，他雕翻，音挑。沈暢遥翻，隔標出切按：遥在宵韵，宵有徹母，何云隔標？沖，《説文》讀若動，直弓翻。此定、澄隔標出切，音同不音蟲也按：讀若動，正雙聲而异等。《蓼蕭》沖，直弓反，徐音同。此謂徐亦直弓反，故下文云又音勑弓反。又按：《益稷》亦云直弓，《金縢》《左·昭四》云直忠，《道經》云直隆，皆與直弓無异，而直弓實本音出切，非隔標。 詵，所巾翻，音申按：申三等，在真韵審紐。詵二等，在臻韵，今爲疏紐。 釃，又所餘翻，音書按：《廣韵》疏紐有釃。若書則傷魚切，當爲審紐。 葛洪所寄翻，音帥按：所寄當音灑開口。若帥則所類切，至韵合口。

三　直音之失

如《書》聖，徐在力翻。職韵無從母字，以質韵疾音而讀歸職韵也。義亦同疾按：韵之分部全依下字，力在職韵，則聖自在職。且下文云《廣韵》職韵聖，秦力翻。秦力即在力，而此云職韵無從母，何耶？又按：段注《説文》聖，疾惡也。下云此釋經以説假借，謂聖即疾之假借，古音讀如《廣韵》子栗、將七二切是也。徐仙民讀在力反，乃失古義矣。周氏所稱近于段説，然周氏所論者，反語之用字，段氏乃論聲旁之古讀，實不相蒙也。　蠯，又作玭。韋昭薄迷翻，音毗按：薄迷在齊，當音鼙。若毗，則在脂韵。《爾雅》阪，沈蒲板翻。此依《詩》讀也。《釋文·詩》徐扶版翻，本母出切同。並、奉輕重交互出切，讀如阮韵之飯，歸于潸韵。潸韵阪、阪同，扶版翻，又音返按：《卷阿》阪，徐符版反。版在潸二等，無輕脣，徐音實爲交互出切。《釋詁》之蒲板實爲正讀，故沈旋從之，正爲音和也。周氏乃誤以爲輕脣，云讀如阮韵之飯，而以版字在潸，故云歸于潸。按：韵依切語下字以分部，今既別韵，而云歸云讀如者，真不可解。《廣韵》潸韵阪，扶版反，又音返。按：此依《釋文·車鄰》阪音反，又扶版反。《月令》阪音反，又蒲版反。阪又音版，周氏之説，殊失分疏。又云：孫、郭方滿翻，讀如阮韵之返，歸于旱韵。《字林》方怛、方旦二翻。方怛與方滿同，方怛即其去聲，歸于翰韵按：方滿、方怛即《廣韵》之布綰，交互出切。方旦之旦，或爲誤字。阪固無去聲之讀，各本皆然，無以是正。又云：施蒲滿翻，亦輕重交互出切，讀如阮韵之飯，歸于旱韵。顧音板，此音當是梁、陳後出之誤按：蒲滿即蒲板。《釋文》一、二等韵用字多混，顧音即方滿。方怛正孫、郭《字林》舊讀也，何云後出之誤？摧，徂回翻。《韓詩》作誰，千佳翻，音近灰韵清母之催。子佳翻，音啋按：佳本作佳，佳二等韵，固無齒頭，今云似催、音啋，皆疑未確。袢，符袁翻，並、奉交互出切，讀如寒韵之槃。不當讀歸奉母，音煩，然自《廣韵》已誤入煩字。細按《説文》，讀若普。此句當以意會，普猶之滂，謂讀若普音之泮，非謂竟讀若普按：《説文》讀若有同音、有疊韵、有雙聲、有近似之音。按：段《注》讀若普，下云袢當依《釋文》符袁反延，讀如字。普音于雙聲得之，許讀如此。《説文》博慢切之音，不見于《廣韵》，則知鼎臣誤取。依段説，則當從符袁切。《爾雅》鷚，吕、郭丑絹翻，音近霰韵穿母之串，讀歸徹母按：《廣韵》丑戀切有鷚，即正讀。孫敕亂翻，亦讀近串，讀歸翰韵按：《廣韵》鷚，又音象。象，通貫切，此用敕爲隔標。虦，施士嬾翻，棧音，讀旱韵。沈才班翻，音近屛，删韵從母。郭昨閑翻，同按：删韵二等無從音。《廣韵》士山切，即其本音。又昨閑切。才班即昨閑，亦即士山之隔標出切。蕩，吕、郭他羊翻，音湯按：陽韵無舌頭，他羊正褚羊切之募。謝、施他唐翻。他疑式字之訛。式唐翻音傷按：式在審，《唐韵》無審，則他唐正讀湯也。

四　妄論開合

如《易》嗑，胡臘翻，音盍，開口呼合字。《易纂言》胡閤切，音閤，合口呼合字。《説文》讀若甲。《玉篇》公盍翻，開口呼甲字。《廣韵》古盍翻，合口呼甲字按：緝、合以下九韵俱爲開口，無合口。嗑本在盍，《易纂言》用閤字者，蓋本平水韵，合、盍通用故也。若甲在狎韵二等，與盍迥別。《説文》讀若甲者，乃近似之音。《玉篇》《廣韵》俱取《説文》多言之訓，與《易》義無干。周氏引之，非是。鞏，《釋文》九勇翻，《説文》居竦翻，《玉篇》居壟翻，并同撮口呼。又有古勇翻，齊齒呼。雖同見母，而齊、撮之音迥別按：韵之開合定于下字，此反切之定律。今九勇、古勇同一勇字，何爲別以齊、撮耶？《書》僝，仕簡翻。按：與撰音同。《釋文》徐音撰，與仕簡翻分爲二，非按：《廣韵》産韵士限切僝，《書》傳云見也，《説文》云具也。徐音撰，即讀爲撰字。《廣韵》獮韵士免切，僎具也。韵與開合并異，當分爲二。《詩》麥，莫獲翻，叶音當爲莫北翻。兩音本同，但莫獲開口，而莫北撮口，稍爲异耳按：獲在麥二等合口，北在德一等合口，今云爲撮口，誤。《禮記》苬，昌改翻，音近紙韵之揣按：昌改即昌止。此蓋等韵家所謂正音憑切，即憑上字之紐，易韵以定其讀。按：《廣韵》初委切有揣紐，韵等呼并異。《論語》足恭之足，古音將樹翻，去聲，撮口，讀歸禪母。朱子從之。其音在祭、佐之間，本難上口，故《廣韵》易爲將喻翻，已覺失之毫釐。此外又有子喻、子句、遵遇等翻，乃今通讀如祭之誤所由來也。雖同屬精母，然不辨于撮口、齊齒之分，終不得字之真也按：切語上字取同紐，則不必論四聲等呼。下字取同韵，則不論紐。今云將樹讀歸禪母，蓋以樹在禪母，其誤一。樹在遇韵，本撮口。將雖開口，而樹不因之。變讀祭字四等，佐字一等，俱開口，何云之間？其誤二。子喻、子句與將樹同云，今通讀如祭，從將子之開，其誤三。《爾雅》鯀，郭、施、謝海拜翻，音如嘬。但嘬，呼外翻，泰韵，以嘬音讀入卦韵按：海拜即《廣韵》許介，音如忿，怪韵二等開口。嘬，一等合口，不能相擬。猰，晉灼音內言餰。按：晉灼《漢書音》每言內言如嚽音，內言囔猇音，內言鴉之類是也。何氏《公羊傳注》云：言乃者内而深，而者外而淺。此時翻語方興，其學未成，故于清濁輕重之閒，不過得其大略。蓋内者合而重濁，外者開而輕清也按：晉、何之言，讀若之情，非反語初興之狀也。晉音嚱、虦，俱二等。何注之，乃一等。以其母音之讀皆發于深喉，故曰内而深。而爲三等，其母音之讀發于舌葉前，故曰外。鵶亦三等，晉讀之如二等，故曰内言。鵶、獥首音諸詮之烏八反，二等。鉤音噎，四等。晉讀之如二等，故曰内言。鉤是内外之别，以等不以呼也。開合者，呼也。嚱虦乃獥俱開，今乃謂之合，誤矣。

五　臆説叶音

　　如《詩》于罦叶步廟翻，嘯韵，敷母字，乃有聲無字者也，故改叶隔標，步廟翻按：嘯韵四等無輕脣者，實無其聲，非惟無字也。《釋文·釋器》罦，孚、浮二音，則當讀平聲，與憂叶，爲《六書音均表》之第三部。造、覺俱去聲，爲第二部。今改罦如造、覺之讀，而不及憂，實疏。將其來施，施，叶詩遮翻，當叶詩戈翻按：詩遮當音奢，自有其讀。詩戈則戈韵無審紐，實不成反語。且施開戈合耶。不失其馳，叶徒臥翻。鉤韵無澄母字，則馳字當借叶床臥翻，音座按：澄母古讀定母，錢氏所明。馳平聲當讀如駝，何爲如徂臥切之座而又在床耶？下文或飲于池，叶唐何翻，音駝，不若借叶爲鉏何翻，音鹺，其差失正同。維虺維蛇。市奢翻，叶于其土何二翻。土何翻音佗，因叶入歌韵，不得已而借叶。若依市奢，本音叶入支韵，則支韵自有禪母。是支翻可叶，何得亦叶土何翻？按：前委蛇委蛇，云蛇既音移，而歌韵無喻，欲叶蛇字本讀而歌韵又無床、禪二母，不得已而借叶。當借託何反，音佗，不當借唐何翻，音駝。又按：《唐韵正》云：今人以委蛇之蛇音弋支反，入五支；虺蛇之蛇音食遮反，入九麻。又云古蛇字皆徒何反。而周氏以爲非。周氏但知比配聲紐，刻定其讀，不知古今聲紐亦當有異。拘執一端，遂難通貫。爾牲則具，叶居律翻。當叶其立翻，音及，與上文笠字叶，不當叶居律翻，音吉。上文物字亦當叶扶法翻，音乏。緝、匣本通，不必叶微律翻，仍是物字之音按：具本與餼協，笠物無韵。緝、洽閉脣，物舒舌，具翹舌，在《詩》絶無通叶者。且律合吉開，注音亦誤。以雌以雄，叶于陵翻。蒸韵匣母惟有恒字，才老以雄字叶恒音爲遠，故改叶于陵翻讀如繩，則以喻叶匣矣。《正月》第五章仍叶乎陵翻，讀如恒，則二處未劃一也。當從乎陵翻爲是，于陵翻非按：雄，《廣韵》羽弓切，本爲喻之三等，後乃有胡弓切之音。胡弓、乎陵俱不成翻切，今是乎陵而非于陵，是非顛倒。于陵又非音繩。無自瘵焉，叶子例翻。當叶側例翻，音制，不當叶子例翻，音祭按：瘵，側界反，以從祭聲，故叶子例。吳、陳、顧、江俱以諧聲譬喻，而照、穿之二等古音當如精、清，故瘵音祭，未可云不當。側例二等，制三等。不盈一襜，尺占翻，叶都甘翻。此字本不必叶，倘以覃、鹽不可相通，而覃韵無知母字，必借隔標叶，爲都甘翻，音耽。既誤尺占穿爲詹，又誤照詹爲知占，無乃太謬乎！按：襜從詹聲，占、詹同音，何云誤照爲知？依錢氏，知、照二紐于古皆爲端，則都甘實爲正讀。其厴其柘，章夜翻，叶都故翻。當叶之戍翻，音注，不當叶都故翻，音妒按：麻、馬、禡當讀如模、姥、暮，照當如其端，則都故非誤。若之戍則在遇，遇爲侯之變也。不坼不副，孚逼翻，叶孚迫翻。孚逼翻音幅滂職，讀如霹陌、劈錫。此隔標出切也，與上達下害本通，可不必叶，即取逼近而叶。當入曷韵，叶普活翻，音潑，不當入陌韵，叶孚迫翻，音霹按：霹、劈俱普擊切，錫韵。幅在職，古韵不可通達。害在曷，與幅迥絕，在《詩》無通用之證。此本無韵之句。曾孫維主，叶當口翻。主醹本叶即，欲叶下斗字，亦當叶止酉翻，音帚，不當叶當口翻，音斗。醹音乳，當叶人九翻，音蹂，不當叶奴口翻，音穀按：主在照，古音當在端，如斗，此錢氏所證明。乳在日，古音當在泥，如穀，亦可推錢氏之例而得之。而周氏乃謂凡叶音者所叶之字，必與本字同母。此一定之理也，否則隨字可叶，全無義例矣。愚謂《詩》之有叶音者，因其字以今音讀之不相調和，改而求古讀以定之。夫韵有古今，聲亦當有古今。若但計聲位之相當，而不審別其古今之有無，其所定之音必失其正。故凡屬古母古韵，其音必古，且至今而不變者也。若古母而在今韵，與今母今韵者，其音必非古也。如謂《關雎》之服叶蒲北翻，不若符弗翻。《伐檀》之輻叶筆力翻，不若叶分物翻。《鴻雁》之澤叶徒洛翻，宅叶達各翻，并當音直略翻。《載芟》之澤叶徒各翻，當叶式灼翻。皆謂舌上、正齒、輕脣之讀爲古，而以重脣、舌頭爲今，正違錢氏所定。斯乃狃于所叶必與本字同母之見而然也。又云：叶韵有聲無字。如誰謂鼠無牙五紅翻，東韵無疑母字，音近魚容翻冬，縮舌帶收鼻音。誰謂女無家各空翻，音近公而實非，亦須縮舌帶彈舌呼按：《詩本音》云：牙與家協，隔句爲韵。又云：家，《集傳》叶各空反，非。愚謂《廣韵》峵，五紅切，正疑母字，何云無也？各空即古紅，何云近公而實非？東韵本翹舌，非縮舌也。收鼻、彈舌皆聲母所發之狀，韵無之也。疑母可云帶鼻，而見母固不彈舌也。　又云：副笄六珈居何翻。　其字當撮口帶合口，合居何二音呼之愚謂居何即《廣韵》之古俄，開口也。按：撮口即合口之細，不能相兼，何云帶也？觀其合居何二音呼之一語，似周氏于反切亦謂爲合音耳。居撮口字，何今音與禾無異，故云合口，云合讀之以成一音，故又云帶耳。以畜萬邦謂邦爲閉口帶撮脣者，亦如是。　又云：于焉嘉客叶克各翻當依溪母讀，不讀如本藥韵之恪，而讀如覺韵之殻，須合客、各二音彈舌呼之愚謂克、客、恪、殻俱同紐。上云溪母，下云藥韵、覺韵，母韵之類本异，何能相況？且客爲二等，本應轉爲一等之恪，始合古讀，以恪類有舌頭也。若覺韵則有舌上、正齒，不可謂其音爲古亦無彈舌之狀也。　又云：發彼有的叶丁藥翻。藥韵無端母字，當依端母讀入藥韵，其音舌尖呼之愚謂藥韵有舌上固無端母，則丁藥不成切語。昔人誤謂藥爲古韵，故改他韵之讀。如藥的都歷切，本爲古讀，今云以舌尖呼之，此亦聲母之狀，非韵之情也。　又云：是任是負，叶扶委翻。紙韵無奉母字，扶委翻當開脣呼，其音較近尾而略輕愚謂重脣則兩脣相搏，輕脣則脣齒相切，無開口之狀。若尾本屬微紐，與奉异者，帶鼻音耳，非有輕重之差。　又云：至今爲梗叶古黨翻。開口呼梗古杏翻，本合口，字讀入養韵，與航舉盎翻相近而微异《詩本音》云：梗，古音古盎翻。愚謂杏，《廣韵》何梗翻，實開口，非合口。舉盎、古盎一也，亦開口也。周氏所謂與航相近而微异者，其以舉、古之等有差殊耶？又云：亦孔之厚矣，叶下主翻，音近户而無字按：叶厚入麌，正顧氏以侯入模之説。三等無匣母，則下主不成反語。　又云：釐爾圭瓚秬鬯一卣，瓚，叶慈鄰翻，音秦，與人田叶地因翻叶愚按：瓚本非韵，下句卣與稽首之首叶，此乃八字作一句讀。下文人田命，命、年爲韵，地因翻，亦襲前人之訛。　又云：王命卿士叶音所，床母字不當以審母字叶，當叶士楚翻，讀如鉏上聲愚按：赫赫明明，王命卿士。明、卿本叶。依夏燮、朱駿聲名詩以上字爲韵，則士字本非。江氏本有三句起韵之例，則祖字始韵矣。　又云：日監在兹叶津之翻，兹鼐本津之翻，即移音近齏。與津之音咨雖有齊即移、撮津之之別，然同韵同母，何得云叶？愚按：即移在支，津之在之，俱屬開口。謂津之爲撮，殊誤。而即移云音近齎，津之音咨皆爲不可解。又云：降福既多章移、當何二翻，章移翻，音支，多與衹通本音而非叶虛何、牛何二翻，方可云叶。自與上文虛宜翻、牛奇翻叶也犧自有桑何一音，不必叶虛何翻。愚謂章移反爲照紐支韵，當何爲端紐歌韵。自才老以來，皆以歌爲古音，支從歌讀虛宜、牛奇。今皆在支，故必易爲虛何、牛何也。多與衹通者，皆爲啻之變。啻之爲多，猶爲但也。爲衹，猶爲只、爲止也，皆後世語音改易而然也。章移、虛宜、牛奇雖相叶，然其音自支韵而非歌也。必易爲虛何、牛何始爲歌，而非支，始與當何之多合也。周氏不欲變紐，依章移之音取虛宜、牛奇之讀，以爲本音，實昧前人之旨。若犧之爲桑何反，此本司尊彝獻尊，鄭司農讀爲犧，《釋文》音素何反。蓋從鄭君答張逸謂其畫鳳皇尾娑娑然娑字之音也。若享以騂犧之犧，不得有是讀。又云：泰山巖巖叶魚杴翻，巖瞻本叶，不必叶咸入鹽愚謂此從嚴字之讀耳。又云：既載清酤叶候五翻，當叶果五翻，酤上聲，不當叶候五翻，音户愚按：《釋文》正音户，酒也。《說文》酤，一宿酒，侯古切。此本正音，不必言叶。而言叶者，以酤又有姑音、顧音，故云叶。則音户示其義，又著其音耳。

六　承誤字以立說

　　如《易》莧，《釋文》閑辯翻，音現，形甸翻，又胡練翻江校云：《爾雅音》辯作辦。愚按：《廣韵》侯襉切有莧，襉韵有辦無辯，則此作辯誤。辯，符蹇切，在獮韵。今云音現，云形甸翻，不知現、甸俱在霰韵也。蔀音部，蒲户翻，又音瓿。《五經文字》薄厚翻按：户，法偉堂校作口，謂略例音步口反。蒲口即步口。《廣韵》厚部兩收，而姥部無之。愚按：《左·宣六》蔀，步口反，又普口反，則法校可依。出如字，又敕遂翻。出字本穿母，今敕遂翻讀徹母，徹、穿逼近故也按：敕，臧校作尺。又按：《詩·雨無正》《周禮·朝士》俱作尺，則臧校是。《詩》濟盈不濡軓，從車凡，音范。《集傳》拘于用韵作軌，叶居有翻，與牡爲韵。今軌仍當作軓，牡改叶謨范翻，音近母版翻之彎，而合口爲牡之轉音甚合！按：李成裕、王懷祖、段懋堂俱謂軓當作軌，若作軓，則與牡韵不諧。愚謂軌從九聲，自與牡叶，猶《清酒》騂牡之相叶而數見也。此牡與軌叶，猶《伐木》之牡與簋叶也。 范即凡之上聲，凡爲閉脣，又爲輕脣。 母版反爲舒舌之重脣，本不相當，而云爲牡之轉音，真不可解。無食桑葚，《韵補》叶如林翻，禪、日稍混按：《韵補》如作知，即本書下文辨正亦作知也。《爾雅》獌，或亡羊翻，音茫，微、明輕重交互出切按：亡、羊疊韵，不成反語。 盧校羊作半，是。

丁以此《毛詩韵例》舉誤

上疊韵條

咸按：薄入汗平嗟平我上，俱無韵。

上三疊韵條

咸按：作入聲，無韵則亦同蕭蕭亦同復亦同復無韵。 此以同字者名同韵。

下三疊韵條

咸按：得，入聲，無韵。

閒第二字三疊韵條

咸按：穧，入聲，無韵。

閒第三字三疊韵條

咸按：赫入聲，無韵莫亦同。 雝在東，宮在冬，無韵，與蕭蕭同例。

上下疊韵條

咸按：服，入聲，不與之叶。 無，平，不與斁叶。

四疊韵條

咸按：棘入聲，無韵測、克疊韵，入聲，不與不叶。

上閒字韵條

咸按：《關雎》《羔羊》與《候人》《巷伯》二篇似不同例。 孔以薈蔚萋菲爲句，内用兩助詞之上之句中韵。

下間字韵條
咸按：江、孔謂居諸爲句中韵。　又孔以居諸爲凡絶兩字可爲義，即可加一韵。　今按：右之、之矣有四聲之异，非居諸之比，亦非可也之比。丁氏但求韵密，破四聲，創合韵，皆太勉强。

中間字韵條
咸按：則、式俱入聲，不可與子、以叶。

上下間字韵條
咸按：江、孔亦謂婉孌爲句中韵。　孔以婉孌與萋菲爲一例。　今按：素、五、絲、緎、羔、豹、裘、飾、鳥、攸皆异四聲，與鼠、去同爲上聲者別，萋、菲無別。

間二字韵條
咸按：食，入聲，不與不叶。

首尾韵條
咸按：莫，入聲，非韵。

上下同韵條
咸按：嘽寒焞灰赫入明平，俱無韵。

上下間字同韵條
咸按：此爲同字者，其不同字如以敖、以斿、其虛、其邪、優哉、游哉。

連句第一字韵條

咸按：孔以爲句中隔韵例。駪隔韵彼晨風，鬱與駪叶彼北林。棘入母上悠平道上，俱非。孔又舉《柏舟》汎與髧叶，《匪風》溉與懷叶。今按：白，入聲，不與野叶。棘同。

連句第二字韵條

咸按：則、食俱入聲，不可與母與絲叶。

連數句第一字韵條

咸按：叔，入，無韵。

連數句第四字韵條

咸按：悠哉悠哉，句中自叶，不與得、服、側叶。此當入閒句例。

閒句第一字韵條

咸按：亦，入，不與如叶。

閒句第三字韵條

咸按：七、吉、三今即助字韵例中言以上文一字爲韵者。

連章連句韵條

咸按：膴字當從《韓詩》作腜。陝自與薨、登、馮、興、勝韵，不應與真、載、翼叶。富、疚與止叶，時與茲叶，不應相牽。

長句韵條

咸按：《卷耳》應入連章正射例。

起韵條

咸按：《柏舟》，亦入聲，不與如韵。

線韵條

咸按：《七月》四章穫、檴、貉與于、狐、武、于無韵，以五爲線亦非。 又以上共七十三目，應併合者三十五。

丁以此《毛詩正韵》摘疵

卷　一

《周南·關雎》條

咸按：悠悠哉哉自叶，不與得、服、側韵。瑟在櫛，友在有，無韵。《詩》以四聲分叶，正例也。相叶，變例也。得、服、側不與三之菜相叶。入聲不可合于陰平，故芼、樂應在沃，屬宵非。雎平寐去鼓上無通理。輾轉，在獮韵，而君在文韵，荇在庚韵，鐘在鍾韵，俱無合理。

《周南·葛覃》條

咸按：刈、害雖同部，而章位遠絶，不可爲韵。服應在德，屬之非。又告當屬沃，與鳥合韵，非。鳴、寧縱爲韵，與黄合韵，非。又中、中屬冬，與覃、覃應分。

《周南·卷耳》條

咸按：酌當屬錫，不當與周、高合。又卷當在桓韵，云當在魂韵，玄當在先韵，不可合。

《周南·樛木》條

咸按：樛當屬蕭韵，木屬屋韵，不在侯，不可合。

《周南·桃夭》條

咸按：蕡在魂韵，不當與蓁、人合。

《周南·兔罝》條

咸按：腹當在沃韵，不得與赳、逵等字合。

《周南·汝墳》條

咸按：室在屑韵，與則不合。

《周南·麟之趾》條

咸按：麟、麐首尾叶，振振爲緯。

《召南·采蘩》條

咸按：夙在沃韵，與薄、夜不合韵。

《召南·摽有梅》條

咸按：《卷耳》盈頃筐不入韵，此亦當同。頃筐雙聲，不得以爲耕合。

《召南·何彼襛矣》條

咸按：何無韵，其與下絲、之、之叶，維與維、伊叶。又棣屬没韵，與曷不合韵，唐、棣雙聲。又蕭屬沃韵，與桃不合。釣屬錫韵，與侯不合。

《邶風·柏舟》條

咸按：酒無韵，句意未終。鑒非韵，句意未終。多無韵，此意未終也。又覯在侯韵，憂、受在蕭，不可合。又鑒在鑑韵，轉、卷、選在獮韵，不可通。又逢在東，往在陽，不可合。辟在錫，日、迭在屑，不可合。

《邶風·緑衣》條

咸按：實在質韵，俾在紙韵，非類。

《邶風·燕燕》條

咸按：惠無韻，終與上仲叶，溫與下君叶。又思無韻，先、君疊韻，之、思疊韻。又勛在燭，淑在錫，與勞不合韻。又以君、溫入真部，非。

《邶風·日月》條

咸按：俾在齊韻，德在德韻，不可合。以東入陽，亦非。

《邶風·終風》條

咸按：是在齊韻，則在德韻，不可合。

《邶風·擊鼓》條

咸按：踊、躍雙聲。歸無韻，此意未終。又其平、國入非韻。擊，錫韻，不與分合。躍在沃韻，獨在屋韻，不合。澔當與求叶，手與老相叶。孫與陳非合韻。

《邶風·凱風》條

咸按：善無韻，此意未終。又鳥無韻，睍、睆、黃雙聲，與好亦雙聲，意亦未終。又爰、寒、泉三疊韻，不與善叶，聖、善雙聲，俱意未終。黃與聖不可合。令、人疊韻，亦不與聖合。勛在侯，不與無合莫。

《邶風·雄雉》條

咸按：月當與曷韻。云、遠雙聲，遠無韻。

《邶風·匏有苦葉》條

咸按：卬、我雙聲。日在屑韻，始在咍韻，不可合。濡、須在侯，匏平在蕭，不可與求、舟相合。又匏、招爲韻。厲、揭連句韻，祭部。

《邶風·谷風》條

咸按：黽、勉雙聲。葑、菲雙聲。渭、爾閒句錯韵。又閱與逝、發叶，錯韵。不、閱、之、不、何、以、上、其，不爲錯韵。又有、喪、之、有、何、以、不，爲錯韵。又阻、何、以、不，爲綫韵。爾、既、正錯韵者，無韵，意未終。歌當爲經韵。下、一、何、以、不，爲錯韵。湜屬齊韵，不與其、沚合。閱屬末，不與菲等合。逝、發與閱聯句錯韵，祭部。濁無韵，此意未終。甘在談韵，不與風、心等合。念，去聲，不爲收，則深、凡亦非綫韵。葑、菲雙聲，平聲自叶，不必與去聲送、遙韵。昏、新不能相合。又黽、勉雙聲自叶，且黽屬唐韵，涇屬青韵，不可合。

《邶風·式微》條

咸按：泥當入韵，識而不列，蓋無例也。此與微、微、歸相叶。

《邶風·旄丘》條

咸按：葛在曷韵，不與尾合，此以四兮字相叶。旄在豪韵，不與流、裘合。叔亦不與旄、流、裘合。

《邶風·簡兮》條

咸按：庭在青韵，不可合人。云在魂，當與二西字韵，不合山。西自《詩本音》即音先矣，不當與美韵。日在屑，不與在、之合。之、思疊韵，意未終。中在冬，不與二公合，無韵，意未終。

《邶風·泉水》條

咸按：須在侯，不與車、瑕、寫合。思、須雙聲。諸、姑疊韵，不與女、父叶，但與七于字及車、瑕叶。

《邶風·北門》條

咸按：二室字與二實字閒句錯韵。室、室正射韵。

《邶風·静女》條

咸按：踟蹰雙聲自叶。牧在德韵，不與之合韵。説、懌雙聲自叶。

《邶風·新臺》條

咸按：設在屑，不與之合，意未終。鴻在東，不與網合。

《鄘風·柏舟》條

咸按：中、髧不可合。中在東，髧在感。

《鄘風·君子偕老》條

咸按：笄在齊，與山不可合。玉在屋，胡在模，不可合。髢本作鬀，易聲。天、瑱、鬒在先，云在魂，不可合。髮在末，不可與屑合。清與人不可合。

《鄘風·定之方中》條

咸按：直、塞錯韵，不可與騋合。升、降、終不可合桐，亦韵。凤在沃韵，不可合樹、卜。琴在覃，榛在先，不可合。伐、税在末韵，不可與揆、匪、牝合。彼、彼、連、章遥韵，歌部。四也字相韵，歌部。知當與懷閒句錯韵，不可與之合。蝀、蝀雙聲，不可與指、弟等合。昏、姻疊韵，亦雙聲自叶，不與人、信、命合。

《鄘風·干旄》條

咸按：浚從允聲，應入寒、桓。

《鄘風·載馳》條

咸按：涉無韵，句意未終。懷無韵，句意未終。濟、閟以霽韵論，本韵無合韵。

《衛風·碩人》條

咸按：妹與退遥韵，不與上下諸字叶。鮪在咍，不可合。朱在侯，不可與碩合。目在沃，不可合首、牡。

《衛風·氓》條

咸按：蚩無韵，意未終。爾無韵，句意未終。五章"言既……靜言"及六章"言笑"之三"言"字遥韵。女在模韵，與鳩不可合。卜、無不可合。信在先韵，不可與隕、貧合。躬在冬，不可與送合。兄在唐，不可與靜合。

《衛風·竹竿》條

咸按：竿與泉、源、言叶。致在屑韵，不可合之。玉在屋，竹在沃，笑在豪，不相合。出、檜在曷，不與水韵。

《衛風·伯兮》條

咸按：沐無韵，句意未終。草，蕭韵，與首叶，不合樹。出在没，日、疾在屑，不可合，與飛亦不合。

《王風·大車》條

咸按：信無韵，意未終。

卷　　二

《鄭風·大叔于田》條

咸按：褐在錫韵，不與服、在合。暴在沃，不與藪、具合。磬、控雙聲。

《鄭風·清人》條

咸按：中在冬，不可與重合。軍在魂，旋在桓，不可合。又三"在"

字正射韵。　在、右閒二句韵,之部。

《鄭風·羔裘》條

咸按:三在覃韵,不可與洵、命合。　英在唐韵,不可與孔、邦合。

《鄭風·女曰雞鳴》條

咸按:鳴,星韵;夜,御韵;將、將、翔三疊韵;翔于章中非韵,俱意未終。　瑟在屑,不可與不、佩、子、在合。　興在登,不可與星合。

《鄭風·東門之墠》條

咸按:邇雖與豈、爾叶,然句意未終。　思雖與不叶,然句意未終。甚在覃韵,不可與人合。

《鄭風·子衿》條

咸按:挑、達雙聲相叶,不與二悠合。　見字無韵。

《鄭風·揚之水》條

咸按:言、信平、去相叶。

《鄭風·野有蔓草》條

咸按:漙平、婉上、願去相叶。　又草、遇各爲正射韵,不可强合。

《鄭風·溱洧》條

咸按:瀏在蕭韵,樂、謔、芍、藥在沃韵,不可合。　又溱、洧在先韵,殷在痕,不可合。

《齊風·雞鳴》條

咸按:"之部爲經韵"句,"之"下漏"脂二"兩字。　會在泰韵,月在月韵，不可與匪合。

《齊風·著》條
咸按：瓊在桓韵，不在陽韵。 充在冬韵，不在東韵。

《齊風·東方未明》條
咸按：夙在沃，不可與柳合。 樊在寒韵，不可與辰合。

《齊風·南山》條
咸按：屨在侯韵，不當與道合。

《齊風·甫田》條
咸按：總、角位同雙聲。 二心正射，不可與田合。 突，没韵；未，脂韵，不相叶。 角、丱雙聲。

《齊風·載驅》條
咸按：朱、驅錯韵，爲侯部。 滔在幽韵，不與游韵。

《齊風·猗嗟》條
咸按："終日射侯" 無韵句。 目在屋韵之三等，巧在幽韵，俱不與趨、侯叶。 趨、蹌雙聲。

《魏風·葛屨》條
咸按：糾、葛、屨雙聲。 摻、手雙聲。 屨、手俱爲無韵句，意未終。 心無韵句，意未終。 手當與好、好韵，屨在侯。

《魏風·汾沮洳》條
咸按：沮、洳疊韵，不與莫、度、度、路合，爲無韵句。

《魏風·陟岵》條

咸按：子、已、止韻。哉、來韻。三陟相叶。母、母相叶，與父父、兄兄同。陟與母不通。

《魏風·伐檀》條

咸按：猗，石經作兮，當與諸兮字韻，不當與河叶。

《唐風·山有樞》條

咸按：裳無韻。馬與鼓叶。内無韻。食無韻。樂無韻。洒、埽雙聲，洒不可與人合。樂在沃韻，不與栲、杻、埽、考、保叶。

《唐風·揚之水》條

咸按：皓、鵠韻。繡、憂韻。皓、鵠、告在沃韻。繡、憂在蕭韻，當析出。二從正射韻，不可與楊合。

《唐風·葛生》條

咸按：角、錦雙聲。蒙、亡當各析爲正射韻，不可合。

《唐風·采苓》條

咸按：三首正射，六苟正射，不必合。

《秦風·車鄰》條

咸按：二逝正射，不必與既合。

《秦風·小戎》條

咸按：人在先韻，音在覃韻，不可合，爲無韻，句意未終。軜本在合。

《秦風·終南》條

咸按：終、終正射。 南、南正射。 狐、如錯韵。 渥、玉遥韵,當析不可合。 黻在末韵,不可與衣合。

《秦風·黃鳥》條

咸按：贖在屋韵,穆在沃韵,當各分爲正射。

《秦風·晨風》條

咸按：六在沃韵,苞在蕭韵,樹在屋韵,不可合。

《秦風·渭陽》條

咸按：瓊在桓韵,不可與陽、黃合。 玉在屋韵,路在鐸韵,不可合。曰、渭同在没韵,不可云合。

《秦風·權輿》條

咸按：屋在屋韵,不可與于、夏合。 四在齊韵,不可與不合。

《陳風·東門之枌》條

咸按：枌不他叶。 子、之、子疊韵,不與他叶。

《陳風·墓門》條

咸按：人、顛遥韵,門、門正射,當分不當合。

《檜風·素冠》條

咸按：勞、欒雙聲。 聊自正射。 人不可與心合。 同不可與傷合。

《曹風·下泉》條

咸按：三冽、三愾與四各自正射,不可合。

《豳風·七月》條

咸按：蟋、蟀疊韵。子、歲無韵，俱不與上下諸字叶，八字作一句。穆、麥無韵，八字作一句。

《豳風·鴟鴞》條

咸按：牖，甫聲，與戶、下疊韵，與下正射韵。室在屑，不可與子合。天在先，不可與陰合。民在魂，不可與今合。口在侯，不可與手合。

《豳風·東山》條

咸按：見無韵，八字作一句讀。

《豳風·九罭》條

咸按：魚無韵，六字作一句讀。之、子疊韵，不與他叶。

卷　　三

《小雅·常棣》條

咸按：人無韵，語意未終。兄、牆自叶，不與他句末韵。

《小雅·天保》條

咸按：阜、饎、姓各無韵，又皆八字作一句。宜不入韵，如厚、阜也。至當與質韵。福、食、德爲韵。矣、矣爲韵。饎不韵。弔，至也，即爲至借，則是、弔、質同在屑韵，而弔、質又雙聲也。

《小雅·出車》條

咸按：斯當與四章歸，六章遲、萋、喈、祁、歸、夷韵，不當與矣、子、思合。又旆、瘁皆隊韵，與脂分，隊當稱没。

《小雅·魚麗》條

咸按：句首旨與維韵。三物自爲韵，不可合。

《小雅·南有嘉魚》條

咸按：木在屋韵，不可與酒合，八字作一句。甘在談，不可與南合。

《小雅·蓼蕭》條

咸按：此或濃、沖一韵，雝、同一韵。

《小雅·六月》條

咸按：月非韵，八字作一句。鎬非韵，八字作一句。

《小雅·采芑》條

咸按：荆無韵，八字作一句。

《小雅·吉日》條

咸按：犯平、客入俱不與午、馬、麌、所叶。

《小雅·鴻雁》條

咸按：鰥，魂韵，不與安合。

《小雅·沔水》條

咸按：蹟無韵，在錫，不與之合。

《小雅·我行其野》條

咸按：姻無韵，八字作一句，語意方終。姻在痕，新在先。

《小雅·正月》條

咸按：先無韻，八字一句。悻無韻。無、辜疊韻，不與他叶。斯無韻，八字一句。止無韻，八字一句。第四章林、殆、定、帝四句無韻。第五章卑、言、老、聖四句無韻，俱各連下讀。又丁惟汾云：“高與局、厚合韻，蹐、斯、脊、蜴錯韻。”按：局、斯非韻，《詩》固有對句之首，其末字不入韻，如“既取我子，無毀我室”。又方、揚疊韻，不與他叶。兮、斯、卑、兮相叶尚可，合帝、蹐、脊、蜴則不可。林無韻，八字一句。險無韻。老無韻。酒、骰、鄰俱無韻句。

《小雅·十月之交》條

咸按：凶無韻，政無韻，俱與下文作一句。人無韻，八字一句。氏無韻，與下作一句。二事雖叶，但俱與下文作一句。無、無、辜三疊韻，不與他叶。七章末八字作一句，故孽、憎非韻。

《小雅·雨無正》條

咸按：“周宗既滅”句，滅無韻，八字一句。又饑、饉雙聲，八字作一句讀。又顧亭林云：“答，《新序》《漢書》作對，對字入韻。”又侯字非韻。御無韻。

《小雅·小旻》條

咸按：首章遹與回雙聲。訛無韻，與下文作一句。末章虎無韻，與下文作一句，三四兩句作一句讀。淵無韻，與下文作一句。

《小雅·小宛》條

咸按：鳩無韻，與下文作一句。傷無韻，聖無韻，菽無韻，俱同。令、鳴、征、生相叶，不與人韻。心雖在句末，屬侵韻，不可合。知、儀不可合。

《小雅·小弁》條

咸按：穀與獨閒一字，無韵。二章傷、嘆俱無韵，又皆與下作一句。三章"不屬于毛，不離、于裏"作一句讀。父無韵，與下作一句讀。五章奔無韵，與下作一句。雒無韵，木無韵，俱與下作一句。六章兔無韵，人無韵，俱各與下作一讀。七章讒、惠俱無韵，又俱與下文各作一句讀。末章梁、遑相叶，閱無韵。五章雖，此聲，在支本韵，非合韵。末章閱當與逝、發韵。六章心、心相叶，不與讒合。

《小雅·巧言》條

咸按：首章二昊天相叶。威無韵，與下作一句讀。兩無罪相叶。廟無韵，與下文作一句。猷、心、兔并無韵。五章木、簧俱無韵。末章斯不入韵，不可合之韵。

《小雅·何人斯》條

咸按：二章三、四兩句作一句讀，聲非韵。又貫在桓，不可合。歌無韵，與下文作一句。北無韵，與下文作一句。面、目雙聲。目不可與好合韵。

《小雅·大東》條

咸按：首章飱、人俱無韵，又各合其下文作一句。履無韵，合下作一句。六章畢無韵，八字一句。末章酒非韵，八字一句。

《小雅·四月》條

咸按：四章卉，五章水、禍，六章漢，末章歌俱無韵，八字一句。七章鳶、鶉、鱣相叶。

《小雅·小明》條

咸按："初吉"之吉、"獨兮"之兮俱無韵，各合下爲句。獨無韵。

又吉在屑韵,兮在齊韵,不可與之合。又往、往相叶,方、方相叶。又西在先韵,林亭所訂。

《小雅·楚茨》條

咸按:茨、位俱無韵。黍與與下三疊韵。踖以下自爲韵。五我相叶。倉與享叶。即、維相叶。庚、盈不入韵。"孝孫"之孫無韵,與下作一句讀。孫、孫疊韵。

《小雅·信南山》條

咸按:福無韵,與下作一句。山、原閒句錯韵,不可與甸、田合。

《小雅·大田》條

咸按:稼無韵。螣、賊韵,非合。穀、田俱無韵,俱合下爲一句。

《小雅·頍弁》條

咸按:雪、霰雙聲相叶。日無韵,八字一句。

《小雅·車舝》條

咸按:林無韵,合下爲一句。高、岡雙聲。酒、肴、爾、婚俱無韵。

《小雅·賓之初筵》條

咸按:仇、至、奏、豆俱無韵。四章、末章兩酒字叶。

《小雅·角弓》條

咸按:昏姻下同韵。角、弓雙聲,各相叶。遺無韵,合下一句讀。髦當作髳,與浮、流、憂韵。

《小雅·菀柳》條

咸按：飛、心俱無韵，又俱合下各自爲句。

《小雅·采緑》條

咸按：二章日、日連句正叴。三章之閭句正叴。不、期連句錯韵，不可合。狩、釣各與下句合讀，本句無韵。釣、釣相叶。

《小雅·白華》條

咸按：雲、懷、宫俱無韵，又各合其下爲一句讀。

《小雅·苕之華》條

咸按：二章後二句作一句讀。知、此首尾韵。如、如無韵。三章後二句作一句讀。

讀章炳麟《國故論衡·小學》篇獻疑

《小學略説》（3頁）云：“顧炎武爲《唐韵正》，始分十部。江永《古韵標準》分十三部，段玉裁《六書音均表》分十七部，孔廣森《詩聲類》分十八部，王念孫分二十一部。大氏前修未密，後出轉精。發明對轉，孔氏爲勝。”咸按：江永《四聲切韵表》實爲對轉之律，戴東原循之，以成《聲類表》；孔廣森師之，以成《詩聲類》。今章氏以發明對轉之事歸于孔氏，殆未留心江永、戴東原之書也。

又云：“《唐韵》云紐，晚世謂之字母。三十六母，雖依擬梵書，要以中夏爲準。顧氏稽古有餘，審音或滯。江氏復過信字母，奉若科律。段、孔以降，含隱不言。獨錢大昕差次古今，以舌上、輕脣二音古所無有。然後宫商有準，八風從律。斯則定韵莫察乎孔，審紐莫辯乎錢。雖有損益，百世可知也。”咸按：字母之名，本于梵書。梵音字母爲三十四，謂喉、腭、舌、牙、脣五音各五，一也；以野、囉、砢、嚩爲半母音，二也；以捨、灑、縒爲嘶音，三也；又有舒音一，非原始音，四也；故三十六母非依擬梵書也。至若其元音十四，魯、留、盧、婁皆在來紐，華夏之音不如是也。昔人拘滯，必五五四四，一一相對，故合莊、初、神、疏于照、穿、床、審，合爲于、喻。江慎修已言其不通用，陳蘭甫遂析之爲二，共四十一紐，逾越梵音矣。今章氏復持三十六之名，何耶？

又《紐目表》（5頁，表見下頁）：

咸按：錢大昕以照、穿、床等母之三等字古讀合于端、透、定，今章氏此表列照、穿、床等爲古讀，既違錢氏所揭櫫之規律，而寒、歌等韵固無此五紐也。且群亦不在寒、歌諸韵中，未嘗與端、透等并列，是群亦非古紐也。今人曾運乾《喻母古讀考》謂匣與透皆定之變，并附之于影下，亦非。

喉音	見	溪	群	疑		
牙音	曉		匣	喻		影
舌音	知端	徹透	澄定	娘泥	日來	
齒音	精照	清穿	從床		心審	邪禪
脣音	非幫	敷滂	奉並	微明		

又云（6頁）："然鼻音有三孔道：其一侈音，印度以西皆以半摩字收之，今爲談、蒸、侵、冬、東諸部，名曰撮脣鼻音古音蒸、侵常相合互用，東、談亦常相合互用，以侵、談撮脣，知蒸、東亦撮脣。今音則侵、談撮脣，而蒸、東與陽同收，此古今之異。"咸按：蒸、東、冬舒舌（即此云上舌）發鼻，非撮脣。在《詩》，侵與蒸、冬互用者，以其俱爲不圓脣，猶真耕、真蒸之混同。然以撮脣爲侈，舒舌爲弇，既異于江，復異于段矣。

又云："其一弇音，印度以西皆以半那字收之，今爲青、真、諄、寒諸部，名曰上舌鼻音。"咸按：青爲舒舌，真、諄、寒爲上舌，今音如是，古音亦如是也。

又云（8頁）："孔氏所表，以審對轉則優，以審旁轉則窶。辰、陽鱗次，脂、魚櫛比，由不知有軸音，故使經界華離，首尾橫決，其失一也。"咸按：孔廣森以丁、辰、支、脂相次，乃依段氏。其實丁、支舒舌，辰、脂上舌。今章氏亦以真、青相次，俱不悟其非類。孔以陽接東、冬，魚接侯、幽，與章氏固同，但未標軸音之目耳。

又云："緝、盍二部雖與侵、談有別，然交、廣人呼之，同是撮脣，不得以入聲相格。孔氏以緝、盍爲陰聲，其失二也。"咸按：孔云：至于入聲，則自緝、合等閉口音外，悉當分隸自支至之七部，而轉爲去聲。蓋入聲創自江左，非中原舊讀。其以入爲陰去，故以緝、合亦爲陰。今譏斥之，殆不喻其意。

又云："對轉之理有二：陰聲同對一陽聲者，有三陽聲同對一陰聲者，復有假道旁轉以得對轉者此所謂次對轉，若東亦與幽轉，是假道于冬、侵也。至亦與青對轉，是假道于支也。支、脂亦與寒對轉，是假道于歌、泰也。之亦與冬、侵、緝對轉，是假道于幽也。非若人之處室，妃匹相當而已。孔氏所表，欲以十八部相對，伉儷不踦，有若魚貫。真、諄二部，執不得不合爲一。拘守一理，遂令部曲混淆，其失三也。”咸按：歌、泰同一寒，泰本曷、末之變，故無平、上，非可獨立如歌、戈也。緝、盍既獨立，則曷、末不應抑作泰之附庸。侵、冬之通用變也，猶其與蒸通用也。今蒸既獨立，則侵、冬亦當別部。此嚴可均氏之失，而仍沿襲之，殊非。玩江有誥陰、陽相配之義，則諸家得失斯定矣。又音轉之律，韵首、韵腹同而韵尾異者，對轉是也；韵尾、韵首同而韵腹異者，如真、耕相通，支、脂相通，蒸、侵相通是也。若非二者，但可謂爲雙聲相轉，非關韵也。又段謂聲音之道，協靈通氣，移轉便捷，求之同類爲近，異類爲遠。嚴謂陰陽混一，順逆互轉，章氏受之以作《成均圖》。夫二部相通，無毫髮之似，徒以經籍偶爾借用，遂遽合同，且尚有舛誤者耶？昔孔廣森于耕與真通，支與脂通，蒸、侵與冬通，之、宵與幽通，然所謂通者，非謂可以全部混淆，閒有數字借協而已。此實王念孫語，孔氏殆從師説而斥段也。章氏謂定韵莫審乎孔，何不謹遵此語耶？

又云（9頁）：“尹、君同聲，本在諄部。而記言孚尹，則借爲浮筠，是又轉入真部也。”咸按：《禮記·聘義》云“孚尹旁達”，注：“讀如竹箭之筠。”《説文》：“筼，竹膚也。”段玉裁《注》：“竹膚曰筼，亦曰筠，見《禮器》，俗作筠。”是筠蓋筼、筠之借字也。

又云（10頁）：“諄、寒旁轉，如堇聲在諄部，難、漢等字從之，則入寒部。貫聲在寒部，琨之或字從貫作瓗，則入諄部。蘊積或作宛積，薦席又爲荐席，皆其例也。”咸按：段玉裁云：“貫聲在十四部，與十三部昆聲合韵最近，而又雙聲。”《説文》：“荐，薦席也。”段《注》云：“荐與薦同音。”是以承藉字多假借爲之，如《詩·節南山》傳，薦，重也，《説文》云且薦也，皆作荐乃合。

又云：“真、寒亦有旁轉，如辨本在真部，采本在寒部，采訓辨別，則聲義通矣。弁急之字，《説文》作㦥，亦寒、真之轉也。”咸按：采訓

辨別，猶八，別也；叀、專，小謹也；古，故也；誩，競言也，皆上爲本字
而下爲通用字，即段氏所謂古今字也。 辨非辛聲，經籍無以爲韵者，段
氏列于真部，無據。

又云："侯、幽旁轉，如句從丩聲，朐、脈二字義同聲轉。"咸按：瞿
讀如章句之句。 段玉裁云：知許慎時章句之句已不讀鉤。 既不讀鈎，
則瞿當從昍，在五部也。

又云（13頁）："緝、之亦有對轉，急、亟相借，翌、翼相借是也。"
咸按：《爾雅・釋言》："翌，明也。"注："《書》：翌日乃瘳。"今《金
縢》作翼。《説文》段《注》翊下云："《尚書》五言翌曰，皆訓明日；一
言翌室，訓明室。 天寶閒盡改爲翼。 凡《尚書》翼字訓敬、訓輔，與訓
明者無別，自衛包始。"

又云："閔讀如縣……是寒、歌之轉也。"咸按：閔，從鬥，從戈，會
意，戈非聲也。

又云（14頁）："真、支亦有對轉……《春秋傳》：西鄙責言。 責讀
如臻見《集韵》十九臻，緇詵切下。 此猶《説文》輹訓車簀，輹、簀亦一聲之轉。 戈
本舊讀。 今《釋文》有側介反，與如字二讀。 按：責字作去聲者，俗或作債，《唐韵》
《集韵》皆側賣切，在卦韵，與介在怪韵有別。 側介必是側巾之誤。"咸按：《釋文》
卦、怪、夬三韵多混用。 如介，《齊物論》古邁反；芥，《逍遥遊》古邁
反；《禮記・内則》徐姬邁反；《左傳・哀公二十四年》甓，户快反；《禮
記・曲禮》嘅，初怪反。 則責，側介反，亦上例也。

又云："寒、支亦有對轉，如觟或作舣。"咸按：段《注》云：單聲而
支義切，猶古文本作舣，從氏聲。 後遞變從辰、從單爲聲，而古音終不
改也。

又云："寒與脂、隊亦有對轉，如煣轉爲烜……焉使作夷使。"咸
按：段玉裁《儀禮漢讀考》云："司煣氏，注：煣，火也。 按：今本經文
作烜，依注故書煣作垣訂之，知經文作煣，故書作垣。 司農易垣爲煣，
而後鄭從之，絶無烜字也。" 按：《説文》鉉本云："爟或從亘。" 鍇本火
部末出烜字云："或與爟同。" 蓋許書本無烜字，淺人用誤本《周禮》偶

記于火部末，而鉉因移附爟下也。《玉篇》《廣韵》絕不言烜即爟也。
又王引之《經義述聞》云：焉字屬上讀爲句，使則介之，故書使上有夷字。夷乃發聲，故鄭兼存故書有夷字者，而以發聲解之，非謂焉字故書作夷也。若焉字故書作夷，則鄭當云故書焉作夷，乃合全書之例。今不言焉作夷，而云使謂大小行人也，故書云夷使。是故書使上多一夷字，而焉字仍屬上讀明矣。

又云："談、盍、歌、泰雖隔以空界，亦有旁轉，如冄聲之字爲那……是歌、談之轉也。"咸按：段玉裁《六書音均表》謂冄本在七、八部，雙聲合韵也。章氏古音娘、日二紐歸泥說亦云："冄之聲，今在日紐。那從冄聲，則冄、那以雙聲相轉，在泥紐也。"

又云（15頁）："因泰與侯轉，故其比鄰之隊亦附之以轉，如絀、絑同訓，柮、株同訓，拙、鈯與朱、愚、銖、鈍同訓，皆一語之轉也。"咸按：《說文》：絀，絳也。絑，純赤也。段玉裁云：絳，大赤也。大赤者，今俗所謂大紅也。純赤者，今俗所謂朱紅也。朱紅淡，大紅濃。大紅如日出之色，朱紅如日中之色也。又《文始》卷六云："絑，純赤也，亦與絀雙聲相轉。絀，絳也。絑與絀猶鋦與拙、誅與黜矣。"然則絀與絑、柮與株、鋦與拙、銖與鈍皆屬雙聲相轉，非關韵也。

又云："寒、東亦隔五而轉……袞從公聲，橦從童聲。"咸按：段云：公與袞雖雙聲，非同部。復按：《爾雅音義》《說文》袞，從衣從谷。谷，羊叜反。又段謂橦、童爲聲之轉。

又云（16頁）："侯、寒有轉，則《說文》短從豆聲。叜聲、需聲之字往往相變。"咸按：段云：《考工記》豆中縣，謂縣繩正豆之柄也。然則豆聲當作從豆。又叜、需之變，隸書如是，不關聲。"

又云："泰、東有轉……以達爲通達本行不相遇，無通義。"咸按：行不相遇，即無所室礙，正通之意也。

《音理論》云（17頁）："雖然，造反語者非始孫叔然也。叔然承襲舊文，體語已有數家，故反語上字無定，見于《爾雅音》。及周顒整而一之，惜其不傳也。"咸按：反語創始于叔然，黃季剛《音略》言之至明。又反語原于讀若,上字但取其雙聲,下字但取其疊韵,故用字不劃一。又顗著《四聲切韵》,蓋有切語,用字整一,否則不可知也。

又云:"收聲音濁,而其上有清,清音復可補苴也今音那、黏等字皆作清音,亦當補。"咸按:昔人因裒聚切語上字而造字母,如正齒及喻當分而合。江、陳二氏從其不通用而復分之。今謂收聲有清,從何以見其當分耶?若那、黏之屬今作清音,于其切語上字固無有别,則方音之變,在造反語時不如是也。

又云(18頁):"嘗睹《廣韵》《集韵》諸書,分部繁穰,不識其故,欲以是通之爾。不悟《廣韵》所包,兼有古今方國之音,非并時同地,得有聲勢二百六種也且如東、冬于古有别,故《廣韵》兩分之。在當時固無異讀,是以李涪《刊誤》以爲不須别也。支、脂、之三韵,惟之韵無合口音,而支、脂開合相閒。必分爲二者,亦以古韵不同,非必唐音有异也。若夫東、鍾、陽、唐、清、青之辨蓋由方國殊音,甲方作甲音者,乙方則作乙音;乙方作甲音者,甲方或又作乙音。本無定分,故殊之以存方語耳。"咸按:《廣韵》包容《釋文》諸書之音,以爲讀書之助,非存方語。又支、脂必分爲二者,依其切語下字各别而分之。既非古韵,亦非唐代甲方、乙方之音,皆由魏、晉以降相習使用者。《顏氏家訓·音辭篇》所譏稗爲逋賣,娃爲於乖,驥爲在邁,槌爲徒緣,皆斥其用字乖互,非指語音。此云由方國殊音,殆失顏旨。

又云:"《唐韵》分紐本有不可執者,若五質韵中一、壹爲於悉切,乙爲於筆切,必以下二十七字爲卑吉切,筆以下九字爲鄙密切,密、謐爲彌畢切,蜜、蔤爲美畢切,悉分兩紐。一屋韵中育爲余六切,囿爲于六切,亦分兩紐也。夫其開合未殊,而建類相隔者,其殆《切韵》所承《聲類》《韵集》諸書,舉嶽不齊,未定一統故也。因是析之,其違于名實益遠矣。"咸按:此類本昔人造反語用字不同,故編韵書者亦别爲二,非异紐。等韵家以三、四等别之,故非。陳蘭甫《切韵考》以紐别之,亦失。若于、喻本爲二紐,又非其例矣。

又云:"一母或不兼有合、撮、開、齊,斯又口舌所礙也。正齒撮、齊即齒頭,齒頭合、開爲正齒。"咸按:謂正齒撮、齊即齒頭,然則齒頭之一等若何讀耶？謂齒頭合、開爲正齒，正齒之三等又若何讀耶？

又云（23頁）："反語識音，其埶不能無雜用。趣以臨時磄磶得聲，及收韵猶當失以絫黍烏之收音，實亦開口，而非烏也。侯、幽收音，同是一謳，宛無別异。顧中外未有能免是也。夫以伊、烏爲收者，其收時豈誠伊、烏耶？收音不能不開口，伊齊齒，烏口，語歇收音，其實不合爾。"咸按：此亦謂反語爲拼音，失其義矣。烏終爲合而非開，謂之開口，失正也。若侯、幽則同是一謳，此本近人所云複合元音，實非烏等。伊終始爲伊，乃與烏等。

又"二十三部音準"云："古音流傳于晚世者，自二十三支分爲二百六，則有正韵、支韵之异。以今觀古，侯當從正韵，不從支韵之虞。支當從正韵，不從支韵之佳。歌當從正韵，不從支韵之麻。幽當從正韵，不從支韵之蕭。此爲以正韵定音。脂當從支韵之微，之當從支韵之咍，青當從支韵之先，侵當從支韵之咸，東當從支韵之江江南呼江穿口而大，异于陽、唐，江西尤確。此爲以支韵定音。"咸按：正韵、支韵之稱，即段玉裁《六書音均表》之本韵、變韵。支非正韵，齊乃正也。幽實支韵，蕭乃正也。脂、微皆支韵，先爲舒舌之正，青爲上舌之正。章君徒見數字偏旁之同，遽相并合，大誤。侵、咸俱屬支韵，不可爲準則。顧炎武、江永從昔人之言讀江如東，今云東當從江亦誤。

又云（20頁）："昔《唐韵》以入聲配陽聲韵，顧氏悉取以配陰聲。及戴君言二平同入，以爲陰陽對轉之符。孔氏取聲焉，而復以爲古無入聲。按：古音本無藥、覺、職、德、沃、屋、燭、鐸、陌、錫諸部，是皆宵、之、幽、侯、魚、支之變聲也。"咸按：小私兆、蕭私妙、削息約、喬巨嬌、驕巨夭、嶠渠廟、蹻其約，以上藥部。疑語其、擬魚紀、觺魚記、嶷魚力、譩於其、譩於擬、意於記、憶於力，以上職部。庖薄交、鮑薄巧、菢薄報、雹蒲角、茅莫交、莈武道、瞀莫候、瞀莫角，以上覺部。掊薄侯、瓶蒲口、脰蒲侯、踣蒲北，以上德部。覯當侯、㝅徒口、闕部豆、𣂪丁不、俱舉朱、椇俱雨、具其遇、氍居玉，以上屋、燭部。模莫胡、暮莫故、莫慕各、䎘户吳、姻侯古、姻胡誤、涸下各，以上鐸部。攜户圭、儶胡桂、嘴胡伯、侘敕加、妊丑下、詫丑亞、䫲丑格，以上陌部。 訝烏奚、訝烏弟、枂於計、豻許激、繫苦奚、罊苦計、轂苦擊，以上錫部。 然則古音非無藥、覺、職、德諸部也。

又云（21頁）："顧君以藥、覺等部悉配陰聲，徵之《說文》諧聲，《詩》《易》比韵，其法契較然不迻。 若薃得聲于貌，沃得聲于芺，爍得聲于樂，試得聲于式，特得聲于寺，蕭得聲于肅，寶得聲于賈，博、縛得聲于尃，錫得聲于易。 玆其平上去入皆陰聲也，遽數之不能終其物。江、戴以陰、陽二聲同配一入，此于今韵得其條理、古韵明其變遷，因是以求對轉，易若截肪，其實古韵之假象耳。 已知對轉，猶得兔可以忘蹄也。 然顧氏以入聲麗陰聲，及緝、盍終不得不麗侵、談。 孔氏云無入聲，而談與緝、盍乃爲對轉。 戴氏以一陰一陽同趣入聲，至緝、盍獨承陽聲，侵、談無陰聲可承者，皆若自亂其例。"咸按：形聲偏旁，譬喻其名，密則同音，疏則雙聲。 但取近似而已，故不論四聲。 如摓得聲于共，羑得聲于屮，容得聲于谷，豩得聲于豕，悚得聲于束，充得聲于育，掠得聲于京，莫得聲于茻，彉得聲于黃，冥得聲于冖。 螣借作蟘，既見其配陰，又見其配陽，斯正明陰、陽同配之理。 至緝、盍獨承陽聲，侵、談無陰聲可承者，蓋閉脣本不能吐喉音，戴氏明言之矣。 今循嚴氏謬說，取其循環互轉一統無外之語，何不反覆江、戴之意歟？

又云："收聲屬陰聲則爲陰，收聲屬陽聲則爲陽。 陰聲皆收喉，故入聲收喉者麗陰聲。 陽聲有收脣收舌，故入聲收脣者麗陽聲。 緝、盍收脣也，舒爲侵、談去聲，其收脣猶如故，以是與侵、談同居。 泰、隊、至皆有入聲，舒其入聲歸泰、隊、至，猶故收喉而不與寒、諄、真同收，以是不與寒、諄、真同居。 入聲所以乏寡者，之部非不可促，促之乃與至同。 侯、幽、宵非不可促，促之聲相似也。 歌、魚非不可促，促之聲相似也。 蒸部促之復若緝，陽部促之復若泰，聲相疑似則止矣。 衆家之說各有憑依，要之皆未盡其常變。"咸按：陰聲、入聲皆收喉，何以宵、之、幽、侯、魚、支無入聲也？陽聲之收舌，何以亦無入聲也？緝、盍之鼻音隱而不宣，屋、沃、質、術亦復如是。 謂質、術爲收喉，緝、盍爲收脣，實爲未達。 既尊信江、戴二平一入，則陽聲三十五，陰聲二十六，入聲三十四，則入非乏寡也。之爲上舌，至爲舒舌，俗讀訛混，本非相似也。歌舒舌，魚上舌，其入亦不同。戴氏以歌、魚、鐸爲一類，大誤。蒸之入職，何去若緝？陽上舌泰，舒舌亦復不似。後人但據諧聲偏旁及一字四聲之轉，遂謂入聲歸陰，未知入本發鼻，惟其促，故及鼻空而止，適似陰聲，遂以屬陰耳。

又云："陰陽聲者，例猶夫婦，入聲猶子。子雖合氣受形，裹妊必于其母。"咸按：陰聲無收脣，而入聲有收脣，則猶夫婦與子之説不能成立也。

又云（23頁）："緝、盍之訛，以江河内外失收脣之音耳。呼以收脣，自轉爲侵、談去聲，廣東固未失矣。"咸按：緝、盍之譌，江河内外不惟失收脣，且復轉爲□□三聲，未有轉爲侵、談去聲，尤未有言力、式似拨、勝，錫、逖似性、定者。

又云："魚部雖無齊齒，不得言無開口。今舉烏、姑、枯、吾諸聲滿口呼之，及其語歇收聲在烏、阿之閒較烏則口開，較阿則聲噎而非烏也。徵以變音，魚變爲麻，瓜、華之與家、蝦，一合一開，殊也。變者既備合開，亦可以知其本。"咸按：阿、烏、猗三者，世謂之純元音，故轉移捷。若收聲在烏、阿之閒者，乃方音之訛。魚、陽對轉，而魚無開，猶侯、豪爲開，而東、冬爲合也。魚變麻成開，猶圭合口而佳開口，罘開口而裹合口，同合而裔開，佳合而稚開，季合即其比也。

又云："陽部古音徑直，今或穿口。穿口者，《唐韵》之江，古韵之東也。"咸按：陽、東皆穿口，其狀則陽有開，而東但有合。汪圓脣舌屈近根而發音，翁圓脣舌屈中央而發音，此其別也。

又云："古支部异于脂、之者，其聲與之爲縱橫，之縱而支橫也。"咸按：支、脂、之异，非縱橫之殊，三者皆橫口。之當稱咍，則爲開；支當稱齊，則爲四等，俱上舌也。脂當稱灰、齊，則舒舌也。此云縱橫之義，有似江氏之侈弇。

又云（24頁）："青韵古音如先、仙，倩、綪、瞑、摸、軒、駢、胼、蚿、汧、雅、妍、研、趼、蜒、涎、蟲《説文》讀若騁，《唐韵》丑善切，是其正音，乃

所以异于真部也。”咸按：青舒舌，先上舌，迥乎不同。 章氏不用上舌，
故視之若一。 倩、綪、暝、摸之屬，以其等呼同，鼻音同，舒舌、上舌相
轉極易。 猶緊、慳，苦閑切。 罃、鏗，口莖切。 鏻、獜，力珍切，又郎丁
切。 章氏于陽聲始云收舌，不知陰聲亦有收舌也。

　　又云：“至部古音如今音，去入韵也，以此异支。”咸按：至古音如
經，此黃以周説，極可信。 章氏説誤。

　　又云：“真部古音如今音，收舌。”咸按：真古音如先。

　　又云：“古脂部异于支、之者，其聲滿口而幀呼，皆合口音也。”咸
按：自段氏誤謂脂讀如錐，後之人皆從之。 如豈、衣、開、希、伊、尸、
幾、此、犀、豊、氏、弟、妻、齊、虒、黎、次、醫、㠯、皆、旨、尼、几、厶、
豕、矢、四、二、旡、隶、示、丩、倠俱開口也，豈可舍之而從歸、癸之
讀乎? 又灰讀不圓脣，何可云幀呼也?

　　又云：(25 頁)“骨、㕚、圣、臾、叔、兀、陧、鬱、聿、曰、胃、位、叞、
卉、欻、旻、曶、窋、頹、惠、突、云、内、穎、炭、出、术、卒、彗、率、甶、
弗、乀、闋、勿、叟、未、采，右三十八，今讀合口幀呼，乃隊部正音，去入
韵隊部气字今誤橫口，愻、鑗等字今誤開口，古當如曶音。 四字今誤橫口，古當如碎
音。 脂、隊合口幀呼，故對轉諄亦合口幀呼。 諄部古音如今音，收舌，
平聲韵。”咸按：章氏創立此部，猶戴東原、王懷祖立祭、泰之例也。
黃以周謂祭、泰以入聲爲正音，此亦當然。 以没爲主，没之气、隶等固開
口也。 今并愻，四亦讀合口，亦沿段説之誤。 痕韵開口，其所變，即真
韵之不通先者，與欣、山等俱開口也。 單舉諄韵亦失。

　　又云：“古泰部音開口橫呼，不與代近乎; 合口幀呼，不與隊同乎，
皆非也。 音具開合而聲勢與今人言麻部去入同。 世人皆云古無麻音，
江南始有之，蓋據《經典釋文》韋昭讀車爲尺奢反也。 然《爾雅》注音
江東呼華爲荂，荂音敷，則江東猶從古音尺奢之音，蓋與音居者异紐，非
异聲勢也。”咸按：泰上舌，代舒舌，隊不圓脣，泰圓脣也。 麻舒舌而不
圓脣。 泰一等，麻二、三等。 韋説未足信，殆據時音耶? 章以郭證韋，
此本不可，而章又以奢讀在魚，益乖其旨。

又云："若是古韵遂無張口者乎？曰：有焉。古之泰部如今中原呼麻。自麻部變爲張口，而泰部乃有橫口、縱口音矣。"咸按：祭、泰與麻去本不相似，惟以同等雙聲之故，一義而互見。試檢《文始》即可明之，未可云古音同也。魚、泰之元音既不同，則陽、泰聯語但可云雙聲等呼同，而不可言韵同也。

又云（27頁）："侯、幽古音分侯開口，故有鉤、狗、瞉、彄、口、敂、謳、耦、涑、樓諸音。幽齊齒，故有鳩、九、究、求、綝、憂、攸、悠、猶、由、修、流諸音。又幽音徑直，侯音稍穹口呼之，其音在侯、號閒。今廣州呼侯、幽皆穹口，侯則是，幽則非也。諸部呼侯、幽皆徑直，幽則是，侯則非也。"咸按：鳩、九諸音古讀如蕭，今云幽齊齒，大謬。蕭不圓脣而侯圓脣，此其异也。侯古今音同，今云在侯、號閒，亦誤。東、冬俱不收脣，收脣則閩、粵外，他部不能發矣。東、冬俱上舌，東圓脣而發于舌中央，冬不圓脣而發于舌前，故可如登。登亦不圓脣而發于舌前者，此云穹口徑直之義，亦似侈弆。

又云："今《廣韵》淙有戶公、戶冬、下江三音。戶冬者，淙之本音也。戶公者，洪之今音也。戶江者，洪之古音也。"咸按：此以從夅，故有戶冬，下江二者；讀同洪，故云戶公。江有舌上無舌頭，豈可云古耶？

又云（28頁）："侵部古音略如今廣東音齊齒而收脣，故與幽對轉。正音當舉畲、妗、咸、緘、雉、喦、緣、潛爲準，其流變爲音、歆、金、禽、吟、心、梣，乃作蒸部音矣。孔氏改侵爲緣，以緣有七林、息廉二音，蓋先覺，是也。《廣韵》復有覃韵，其聲視咸爲開口、齊齒之异，視談則舉頤、下頤不同。定海黃以周嘗舉是爲侵部正音，今以幽部齊齒，故定對轉如咸韵音。"咸按：冬合于侵，實嚴可均誤會孔廣森意。𪩘軒但言蒸、侵與冬通，而不云冬、侵無別也。今從嚴説，大失。侵當從覃，今云如咸，誤。謂音歆知蒸，亦誤。又孔氏之易元爲原，青爲丁，真爲辰，侵爲緣，皆取其字之見于《詩》以爲韵者，豈以其有二音耶？

又云："侵、談皆陽聲，而緝、盍爲之入。陽聲何以有入？曰：緝、盍之音非不可去也。今之聲從及，《詩》傳以今爲急詞，明及、急可讀如噤、禁也。袷與裣亦相轉相借，明袷亦可讀如禁也……及如《詩》之《小戎》以驂、合、邑爲韵，《常棣》以合、琴、翕、湛爲韵，正以平、去閒叶矣。因是知古音緝、盍可作去聲，去、入同類，故通讀入耳。"咸按：入本獨立，謂生于陰、陽，俱非。入本同于陽而有鼻音，以其促，故不顯而轉爲陰去。緝、盍收脣，因亦舒舌，故某世、立位、盍蓋、聿中、協荔、軜内、簫爾、遝隶等互爲諧聲。觀及、耳、立、邑、習、眔、集、帀、澀、業、聶、甲、疌、夾諸諧聲無有去讀，則知閉脣之入亦猶上舌、舒舌也，未可定其必讀去。又《小戎》以中、驂爲韵；合、軜爲韵。《常棣》以合、翕爲韵；琴、湛爲韵。《文始》二入下云：内聲之軜，《詩》亦與合、邑爲韵。

又云（29頁）："之部縱口，故對轉蒸亦縱口，其收脣與侵同。蒸、侵所以分者，蒸視侵爲舒。"咸按：蒸乃上舌，今誤從嚴氏之併合。若所云縱口爲江氏之弇，則誤矣，亦侈也。

又云："宵部古音如今音，以手承頤。言侯、幽，頤舉而上；言宵，頤朵而下。"咸按：此云頤舉、頤朵，亦似江氏之侈弇。但言侈，必頤舉；言弇，必頤朵。侈即今言不圓脣，弇即圓脣。前言侯爲穹口，口穹則脣必圓，頤必朵。侈則反是。談、盍必穹口，宵則橫口也。

又"古雙聲説"云（33頁）："古音紐有舌頭，無舌上；有重脣，無輕脣，則錢大昕所證明。娘、日二紐，古并歸泥，則炳麟所證明。正齒、舌頭，慮有鴻細，古音不若是繁碎，大較不別。齊莊中正爲齒音雙聲，今音中在舌上，古音中在舌頭。疑、于類隔，齒音有旁轉，錢君亦疏通之矣。此則今有九音，于古則六，曰喉、牙、舌、齒、脣、半舌也。"咸按：古雙聲以戴氏《轉語敘》謂位同、同位之説爲極。戴氏以喉、牙爲喉，此分爲二，一也。若喉、牙與舌多屬喻、定，今人以喻四等爲定變，戴氏以爲同位，二也。《成均圖》以諸轉説字，此又以雙聲説義，固不兩立也。此及下篇衡以《文始》，輒生鉏鋙，《文始》是，此則非也。

又云（34頁）"是故槐梒爲槐柜，曲紅爲曲江……肉倍好爲肉倍孔……皆雙聲也。"咸按：《漢讀考》：司會以參互考日成。注：故書互爲巨。按：此易巨爲互也。以此證之，則桠柜之當爲桠柜，更無疑。
江爲紅，猶大功、小功作大紅、小紅。又《文始》一乞下云：尋孔字從
乞，訓通燕者，謂子之候人道，于是通也。燕亦訓通、訓好，與孔同類。
凡云燕好、燕樂、燕呢皆是。則好、孔由義轉，非雙聲。

讀吳承仕《經籍舊音辨證》札記

卷　一

大車以載（王肅剛除反。蜀才作輿）。

咸按:《易·賁卦》"舍車"（音居。鄭、張本作輿。從漢時始有居音）。《剝卦》"得輿"音餘（京作"德輿"，董作"德車"）。《困卦》"金車"（本亦作金輿），此皆車、輿互作，故爲之音。與此例同，王肅音亦其自作。黃侃謂爲陸，殆非。韋昭言"古皆尺遮反，從漢以來始有'居'音"，此説疑誤。照、穿諸紐，錢大昕已證其古讀端、透，于"見"無與也。蓋魚、麻俱爲變韵。

蠱（音古，徐又姬祖反。一音故）。

咸按:徐于蠱字有作音古者，有作姬祖反者，故并記之，本書正例如此。若姬讀以之反，則如"怡"矣，然怡祖反不能成音。吳説實誤。"冶"在喻紐，古當如透、定。今謂古如"冶"，今如"蠱"，徒以麻、模之通而不論聲紐之異。吳氏不云反音雖同而反語有異者，亦具列之。今于此疑怪者，何耶? 黃侃云"又當作音字"，殆未審《禮記·内則》"芥醬"，徐姬邁反，何嫌于此哉!

剡木（以冉反。《字林》云: 鋭也。因冉反）。

咸按:黃侃説是矣，而未盡善。《釋文》從、邪互用，法偉堂纍言之。《典瑞》剡，或囟冉反，正作"囟"也，以冉、囟冉又喻、邪相混。如繹，《閟宫》音"亦"，一音"夕"。《朝士》同。巡,《舜典》似遵反，徐養純反，即其證。邪、喻古讀多由透、定，故偏旁通用。

爲黔喙之屬（況廢反，徐丁邁反）。

咸按：《詩·行露》音義：“咮，本亦作噣。郭張救反，何都豆反，鳥口也。”《小星》同。《候人》：“咮，陟救反，徐又都豆反，喙也。”《周禮·梓人》注：“陟又反，劉都豆反。”孫詒讓曰：“注即咮之假字。”咸謂此喙，徐亦讀作咮也，此以義同通用，非關聲也。取聲之最，實本宋保、嚴可均之說，俱本于《韻會》，郅爲衍誤。

鳥獸氄毛（如勇反，徐又而兖反，又如兖反。盧校本）。

咸按：段玉裁未明反語用字异而音同之例，臆爲改訂。以涵芬樓本相校，而允即人尹，乃《說文》音，非徐音也。依段《注》云，允俱訛字，則《集韻》《類篇》“而融”殆本此“如容”，或本《史記》徐音。隼音在準，喬聲在術，上、入相承，非對轉也。如兖正讀之爲“北”耳，亦非氄之本音。若《說文》作襃，段氏《撰异》云：“此亦聯字，訓羽獵韋綺，而《虞書》襃，毛訓‘毛盛’，六書之假借也。朕聲古音在第七部（侵、覃），而第六部（蒸、登）與第九部（東）古多合韵，此襃讀而隴切之理。《古文尚書》毪、氄字亦讀而充、人勇二切者，依襃字讀也。”段氏以毪、氄爲正字（氄爲別體），襃爲聲借，賢于吳氏矣。《周禮·大司徒》縟，一音如勇反。孫詒讓曰：“疑讀如《書》氄毛之氄。《集韻》腫韵云：毪，或作氄、縟，是也。”吳説牽混爲一，殆非。黄説亦未盡是。

予弗子（如字，鄭將吏反）。

咸按：黄（侃）言子作字，是也。《釋文》精、從相混，如餞，《左傳·成公八年》《字林》子扇反；鐏，《周禮·冶氏》祖悶反，劉祖悶反；挫，《道經》作臥反，又在臥反；噍，《少儀》子笑反，又在笑反。此皆無他義者，其爲音同明矣。凡鄭音，疑皆徐作，故《樂記》《祭義》《中庸》皆云“徐將吏反”也。吳氏謂“子”有二音，黄氏謂漢語有輕重，俱非。而黄引“上思利民”，殆本段氏《漢讀考》。試問“注”讀如

"注病"之"注","布"讀如"宣布"之"布","遺"讀如"弃予如遺"之"遺",豈有他音?"利"亦如是,惟義有利鈍、利益耳,故引傳以明之。

恪謹天命(苦角反)。

咸按:《釋文》鐸、覺相混。嗃,《易·家人》呼落反,又呼學反。愨,《左傳·哀公二十五年》苦角反,又許角反。吳説是,黃説失矣。

巢伯來朝(仕交反,徐吕交反)。

咸按:《禮記·表記》鶉,士倫反;"漸漸之石"漸,士銜反,沈時銜反;《論語·爲政》饌,上眷反;《述而》韶,士昭反;《爾雅·釋畜》乘,事陵反。是皆床、禪互用。巢曰"石交",亦相似也。禪古屬定者,但可以道古,而非可以言反切。反切,今音也。

車三秅(丁故反。四百秉爲秅。《字林》疾加反)。

咸按:段校亦作"丈",《廣韵》宅加切,證據極明,乃不之從,而謂澄、從古通。不知麻韵齒頭不用"加"類字出切(二等),皆用"嗟"類字,界劃甚明。果有《集韵》,何不取耶?依黃氏之律,乇古讀如託。

古文苦爲枯(如字,又音姑。劉本作楛,音先古反)。

咸按:《書·禹貢》《詩·旱麓》《周禮·太宰》《儀禮·鄉射禮》楛皆音户,則"先"當"侯"誤。吳氏訂"先"爲"羌",亦非。《儀禮·公食大夫禮、特牲饋食禮》皆云"今文苦爲㔾",更明當音户也。古文正借同音字。辜、辠非相孳乳,聲韵俱乖,未足相擬。《五音集韵》姥韵心紐無字,則"先古"之爲誤字更明。

嬰母能言(本或作鸈,同,音武。諸葛恪音茂後反)。

咸按:夏炘、朱駿聲謂雨、父爲韵,則母非韵。又按:《禮記·月令》鍵牡,亡古反,又茂古反,此足爲六朝時母、牡混讀之證。

庶人戭之（恨没反，徐胡切反）。

咸按：《周禮·司盟》戭，恨發反，劉胡没反，沈胡竭反。《禮記·曲禮》臧戭，恨發反，徐胡切反，沈胡竭反。《左傳·襄公四年、十年、十七年》《公羊傳·襄公二十三年》《穀梁傳·成公十六年》《論語·憲問》俱但云恨發反。《馬蹄》戭，恨發反，又胡没反。《禮記·檀弓》梁戭，恨發反，徐胡切反，又胡没反。没韵俱爲合口，惟下没切爲開口，無同類字可用，乃取四聲相承之字以定其讀，故用"恨没、恨發"爲首音。此猶《廣雅》曹音戭云："痕之入（舊落入字）也，以胡切。胡竭爲次音，胡勿、胡突爲又次音。"胡雖合口，而切、竭俱開口，故曰次；勿、突俱合口，故曰又次。《廣韵》齕，五結切；戭、戭，胡結切。《類篇》之恨竭即胡竭，下挖即下没，奚結即胡結，皆修《集韵》時所改易。胡骨即《廣韵》之户骨，《釋文》之胡突也。胡勿與恨發同，脣音可以切開，猶下没、胡没也。吳、黃與盧俱失。

鳥麀色而沙鳴鸒（本又作鸒。劉昌宗音普保反，徐芳表反，又普表反）。

咸按：《釋文·周禮·內饔》："鸒，本又作鸒，芳表反，又符表反，又芳老反，徐又孚趙反。"吳君未并舉。今按：《內饔》之芳表即本徐音，亦即《玉篇》之普沼，《手鑒》《廣韵》敷沼切之鸒。《內饔》之符表即《玉篇》之扶表，《廣韵》之房表，亦爲徐音。其云芳老，即《玉篇》普槀，亦即此之普保。其云孚趙，即此之普表。徐氏隨書作音，故不齊一也。

君羔髀（音覓，徐苦狄反）。

咸按：以《禮記·少儀》徐音覓相證，在徐固無異音，而此于"音覓"下復出反語者，亦反語同而用字異之例耳。毛（居正）説是也。苦、呼聲類不同，"呼闃"當爲失正之音，故曰"一音"。"苦狄"不云"一音"，未足相擬。《説文》髂、髀義同相次，而讀若本取近似之音。犛、項同韵而已，故以況其讀，非竟讀同“項”也，故諸書無是音。“辟”聲無有在喉、牙者，且爲合口。而“苦狄”爲開口，尤不相類。以《周禮》作幎，《詩·韓奕》《禮記·曲禮》作幭，《儀禮·士喪禮》注“古文幦爲冪”，《檀弓》注“幕或爲幦”，惟有“莫歷”一音，則此“苦”爲“莫”誤更明。《集韵》采集不精，未可信從。覭、覛同字，亦無明證。

尸亦俫之于此。

咸按：《禮記·喪大記》“奉尸夷于堂”《注》：“夷之言尸也。”《釋文》：“夷，尸也，陳也。本或作俫，同音移。”據是，則音移即《隱義》之言移也。六代支、脂已無別，吴氏以古音解之，故云闊遠，亦不可云雙聲。《類篇》犀徥，即《説文》之遲遲。《詩·陳風》傳：“棲遲，游息也。”《説文》：“徲，久也。讀若遲。”鉉杜兮切。是遲有杜兮之音，非出《集韵》也。

貍首（力之反。貍之言不來也）。

咸按：不，甫鳩切，在幫紐。貍，莫皆切，在明紐。幫、明异紐，咍、皆异韵，不可爲反語也。俞（正燮）説大誤。又按：貍首，《禮記·投壺》吏持反，《儀禮·大射》里之反，《禮記·雜記》力之反，《禮記·檀弓》力知反，無莫皆反之讀。又按：《詩·七月》狐貍，《左傳·襄公十四年、成公十七年》貍脤，《公羊傳·莊公十三年》搏貍，《莊子·秋水》貍狌，俱力之反，《玉篇》同，亦無莫皆反之讀。是“不來”者但爲義耳，非關音也。貍之音莫皆反者，按：《周禮·族師》埋，莫皆反，本或作貍；《大宗伯》貍，沈亡皆反；《鬱人》遂貍，《秋官》貍骴，《校人》貍之同，《鼈人》貍物，《赤髮氏》貍蟲，俱莫皆反。依《詩·鳧鷖》埋，亡皆反，字亦作薶，同。則諸書之“貍”皆“薶”之訛奪也。《玉篇》：埋，莫階切，瘞也，與薶同；瘞，薶也。《爾雅》曰：祭地曰瘞薶；薶，莫皆切，瘞也，與埋同。是其證。若豾，《釋文·爾雅》

房悲反。《方言》八:"貔,北燕、朝鮮之閒謂之貊(音丕)。"而貔音毗,與房悲反同。"陳、楚、江淮之閒謂之猍","關西謂之貍",猍、貍與貔俱摩擦音,轉移自易。猍在喻紐,亦爲摩擦音,故又相轉耳。

在汝南銅陽縣南(孟康音紂,直九反。一音童,或音直勇反,非)。

咸按:王説明確可信,同聲讀紂,自一聲之轉,未能以對轉議之。凵,莫保切,重覆,同從之,象包覆重疊,非聲也。東、蕭有洪細之别,凵、同有定、明之殊,聲韵無一相似,何能相轉? 竇從賣聲,古音如讀正屋韵字。犢、鼻二名不當斷截爲一字。

史猈(皮佳反,徐扶蟹反,又扶移反,又或扶瞻反,本或作猼,音同)。

咸按:吳説扶瞻爲訛,極是。 黄氏從嚴可均説,謂從甲聲,甲在帖,帖爲添入。扶瞻之音,古添部音。

晉祁勝與烏臧通室。

咸按:段《注》鄔下云:"夫于庶與烏户亦南朝魚、虞斂侈之辨耳,安有是非也。"吳説同此。 黄氏謂周地鄔自讀"烏户",太原之"鄔"自讀於庶、乙袪等反,其理較勝。 今取證《釋文》以明黄説之是。 按:《周禮·職方氏》注:"昭餘祈在鄔。"《釋文》:"徐於據反。 縣名,屬太原。 劉烏古反。《字林》云:太原縣也,又乙袪反。"是太原之"鄔"與"劉鄔"之"鄔"異音(劉鄔但音烏户反,《職方氏》劉烏古反列于徐下,其猶一音、或音之意歟)。 咸謂此段《釋文》專辨舊音之誤。 首明烏户之音惟"劉鄔"始可;次明音"偃"惟在鄭在楚之鄢陵與鄢始可;再次辨在晉之鄔與在周者異讀。 任、吳二氏所議,未能剖析,故謂與六書及輿地不合。 鄔、隝、鄢者,形近易訛;烏户、於庶、乙袪者,聲近易訛,故再言之。 於庶、乙袪與烏户有上去洪細之殊,吳氏乃謂爲强生分别,與黄氏之謂焉、烏通轉皆以後世之論古音者論之,不知《釋文》之作，尚未有今言古音之條例也。

聞其碩然（之人反，又大年反，聲響也。一音芳君反，本或作矻，
八耕反）。

咸按：碩自無脣音，此云芳君反者，蓋讀爲"砏"耳。《文選·南都
賦》"砏汃輣軋"注：砏，普貧反。《埤倉》曰：砏，大聲也。《廣韵》
文韵：砏，砏汃，水石。此落"相激之聲"四字。撫文切其本此歟！不
必以清、真通轉解之。

必于穀之嶺巖。

咸按：《廣韵》丘巖切，"厱山側空處也"。殆即此去瞻反矣。

卷　　三

屢空（力從反）。

咸按：《詩·節南山》："空，苦貢反。窮也。"此即"空乏"之讀明
見于《釋文》者。若"縱"，則在用韵，《書·洪範、酒誥》《禮記·喪
大記》《論語·八佾、子罕》俱"子用反"。空不能用縱字作韵也。談
平楷謂當作"力住"爲"屢"字作音也，極是。黄侃説牽引，終難憑信。

咬者（於交反，或音狡。司馬云："聲哀切，咬咬然。"又許拜反）。

咸按：《説文》："嗃，高氣多言也。"《廣韵》："高聲貌。許介切。"
此咬或讀作嗃也。若"吤"，則《玉篇》《廣韵》俱無之，吴説似誤。
又少從丿，截從雀，段氏皆謂爲雙聲，是也，不當從其合韵之説。

窅然喪其天下焉。

咸按：段《注》窅下注云："窅與窵音義皆同。"《莊子》：窅然喪其
天下焉。郭象音武騈反，是。郭本作窵然也。咸謂《類篇》《集韵》皆
直録《釋文》，故不易字，吴、黄之説皆近鑿矣。

肩之所倚。

咸按:《廣韵》:"掀,擊也。於許切。"徐音或爲掀歟！掀見《廣雅·釋詁三》《玉篇·手部》,非"倚"之轉讀也。若貐之餘彼反,段《注》云:"彼字必侯字,或候之誤。《集韵》《類篇》不知其誤,乃云:貐,尹捶切。入四紙。蓋古書之襲繆有如此者。"

汝又何帠以治天下。

咸按:何臬之説極是,惟謂"例"應作"列"似非。瘱、藝音同相假,藝、臬亦相假,三音相同,皆謂藝也。則作例、作世,正用字有异爾。

女瞳然若新生之犢。

咸按:菟音徒,又音吐。《廣韵》四絳直絳切有"幢,戇憃凶頑貌";丑絳切有"覾,視不明也"。或作是歟。

生者喑醷物也。

咸按:此等聲借而已,本無正字。喑,李音飲,醷音意。喑,郭音闇,醷音於感反。喑首音蔭;醷,於界反,皆雙聲也。黄侃云:"壹壹,絪緼耳,聚氣之訓是也。"若喑,一音於感反;醷,一音他感反,此《廣韵》之"黭黮,黑也"。黄氏所謂《齊物論》之"黮(貪闇反)闇,不明之貌",與"聚氣之訓"不合,故云一音。

吾洒然异之。

咸按:素殄反者,讀洒爲洗也;悉禮反者,洒之正讀也。驚貌之釋,蓋讀爲《晉語》注"銑猶洒也;洒洒,寒貌"之洒歟?若痕韵四聲俱無齒頭,蘇很、蘇俱當并誤矣。俟考。

委蛇攫挗。

咸按:俱縛反,攫之正讀;居碧反,則音近混用。"七段"之段不誤，“七段”蓋讀作擷。《集韵》：“擷，擲也。”成玄英疏：“攫捃，騰擲也。”蓋郭所讀如是，而司馬本則固作攫，故陸又申言之。若《説文》攫字，鉉本居玉切，則韵部不近矣。吴謂段應作假，按馬韵二等無齒頭，則吴説不立。夫撮固七活切，此蓋讀爲撮歟。若纂在《釋文》俱作初患反，于七段、七活俱隔韵也，則黄説亦有失。

諏（子須反）。盧文弨曰：毛本諏訛趣，官本子須作子頭，係妄改。

咸按：《詩·皇皇者華》《周禮·大宰、小宰》《儀禮·特牲饋食禮》俱子須反，則此不誤。若子頭反，《禮記·月令》諏又足侯反；《手鑒》諏，子于（原訛子）、子侯二反；《廣韵》同。盧謂“子頭”爲誤者，亦失考。

儵儵（郭徒的反，顧舒育反。樊本作攸，引《詩》云：攸攸我里）。

咸按：郝《疏》先引樊本作攸，引《詩》“攸攸我里”，云：“今《詩》作悠悠我里，或作儵者，儵與儵形相亂。儵、攸音同，又俱從攸聲，故假借通用。然則儵儵即悠悠……儵，郭徒的反，又失音也。郭蓋以儵爲踧……今以樊本作攸，于義爲長。”是郝《疏》以儵爲攸誤，而儵、攸始同音，故云形亂。郝、郭之旨不同，故謂郭非。吴、黄從郭，似失郝旨。吴謂攸聲、叔聲今音入錫，黄謂蕭無入，叔、竹、肉、六古皆讀平。咸謂江慎修固以錫爲蕭入。按：叔在沃韵爲督，在錫韵爲踧。《詩》之戚、蹙、菽、俶、淑諸字皆與薁、穋、奥、宿、覆、告、薿、躋、濯、溺爲韵，是當如督。錢竹汀謂竹古讀如篤，《詩》與奥、綽、較、謔、虐爲韵。肉聲有育，育在《詩》與畜、復、腹爲韵。六在《詩》與祝、告、燠、沃、櫟、駁、樂爲韵。陸與復、宿爲韵。此四字古聲皆在沃。沃，豪之入，非讀平也。依《詩》，蕭之入錫者爲蕭、穋、滌諸字耳，非無入也。

其實媞（尼兮反）。

咸按：尼當宅之誤。

卷　　四

鮒生説我。

咸按：士后即士垢，《廣韵》作仕垢本此，亦即《漢書》之才垢。后爲一等韵，有從無床，此士字當從《手鑒》及《張良傳》顔曰作才。

敬侯彭祖元年。

咸按：《廣韵》至韵：“祕，《西秦録》有僕射祕宜。兵媚切。”下有彎字。屑韵蒲結切。下無祕字。此韋音無據，故司馬貞謂其説爲非。

乃厮二渠，以引其河。

咸按：此當從韋音“疏踷反”。胥雖模部字，而壻從胥者，以雙聲爲聲也。吳説是。又踷，合口字，此音作開口，或小司馬所自作者。《廣韵》所綺切有“釃，分也”，見《漢書·溝洫志》，即本韋音。

留蹄無所食。

咸按：《廣韵》屑韵徒結切有“墆，貯也”，即本此。霽韵特計切有“墆，貯也”，即本韋音。祭韵滯紐無墆。又徒計與迭一聲之轉，若逝則聲韵并遠矣。

輅秦穆公。

咸按：《廣韵》胡格切有“輅，輓車當胸横木”，即鄒誕生“或額反”音。

良與客狙擊秦皇帝博浪沙中。

咸按：《廣韵》：“覰，伺視也，七慮反。”音義沿《手鑒》。倉故切無覰字，則作“怒”非。

暴戾恣睢。

咸按：恣睢從鄒讀，正疊韵雙聲。 精、曉亦可，雙聲。

斬陳餘泜水上（徐廣曰：音遲。 一音丁禮反）。

咸按：吳謂今本集解"一音丁禮反"五字爲後人所校補，《御覽》引徐廣音遲，并無一音，不知柢本有上、去二讀。《手鑒》："柢，都計反，木根也。 又都奚反，訓同。""一音"者，他師之讀，非徐音，故不并載。

大會蹄林。

咸按：吳謂"帶"聲在泰韵，得讀多蘭反者，猶"蓋"字從"大"聲，泰、盍部多通轉。 其實"帶，當蓋切"與"多蘭"雙聲耳。

卷　　五

明其爲賊，敵乃可服。

咸按：吳謂"音隨義異，平去有分，蓋東漢之季已然矣"。 黃云"此例至多，且有漢人分而後世不分者"。《周禮·冢宰》"主以利得民"注：利讀如上思利民之利。《中庸》"仁者，人也"注：人讀如相人偶之人。《公羊傳·莊二十八年》"春秋，伐者爲客，伐人爲主"注：伐人者爲客，讀伐長言之，齊人語也；見伐者爲主，讀短言之，齊人語也。《樂記》"易直子諒"注：子讀如不子之子。 韵書皆無異音，是後世不從其讀也。《集韵》伐有房發切，即比擬《公羊》注之音而爲之，《釋文》猶無此也。 子，則吏切，則據《釋文》。 咸謂利、人、子三字雖有他讀，實無異音。 利民之利謂讀若利益之利，非利鈍之利。"相人偶"之人謂讀若"仁者人也"之人，非"天、地、人"之人。 子謂讀若"子民者"之子，非"父子"之子。 謂義有虛實之異，非有他音也。 自來謂有異，不知"子"之"將吏反"正後世妄擬其有異讀之薆濭也。

吟青黄。

吳云："《説文》作卷者，疑爲麓字形近之訛。許慎據《漢書》誤本，不審其形聲所從，而妄爲之辭，故"潰米"之訓，于經典無徵焉。説者皆以《説文》正《漢書》，則倒見也。今本"孟康曰"下疑奪一"泠"字，《廣韵》《集韵》青部冥紐下并收"卷"字，皆據《漢書》誤本耳。黄云："經典無徵，豈止一卷字耶？卷從尼從米聲，本唇音字，則卷字之音無可疑……許叔重之知有卷泠，必待觀《漢書》乎？"咸按：段《注》引"孟康曰"下即有泠字，知非麓音矣。卷爲"潰米"，故從米，脂韵字，故從尼聲（娘、明亦雙聲）。今謂從尼從米聲，從尼何義？

取狐父祁善置。

咸按：止，江沅校作上，與《詩‧吉日、七月、采蘩、玄鳥》《禮記‧緇衣》《左傳‧莊六年，成七年，昭十四年、二十八年，僖十年，隱十年》《爾雅‧釋獸》麎字皆然。若之視反，則《釋文》云"孫本作厎，音之視反"，實非祁字之音。至坻，《釋文》有直其、直尸、直基、直疑、直夷諸反，無與止（上）尸之視相當者，則坻當爲誤字。

太上皇廟壞垣也。

咸按：吳云："此文如淳音壞，與愞同，亦當如掾反。今本作畏懦者，字應作愞，形近之訛也。師古音如掾反，與如淳音異平去。"黄云："愞之懦久矣，豈盡訛耶（奰、需皆從而聲，故可通）？"咸謂形近之訛説極是，黄之言與錢氏需有奰音説并誤。又如淳音正《廣韵》而兖切之愞、壞。《廣韵》而緣切，平上之讀，非去也。

僖若囚拘。

咸按：吳謂"其逮員一切，亦與欺全不同。"黄云："《廣韵》員、全音，仍有小异。"咸謂逮員之音正讀拳曲之拳。李奇音塊，正讀"塊然獨處"之塊，與欺全反正雙聲，即杯圈之圈。

摧崣崛崎。

咸按：《甘泉賦》摧嶉而成觀。晉灼云：摧，輕水反。師古曰：嶉音子水反。《廣韻》脂韵嶉，高貌，醉綏切；旨韵遵誅切，山狀。此正郭音將水反也。《甘泉》之摧嶉，即此之摧崣。“唯”聲可讀將水，則委聲亦可讀。《玉篇》亦無崣字，則崣爲訛。郭云作委，或爲“作委反”，與“將水”同音也。頼水之頼，或爲訛字。《玉篇》摧，子罪反，與郭音合。

髮紛紛兮寘渠。

咸按：徒一切即《廣韻》之直一反。此紐無字可當此義，而徒年切有寘，云與填同，則殿本、王先謙説俱是。

河靈矍踢。

咸按：《唐韻》無審紐，則試郎不能成音。“即”在職韵，“易”在昔韵，試即即賞職。《廣韻》無“易”聲字，故“試即”亦誤。

跰蠻阮。

咸按：徐灝、吳氏俱以“述”爲“迒”形近之訛。黃謂跰當爲趔之假借。今按：《廣韻》跰，余制切。超踰。又云：“跰，跳也，踰也。丑例切。”以鄧展説，則跰字是。又行貌之迒，段《注》謂與剌仌之仌音同，義則爲顛沛之義，而與“超踰”迴別，徐、吳説皆非。

煜雪其閒者。

吳謂“服虔煜音近霍叔者，蓋以霍爲聲，以叔爲韵，其用與反語同”。咸謂音近霍叔之霍，擬其雙聲而已，故蕭該以音爲育擬之，非反語也。

卷　六

不充則不詹。

吳云：“高（誘）讀詹爲澹然無爲，音義并相應。”咸按：《漢書·食貨志》"上猶未足以澹其欲也";"出御府禁臧以澹之";"更造錢幣以澹用";"天子爲山東之不澹";"故能澹之";"百姓所取平卬以給澹"（師古曰"澹古贍字"）。一篇中皆以澹爲贍，是漢人習用之。澹本澹然無爲之義，兹以足也，明其假借之義，則并不相應也。

入于門中有歛陷。歛讀曰脅。

吳云：高（誘）注："歛讀如脅者，歛在談部，脅在緝部，聲紐既同，韵部亦近。"黃云："歛、陷疊韵連語，一曉一匣。"咸謂脅，虛業切，與歛雙聲。譬諭之讀，亦取雙聲也。

募，水名也，音千伯之伯。

吳云："千伯之伯，字應作佰，形近之誤也。"黃云："佰亦與伯同音。高注豈必與《説文》《漢書》相應？"咸謂《廣韵》陌紐有佰，"一百爲一佰也"，則此"千伯"之伯正爲佰字之義，應爲莫白反矣。《漢書·食貨志》："開仟伯。"師古曰："仟伯，田閒之道也。南北曰仟，東西曰伯。伯音莫白反。"與此音正同。

許鄙相朓。

吳謂"尻從九聲，本屬幽韵，與侯部近，故對轉東音穹"。黃云："窮、穹、究本一語之變，則從九聲者，無妨讀穹，此蕭、登相通也。"咸謂此亦雙聲而已。尻無同音淺近之字，故也。

劉覽偏照。劉覽，回觀也。劉讀留連之留，非劉氏之劉也。

吳云："劉、留同音，古人隨意書之。高讀云云，當是釋義而非擬音，是讀爲而非讀如。"咸按：向宗魯亦如是説，故不如吳君之通。惟吳謂"如"當作"爲"，蓋滯于段氏之論，而忽古人音義兼明之旨矣，釋義兼擬音。

馳要褭。 要褭,馬名,日行萬里。 褭,橈弱之弱。

咸按: 褭,奴鳥切。 橈,奴教切。 泥、娘、篠、效聲韵俱近,謂爲弱字恐非。

鏤之以剞劂。

咸按: 剞劂,《説文》曰"曲刀"。《楚辭》王注曰"刻鏤刀",與高《注》云"所以刻鏤之具"合。《俶真訓》《本經訓》二注相舛,恐當依《説文》之義。 高注分言其質與用耳。鋸尺殆爲屈刀之誤。

卷　　七

南楚、江湘之間謂之莽。 娒母。

戴震謂"娒母反"脱"反"字。 吳謂娒、母雙聲,不能作切。 郭注蓋音莽爲娒母之娒,陽、侯亦得對轉,故莽有娒音。 咸按: 莽、娒雙聲,娒在娒韵,莽在姥韵,非同韵,但示其聲耳。 謂姥、娒同字,亦非。

瓬,甊也。 胙江反。

盧文弨言"胙"應改"士"。 吳謂"胙屬從,士屬床,古聲類同,不煩據改"。 咸按: 魏、晉反語興,古音已不存。 從、床互用,正齒音類隔也。

甀,甊也。 度睡反。

咸按:《廣韵》腄、甀俱馳僞切。 睡,是僞切。 度、睡類隔則可,度、腄同紐則非。

其小者謂之升甌。 惡牟反。 亦心憂。

咸按: 郭氏亦沿用舊文,故兼存之。 牟在《職方》《檀弓》《王制》《内則》《左·隱四年、桓十五年、宣元年、襄二十六年、昭四年》《穀梁·隱四》,俱以侯出切。《廣韵》亦在侯韵,則惡牟正如《廣韵》之讀，音憂固非。

　　嗳，哀也。　嗳，哀而悲也。　音段。

　　《廣雅》曹憲音嗳，虎館、虎元二反。　引《方言》音段。　咸按：《廣韵》火貫切有嗳，與曹音合。《方言》直音作叚，不可識。　作"段"亦非。

批判胡適的《入聲考》①

胡適在哲學、文學、歷史、考據、小説戲曲和政治各方面所散播的資産階級反動觀點和方法，一年多來，在全國範圍内已經展開不少批判，對于這種反動觀點和方法，基本上已經給予了毁滅性的打擊。而在語言學的問題上，雖然有些同志對胡適的荒謬説法也有了不少的批判，可是注意到有關語音方面的却還很少。無可諱言，胡適在這方面散播的資産階級反動的觀點和方法，直接或間接地都助長了資産階級語言學説在這個學術領域裏的侵襲，這也是非常使人不能容忍的。

胡適的慣技是無處不用到他的"大膽的假設"來談問題，在他這篇《入聲考》裏充分暴露了他的資産階級反動本質的醜惡面目。他一方面説他是門外漢，可是一方面又沾沾自喜地説他的説法和珂羅倔倫（即高本漢）暗合，自矜爲了不得的發現。相反地，他對前代學者辛勤勞動所獲得的研究成果却是用心惡毒，一味地加以詆毀，説是"不通"，或者"根本錯誤"。他就是以這樣方式來擡高自己的地位的，也就是鼓吹虛無主義甘心爲美帝國主義服務的。他給予過去的學術界的壞影響非常之大，曾使有些人盲目地崇拜他，現在非徹底地剥去他學者的僞裝不可，不然他的壞影響還會在學術界暗中擴大，或用另外變相的方式出現在人們面前。

漢語入聲的問題是值得提出的。對這一問題的理解，我們首先得承認清代學者在這方面所已獲得的研究成績。可是胡適他不是這樣理會的。他是從他的唯心觀點出發，他的結論是反科學的。在這篇《入聲考》裏，他的論點，首先表現在入聲有特别聲尾這一問題上。他不

---

① 該文是和殷孟倫合作的。《入聲考》見《胡適文存》三集卷三 311—352 頁。

止一次地説"入聲有特別聲尾",即:(1) 收聲于-k的爲屋覺類、藥德類;(2) 收聲于-p的爲緝(原文作輯) 乏類;(3) 收聲于-t的爲質薛類。他又不止一次地援引珂氏之説作爲自己立説的論證。如果説珂氏的説法是正確的話,那麼,珂氏所説"漢語先有入聲,後有去聲",在珂氏原意也不過是指有去入而無平上的韵部,即指去聲祭泰夬發和至五部、入聲薛曷末轄月質和屑七部而言,并不是可以概括到一切平上聲的韵部上去。可是胡適不然,他自作聰明,絲毫不加思索,反而擴大了珂氏的説法。他説(《文存》三集 336 頁):

> 凡入聲有-k聲尾的,一方面脱去聲尾,便成陰聲,一方面-k轉爲-ng(或由-g再混爲-ng),便成耕蒸各部的陽聲了……

> 凡有-p聲尾之入聲,一方面脱去聲尾成爲陰聲(如"劫"從去,而去字無-p聲),一方面-p轉爲-m,便成談侵各部的陽聲了……

> 又有-t聲尾的入聲,一方面脱去聲尾,便成陰聲,一方面-t轉爲-n(如"怛"之與"旦"),便成真寒各部的陽聲了。

其實他對這一問題是完全不了然的,他的立説也是前後相矛盾的,如他既説(《文存》三集 334 頁):"凡古韵文中平入同押或去入同押的字,古時都是入聲。"而他却又説(《文存》三集 332 頁):"歌部是收聲于韵母的平聲。""大概脂微等韵的平聲爲古陰聲,其韵爲i"(《文存》三集 327 頁,又三集 332 頁也説"脂微的平聲在古時大概是收聲于-i的平聲")。像他這樣前後自相矛盾的説法,不是他顯然錯誤的例子嗎?

同時胡適對通轉、對轉也是不了然的,但他却説(《文存》三集 336 頁):

> 對轉也是合韵通韵的一部分,自孔廣森以至章太炎先生,祇把對轉看作陽聲和陰聲雙方關係,却不知道它是入聲同陰陽聲的三角關係。

其實他竟然没有理解到這些術語究竟是怎樣的一個概念,而前人對這個問題又是怎樣去解決的。

　　因此，他狂妄地自命不凡，以爲抓住了這個入聲問題來談古音，是他獨得之祕。而且他就大膽地説（《文存》三集 320 頁）："凡同偏旁之字，古代平入同押的，其時音是入聲。"試問他的這樣説法所持的堅實的證據是什麽，恐怕他也很難作答。爲了明確這個問題，我們在這裏，提出以下各點來糾正胡適的錯誤説法。

　　首先談一談漢語入聲聲尾 -k、-p、-t 的問題。

　　用 -k、-p、-t 三個字母表示漢語入聲的聲尾，并不是從歐美語言學家纔開始發現和使用的。遠在二百年前，清康熙末年所纂修的《音韵闡微》凡例第十條已經有"克、卜、忒"的説法。以字母代替，就是 -k、-p 和 -t。《闡微》凡例説（此據淮南書局刻本引用。下引文同）：

> 入聲屋、沃、覺、藥、陌、錫、職爲一部，乃東、冬、江、陽、庚、青、蒸之入聲[①]，其音宜與國書十二字頭之收聲于克者相對，以皆收聲于鼻也。

　　入聲的讀法本來是不出于鼻的，這裏何以説是收聲于鼻？這是説如平聲東、冬諸部的讀法，當發元音後，必定用舌根翹擊軟腭，閉塞口道，使得喉中聲氣全從鼻腔而出，其音高長而明。入聲屋、沃的讀法同樣是以舌根翹擊軟腭，閉塞口道，喉中的聲氣就被閉塞住了，雖然喉中聲氣不入于鼻，可是舌根的動態却跟入鼻的完全相同。正像我們讀克字一開頭時舌根翹擊軟腭的狀況，所以《闡微》説："與國書……之收聲于克字者相對。""相對"的意思等于説相似一樣，并不是説讀屋、沃諸部字是在元音之後再綴上個克字的聲音。《闡微》又説：

> 質、物、月、曷、黠、屑爲一部，乃真、文、元、寒、刪、先之入聲，其音宜與十二字頭之收聲于忒者相對，以皆收聲于舌齒也。

　　我們知道，平聲真、文諸部字也是讀鼻音，但與收聲于"克"的不同，因爲它們讀起來時，是用舌前翹擊硬腭，分口中之氣以出于鼻的。入聲質、物諸部字的讀法，在舌前翹擊硬腭這一點上，同真、文這諸部

---

① 　此用平水韵韵目，與胡適所舉《廣韵》韵目略异，下同。

字相同,袛是口中之氣不出于鼻。所以《闡微》説是收聲于舌齒。我們讀忒字一開頭就是這個情形。并不是説讀質、物諸部字要在元音之後再綴上個忒字的聲音。《闡微》又説:

> 緝、合、葉、洽爲一部,乃侵、覃、鹽、咸之入,其音宜與十二字頭之收聲于卜者相對,以皆收聲于脣音也。

我們知道,平聲侵、覃諸部字的讀法,是在閉脣之後,分口中之氣以出于鼻的;緝、合諸部字的讀法,完全和它相同,所以説“收聲于脣”。我們讀卜字一開頭正是閉脣,并不是説讀緝、合諸部元音之後,再綴上個卜字的聲音。

漢語入聲,本來極爲短促,語言學者所以用“克”(-k),用“忒”(-t)、用“卜”(-p)三個音符也僅僅用來表明出口時口舌動作的樣子,不可能讀出它們的整個聲音的。胡適沒有能够從舊籍中尋求漢語入聲的記録,乃專用珂氏之説,認爲(《文存》三集 333 頁):“入聲的特別性質在于有-k、-p、-t 三種聲尾,故(1)決不能與無聲尾之陰聲平上去通押;(2)也決不能與有-m、-n、-ng 聲尾之陽聲同押。”他又説(《文存》三集 320 頁):“凡同偏旁之字,古代平入同押的,其時皆是入聲。”殊不知陽聲入聲實爲一貫,在《音韻闡微》凡例中已經確切説明。就是江永在《四聲切韻表》凡例裏也説(此據渭南嚴氏《音學叢書》本。下同):“依韻書次第,屋至覺四部配東、冬、鍾、江,質至薛十三部配真、諄、臻、文、殷、元、魂、寒、桓、刪、山、先、仙,惟痕無入,藥至德八部配陽、唐、庚、耕、清、青、蒸、登,緝至乏九部配侵、覃、談、鹽、添、咸、銜、嚴、凡。調之聲音而諧,按之等列而協,當時編韻書者其意實出于此,以此定入聲,天下古今之通論,不可易也。”

照上面所引《闡微》及江永所説看來,則陽聲之收-ng 的,即與入聲之收-k 的相同,因爲舌根翹擊的情狀正同的緣故。收-n 的,即與入聲之收-t 的相同,也因爲舌前翹擊硬腭的情狀正同的緣故。收-m 的,即與入聲之收-p 的相同,也因爲兩脣相擊的情狀正同的緣故。胡適單單以使用外國文標音的字母不同,就説平入之讀決不能認爲是一致,就説入聲轉爲陽聲（比如説“-k 轉爲 -ng 或由 -g 再混爲 -ng”），這就真不知道語音的歷史了。

不但這樣，就是陰聲和入聲，雖然它的調的高低長短有不相同，可是就口舌的情狀上説，却是極其相似的。《音韵闡微》凡例説：“佳、灰與支、微、齊爲一部，同收聲于衣字。”因爲衣字之古讀，其勢也跟舌前翹擊硬腭相似，和陽聲之收 -n、入聲之收 -t 的動態正相仿佛。凡例又説：“蕭、肴、豪、尤與魚、虞爲一部，同收聲于烏字。”因爲烏字之古讀也跟舌根翹擊軟腭相似，和陽聲之收 -ng、入聲之收 -t 的動態正相仿佛。這都不可能説入聲和陰聲的性質是截然不相同的。

胡適是佩服珂羅倔倫之説的，但他不知道珂氏後來在所著《漢語詞類》中[①]，分析上古音，辦法也跟《闡微》相類，所以便首列上古音以舌尖輔音收尾諸部，其陽聲俱收 -n，陰聲俱收 -i，入聲俱收 -t；次列上古音以舌根輔音收尾諸部，其陽聲俱收 -ng，陰聲俱收 -u，入聲俱收 -k。而珂氏之以此來討論漢語韵文和諧聲字、假借字也没有先有入聲後有去聲之説，也没有入聲和陰陽聲不相同之説。可見胡適雖然用了珂氏之説，并不全面瞭解，并且也把珂氏使用聲尾的意思也完全失掉了。像他這樣粗疏妄誕，動輒就要大談學問，推倒一切，那未免太忘其所以了。

胡適所引珂氏之説，如他的《入聲考》中所引的一段也是有問題的。我們先看他的引文（《文存》三集 319 頁）：

　　乍已讀成去聲，而昨字仍是入聲；敝已讀成去聲，而憋字仍是入聲。如果先有去聲，後變成入聲，則乍敝等字的韵母盡可以隨便加上三種入聲聲尾之任何一種，可以加 -k 尾（屋藥等部），可以加 -p 尾（緝乏等部），可以加 -t 尾（質薛等部）。何以從乍之入聲字皆祇有 -k 尾（鐸部），從至之入聲字皆祇有 -t 尾（質屑部），從敝之入聲字皆祇有 -t 尾（屑部），而不混入別種聲尾呢？

---

① 《漢語詞類》原名 Word Families in Chinese，1934 年登載于《遠東古物陳列館集刊》第五卷，有張世禄譯本。

由此可知乍字古本是有喉音的聲尾（-k 或 g）的入聲，"至"與"敫"本是有齒音的聲尾（-t 或 -d）的入聲。（原注、節譯《分析字典》引論二七）

在這裏珂氏的說法，實在沒有明白譯漢語者加此三個聲尾的緣故，看問題也太片面。就他所舉的例子，也大半是祭、至等部有去入而無上去的字，所以覺得它的入聲決無混入到他部的。如果我們把《廣韵》入聲各部前後細細對照，就覺得事實不是這樣。比如下面的一些例子：

"必宓"在質部，而"囮窲"在職部

"血"在屑部，而"洫侐閾闃"在職部

"即"在職部，而"聖唧揤螂楖"又在質部

"黑"在德部，而"矖"在沒部，"嬷"在黠部

"革"在麥部，而"靾樺"在黠部

"陟"在職部，而"駥"在質部

"責"在麥部，而"積"又在錯部

"白"在陌部，而"帕"又在錯部

"翯"在錫部，而"矗"又在質部

"若"在藥部，而"睙"又在質部

"敫"在質部，而"徼覈"在屑部

我們知道，職、德、陌、藥諸部聲尾皆是收-k，而質、沒、黠、屑、錯諸部聲尾皆是收-t，照上面的例子，是-k、-t聲尾可以互相轉換。又如以下例子：

"內"在隊部，而"訥肭朒抐殈"在沒部，"靹衲魶軜納蒳搨"在合部

"枼"在葉部，而"喋渫媟"在薛部

"尒"在紙部而從"入"聲，"入"則在緝部

"爾"從"尒"聲在紙部，而"蠿"從"爾"聲則在葉與帖部

我們知道，緝、合、葉、帖諸部聲尾皆是-p，而薛則是-t，照上面的例子，是-p、-t聲尾可以互相轉換。既然互相轉換，可見從某得聲之字

不一定就祇具有同一聲尾。 在珂氏《漢語詞類》中所謂韵文、諧聲字、假借字，都以聲尾立論，都不免片面。 這裏暫不細談。 總之，談語音的轉化，專以聲尾作準，這是不能解決問題的。 胡適著重强調這一點，完全違背了語言事實，一味妄説。 雖然他稱引珂氏之説，實際也沒有搞明白珂氏之説究竟有哪些可取，有哪些不可靠，這完全不是實事求是，我們堅決反對這種辦法，要在學術界徹底澄清這種壞影響。

以下我們不妨談一談陰、陽、入三聲的關聯和對它們認識的過程。

入聲在陸法言作《切韵》時，是以它承陽聲的。 但這一問題在清代學者却有些另外的看法。 首先是顧炎武。 顧炎武作《音學五書》，其第四種是《唐韵正》二十卷，入聲居末七卷，幾乎是逐字備載舊籍中入聲的古讀和它跟陰聲平上去諸部的關係，并且指明緝、合九部跟侵、覃諸部平上去的關係。 其第五種爲《古音表》二卷，也把入聲一屋到德分承各部陰聲的平上去，緝、合以下也分承侵、覃，這真是能够打破舊來傳統的看法。 所以江永稱他是“最爲特出”，王念孫又以“卓識”稱他，段玉裁、孔廣森以下到章炳麟，都是依照他的説法來看入聲相承的問題。

可是顧炎武雖然如此主張，却沒有説明是什麽道理。 直到清康熙、乾隆年間，江永作《四聲切韵表》纔把它説明。《四聲切韵表》的凡例中説：

> 依韵書次第，屋至覺四部配東、冬、鍾、江，質至薛十三部配真、諄、臻、文、殷、元、魂、寒、桓、删、山、先、仙，惟痕無入，藥至德八部配陽、唐、庚、耕、清、青、蒸、登，緝至乏九部配侵、覃、談、鹽、添、嚴、凡……則此三十四韵之外皆無入矣。 胡爲古人用入聲韵與三聲協者多出于無入聲之韵，而以一字轉兩三音，如：質（去聲）、質（入聲），惡（平聲）、惡（去聲）、惡（入聲）；偏旁諧聲字如：至室、意臆、慕莫、肖削之類，亦多出無入聲之類也。 顧寧人于是反其説，惟侵、覃以下九韵之入及歌、戈、麻三韵之無入，與舊説同。 其餘悉反之。

因此，江永就把入聲兼配陰聲、陽聲各部的平上去，而在凡例中説明它的兼配理由。 從而對顧氏所配有錯誤的地方，也都把它指摘出來：

顧寧人《古音表》乃……又以月爲泰入，没爲卦入，曷爲怪入，末爲支入，黠爲隊入，鎋爲代入，亦非其倫類。蓋顧氏等韵之學甚疏，故至此茫然，棼如亂絲，今正之。

這裏所謂的等韵學，即指各韵的開合洪細而言。凡例又説：

數韵同一入，非强不類者而混合之也。必審其音呼（按即開口、合口二呼），別其等第（按即各韵的洪細有一、二、三、四等之分的），察其字之音轉（按即凡例所云質質、惡惡惡），偏旁之聲（按即凡例所云至室、意臆、慕莫、肖削之類），古音之通，而後定其爲此韵之入。

這就見得江永在訂條例時，其規律的嚴密周詳是有這樣情形的。我們還可舉凡例中最能説明兼配問題的一條來作例子：

曷一等開口呼爲寒旱翰之入，末一等合口呼爲桓緩换之入，而曷又爲歌哿箇之入，末又爲戈果過之入，曷末又同爲泰韵之入，皆音呼等列同得以相轉也。寒桓與歌戈音每相轉，如難字得通儺，笴字得音程，若干即若個，鼉驒驔皆從單，憚癉有下佐切之音。字從番轉重脣者，桓韵爲潘蟠，而番有波音，皤鄱有婆音。至入聲則怛與笪從旦，頞從安，斡從乾省聲。何曷亦一聲之轉，故寒桓、歌戈同用曷末爲入聲。泰韵亦一等兼有開口、合口者也。曷從匃聲，匃在泰韵，而愒從曷，賴從剌，牽從大，捺從奈，脱從兑，檜亦作栝，蔡亦有桑葛切之音，故泰之入亦爲曷末。

因此，戴震在《答段若膺書》（見《戴東原集》卷四）中，即便舉出膺（蒸、陽聲），噫（之、陰聲），億（職、入聲），翁（東、陽聲），謳（侯、陰聲），屋（屋、入聲）等九部之目。章炳麟所分的二十三部也把歌泰寒叫阿遏安，幽冬侵緝叫幽雕猎邑，這都是根據江永的説法來分的。孔廣森《詩聲類》卷十二説（據渭南嚴氏《音學叢書》本）：

入聲者，陰陽互轉之樞紐，而古今遷變之原委也。舉之哈一部而言，之之上爲止，止之去爲志，志音稍輕則爲職，由職而轉則爲證、爲拯、爲蒸矣。哈之上爲海，海之去爲代，代音稍短則爲德，由德而轉則爲嶝、爲等、爲登矣。推諸他部，其間七音遞轉，莫不如是。

可見孔廣森他自己也承認有入聲。 他的陰陽對轉的條例，也是根據江永的説法來製定，更可看出四聲是同時并有的，没有先後的分別。 我們根據《詩經》的用韵來看，四聲顯然是分立的（説詳趙少咸《詩韵譜》），所以江永的《古韵標準》始以四聲分部，又在凡例中立四聲通韵一目來處置《詩經》一章之中而有二聲、三聲的問題，于是《詩經》四聲之讀始定。 顧炎武《音學五書》第一種《音論》中卷古人四聲一貫條説（據渭南嚴氏《音學叢書》本）：

> 古之爲詩，立乎音者也。 音者無方而易轉，故或平或仄，時措之宜，而無所窒礙。《角弓》之反、上（首章反、遠爲韵），《賓筵》之反、平（二章反、幡、遷、仙、爲韵），《桃夭》之室、入（二章實、室爲韵），《東山》之室、去（三章垤、室、窒、至爲韵），惟其時也。《大東》一篇兩言來，而前韵疚（二章），後韵服（四章），《離騷》一篇兩言索，而前韵妒，後韵迫，惟其時也。

又説（據渭南嚴氏《音學叢書》本）：

> 歌之爲言也，長言之也。 平音最長，上去次之。 入則纇然而止無餘音矣。 凡歌者貴其有餘音也。 以無餘從有餘，樂之倫也。

依照這種以有餘從無餘的説法來看，則無餘之入，當與有餘之平上去相雜并用，始能够諧于音而順于耳。 可是胡適的説法不是這樣，他説（《文存》三集 334 頁）："我們認入聲爲最古，凡古韵文中平入同押或去入同押的字，都是入聲。" 這種話是何等的荒謬武斷。 果如胡適所説，去入、平入同押之平上去，在古都是入聲，試問那些不同入聲同押的平上去聲的字又將怎樣的讀法呢？ 除了押韵的平上去聲的字盡讀爲入聲，句中其他的字又將怎樣的讀法呢？ 依照胡適所説，詩中陰聲平上去聲的字往往同入聲字雜用，似乎可以讀爲入聲。 那麼，陽聲平上去同入聲的聲尾有別，依照他的説法，也是應該讀同入聲聲尾的讀法了。 平上去三聲，在《廣韵》總共是 172 部，如果完全都讀同 34 部的入聲，照胡適的説法，他應當承認是這樣，試問《詩經》的每句每字都是入聲，無一長音，這怎能合于歌爲長言的意思？ 如果從首到尾完全是短促疾急的聲音,世間上任何民族也不會有這樣音節的語言。平常説話尚且不可,那怎能成爲有音樂節奏的詩歌呢?這完全是胡適個人逞臆妄説,真是到了絶端驚人、絶端荒謬的程度了。

江永《古韵標準》例言亦説:

> 四聲雖起江左,按之實有其聲,不容增減,此後人補前人未備之一端。平自韵平,上去入自韵上去入者,恒也。亦有一章兩聲或三四聲者,隨其聲諷誦詠歌,亦自諧適,不必皆出一聲。如後人詩餘歌曲,正以雜用四聲爲節奏。詩韵何獨不然。前人讀韵太拘,必强韵爲一聲,遇字音之可變者,以强紐失其本音。顧氏始去此病,各以本聲讀之。不獨詩當然,凡古人有韵之文,皆如此讀,可省無數糾紛,而字亦得守其本音,善之尤者也。

江永這一番見解是非常正確明白的。四聲之名,雖然在齊梁時纔始見,但四聲之實,在《尚書》的帝舜歌,《左傳》的虞箴,早有四聲的分別。而四聲之名在齊梁纔開始製定的道理,猶如詩書已有韵,而韵書到魏晉纔開始製定一樣。雙聲之用,始于聯語和讀若,而字母的名稱,却到唐宋之際纔有,那麽,韵部的區分,也可説它是始于《聲類》《韵集》諸書嗎?聲紐的分別,也可説是始于等韵諸書嗎?戴震説得好(見《聲韵考》卷一):“未有韵書,先有反切,反切散見于經傳古籍,論韵者博考以成其書,反切在前,韵譜在後也。”依照戴震的説法,可見江永補充前人未備的説法,更是可信,并不是四聲到了齊梁時代纔有,祇是到了那一時代,在文詞韵律方面四聲是大量的施用而已。

在《詩經》一章之中四聲雜用的,應該各别地依照其字的本聲來讀,不能够以一聲爲主,勉强改變他聲之字來遵從它。比如顧炎武《音學五書》第三種《詩本音》卷四對《小戎》首章的押韵有這樣的注解(據渭南嚴氏《音學叢書》本):

> 游環脅驅(原注:十虞),陰靷鋈續(原注:三燭,今轉爲平聲),文茵暢轂(原注:一屋,轉音姑),駕我騏馵(原注:十遇),言念君子,温其如玉(原注:三燭,轉音魚),在其板屋(原注:一屋,轉音

烏），亂我心曲（原注：三燭，轉音袪，此章以平去入通爲一韵）。

我們再看江永《古韵標準》詩韵舉例四聲通韵條《小戎》首章是怎樣説的（據渭南嚴氏《音學叢書》本）：

> 續、轂、厀、玉、屋、曲去入爲韵。此章韵本分明，首三句收、靷、驅爲一韵，下則五入一去爲一韵，顧氏誤以驅字連下，又轉續、玉、屋、曲皆爲平聲，尤誤。

因爲顧炎武的意思，“屋”既然是“烏”的入聲，于是他就完全把“續、玉、屋、曲”都轉爲平來和“驅”相押，這是他不對的地方。他的轉平爲入，已經被江永這樣的譏誚，現在胡適又勉强轉平上去完全讀爲入聲，以爲古讀應當這樣，他的錯誤自然和顧炎武是相同的。他不曾搞明白顧、江二家的著作，不知道强紐他聲爲一聲是絕大錯誤，而他的文章裏，又牽引珂羅倔倫的説法，説珂氏的材料方法結論，完全和他相同，這簡直狂妄自大到了極點，而他自吹自擂的本領真是高人一等。

胡適在他的《入聲考》引用了段玉裁《詩經韵表》的説法，其實他對于段的説法仍然是茫然無知的。段玉裁《詩經韵表》第二部關于有平而無上去入的，在本部古本音濯字條下説（《六書音均表》）：

> 翟聲在此部，《詩·靈臺、桑柔、崧高》三見（按《靈臺》三章濯翯沼躍爲韵，《桑柔》五章削爵濯溺爲韵，《崧高》四章蹻蹻濯爲韵），《爾雅·釋魚》鼈、小者珧。陸德明云：“珧、衆家本音作濯。”知珧古音同濯也，今入聲。第二部古多平聲，今轉入他部爲入聲矣。

我們再看段玉裁在《周禮漢讀考》卷三“珧”下説（據《經韵樓叢書》本）：

> 注古書珧作濯，翟聲、兆聲古音同在第二部（按即《廣韵》蕭宵肴豪四部），是以《周禮》以濯爲珧，《爾雅·釋器》以濯爲珧，《顧命》鄭注珧讀爲濯[①]，《毛詩》珧珧公子，《爾雅》作燿燿，見李善《魏都賦》

注及《廣韵》。

這正是他引諸書兆聲、翟聲之相通，用來證明此部入聲古皆讀爲平聲的。又本部古本音襮字條下説：

> 按《簡兮》三章（簡翟爵爲韵），《淇奥》三章（綽較謔虐爲韵），《溱洧》一、二章（一章樂謔藥爲韵，二章同），《唐·揚之水》一章（鑿襮沃樂爲韵），《靈臺》三章（見上），《板》四章（虐謔蹻髦謔熇藥爲韵），《抑》十一章（昭樂懆蘀教虐耄爲韵），皆第二部平聲，苟列之第五部入聲，斯鉏鋙而不安矣。

這裏正是段氏説明第二部讀爲平聲的理由。他所以如此説，也正是爲了補正江永《古韵標準》的説法。《古韵標準》入聲第四部以藥、簡、躍（段氏在第二部）等與度、莫、瘼（段氏在第五部）等同部，而段把它分成兩部，其理由即在于此。孔廣森以下都依從段的説法，其理由也在于此。可是胡適譏誚段玉裁，不從段所根據的來糾正他的錯誤，祇是舉出《板》四章、《抑》十一章的"耄"武斷地説（《文存》三集315頁）："凡從毛的字，古皆讀入聲，又犛字亦是入聲，亦是一證。"胡適又舉出最常用的特、垤、腋、掖、涸等字，説是因爲冷僻而得保留古音（《文存》三集334頁），這都是毫無理由的説法。他竟然打算立定入聲爲最古之根，用這種説法來推倒段氏，這真是太不自量了。

胡適之荒謬無知，又見于他以下的主張：他既用段氏玉裁《詩經韵表》的資料，證明支之魚幽宵五部在《詩經》都是入聲，又對王念孫所分韵部脂支之魚侯幽宵七部有平上去入四聲，認爲仍是爲舊見解所拘束，根本上有錯誤（《文存》三集323頁），可是他又説（《文存》三集327頁）："脂部的字在古韵文中無有平入與去入同用之例，大概脂微等韵的平聲爲古陰聲，其韵母爲 -i。"像他這樣既然承認古惟有入聲，現在又承認脂微等韵是古平聲，這豈不是自批其頰嗎？他何以會這樣？這沒有別的，是他祇看見王念孫在段玉裁《詩經韵表》十五部中（即脂微等韵），已經分出至祭二部的入聲，就幼稚地認爲脂微等韵沒有入聲。他不知道段玉裁十五部的入聲，除王念孫所分出的至祭二部入聲而外，還存留《邶·日月》四章的出、卒、述,《雨無正》五章的出、瘁,《蓼莪》六章的律、弗、卒,《漸漸之石》二章的卒、没、出,《皇矣》八章的弗、仡、肆、忽、拂,這些都是脂微齊皆灰五部的入聲。 所以段玉裁《答江晉三論韵書》(見《經韵樓集》卷六)説:"十五部之音,脂讀如追,夷讀如椎,黎讀如纍,師讀如雖,全韵皆以此求之。 此俱開口字也,何以讀爲合口,正以入聲之卒、出、述等字俱讀合口也。"這可以看到脂部音讀不同于支、之二部的音讀。 所以後來黄元同的《六書通故》、章炳麟的《二十三部音準》都把脂微諸部讀成合口。 胡適既没有能够把《詩經韵表》上上下下挨次考校它的音讀,區别它的同異,又没有仔細體會段玉裁《答江晉三書》中所論脂部讀法和黄、章二家所以遵從段説的緣故,就一味妄説,所以搞得牛頭不對馬嘴。

胡適又説(《文存》三集 332 頁):"歌部是收聲于韵母的平聲。""歌部無入聲者,歌部是收聲于純粹韵母,不帶聲尾,與陽聲之帶 m、n、ng 聲尾固然不同,與入聲之帶 k、p、t 聲尾也絶不同性質"(《文存》三集 321 頁)。 在這裏,胡適不知道歌部無入聲,正是顧炎武所定的,以後段玉裁、孔廣森、嚴可均、王念孫都從顧氏的説法。 可是江永的《四聲切韵表》凡例則説歌之入爲曷,何曷亦一聲之轉。 胡適不清楚江永的書上是怎樣説的,所以他不知道歌部自有入聲。 如果他知道江永有這個説法,他就明白曷入歌平,曷的假借字就是何,那麽,是曷在先而歌在後,豈不更有助于他的入爲最古的證據嗎? 因爲他并不是真正研究學問的人,祇是扯了一些珂羅倔倫的説法,竟至祇説歌爲平聲,他就把其他的問題都忘記了。 既然是"大膽的假設",爲什麽又不"小心的求證"呢? 可見就是他説的這兩句話,也祇是用了冒充學者的幌子,來騙人、來嚇唬人罷了。

胡適又説(《文存》三集 328 頁):"宵幽侯等部大概古時多是入聲,也收聲于-k聲尾。""宵幽侯各部,古時也是入聲"(《文存》三集 332 頁)。 從他的證明來看,他祇舉出宵、幽二部的平入聲各若干字,可是没有舉出侯部的入聲。 他爲什麽這樣? 因爲他看段玉裁《詩經韵表》

第四部（即侯部）没有列入入聲的緣故。但是我們看一看段玉裁《答江晉三書》中是怎樣説的：

> 足下云："《音韵表》别侯于尤，爲實事求是[1]。但平分而入不分，當以族、谷、屋、獄、足、束、賣、辱、曲、亖、蜀、木、彔、粟、業、豕、卜、局、鹿、禿等聲侯之入，匪特《詩》《易》分用，即周秦漢初之文，皆少有出入。如此則表中第三部之驅、附、奏、垢字當改入侯部，不當爲侯之合韵矣。侯部裕字乃其本音，不必爲第四部合韵矣。"是説也，精確之至。僕撰表時，亦再四分之，亦牽于一二不可分者，遂以中輟。今又得足下閉户造車，出門合轍，而此案定矣。

我們再看段玉裁《六書音均表》古十七部合用類分表的古异平同入説有如下的幾句話：

> 屋、沃、燭、覺爲第三部（按即尤幽部）之入聲，而第四部（按即侯部）及第九部（按即東冬鍾江部）之入聲即此也。

又《説文》三篇支部鼓下注（此據成都尊經書院刻本）：

> 尤、侯之入聲爲屋、沃、燭。

可見段玉裁也已經自認侯韵是以屋爲入的。可是胡適讀書粗心，不加思考，不多檢查，這合于他説的"小心的求證"嗎？所以他衹好信口胡柴，荒謬百出了。

　　胡適又説"段玉裁雖説在古有平上入而無去，但他實不曾明白入聲性質，其説仍多錯誤。他分配平入，以質櫛屑配真先，以緝合配侵覃，王念孫已指其誤了"（《文存》三集315—316頁）。"段玉裁先生的以質配真，以緝合配侵覃，也是大錯的"（《文存》三集321頁）。"段玉裁以質櫛屑配真臻先，以緝葉帖配侵鹽添，以合盍等配覃談，是認入聲爲可與陽聲同部了"（《文存》三集333頁）。胡適這樣的指斥段玉裁以入聲配陽聲的錯誤，他哪裏知道段玉裁所以如此配合，是有他自己的理由的。我們看他《答江晉三書》中説：

---

[1]　按《古韵標準》第十一部是尤侯幽，段玉裁把它分開，以尤、幽部爲第三，侯部爲第四。

　　　　以入聲質櫛屑配真臻先，此乃自古至六朝如是而不易者也。故質
　　　櫛屑在第十二部，古音今音所同，猶之緝以下九韵，在第七、第八部，亦
　　　古今所同。

段玉裁説明他的主張便是這樣。王念孫所以不同意他的説法，因爲王
氏是主張從顧，凡入聲都當配陰聲，緝、合雖無陰聲可配，仍然使它獨
立居于陰聲之位，和孔廣森以合部居于陰聲之末是一樣道理。胡適的
假設妄説是主張先有獨立的入聲，隨後脱去聲尾變爲平上去，這和段玉
裁的實事求是的説法根本不同，和王念孫的説法也是根本不同。他不
過很粗略地把段玉裁的書讀一下，剽竊其中一見了然的地方，用來證明
他的假設妄説，可是他不明白段玉裁所以這樣説的宗旨何在，所以他開
口便錯。冒充學者的本領便是這樣。

　　　胡適又大談其通轉、對轉的問題，事實上他也是莫名其妙的。他説
（《文存》三集 335）：“通轉的問題，即所謂合韵、通韵的問題的一部
分。”又説（《文存》三集 339 頁）：“對轉也是合韵、通韵的問題的一
部分，其中較有規律可尋的部分。”從這兩處的話來看，説他不懂得什
麽叫對轉，這不是太過分的。因爲他不知道對轉即通轉中的一類，合
韵和通韵是一個東西，又不明白合韵、通韵就是通轉。他這樣毫無認
識的可笑地方，真是連一個初懂音韵的人的程度都沒有了，這祇是打腫
臉充胖子而已。

　　　我們何以這樣説？我們不妨看一看從前人對通轉是怎樣的解釋。
戴震《答段若膺論韵書》説得很具體，他説：“正轉之法有三，一爲轉而
不出其類：脂轉皆[①]，之轉咍[②]，支轉佳是也[③]。”依照現在的解釋，這是
説元音韵尾相同，祇有介音纔有洪細的差別的是一類。戴氏又説：“一

---

① 　脂皆俱在戴氏《聲類表》六部，即段氏的十五部。
② 　之咍俱在《聲類表》二部，即段氏的第一部。
③ 　支佳俱在《聲類表》五部，即段氏的十六部。以上均見戴氏《聲類表》卷首，《戴東原
　　集》卷四。

爲相配互轉：真、文、魂、先轉脂、微、灰、齊①，換轉泰②，咍海轉登等③，
侯轉東④，厚轉講是也⑤。"依照現在的解釋，這就是對轉，一個陰聲韵
和陽聲韵相配互轉，它的開合洪細完全相同，祇有喉音、鼻音的差异
而已。

戴氏又説："一爲聯貫遞轉：蒸、登轉東⑥，之、咍轉尤⑦，職、德轉
屋⑧，東、冬轉江⑨，尤、幽轉蕭⑩，屋、燭轉覺⑪，陽、唐轉庚⑫，藥轉錫⑬，
真轉先⑭，侵轉覃是也⑮。"依照現在的解釋，這是説陰陽入三者類是相
同。而開合洪細圓脣不圓脣是不相同的，因爲相同的少，所以列在末
尾，又因爲韵部同在一類，所以説聯貫遞轉。

戴氏又説："以正轉知其相配及次序，而不以旁轉惑之。"這裏所
説的旁轉，是説但取于雙聲即可，不一定要取于韵部。這也是通轉的一
些情况。

段玉裁在《詩經韵表》第一部古合韵造字條注："知古合韵，即音
轉之權輿也。"權輿是始的意思，雛形的意思，這裏是説二音相轉已具
雛形，所以説是權輿。因爲二者大同而小异，所以叫做合。可合即可

---

① 真、文、魂、先是陽聲韵，脂、微、灰、齊是陰聲韵，文微相轉，魂灰相轉，俱在《聲類表》
六部，俱平聲，先齊相轉，俱在《聲類表》七部．俱平聲。
② 換爲陽聲韵，泰爲陰聲韵，俱在《聲類表》七部，俱去聲。
③ 登是陽聲韵，咍是陰聲韵，俱在《聲類表》二部，俱平聲。
④ 東是陽聲韵，侯是陰聲韵，俱在《聲類表》三部，俱平聲。
⑤ 講是陽聲韵，厚是陰聲韵，俱在《聲類表》三部，俱上聲。
⑥ 蒸、登、東俱是陽聲韵，但蒸、登是不圓脣的，東是圓脣的。
⑦ 之、咍、尤俱是陰聲韵，但之、咍是不圓脣的，尤是圓脣的。
⑧ 職、德、屋俱是入聲韵，但職、德是不圓脣的，屋是圓脣的。
⑨ 東、冬、江俱是陽聲韵，但東、冬是一等、合口，江是二等，有開口，有合口。
⑩ 尤、幽、蕭俱是陰聲韵，但尤、幽是三等圓脣，蕭是四等不圓脣。
⑪ 屋一等兼三等，燭三等，覺二等。
⑫ 陽、唐、庚俱陽聲韵，但陽、唐是圓脣，庚是不圓脣。
⑬ 藥、錫俱入聲，藥三等圓脣，錫四等不圓脣。
⑭ 真、先俱是陽聲韵，但真不圓脣，先圓脣。
⑮ 侵、覃俱是陽聲韵，但侵是三等，覃是一等。

通。但是所謂合并非全韵俱合，衹是少數的字音而已。胡適既不懂得通轉、對轉是怎樣一個概念，更把通韵、合韵雜然并舉，不知道是异名而同實。像這樣一點基本的常識還搞不清楚，這怎能談音的轉變規律呢？

胡適又無知地説道（《文存》三集 335 頁）："其關于聲紐的，我們可不論。"這真是一個大笑話。他不知道戴氏《轉語二十章序》（《戴東原集》卷四）這篇文章是一篇重要的文獻，就是闡明語言通轉的規律，而表明它有必然通轉的道理的。我們試看一看戴氏又是怎樣把這個規律來告訴我們的：

> 人口始喉，下底脣末，按位以譜之，其爲聲之大限五[①]，小限各四[②]，于是互相參伍，而聲之用備矣。參伍之法，台、余、予、陽，自稱之詞，在次三章[③]，吾、卬、言、我亦自稱之詞，在次十有五章[④]……三與十有五，數其位，皆至三而得之，位同也……位同則聲變而同，聲變而同，則其義亦可以比之而通[⑤]。

陳澧《東塾讀書記》（卷十二《小學》，此據《東塾叢書》本）也談到："《爾雅》訓詁同一條者其字多雙聲。"他的解釋是：

> 凡同在一條内而雙聲者，本同一意，意之所發而聲隨之，故其出音同，惟音之末不同耳。音末不同者，蓋以時有不同，地有不同故也。其音之出則仍不改，故成雙聲也。

依照戴、陳二家的説法，字意的通轉，是雙聲關係重于疊韵。可是

---

① 大限，即指表上的大格，五，謂喉音、吻音、舌音、齒音、脣音。

② 小限，即指表上小格，四，謂小格之右是清，左是濁，又再劃分破裂、破裂摩擦、摩擦、鼻音四種。

③ 此指《聲類表》次第，首大格是喉音，四小格次第，右是見、溪、影、曉，左是群、喻、匣，次三章，即左行第三位喻紐。

④ 十五小格在第四大格之左第三小格，即疑紐。卬、吾、言都是疑紐字。

⑤ 位同，即指小格上的次序相同，兩字發音地位雖然不同，而發音的動態相同：如"余"在喻紐，戴氏以喻居鼻音之位，"吾"在疑紐，戴氏也把疑居鼻音之位，喻、疑俱在鼻音之位，所以"余、吾"都作我字解。

胡適的談通轉，偏偏説"我們可不論"，這是漢語通轉的語言事實，爲什麼不論呢？因此説來，胡適這樣的理解通轉未免太表面一些了。

再説，談漢語的通轉僅强調聲尾的問題，這是不能説明漢語所有通轉的語言事實的。照《廣韵》説，漢語的發音情狀，在《廣韵》發音部位和發音方法的配合下，聲的類别即有四十一個樣子；在元音前的介音，又有開、合、洪、細四等之分；元音又分單、複：單元音又有阿、痾、厄、烏、也、衣、迂七個樣子，複元音又有阿烏、阿衣、厄烏、厄衣四個樣子，帶聲隨的元音又有恩、㬜、安、剜、鴦、汪、韡、肱、諳、酣十個樣子[①]；除此以外，再加以四聲的調類。照這個情形，我們試就各類分别相加，它們彼此不同的情狀是怎樣的複雜，那怎麼能够單單强調聲尾呢？胡適竟然不管漢語的實際情况怎樣，也不知道前人在這方面所付出的勞動怎樣，衹是拾取了一點珂羅倔倫的牙慧和他一點薄弱的英語知識，他就以爲他這樣看是得到了獨得之祕，自喜不勝，真好一副嘴臉。但是他真的瞭解通轉、對轉是怎樣一回事嗎？

胡適認爲"舊説之最謬者爲古無入聲之説"。以下即引孔廣森《詩聲類》卷一所説"至于入聲"至"況可執以律三代之文章哉"一段并下斷語説（《文存》三集 314—315 頁）："孔廣森的話似乎很有理由，其實是很錯的。"可是孔氏所以廢去入聲的道理，他却没曾提到。我們先看一看孔廣森在《詩聲類》卷一是怎樣説的："本韵分爲十八……陽聲者九（元、耕、真、陽、東、冬、侵、蒸、談）……陰聲者九（歌、支、脂、魚、侯、幽、宵、之、合），此九部者，各以陰陽相配而可以對轉。"按照韵書的編製，本來是以入聲附于陽聲，因爲它脣舌吐發的狀態完全相同的緣故。所以陰聲不和入聲相當。孔廣森是依照顧炎武的説法以入聲隸陰聲，因此陽聲韵就没有配入聲，而以入聲併合于陰聲的去聲裏面。等于侵、覃九韵本無陰聲可配一樣，無可配就不足以成對轉，而它的條例就不能成立了。所以孔廣森勉强以侵、覃、凡三韵配陰聲宵、肴、豪三

---

① 此據《廣韵》的聲類、韵類來分析的。

韵，其餘六韵，又强以緝、合九韵居陰聲之位，和它對轉，其理由正同。可見孔廣森無入聲的説法，實從形式出發，不是從音理出發。對轉即是一種形式，入聲之同陰、陽聲互配而起作用，這正是音理應該如此。談音理之書對對轉説得最詳細明確的，莫有比江、戴二氏的書裏所説的那樣，胡適不曾細讀過江、戴二氏的書，所以他不能依據音理來批評孔廣森的著作。

再説，孔廣森雖然説"蓋入聲創自江左，非中原舊讀"，但他在《詩聲類》陰聲六後説："去聲自有長言、短言兩種讀法。每同用而稍别畛域，後此韵書遂取諸陰部去聲之短言者，壹改爲諸陽部之入聲。"他所説的長言、短言，是出在《公羊傳·莊二十八年》："春秋伐者爲客。"何休《解詁》説："伐人者爲客，讀伐長言之，齊人語也。"傳又説"伐者爲主"，何休《解詁》説："見伐者爲主，讀伐短言之，齊人語也。"孔廣森在他所著的《公羊通義》（此據《皇清經解》本）裏説："長言者，若今去聲；短言者，若今入聲也。"可見《詩聲類》使用《公羊解詁》的長言、短言是用來作爲今日去聲、入聲的代詞，是他自己認爲有入聲的。在《詩聲類》陰聲二鮮字下注説："斯、鮮、賜、析爲同部四聲。"這也是他自己認爲有入聲的。又翟字下注："翟，本音權。但翟衣之字，經傳多借作狄，則在古已有狄音，故兩存之。"這又是他認"翟、狄"作入聲。陰聲五中翟字注云："《唐韵》舊入二十三錫，惟此字宜兩存，餘并誤。《簡兮》：'左手執籥，右手秉翟。赫如渥赭，公言錫爵。'"我們看"翟"之音狄，雖然是偶然見于《鄘風》（《君子偕老》二章"玼兮玼兮，其之翟也。鬒髮如雲，不屑髢也。玉之瑱也，象之揥也。揚且之皙也。胡然而天也，胡然而帝也"），可是并不是它的正讀，孔廣森兩存之説，謂"翟"本音"權"，在去聲笑效韵。音狄則在入聲，胡適對這一問題未能理解明白，竟然説（《文存》三集 326 頁）：

翟音狄，見《鄘風》；其與"爵"爲韵者，見《邶風·簡兮》；此是方音之不同，但皆在入聲，一爲tik，一爲tiak。孔廣森（《詩聲類》十一）一定要説"于古衹有去聲"，便是倒果爲因。

　　胡適這一解釋是非常錯誤的。《方輿紀要》（此據通行本）河南四説："衛輝府汲縣附郭云：邶城在府東北，鄘城在府東北十三里。"可見彼此相距甚近，有什麼方音之不同，這完全是他臆造的説法，此其一。孔廣森説："翟音狄，在入聲，本音櫂，在去聲。"而胡適却説都在入聲，這完全又是他的臆造妄説，此其二。而胡適所標的音，乃一音 tik，即狄音，一音 tiak，則爲德而非櫂音，這又完全是他的臆造妄説，此其三。胡適何以會這樣？他并不是不知道標出 tiak 之不正確，衹是他無法以通孔廣森翟字的説法，他就施展出他資産階級的訛詐伎倆，假充内行起來，而他理屈詞窮的醜態，更不值識者一笑了。

　　更可恥的，他一面認爲孔説不對，可是他一面又乾没孔説作爲自己的説法，如《文存》三集卷八中論長脚韵《答單不庵書》（206 頁—207頁）説：

　　　　來書論毛詩無韵各例，我看了忽得一解，兄弟鬩于牆，外禦其侮。每有良朋，烝也無戎。又鴟鴞鴟鴞，既取我子，無取我室。－恩斯－勤斯－閔斯（標點照原樣）。"朋、戎"似是韵（原注：我們徽州人讀此二字相爲韵），合二例觀之，似是因爲末二、三行連用韵，故首二、三句雖無韵亦不大覺得了。

　　我們看《詩聲類》後所附詩聲分例二句不入韵例條所引《常棣》四章，于"朋"字、"戎"字下各旁注韵字（原注：戎古通韵讀爲仍，《集韵》十六蒸有仍字），三句不入韵例條所引《鴟鴞》首章，于"勤"字、"閔"字下各旁注韵字（原注：《鴟鴞》一詩，三章、四章皆連句用韵，而拮据、捋荼、卒瘏、室家韵上字亦有韵，譙譙、翛翛、翹翹、漂摇、嘵嘵，又皆用雙聲。他詩韵律，未有如是之繁密者。故首章可以三句無韵，其後爲促節，則其前爲曼聲，此一篇之法也。然"恩"與"勤"實句中自相協，上三韵而無一韵，下兩句而有三韵，其前爲曼聲，則其後爲促節，又一章之法也），孔廣森的話明白如此，而胡適完全照抄，可是他竟恬不知恥地説："無韵各例，我看了忽得一解。"他究竟得到什麼樣的一解？我們真不明白。我們借一句古話來説，他是"貪天之功，以爲己力”。

　　關于支、脂、之三部之所以分，胡適曾引段玉裁《答江有誥論韵書》説：“足下能確知所以支、脂、之分爲三之本源乎？僕老耄，倘得聞而死，豈非大幸？”他接着帶着輕薄而譏誚的口吻説（《文存》三集 327—328 頁）：“他（指段玉裁）若問廣東人，便早知道了。可惜他問的戴震、江有誥都是我們徽州人，所以他終于抱恨而死。”

　　胡適的這種説法，實在是自欺欺人。首先我們看新出《全國主要方言區域方音對照表》（中國文字改革研究委員會祕書處拼音方案工作組編，中華書局 1954 年）所列廣州音，脂、之、支、紙、至、志同讀ㄐㄧ，客家話同讀ㄓ，刺（支韵去聲）、此（支韵上聲）、慈（之韵）同讀ㄑㄧ，客家話同讀ㄘ；司（之韵）、斯（支韵）同讀ㄒㄧ，客家話同讀ㄙ；易（支韵去聲）、异（之韵去聲）、姨（脂韵）同讀ㄧ，客家話也同讀ㄧ；悲（脂韵）、碑（支韵）同讀ㄅㄝㄧ，客家話同讀ㄅㄧ（“悲”又讀ㄅㄨㄧ）；利（脂韵去聲）、李（之韵上聲）、璃（支韵）同讀ㄌㄝㄧ，客家話同讀ㄌㄧ。我們從這些例子來看，可見脂、之、支三韵讀法，在廣州音或者客家話，在其本方言之内并没有什麽分別，也如其他地區讀脂、之、支在其本方言之内没有什麽區別一樣，而胡適竟説“他若問廣東人，便早知道了”，試問胡適所謂的廣東人，究竟是説廣州音或者客家話甚至説其他廣東地方的音，却没有交代明白。如果説是廣州音或者客家話，照上面所引的例子，究竟區別在什麽地方？這樣的胡謅，究竟説明了什麽問題。再説就是這一句“問廣東人”的話，恐怕也不是出于胡適的本心，而是出于拾取珂羅倔倫的牙慧。在胡適這篇文字裏曾引來用作方音的參證説（《文存》三集 334 頁）：“珂羅倔倫先生用廣東話和日本的漢音、吳音作參證，推知中古時期（隋代《切韵》成書時期）的入聲的音值。”在珂氏以廣東話證明入聲的音值，自是合理，可是胡適竟欲用廣東話來證明支、脂、之三韵的讀音不同，這就見得他對廣東話（無論廣州音或客家話）并未知道支、脂、之的讀音究是怎樣，這樣全憑自己的主觀唯心胡説八道，甚至道聽途説，就瞎充内行，真正豈有此理。老實説，支、脂、之三韵讀法是有分別的，段玉裁的錯誤是在他《六書音均表》裏古十七部音變説“侈斂適中”的説法，這得以黄以周、章炳麟、黄侃三家的説法來解釋，那就顯然劃清了[①]。可是胡適不懂得這樣，祇玩弄些個人的小聰明，這怎麼能夠談得上這樣的問題呢？

　　總的説來，胡適這個死心塌地爲美帝國主義服務的騙子，根本不懂得什麼叫學問，祇是使用一種輕嘴薄舌來傳播他的虚無主義思想。他對語言文字的學問更是一無所知，所以他開口便錯。可是他却自命不凡，妄想在學術領域裏造成壟斷局面，比如他毫無羞恥地説（《文存》三集《整理國故與打鬼》）：“我自信中國治哲學史，我是開山的人，這一件要算中國一件大幸事。以後無論國内國外研究這一門學問的人都躲不了這一部書的影響。凡不能用這種方法和態度，我可以斷言休想站得住。”真正好笑，古今中外從來没有這樣狂妄的人物，他是用的什麼方法，抱的什麼態度，動輒就這樣大言不慚。而他偏要不懂裝懂，在任何的學術領域都要發展他的壟斷思想，我們從上面駁斥他的話，看他究竟是用什麼道理來站得住的。不僅胡適這個人物是這樣，一切資産階級的唯心觀點的學説都是這樣，都是以這樣的虚聲恫嚇來毒害人的。然而馬列主義實事求是的精神是無往而不勝的，像他這樣的主觀唯心的僞科學是不值一擊的。

　　最後，我們在這裏談一談胡適不認識字的故事：在 1930 年之際，胡適忽然同汪榮寶（袞父）談起《詩經》來，把《詩經·葛覃》的“爲絺爲綌”錯讀爲“爲希爲谷”，他竟然不知道“絺”讀丑脂切，“綌”讀綺戟切，更不知道“綌”是從谷聲（讀其虐切，古音在鐸部），而把它讀成從谷聲（讀古禄切，古音在屋部），像他這樣連形聲偏旁都弄不清，那還能談什麼《詩經》的韵讀呢？這就不免成爲莫大的笑話了。一二字的音讀尚弄不清，即是説連起碼的音讀現象還弄不明白，那又怎麼

---

①　黄以周説見《六書通故》三，章炳麟説見《國故論衡》上二十三部音準，黄侃説見錢玄同《文字學音篇》。

能够談複雜錯綜的音韵問題和音理呢? 我們從這一點看, 像他這樣的文化騙子, 我們是要予以揭露的。他爲了忠實服務于他的主子美帝國主義者, 不惜蔑視前人的勞動成績, 鼓吹他的虛無主義, 擴大他的影響, 二三十年來受到他毒害的人是非常之多的。今天我們不能再容忍這種胡説八道在我們的學術領域裏繼續滋長, 我們必須嚴正提出, 我們要把他對學術界的毒害從任何角落裏都廓清乾淨, 這是我們當前語言工作者和其他工作同志一樣的政治任務。希望更多的同志更深入一步地來做好這一工作。

原載《山東大學學報》1957 年第 1 期

《史籀篇疏證》辨

　　海寧王國維作《史籀篇疏證》，尋繹其《敍録》，知實本羅振玉之説而發《敍録》引《殷商貞卜文字考》，謂《史籀》一書，亦猶《倉頡》《爰歷》《凡將》《急就》等篇，取當世用字編纂章句，以便誦習，其識卓矣。立二疑三斷，遂作"大史籀書、周旦召醜"二語，復引《周禮》《儀禮》《逸書》《説文》"籀，讀書也"之訓，證成而緣飾之，且乾没舊義，阿其所好。今爲辨證偈箸于次：

甲、《敍録》辨

　　"史籀"爲人名之疑，自《班志》著録，以"史籀"爲周宣王大史原注：殆本之劉向父子，許書從之。兩千年來，世無異論，顧獨有疑者。《説文》：籀，讀也。又云：讀，籀按：各本作誦，段改作籀書也。古籀、讀二字同聲同義。又古者讀書史事《周禮》：大史大祭祀，戒及宿之日，與群執事讀禮書而協事；大喪，遣之日讀誄。小史大祭祀，讀禮法，史以書敍昭穆之俎簋。卿大夫之喪，賜謚讀誄。内史，凡命諸侯及公卿大夫則策命之。原注：謂讀策書，凡四方之事書，内史讀之。《聘禮·夕幣》史讀書展幣。《士喪禮》：主人之史讀賵，公史讀遣，是古之書皆史讀之。

　　按：《周禮·天官》敍官注，史掌書者，宰夫職。六曰史掌官書以贊治，注：贊治，若今起文書草也。大史掌六典、掌法、掌約劑，祭之日執書以次位常注：謂校呼之，教其所當居之處。大會同朝覲，以書協禮事，及將幣之日，執書以詔王。大喪，執法以涖勸防。凡射事，執其禮事。内史，掌八柄，以詔王治，掌敍事之法，受納訪以詔王聽治。《王制》禄則贊爲之，以方出之注：贊爲之，爲之辭也。孫詒讓《正義》云：亦有策命之辭，内史則助爲之。掌書王命，遂貳之。外史掌書外事，掌四方之志，掌三皇五帝之書，掌達書名于四方，若以書使于四方，則書其令。御史，掌邦國都鄙及萬民之治令，以贊冢宰，掌贊書。是史皆掌文書，官府之史則起文書草，大史以下，則各以其職校呼而詔贊之。蓋既掌其籍、習其禮，故當贊其事。讀亦校呼詔贊之屬，但殊別其辭耳。若凡命諸侯及公卿大夫則策命之注：鄭司農説以《春秋傳》曰：王命内史興父策命晉侯爲侯伯。策謂以簡策書王命。孫氏《正義》云：内史掌爲册命，《書》云作册，是也。則是書寫策命，非讀策書也。

又曰："《逸周書·世俘解》：乃俾史佚繇書于天號。《嘗麥解》：作筴許諾，乃北向繇書于兩楹之閒原注：作筴内史之异名，余有書作册考。繇即籀字，《左傳》之卜繇，《説文》引作卜籀，知《左氏》古文繇本作籀。《逸周書》之繇書，亦當作籀書矣。"

按：《世俘解》孔注：使史佚用書薦俘于天。《嘗麥解》：大祝以王命作筴，筴告。大宗王命□□祕，作筴許諾，乃北向籀書于兩楹之閒。孫氏《斠補》云：當云大祝以王命作筴筴告。大宗以王命少宗祕。今本次句脱一以字，又缺少宗二字。蓋大祝先以王命命内史作筴辭，以告大正。而大宗又以王命告少宗，使祕于社。上命作筴者，乃告大正，非告大宗也。繇讀爲紬，《史記敍傳》云：紬金匱石室之書。咸按：如淳云：抽徹舊書故事而次述之，則此二繇字皆不當訓讀也。又按：《説文義證》云：《春秋傳》曰：卜籀云，今無此文。《閔二年》傳：成風聞成季之繇。注：繇，卦之占辭。《小旻》箋：言雖得兆，占繇不中。正義云：繇者，卜之文辭。《漢書·文紀》注李奇曰：庚庚其繇文也。顏師古云：繇本作籀，籀書也，謂讀卜詞。《史記》索隱引荀悦曰：繇，抽也，所以抽出吉凶之情也。國維之言，雖暗合于小顏，而却乖違舊訓也。又按：内史，孫氏《正義》云：《書·洛誥》云：王入大室祼。王命周公後，作册逸誥，此即成王命尹逸策命魯公伯禽之事。尹逸，蓋即爲内史，以其所掌職事言之則曰作册，是内史又曰作册。則孫氏已先言之，而檢《國維紀念專號》又無書作册考一目，豈後見孫説而遂擱筆歟？抑毀之歟？

又云："昔人作字書，其首句蓋云大史籀書以目下文，後人因取句中'史籀'二字以名其篇原注：古字書皆以首二字名篇，存者有《急就篇》可證。推之《倉頡篇》首句，當云'倉頡作書'。《爰歷》《博學》諸篇，當無不然。 大史籀書，猶言大史讀書。漢人不審，乃以史籀爲著此書之人。其官爲大史，其生當宣王之世，是亦不足怪。 李斯作《倉頡》，其時去漢甚近，學士大夫猶能言之。 然俗儒猶以爲古帝之所作，以《倉頡篇》爲倉頡所作，無惑乎以《史籀篇》爲史籀所作矣。"

按：史游云"急就奇觚與衆异"，不云"急就作書與衆异"，則《倉頡篇》不必云倉頡作書矣。 又云《爰歷》《博學》當無不然，試問"爰歷作書"，復成何語？則大史籀書，亦爲乖違。 既云古字書皆以首二字名篇，此不云大史而取句中"史籀"二字名篇，是自相伐也。 國維從段氏讀"籀，書也"之文，然段云："籀、抽古通用，紬繹其義蘊，至于無窮，是之謂讀。" 故卜筮之辭曰籀，謂抽繹易義而爲之也。 引《史記》"余讀高祖侯功臣"云云，而斷之曰皆謂紬繹其事以作表也。 又云：諷誦亦爲讀，如《禮》之"讀賵讀書"、《左傳》"公讀其書"皆是也。 諷誦亦可云讀，而讀之義不止于諷誦。 諷誦止得其文辭，讀乃得其義蘊。 自以誦書改籀書，而讀書者尟矣。 段氏斯語，辨析極明，國維牽合爲一，以快己説，則雖用段説，實失段旨。 又按：段《注》謂"馬頭人爲長"以下，皆爲妄説隸書之字。 又注其"迷誤不諭，豈不悖哉"下，云"自世人大共非訾"以下至此，皆言所習皆隸書。 而隸體之俗體，日以滋蔓。 又凡《倉頡》以下十四篇注云："自倉頡至彥均，漢、魏時蓋皆以隸書書之，或以小篆書之，皆閭里書師所教習。" 愚謂隸書既行，民閒所習惟有隸書，尉律始試諷籀書九千字乃得爲吏者，所試實隸書也。 下云"又以八體試之，郡移大史并課者始用大小篆諸體試之耳"。 按：《顏氏家訓·書證篇》引《倉頡篇》云："漢兼天下，海内并廁，豨黥韓覆，叛討殘滅。 此蓋閭里書師所合爲五十五章之文，故言及漢興之事，幼子承詔亦復如是。 小篆本無詔字，更足爲隸書之證《家訓》厠之于《汲冢瑣語》《列仙傳》之閒，謂爲後人所羼，殆有未審。 俗儒不習大小篆，故謂之爲好奇，爲詭更正文，爲向壁虛造不可知之書，爲變亂常行以耀于世段注：正文常行謂秦隸書。諸生稱秦隸書爲倉頡時書者，與其見幼子承詔謂爲古帝之所作者，皆由不習大小篆，習聞書師所教，遂作是言耳。若向、歆、班、許皆博學經籍，親見其文，故謂史籀爲周宣王大史，絕非憑肌妄説。國維生兩千年後，一無所見，創爲證論，詆譏前賢，營惑視聽，甚無謂也。

又曰："《史籀篇》時代之疑。考戰國時秦之文字，如傳世秦大良造鞅銅量，乃孝公十六年作，其文字全同篆文。《詛楚文》摹刻本文字亦多同篆文，而敨夅刪意則同籀文。篆文固取諸籀文，則斯以前秦之文字，謂之用篆文可也，謂之用籀文亦可也。"

銅量本難信。其首云："齊逢卿夫二來聘。"按：《秦紀》云：孝公十九年天子致伯，二十年諸侯畢賀。此二事著于史，未聞鑄器以矜其功。來聘尋常事，顧著之嘉量，恐無其事也。《考工記》㮚氏爲量云：深尺内方尺而圜其外，其實一鬴；其臀一寸，其實一豆；其耳三寸，其實一升注：耳在旁，可舉也。《漢·律曆志》亦云：用銅方尺而圜其外，其上爲斛，其下爲斗。左耳爲升，右耳爲合龠。五量備于一器，周、漢之制皆同。今鞅量名升，形橢方而柄居一端，提挈至難，形制殊異。《詛楚文》見于趙宋，以前無徵。若其體籀文，尚有"猋褐遫"三字，而虢襖贃敩孖㦲鞉諸文，又异乎大小篆。宋王厚之祥作音釋而又多爲之疑辭者，難信故也。

又曰："《史篇》之文字，秦之文字，即周、秦閒西土之文字也。至許書所出古文，即孔子壁中書，其體與籀文、篆文頗不相近。六國遺器亦然。壁中書者，周、秦閒東土之文字也。《史籀》一書，殆出宗周文勝之後。春秋战國之閒，秦人作之以教學童，而不傳于東方諸國，故齊、魯閒文字作法，體勢與之殊異，諸儒著書口説亦未有及之者。惟秦人作字書，乃獨取其文字，用其體例，是《史篇》獨行于秦之一證。"

許君曰："蓋文字者，經藝之本、王政之始。倉頡作書契，百官以乂、萬民以察。"《中庸》曰："非天子不考文。"鄭注云："此天下所共行，天子乃能一之，文書名也。春秋战國之時，秦之盛當推穆公、孝公。

而史稱其勤王朝天子，僻處西土，與六國等夷。惠文君始稱王，則猶諸侯也。以武力相征討，奚暇治文字哉？自書契興，迄五帝三王之世，改易殊體，故宣王命大史籀作字體以整齊之。逮乎七國，言語異聲，文字異形，秦始皇帝命李斯作小篆以整齊之。篆者引筆而書也。殷周以前文字，或以漆，或以刀，李斯始以筆，其仿寫史籀之體者名曰大篆，自作者名曰小篆。大篆、小篆者，字體也，斯以前無篆稱。自無篆文，自無用篆文者矣。《史籀篇》《倉頡篇》者，字書也。字書以教學童，字體施于政令。施于政令者必本乎天子，教學童者士大夫得爲之，屢易其本而體不易。字體、字書，判然二事。國維未能知此，遂謂秦人作《史籀篇》以教學童，意若以私家著述，雖無君上之命即可風行一國，成爲習俗。然玩非天子不考文之語，則必無是事，何也？字書則可，字體則不可也。國維又謂秦處宗周故地，其文字自當多同周舊。周之舊體，果何體歟？若即爲壁中書，則固與東方諸國同矣；若异于壁中書，則又未嘗聞之，何也？且秦已沿用周之舊體數百年矣，何爲一朝改作？其人其事，何未嘗一見之于典籍也？既改作矣，自當施于朝聘會同大小約劑，又何爲不傳于東方諸國？不傳，則秦與六國之簡牘又用何體文字耶？《中庸》：孔子曰：今天下書同文。鄭注：今，孔子謂其時。則孔子之時，文字無東、西土之分也。《詩》有《秦風》，自《車鄰》至《權輿》，作非一時。《書》有《秦誓》，皆流播東土，傳誦不絕。其字體當與東方諸國同，若其不同，則東方諸國不能識之矣。國維又謂秦人作字書，乃獨取其文字，用其體例，是作《史籀篇》者一秦人，作字書者又一秦人，若其爲二人也。《史籀篇》既以教學童，即字書矣，何不憚煩而又作耶？若其爲一人也、一事也，則取其文字、用其體例之語不可解矣。若壁中書即東土之文字，則許君言孔子書六經、左丘明述《春秋傳》皆以古文之語爲失言。夫人用當時文字作書，此當然之事，何須再說？惟孔子之時，通行籀文，孔子、左氏以不通行之古文書之述之，而古文之意乃可因之而明，故須說耳。是東土文字非古文也。國維又謂諸儒著書口説未有及《史籀》者，《論語·衛靈公》篇：子曰：吾猶及史之闕文也，今亡矣夫。《漢志》云：古制，書必同文，不知則闕，問諸故老。至于衰世，是非無正，人用其私。故孔子曰：吾猶及史之闕文也，今亡矣夫。蓋傷其寖不正，《説文·敘》亦同。宋翔鳳曰："《論語》之史，若漢代史書、史篇之類，而不必爲紀言、紀事之成書。"按：宋謂史爲史書則誤，史書當從段氏解爲隸書，則兩漢所謂善史書、能史書之文始可解。其謂史爲史篇則是，故師古曰："孔子自言我初涉學，尚見闕文，今則皆無，任意改作也。"是孔子已稱史矣，何云未有及之者耶？又曰：籀文非書體之名，世莫不以古、籀、篆爲三體，謂籀文變古文，篆文又變籀文。不知自其變者觀之，則文字不獨因時地而變，即同時同地亦復不同，故有一篇之書而前後异文，一人之作而器蓋殊字。自其不變者而觀之，則文字之形與勢皆以漸變。凡既有文字之國，未有能以一人之力創造成一體者。許氏謂史籀大篆與古文或異，則不异者固多，且所謂异者，亦由後人觀之，在作書時亦祇用當世通行之字，有取捨，而無所謂創作及增省也。此可斷定者一也。

　　按：《左傳·後序》正義曰："王隱《晉書·束皙傳》云：太康元年，汲郡民盜發魏安釐王冢，得竹書，漆字科斗之文。科斗文者，周時古文也。其字頭粗尾細，似科斗之蟲，故俗名之焉。"《書·序》正義曰："科斗書，古文也。形多頭粗尾細，狀腹團圓，似水蟲之科斗。以古文經秦不用，故云廢已久矣，時人無能知識者。"又云："孔子壁內古文，即倉頡之體，故鄭玄云書初出屋壁，皆周時象形文字。今所謂科斗書，以形言之爲科斗，指體即周之古文。"又云："或以古文即大篆，非也。何者？八體六書自大篆與古文不同，又秦有大篆，若大篆是古文，不得云古文遂絕，以此知大篆非古文也。"按：今出三體石經，具大篆之體，皆頭粗尾細章炳麟《論三體石經書》云"石經非邯鄲原筆，書勢已有其文。然既云轉失淳法，則明其追本于淳，篆書用筆不如淳，則以爲轉失淳法，故其下言因科斗之名，遂效其形，言筆勢微傷于銳也"篆文之體，則規旋矩折，嚴整有法，豈非二體儼然各异歟？許君云"大篆與古文或异者，小篆或頗省改"者，皆謂其偏旁相因耳。詳玩石經，足徵許説不謬。國維未明于筆勢之謂體，偏旁之謂形，淆雜以立言，遂成乖舛。檢覈《說文》，則所謂創作增省者，森然具存，何云無耶？

又云："史篇字數，《書斷》謂籀文凡九千字，《說文》字數與此適合，先民謂即取此而釋之，孫星衍猶用其說。此蓋誤讀《說文·敘》也。《說文·敘》引漢尉律諷籀書九千字，諷籀即諷讀。《漢志》所引無籀字可證。且《倉頡》三篇，僅三千三百字，加以揚雄《訓纂》，亦僅五千三百四十字，不應《史籀篇》反有九千字，此可斷定者也。"

按：段《注》"及宣王大史籀"下云："籀文字數不可知，尉律諷籀書九千字乃得爲史。此籀字訓讀書，與宣王大史籀非可牽合，或因之謂籀文有九千字誤矣。"今國維之說明牽合矣。《注》"諷籀書九千字"下云：竹部曰：籀，讀書也。諷籀書九千字者，推演發揮而繕寫至九千字之多。《注》"凡《倉頡》已下十四篇凡五千三百四十字"下云："《藝文志》曰：漢時閭里書師合《倉頡》《爰歷》《博學》三篇，斷六十字以爲一章，凡五十五章，併爲《倉頡篇》。"此謂漢初《倉頡篇》祇有三千三百字也。雄所作《訓纂》凡三十四章二千四十字，合五十五章三千三百字，凡八十九章，五千三百四十字也。審此，則國維蓋抄錄段《注》而成，并非創作，然何不明稱段《注》耶？

又云："至《史篇》文體，段氏據《說文》所引三事原注：奭下云：此燕召公名，《史篇》名醜。匋下云：《史篇》讀與缶同。姚下云：《史篇》以爲姚易也，史以爲亦有說解。"又疑即王育解說中語。然據此三事，不能定其即有說解。如燕召公名，亦得由文義知之。苟篇中有周旦召醜語，便可知召公之名。苟假匋爲缶，便可知匋字之讀。苟姚、易二字連用，便可知以姚爲姚易字，不爲女姓字矣。若以此三事爲史篇說解中語，則《說文》引《倉頡》《訓纂》等書，但稱揚雄說、杜林說，不稱《倉頡》，則其引解說中語，亦當如爲、禿、無諸字下，徑稱王育說，不得云史篇。故史篇文體，決非如《爾雅》《說文》，而當如秦之《倉頡篇》。《倉頡篇》據許氏《說文·敘》、郭氏《爾雅注》所引，皆四字爲句。又據近時敦煌所出木簡，又知四字爲句，二句一韵。《倉頡》文字既取諸史篇，文體亦當仿之。又觀其、牆二字，知篇中之有復字；觀雰、姚諸字，知用字之多假借，皆與《倉頡》諸篇同。此可斷定者三也。此二疑三斷，關于全書之宏旨，故書以弁其首。

　　段注"史篇名醜"下曰："此爲召公名，徵古説也。召公名奭，見《尚書》《史記》，而史篇云名醜。史篇之作，去古未遠，未審何以乖异。"又云："計度其書，必四言成文，教學童誦之。《倉頡》《爰歷》《博學》，實仿其體。"注"按史篇讀與缶同"下云："謂史篇以匋爲缶，古文假借也。"匋與缶古音同在幽部，故得相假借據。此可知史篇四言成文，如後世《倉頡》《爰歷》之體。注"史篇以爲姚易也"下云："許三稱'史篇'，皆説史篇者之辭。"綜覈三注，則國維云如《倉頡篇》之四字爲句。《倉頡》文體，實仿史篇。及用字假借二者，段注皆明言之，則羅參事之言亦不可謂卓識。姚下云皆説史篇者之辭，未嘗及王育也。惟注"及宣王大史籀"下引唐玄度語，末綴一語云："許蓋取王育説與。"云蓋云與，亦深疑之矣，故不再見。且《倉頡》有《訓纂》有《故》，則史篇有解説，實理所恒有。且有解説與其四字爲句語無害，何必堅斥而又杜撰一周旦、召醜之文以實之也？若篇中之有復字，斯正七國文字异形之論，又何必魁舉以告人耶？試觀《説文發疑》"小篆多古籀文"一目，其復字豈止"其牆"二文耶？國維謂其二疑三斷爲全書宏旨。今准前訂，則疑不當疑，斷非已斷，又造作傌語以迷誤後生，豈不悖哉！《敘録》前迻録《漢志》《説文·敘》《四體書勢》《江式傳》《急就篇》注敘、《書斷》、唐元度説凡十則，而《水經·榖水篇注》云："大篆出于宣王之時，史籀創箸。平王東遷，文字乖錯，秦之李斯及胡毋敬又改籀書謂之小篆，故有大篆、小篆焉。"一則不取何耶？

乙、《疏證》辨

　　雰，按：魚部魴下重文鰟，小徐本云："籀文魴從旁。"如小徐本，是則籀文固有旁字，而以雰爲旁者，假借字也。雰之本義爲雨盛，《詩》曰"雨雪其雰"毛傳：雰，盛貌，從雨，方聲。愚按：《説文》爰下云："籀文以爲車轅字。"姚下云："史篇以爲姚易也。古文之言以爲者繁矣。"段《注》假借者下曰："凡言以爲者，用彼爲此也。今不云以爲旁者，是本字，非假借也。"《注》雱下云："籀文從雨，衆多如雨意也。"毛云盛與許云溥正合。今人不知旁、雱同字。據此，則國維亦未能知之。

《説文》禷、禳、禵，按：此三字，齊、丐、出皆聲，則疑從襃意。古當有襃，而襃從示從憂，是又當有憂字。字象人事神之形，疑即古禱字，後世復加丐以爲聲。古禱、祝二字同誼同聲，疑本一字。許君于禷、禳二字下皆云從襃省，形雖失之而誼則古矣。愚按：《説文》：禛以真受福也，從示真聲。段《注》：禛下云："以真致福意。疑下從夂非從夊也。夂，陟侈切。"祝，祭主贊詞者。《周禮》大祝，掌六祝之辭，以事鬼神示，祈福祥，求永貞。一曰順祝，二曰年祝，三曰吉祝，四曰化祝，五曰瑞祝，六曰筴祝。掌六祈以同鬼神示。《注》："祈嘄也，謂爲有災變號呼告神以求福，作六辭，以通上下親疏遠近。"五曰禱，《注》："謂禱于天地社稷宗廟，主爲其辭也。"辨六號，《注》："號謂尊其名更爲美稱焉。"是祝爲祭祀贊詞之人，禱爲六辭之一，義迥別而謂之爲同可乎？

禋潔祀也。一曰精意以享曰禋。《大宗伯》注："禋之言煙。"較潔祀之訓爲得，其本義矣。愚按：《洛誥》："予以秬鬯二卣曰明禋。"傳云："以黑黍酒明絜致敬。"《詩·生民》孔疏引王肅云："《外傳》曰：精意以享曰禋，禋非燔燎之謂也。袁準曰：禋者，煙氣煙熅也。天之體遠，不可得就，聖人思盡其心而不知所由，故因煙氣之上以致其誠，故《外傳》曰：精意以享禋也。"又云："先儒云：凡潔祀曰禋。祭祀無不潔，而不可謂皆精。然則精意以享，宜施燔燎，精誠以假煙氣之升，以達其誠故也，切以準言爲然。"

按：瓥從玉，叡聲。是籀文固應有叡字及睿字，乃奴部叡下出古文睿，籀文瓥。蓋史篇瓥字雖從叡作，而于當用叡字處又用瓥字，亦從叡作，而無叡字。蓋古人字書，亦多异文，非若後世之謹嚴矣。愚按：國維于禔下云：《説文》本敘篆文，合以古籀。古籀與篆异者出之，同則不復出也。雱下云：凡古籀同字者，許書出籀文，則不出古文；出古文，則不出籀文。今此乃疑之何耶?

籀文𣂪,從艸在仌中。仌寒故𣂪,𣂪亦從斤斷艸。二,中閒之二,表其斷處也。許君云從仌,殆不然歟。愚按:𢆉,犯也,從反人,從一。半,撤也,從𢆉。人一爲干,人二爲半,言稍甚也。㓹,傷也。從刃,從一。戌,滅也。從戊一。朱氏云:"從戊,古文矛字。一指事,識其殺傷處。"是表傷害者皆從一也。桂氏引《文字》云:仌寒可折。仌部𠗂,半傷也。是仌爲傷害之具。

𦯳,籀文蓬省。許書于艸部末芥、蔥等五十三字目之曰:"左文五十三,重二,大篆從艸。"蓋此五十三字,不出《史籀篇》,而采自他書。《漢書·藝文志》小學類有《八體六技》一書,其次在《史籀》之後、《倉頡》之前。八體謂秦之八體;六技,殆亡新時之六書。其書當出秦世,而王莽附益之。許君謂秦書有八體,一曰大篆,則此書自當有大篆,其體例當與魏三字石經同。芥、蔥以下五十三字從艸作者,蓋出此書,以其不出于《史籀篇》,故不謂之籀文;以其體係秦之大篆,故謂之大篆;以史篇中字有與之異者,故重以籀文。雖其中諸字容或在《史籀》已佚六篇中,然許君時固無以證之,故變文而言大篆。余所以不列此五十三文于《史篇》佚字中者,亦許君之志也。愚按:《書·敘》正義云:亡新六書于秦八體,用其小篆蟲書摹印隸書,去其大篆、刻符、殳書、署書,而加以古文與奇字。其刻符與署書蓋同摹印,殳書同于繆篆。大篆正古文之別,以慕古故,乃用古文與奇字而不用大篆也。依孔說,八體六書名異實同,則不當云亡新六書即六技。秦八體惟云大篆,不復有籀文名,許君則籀文、大篆并舉,正見其爲一物。甄豐等頗改定古文,始有六書,則非沿襲秦制附益之而易其名。且𦯳下亦云:籀文𦯳從艸。亦不云大篆,正與此同。國維又引殷虛卜辭等諸字,謂八體六技中之大篆出于《史籀篇》,而《史篇》之已佚者,得據此存之,亦無不可也。是依違其辭而仍不斷也。

口部:嘯,吹聲也。歗,籀文從欠。欠部:歗,吟也。《詩》曰:其歗也歌。按:今《詩·召南》"其嘯也歌",作嘯,從口,與歌爲類。箋云："嘯，蹙口而作聲，即許所謂吹聲也。"《王風》"條其歗矣"，作歗，從欠，與歎泣爲類，即許所謂吟也。于歗下反引《詩》"其歗也歌"，蓋出誤憶或誤筆也。愚按：《小雅·白華》"嘯歌傷懷"，箋云："申后見黜，褒姒之所爲，故憂傷而念之。"《釋文》嘯作歗，音嘯，本亦作歗。《釋文·王風》：歗，籀文嘯字，本又作嘯。《召南》箋云："嘯，蹙口而出聲，嫡有所思而爲之，既覺自悔而歌。"歌者，言其悔過以自解説也，是《召南》之嘯歌同于《白華》。悔過亦傷懷也、吹聲也、吟也，其義亦同，則嘯、歗非有哀樂之别也。

登𤼱，按：此字從癶省聲。愚按：段《注》云："籀文省豆之肉，小篆并肉廾省之。"朱氏説略同，二家俱誤。桂氏云：《論語》："升車必正立執綏。"愚謂此正象登車形，癶，并足也。段《注》豆下云："豆柄直立，故豎、㣍、豈字皆從豆。"按：登從豆亦同。収，執綏也。引申凡升曰登。

惲，張衡《思玄賦》"惲《關雎》之戒女"用此字。愚按：《後漢書》《文選》惲俱作偉。桂氏曰：《幽通賦》：違世業之可懷。曹大家曰：違，恨也。或作惲，惲恨也。

速，引段《注》云：《釋獸》：鹿其跡速。《釋文》本又作麠，素卜反。《字林》鹿迹也。按：速正速字之誤。周時古本云其速速,速之名不嫌專繫鹿也。《廣雅》躔、踈、解、亢，迹也，即《爾雅》麈跡躔，鹿跡速，麠跡解，兔跡迒也。曹憲踈音匹跡反。《集韵》云：跡或作踈。然則《字林》從鹿速聲、素卜反之字，紕繆實甚。按：段説是也。《師寰敦》"弗速我東䛐"，弗速即《小雅》"念彼不蹟"之不蹟，而蓋文作速，器文作速。石鼓文兩云"麀鹿速速"，即《爾雅》之所謂鹿跡速。而一鼓之中，前作速速，後作速速，蓋古速疾之字或如籀文作遫，故不妨書速爲速。然速正速誤，不待論也。愚按：《經義述聞》二十八其跡速曰：《爾雅》"其跡速"之速，安知非籀文速字之誤乎？曰籀文之速，即跡字也。《釋獸》凡言其子、其足、其跡，下一字皆專箸其名。今不專箸其跡之名，而仍以跡名之，則文不成義。今使言獸子者不箸其子之名，而但云其子子；言獸足者，不箸其足之名，而但云其足足，文義其可通乎？且《爾雅》以辨名也，有專名則箸之，無專名則已耳。故《爾雅》麋、鹿、麕、狼、兔并列，而狼之跡則不箸其名，則無專名故也。鹿跡有專名，則當與麋、麕、兔并箸其名；無專名，則當如狼之不言其跡矣。豈有明知其非專名，而重復其字以强爲之名，而云其跡跡者乎？人與鳥獸足所踐處皆謂之跡，而以跡之名專屬之鹿，則豈鹿足所踐然後爲跡，而他物所踐不得謂之跡乎？原注：段云：速無妨專爲鹿跡之名。按：凡獸皆有跡，但謂之跡，何以別于他獸？段説非也。速即籀文跡字，速之與跡無別也。而云其跡速，則豈易一籀文，遂足以昭區別乎？夫《爾雅》之速，若本作速，則舍人樊光、李巡、孫炎諸人作注，必有表而出之者；施乾、謝嶠、顧野王諸人作音，亦必有表而出之者。何《釋文》但云素卜反，而不云諸家有作速而音跡者乎？然則先儒相傳之本，無作籀文跡字者明矣。王氏之言明白若此，自可信從。石鼓之速速，舊釋爲疾，甚是。若作速速，其失同于段也。

遲，按：尸部無犀，然言部語諰諆之諆，亦從犀作。蓋周、秦之間已視犀、犀爲一字，不自許君始矣。愚按：《説文》尸部：犀，犀遲也。從尸，辛聲先稽切。故語諰諆之諆，從之得其聲義矣，國維何眛而未之見耶？

晨，按：殷虛卜辭作農，金文或作晨，從田，皆從辰，疑本從辰不從晨者。愚按：《説文》下有𦦟，古文農，亦從臼，正爲晨省之證。

豎，按：豎殆内豎之豎之本字，當作臣叝省聲，字以篆文爲正。籀文從殳，殳由又而譌。愚按：段《注》：《周禮》内豎。鄭云：豎，未冠者之官名。蓋未冠者，才能自立，故名之豎，因以爲官名。叝未識何字，若爲尌，則當從寸也。叝，籀文作𣪘，豈非從又者亦可從殳歟？余按：《石鼓文》敺字從殳，蓋由轉訛。愚按：妟蓋從支，几聲。下爲何字耶？

甍，按：《考工記注》：《倉頡篇》有鞄甍，蓋本史篇。其改甍爲甍，偽從一人在穴上，背從二人在穴上，意則一也。愚按：北從二人相背，即今違背之背，故鉉云從北者，反覆柔治之也。若爲二人，當作从，不當作北也。

𡆧，《史篇》醜字，本以𡆧爲之，與古文同。 他書亦然。 一訛爲𡆧，再訛爲𩔖，經典相承遂爲𩔖字矣。 𩔖下云："史篇名醜，不云名𡆧者，以今字易古字也。 其所以知𡆧即醜字者，蓋由其韵得之。 愚按：讀若𡆧書卷之卷，古文以爲醜字。 段《注》云："醜鉉本作醜，誤。 醜與𡆧卷，部分遠隔也。"《義證》云：目圍，俗言眼圈。 醜當作醜。 又按：𡆧從𡆧馨，或曰拳勇字，讀若儇。 醜，他典切。 卷，巨員切。 儇、𡆧於建切。 三聲相承，其韵實近。 而《説文》之言"以爲"者，皆屬相假，段氏所云依聲托事也。 若醜與𡆧，既有𡆧收喉、醜收鼻，𡆧舒舌、醜翹舌之殊，今云由其韵得之，誠不可解。 按：嚴可均有是説。 王筠云：𡆧、𩔖形近。 國維其取之耶？然觀《説文》之假借，固以聲不以形也。

鷹，從隹，瘖省聲。 或從人，人亦聲。 瘖、人二聲既不同部，又均不與雍同部。 按：毛公鼎、秦公敦、應公鼎膺、從隹從斤。 考古腋字作亦，象兩腋之形。 斤從人從丨，當象一腋之形。 從隹在腋下，殆會意字，非形聲字也。 雍常在人臂，故字如此作，并知臂雍之俗，上古有之矣。 籀、篆從疒，并誤。 愚按：段氏依《韵會》訂作從隹，從人，瘖省聲。 鍇曰："鷹隨人所指𩍅，故從人。"按：雁、鴈亦從人，瘖在侵部，而雍在六部，合韵最近也。 段説極是。 雍以瘖爲聲，猶膡、滕等之從朕聲，鳳凡聲而古文作朋是也。 臂雍在臂上，今云在腋下，實爲乖舛。 且左臂上也，從又，則臂雍正當從又也。 夾從亦有所持，段《注》：兩亦下有物。 則云腋下者，不當如斤矣。

𣪘，叙從古殳聲。 此字殆以甘爲聲，籀文之月乃甘之訛，篆文從古，非其聲類矣。 愚按：段《注》：古聲在魚部，敢在談部，此于雙聲合韵求之，曰音冒，冒而前也。 又按：《義證》云：《士虞禮》注："敢冒昧之辭。"則段説是。 又按：《釋例》云：秦《詛楚文》𣪘字三見，則從甘。 因知籀文𣪘從甘字倒文，甘、敢平上同音，國維或本此耶？

契，《釋詁》：契，利也。《詩·周頌》毛傳：略，利也。 利之訓由刀劍刃，引申，契爲剁之籀文，其形與讀均與略近，故經典或作略也。 愚按：此但聲借，于形何干？

䚃，按：今《周禮·大宗伯》作䚃，䚃乃䚃之訛。　愚按：隸書刀字偏旁俱從刂，在字中每作刂，如班、辨等是，則䚃乃隸變而非訛。

侖，按：册下云：笧，古文册，此從之。　然古金文册字乃象簡之或刊其本，非從竹也。　愚按：《鄉射禮記》“箭籌八十”注：箭，篠也。籌，算也。　又云：長尺有握。握素。注：握本所持處也，素謂刊之也。刊本一膚。按：籌、册本不同制，而國維同之。　篠本小竹，籌用其稈，其膚滑，故刊去四寸以便握。　若簡册，則析竹成片爲之。　且中有二編，自不慮其散落，又何必刊本也？故刊本二字不再見于他文，則古文笧自以從竹爲是。　又按：《記》之下文云：楚朴長如笴，刊本尺。注：册其可持處，亦以荆皮滑也，故須刊去持處，則籌刊本之義益明矣。

既云匋，包省聲，復云史篇讀與缶同者，謂缶與包聲有異。　然古包聲、缶聲同在一部，是包、缶同聲。　許君之言，殊不可解。　又按：《茲女盉盤》以匋爲寶。　寶、陶疊韵，寶、缶則疊韵而又雙聲。　古人假借多取雙聲，當以匋讀爲正矣。　作瓦器之字作匋，或非本字與？愚按：既云包、缶同聲，則可假借。《敘錄》已有假匋爲缶語，自與段同，兹云“許君之言，殊不可解”者何耶？寶重脣，缶輕脣，古無輕脣，則以缶讀爲正之語失。　作瓦器之字作匋，非本字，豈亦作缶耶？果作缶，則假借之語亦失。

許書凡含樹立之義者，若尌、若侸、若豎，皆爲尌之後起。　古文從木之字，或省從屮，于是壴乃變而爲豈。　後人于豈旁增木而又訛爲寸，于是樹之本義不可知矣。　愚按：樹從木，尌聲，形聲字也。　尌從壴從寸，寸依段補，持之也與人部侸音義同，今字通用樹爲之。段《注》：寸與又古通用。又者手也。此説從寸之意，壴而復持之則固矣。壴亦聲。　豈，陳樂立而上見也。　從屮豆段《注》：豆者，豎也。豎，堅立也。豆有骹而直立，故侸、豎從豆。壴亦從豆。中者，上見之壴狀。豆下注云：豆柄直立，故豎、侸、壴字皆從豆。　綜上數説，是豆爲初文，獨體象形字，因而孳乳爲壴、爲尌、爲樹。　故于樹曰：本生植之總名段《注》：植，立也。尌下注云：籀文從豆。不從豈者，豆柄直，亦有直立之義。豆與壴同在侯部爲諧聲。寸則謂手植之也，是寸非又之訛矣。　國維墨守羅參事説羅曰：樹、植當是一字。樹之本義爲植木使立，引申之則凡樹他物使植立，皆謂之樹。石鼓從又，以手植之也。羅言引申，正如段説尌下云：今字通用樹爲之。則羅氏此語爲顛倒矣，因謂豈爲壴變，竟忘豈之爲陳樂立而上見也。

　　篆文之叒，即古若字之訛變。籀文之叒，又古若字之訛變。《離騷》折若木以拂日，乃借唯諾字爲之。羅參事謂若與諾一字，象人舉手跽足巽順之狀，故若訓順。余按：羅説是也。《説文》謂叒爲象形，象其葉之扶疏。三又者，略不過三之意。桑厚葉弱枝，故從叒，猶鳥、焉之從烏省。所貴者，故皆象形。叒、若字，筆勢异耳。諾、若古音同。然若之訓順，則如之借章炳麟説，如從隨也，故訓順。今云象人舉手，人何爲有三手耶？

　　戇，讀若苦感反，乃後人以《説文》引《詩》戇戇鼓我。今《詩》作坎坎，故以坎音讀之。實則戇音當從夅聲原注：與坎字相通假，乃由雙聲字故。贛從戇聲，且戇既從夅又從夊，繁複殊甚，必後起之字。古贛字祇當作戇，贛、醟二字以之爲聲。愚按：段本作夅聲，云夅聲在東部，與侵部合韵，則夅聲段氏《注》已云如是。又按：舞從舛。戇，舞也，故戇從夊。且既爲夅聲，則夊正表舞意，何謂繁複？

　　鼎，《書·洛誥》：我二人共貞。馬融《注》：貞，當也原注見《釋文》。貞無當訓，馬融因知貞即鼎字，故訓爲當，此以貞爲鼎者也。愚按：古無舌上，故貞讀爲丁。《爾雅·釋詁》：丁，當也。丁、鼎同音，故鼎亦訓當，貞非鼎字也。

　　醟，按：《周禮·酒正》注引《内則》曰：稻醴清醟，黍醴清醟，梁醴清醟。鄭司農云：糟音聲與醟相似。然則《内則》糟本作醟，醟蓋醟之或作。後鄭本《内則》，則徑改爲糟矣。愚按：《漢讀考》云：按：今《内則》醟作糟，疑是用《周禮》改也。司農云：糟音聲與醟相似，謂之相似，則非一字也。醟之本義當是艸類，從艸酒聲，故沈重音子由反。糟是正字，醟是假借字。《説文》糟下注云：按：醟蓋從酒艸聲，亦糟字也。愚謂後説是，國維不舉之者何耶？

　　𤺄，按：許引“既微且𤺄”，今《詩》作瘽。《爾雅·釋訓》亦云

"腫足爲尵"，尵即尵之省。愚按：段《注》引《爾雅音義》云：尵本或作尵同，并籀文瘅字也。按：籀文本作尵，又或變爲尵耳，非有兩籀文也。愚謂重、童隸書通用，如動、踵或作勤、蹱，鍾鐘、種穜互用。童從重省聲，今謂尵即尵省，殆有未周。

八，按：殷虛卜辭及古金文皆如此作，籀文承之。許君獨言籀文者，前乎史篇者，許未見之故也。愚按：國維于雺下云：凡古、籀同字者，許書出籀文則不出古文原注：如雺字，出古文則不出籀文原注：見前罔字下。愚謂人正如雺，且保、仝、儨皆古文，皆從人，正足證古文亦作人也。《説文·敘》云："郡國亦往往于山川得鼎彝，其銘即前代之古文，皆自相似。"許君若未親見，則不能作是語矣。世人以《説文》未分別稱之，輒謂其未見。夫古、籀之同者，許君猶任舉其一。鼎彝之文其常見者，不同于古，必同于籀，故亦不別稱焉。許君所未見者，惟卜辭耳，然壁中書及《春秋傳》、古文《孝經》、《禮》古經則皆親見。近世新出三字石經，其形多合于《説文》，豈非所謂信而有證者耶？世人每以得見卜辭驕許君、國維賢者，亦復不免。

殷虛卜辭磬作㲈，與籀文略同。丯即《説文》屵字。許云：屵，岸上見也。實則中象磬飾，丯象縣磬，與豈同意。愚按：屵，岸上見也。從厂從出省。段《注》云：之省二字，當作中。岸者，厓峻而高也。上見者，望之而見于上也。磬下《注》云：豈下云：陳樂立而上見也。從中。此從中，謂虡之上出可見者，崇牙樹羽是也。或曰Ⅲ象磬之股，丨象磬之鼓。磬之縣，股橫出而鼓直。是聲當云象形，不當云即屵字。段謂與豈同者，但云從中，今于丯象縣磬下云與豈同意，殆從或人之言以〇象鼓形耶？

《史篇》以爲姚易也。姚易蓋佻傷之假借。許云：佻，愉也。愉，薄也。傷，輕也。《離騷》"余又惡其佻巧"，王逸注：佻，輕也。是佻、傷二字同義。《毛詩》"佻佻公子"，《韓詩》作嬥嬥。古從兆、從翟之字互通。如《書·顧命》濯作洮，《周禮》守祧，故《書》作濯或翟之訛。以佻或作嬥觀之，知古佻字當有從女作姚者，而史篇用之。此較姚嬈之義，去從女之本義更遠，故列之于最後。愚按：舊説多以易爲傷，似不如段《注》易蓋冶也爲是。《義證》謂佻佻當作姚姚，引《荀子·非相》篇“莫不美麗姚冶”注引本書：姚，美好貌。《禮論》篇“故其立文飾也，不至于窕冶”注：窕讀爲姚。姚，冶妖美也。蓋姚易、姚冶皆雙聲聯語，不宜字別爲義。如《上林賦》“眇閻易以卹削”，錢大昕曰：“閻易猶姚易也。”《海賦》“眇睩冶夷”注：眇，睩視貌。冶夷，妖媚之貌。因其依聲托事，故可作閻易與冶夷也。若從翟、從兆之字互通。《漢讀考》于《周禮》《顧命》外，又云《爾雅》以濯爲姚。按：女部自“媚，説也”以下至“孁，白好也”十八字，皆言容貌美好。自“嫿，順也”以下至“嫺，雅也”三十字，皆言體態。從女猶從人也，何爲去女之本義更遠耶？又按：孫詒讓守桃《正義》云：《玉篇》示部有禂字，云古文桃，蓋因濯字增益爲之，亦非古字也。

絳，楊雄以爲漢律祠宗廟丹書告也。按：如楊雄説，則此恐非繒之重文，其字亦疑當作絳。殷虚卜辭騂犧之騂作羊。《説文》土部赤剛土之垶作墝，此字從糸羊聲，後訛爲絳。絳，帛赤色，與緑、縹以下諸字同例，故楊雄以爲祠宗廟之丹書，語當出雄所撰《倉頡》《訓纂》。《倉頡》之字多取諸《史籀篇》，應有此字也。又楊雄《甘泉賦》“上天之絳”，字從宰不省，蓋又是一字。愚按：《説文》角部觲，用角低仰便也。從羊牛角，讀若《詩》曰“觲觲解弓”。段《注》：《小雅》“騂騂角弓”毛曰：“騂騂，調利也。”許意謂獸之舉角高下馴擾，毛説正許説之引申也。土部：“墝，赤剛土也。從土，觲省聲。”段《注》云：草人。凡糞種、騂剛用牛，故《書》騂爲挈。杜子春挈讀爲騂，謂地色赤而土剛強也。按：馬部無騂字，子春易字作觲，必確然易爲墝字，而許用其説入《説文》也。然則相承作騂，又訛作騂者，乃大繆耳。《漢讀考》云：《説文》馬部無騂字，徐鉉新附字作騂，云從馬觲省聲。按：土部墝，赤剛土也。從土，觲省聲。此《周禮·艸人》騂剛正字。且《牧人》騂牲，《魯頌》騂剛，皆宜借用從土之墝，今皆從馬，則爲倒置。據是則羊不成字，騂犧之騂作騂亦爲皮附，則謂絳爲繒，亦爲想象之語也。　又按：段《注》綷下云：不曰辛聲，定爲宰省聲者，辛與曾有真、蒸之別。　宰省與曾爲之蒸之相合，通轉取近者也。　若國維之語，羊、辛、曾三字韵部遠隔，而羊之訛辛，隸書有之，非可以語篆書。　上天之綷，即載之借，故《漢書》《文選注》皆云“綷，事也”，俱本《詩‧文王》傳也。　如國維言，《説文》何以無綷？其本訓又當爲何？若綷本爲帛赤色，何以列于紈下，隔二十字始爲綠、縹諸字耶？

電，按：此字殆訛。　魯伯愈父鬲黿字作𪓑從𪓑。邵鐘黿字作𪓑從𪓑，皆象黿前後四足。　籀文電字，前足訛而爲𠂤，後足訛而爲臼，皆失其形，蓋傳寫之誤矣。　愚按：段《注》云：古文祇象其頭腹，籀文又象其長足善跳，是𠂤正象其前足。　又云：從宀象其頭，下象其大腹。　段氏所以云大腹者，以蠅云蟲之大腹者從黽也。

古封、邦一字。《説文》邦之古文作𤰭，從屮從田，與封字從屮從土，均不合六書之旨。　屮皆㞢之訛。　殷虛卜辭云貞𠱾求年于𤰭土，𤰭字從㞢從田，即邦字。　邦土即邦社，亦即《祭法》之國社。　漢人諱邦，乃云國社矣。　愚按：段《注》邦下云：古邦、封通用。　𤰭古文下云：從屮田。　之，適也，所謂往，即㞢封。　古文封字亦從㞢土。　圭，古文封省，下云從圭，則與屮部讀若皇者同字。　艸木妄生字之在土上，屮之本義也。　爵諸侯之土字從㞢土，㞢之引申假借義也。　段説明確蓋古文俱從㞢，籀文、篆文乃從㞢，未可説之爲一也。　又按：《隸釋》十四石經《論語》殘碑後云：漢人作文不避國諱，威宗諱志，順帝諱保，石經皆臨文不易。　樊毅碑“命守是邦”、劉熊碑“來臻我邦”之類，未嘗爲高帝諱。　此碑“邦君爲兩君之好、何必去父母之邦”，《尚書》“安定厥邦”，皆書邦作國。　疑漢儒所傳如此，非獨遠避此諱也，則《祭法》國社非避諱而改者也。

殷人卜辭車或作𨏻，金文或作𨏻、𨎮或𨎮，象轅軛之形。　籀文變爲二戈，乃轉寫之訛。　愚按：《説文句讀》𨏻下云：此蓋傳訛，商咎父癸卣作𨏻，周吳彝作𨏻，皆有輪軸衡及駕馬之形。　今斷其軸衡及兩馬而爲戈，非義所安。　孫詒讓《籀文車字説》亦云：考金文本象駟馬車之全形。其義至精。皆如國維言，國維豈俱未見之與？

朝部杽下曰：日始出光杽杽也。下重𣊫字云：闕。闕者，不知其爲古爲籀。今按：杽𣊫，皆㫃之異文。古金文從㫃之旅字多作𣄼。蓋古之旅，皆載于車上，而古車字又多作𨏯盂鼎、父癸卣等，知𣄼字所從字車，書有作此字。其後兩輪一輿之形，訛變而爲𡴎。頌鼎有𣄥字，即旂之本字，借爲祈求之祈。𣊫又𣄥之訛變也。許云杽從旦㫃聲，蓋不免從訛字立説矣。愚按：段《注》蓋闕如也，云許全書中多著闕字，有形音義全闕者，有三者中闕其二、闕其一者。分別觀之，是在《説文》中稱闕者，不關古籀字體，何者？許君取字，自從其本，故不言闕也。車之制，輪貫于軸，輿居兩輪之閒，故作車之形。今云訛變，其形已失，惡見其爲車也？且𣄼之從車者，古者一車甲士三人，步卒七十二人，𣄼之從車，亦似表衆意。若𨏯其㲋，正如𩵋之所從形也。𨏯即𣄥之所從聲也，故讀爲旂。今謂𨏯即杽之訛，古之㫃字。何以㫃部二十三文與丨部之㫃，除杽之外，無一作𨏯者，何耶？觀晶生作星，晶辰作晨，則杽之作𣊫，其例正同也。

古金文司字多作辭。又按：古辭、辤殆一字，理辜以辭，辤謝亦以辭，故引申爲辤受之辤。受辛之辤，疑本䤉辛之訛。齊侯鎛鐘“女敬共䤉命”，䤉命即辭命。子仲姜鎛：“大僕是䤉”。辭有䤉義，而辤無之。是䤉乃辭之異文，非辤之異文，疑古無辤字。兮田盤“政䤉成周四方賓”。政䤉即正辭。足知辭、䤉、辤三字之爲一字矣。愚按：段《注》辤下曰：經傳凡辤讓皆作辭，説字固屬假借，而學者乃罕知有辤讓本字，或又用辤爲辭説而愈惑矣。《世説新語》：“蔡邕題曹娥碑：黄絹幼婦，外孫齏臼。”解之曰：“臼所以受辛，辤字也。”按：此正當作辭，可證漢人辤、辭不別耳。又注詞下：“辭謂篇章也。詞者，意内而言外，從司言，此謂摹繪物狀及發聲助語之文字也。”又按：《釋文·繫辭》云：“辭本亦作䤉，依字應作詞，説也。”《説文》云詞者，意内而言外也，辤不受也，受辛者辤。䤉，籀文辤字也。又《曲禮》不辭云：“本又作詞，同。”《説文》以詞爲言詞之字，辤不受也。《左傳·哀公六年》五辭：

本又作辤。《説文》辤從辛校不受也，受辛宜辤也。 辝，籀文。 依《釋文》之語，辤爲不受，其籀文爲辝，詞爲言詞，辭辝爲説説二徐俱作訟是。朱駿聲曰：分爭辯訟謂之辭。《後漢書·周紆傳》"善爲辭按條教" 注：辭按，猶今按牘也。假借爲詞。《孟子》"不以文害辭" 注：詩人所歌詠之辭，又爲辤。《左傳·襄公二十二年》"辭八人者而後王安之" 注 "遣之"。 又按：亂辛猶理辜者。亂，治也。 辛，責也。 理辜即治罪，此司法者也，故《周紆傳》注謂辭按爲按牘，受辛宜辤之者，謂受罪宜興詞辨訴。 引申爲辤謝。辝從司，司聲也，何云受辛本亂辛之訛耶？ 按：《古籀餘論》"兮田盤" 云：王令田政辝成周三方，賚積至于南淮尸，記王命治積四方至于南淮夷事。 又云：政、征字通。賚，積之省，謂征斂委積之事。 若《周禮·地官》之委人，則孫氏釋辝爲治之借，非作正辭解也。 金文有借辝爲司者，辝非司也。 啐即辛旁加口，非口部五葛切之嗇，今云與辛同意，何耶？

　　牆從酉爿聲。 酉古盦字，晉邦盦盦字如此作。 愚按：牆醢也，從肉酉，酒以和醬也，爿聲。 段《注》云："作之陳之皆必以器，故從皿。" 按：艸部韲，從缶，濫漿，或從皿。 皿，器也，血醢也。 段《注》：從缶者，謂鬱諸器中乃成也。 菹醢通稱。 禮有腤醢，以牛乾脯梁麴鹽酒也。 段《注》引《醢人》注云："作醢及臡者，必先脯乾其肉乃後莝之，雜以梁麴及鹽，漬以美酒，塗置甀中，百日則成矣。" 是牆字之酉即美酒，皿即甀也。 又按：皿部盦，覆蓋也，則缺酒之義矣，殊非。

　　藍，此字疑從鹽省有聲，從艸闞。 愚按：段《注》從艸，謂芥醬、揄醬之屬。 從鹵謂鹽也。 從盍猶從盍聲。 上文云："盍者，盍之或字。"

原載《四川大學文學集刊》1945 年第 2 期

跋王國維《漢代古文考》

戰國時秦用籀文，六國用古文説

咸按：六藝不流于秦，然《書》之《泰誓》、《詩》之《秦風》，何以傳于齊魯，藏于壁中？秦與東土异文，必有譯寫始通，經籍何無此語也？又秦罷六國文字在滅六國後，當未滅時，自當多同，不然何以定約束、通情好耶？

《史記》所用古文二字説

咸按：中祕，河閒所存，明稱經矣，何獨壁中始爲古文經耶？古文之足貴，正以其爲古文字，未有傳寫之訛變，始能憑字以定經義。壁中經無傳，注自無師説，是所貴端在文字也。景武閒通行隸、草，古文極鮮識者，故孔安國必依今文讀之，始有以興其説。《僞孔安國尚書序》不足信，《論衡》豈欺人哉？

《漢書》所用古文二字説

咸按：《漢書·藝文志》《易》下云：劉向以中古文《易經》校施、孟、梁丘經，或脱去“無咎、悔亡”，惟費氏經與古文同。《尚書古文經》四十六卷，又云：《古文尚書》者，出孔子壁中。武帝末，魯共王壞孔子宅，欲以廣其宮，而得《古文尚書》及《禮記》《論語》《孝經》，凡數十篇，皆古字也。又云：劉向以中古文校三家經文，文字异者七百有餘。又云：《禮古經》五十六卷，經七十篇。《禮古經》者，出于魯淹中及孔氏學七十篇，文相似。又云：《春秋古經》十二篇。又云：《論語》古二十一篇，出孔子壁中。又云：《孝經》古孔氏一篇，二十二章。又云：惟孔氏壁中爲异，父母生之，續莫大焉，故親生之膝下。諸家説不安處，古文字讀皆异。依上所録，明言古今者，實文字之异。以文异則師説亦异，演贊之遂成一家言。

《説文》中所用古文二字説

咸按：《魏石經拓本考》云：《蔡邕傳》：碑始立，其觀視及摹寫者，車乘日千餘輛。則時雖無椎拓而固有摹寫。經文繁重尚能摹寫，鼎彝文簡，摹寫不難。又全書古文及在重文中推移而得，且居疑似之閒者，如鸞虪麠梳等，亦止得四百九十六字，無五百許也。若謂皆出壁中書《左氏傳》，如𡇧𡿦等，經傳固無之。又王氏力斥許君未見殷周古文，不過欲自證成東西文字各异之説耳，不知"皆自相似"一語絶非凿空妄説以愚人者。以博學經籍、五經無雙之許叔重，豈肯爲是耶？且當東京文學昌盛之會，豈容有此妄語耶？又謂壁中書與《左氏傳》非爲孔子及丘明手書者固是，而謂別爲戰國文字非孔子、丘明時之文字則非，何者？所謂東西二土之文字，西土者假定即爲籀文，東土者既异殷周文字，又爲何名？何以書籍無稱？非他意，但認甲骨、金文始足爲殷周文字耳。又段《注》"皆古文也"句云：謂其中所説字形、字音、字義皆合《倉頡》《史籀》，非謂用壁中古文。段《注》又云：謂全書明諭厥誼，往往取證于諸經。段氏此語可信，則絶非可以學派解釋之也。若以學派解説，則孟氏一語不能講。且費氏《易》與古文同，何不書此而書孟氏受牽率之譏耶？又以漢目秦世以上，自當云前代，然古文之名本出亡新，許君因世人不信古文，謂爲嚮壁虛造。故因亡新命名之所本，又增以《左傳》鼎彝之文證明《説文》所輯古文皆有來由。漢去三代近，所得鼎彝自易，故云往往。段《注》"皆自相似"，謂其字皆古文，彼此多相類。段云"彼此"，即指壁中書《左傳》鼎彝，其文皆相類似，非謂鼎彝之文相似而已。今云"以明與孔壁古文不甚相似"，殆未得其朔。

《説文》今敘篆文，合以古籀説

咸按：《説文·敘》言"皆取史籀大篆，或頗省改"，豈非徇人歟？

試觀小篆正字多同古籀，而見古籀偏旁者，亦多閭里書師所合，實爲隸書，故《説文・叙》云：稱秦之隸書爲倉頡時書，云蓋斯等所作原爲小篆，書師但取三千三百耳。欲其成文句，遂有復字，亦以隸書。《漢書・藝文志》云：多古字，俗師失其讀，則非日用必需之字明矣。又王氏謂《倉頡》《訓纂》總約五千三百四十字，而《説文》溢出之四千餘字，許慎何自得之乎？是又不知四千餘字者，固有古文、籀文，然亦有漢時所制，如耄戥鄁甓等。若古籀所有，而篆文所無者，文獻不足徵，何從明之？又王氏謂許書中引經以説之字，多屬篆文所無而古籀獨有者。今按：《説文》祡引《虞書》而有古文禷；《説文》璿引《春秋傳》而有古文璿；坥引《虞書》而有古文胐；侯引《考工記》而有古文疾；盟引《周禮》而有古文盟；份引《論語》而有古文彬；憜引《春秋》而有古文婼；憼引《商書》而有古文聾；圭説本《周禮》而有古文珪；犙古文䊷而引《虞書》；截古文蠿而引《周書》；辠爲籀文而引《詩》，䶈古文不引此，明見其爲篆、籀而引經以證。犙、截皆有篆文而又不引經，足徵引經以明其字之作，非特引以明其爲古文。

　　漢時古文本諸經傳考

　　咸按：王氏謂《漢書・藝文志、河閒獻王劉德傳》皆不言《毛詩》爲古文。至後漢，雖以《毛詩》與《古文尚書》《春秋左氏傳》并稱，亦係以二者同爲未列學官之學，非以同爲古文也。今按：《漢志》云：又有毛公之學，自謂子夏所傳，而河閒獻王好之。以此推之，《毛詩》自是古文也。又《漢志》云：孔壁古文凡數十篇。王謂若總計《尚書》等五書分篇數，當得百四十餘篇，都數與分篇數不合，蓋"數十篇"上奪一"百"字。愚謂玩《志》言，"凡數十篇"專指《古文尚書》，何者？以繫于《尚書》之《叙》中也。若爲記五書之都數，則但增一"百"字，數亦不諧。又王謂《周官》無今文，後鄭所見《周官》舊本已非古文，故其注《周官》則止稱"故書某爲某"。愚謂故亦古也，有古則有今。鄭君以所持爲今，用以校者爲古。《异義》引《古周禮説》（孫詒讓曰：謂《古文周禮説》也），是有古文矣。天宰三曰官聯。鄭司農云：古書連作聯。段云：漢以後連貫字皆用連，不用聯，故司農以今字易古字而又明之曰周秦古書連貫字皆用聯。《説文》耳部：聯，連也。耳連于頰，絲連不絶，故從耳從絲。此古書二字與凡言故書者不同，是古字即古文矣。故書固不盡爲古文，然如戲濾于示之等，則實爲古文。故孫氏《正義・凡例》云：經文多存古字，注則多以今字易之。今云所見已非古本，變而稱故書，不亦輕傷歟！

漢時古文諸經有轉寫本説

咸按：劉歆書云："《泰誓》後得。"則出于二本之外者。王充《論衡・正説》篇曰："孝、宣皇帝時，河內女子發老屋，得逸《易》《禮》《尚書》各一篇，奏之。"是又出于二本之外者。以後文"傳世之古文《禮》尚有數本"一語證之，則非獨魯恭淹中所藏之外無別本也。又漢以來紙墨至便，何必用漆書竹簡？伯山累世通儒，家多藏書，流離顛沛，握持不捨，僅以示衛宏、徐巡，其寶愛至矣。果爲傳寫者，何當伯山之重視如此耶？又《後漢書》稱賈逵教諸生以簡紙經傳，王氏因謂其經本猶當爲古文，不知紙本今文也，簡本古文也。是亦以今文之本校讀古文之本耳，非皆爲古文。又王謂鄭玄未嘗窺中祕，而其注《禮經》所據之古文，必非一本，且皆非中祕之本。是又不知馬融在東觀十年，詳窺祕籍。鄭君從學三載，日夜尋誦，參考同異，質諸疑義，自能盡古文之義，何必在中祕乃爲窺乎？《士冠禮》甫或爲父，今文爲斧，則父、甫爲古文。且《七略》云：武帝廣開獻書之路，百年之間，書積如丘山。故外有太史博士之藏，内則延閣廣內祕室之府。牛弘表云：光武嗣興，尤重經誥。未及下車，先求文雅。至肅宗，親臨講肆。和帝數幸書林，其蘭台石室鴻都東觀，祕牒填委，更倍于前。則後漢中祕之本實繁。中祕之儲獻自民間，則民間之存實富。鄭君遭黨錮乃注《禮》，其在大學所見淵弘，故能決古今之是非而定去從也。

科斗文字説

　　咸按:《書·序》正義云: 鄭康成《書贊》云:《書》初出屋壁,皆周時象形文字,今所謂科斗書。 以形言之爲科斗,指體即周之古文。《晉書·束皙傳》云:漆書皆科斗字。 王鳴盛云:以漆書竹簡,漆黏盡不能行,故頭粗尾細似科斗。 又《衛恒傳》云:科斗書漢世祕藏,希得見之。 魏初傳古文者出于邯鄲淳,恒祖敬侯寫《尚書》,後以示淳,而淳不別。 至正始中立三字石經,轉失淳法。 因科斗之名,遂效其形。 此語失實,今驗民國十一年新出之碑,其古文正豐中鋭末,非頭粗尾細。豐中鋭末,正古文之形,以刀刻也。 頭粗尾細者,摘漆之狀,迥不相似。 王氏歿于十六年,自當睹此,而仍謂與科斗略近者,附會恒語,違失本真矣。

跋王國維《魏石經考·古文考》

咸按：柏尊蓋其字之形不可辨，若卜辭等，固爲城郭之義，謂之墉，謂之郭均可。《説文》此字從𠂤，讀若庸者，正謂與庸通用耳。今但依仿佛之形，遂名以遞變之迹顯然，豈足信耶？

咸按：在，才聲，故借才爲之。作十、才俱實一文，何據以分殷、周、齊、魯乎？今見之文，正俱作仐不作十才也。

咸按：巫咸雜見群書，巫咸惟見《白虎通義》。若“咸戉”實未一見。章太炎云：咸別一字，借聲爲戉，咸、咸形近而誤。

咸按：篆文作畏誠誤，當作鬼，從鬼而匕。古文作鬼，則鬼頭而匕，猶虎之從爪也。卜辭鼎文所從之卜，即匕之殘壞耳。謂之爲近，殆有所迷。

咸按：以今所見，實從銍，非二倒矢形，亦實從臼。章氏謂爲《説文》末録晉前尺銘，亦從臼。此云傳寫之訛非。

咸按：作𡱈𡱈者，與古文從屮不省者筆勢小殊耳。㞢之二，繁重而已。命之曰㫃，已爲無據。今但一了，何得亦曰㫃也。又《汗簡箋正》一叟注：“此即下屮部，石經使字。口命之，手指之，故從口又。使必有所出，故從屮，屮亦聲。與古文事（叓）從屮從史不同，惟以中直貫否分之。郭氏誤認石經使、事二形爲一。屮部注云使亦事字，非也。”愚

謂今碑"故一人事于四方"之事，正作叟，《説文》作叟，是事之形有二
也。 鄭分爲使爲事，殊非。 金文叟，其乀正屮之末筆也。 郭氏謂叟、
叟一字是。

徬

咸按：卻非從午耶？午即其聲。 卜辭之形不可知。 謂午象鞭，謂夋
所以即午，真難説矣。

邵

咸按：此直借邵作昭。 謂卪即人，實難通解。

荒

咸按：《説文》：荒，一曰艸掩地。《爾雅・釋言》：蒙荒，奄也。
與忼意同。 荒窋，《僞孔傳》言不敢荒怠自安，正當作荒蕪之荒，今云
以荒爲忼，不可解。

奧

咸按：《説文》云從宀心在皿上，人之飲食器，所以安人。 毛公鼎
文正同。《汗簡》及《古文四聲韵》引石經字從衣從心，義固難知。
今碑文明白，非如《隸續》所摹，俱謂之訛，而又不言《隸續》偏旁之
義，何耶？

藭獜

按：第一體之岩即古文奴，見《説文》。 死，殪。 古文歺即歺聲。
《文始》云：歺古文。 非從牪也。《説文》無牪字，古文之牪，亦難質
言。 而云均以牪爲聲，何耶？

屝

咸按：王氏《述聞》九屨下云："屨，《説文》缺載，以六書之例求
之，屨蓋從食屦省聲。 其又作屝者，屨之省耳。"此説至確。 今謂爲屨
之訛，屝果何形何義？何見與贊同聲？贊在寒，炗在痕，無緣相叶。 今
謂贊從炗聲，無證。

跋王國維《魏石經考·篇題考》

　　上虞羅氏之日本本"古文"二字皆旁注。觀其篇中旁注之字，或爲訛漏，或爲古文而注常用字，殆爲通行本也。以今所見石經有《君奭》篇目、《文公》第六篇目，則此云《古文尚書》第△△《周書·文侯之命》諸字者，的爲失實。又按：《堯典》第一，正義曰：檢古本并石經，直言《堯典》第一，無《古文尚書》。此稱石經，當爲漢石經，是無"古文尚書"四字明矣。又此引正義文字不明。按：《虞書》下正義云："又劉歆、賈逵、馬融等并傳孔學，云十六篇，逸經文三十三篇。故鄭與三家同以爲古文，而鄭承其後，所注皆同賈逵、馬融之學，題曰《古文尚書》，與夏侯等同。"此乃正義推想作如是言。何者？上云鄭注《尚書》亡逸，則作正義時已不得見鄭注之本。

跋王國維《韵學餘説》

五聲説

古音有五聲，陽類一與陰類之平、上、去、入四是已，説以世俗之語，則平聲有二實則陽類自爲一聲，謂之平聲，語不甚妥，上、去、入各一，是爲五聲。自《三百篇》以至漢初，此五聲者，大抵自相通叶，罕有出入。漢中葉以後，陽類之聲一部訛變而爲上、去，于是有陽聲三、陰聲四，而古之五聲增而爲七矣。

咸按：靜安謂陽平無上、去，試檢《詩經》，上、去顯然分用，江永《古韵標準》、孔廣森《詩聲類》皆析之。段玉裁《詩經韵分十七部表》未析者，以其少，故附見耳。今王氏乃謂自漢中葉以後，陽類之聲一部訛變而爲上、去，何所據耶？

《魏書·江式傳》曰：“晉吕忱弟靜，別仿魏左校令李登之法，作《韵集》五卷，宮、商、角、徵、羽各一篇。”李、吕二氏之分五聲，雖不能確指其爲何，然不如徐景安《樂書》之説，宮爲上平，商爲下平，角爲入，徵爲上，羽爲去，則可決也。

咸按：戴東原《聲韵考》四曰：“詩言志，歌詠言，聲依永，律和聲。古之所爲五音，宮、商、角、徵、羽也者，非以定文字音讀也。凡一字則函五聲，誦歌者欲大不逾宮，細不過羽，使如後之人膠于一字，謬配宮、商。將作詩者，此字用商，彼字用宮，合宮、商矣，有不失其性情違其志意乎？惟宮、商非字之定音，而字字可宮可商，以爲高下之節抑揚，敘大而爲宮，細而爲羽，無一定也。”學病于後人皮傅，此語極爲扼要。

段、王、江三君雖不用陰聲、陽聲之名，然陽聲諸韵皆自相次。段君謂此大類有平、入，無上、去，王、江二君則謂有平、上、去而無入。余則謂陽聲自爲一類，有平而無上、去、入。今韵于此類之字讀爲上、去者，皆平聲之音變。而此類之平聲，又與陰類之平聲性質絕异。如謂陰類之平爲平聲，則此類不可不別立一名。陽聲一與陰聲平、上、去、入四，乃三代、秦、漢閒之五聲，此説本諸音理，徵諸周、秦、漢初人之用韵，求諸文字之形聲，無不吻合。

咸按：《樂書》謂宫、商爲上、下平，誠不可信。段君謂此陽聲有平、入，無上、去，亦如江氏以入兼陰、陽，故有"异平同入"説。王（念孫）、江二君謂有平、上、去而無入者，蓋欲獨立入聲，故析至、祭、緝、盍以配陽聲。即孔氏以合獨立之旨也，而更爲通貫。今静安兼取三君之説，以成陽聲無上、去、入而立五聲之證，直昧三君建立之本意矣。且三代、秦、漢閒之五聲，舊説惟宫、商、角、徵、羽，餘無他説。今静安以陽、陰平、上、去、入名曰五聲，自《詩經》以下俱無由證明。再以江氏所立"四聲通韵"之條及所云"平自韵平，上、去、入自韵上、去、入者恒也。亦有一章兩聲或三四聲者，隨其聲諷誦詠歌，亦自諧適，不必皆出一聲，如後人詩餘歌曲正以雜用四聲爲節奏，《詩》韵何獨不然"一文觀之，則四聲之立自《詩》已然。今廢陽聲之上、去，其合併之證何在？無證則其理何存？夫李、吕之五聲，舊説明題宫、商、角、徵、羽，則絶不能以陰、陽平、上、去、入名之，以其時無是稱也。韵書必用時音以定淆訛疑亂，亦猶《説文》用古籀篆者，以隷書改易形體，遂生"馬頭人爲長，人持十爲斗"之謬，故不能不探文字之原而明俗鄙夫之迷誤不諭。若韵書與《釋文》皆于會理合時者便即遵承，初無取古之意，故風不歸侵，弓不歸登，宜不歸歌、戈，足見非用古音也。

約知有五聲，而作《四聲譜》者，以《四聲譜》爲屬文而作，本非韵書……且五聲者，專以聲言，四聲乃以聲音之運用于詩文言。隋、唐閒編韵書者，亦本爲詩文而作。陰、陽二類分于戴氏，其狀此二聲之別，亦惟戴氏言之最善。

咸按：五聲之説果爲陰平、陽平、上、去、入，四聲之用既异前賢，何不別立名目而仍用平、上、去、入乎？謂陰、陽之名出于戴氏，則戴以前其名爲何？又何以見其爲五？静安以四聲爲《四聲譜》，遂謂法言《切韵》爲詩文而作，曾不思《切韵·序》歷舉晉、宋以下韵書繼云："江東取韵與河北復殊，因論南北是非，古今通塞，欲更捃選精切，除削疏此。"豈爲作文而造《切韵》耶？且陸氏又云："欲廣文路，自可清濁皆通；若賞知音，即須輕重有异。"其視作文讀音懸絶如此，尚可謂《切韵》爲作文而造耶？凡有文藻即須明聲韵，亦猶韓文公曰"凡爲文辭，宜略識字"之意也。

嘗謂自明以來，古韵上之發明有三：一爲連江陳氏古本音不同今韵之説，二爲戴氏陰、陽二聲相配之説，三爲段氏古四聲不同今韵之説……戴氏之説，孔氏取之以成《詩聲類》，其規模亦略具矣。段氏之説，歙江氏作《唐韵四聲正》，雖竊取其義，而于其説之根本及其由此説所作之第七至第十四部《韵譜》却未之從。

咸按：陰、陽相配莫善于江氏，亦莫先于江氏，豈但讀《古韵標準》而未一檢《四聲切韵表》耶？段氏明謂平與上一也，去與入一也，是但有平、入而無上、去，以下云上聲備于《三百篇》，去聲備于魏、晉，以段説是陰、陽聲皆無上、去。今稱陽聲無上、去，上以附會五聲之説，下以根本段氏，皆失之誣。

《聲類》《韵集》之分部説

《顏氏家訓·音辭篇》曰："《韵集》以成、仍、宏、登合成兩韵，爲、奇、益、石分作四章。"皆不可依信。是《韵集》耕、清不分，蒸、登不分。

咸按：顏氏謂《韵集》以清（成）、蒸（仍）合一，耕（宏）、登（登）合一，今静安乃謂耕、清不分，蒸、登不分，何不思《切韵·序》曰"支、脂，魚、虞共爲一韵"之意乎？

陸法言《切韵》之斷片

日本大谷伯爵光瑞所印行之《西域考古圖譜》中有唐寫韵書二紙，共存十八行，逐録如左（中略）。余以爲此殆長孫訥言箋注之陸法言《切韵》也。

咸按：此斷片正同《切一》之體，靜安曾謂《切一》爲陸法言原書，今又謂此殘頁爲長孫訥言箋注本。 又《切二》有按語，靜安以爲與長孫書序中稱按之語相合，此長孫訥言箋注本也。 前後兩説正相牴牾。

惟斷片伊字上有"市支反"三字，未知爲何字之者。 以行款求之，此三字上當無他注，則非此字之第二音。 脂韻中字以支字切之，殊失界限，或係轉寫之訛。

咸按：《切韻》二、三：伊上爲祁，又市支反。 今《廣韻》于"是支切"下不録祁字；于"渠脂切"祁下又無市支切，此其疏也。《釋文·詩·七月》：祁，巨之反，一音上之反。 市、上同類，惟"之"誤耳。

《古文四聲韵》所用"唐切韵"

咸按：夏英公宋人，曰"唐切韵"者，謂唐之《切韻》耳，非有名"唐切韵"之書。 何者？以凡《切韻》皆分四聲，不必"唐切韵"始分四聲也。《廣韻》未易名前即名《切韻》，夏所依或即其本歟？

唐人韵書覃、談在陽、唐前

咸按：《古韵標準》云："民人所瞻，此無韵，舊叶側姜反，誤。 不敢怠遑，乃閒句耳，舊叶嚴側剛反，引《楚辭·天問》爲證。 嚴亦音莊。 愚謂第八部與此部無相通之理。" 此語極是。 自法言《切韻》以來，其列字悉依時正讀，故《釋文》所言協音，《廣韻》皆不予録，《集韻》乃始收集。 所收字尚無取于協音，其編部乃取協音，必無是也。 今日方音固有談、唐不分者，或唐、宋已然。 閉脣、舒舌、翹舌三者皆故有，其後閉脣漸廢，流于舒舌者侵、覃如真、寒也。 未聞有他變爲閉口者，今語可證。 古合翹舌，《詩經》可證。

李舟《切韵》

咸按：小徐《篆韵譜》，錢恂《韵目表》疑而不録，是也。 如趄、鷹、詔、迍、睆、劓、笑、欙、件、借、鼪、峰、志、縶，此十四字皆大徐增入，小徐不應有也。《説文》有"暊，大目也"。大徐增睆云："暊或從完。"鍇《譜》首睆次暊，尤爲非類。小徐《韻譜》既爲僞作，則大徐改定依李舟，確爲字之形義與音，而非韻部也，是李舟韻目次第無由知矣。今靜安云李舟于韻學上有大功，何見而云如是也？又韻書之貴，在以正讀，部敘先後，實無關宏旨。《顏氏家訓》之譏謂成、仍、宏、登下字既珠，等呼有别，故以其合爲非，猶法言之誚支、脂，魚、虞共爲一韻也。今升蒸、登于青後，蒸未接清，登未近耕，何謂蒸、登之升本于《韻集》乎？又戴震《聲韻考》云："曹刻雖移陷、鑑之前，而艷注：桥同用；釅注：梵同用；陷注：鑑同用，猶屬舊注未改。"是曹本次第非陷、鑑、釅、梵也。戴氏又謂："《集韻》《韻略》上、去琰、忝，豏、桥，各通爲兩韻。又明云：景祐中，以賈昌朝請，韻窄者凡十三處，許令附近通用。此本于《東齋記事》及《玉海》。"又按：《廣韻》：儼，魚掩切。無他音。琰、儼兩韻兼收此紐之字，爲广而已。鉉《韻譜》儼、广雖獨立，而云魚檢反，與顩、嬐、陣、噞等同，則雖分而仍無別。鍇《譜》之合，殆本是也。

《天寶韻英》、陳廷堅《韻英》、張戩《考聲切韻》、武玄之《韻銓》

咸按：靜安謂《慧琳音義》全用陳廷堅、張戩二氏《韻英》注音法，故與諸家韻書頗殊。今按《玄應音義》已有此例，非權輿于琳師。如卷一："嚴，五狡反，中國音也。又下狡反，江南音也。"卷二："蟄，舒赤反，關西行此音。又呼各反，山東行此音。"卷六："顪，《説文》口没反，今讀口轄反。"卷十："觳，口角反，吳會閒音哭。"卷十四："疼，徒冬反，下里閒音騰。抖擻，蘇走反，江南言抖擻，北人言穀穀，音都穀反、蘇穀反。餇，勑之反，《韻集》音式之反，今陝以西皆言詩也。"如是者衆，去其復見，猶近七十。

跋王國維《唐韵别考》

陸法言《切韵》

咸按：戴東原《聲韵考》四《音論跋》舉正十九事云：“引恭字下注，此無從知爲孫愐語。”此言至當。

蔣氏所藏《唐韵》殘本

咸按：《唐韵·敘》云：“及武德以來創置，迄開元三十年，并列注中。”今考《通鑒》胡三省注，自九十七卷後，數引“孫愐云”，與《廣韵》同下、通下、綏下、汾下、沟下、慈下，字句多同。蔣本簡略，其體不似。又蔣本載州郡名號共七十七條，今云五十餘條，誤。又此七十七條中，采自《説文》者凡二十八條，其他出《漢志》《字林》及杜注者亦不鮮。如代郡秦名，唐名雁門郡，今云代郡，是失考也。再按：《通鑒》胡注引孫愐云云，皆述命名之由，無緣及今名。然靜安稱“舉郡名不舉州名”，正《敘》中所謂“悉用今時”者，豈不誤解耶？舉州名者尚有邰下云同州，漂下云雍州者，未舉《廣韵》州郡沿革，錢大昕《十駕齋養新録》已議其不備。今《廣韵》有沿革，此書缺略者爲二十五，如豫、潞、薊、衛、代、相、宕、慶、沁、鄧、濮、蕭、密、蔚、滑、壁、石、合、峽、疊、集、亳、博、翼等是也。

咸按：靜安謂“此本所增之字，皆注云加，又多注出《説文》、出《字林》、出《音譜》云云，即所謂以字書中閒字釀于《切韵》者……此其爲孫愐書之證。”又王氏所校《切二·跋》云：“長孫《序》云：又加六百字，用補缺遺，故此種有新加字。”余以《切二》《切三》相校，《切二》所加者，每書“出某”。如蚩紐云：“六加一。”《切二》于蚩注云：“出《説文》。”窻云：“三（原誤二）。”于窻注云：“按：《説文》：通冗也。"私云:"二加一。"菻云:"《説文》云:茅秀。"均與此本無別,何以定爲長孫訥言與孫恤也。

咸按:静安以《廣韵》三鍾恭字注有"陸以恭、縱、蚣等入冬韵,非也",考之大徐《説文》,三字皆在鍾韵不在冬韵。大徐既用孫恤音切,則《廣韵》必本孫恤,此其爲孫書無疑。今按:《聲韵考》四《音論跋》舉正十九事云:"引恭字下注,此無由知爲孫恤語。"此駁至確。冬一等,恭、縱、蚣三等,陸以恭等入冬,若東韵之有弓、穹然也,故後世憑切語下字以明其非。

咸按:静安謂此書當繕寫第四卷時,肅宗未崩,故"豫"字均不缺筆。比寫至第五卷末,代宗登極,遂于小注缺筆,其爲孫書當無可疑。今按:《廣韵》包集《唐韵》,其中姓氏原由,已多弃遺。此書更加删削,其非孫恤原書極明。

唐人韵書次第

咸按:静安謂大小徐《説文解字篆韵譜》部次實據李舟《切韵》。今按:《四庫全書總目提要》徐鍇《説文韵譜》云:"鍇所編部分與《廣韵》稍異。又上平聲内,痕部併入魂部;又下平聲内,一先、二仙後別出三宣一部。考唐、宋韵部之分合,悉有門徑可按,惟此一部杳不知所從來。或此書部分,鉉亦以李舟《切韵》定之,非陸法言之《切韵》,故分合不同歟?"余考鉉《譜·後序》云:"初,《韵譜》既成,廣求餘本,孜孜讎校,頗有刊正。今復承詔校定《説文》,更與諸儒精加研覈。又得李舟所著《切韵》,殊有補益。其閒有《説文》不載而見于序例,注義者必知脱漏,并從編録;疑者則以李氏《切韵》爲正,殆無遺矣。"凡此所謂"讎校刊正、精加研覈、見于序例、脱漏并從編録"等等,皆謂《説文》中字明矣。其云疑者,亦謂編録脱漏之字有疑惑者,其言與韵部分合何關?館臣妄説之可哂,豈未察覺耶!又鉉本末附:"新修字義左文一十九,《説文》缺載,注義及序例偏旁有之,今并録于諸部。詔、志、件、借、魋、綦、剔、觱、醛、趄、鼫、璵、鷹、橜、緻、笑、迓、睆、峰。"

今見小徐《韵譜》十四字，則其僞可知。復按：《繫傳》十："飪，大孰也。從食，壬聲。恁，亦古文飪。臣鍇曰：恁，心所齎卑下也，而沈反。《説文》如甚切。又按：李舟《切韵》不收此，亦古文飪字。惟于侵韵作人心切，寢韵作人面切，并注云：《説文》下齎也。疑此重出。"承培元《校勘記》曰："'臣鍇曰'三字當作'臣次立'。按：心部恁，鍇曰九字，此脱誤也。"下引鉉本、引《切韵》均非鍇説。又二十三："迹，古文撒，從止㞢。臣次立曰：今《説文》并李舟《切韵》所載徙字如此。"大徐本六："榜，臣鉉等按：李舟《切韵》一音北孟切，進船也。又音北朗切，木片也。"十二："肇，臣鉉等按：李舟《切韵》云：擊也。從戈，肁聲。"據上四條，則大徐云"以李舟《切韵》爲正"之意可見矣。因他本韵書不備引《説文》，惟李舟本如是，故用之。《集韵》："腄，《説文》瘢胝也。一曰馬及鳥脛上結骨。李舟説。""楷，木參交以枝炊。""奰者謁白也。""怮，李舟曰。"《説文》缺此四字，鍇、鉉本皆同，惟俱無"腄"下"一曰"九字，此足爲李舟《切韵》遍引《説文》之證。大徐《説文》既用孫愐音切，則《韵譜》自當同。李調元《跋》云"此内反切蓋即依舟本爲之"，是二書者，一以存愐韵，一以存舟韵，亦爲疏矣。

《唐韵》諸本部次先後表

咸按：觀顔元孫《干禄字書》支、脂、之、灰、咍、先、仙、蕭、宵、尤、幽相亂，有青無清，有鹽無添，此平聲也。旨、之相雜，採居餯上，隱在準、吞上，銑、獮相亂，此上聲。至、志、霽、祭、隊、代、霰、線諸部相雜，勁居硬、孟上，此去聲也。虬在乞前，屑、薛相雜，匣協櫼、輒，緝在若、鑿前，脅在克後，此入聲也。四聲次序既不相當，蓋隨意安排。彼既未明標其目，今定之先後，又不與諸家合，欲以爲一家韵目，殆未可也。

跋劉家謀《操風瑣録》

卷 一

頁一　觀黏、衵幷由日得聲

咸按:《釋文·左傳·宣公九年》:"衵,女乙反,一音汝栗反。《字林》云:婦人近身内衣也。仁一反。"《釋文·周禮·弓人》:"黏,女乙反。"《爾雅·釋言》:"黏,郭音馹。"是衵、黏俱有二讀。《集韵》本之《廣韵》,人質切無黏。娘、日二紐今讀寡別,聲訓諧聲皆取近似,學者多因是以證紐韵之轉移,致增迷惑。

頁二　《禮記·中庸》仁者人也

咸按:"相人偶"正示相親之義,人字無异音。

頁三　《廣韵》泥、日兩切者

咸按:佳當作佳。又荼,《釋文·莊子·齊物論》乃結反,徐、李乃協反。《廣韵》本之,無如例切。又橈,奴教切,即《釋文·易·説卦》之乃教切。實娘紐,非泥紐,猶女侯爲泥紐非娘紐。《十駕齋養新録》已多此失。古人作反語,每多混用,蓋取譬于近似,亦讀若之演變。等韵家始以類隔名之。錢氏力辟類隔而未明反語之例,二、三等韵中實無以發舌頭也。

同頁　繻、襦幷讀須

咸按:"王音須",《釋文》本作"王肅音須",此"肅"字萬不可删。又此繻祇音須,襦祇音儒。《易·既濟》之繻,《釋文》子夏作襦、祗,人朱反者，即依褕之音；鄭、王肅音須，即依繻之音，并非褕、繻一也。

頁四　仍、扔并讀因
咸按：仍、扔，因也。 皆以義訓，非以聲。 日、影不相轉。

同頁　然讀焉
咸按：焉當讀有乾切，日、喻二紐多通。

頁五　臑讀俞
咸按：又音羊吳反，戴震訂爲"臂羊矢也"之誤。

同頁　如讀予
咸按：所謂"一聲"，謂易與是雙聲耳。

同頁　兒讀怡
咸按：《洪武正韵》二支兒，如支切，非不收也。 又如、而雙聲相轉，又卬與吾雙聲相轉，本無正字。 姎，漢語所構，未足以明。

頁八　縫讀蓬
咸按：匹、逢正類隔，非讀蓬。 凡類隔、非類隔之辨，但視下字之祇有重脣、舌頭。 韵雖上字用輕脣、舌上者，則當讀重脣與舌頭。 若韵但有輕脣、舌上，而上字用重脣與舌頭，則當讀輕脣與舌上，此俱是類隔。

頁九　紑讀若培
咸按：匹尤正類隔，當讀輕脣，不得云與培音近。

頁十　帆呼蓬
咸按：《春秋傳》注字作帊，音普霸反，《釋文》作帊，上有"又"

字，此不當删。

頁十五　《十駕齋養新録》云

咸按：丁仲、丁丈、丁亮皆類隔，今作丁弓、特良，則不能成音矣。

徒緣實舌上非舌頭。 凡非一、四等而用舌頭作上字者，皆當讀舌上。 劉氏從錢説，誤矣。

頁十八　謀按：此同上宅字

咸按："呼客爲恪" 等例，皆不圓脣讀爲圓脣耳。

頁二十二　徐仙民《毛詩音》

咸按：《釋文·左傳·襄公二十五年》：驟，愁又反。《釋文·詩·將仲子》仕救反。《莊子·齊物論》仕救反。《道經》狀救反。 餘書多作仕救反。《詩·烈文》椓，直專反，他書多同。 顔氏所譏，陸氏不取，《廣韵》不録，此誤自錢氏發之。

卷　　二

頁四　謀按：此庚、耕、清之入陽、庚者

咸按：生、聲、爭、成、城、精、平之讀皆非古音。

頁十三　船讀如循

咸按：船讀如揗，圓脣讀如不圓脣耳。 憐、鄰、先并同。

卷　　三

頁八　呼多爲啻論

咸按：不啻即不但、不止。 若不那、不多、不顯、不如之不，是發聲之助詞，實無義者。

跋曾廣源《戴東原轉語釋補》

第一卷《釋敘》

頁一　李光地《音韻闡微・凡例》

咸按：樂之聲音，固不可喻語言。又切語之法，自應如陳蘭甫《切韻考》所言，非連讀二字而成一音也。連讀二字成一音，誠爲直捷，然上字必用支、魚、歌、麻諸韻字，下字必用喉音字，否則中有室礙不能音連矣。孰若古人但取雙聲疊韻之爲坦途哉。李光地《音韻闡微》創立今用、借用、協用三例以濟其窮，然韻部淆亂，殊失分別部居之旨矣。又依洪榜《四聲韻和表》云，戴氏定爲喉吻舌齒脣，此謂牙舌腭齒脣，誤矣。

頁七　如歌爲開口，而實內聲

咸按：戴氏外、內、輕、重之表識，即四等之異語，與餘杭章氏所言"開、合皆外聲，撮、齊皆內聲"迥殊。

頁八　瘞從未聲

咸按：瘞當從段懋堂之說，此謂從未聲，非。

頁十七　《詩・王風・揚之水》

咸按：彼其與夫已義異，當從《毛詩》傳疏說。

頁十八　雉取矢聲，本審紐

咸按：雉、夷之相假，今人曾運乾《喻母古讀考》謂喻之四等出于定紐，澄亦定之出也，故通用。審出于透，透、定同也。

頁二十一　二曰稱名不別

咸按：常，禪紐。長，澄紐。禪、澄俱定變。又盈，喻紐。徹本透變，與定通。逝，禪紐；帶，端紐，俱同類。都，端紐。諸，照紐。徐、敘同紐。融，喻紐四等。彤，徹紐。羊，喻紐四等。祥，邪紐。邪爲定變，故王念孫《廣雅疏證》謂爲同聲，未可譏其"以聲槪音，語嫌無別"也。

頁二十五　至解唯其儒書爲拘守儒書

咸按：段氏《說文解字注》引《喪禮》注：皋，長聲也。按：聲長必緩，故《左傳》魯人之皋，杜預注：緩也。是段氏已得其正解，未從《經義述聞》之說。杜注言魯據《周禮》不肯答稽首，令齊、邾遠至。王氏承杜注之意，故云：正謂魯人拘守儒書，故數年不知其咎也。

頁三十三　王氏父子至音近、聲近等語絕無一語及之

咸按：觀《經傳釋詞》依聲列字，而謂王氏不明音近、聲近之理，恐未然也。

頁三十五　夫旣弇侈不別

咸按：章炳麟《小學略說》以弇、侈分界而又創立交紐轉、隔越轉之名，是爲作繭自縛，其弇、侈本誤。

頁三十七　段氏爲人垢病者

咸按：段氏合韵之說有二失：一以非韵爲韵，一捨本字而論借字，故合韵之說絕不可靠，否則韵界旣泯，而十七部之說必潰矣。如《詩·綠衣》，段氏以俅與絲、萋、牛、蠹合韵，實則俅與觡、柔、休爲韵，蓋卽所謂隔韵、遙韵之例是也。

頁四十三　如願、爲、每、龍、爲、和

咸按：願，疑紐。每，明紐。龍，來紐。和，匣紐。溯，心紐。鄉，

曉紐。綴，知紐。表，幫紐。達，定紐。射，禪紐。皆位次相同。

頁五十一　然如奈既分屬日、來

咸按：奈，奴帶切，泥紐。日紐本爲泥紐之變。

第二卷《釋韵》

頁八　則凡孔廣森、張惠言、江有誥之析東、冬爲二

咸按：東冬之分，是也。孔創而諸賢從之，亦是也。侵、宵爲配，非也。孔創而諸賢從之，亦非也。東、冬之殊，侈弇也。東對轉侯，東讀爲侯。冬對轉豪，冬讀如豪。孔從經籍韵讀以證其分，未詳言所分之理，又未言在《詩》東、冬叶之例，遂徠後此指斥。如段氏支、脂、之之分，然侵、緝之無陰聲，戴君所謂更微不成聲也。

頁九　古者詩與樂合

咸按：李涪以俗讀譏刺《切韵》，本不是重，戴氏達人，何爲所蔽！

樂音與言語异，故歌聲轉去、入爲平、上者，在言語不如是。若謂《詩》有去、入無平、上，何一觀《詩》之四聲分叶乎？其通叶音少，用知其爲變例耳。顧謂古無入聲，而江、戴不從者，以必也。祭、泰、夬、廢平、上，至爲定論。戴以齊、皆諸韵兼列六、七部，其在六部則諧，在七部則乖矣。論古音而不取于《詩》，又何取乎？

頁十　然于平、入既配

咸按：江氏以入分配陰陽，則去聲不獨立。祭、泰四部無平、上，非無平、上也，昔人未列之爲部。如幰、蕙從丰，今、兑一字，蟒讀力兖，皆入聲之在平、上者，猶冬未嘗無上，臻未嘗無上、去，痕無入也，俱以字少未爲析離耳。

玩戴《答段書》中"僕更分祭、泰、夬、廢及月、曷、末、黠、轄、薛，而後彼此相配"二語，乃因段分支、脂、之爲三，而未別出祭、薛

諸部，故曰"更分"；陰陽相當，故曰"彼此相配"，非但謂齊、霽、祭、薛皆泰、夬、曷、轄之配成四聲矣。此云祭、夬、廢應配成四聲，似失戴意。

頁十二　由此推知六朝隋人

咸按：入亦收鼻，故同于陽。北人不能讀入，故同于陰。是以入之配陽，本也；配陰，變也。

頁二十二　如苗仙麓《說文聲讀表》

咸按：苗仙麓《說文聲讀表》時師鄭庠之遺跡，效嚴可均之用《說文》偏旁，倚以七始之義，椎破顧、江諸賢精論，欲以覆燾前修，迷誤後學，誠罪人也。張行孚《說文發疑》舉彼所謂雙聲相通，合前人之所不合者，創爲八部，亂舌、齒、脣之界，至不可從。

頁二十七　且婺源《四聲切韵表》

咸按：江婺源《四聲切韵表》以歌、曷相配，虞、燭、藥相配。戴氏取虞而捨歌，此戴氏之失，何謂歌、虞兩類"偶失其入"也？

頁三十二　須知戴君分部之敍

咸按：歌、魚同居，實戴氏之誤。又戴氏《與段君書》云："凡音皆起于喉，故有以歌韵爲聲音元者，其同于舊有入之韵，不同于舊無入之韵，明矣。"又云："歌、戈本與舊有入之韵近，因引喉而激揚，昔人遂以其所定無入之韵例之。"依此，則戴氏以歌爲陽，非以爲陰也。此云"歌、魚、鐸三部，皆用陰韵之收喉者"，殊失戴旨。

頁三十三　歌者喉之清

咸按：此師勞乃宣《等韵一得》之說而疏。《等韵一得》以阿當麻，厄當歌。今以阿當歌，麻已失其意。實驗于讀音，蓋阿音徑直，厄音宛郁，勢异則音殊。衣、埃，開、齊之別，何能劈而二之？烏爲純音，無開、齊、撮三類。其二烏，已不同于各條矣。《等韵一得》以鏖當豪，以歐當侯，豪亦徑直，侯亦宛郁，不當合也。且自無合、撮二類，若唐與登、陽與清、安與恩、因與烟、温與灣、云與淵，皆有徑直、宛郁相別之形，必不可合也，故《一得》立昂、韃、安、恩諸目。即侵、覃九韵，《一得》亦分之，而此合之，皆未之審也。

頁三十四　　源按：勞氏之憂、透、鞿、捺

咸按：勞氏憂、透、鞿、捺即發、送、收，屬于聲者。開、發、收、閉即等呼，屬于韵者也。今此用以相比，實誤。

頁三十五　　至于歌之入爲鐸

咸按：歌之聲，舌宛腭穹，舌不柱齒，曷亦如是。然歌、哿、箇、葛音若不順者，由入聲短促，高剛與三聲宛延之勢异耳。若以歌、哿、箇、各如是，豈非如江氏所譏孤、古、故、谷者乎？阿、安勢同，故得相轉。

頁三十六　　以收音言

咸按：陽、唐、宵、豪相似者，舌翹向腭以吐韵也。其不相似者，陽、唐宛郁，宵、豪徑直。若魚、模者，亦宛郁矣，故以相匹。苟慮魚、模合、撮無開，不足當陽、唐之兼勢若趨鼻，經會厭上遏鼻道，故不出于鼻而仍由喉，初似在鼻而終非鼻也。然宵、豪徑直，侯、幽宛郁，豪、侯俱本音而非有變也。陽、唐者脣撮而氣外吐，東、江者脣内卷而氣吞咽，故陽、唐亦非東、江之變。

頁四十四　　江例

咸按：麻、陌同等，鐸則异等。鐸當模入，又爲麻通模之入者，以麻古讀如模。讀如模，其入亦爲鐸，故麻、鐸雖异等，而亦相爲平、入。

頁四十五　按江例

咸按：江氏《入聲表》但注昔，故惟列昔。若列藥韵，則清紐可列鵲。

第三卷《釋聲》

頁二　其表中所列

咸按：群紐一、二等亦無音，此謂推衍而得，沿俗語也。

同頁　轉語，義主審音定位

咸按：《聲類表》之列，以目辨其位次清濁。潘氏《類音》之列，以口順讀而定其位，如《切韵指掌圖》之用。戴氏兼綜古今，潘氏專爲今設。

頁六　聲自喉閒發出

咸按：翁、烘二音，固是“聲自喉閒發出，或含蓄而不吐”，該、開、高、尻如是乎？即塢、護亦撮口噓出，無所留頓回旋，不內引若咽矣。趨、胥、徐、息如是，松、娀、氳、雲不如是矣。是知內咽外吐之狀，在韵不在等。

頁九　牙音僅發聲時較著力

咸按：牙音即舌根音，非氣觸壯齒，此説誤。又知、徹、澄、娘四母，舌翹如弓形向裏。照、穿、床、審、禪五母，舌抵上齒背，非俱抵前腭也。

頁二十二　如公之濁音爲古紅切

咸按：古紅切之清爲公，濁則無清，無其音也。

同頁　則以喉牙本屬一類

咸按：重淺深輕，以等別之，未見其義。

頁二十三　　次濁無清者居末

咸按：次濁無清，亦無音，非但無字。又戴氏以知、徹、照、穿十母分列于八位，犖岳不齊，强以照、穿、牀、審二等列內轉重，三等及日列外轉重；知、徹、澄、娘二等列內轉輕，三等列外轉輕；日紐本如禪，惟無同居之例，故推而居第三位之濁，遂异于來紐矣。

頁二十七　　按《轉語》母位之最可疑者

咸按：微母俗音如喻，戴氏以脣音八母强居八位，不得不以非居敷位，微居喻位，用俗之誤讀者耳。疑本當居第一類，惟喉、牙居八位，自必齟齬難安，當如勞氏分出影、喻，則妥帖矣。疑母三、四等字俗偶有似齒頭者，此誤讀也。亦猶見、溪、群之混精、清、從，戴氏依俗讀之偶誤而析出歸于齒頭，等位雖當，而音訛矣。今不能正其失，又從爲之辭，但見其譊嬈無度耳。

頁三十二　　釋分位

咸按：開發收閉，洪榜謂爲發、送、內收、外收，究不如勞乃宣憂、透、轇、捺之善也。

附：以《聲類表》當《轉語》，極是。惟迴護太甚。今爲指摘注于眉。近二十年所見論音韵諸書，應以此爲最也。民國二十二年八月二十日記。

重修本《廣韵》跋

《玉海》四十五"景德校定《切韵》"條云：景德四年十一月戊寅，崇文院上校定《切韵》五卷，依《九經》例刊行原注：本陸法言撰。祥符元年六月五日改爲《大宋重修廣韵》，此《廣韵》命名之來由也。

然《廣韵》之名，實不始于是時，遼希麟《一切經音義》中多稱《切韵》，或云《陸氏切韵》，此或是陸法言《切韵》與他家之《切韵》也。書中又稱"孫愐云"，稱"孫愐《廣韵》"，又稱"《廣韵》"。從"孫愐《廣韵》"一詞推之，似即《廣韵》陸法言撰本條後云"孫愐增加字"之本歟？以其對于《切韵》之字有增加，故命之曰《廣韵》。宋景德中以舊本傳寫漏落，注解未備，特加刊正，是于正文注解皆有增廣，次年即改爲《大宋重修廣韵》。謂爲重修者，以先有孫愐等之《廣韵》也。

《玉海》同卷"新定韵略"條云：景德四年龍圖待制戚綸等承詔詳定考試聲韵，綸等以殿中丞丘雍所定《切韵》同用、獨用例及新定條例參定。是《廣韵》部目分注同用、獨用者，亦爲考試而設。然其所云同用，實本齊、梁以後韵文所用爲準。顧亭林《音論》上云：小字注云獨用、同用，則唐人之功令也。顧君聞見博洽，有此偶疏，實不足怪。戴東原《聲韵考》一引封演《聞見記》云：陸法言《切韵》先、仙、删、山之類，分爲別韵，屬文之士苦其苛細，國朝許敬宗等詳議以其韵窄奏合而用之。本卷末按語云云，獨用、同用之注，則許敬宗以其韵窄奏合而用之也。而卷二"景德韵略"條首引《玉海》所云，豈相隔數葉而遽忘之耶？抑過信封氏、顧氏之言，于此未暇致思歟？按：許敬宗所謂韵窄合用，今已無所可徵。而丘雍所云同用，如支、脂、之同用，固無一非窄韵也。是丘雍所定同用者，實未可與許敬宗所奏相况。然自顧、戴以後，論者皆從其説，似宜辨正。

《集韵·韵例》云：真宗時，令陳彭年、丘雍因法言韵，就爲刊益。自是之後，論《廣韵》者皆主是説。然竊疑之。姑以部目切語與卷中切語相勘，其用字不相同者，上平聲爲六，下平聲爲三，上聲爲十九，去聲爲二十七，入聲爲七，共爲六十二。推想法言原書決不如是。其最殊異者，如上平十七真，卷中側鄰切，部目音職鄰，《篆韵譜》亦云側鄰。按：職在照紐，側在莊紐，照、莊有二、三等之别，發音亦異，決不可通。《切韵考》嚴别二紐反切上字不通，表中乃以真與軫、震、質分居二行，其以爲當如是者，或未之察耳。又按：二仙甄，又章鄰切；二十一震振，又之人切。章、之俱照紐，非莊紐，則側鄰切之側實誤。雖誤然實有所本。《説文》真、禛、甄、脣四字，徐鉉即音側鄰切也。又如去聲十七夬卷中古賣切，部目及《篆韵譜》俱音古邁。《切韵考》云：《廣韵》諸本古賣切，誤也。賣字在十五卦，《説文》夬字徐鉉正音古賣切。是二音用字之誤，皆本徐鉉，非本《切韵》也。或謂鉉音實本《唐韵》，真、夬切語或爲《唐韵》之文歟？余謂徐鉉《校上説文書》中，即云《説文》之時，未有反切，後人附益，互有異同。孫愐《唐韵》行之已久，今并以孫愐音切爲定，或説蓋本是。今檢《説文》，如終、螽、鯳、鬷，職容切；糉，職戎切按：容在三鍾，戎在一東。又如賨，徂紅切。琮、悰、慒，藏宗切按：紅在一東，宗在二冬。又如蘺、離、离、醨、罹、驪、蘿俱吕支切。縭，力知切。蔣，吕之切按：支、知在五支，之在七之。又如脣，食鄰切。漘，常倫切按：食在神紐，鄰在十七真開口。常在禪紐，倫在十八諄合口。又如匏、浮、蜉、桴，縛謀切。桴，附柔切。罘、涪、苤，縛牟切。掊，父溝切。髳，步矛切按：謀、柔、牟、矛在十八尤。溝在十九侯。縛、附、父在奉紐。步在並紐。《廣韵》諸字俱在縛謀切下。孫愐《唐韵·序》後論曰：引字調音，各自有清濁。如此之聲韵混淆，《唐韵》恐不當如是。按：段注《説文》五"辰會"下云：大徐用孫愐《唐韵》，而不盡用《唐韵》，如此字《廣韵》入泰不入真。又注《説文》七"糯，莫臥切"下云：鼎臣所説，不必皆《唐韵》。可證《説文》鉉音，不能盡認爲是《唐韵》。如夬、賣非疊韵，真、側非雙聲，而《廣韵》卷中俱取之，部目復不取。疑卷中反切與部目反切蓋各有所依也。即卷中"又音"用字每有不同者，亦猶是矣。又如下平二十九"凡，符咸切"，卷中部目俱同，而韻末新添類隔更音和切云：凡，符芝切。按：改類隔爲音和，俱改上字不改下字。上字聲也，下字韻也，類隔是切語上字與所切之字發音不同類，故云類隔。改爲音和，即但改切語上一字爲同類之字，而下字不改。今符咸與符芝，上一字同而下一字改，于例不合。改芝爲咸，必在合。咸、銜、凡爲十五，咸之後亦必在新添類隔更音切之後矣。按：《廣韻》七之孜，處也。力，篤愛也。《韻會》引爲《增韻》，是爲後人以《增韻》羼入者。符咸切之改，韻末六韻上、去與平、入參差，同用相異者，悉當如此解之。重修本《提要》曰：注文冗漫頗甚。如公字下載姓氏至千餘言，殊乏翦裁。東字之下稱東宮得臣爲齊大夫，亦多紕繆。考孫愐《唐韻·序》稱异聞奇怪傳説、姓氏緣由、土地物産、山河草木、禽獸蟲魚，備載其閒，已極蔓引。彭年又從而益之，宜爲丁度之所譏《集韻·韻例》云：宋祁、鄭戩建言，彭年、雍所定，多用舊文，繁略失當。此語非丁度。潘耒《序》乃以注文繁複爲可貴，是將以韻書爲類書也。著書各有體例，豈可以便于剽剟，遂推爲善本哉？按：韻書全爲讀書參考資料而作，《切韻》不可見矣，依據《唐韻·序》所云，已爲類書。類書是依事物次列，韻書則依韻分部，其體例雖不同，而其效用則一。漢許沖《上〈説文解字〉書》云：慎作《説文解字》，六藝群書之詁，皆訓其意。而天地鬼神、山川草木、鳥獸蚰蟲、雜物奇怪、王制禮儀、世閒人事，莫不畢載。《古逸叢書》中唐寫本《玉篇》，其字下注文，皆較今本繁多。韻書、字書皆與類書相近。《聲韻考》二《景德韻略》按語云：《廣韻》《韻略》爲景德、祥符閒詳略二書。既稱《廣韻》爲詳，自以其文繁複也。《提要》謂公字下載姓氏千餘言，殊乏翦裁，此語可怪。如《禮部韻略》公下云：亦姓。漢有主爵都尉公儉，不及複姓。《廣韻》載複姓八十五氏，實爲八十六，其因形似而誤衍者，如公甲與公申，公鉏與公泪，公晳哀與公休哀、公祈哀，删去之實爲八十二。然《元和姓纂》有公士，《姓氏辨證》復有公子、公綦，是《廣韻》尚猶有缺。公下複姓本繁,《提要》譏其乏翦裁,當憑臆以削之歟?抑由何道以爲翦裁之標準耶?又譏東宮得臣爲齊大夫,按:《元和姓纂》已如是。 蓋姓氏書率采輯民閒家傳碑志而成,遂多失真,然不能以一髮而概論全體。 按:十一模孤下又虜,複姓有獨孤、温孤、步鹿孤、步六孤、乙速孤氏。 按:《魏書·官氏志》云:神元皇帝時,餘部諸姓內入者,步六孤氏後改爲陸氏,步鹿根氏後改爲步氏,獨孤渾氏後改爲杜氏。《廣韵》五質乙下云"又虜,三字姓",有乙速孤氏。 又十一暮步下云:又虜,三字姓,三氏。《後魏書》步六孤氏後改爲陸氏,又西方步鹿根氏後改爲步氏。 又一屋獨下云:又虜,複姓,有獨孤氏。《後魏書》云:西方獨孤渾氏後改爲杜氏。 今孤下所云虜姓,落訛至不可句讀,且無數字必爲後人所羼入。《提要》不之譏者,蓋以其不在卷首,遂不之見矣。《提要》之作,所以示讀者之途徑。 今當斥而不斥,不當斥而斥,淆惑耳目,不足取也。 潘耒《序》云:一楓字也,而蚩尤桎梏化楓,楓脂入地千年變虎魄之説,無不備録。 按:楓注云:《山海經》曰:黄帝殺蚩尤,棄其桎梏變爲楓木,脂入地千年化爲虎魄。 潘氏蓋以其説奇怪,遂及之耳,然未究尋顛末。 今《山海經·大荒南經》云:有宋山者,有木生山上,名曰楓木。 楓木,蚩尤所棄其桎梏。 注云:蚩尤爲黄帝所得,械而殺之。 已摘棄其械,化而爲楓也。 今《廣韵》云云,乃《御覽》九百五十七所引《山海經》正如是。 是《廣韵》轉録《御覽》所載,非取自《山海經》注。 又《御覽》下條爲《金樓子》曰楓脂千年爲虎魄,今《廣韵》有所删益,潘氏貿然稱之,殆未能實事求是矣。

書內府本《廣韵》後

《廣韵》行世者凡二本：一爲蘇州張氏澤成堂本，一爲明內府本。張本注文詳備，與孫愐原序相合，世所謂重修本。內府本注文簡約，朱竹垞謂明代內府刊版，中涓欲均其字數，故取而删之。《四庫全書提要》則據《永樂大典》引此本。

世尚有麻沙小本，與明內府版同，謂非明中涓所删，疑爲宋初所存唐代舊本，故《總目》兩存之。

又謂宋人諱殷，故重修本改二十一殷爲欣，此尚作殷，知非作于宋代。且唐人諸集，以殷字少，難以成詩，間或附入真、諄、臻韵，如杜甫《東山草堂詩》、李商隱《五松驛詩》，不一而足。《説文》所載《唐韵》翻切，殷字作於身切，欣字作許巾切，亦借真韵中字取音，并無一字通文者。此本注殷獨用，重修本始注欣與文通，尤確非宋韵之一徵。錢氏學嘉《韵目表》云：宋宣祖諱殷，故改爲欣，挑則不諱。後亦追復，舊稱毛晃《增修韵略》、郭守正《紫雲韵》，映仍作敬，是其例。作殷者未必遂爲宋以前韵，合欣于文，乃景祐所改，非《廣韵》舊第。

又云：《廣韵》所注同用、獨用，唐許敬宗奏定。宋景祐修《集韵》，以賈昌朝言改定韵窄者十三處，許令附近通用。今《廣韵》或據《集韵》竄改，致令十三處紛然莫考。據此説，則《提要》以爲非宋韵者，未見其確。吳棫《韵補》列二十一殷，棫爲靖康、紹興閒人，是宋韵追復舊稱之一證也。

《提要》又謂《唐志》《宋志》皆載陸法言《廣韵》五卷，則法言《切韵》亦兼《唐韵》之名。又孫愐以後陳彭年以前修《廣韵》者尚有嚴寶文、裴務齊、陳道固三家，重修本中，皆列其名氏。郭忠恕《佩觿》上篇尚引裴務齊《切韵·序》辨其老、考二字左回右轉之訛，知三家之書，宋初尚存。此本蓋即三家之一，故彭年等所定之本，不曰“新修”而曰“重修”，明先有此《廣韵》。又景德四年敕牒稱舊本注解未備，明先有此注文簡約之《廣韵》也。今按：新、舊《唐志》并載陸慈《切韵》五卷，初無陸法言《廣韵》之名，惟《宋志》載陸法言《廣韵》五卷，恐是後人就《切韵》之字而增加之，故稱爲《廣韵》按：晁公武《讀書志》四：《廣韵》五卷，古隋陸法言撰。其後孫愐加字，凡四万二千三百八十三。前有法言、長孫訥言、孫愐三序。又按：王觀國《學林》三“聊膠”條云：《廣韵》者，陸法言等諸賢士裒集古今氏姓譜牒、天文地理、經史百家之書而類之，爲可信也。晁、王時代最近，且俱廣見治聞，皆如是説者，直以《廣韵》無作者姓氏，遂用陸法言稱之。《困學紀聞》八《小學》云：隋陸法言爲《切韵》五卷，後有郭知玄等九人增加。唐孫愐有《唐韵》，今之《廣韵》則本朝景德、祥符重修。今人以三書爲一，或謂《廣韵》爲《唐韵》，非也。今人以三書爲一者，正以有法言《切韵·序》、孫愐《唐韵·序》也。謂《廣韵》爲《唐韵》者，亦正以但有《唐韵·序》耳。沈氏謂後人就《切韵》而增加字，故稱《廣韵》尚爲未得，非《切韵》本兼《唐韵》之名也。

《唐韵》之名，孫愐所定，見愐《自序》甚明。《廣韵》之名，其改定必在孫愐之後，究出何人，已無可考，或即嚴寶文諸人，未可知也。至嚴寶文三家重修本，但言增加字，并無改削明文。唐、宋《志》均不出三家之書，恐此三家者弟于孫愐本續有增加，非別有單行之本。《佩觿》所引爲《切韵·序》，非《廣韵·序》，亦未足爲單行本之確證。

重修本注文之詳備，大抵出于孫愐。所引書目，證之愐《序》，都相符合。其非盡宋人所增入可知。景德敕牒所云未備者，不過補其漏落。既有詳備之本，何必取此簡約之本而增修之？若是之不憚煩也，則《提要》此説亦非定論也。且就其書考之，此本若在重修本之前，則賈昌朝奏併之十三部，必非所及知，何以上聲吻、隱目録誤，卷中注不誤及末六韵，去聲隊、代、廢卷中注誤，目録不誤及末六韵宋槧去聲不誤皆用《集韵》移併之部，全失《廣韵》舊第？更何論唐人之韵？《提要》以爲校刻者之誤，其説誠是。亦可見此本非重修本以前之本也。其字之翻切，悉與重修本同。

《説文》所引《唐韵》，無一相合者徐鉉音本非《唐韵》，詳見重修本。其注文以重修本校之，一，《説文》也。或删其從某之語，或竟删《説文》字。如東韵夢下删"《説文》曰"三字猶可，殷韵殷下于"衆也、正也、大也、中也"之下删《説文》"從𦥑殳"而存"作樂之盛稱"五字，則文意乖矣。又三鍾銿下注："上同，《説文》與鐘同。"云"上同"者，與上一字鏞聲義俱同。"《説文》與鐘同"，則聲義皆异。乃删去"《説文》"二字，則文義難通矣。是《説文》之删不删，初無義例也。一，姓氏也。如意主簡，則但云"亦姓"或"又姓"可也，乃或删或存。東下複姓十三，存其二。他字之引某代某人者，或删或不删。是姓氏之删不删，初無義例也。一，書名也。如草木鳥獸之常見者，固不必引出何書，其罕見者，則引所據書。此《説文》舊例也。如求簡約，則概删所引書可也。乃或删或不删，如風下《河圖》曰：風者，天地之使。《元命苞》曰：陰陽怒而爲風。獨删去"《河圖》曰"三字。同是緯書，一删一不删，此何義也？是書名之删不删，初無義例也。水名、邑名之類，多言在某地，亦《説文》舊例也。他如鳥獸草木之形狀情性非常見者，多詳述之，亦《説文》舊例也。乃東韵鵬下"似鷹而小，能捕雀也"，删後四字。冬韵㺔下"獸如豹，有角"，删下二字。致鳥獸之形狀情性不全。又雍下"雍奴縣名，在幽州"，《水經》云："四方有水曰雍，不流曰奴。"此引《水經》釋雍奴之義，乃删節爲"《水經》四方有水曰雍"，不獨與上文邑下所引《説文》"四方有水邑成池"之意相復，且全失引證之本意。東韵籠下將所引《西京雜記》删去，致此字有聲無義。此皆不當删而删之，毫無義例者也。

細心校勘，此本注文實就重修本刊削而成，形迹顯然。

《提要》謂尚有麻沙小本與明内府版同，麻沙爲宋代書坊之名。《方輿勝覽》：崇安、麻沙二坊之書行于天下。《老學庵筆記》：三舍法行，有教官出《易》義題云：乾爲金坤，又爲金何也。諸生乃懷監本至簾前請曰：先生恐是看了麻沙版，若監本則坤爲釜也。教授惶恐謝。"可見麻沙本爲當時書賈所爲，每多紕繆。此本與麻沙同，當即出于麻沙本。明代刊書時，中涓利其字少，便于侵蝕，故用此本，亦非其所刪。若遂信爲宋初之本，或更珍爲唐人之韵，曷亦詳校而綜考之乎？其所可貴者，《集韵》移併之十三處，尚不盡誤。欲求《廣韵》之舊第，藉此爲考證之資，正未可遽廢。

　　亭林顧氏所藏本，亦係注文簡約者，當時頗矜貴之。第不知顧本注文，究與此本同否？今顧本未得見，此本原刻亦未得見。此爲《小學彙函》覆明内府本，其中訛字極多，未知原本如是歟，抑此本校讎未善歟？安得原刻及顧本一校之。又重修本翻切在首一字之段末，下接字數，文義聯貫。此本改翻切于段首，相隔或甚遠，似不若重修本之善。

　　重修本一東"襪，上同"，此本"狨，猛也，絨細布"，此兩本注本顯相違异者。《玉篇》"狨"無解釋，《集韵》"絨，細布"，與《玉篇》合。而以狨爲獸名，分狨、絨爲二，與此兩本皆不合。"猛也"一訓，亦他書所無，未知何所據也按：《手鑒》二犬部："狨音戎，細布也。"三糸部："絨，細布也。"重修本取此，重修本文每與《手鑒》同。若内府本作"猛也"，疑猛爲猱誤。按：《匡謬正俗》六：猱，或問曰：今之戎獸皮可爲褥者，古號何獸？何以謂之戎？答曰：按《説文解字》：夒，貪獸也。李登《聲類》音人周反，字或作猱。《爾雅》曰：蒙頌，猱狀。郭注云：即蒙貴也。狀似蜼而小，紫黑色，猱亦獼猴類耳。按：郭此説蓋蒙頌爲獸狀，似猱。左思《吳都賦》劉逵注云：猱似猴而長尾。尋據諸説，驗其形狀，戎即猱也。此字既有柔音，俗語變訛謂之戎耳。猶今之香菜謂之香戎，今謂猱，別造狨字。據此，重修本依《手鑒》，泰定、内府二本依正俗耳。

　　内府、泰定二本，余祇取以校重修本，未嘗徹底勘對。沈氏所書較《提要》明確，其指斥亦是。今但于其所未及者略言之。若欲徹底勘對，自當集諸書爲之，于與重修本相异處，切實一一指出，或可于沈氏所不及處，多説一點。二本不載景德、祥符二敕，使《廣韵》命名事實不明，一也；不載《切韵·序》，使《唐韵》《廣韵》失其根據，二也；不載《唐韵·後論》，使文義不具，三也。

新校《廣韵》敘例

　　今世《廣韵》通行之本，版刻則有大字小字之殊，注文則有完具删略之别，張氏澤存堂本、黎氏古逸叢書本、曹氏詩局本，皆大字本也，古逸本楊惺吾謂爲澤存本所從出，今考兩本行款盡同，然其所記字數同者僅一頁（上聲第七頁），姓名不同者十四頁（黎本上平八頁蔣志張本作宋琚，四十八頁王玩作余敏；上聲二十七頁何具、三十二頁何澄并作陳晃，三十四頁吴益作金兹，三十六頁王恭作趙中，三十七頁李錡作宋琚，四十七頁王琚作沈思恭，四十八、四十九二頁李錡作秦顯，五十頁何昇作吴志，五十一頁作吴椿，五十二頁作方至；去聲一頁秦榮作陸顯；入聲四十四頁吴椿作方至，其閒奪漏訛誤者又二十二頁），差違若斯，似未可强云一本，黎氏用張刻改易文字，楊惺吾非之，然附刊校札，尚存其真，兹據黎刻爲底本，其校札亦附加訂正焉，曹本異于諸本者三：首行“廣韵某聲卷某”上俱有“宋重修”三字，一也；卷中韵目提行書下注獨用或某某同用，下又重書韵目某（一東獨用四字則獨署一行），凡所同用之韵，順次續書，戴以白魚尾（三宵則提行，去聲十五卦、入聲十四黠以下，每韵俱戴以白魚尾，而二十四焮復無），二也；平上二聲獨用同用，與他本悉同，去入二聲者，《聲韵考》備舉之矣，惺吾跋宋槧《鉅宋重修廣韵》曰：此本文第二十獨用，殷第二十一獨用，今曹本卷中問焮注獨用（《聲韵考》漏舉），與其例同，是去聲又别爲一宋本，三也。顧千里得見曹刻原本，譏其依張刻鑿補韵目醠陷鑑三大字，未及詳校異同，千里歎安得傳是樓完本，盡刊張氏意改之誤，然今欲得所取曹刻原本以相審定，又烏可得耶？商務印書館印涉園藏本，號小字本注文行减三字（張本、黎本俱二十七字，涉園本則二十四字），韵韵接書，首字閒以黑魚尾，訛漏視大字諸本更甚，然此四本注文皆完具可

觀者也，其注文刪整者，則爲泰定、内府二本，沈子敦内府本跋語謂其
或刪或不刪，毫無意義，蓋最不足取，或其一言可采，則亦摭拾，用資校
雠焉。

敕牒前行云：凡二萬六千一百九十四言，注一十九萬一千六百九十二
字（今本大字少一千二十，注多一千四十一字），兹以内府本王仁昫《切
韵》覈考缺漏，凡得大字三百四十二言，復取本書又音相勘，確爲逸落
者，又凡一百七十八言，本書二字系聯，其字形相似者，每誤合併，而失
其一之正文及注者，又得八字，正文缺者，既五百餘言，而注文乃復羨溢
者，蓋注末復舉正文，或增也字（如東韵窗，通窗也，《集韵》作通也；
篍，篋篍，戎人呼之，《集韵》戎人呼篋曰篍，則注文“窗、篍”二字俱
衍，又碉磨也，舸船也，按殘本《切韵》及内府王仁昫本，俱無也字，如
此者甚衆），此蓋其羨溢之由，今并用《切韵》諸書，詳加勘訂。

孫仲容謂《廣韵》七志䘆下引《周禮注》，今此經杜及二鄭，并無
其文，或據馬干諸家之説歟？今按十二齊泥下、四十四有缶下，引《詩
疏》，四宵佋下，引《孝經疏》，其文俱不見于今《正義》，殆舒援沈重、
梁武、皇侃之舊疏邪？《廣雅·釋樂、釋天、釋地》三篇，音中頗説《名
義》，《慧琳音義》所稱，與《廣韵》所載亦正相似，豈俱曹憲訓注之
佚文歟（《舊唐書·曹憲傳》云，又訓注張揖所撰《博雅》分爲十卷。
《經籍志》云，《廣雅》四卷，張揖撰；《博雅》十卷，曹憲撰。《隋志》
云，《廣雅音》四卷，祕書學士曹憲撰，是四卷者，爲稚讓原本，但附曹
音者也；十卷者，爲憲所訓注，文繁始析分之者也，故附音之本，仍曰
《廣雅》，變易卷帙，始避諱而云《博雅》矣，王石臞謂《音》爲十卷，似
有未諦）？然則經籍祕逸，頗有存者，今皆隨分甄録，又《廣韵》引書與
今本往往不同，校者各據所見，亦有錯迕，如章逢之謂本書食下，引《古
史考》爲用《初學記》諸書，周荇農、葉焕彬謂婁下贛婁子著書五篇，即
《漢志》黔婁子四篇，皆爲失考，今悉訂正。

《養新録》謂《廣韵》載唐州名，四聲共一百五十五，然缺録淄、
慈、晉、歙四州，又云每州敍述沿革甚備，惟容、遂、建三州，但云州名，

不敘沿革，則宋景德刊修時删去，此言亦疏，如瀧、瀘、邠、燕、曹、河、沙、瓜、巴、杭、薊、莫、歙十三州，皆不敘沿革者也，觀《通鑑注》，自百五十九卷後，數引孫愐文，其文悉同《廣韵》，則《廣韵》所述，全本《唐韵》，觀蔣氏所藏《唐韵》，于諸州沿革，已頗損削，是《廣韵》之不敘沿革者，非必宋時删去者也，不然，則蔣氏之本，非孫氏之舊矣，今據漢晉以下諸志及《元和郡縣志》諸書，以正訛謬。

《養新録》又云，古姓氏書，今多失傳，惟《廣韵》所采，多唐以前書，蓋取孫愐《唐韵》之舊，徵引最爲該洽，其中亦有紕繆，何譏誚其于姓氏漫無考訂，如謂東宫爲得臣之後，刁姓出于豎貂，其説誠誤，然《廣韵》之誤，要必有所承（東宫之説，《姓纂》有之。刁姓之説，出于《姓苑》）。今觀《姓纂》謂蘭爲鄭穆之後，相里爲里克少子，逃居相城而爲氏。《姓譜》謂懷本無懷，栗由栗陸，此其不更疏于東宫、刁姓之説乎？徐幹云，不獲一見段笏林《廣韵姓氏考》，但刻其姓解辨誤于《邵武叢書》中，段氏數云沿《廣韵》之誤，然亦有疏略，具詳校語中。虞韵于字注云：凡諸姓望在後而稱河南者，皆虜姓；魂韵孫字注云：《姓苑》有長孫、叔孫等氏，望稱河南者，皆虜姓也，又稱漢姓、虜姓、羌姓，其重種族如是，故章氏《檢論》備論其善，今取《官氏志》諸書，而校其訛奪焉。

江慎修謂照穿審二、三等切語上字不通用（二等者，舌抵上齶；三等者，舌抵上齒背，舌高則脣齒之開亦高，故爲二等，舌低則脣齒之開亦低，故爲三等）。喻三、四等亦不通用（讀三等時，脣齒略開，舌微翹，讀四等時，舌拄下齒背，而齒縫如綫）。此實發聲自然之疏狀也，故陳蘭甫謂照母之周（職流切）、鄒（側鳩切），穿母之樞（昌朱切）、犓（測隅切），床母之礎（仕兟切）、繩（仕陵切），審母之收（式州切）、搜（所鳩切），喻母之遺（以追切）、惟（洧悲切），出音節截然不同，安能併爲一母乎？是非特用字之不同之明證耶？今世人乃因仙韵“甄”又章鄰切，震韵“振”又之人切，而真韵俱側鄰切；灰韵“推”又昌回切，脂韵作又佳切；脂韵“䜅”又士佳切，而視佳切又有“䜅”；“羨”又羊箭切，綫韵作于綫切，以證斯二者，可合用之説，不知"側"乃"職"誤，"叉"乃"尺"誤，"士"乃"十"誤，"于"乃"予"誤也。議者又以"示"有神至、時至二切，"貰"有時夜、神夜二切，遂謂神、禪當合，夫神、禪二類之混同，今語猶然，如"神（食鄰切）、辰（植鄰切）、脣（食倫切）、純（常倫切）"之儔，皆《家訓》所謂南人之謬失耳，然自有不誤者存，若"船（食川切）、遄（市緣切）"有别，"匙時蜍殊蛇蟬韶常"諸類，固不混同于神類諸音也，蓋禪之與神，猶匣之與群、邪之與從，一發聲輕淺，一重濁，即戴氏謂其有送與外收之異（本洪榜《四聲均和表》）。勞氏謂其爲透與轢之分矣，如必以又音用字之殊，遂云可合，則齊韵"溪"又古比切，旨韵作求癸。佳韵"查"又七瑕切，麻韵作鋤加。麻韵"祖"又似與切，語韵作慈吕。蒸韵憕又竹萌切，耕韵作宅耕，豈得謂見群相合、清從相合、從邪相合、知澄相合者邪？是皆字誤而然也（俱詳各字校語中）。至若舌頭舌上、重脣輕脣，魏晉之先，容或淆紊，梁陳之時，儼然攸分，今或云法言之時，舌頭、舌上之别尚無，輕脣之異未判，守温之時，則已析出，近人吴承仕曰：修《廣韵》者，惟增字耳，于舊有反音，蓋不輒改，依此則知《廣韵》中，四者切語之互用，舊語耳，非斯時讀音尚未區别也，觀《家訓》譏徐仙民切橡爲徒緣，足徵類隔條例，已爲顏氏不許，而讀音不同，固不必待至五代之際始然也。

　　《廣韵》一韵之中，同紐同呼而有二三切語，如支韵"厜"姊宜切（《切韵》宜作規）、"劑"遵爲切、"騨"子垂切，同爲精紐四等合口呼，《韵鏡》以"騨"列照位，無"厜"，《切韵考》删"騨"，以"厜"爲開口俱誤。又如質韵"蜜"彌畢切，"密"美畢切，《切韵考》謂美畢應從徐鍇作美筆，今按《切韵》作筆，《唐韵》作畢，是《廣韵》沿《唐韵》之誤，則陳説是也。又如真韵"駰"於真切，又於巾切，今按《毛詩釋文》"駰"於巾反，讀者並音因，《爾雅釋文》"駰"《字林》乙巾反，郭央珍反，今人多作因音，據是則以巾作切語者爲舊音北音，讀因者爲今音南音，因知密之美畢，雖當作筆，其讀仍同，則支韵精紐三切，當亦無復殊异，惟無殊异，故同係一韵，南北古今，用字不齊，故別爲數條，《切韵考》依憑下字以分等呼，其論往往有失，如云魚虞模三韵皆一類，但當分三等耳，而等韵家則以模韵爲一等，魚虞皆分析爲二等、三等、四等，按陳氏以三韵下字各相系聯，故以爲當分三等，孰知魚虞之殊，圓脣與不圓脣耳，魚爲圓脣，其對轉之陽、入聲之藥，亦圓脣；虞不圓脣，其對轉之鍾、入聲之燭，亦不圓脣，魚虞之讀，雖其异也如此，而彼吐音闊狹之，則固悉同，果如陳氏之言，魚與虞應各居何等邪？又曰：東冬鍾三韵，東二類，冬鍾皆一類，共四類，適可分四等，而等韵家則以冬韵爲一等，鍾爲三等，東韵則析之爲一、二、三、四等，皆不依切語下字分類，于是東韵弓字三等，而嵩字息弓切則四等矣，崇字鋤弓切則二等矣，公字在東韵，攻字在冬韵，而同爲一等矣，"風豐馮"在東韵，"封峰逢"在鍾韵，而同爲三等矣，夫東之與冬鍾，其异猶魚虞也，然其吐音闊狹，則固相同，同則等同，异則韵別，"崇嵩"俱用弓者，以其收勢同，昔人用字亦同，固雖异等而共居一韵，豈惟是哉？凡三等韵，其有二等、四等者，舉視此，若必隨等易字，則崇無同等之字，何以定之，抑因其用弓字，遂强定爲三等，將他韵之床類俱改爲三等邪？則二等韵中之床類，又何以處之哉？若"風"之與"封"，其收勢不同，而其闊狹之度，則無殊于照五母也，陳氏誤以字异則等殊，等殊則韵別，字同則等與韵俱同，不知韵之异也由收勢，收勢同則以等呼，故等呼者，乃韵之枝別耳，未能視之爲一，彼三等者，居二、四之中，小侈斂之則類二、四，故凡兼有莊喻諸紐者，其用字既同，遂不別爲一部，而以避除苛細焉。 又曰：等韵家謂精五母無二等、三等，照五母無一等、四等，而以之相補，然如鑑韵"覽"子鑑切，夬韵"啐"蒼夬切，安得云精五母無二等乎？盍韵"譫"章盍切，厚韵"鯫"仕垢切，敢韵"灠"賞敢切，齊韵"栘"成臡切，安得云照五母無一等、四等乎？又曰：同韵同類皆三等，而雜以四等者，因其字屬精五母也，如陽韵字皆三等，而"將鏘牆襄詳"則四等，因精五母無三等也，然今考之，皆可改爲三等，不必立此五母有四等無三等之例也，夫定四等者，本乎天然之埶，非有幾微人爲之力存于其閒，故不可增也，不可減也，不可改易也，一成而不可變也，且全係于韻而不係于聲也，江慎修曰：一等最大，二等次大，三四皆細，而四尤細。夫莊四母者，舌上抵齗，其發出音爲二等，則凡讀音侈斂之度同乎此者，皆二等也；照五母者，舌抵上齒背，其發出音爲三等，則凡侈斂之度同乎此者，皆三等也；精五母者，舌抵下齒尖，上下齒相擊始發出，其音則有侈斂，以其侈與莊四母相較，而齒頭之侈者益侈，故爲一等；以其斂與照五母相較，而齒頭之斂者益斂，故爲四等。惟其益侈，即成最大，而不可再大；益斂，其音從齒縫出，即爲尤細，而不可再細，試舉則郎切之臧與側羊切之莊，有無侈斂之分乎？諸良切之章與則良切之將，又有無侈斂之分乎？既各有其情，乃欲使“將鑯”諸字之侈斂與“章昌”諸字無二，豈可得哉？按《四聲切韵表》于夬刪山麻之二等有舌頭者，則云舌頭一等，脂麻庚之三等有舌頭者，則云舌頭四等，蓋不可以二等、三等名之也。推而論之，則齒頭之在二、三的韵者，亦必名之曰一、四等，正齒之在一、四等者，亦必名之曰二、三等明矣，豈可隨韵而遂易其稱乎？《廣韵》裒集舊音，恪守陸孫之志，未敢擅作，就其文字之異，而別爲條目，猶齊韵“鸍”奴低切，又曰人兮切，按《爾雅釋文》“鸍”奴黎反，《字林》音人兮反，泥日類隔，人兮即奴低（周春謂讀音近胏，收勢已殊，何能相擬）。凡同韵同字，其紐文雖歧，而音讀無變者準是，此一例也。又猶海韵“茝”昌紿切，按《禮記釋文》“茝”昌改切，又云韋昭注《漢書》云昌以反，止海收勢同，昌改即昌以，凡同紐同字，其韵文雖差，而音讀無變者亦準是，此又一例也。又猶齊韵“杝”成鸍切，按《毛詩釋文》“杝”音移，一音是兮反，陸氏條例云：其或音一音者，蓋出于淺近示傳聞，則《廣韵》之轉錄，亦同元朗之意，此則紐韵俱舛，仍當從正音，此又一例也。陳氏所刺，不出于此，且其所舉，復有誤字，如：覽，《玉篇》側鑒切，則本在二等之莊；鮂，《漢書·張良傳》顏注才垢反，《史記·貨殖列傳》索隱昨苟反，則本在一等之從；崒，《儀禮釋文》俱七內反，惟《禮記·雜記》引徐倉快反，亦昌改之倫，是反語用字之疵，非等韵之病也，等韵家順次字母，考定洪細，比耦于下，以爲數位得音之助，惟其于互用與字誤者，不知糾其失，論其理，將順其過，創立門法，以通邪辟，條例紛紜，人愈迷惘，此則妄謬，陳氏專憑下字以立類，不審音理，至謂元仙七韵共十三類，雖分開口、合口二圖，亦不能每圖祇四等也，玩其詞，是可分六等、七等矣。音之洪細，一、四等已至其極，今欲再分析之，舉何以爲準則邪？是亦達人之失也。元明以來，違口從耳，立二等之説，便利俗讀，郅爲疏爽，然賢者且揄揚之，蓋亦勿思而已矣。

切語下字所以别開合，然開合頗有同用一字者，如"盎、浪"俱爲烏汪切是也，蓋讀合口，必始翁脣而終哆口，故"企、跂"俱切丘弭，"鰥、褏"俱切古莧，"棧、撰"俱切士免，"格、虢"俱切古伯，而"黠、滑"同用八，"卝、解"同用買，又"爲"用支、"往"用兩、"迥"用頂、"役"用隻亦然，不惟是也，没韵爲痕魂之入，痕魂以開合分，而没則雜開合于一切語中，如下没切其㪍肳齕紇俱從乞聲，乞之……質迄韵者俱開口，此亦當同（《聲韵考》以齕爲痕韵之入）。猶户骨切之扢朏、倉没切之拗紃、苦骨切之頜矻㪍、呼骨切之麧、五忽切之閲、古忽切之扢、勒没切之跋硈敏、蘇骨切之鮹鯯俱當讀開口，昔人造切語，取習見之字，以其易識而不惑，故開合同居一紐而不嫌，《切韵考》于此，或棄或從，其失猶論等呼也，今校訂切語，以《經典釋文》《切韵》《唐韵》諸書爲主，參校以《類篇》《五音集韵》焉。

朱彝尊（《與魏善伯書》）謂韵書之作，自李登以下，南人蓋寡，陸氏《切韵》，同時八人，惟蕭該家蘭陵，其餘類北方之學者，黄公紹謂韵書始自江左，本是吴音，妄也。今按劉臻、顏之推并爲南人（《南史·劉瓛傳》云：晉丹陽尹惔六世孫也，卒無嗣，齊武帝詔以族子顯爲後，顯子臻，梁元帝時中書舍人，江陵亡，乃歸魏。《北齊書·文苑傳》載顏之推《觀我生賦》云：吾王所以東運，我祖于是南翔。自注：晉中宗以琅邪王南渡，之推琅邪人，故稱吾王，去琅邪之遷越，宅金陵之舊章。又曰：逮微躬之九葉）。劉、顏俱居江南，蓋八九世，其稱沛稱琅琊者，江左重郡望也，蕭該稱蘭陵亦然（按《宋書》三十五《地理志》：

蘭陵太守,晉惠帝元康元年分東海立。《晉書》十五《志》東海郡有蘭陵。《南齊書》一《本紀》云:侍中彪免官,居東海蘭陵縣中都里,中朝亂,淮陰令整過江,居晉陵武進縣之東城里,寓居江左者,皆僑置本土,加以南名,于是爲南蘭陵也。 又按錢坫注《地理志》云:蘭陵在今兗州嶧縣東五十里。《隋書》七十五,蘭陵蕭該者,考《地理志·曲阿》下注云:武進改梁爲蘭陵,開皇九年併入,是隋無蘭陵,則該之稱蘭陵,亦爲舊貫,且當爲晉東海郡之蘭陵,非武進所改之蘭陵也。 朱氏意指武進,實誤)。《切韵·敘》云:支脂魚虞共爲一韵。 按《家訓·音辭》篇云:北人以庶爲戍(段茂堂云:庶在九御,戍在十遇)。 以如爲儒(又云:如在九魚,儒在十虞),以紫爲姊(又云:紫在四紙,姊在五旨),則陸、顏所論符合,臧在東《拜經日記》謂劉昌宗"繂"府結反,其本北音乎,今觀《釋文》劉音《周官》刉珥,刉音奇(《廣韵》刉在八微,脂微同類,而奇在五支)。 大傀,"傀"九靡反(《廣韵》傀在十五灰,靡在四紙,灰脂同類,紙爲支上聲)。《儀禮》"壝"以垂反(《廣韵》壝在六脂,垂在五支)。 脾析,脾音毗(《廣韵》脾在五支,毗在六脂)。 爲逾,逾音余(《廣韵》逾在十虞,余在九魚)。《敘》又云:先仙尤侯,俱論是切。 又按劉音《周官》岱畋,畋孤善反(《廣韵》畋在三十七銑,善在二十八獮)。 萬蔞,蔞音流(《廣韵》蔞在十九侯,流在十八尤)。 曰盂,盂莫溝反(《廣韵》盂在十八尤,溝在十九侯)。《儀禮》擩于,擩而玄反(《集韵》擩或作擩,《廣韵》擩在二仙,玄在一先)。 凡若此者,《廣韵》俱不取之,是《廣韵》不本于北音較然矣,然亦不囿于南音。《家訓》又云:璵璠音餘煩,江南皆音藩屏之藩(《廣韵》藩,甫煩切,璠煩附袁切)。 若恗當音爲奇,江南皆呼爲神祇之祇(《廣韵》"祇岐"巨支切,"奇"渠羈切,無岐。 按王仁昫本《切韵》奇紐復有岐,則《廣韵》無者,陳彭年輩妄删耳)。 又云:南人以錢爲涎,以石爲射,以賤爲羨,以是爲舐,凡若此者,皆聲紐之渻溷,而《廣韵》無是也。 又云:反稗爲逋賣(《廣韵》"稗"傍卦切),反娃爲於乖(《廣韵》"娃"於佳切),音刟爲免(《廣韵》"刟"武粉切，"免"亡辨切)，音諫爲間(《廣韵》"諫"古晏切，"間"古莧切)，音看爲口甘反(《廣韵》"看"在寒韵，"甘"在談韵)，音伸爲辛(《廣韵》"伸"失人切，"辛"息鄰切)，以系音羿(《廣韵》"系"古詣切，"羿"五計切)，讀乘若承(《廣韵》"乘"食陵切，"承"署陵切)，反驟爲在遘(《廣韵》"驟"鋤祐切)，此統論南北音之失，而《廣韵》俱不同之也。　又按《書證》篇云：今北方猶呼痎瘧，痎音皆，世間傳本多以痎爲疥，徐仙民音介(《廣韵》皆韵皆紐痎，二日一發瘧；怪韵誠紐疥，瘑疥)。《詩傳》云：灌木叢木也，古叢字似㝡，周續之《毛詩注》音爲徂會反，劉昌宗又祖會反，《廣韵》泰韵㝡紐蕞紐皆無叢也，吳人呼紺爲禁，故以系傍作禁，代紺字；呼盞爲竹簡反(《廣韵》"盞"阻限切，《類篇》亦無他讀，則竹必莊紐中之誤字)，故以木傍作展代盞字；呼鑊字爲霍字，故以金傍作霍代鑊字，今《廣韵》寑韵無䌤，産韵無㙫，鐸韵無鐽，是其承用北音，而寫除南人之誤也。　又云：皇甫謐云：伏羲或謂之宓羲。　張揖云：處今伏羲氏也(《廣韵》一屋處，古羲字，伏本自伏羲之後，四質處注不云姓也)。《禮·王制》注謂摳衣出其臂脛，今書作撗，蕭該云：摳當作撝，音宣。　按《字林》蕭讀是，徐爰音患非也(《廣韵》二仙宣紐有揎手發衣，撝上同；三十諫患紐擐，擐甲)。　是皆用顏氏之決定而載之，益足明其左右采獲，無所偏畸，非若拘虚之士，局守方隅之所爲也。《敘》又云：因論南北是非，古今通塞。夫所謂是也通也，必其音讀合于大理，而廣被于諸夏者也，非也塞也，必其音讀訛僻鄙陋，惟存乎邊土者也，固不拘于南北，亦不限于古今，惟求其所適而已矣，陸氏所謂古者漢魏之音，非商周之音，但別切語之然否，未若後世，依倚偏傍以定古今，而求夫詩騷謠頌之舊讀(如"龜"居追切，此魏晉以後音，《詩》以龜韵"飴謀時茲"，此西周之音，不存于隋，故《廣韵》之部無龜。《説文》龜，舊也。《洪範五行傳》《白虎通》俱云龜，久也。《西京賦》以龜叶鮋牛秋，考《切韵》鳩紐無龜，此西京之音，亦不存于隋，而《廣韵》尤韵鳩紐有龜者，乃陳彭年之妄作耳)。何則? 韵書之用，所以正當今，非以存往古，至宋祁、鄭戩修定

《集韵》，務從該廣，舉群籍之舊音，悉以入録，已悖《切韵》之旨，若夫《韵略》諸書，但供士人懷挾應舉之用，删削宏多，益失其義矣。

辛酉仲夏，經始校讎，隨筆札記。丁卯冬，慮其佚落，迻寫黎本，附校語于當字之末，續得唐寫本《切韵》、《唐韵》、王仁昫《切韵》，并先後校録，迭以群書鉤考，偶一尋審，輒見罅漏，掃葉旋生，其信然已。昔段茂堂、顧千里互訂是書，遭遘喪亂，稿本存亡不可知，兹謹采擷《説文注》中所訂録其是者，以記段説之梗概，吳得青《廣韵説》、鄧顯鶴《校勘記》，皆喜辨正點畫，而略考訂訛亡，閒取所言，附于注中，方今中外賢達，群治是書，敢以一得之愚，質正君子，幸檃栝其枉屈焉。甲戌驚蟄，休寧趙世忠謹識。

原載《國立四川大學季刊》1935 年第 1 期

記錞于

　　古器，橢圓，通高公尺七百有五公釐。析而度之，頂平，中爲虎紐，虎頭去頂一百一十一公釐，周頂佟脣迆十二公釐。頸下爲肩，廣肩旁出，其周強于頸四百四十八公釐。至此則傾仄縮胭，約斂以漸，去頸二百八十公釐之長。始直下迄口，形如鐘甬之倒植者，又三百公釐。積而計之，以成通高之度，器口縱二百八十公釐，橫二百四十七公釐，其厚與脣同。虎紐印頭出月，巨耳倨牙，項後剝損，及股斷折，或掘時所殘缺也，遂不能和尾之修度。自頭迄股長一百九十四公釐，股高七十一公釐，背廣六十八公釐。頭頂脅脛，刻畫殊異，虎足踐銅鍱，前後各異。前鍱之前，文爲華咢，四出如菱（漢富貴宜壽薰爐底文類焉）。其左隅爲二鉤相背（形略似周器中之弓形），鉤佟爲虎，四足據地，吐舌翹尾（漢鏡中白虎文有似者），貫内而出，兩端相背成鉤焉。鍱後作一左手，肱掌悉具，拇右植一華苕。其右隅爲走馬，矯首奮鬣，揚尾騰踔（太泉五十範底文略似），虎魚指端皆向右者也。馬後爲舟，舟上左文，下體如中，上體如未，右爲企鳥，張冀舒尾（父乙鳥莫觚之鳥形粗同），鳥首有十，如古文甲。此諸形中，惟此差似古文。舟左之下爲行馬負重之狀，上作四菱形相連，各有回文，如闌楯狀。前鍱右隅，作一人首，豎目長耳，削下疏髭椎結，與鳥皆左向。前後鍱間，當虎腹下，復作虎文，與上前同。凡十有一文，皆軟焉。全器重舊稱五十六斤。

　　古器藏于萬縣某鄉寺中，縣人某購贈其師美國博士鹿依士君，鹿來華西大學，置于居室門側。方君叔軒，多聞好古，見而欣異，考《博古圖》，知爲錞于，請鹿君貽貯博物館。余周覽館中，方君委余考證。謹按錞于，《周禮》謂之錞，《國語》曰錞于。鄭、韋之注，略舉其形。《宋書·樂志》云，公民閒猶時有器。《南史·始興王鑑傳》云，什邡人獻鑒，古禮器也，圓如筩，黑如漆，與此器同。《周書·斛斯徵傳》云，近代絕無此器，是錞于皆漢以前製作，六代無之矣。 又曰：或有自蜀得之，皆莫之識。《容齋續筆》云，得于慈利，又曰得于長楊，又曰復得一枚自峽來，俱與此器所出銜接。 又按：呂大臨《考古圖》載錞于十八，王黼《博古圖》有二，《西清古鑒》有四，劉體智《金文拓本》前後十有六，容庚《海外吉金》有一。 此四十一圖中，無一之文似此。 即漢器物象繁縟如鏡如銅鼓者，閒有小同，若此之憍悷者，亦難相訂，不敢妄說。惟依葛維漢博士，林君名均聽音尺度重量而備錄之，以俟博物君子之考證。《南史》又云，以芒莖注錞于，以手振芒，則其聲如雷，清響良久乃絕。《周書》亦云，其聲極清。《御覽》引《樂書》云，內縣子銅鈴舌，作樂振而鳴之。《續筆》云，扣之其聲清越以長。 今慮叩擊之或損也，未試，故不記。

致殷孟倫、趙苑雲夫婦遺札*

一

孟倫、苑雲：

久不得信，甚念。十九日得倫十二日信，閱罷使我興奮。漢語學在南方有"中國化"一派，當"百花齊放"號召之下，久宜有此，但我未見，望倫將已有者寄來一觀。倫既有意，願聞其要。處理《廣韻疏證》辦法極是，我并不欲急急出版。因中華提出許多意見（《疏證》謂《廣韻》多撮寫近代《御覽》《手鑒》《寰宇記》《希麟音義》《説文》絃音五書而成，把承襲唐、五代韻書主要一面完全不題）。我對近六十年來所出《切韻》諸書，先後校寫一些：《王韻》三種，《王一》已寫出一通；《王二》批注于劉氏《校勘記》原校 1266 條[①]，今補 1255 條，更正《劉記》454 條；《王三》全書用朱批校過，又請寫一本，僅及仙韻。近數月又看三本標目，越覺有疑，如《項跋本》卷首題：小韻三千六百七十一，宋本平聲（舊韻四九七〇，新加二三五二），上聲（舊四一二一，新加二八一二），去聲（舊四〇九七，新加二七六七），入聲（舊四四六五，新加二〇一七），新舊總二七六〇一，當是小韻之數，何其懸絶如此耶？檢其字數，四聲僅 17037 字而有 27000 多小韻，又何耶？宋本四聲韻目前有：右卷若干字（小注首注若干字），如平聲右卷一萬二千六十三字（旁注二千九百八，此數爲何？）。上、去、入聲皆有如是之注，數固不同而義不明。又如平聲原注：或亦四新，或卅四。

———————

*　　趙華字苑雲，長女。

①　　劉復《敦煌掇瑣 · 切韻校勘記》。

檢每字所注，實爲 491 條。 又如平聲原注：俗一千一百廿二，通俗二。
今計通俗 37，俗 50。 又平聲注：訓一十六，補舊缺訓一千〇六十八，新
訓三百卌二。 今計平聲共 6699 字，并無一字缺訓。 世皆重三書所注
李、呂、夏侯、陽、杜五家分合之同异，究其所言同异，是指讀音反語用
字之同异耶，抑指韵文用韵之差互耶？ 以宋本元韵注：陽、夏侯、杜與
魂同。 魂韵注：呂、陽、夏侯與痕同。 上聲阮注：夏侯、陽、杜與混、很
同。 去聲願注：夏侯與恩別，與恨同，今并別。 恩注：呂、李與恨同，
今并別。 入聲月注：夏侯與没同，呂別。 通觀此注，或依《廣韵》元韵
注魂、痕同入之式而立此言。 考《經典釋文》、《廣雅》曹音、玄應、慧
琳《音義》中，無一條混合三韵之反語，《文選》所載齊、梁詩已有一
章雜用元、魂、痕三韵者。 今玩《切韵·序》"欲廣文路，自可清濁皆
通。 若賞知音，即須輕重有异"二語，則知"蕭、顏多所決定"者，正謂
反語用字，下即舉呂、夏侯諸人所撰述，謂其各有乖互，亦謂反語用字
相殊，與韵文用韵之參差者迥不侔矣。 我疑此乃明清人所僞作，空言
無證，烏可信也。 倫同意此説，幸暫無以告人。 龐師以我與孫仲容不信
《説文》木部之唐本相擬①，可發一笑。 余將作《切韵疑》，以質于當代
學者，望倫助我。 我年來校勘《增韵》，已寫出一敘，今附來，願爲我改
定。 《增韵》每卷末始有"增入、圈、正、重增"之記録，今王本首所記
例與之同。 今天寫至此，改天再寫。 此問你們好。

二

孟倫、苑雲：

　　我三月一日寄來一信，當已得到。 四日始由惠文用她的白鐵匣把
冬菜、鹽菜、她做的紅苕豆豉五塊寄來②，計亦得到。 五日得雲廿七
信。 有些話在一日信中好像説了，因此未寫回信。 三日星期我去焦家

---

① 龐俊字石帚，已故四川大學中文系教授。

② 楊惠文，趙呂甫夫人。

巷幾家，李二先生也能拄杖送我①。以後我每飯畢出街，藥仍然吃。九晨，掃房內畢，打一偏偏，也不介意。八鐘去四弟房早餐，在窗下又一偏偏。飯菜久嚼不能吞，吐地下。霞村以爲飯硬②，又去加湯煮，入口仍吐。遂出，傍窗行，連打偏偏。霞村遂呼八弟夫婦、五妹來扶③。腳不能舉，用竹椅扶坐上，并呼余、易來擡入我房④。霞托余到卅三中呼充回，又去對門張家約其習西醫者號英才來考驗，據云血壓不高，脈搏正常，不明白是什麼病，不敢用藥。又去祠堂街診所約針灸醫生寇煜光來打十一針，有兩針呼痛，用手去取，他們（八弟）說在打針，手遂縮回（此兩醫去時，我説謝謝）。五妹去牛市口請徐醫生，我兩手摸索不停，不能診脈。醫説看舌頭（我伸舌，未招呼他）。附片八錢、炮薑二錢、菖蒲、白术等（寇也門方，吃一道），此方吃兩道。傍晚，頻頻呼小解（有幾次聽八説，兩分鐘纔解的，也就不解了）。入夜漸寧靜，有時突起，手掀床背帳子欲下（八説那是床背），自己下床，三人扶着小解二次。四、五、八都在房中守⑤，我總叫他們去睡，他們答應。我説開起燈我睡不着（他們用白紙，後用黑綢遮燈）。六點後，我要起，他們止我。將七鐘起，浣漱後，儼如往常之神態。大小俱喜。九日午前九鐘，霞以牛乳二斤煮蛋，一氣吃下。夜八鐘自索痰盒吐痰多而釅，同時上下氣通，病就去了。十日又打五針，俱痛。午徐醫來，藥是生薑、桂、附各一錢，此方服二劑。十三又換方，無桂。十六走龐家，以十四龐師命珊來看我⑥，聞珠言我病，五妹語以狀，吾恐其不詳明，自往一説。十七我作菜謝徐醫，并勞家人。适幼文歸，夫婦偕來，振鐸、先覺亦來見文。又謝洪子伯，渠來問病，且貽送春歸插瓶⑦。五妹爲買

---

① 李二先生，名植，字培甫。

② 霞村，姓周，充甫遺孀。

③ 八弟夫婦即呂甫、惠文。五妹，名莪，字曼若。

④ 余行達、易雲秋。

⑤ 四兒即充甫。

⑥ 龐珊，石帚先生女。

⑦ 洪子伯，表侄，成都市二藝美術研究所所長。送春歸，蘭草名。

三學士桃花插瓶。醫午始來，又爲換方，薑、附俱無，據云可不再服藥了。十八晨微雨，子伯來約遊花會。他去尋幼文，甫去，文夫婦來，又待渠良久，來。同午飯，一鐘後，我同鑣坐三輪先去草堂，四、五、八、辛、洪俱步行^①。子伯導至管理院，有一株垂絲海棠，花深紅極繁（惜花瓣少）。少坐遂去王園，玉蘭二花三無，文杏桃將開（在王園橋頭，子伯爲我獨照一張。此次久病，已使你們担心。今又突病，雖我信詳敘，恐你們仍不放心，故等子伯把照片交來，同時寄出，望你們原諒）。前晌作蘭展，余病未能往（家中素蕙十餘枝，玉蘭、海棠俱差）。四鐘隨衆行去花會，在途倚坟憇少頃。子伯導余等遊花圃，有已開牡丹、九月菊、水仙、各種茶花。二仙庵大門大殿兩廊俱標花鳥魚（有他國他地者）。在管理招待室坐，出坐三輪車回，不甚倦，洗脚，食一碗麵，睡。不久七點、十點醒，十一點後又睡去，醒已四點。十九日得雲信，深謝你們注意我的健康。《廣韵》能得倫爲我下細審覈感極，時間没有關係。《疏證》前入題^②，切望嚴格批評，詳細指出，我自照改。《疏證》缺點亦望指出。《疏證》初作時甚簡略，修改數次，補綴極多。標點我未習過，由易著手，有言標點不合者，我願倫就首尾二册中指出其不當者。今將中華所提意見二種附來，望爲指出如何改正始是。我擬就現本將不留者剪下另寫，改者接上黏貼成頁。因從頭改寫既無此財力，又無此時間也。我擬于入題外，再寫《〈切韵考〉韵類之商榷》。《王仁昫切韵質疑》病後尚無力整理（前已説過）。今雲信言《增韵》校敘文章當改爲文言，望即寄來。我在前病中，曾以四庫本和《校記》比對。《校記》尚有脱略，如模、齊二韵有紐次、字次及注文詳略之异，擬于專論舉出，不當在《校記》。倫對敘文有意見，切望告我，以便改寫。《校記》156頁前比對28頁，今將續進，何日完畢不可知。畢，再改寫《校記》。我想影寫四庫本，自非少數。依《雙鑒樓藏書續

---

① 振鑣，吕甫幺女。辛，振鑑小名，吕甫長女。
② 前入題指《廣韵疏證·敘例》。

記·上》云:"《禮部韻略》五卷,宋刊本,半頁十行,每行大字三排,注雙行三十二字大字一當小字四。"又云:"余昨歲入靜嘉文庫檢視,半頁十一行,每行小字二十八。余別見鐵琴銅劍樓、故宮圖書館所藏三部,皆是本也。"今省圖書館本亦半頁十一行,每行小字二十八。雙鑑樓自別一本。今以省館本校,與用上三部或同(北平圖書館目與瞿鏞目錄俱云元刊,則省館本亦爲元刊)。似此《校記》可作四庫本及省館本之參考。深懇倫取山大所臨再比對一下(此事可令高年級生作),加入所未及者。川大臨寫者聞是一老人,恐有憑手寫出者。我當時急于還書,未能比較也。我二月二十四日復信,封發時,適得允中信,粗過目即附來。倫無信言及,昨又得允中信及附宗虞與渠二信①,茲并寄上。允中弟兄來去搬運費似當匯還(匯款到了即到來),倫當復彼等一謝信,我于得款後即復允中并轉謝宗虞。菊屏宜短闊,全是秋菊很好。今年八月廿二日寒露,是時想已有菊花。子伯也許爲我覓菊苗,果能,則庭中室内壁上都是菊花了。辛亥年,我避居班圓邱家,午生大哥從家中摘些菊花,買些水仙到鄉舍祝壽。五十多年了,尚難忘之。倫諄諄以我帶徒弟爲慮極是。近人多有假借其師名義以取稿費,行達以《中國語文》累却其稿,壬寅又得一子,費用日增,就想《廣韻疏證》有他的索引,可以得些錢。我近決心改訂,或删或添,又欲將補正全部移在正文中,則索引亦須重寫。但我今年尚無暇及此。最近將《增韻校記》比對完寄倫,寄出即寫《廣韻》二文。《經典釋文》尚有《公》《穀》《老子》,雲秋近理《莊子》已至《大宗師》,行達理《爾雅》已至《釋丘》,我即就《釋文》反語寫出數題。近來病雖盡去而精力未大全復(五點後起床,十點即欲睡,去睡着。晚食後又欲睡了)。我亦顧惜,不敢多勞。今年工作計劃如此。徐醫師我自當常常見他,爲我考察預防,免再如九日之狀,使家人無所措手,自己身體恐亦不堪再犯。此問你們都好。三月二十二日。

---

① 陳允中、陳宗虞。允中爲曼若夫。

三

孟倫足下：

别來月餘，思念極切。聞途中迄未買得臥鋪，是很苦了。到校後備課應酬，自甚忙迫。你行數日我始握筆寫稿，説同用獨用，兹特寄來，理由證據充分否，望不客氣地指出缺點。我全不懂詩，有應該説的話，請爲我添上，并切實改正爲要[1]。苑雲交來《廣韵疏證》，尚有錯字，曹憲音方面增字不少。《疏證》中引證似不如王之精要，匆促閒所見止此。《玉篇》從前已命充甫校對，在黎本上批明其不同者。黎本似有是者，雖是而示人以非，誠不敢引用。《廣韵疏證》補正工作已畢，現同寫索引，下月半前可完，即同寫疏證檢字。近吕甫在川師借來沈兼士《廣韵聲系》，末附檢字，我將依之，省點工夫。惟一字數音者，似有併省。請同孟非商量將《廣韵諧聲譜》即寄回，將從新校改補，整理完畢仍寄與他。川大從二月起給易工資七十元[2]。我即續寫等韵分部二題（即説四等及黄先生分古今音，注重韵異音實同），即依你次所言將《疏證》從頭到尾檢察一遍。但每天工作不過勞，依吴醫囑也。草堂又去過，王園梅盛開，極好，將俟垂絲海棠花開復去。花會昨已開幕，花占地較去年少。今年雪蘭先後續開且香，已有一月，令人高興。龐先生已在家休養，打組織針，吴醫未去看。此問近好。二月十七日。

四

孟倫足下：

我四十幾歲時，祝先生教我[3]，人精力有限，年歲易過，當專力一點，務窄而深。余即遵行。三十年來自省于聲韵略有所得，于古韵、等

---

① 指《廣韵疏證·敘例》。
② 易，易雲秋。
③ 祝先生名同曾，字𡐦襄，華陽縣人。同盟會成員。歷任成都高等師範學校史地系教授，四川大學歷史系教授，華西協和大學哲史系教授、系主任。

韵、反切等都作出總結性的話，闡發前人一些説法，有與一些人不同的地方。但我的精力又差于去年，恐怕進步不多了。我本原有錯漏，經此次寫印又增加了錯漏。將各部後的後語總合爲三處，不知原云此部，此部者不可解矣。邱常恕要一份去交孫先生看[①]，邱信言將印二百份，我即去函阻止。先用《疏證》本校過，即命余、易二人著手，下月十日前可畢。將寫《校勘表》寄去，擬用複寫一份與你。

五

孟倫：

《廣韵諧聲譜》既勞足下與孟非賞識，爲之印行，自當感謝。惟末表韵目尚未填够，願代填之。序中若有當補説者，極願代爲補足，免他人指責。今將作《廣韵分部》一文，擬看一二等、三四等韵讀音無別而又形義俱同者，即定爲讀同，而《廣韵》不合併而獨立之者，以其切語用字不同故也。此意章炳麟、黄侃兩先生俱説過，惟未言此即其分部之理。《唐詩韵匯》煩你檢察。白居易詩中之用韵與今讀音合、與《廣韵》异者，如《琵琶行》之"部、婦"然，此正爲長慶閒長安音，但僅兩字，礙難爲證。能在《白集》中多舉一些，纔可説明詩中之韵與口語有別。再舉以證《中原音韵》之音，可以知其來之久遠，非金、元之際突然而成也。元積詩中同否？元、白外尚有其他詩否？都望費心一察。元、白以前已有之否？私意，如或已有之，章、黄通信，章云元和以後有，後擬古如退之，直用方言如樂天者及其他。我們再進一步理去，若有所得，亦一快事。

六

孟倫：

抄《字學元元》事甚好，謝謝。即匯 30 元來。春節聞龐先生言得吉林信言，丸藥已寄出，仍擬到夏至來吃。《廣韵疏證》吾嘗歉然未

---

① 孫先生名敍常。或疑爲常敍，待考。

得，倫從頭至尾檢察一通，删改糾正，我雖看過，實用心不够，至有未及趙誠所言技術爲何，望你告訴我。我所知道的專書寥寥二三種，與在京諸老師比，瞠乎其後矣。客臘注意《論語》助詞，曾節録皇、邢二疏及朱注，方欲理清儒各書。適得李榮、丁聲樹同志復信，要我看陳寅恪《從史實談〈切韻〉》，董（同龢）、周（法高）言《廣韻》重紐二文，遂得知周文中引音理論及併析韻部佐證，陳言《切韻》爲長安音，毫無確證。董文狹小，周文廣博，引《切韻考》時是之時非之，引章、黄説俱不具。章依古韻家例來推斷，過分强調，失韻書之旨。黄説未全，亦未引申其義。高本漢本不明漢語聲韻，其所擬又爲趙（元任）、羅（常培）所譯改。余即擬作《廣韻重紐之商榷》一文，即作爲本期講座之題，集體來討論。若有結果，再行函告，你同意否？如有不同意見，望提出，即修正。你索閲《推定古音聲紐韻部》及《〈詩經〉叶韻常用字》兩文共十三頁，兹寄來，望不用了還我，我無副本。來京一遊，我有此想，但今年不行，以帶徒弟預定是兩年，須至六三年暑假，在此期中，不可離去。且《釋文附箋》已同余、易商提前，于其時完稿，如此庶可放心遠遊。請你將此情轉達趙誠同志。《杜詩同韻》原爲《廣韻》同用作證的資料。前付尚靈過録[①]，俟收回即寄。王氏《疏證》似宜將《述聞》參合來看纔好作結論，單舉《疏證》，慮有不足。且宋保《説文諧聲補》亦當通過，以其言韻轉則爲二十一部也。頃省館已將《增韻》送來，擬從明日起從頭校去，用緑筆。館中要我手寫校記，望你們將前寄來校記還我，亦用緑筆注于字側，校完連叙改完仍寄與雲。

七

孟倫：

　　前十天回你一封信，當已接到。我對于段校《廣韻》，在其所著書中，前已抄出一些。少暇，將再清理。或于《增韻》校記寫完畢，

---

① 甄尚靈，四川大學中文系教授。

從《廣韵疏證》中匯集起來，與王國維所迻録本相勘比對，打破人之迷信。《十韵匯編》有王國維以涉圓本與黎本互校，從前曾隨筆寫過。這兩題你看該著否？世人素迷信抄本，不去清理，輒認爲至寶。在今日打破迷信號召下，應當努力揭穿，使它全體敗露，免初學者受其害。至于《集韵》《禮部韵略》《韵會》《正韵》《音韵闡微》都要明年逐一來看、來作，你嫌慢否？你打算做哪些？你來信，我同你商量。若你忙不過來，我就完全從一月起著手，你説好不好？前周龐師下田扯草匀稀，第二天小病也，捶了鍋鐵。此問近好。十月二十九日。

孟倫：

反切文近又補寫一節抄寄[1]，請看有必要否？傷當作太講，極是。惟未指何字之借用，我説當爲甚字。按：傷，式羊切；甚，常荏切。審、禪上聲不分，故如是借用。昨夜想莫、厭二字聲音低短，傷音長，多音更高，酒入俱促脣又復揚。唐詩入唱，自是其音節。我的設想，私質于你，你告我爲要。我以爲《助字辨略》某字何解，未能言其故，必使人亂猜。《釋詞》亦有此狀[2]，故《詞言通釋》則舉本字。我想這種辦法值得推廣的，你看又怎麽？此問近好。

八

孟倫：

你删去解反切各義一節也可以的，此節著重説明王氏説先反復切之錯誤，謂反切二詞同時并見這點意思而已。我在等你修改中，又寫了幾段，一論法偉堂謂《釋文》有改類隔爲音和例。我謂等韵門法完全是爲切語上字或下字與切出之字不合其格而立的，類隔則是説上字與切字出之字不同格的緣故。先有反切，次有韵書，次有字母及等韵圖，何能

---

① 指《談反切》。

② 先生有《經傳釋詞音訓》稿。

以圖之規格來談最先反切之條例耶？自《養新録》以舌頭、重脣爲古音，謂凡切語上字爲輕脣者，古音皆讀重脣，此説亦誤。如《詩・生民》副，孚逼反，《字林》匹亦反。此首音輕脣，次音重脣，足見陸氏胸中無此見解及安排。大意如此，俟謄寫好，再寄請改。

九

孟倫：

你在信殼上批説把《廣韵又音考》寫出。昨天（廿二日）雲秋寫完《古今切語表》校記稿，已把《廣韵疏證》上説到的又音一并填在《考》上，因此又把《疏證》未説到的也補了一些。又瞭解到《廣韵》又音中有假借字音在裏面，從前人用字多假借，故又依其字之音爲説。舊寫的《又音考》或上寫了四之一①，在初作《疏證》時也未注意，及到復查，也未全做到。今須填補，兩個月可卒業否，不敢必也。

十

孟倫：

《廣韵疏證》上平聲三本、去聲第一本已用朱點過。上平修改較少，去聲須加寫補正附于末，始能勉强合意。在點校中，看出段書中評《廣韵》之失，已有不見于王靜安、趙萬里等所過録本者，因之過録本所據殆爲僞作。俟全點後看有若干條，再作斷論。從前我祇舉《周禮正義》之談《廣韵》所載馬乾遺説，今又《廣雅疏證》中謂《廣韵》載《論語》中鄭、王、虞之説。俟全書點畢，亦總論之。從《通鑒》胡注、《五音集韵》中録取州名（限開元三十年以前），不則用《唐志》《太平寰宇記》中來作證來補充。姓氏書取來互證，捨其不足信者。去年上期用《希麟音義》校《廣韵》，有些條上所載訓義相同（即次第亦同，不過他有書名），所載《切韵》有全同半同。我對于新出《切韵》諸書

---

① 《又音考》全文佚。

素有疑慮，此次一條不取。過去徐行可先生曾以我引用新出《切韵》相戒。錢恂《韵目表》對于新出十卷本《篆韵譜》韵目與五卷本不同，未經前人考定，未敢引用。我即師其意，作爲我不引用新出《切韵》諸書之理由。自《切韵考》錯解一音二三切語之理，黄先生增析韵部佐證，尚未十分納入。今于諸字多取唐以前注音附于其下，使人一見即知反語之所由，且可見用字雖不同而音是同的。再又知今讀不相分別之某某韵，在昔也就無分別了。《廣韵》又有上字缺正文，强以相合，今皆列證說明。又有本非此韵或此紐之字，迻寫致誤，今亦爲說明。今全書校例，字誤者朱○其旁；字落應補者，朱△字之側；字衍當刪者，朱「」其字之上下，亦以朱照録于眉。朱錠已于月初（二號）由校長室交來，尚未用。其價四元已交苑雲，謝謝。《字學元元》常存余懷，不知可再買得否？望托莊用一問，如得，將告組上買之。

<h1 style="text-align:center">十一</h1>

孟倫足下：

六月廿五日由航空寄青一信，計在行前可得，不知果得否？《字學元元》，你遍遊南北書肆，有此書否？此書因門法而立門法，添造反切，不合舊規。自它以後，談門法多如之。門法本爲有例外之切語而造，用門法來解釋反切在韵圖中之不合等者，説明其理。但等韵家則以之概括其他圖中之不非不合者，且措詞絞繞含糊，使學者驟難見其所以，故清代古聲韵家不言之。即江慎修使用等韵者，絶無一語及門法。内、外轉，門法也，江氏未嘗稱道，戴氏雖用之，迥非門法之義。試觀等韵諸書，無一圖不談內外，試問內外果何義也？若講《切韵指掌圖》，其十八圖的兹、雌、慈、思、詞則在一等，如人所説爲宋代音變耶，那就大錯了。因一等韵齒頭是無邪紐的，此詞在邪，其他韵圖中一等俱無邪字這個例子。就是其他等韵書亦不相同，其故可思也。即此十八圖禪紐二等有嗏和俟，此亦他書其例，此俱床紐字，因切語用字不同，遂附寄于此。本書三圖之㹋、五圖之儳、十一圖之鑭、十六圖之賾皆同。明此等之字爲附寄，則知茲、雌、慈、思、詞五字之在一等者亦附寄也。 但禪紐之二等有諸寄字，則因其切語用字與床紐者不相同。 韵書既兼載之，韵圖不敢删併，遂附寄之矣。 若茲、雌等五字，又非此例。 此五字本當在四等（他韵圖都在四等），以齎、妻、齊、西居于四等之位，遂再無四等來容納它，故寄之一等，此理昔無人言之。 《等韵切音指南》不解此意，其圖將齎、妻、齊、西列在蟹攝，齜、雌、慈、思、詞用小字旁注于止攝的一等欄中，其四等平上去都是空圈，大可怪也。 我的《音韵答問》寫成九目，尚擬作"字母之數"一目。 擬此十目附錄《廣韵疏證》後面，你說可不可以？

十二

孟倫足下：

十二月十二日信得將半月，遲遲未覆，正以待另函之來，迄今未來，故覆。 寄出文字，即依你説選《音韵答問》。 現選"論四聲"及"音讀相沿"二目，昨交樹梁看，囑他切實指出缺點，以便改正。 俟鍾交來，再交菊吾看[①]。 已定再謄好寄呂甫。《廣韵疏證》正努力前進，若未考得或疏漏冗複處，擬仿《説文釋例》在每卷後作補正。 而東至魚仍擬別作，今已寫到元韵，大約臘月底可寫完上平。 十二月廿八日在校得到作家協會寄來一表，在年假中命呂甫代填，其稿今附上，紅字是菊吾改的，已由航空寄去。 我欲《疏證》早畢，已函雲秋能來省寫《疏證》否？待遇同行達。 此項費用已由四、八、九分担決定了。 若果不來，又托哪個，你有人否？語法的事現在無法分出時間精力。 校中叫我寫出研究計劃，我即舉"反切是不是拼音、如何使用反切"，繼以"正音之標準"及"聲義相關而形式亦相隨轉變之成規"，因以指出"正字之方式"，更可發現"口頭常用而無寫出者，從《廣韵》上尋得正字"，且以知道"古典文學之讀法"，漸漸進入研究之門。 你看要得否？你有李氏《音鑒》否？我

---

① 鍾樹梁，成都大學副校長、教授。 周菊吾，四川大學中文系講師。

想寫一篇宋元以來如何解決反切，一直到曾運乾輩逐一評議，你説可以否？得雲秋信，如何再函知你。此問近好。五四年一月三日。咸。

十三

孟倫：

得前月廿七日信後，日盼《增韵》。至本月十八日寄堯來談[1]，始知你未會着賣書人。樹梁初四來拜年，他説初六把我稿子帶來談（即你所説《音韵問答》），至今竟未來過。元宵系裏開會前提本期計劃，要我寫些問題整理《廣韵》。我要求在今年年底把《廣韵》完成[2]。林説計劃上并無期限[3]。易雲秋是一月十日來，他寫去聲，今天已到七志。余行達寫下平（上平已了），已到三蕭。我每天同每人持幾種稿子，用諸書逐條檢校，審定去留修改，每天我要費六七個鐘頭，餘時略略搞一點自己事也就够了。心裏有些意思，無暇寫出來。就是《廣韵》上有些地方，也不得來搞清楚。菊塢向我説，寄堯對他説，他們要離開學校，蘇聯某候補博士説要把中國聲韵搞好，他很想瞭解中國聲音的情形。菊塢對他説要把反切弄明白，纔把聲音弄得明白。我前幾天看《漢書·地理志》補注"代郡獿氏縣"，孟康曰："獿音權，氏音精。"先謙引《説文》獿又音銀，謂權精正切銀，"氏音"二字衍。郝疏《爾雅》《山海經》亦有此失。王氏于《廣雅》音亦有一二不正確的地方，今人來談更有不瞭解者。你能編反切講義否？若能，我願幫助你，你看好嗎？

十四

孟倫足下：

前寄一書，迄未見覆。前批判《入聲考》，兹別寄，首尾語體不侔，望即爲改成一律，寄還爲幸。昨看《等韵一得·外編》五十三頁，

---

① 朱寄堯，四川大學教授。

② 指最初確定的《廣韵新校記》。

③ 林如稷，四川大學中文系系主任、作家。

論李氏《音鑒》不知韵有四等而强分其半于母，則諸家尚不至疏謬至此。而李氏方且矜爲獨得，輕詆古人不知音有粗細，可謂陋矣。又云有據李氏之説以駁陸德明《經典釋文》者，其人之淺妄固可笑，而亦爲李氏大言所誤。《音鑒》之謬，尚不止此。大家對于舊來反切没有辦法，因此看了這類著作，就覺得有了把握來解決問題，結底亂説一陣，仍是没法。解放了六年，大家講聲韵，絶没有人提及反切一事，甚且有人説那是不通的東西，可以不講。文學遺産中的反切又怎去瞭解呢？去夏我寫了反切的語體文一段，止説明"反切原于讀若，所以不是拼音"，意欲再寫"反切後來之修改"（如《九經字樣》、朱翱《説文》音、《集韵》等），直到"李光地始改成拼音方式"，"反切之規律"（反切本無規律，凡是類隔、音和諸名皆是從等韵來解釋反切的）。反切上字不能用同韵，韵同則音同；下字不能用同紐，紐同亦同音。若是同音，就失掉了譬況的意義。在等韵書的反切每每犯此，那是甚麽原因？乃因造等韵書的人想他的門法周密，就憑空杜撰一些反切來反映證實他的門法。等韵書本用來解決反切的問題，後來變成了爲門法而造反切，愈使人迷惘，失掉了原來的意思。你看有此三篇，可以使人瞭解反切否？若果不能，應如何説纔能明白？望你仔細想想即以告我。我近在寫《漢語史·聲韵大綱》，擬分四期：一、周秦期。首推定古聲十九紐，古韵平、入卅部，外加上、去卅七部，共六十七部，引錢、章、黄、曾四家之説以立古聲紐（邪紐歸定，不審誰説，祈示），依此以定古韵部，再舉《詩》《騷》押韵字之異于今讀者，再舉雙聲聯綿語以説明聲紐。二、兩漢期。依《史記·始皇本紀》《通典·食貨典七》記歷代人口盛衰説六國人口當千餘萬，秦所殺三分之一，築長城四十餘萬，戍五岭五十餘萬，阿房、驪山七十萬。三十年閒，百姓死亡相踵于路。新安之坑廿餘萬，彭城之戰，雎水不流。漢高定天下之死傷亦數萬，可是以平城之卒不過卅萬。《史記》除上舉，蒙恬卅萬伐匈奴，徙天下豪富于咸陽十二萬户，徙黔首三萬户于琅琊台，徙三萬家于驪邑、五萬家于雲陽。漢六年封肥爲齊王，諸民能爲齊言者，皆以予齊（孟康云，此時流移，故使能齊言者還齊也）。 人民流徙規模，自此以從無有如此者，所以漢代之語言絕不可同于周、秦。 即徵以詩賦，見于《唐韻正》者亦足說明此期則以讀如爲主，諧聲字次之（以其時不易定），即舉其與今讀相近者。 三、魏晉至唐宋。 此期以反切諸書爲主。 其諸書反切有不見韻書者，又多與今日口語之音相合。 說四十一紐、二百六韵。 四、說北音、元、明、清，以《韵會》《正韵》《音韵闡微》爲主，舉諸書併紐併韵之理，改變反切之故。 昨日交杜看[1]，以其他擬漢語史之緒論交振鐸，以其爲助教。 你與行達信附研究院題目曾爲分期，不知你的聲韵講稿已寫完否？願示其大略，并希批評我的意見對不對，至要。

十五

孟倫：

　　你何時進京，可會會呂叔湘，說《廣韵疏證》補寫上平已至八微。又有意綜合各家校本《釋文》（從卢、阮至吳、黄） 來作一個《校記》，在五七年完成。 希望得到莘田先生同其他先生指示[2]，再補正其缺漏，那纔很高興哩。 從前祝屺褱先生向我說，海内讀書人很多，搞你這一門的也不少，區區寫作自認爲有成就（不是指我），那可以不必這樣想的。我自聞此語，深自感受，終身守之。《廣韵》《釋文》寫出來，希望得到正確的批評，愿望足矣，七十老翁尚何求也！

十六

孟倫足下：

　　盼信已久，始得來書。 承寄《漢語史大綱》，滿紙外文，無暇比對，俟他日詳讀再論。 我的計劃擬分作四個時期：一、周、秦。 先舉《詩經》，次《易》，次《騷》之讀异于《詩》者始言之，同者不說。 二、兩

---

① 　杜仲陵，四川大學中文系教授。
② 　莘田，羅常培字。

漢。三、魏、晉至唐、宋。四、元、明、清。從六朝、唐代反語中，尋出
與今讀相合者作爲此時代之所因，以聲音絶非無因而來。《切韵》諸
書本爲"是非通塞"而作，故不兼載。《皇極經世》以後韵書之有异于
《切韵》者，正如《家訓》所稱，北俗通行此音，江南皆音藩祇，江陵陷
没，此音被于關中，此即今世所謂擴大者耶? 你替我想想，要得否? 再時
閒祇八周，前周會議，我要求甄在説聲紐韵目時帶着一説，她不肯，提
議于杜講時縮退兩周，由我來説聲韵。我自贊成，然還感逼促，擬祇説
結論（即用黄先生之聲十九紐，韵卅），至六代始説四十一紐、二百六
韵及百六韵，最後纔説元、明以後所分如此，較有條理，你説對不對?
至于資料，《詩》有自己所寫《詩韵》分部[1]，《易》則用顧、江、段所提，
《騷》則用王受天所作，兩漢則取司馬、揚、班之賦及讀若，魏、晉則取
《釋名》及《釋文》曹音、慧琳等音，元、明則取瑶楨之表[2]，你看够不
够? 尚要添些甚麽? 我還要添看些甚麽?

十七

孟倫:

　　得十八日信，等韵一文，足下擬爲細閲點定，極好極感。我因資料
多，意思多，要説的話也多，精力差了，不能好好安排，使自己發揮一些
力量，得你好生修改，那是再好没有了。同用一文，亦望一樣地費神，更
幸更謝。資料一篇資料已寫出，尚未作好計劃。從《玄應音義》舉出
一些方言至今尚存，是不是可以之説明語言在時代上改變是很少的，地
域上的差异是很大的? 民族流動可以造成語音的轉移，這還是地域的
關係，不是時代。又看出《洪武正韵》之音似未足以代表明代之讀，以
其與《韵會》《蒙古字音》《音韵闡微》之協用今用相乖，即支、齊所
分亦與詞曲家有异。意以韵之分部，實從切語用字。諸家用字同者，

---

① 指先生遺著《詩經韵語》。
② 徐瑶楨時由先生指導作畢業論文《近三百年國語音考》。

則取以爲一部；用字不同而形義無殊者，亦循之而析出。昔東原指出呼等同者音必同，其實呼等不同，切語用字相异而讀音亦同，在《廣韵諧聲表》可以看出。如脂韵力脂切有犂、藜。《釋文・禹貢》黎（鄭力兮反，徐力私反）、《泰誓》中犁（力私反，又力兮反），《左・襄二十六年》傳同。支韵吕支切有驪、鵹。《檀弓》驪，力知反，徐郎兮反。《字林》力餘同。《釋鳥》鵹，力兮反，又力知反。脂、支三等，齊四等，其來紐之讀全同，與今語音亦復不异。以是而言，則必不當如高本漢强以標音之來區别也。此意足下以爲可用否？待復來，再動筆。

十八

孟倫、苑雲：

久不得倫信，今忽得之，讀過知倫大有進境，心懷快樂。前寄一信，詳言龐師逝世各節。二日過龐家索遺稿，看見五一年在華大自傳中有數字，請教雲生先生、培甫先生，俱不辨，故缺之。三日過彭家，又借得親録詩十餘章，另紙寫出寄與倫看，望看後即寄還。菊吾言及龐講詩頗有精到語，我囑其講寫至《新年養疴雜懷》十首。據珊云未見原稿，疑愛好者借寫，俟訪問。龐師自學成就如此，真了不起。倫于平居所聞有足記者，何不即時録出？吕甫尋出所藏龐師親笔四紙《蘇橋》五首，末附云：孟倫命録舊稿，亦久未上。蓋舊稿隨手多有失落，率爾落筆，一月後視之，皆爲塵羹土飯，東坡所謂“如我自觀猶可厭”者也。得望不罪，幸甚。不知倫曾見此否？在龐家又得《庚午贈詩》稿，菊吾以龐師各信粘貼一册，要我題字。我擬將近所見著述、所聞友人談説，撮寫幾段，同菊商酌，再用紙寫出，倫意何如？若同意，即先寄倫看。此祝新年□佳。立春晨。

十九

孟倫、苑雲：

孟倫要看《廣韵疏證》，今將首尾二册付郵寄來。首册《自記》經龐師多多修改,《敘例》未能,望倫也多多修改,甚念。此次書局寄來意見書,有必當照改者,有必不能照改者。他們提出周法高、董同龢重紐説法,我重讀《切韵考》,指其逞臆立例,以求復《切韵》之舊。《切韵·敘》:"因論南北是非,古今通塞,欲更捃選精切,除削疏緩,(蕭、顔)多所決定……法言即燭下握筆,略記綱紀,博問英辯,殆得精華。"遂取以前所記者定之爲《切韵》五卷,是《切韵》必詳載蕭、顔之説。今《廣韵》不見一語,尚可以陸法言撰本五字而謂《廣韵》爲《切韵》之增加本,因而憑切語之同音异字者憑臆去留。甚至有不當分者誤分……種種。評語尚得謂之爲合乎科學態度乎?尤其妄謬者,擅用徐鍇本《説文》反語改《廣韵》切語。如□、都□切,□、莫□切,此本互用,合乎條例。而改爲"都佪",謂陸氏借用一董,果何憑據而爲此焉?系聯切語上字,建立聲類,不能系聯者,則據又音之切語上字,因是張煊循之改爲三十二。其未定者,羅常培即定爲二十八聲類,不可信已如此。韵類之失甚于聲類,周、董等掌握高本漢注音方式,于趙、羅、李所譯,多不從之。而周于黄先生併析韵部,佐證先從序言,次于引《國故論衡》之後。又于他條中,匯舉其證,加以增補,使一切爲之服務,而黄先生著作宗旨,埋藏不見矣。同龢用自作《上古音表稿》作證,并引黄淬伯《慧琳反切考》以助其説。陳氏韵類,根本不能成立。將整理前稿別成一通以辨之。我數年前曾向倫言,我將寫匡謬正俗文字,倫其贊助我乎?

《廣韵疏證敘例》,望倫盡心提其缺點,一定照改。即《疏證》中有不是之處,亦望指出,也一定照改。但不要因忙而擱置不復,務于年底還來爲要。此問你們都好。

十月十七日

二十

孟倫、苑雲:

我因寫《〈切韵考〉韵類之商榷》一文,自正月初四起收集資料即動筆寫，換了十次，也叫雲秋寫，于三月末清完。昨日謄清，今日送系審覈修正。第一稿已印出，兹附上。一份三頁，共六頁。取一份送孟非[1]。倫有何意見，儘管寫來，我極端接受。倫説林燾談《經典釋文》是南京音，這種説法和陳寅恪《從史實談切韵》認爲《切韵》是洛陽音，也和某某認爲"《玄應音義》是唐代長安音"同是没有根據。佛經經過文人潤色，用的詞是舊籍，作音義者也取舊籍的音來作解釋。所以《一切經音義》的音，并不是玄應等造的。《經典釋文》的音，也是取魏晉以來依注作音的纔用作首音。《序例》云："若典籍常用，會理合時，便即遵承，標之于首。"這樣决不會有用金陵音來作首音的事實。檢《釋文》所列作注與音的人，有幾個是金陵人？倫信説把資料并論點寄來，由倫來寫。我不主張倫寫此文，以其人存，駁倒也没有意思。頃看檢齋先生《序録疏證》[2]，于此略談數語。倫果高興，何妨作文解説此段，補吳所不及，倫意如何？我對羅常培等談韵類，胸中先有高本漢的一套，以之强合《切韵考》之説，丁、李輩遂奉爲科律，豈不可笑？我這次作《商榷》也就是這見解。尚靈要我對"重紐"説話[3]，我不肯。董、周都送稿給我，周又是學生，怎能這樣？做人衹要把一個正大道理講清楚就是了。明眼人兩兩對比，可否自見？使讀者不致走彎路是我應盡的責任，應當極力做到纔是。有些人他的資本衹有這點。從前聞倫稱黃師語無人太甚，故我不願倫作之也。

雲信頗稱我之健康。今附三月三十一日晚報，有最近記者在我房中照的，看者認爲極似，不知雲以爲如何？你們寄的紅棗、小米已收到，謝謝。參茸丸有三盒未到，龐師云：已寫信去，大約不久可來。雲又得群衆稱美，我聞之亦思努力，惟精力差了，多不周到。

近復校《增韵》，有出我意料者。模、齊相連二頁有館本和四庫本，迥然不同。庫本缺"驫、犆、粗、麤"四字及注。其有者注文多寡相

---

① 孟非，殷焕先字，山東大學教授。趙少咸先生的學生。

② 檢齋，吳承仕字，曾任北京大學教授。著有《經典釋文序録疏證》《經籍舊音辨證》等。

③ 尚靈，甄尚靈，四川大學教授。

懸，不知其來何處，與《韵會》《正韵》俱不同。《韵會》題毛氏韵增者亦不符。于是要多寫些字。

十五，郭二伯突來，我頗驚异。振鈺來言，我即出大門迎之。弓腰駝背，極似畫的壽星。自言月食白糖七八斤，喜肥肉，多痰。我勸他，兩樣都生痰，宜少吃。坐不久，王家來人接，他遂去。次日，我去回看，云甚好，不大疲。正值其移矮桌于窗下，將續寫《偉文校注》也（此事曾由向先生指導，今不知何人）。

我近看《紅旗飄飄》，他就不要人死啃教條。現在説《釋文》是金陵音，説《一切經音義》是洛陽音者，就是死啃教條了。

二十一

孟倫、苑雲：

近看莘田先生《語言學論文選集》，我不大同意。想倫已見到，意思如何？憑六朝韵文來定魚、虞音值，魚、虞俱大韵。魚二十四紐，二百三十一字；虞二十六紐，三百九十五字。如劉孝卓，沐用魚十二字，沈約、高士賢用虞七字。以二三百字之韵，其取材極輕，何可遽爲作圖以成定論耶？其從梵文定知、徹、澄、娘音值，等韵字母决不能以梵音并論，竹汀已詳言之[①]。今鋪陳至繁，而于梵音重音華音則無等韵。據反切上字是母，與梵音無干。與華梵有無多寡之故俱未及，但用標音以明之。標音故多异説，用知羅先生實本高本漢之術而作，未嘗有確見也。倫對此等問題曾加意否，將何以解之？

（前佚）寄來一杓黍。程瑶田《九穀考》云：糜之米正黄色（寄來者正是此種），黍之米淡黄色，色愈淡則其米愈黏。又云：今山西人無論黏與不黏統呼之曰糜。黍又冒黄粱之名，黏者曰軟黄粱，不黏者曰硬黄粱。又云：粱者粟之米也，粟者禾之實也。故呼黍曰黄粱。爲冒小米黄，故云黄粱。

---

① 竹汀，清錢大昕號。著有《十駕齋養心録》。

　　倫在此言曾録我批的《古書疑義舉例》，我全不記得。昨理書理出，原本是用李澄波本批的。現在教學改革此書尚有用否？

　　今看劉寶楠《釋穀》于“戎菽、胡豆、荏菽”皆曰大豆（戎、胡、任，大也），王國維實由此出。此問你們好。

九月十七日

二十二

孟倫、苑雲：

　　《廣韵疏證》絕不托四川社，暫留篋笥。今年事務不少，除帶徒弟外，尚當作《國故論衡上疏證》。龐師要我作《成均圖音理論》（二十三部音準、娘日二紐歸泥説、古雙聲説），倫你看如何作纔穩妥，望告我。現擬先作《二十三部音準》，我將發揮：之當作咍，魚當稱模；略辨脂當作微，東當稱江，侵當稱咸之失。我想作一篇《〈廣韵〉衍文逸字》（或缺字），這題不知有人作否，倫替我檢查一下。又作一篇《讀〈切韵考〉》。陳氏以系聯切語上下字成立聲類韵類。吾早年亦喜其有規律，近來逾覺其非。《經典釋文》陸德明采取舊籍之音來作釋文，如《毛詩》《毛傳》。用《爾雅》釋經義，故釋文即取《爾雅》諸家音義爲之，用郭爲多。《爾雅注》每引詩書，《釋文》即取詩書各家音義爲之。用字偶有不同，按其聲韵，確無小殊，不能因其形異而遂謂他人之作。法偉堂竟采分類以論《釋文》之反語，豈非郢書燕説乎？外篇後論詆譏等韵法門，直是逞臆之言，無一可取。倫近年對是書有其他感覺否？

　　我前信言手批《古書疑義舉例》即將寄來，但是三十多年前所寫，必有缺點，望看時留心指出。此本未曾經杜曾鐸看過。倫何時看完，仍望交還，絕不要客氣。

　　我近日正用姜亮夫《敦煌韵輯》校《掇瑣王韵》，真是駭人，錯落滿紙。姜書亦有錯，他日作《校記》論之。

　　（以下佚）

二十三

孟倫、苑雲：

　　得雲信知像片已到。我確實瘦，但飲食之量、睡眠時閒都不差減。我于飲食絕不過量，勞動也不過。

　　孟倫總不立刻回我信，久久就忘了，這是不對。呂信轉去麽？你看過《廣韵疏證》麽，你有甚意見？趙誠再見面麽，又説些什麽，以後怎樣進行？

　　近一月將《〈切韵考〉韵類》寫了二千多字商榷書。交尚靈提意見（後天可會面）即作講座的稿。俟開會後收點意見再來清理修正。頃看林燾的《經典釋文》，我不能同意謂《釋文》每條首音爲金陵音。這是上了惟金陵與洛下的當（根據這句來作文，犯錯誤是不少的），全未考察他是否根據舊來音義諸書。即是他説的述而不作，那又怎能以金陵音來作取去？毛主席説，不調查研究，就不能發言。所以評論下筆要謹慎，決不可隨人脚跟、學人言語。此問你們好

　　你們寄的小米、四季豆種尚未到。

四月一日

二十四

孟倫、苑雲：

　　自四月爲《切韵序》《唐韵序》作注，又該寫《敘例》。近又叫行達寫《廣韵引用書目》。他完了，我一看，在《廣韵》上實有名同實异、名异實同兩條規律。如引《詩疏》者四條：如“泥”注《詩疏》云：“泥”中街之小邑。孔《疏》無文。《希麟音》六引《毛詩疏》云云；“鵁”下《詩疏》則爲陸璣《草木疏》；“楛”下《詩疏》云：東夷之所貢（此似指肅慎貢楛矢）。然《詩》無楛矢之文，不知所出；“缶”下《詩疏》云：坎其擊缶。《疏》無“所以”二句，《禦》五八四引宛丘有

《注》與此同。是四條俱非孔《疏》足明。《廣韵》抄寫類書、字書，仍是文而不改，是以如此。《廣韵》全書俱稱《詩傳》，惟"窕"下稱《詩注》，蓋亦因沿他書也。若《漢書》則省稱大別，似宜分別列出，以見其各有其本。等行達清寫好，我再來作跋，説明這些不整齊形式。似未見人説過。

前信言寫講座題目，擬講合韵。現在我想講雙聲疊韵。前幾年曾寫過，現在來修改，倫看可以不可以。這個重點應該舉的是什麽？從前是形聲字、解説、《詩經》《楚辭》的聯語、聯語的轉變。四目你看够了？還應加些什麽纔合理？望你回信。

倫要的《轉語記》的稿子，五妹親自找過，再没有了。不知倫清理過否，究竟缺了好多？倫前信説現在没書翻，没法補。我還希望倫再自己細細清理一番。經過十多年，你的書也多了，聞見也增廣了，大大搞一下，自勝前稿若干倍。你現在養病中，正好補此段功課，倫以爲如何？

（以下佚）

峨眉遊記

民國十九年七月二十五日,晴。屺襄來信,約遊峨眉。

二十六日,晴。屺襄、石帚來,商遊峨眉事。

二十七日,晴。聖詹來約過其家,談峨眉之勝。復過斧私家商量[1]。

三十日,晴。七鐘飯,同季弟載行李出東門[2],至成城炭莊,晤斧私、屺襄、石帚,同至大馬頭登舟。水小,十鐘停望江樓,俟西園來[3]。未幾至,遂行。二十里中和場,舟子買米,停良久。水平甚,八橈并舉,行仍緩。十五里中興場,前行十餘里。岸右螺師山,人斫崖石堆江潯,待運至省上刊"平治道路"四字。十八里蘇馬頭,兩岸多山多堰,漕路狹,多上水船,下行者輒避讓費時。過麻柳沱,山半路旁,男婦老幼十餘人,編麥草帽,賣與行旅。此由江口入省大道也。十六里傅家壩,將到遇漁舟,買肥鮀、黃辣丁各一,重二十六兩,付錢三千三百。再下古佛洞,多匪,舟人不敢泊,遂泊此。坐船頭,對岸人家三五,綠楊童童,牧童牛羊放散其閒,殊有畫意。聚坐食魚,初欲嘗一臠而已,入口肥美,不覺多食。

三十一日,晴。早起,觀日出。十二里古佛洞,沿山背江爲市,殊冷落。六里賈和莊,新開市場不及二十日。十二里黃龍溪。十八里半邊街。十二里江口,新津水自右來合,水淺紅,微波,舟行較遠,停彬山城

---

① 曾昭魯,字聖詹。夏岣,字斧私,酉陽縣人。辛亥革命同盟會成員,日本早稻田大學數學博士。曾任成都高等師範學校數理部主任兼教授、四川省立第一中學校長。晚年主辦私立成公中學。

② 趙世良,字季琴,精通中醫,曾任國民革命軍第二十四軍顧問。

③ 楊西園,曾任江蘇六合縣縣長。

下，買沸水不得。 十二里太和場，遠望峨眉三點，浮接天半。 人家以麻秆作籬，平沙多鷺。 二十里王渡，土人呼渡如沱兒。 停良久行，風吹雨來，西園指江左蟆頤以示風雨，俱急不及泊遊。 二十里張家坎，雨止，斜日臨。 草渚群牛，寢立行齕，舒適自如。 二十里太平場。 二十里青神城，已昏黑矣，夜涼甚。

八月一日夜二鐘，大風雷雨。 天明雲收日出，有黑雲覆之。 今日或復雨，舟行已六鐘矣。 二十里劉家場，山漸高，左溝挾紅沙而下，里餘始合渾。 十五里鴨婆灘，微波。 一里漢陽壩，上岸買雞，食豆花。 斸岸山陡絕多柴，爲洪雅夾江出者，入平羌峽。 又五里悦來場，省中當二百錢至此作百五十用，市中用前數年大二百也。 五里仙人腿，峽中山隨水轉，峰巒殊异，陽則黃綠攢錯，明媚鮮妍；陰則烟籠霧罨，青藍鬱泡。 二十五里出峽，望浚雲諸山，朗晰。 回顧峽中，雲氣泱漭，蔽盡山頭。 雷雨大來，風橫吹，舟難進。 十里荔枝灣，山下一樹，葉株黝然。 舟人云，去年大雪，今年歇樹。 又有溪水從左來入，極紅。 二十里泊樂山福泉門，入城，住土橋街協豐棧，街亦馬路平廣。 浴更出街食粥，同訪方響洞，在校場側。 時正操演，不聞東丁之聲矣，不可久留。 過公園，效成都中山公園，新修未成，面立蔡玉龍修路紀功碑。 問路數次，登高標山，約二百餘梯。 余等急行，西園及季弟未來，解衣憩息。 東爲菜圃，望九頂烏尤，西室可望峨眉，惜有人挾妓宴飲不得入。 登萬景樓甚狹穢，窗高略見山峰，絕非石湖所登臨也。 日將晻，急下訪渝州公所。 過高小校後門，一役導入，過跨街小橋，至池畔，崖泉滴涿入池，聲清微如琴。 境幽森，涼氣逼人。 迨昏黑始出，復訂明日來。 余乙巳八月來此，時秋霖中，滿岩白海棠倒垂，泉從花葉間下，琤瑽雜然，停留不欲去。 今石上惟苔蘚，泉流極細，大不如昔也。 電燈明，飲于杏花春，忽聞呼聲，乃文藻青、馮慕陶等數人來此，食清波魚。 尚美。 初意入峽飽食魚，竟不可得。 嘉酒味薄，且雜他酒味，飲絕少。 入店倦極，眠。 無蚊，以桌爲床，幸免蠣蜑之苦。

二日，晴。 又同往渝州公所。 校長徐君云原有數洞，今俱塞。 岩上刻"瓊岩滴翠"四字，即一洞口。歸店，發書寄蔚如[1]，過方馥堂秀山家。琢章之從子[2]，飲雙紹嘉酒，最陳者色濃味甜，不耐飲。食肥鮧，惜製不如法，罷。出城到蕭公嘴，雇舟往烏尤寺。銅河水青，岷江水赤，會山下。登山從樹隙望之，如桃花艷美，山穢厚如翠螺浮水。入門見丈六接引佛像甫成者，遇藻青，引登爾雅臺[3]，坐使君子棚下。翠葉朱花麗極，樓窗亦過高，又無几案，復下入羅漢堂。匠正施采色，大殿亦施瓦，不能坐。入客堂，俗僧無可語，仍到爾雅臺。西望城內外人家，雅河合銅河西來，逶迤不盡。飯後從山陰行，綠樹叢疊，習習風生。三息至溝，踏沙礫而過。陟大佛頂，亦三息。至，汗濕衣裤，飲茶乘涼于競秀亭。登東坡樓，兩廂頹壞，庭宇疏闊，正裝飾大佛。過凌雲山寺，時晚未入。下篦子街，過渡入城。

　　三日，晴。雇黃包車九，載人物行。峨樂汽車未開，滑竿不足，乃乘車迂行五十里，出嘉樂門。二十五里早食，左右山忽開忽合，乍遠乍近。田疇整治，山多松楠，原則桑蠟稻菽。四十五里入夾江城，沿途無粥飲食者。偶有一家，賣煙不賣茶。幸余不甚渴，尚不甚苦。日光漸烈，揮扇不已。五里至青衣江邊，候舟良久，乃得渡。艤舟江中，負至岸，索錢數百不休，義渡也。二十五里雙福場，約二三百家。食豆漿、粥，復行。遙望山色庵靄，薄暮逾厚。二十里至峨眉縣北門外，西園往會鴻模[4]，適聽訟。晤羅韵三縣長，遣人迎余等入署，熱極，浴。飲酒于廡東燼餘亭，洗面落一上齒。蚊多，懸帳眠。自嘉樂門數里，市盡，開一坪。輿人云，長二十餘里，廣十餘里。過盡則山夾峽處極熱。渡江上山，復開一坪，長八十里，廣百里，土腴物豐，亦如樂山。先旱，前月得雨，新栽秧苗始活，旱蒔者已黃而將穫矣。席閒談及夾江義渡，均苦之。

---

① 先妣張蔚如諱傳藻，瀘縣人。
② 方潮珍，字琢章，曾任新津縣縣長、樂山專區專員。
③ 文澄，字藻青，曾任成屬聯立中學、省立高級工業職業學校校長。
④ 文鴻模，曾任峨眉縣司法局局長。

　　四日，晴。　九鐘，韵三招飲東門外大佛寺。　相將步行入寺，正殿供千手眼佛，高三丈六尺，帽高九尺。　僧云，帽初欹傾，取案上一尊銅佛鎮帽中，佛亦高九尺。　于帽緣低處見佛頭，木龕刻花鳥不俗，又有萬曆春偈一首。　龕旁一鐘，明慈聖李太后所懸，尚膳監太監蘇炳監造。　後殿供文殊、普賢、觀音三像，皆有鬚，人云西域之像如此。　飯罷日斜，乘轎出寺，循塍過小南門。　南門馬路初築，遍鋪碎石，艸深入膝，人從兩旁行。　沿途寺觀未及下觀，時晚也。　至響水橋，碧峰四繞，雪浪紆折。　過木坊，康熙中蔣超題伏虎寺字及聯。　又過興隆橋，山逾逼近，竹樹交加。　徒倚久之，候行李不來。　上伏虎寺，夜月明，行李乃來。

　　五日，晴。　登大雄寶殿。　觀音座下有井，大如盂，旁盛水數杯，略飲清冽。　飯罷，由寺左布金林坊下行。　里餘無量殿。　二里涼風橋，極涼。　一里解脫橋，左出爲新開寺，右上解脫坡。　二里雷音寺，竹木森森，蟬唱悠揚。　四里華嚴寺。　三里純陽殿。　過太平橋，里餘慧燈寺。　二里神水閣，道右屋新建，未成。　下有“靈陵太紗之天”六字碑，明郭子章書。　道左一池，池上巨石，右刻陳圖南書“福壽”二字，左蘇東坡書“雲外流春”四字，下刻“大峨神水”四字。　石後一方泓，舀水飲之，甘冽甚，即玉液泉也。　上數十步大峨寺，息歌鳳臺。　過歌鳳橋，里餘中峰寺。　小僧殷勤留宿，寺敞深樓未成，四山環匝。　一里過三望橋，上觀音寺。　過寺上絲綱坡，登龍升岡。　當寺門息，風颮颮來。　下坡二里半廣福寺，寺後爲牛心嶺。　半里餘雙飛橋，梯三折數十級，入清音閣，火後初建，未畢。　飯後遊左橋，溪上平潔如碧玻璃，黑石碾礴，水激其中，浪高二三尺，即黑水也。　又過右橋下，即白水。　白水岩上有至道弘治題名，字漫滅不可識。　行數十步，溪中黑石二，大者高三尺，小者半之，小僧云牛心石也。　二水合流于石。　石下一潭，西園云多魚，形色如鯈，食石漿，附石行。　小僧投石驚之，遂不出。　雷聲殷殷，入寺，白雨來，不久過。　人言雷洞坪大雨水來，復下右橋觀之。　浪飛舞跨石，迅疾以去。　薄暮入閣，食魚。

　　六日。　飯後坐背子由寺上山。　五里牛心寺，過寺路左俯視見黑龍江。 季弟不欲上山,乘滑竿率行李黑龍江至紅椿坪,在此見之,不過寸餘。 五里上會佛寺,寺敞朗,僧瀹茶嘗之美。 藥王龕中供一木根,瑩滑可鑒,口頤耳鼻都具,狀極似。 猴子坡每企足回顧,蒼岩幻化,不可彈形。 汗出,欲久息玩,雨來不可留。 三里餘至山王廟,雨止日見。 由廟右行道左一小池,有蛙,人云仙姬彈琴。 穿長林,上月臺,入大坪寺。 寺前松杉重重,不可遠視。 解衣拭汗,暴衣襪樹枝。 雨又來,未幾止。 庭中辛夷正開,氣候殊異也。 良久步下蛇倒退,梯磴高仄,犖确回轉,不可留足,不可旁顧。 路旁蕨竹雜草蒙蘢蔽翳,不見其底。 十里至積善橋,兩山逼近,枝葉相接。 又名三道橋,蓋由黑龍江、牛心寺、大坪、洪坪來者俱會此橋,故名。 又上過木坊,聯曰:“象鼻捲地,寶掌擎天。” 五里至紅椿坪,又作洪椿。 寺外一月臺,杉楠圍抱,層巒周遭。 飯後復來,寺中紫薇始含苞,海棠實大如橙,紅如桃。 池中青蛙鳴如小兒擊銅絲,即仙姬也。

七日夜半,大雷雨。 天明,雨漱漱來。 登千佛樓觀山,雲霧乍散乍起,雨亦時大時小。 薄暮出寺,看雨大,歸。

八日飯罷,雨小,督背夫行出寺。 左進道,右有楠橫臥岩下,如橋,大數抱,他處不可見也。 冒雨行里餘,霧轉甚,雨急來,衣褲俱濕。 十里扁擔岩,少息。 山王廟下雨小。 復行過壽星橋,瀑布在道。 左步上九十九倒拐,即壽星坡。 左岩茂林,猿啼數聲。 見數猴騰踔枝閒,過大小尖峰,盤而上。 十五里一坪,路廣,冷杉夾道,如肅客然。 至天峰禪院,殿宇宏深,前殿供財神。 入正殿,佛案橫一水晶,長三尺,六棱柱形,面約六寸。 朝香者以手撫之以拭眼,云可治火眼。 外柱貼有“軍道遐昌,民國鞏固”八字,亦可見寺僧心理。 由寺右過九龍池,陰森鬱湮,苔蘚滿路。 老樹苔髮垂鬖鬖,色黝綠,即普賢綫也。 約二里,再上再下。 岩左設木欄,腐朽已落。 至九老洞,霧塞洞口,水滴瀝下溜。 攜風雨燈,電筒光微。 洞內梯級滑,伏翼拍拍東西飛。 懼傾跌,遂出復過寺門。 不二里仙峰田中石,二石廉棱黑黯,挺立左右,老籐瘠樹,縈挂其上。 又里餘龍溝橋,又名仙峰橋。 再進果圈岩。 又進觀音橋。 五里長壽橋，峰回路轉，輒有瀑布。翠屏峭削，均出雲外。泉或徑下百尋，或頓挫三疊。奔雷喧豗，繽紛霧雨，廣狹殊致，怒震山谷，即黑水之源也。又上長壽坡，入過仙寺。湫隘穢惡，不可留。二里餘過九岡子，于藥店買小水晶數十枚，二百錢三枚。又二里餘蓮花石，本以山骨圓穹，罞瓣層結錯會，中結一庵，故名。寺僧乃以亦石鑿一芙蓉，誆惑遊客，謂之蓮花石。亂峰矗竦陡上，磴道危仄，名鑽天坡，俗呼鶺鴒鑽天。坡盡即洗象池，天青晴朗，立月臺上，近接華嚴頃，如几案上鼎彝。白雲茸茸，隨風濃淺。日照之五光十色，難以言狀。夜月明，群飲臺上，重裌猶寒，華氏表六十二度矣。食萵苣、白羅蔔。

　　九日早，晴。寺僧左指近南尖頂雄壯者大瓦屋，少北庫小爲小瓦屋。再遠白雲籠罩者雪山，晶光灼灼。飯罷，由寺左行，寺僧剖木引泉供飲。右爲弓背山，泉由之來。山舊有寺、有僧，後漸頹壞無人，因朝山者不往也。五里大乘寺，上羅漢三坡而至寺。庭有鐵碑，鑄《木皮殿記》，明嘉靖癸未春三月康浩記，汪淪篆。寺僧云，殿舊在下里餘，毀乃移此。庭中萌芥菜數十，上閻王堛。五里白雲寺，人言終年在雲霧中，已昏霧冥冥矣。四里雷洞坪，寺僧移路行淖中。四里接引殿。一里天門石，一石中劈，泉溜滴瀝石上，隱約如字畫，不分明。一里七天橋。穿寺出，半里普賢塔，譚鍾岳改爲和尚塔。步登里餘，左入臥雲庵，白霧瀰漫。飲于捨身崖。上時遇楊君名久，倩攝一影，六人錯立，余倚鐵塔。崖邊有鐵柱九，橫設鐵鎖四，以防護人。此祖殿後也，四川提督羅思矩造，今存八柱。金殿祖殿正建改。金殿有銅碑，一面刊王毓雲集王羲之書，背刊傅光宅集褚遂良書作記，王記伏虎寺又摹之于石。殿後銅塔二，銅鐘一。庵僧云，山頂高，無水，庵前有井絡泉，如井，日夜數潮，足供此處諸寺之飲。見人一擔水，清無塵。世人謂頂上水爲冰雪融積，似非。自洗象池上月無五日晴，時成銀色界，一無所見，使人神志疲怠邑邑。謂空氣稀薄者，亦非。蓋煮肉麵菜，皆烹熟也。晚食油菜、壹碗豆顛。庵前麥田一方始秀，途見菜花、蠶豆花。今夜五十六度。

　　十日晨，雨。冒雨行，愈下愈大。登接引殿，圍爐烘衣被，雷雨簷溜如瀑布。午飯罷，雨微。强行，雨復來。過雷洞坪、白雲寺、大乘寺、洗象池。前殿青花香爐爲康熙五十八年胡某所獻。少息，出過蓮花石，至九崗子。從左行五里華嚴頂，二里入寺。寺旁有九龍井，時短未去。五里開山初殿，廟淺陋，《吳船錄》作簇店。又言凡言店者，當道板屋一閒。將有登山客，則寺僧先遣人煮湯于店，以俟蒸炊。今傳曰昔漢時蒲公采藥，見鹿迹現蓮花，因開建此山，故額曰初殿。審峨人讀入如清平，故"簇"如"初"。去聲亦然，故"路"如"盧"之清，"寺"如"思"。此云初殿，因方音而傅會歟？山上叢龍短竹，漸下漸高，至此始見慈竹。峨山多竹，再十日，山人入山斫笋，瀹而粥于市，俗曰"峨笋"，販運及數百里。三里長老坪。五里息心所經倒退坡。又進，過石梁，曰仙女橋。又下石脊，縣豆左右，懸巖紆回數十步，名龍項頸，亦名鵝項頸。極肖劍閣之天生橋而峻屈過之，再下怪石齒齒，道出其中，曰鬼門關。五里下觀心坡，至觀心庵。五里入聖壽萬年寺，經新殿磚殿、毘盧殿，宿于禪堂。旁有客室，幽潔不涇，小植花木，如人家園亭。遊未畢，已昏黑矣。

十一日，陰雨。去棉半臂袷衫褲。往磚殿，觀普賢像，高丈六。像背蓮座，共高丈餘。像足兩人合手始周，牙長五尺許。木欄護之，三面作龕。上三層供三千佛，下層供羅漢。佛俱銅鑄，壞，壤像補之。復過毘盧殿，前殿銅鑄嘉靖元年比丘某鑄。下梯半，有碑書。第一梯盡爲四會亭，供接引佛，銅鑄，高丈六。右下靈官樓，雨來少急。三里入金龍寺避雨，蛙聲送客。里餘白龍洞。下右出，往清音閣。并循白水下行，望清音閣、廣福寺瓦若可數。鑿巖開道，黑石崩積，勢若覆壓，溪聲號吼，使人心悸。過明月橋、清風橋，下行。回望溪中，黑石狹長橫臥，名曰普賢船，又曰石船子。兩岸突兀斬絶，蒼碧際天。瀑布飛泉，百道噴薄，沾濡衣袂。溪石磊砢，奮力爭搏。擎波駭浪，與懸泉爭奇。躍雪眩目，溢匋聾耳。此名龍門洞。昔范石湖泛舟峽中，稱龍門峽泉之勝當爲第一。惜余不能下行峽中。幸連日雨，山泉特甚，真奇觀也。十里黃灣，市民數十家。五里蕭店子，途中山民運木水滸，隨流入嘉定，多供棺槨之用。過橋旁瑜珈河，行田閒。五里老寶樓，門外榕樹二株，芘蔭數畝，坐閾納凉。寺貧無僧，文鴻模云。大者周四十二步。一老看司，茶濁不可飲，以冷水拭面。庭右一亭，藏八方銅塔。開欄視之，高二丈許。塔二十八層，蒼鑄佛像，版上花草人禽皆突起，隙閒及腹足皆有字如豆，蓋全部《華嚴經》。有摩刻者二塊，如掌。看司云，昔無欄，小兒于上摩錢，前年吳知事以百串錢作欄護之。今軍部清理廟產，逐僧賣地，或不可保矣。左樓有銅鐘，無梯不可升，仰見鐘口作十二圓瓣。樓即寺門，餘屋多壞。門外立古慈福院石碑，萬曆壬午川南道參議高重篆，字漫漶，諦視乃悉。五里入城，仍住鴻模齋中，飲酒至夜。人言凡遊峨山降無不悔，蓋山石堅滑，拒杖行則梯首臬兀，坐轎則俯視窈冥。屈曲逼仄，時虞隕墜，佛光神燈，不可必遇。且雨霧晦昧，僧食淡薄，溪聲擾夢，寒暑不一，是以悔也。

十二日夜未睡，四鐘乘滑竿出署，偃臥，以油布上覆。月明，至雙福場，大明矣。入夾江城，早食豆腐乳，佳勝。又百三十里入眉州城，將至，黑雲垂垂，疏雨忽來。住草堂春，臭穢囂隘。入市食，攜燈訪蘇祠。池荷微香，久不聞此矣。惜月遲火微，不可見。亭榭廣爽，成都無之。

十三日，晴。昧爽，至汽車棧，楊名久迫促使行。路極壞，淖泥受輪，濺染客衣。九十里鄧公場過渡，二到舊縣汽車棧。兵拒客先入，客與之爭。詈之，輒摑客。未幾，行路平。十鐘半至成都車棧，雇車歸。熱極。

遊峨眉之路綫

（一）汽車。由成都至新津舊縣，九十里，車價一元四角。由新津舊縣過河至鄧公場換車至眉州，九十里，二元二角。由眉州至夾江，一百一十里，車價二元四角。由夾江過河換車至峨眉縣，五十里，車價八角。汽車由成都至峨眉，一日可到。

（二）黃包車。由成都至眉州，一百八十里，一日可到，車價二元四角。由眉州至峨眉，一百六十里，一日可到，車價二元二角。但須在夏日，且要兩頭黑。

（三）肩輿或滑竿。 由成都到眉州，由眉州到峨眉，亦兩日可到，與黃包車同，惟費加倍。 不過旅客在轎中，比在黃包車內較爲舒適。然長日危坐，亦不免困乏。

（四）乘船。 赴峨眉多由陸路，然亦有由省東門買舟至嘉定，便遊嘉陽名勝者。 蓋因夏日水漲，一日即可抵嘉定，至遲兩日亦到。 船費每人一元至二三元不等，以伙食在內與否而區別。 至由嘉赴峨，陸路乘輿約七十里，路資二元餘。 乘黃包車則須繞道夾江路，一百三十里，車費一元八角，或二元，均一日到。 汽車與黃包車同一路綫，車費約三元，至夾江過河換車，三小時即到。

遊峨眉應備之旅行用具

（一）行軍床。 因途中旅店、山中寺廟臭蟲异常之多，非此不能安眠。

（二）禦雨具。 山中多雨，時止時來，雨衣、雨帽、雨鞋、油綢、油布之類，宜多攜帶。

（三）軍夾棉衣服。

（四）草履、手杖。

（五）電筒、風雨燈。

（六）白酒。 在山中可却風寒煙瘴。

（七）藥品。 如金靈丹、如意油、沙丸藥，及其他可治風寒暑熱之藥劑，均宜攜備一二。

（八）望遠鏡、避風鏡。

（九）照像機、熱水瓶。

（十）醬油、醋類。 因山中飲食至壞，不堪食。

每人在山，每日用費至少須一元，輿車費不在內。

原載《旅行雜志》1933 年 12 期第七卷第十二號

跋石帚先生遺札

　　石帚先生讀書博，識力高，作詩詞功力尤深。然平生以書爲生涯，自守泊如，朋友之敬重先生，非徒文辭記誦而已。自余移居少城，與先生居止密邇，殆難三日不見，見必論所讀書。先生衰病，余或阻風雨不出，亦必遣子婦往問消息。去年冬，余病十餘日。十二月十四日夜，忽輾轉不寐，夢中似覺先生病不能起。更十餘日病已，强出叩先生門，闃無應者。歸語家人，必覓車赴醫院一省視先生。家人乃告余，先生以十二月十四日夜半捐館。嗚呼，先生之喪，余病弗聞；比余聞之，而余惡乎哭之，悲已。先生篤于朋友，商量學問尤殷切。斯册所存遺札五通，皆衰病以來與菊吾論學書。菊吾持以示余，余讀之，如聞先生娓娓清言。因録先生贈余兩詩于斯册之末。菊吾嗜先生詩，詳細繹之，當彌知白頭如余者，久要難忘也。

趙少咸

1965 年 2 月

後　記

　　先父少咸先生，名世忠（1884—1966），四川成都人。祖籍安徽休寧。先生弱冠，目睹清季政窳俗弊，外侮紛乘，懍然家國阽危，遂與謝持、盧師諦、徐可亭、張烈五、黃復生、饒炎、蕭參、祝同曾、李植諸氏締結乙辛社，響應孫中山領導革命運動。逮袁世凱篡權稱帝，剪截异己，遂陷陸軍監獄，關押二月，終以無據獲釋。

　　1918 年，出任四川省立第一中學校長。嗣歷任成都高等師範、公立四川大學、成都師範大學、成都大學、國立四川大學、華西協合大學、國立中央大學教授。解放後，仍任四川大學中文系教授。

　　先生治學勤奮，博聞强記，已成音韵文字專著約八百萬餘字。本集所收爲專著以外之論文、讀書札記，其内容大體爲探賾古聲韵、古文字暨等韵三方面之評議，多屬未曾刊布者。

　　自清初三百餘年以來，探討古代漢語之聲韵而卓然有建樹者無慮十數家，其議論又往往歧出不同，致令讀者困惑，不知所從。《古韵略説》爲先生評論顧、江、戴、孔、嚴、段、章、黄諸家古韵學説之是非得失，乃作學術報告前所草擬之發言提綱。昔賢論古聲韵者，考古審音常難兼善，遂致結論每有疏失。例如古漢語之四聲不明，則分韵字讀俱莫由定。但三百年來，學者于四聲迄未有確論，《略述清代以來古韵家言四聲》即就顧、江、段、孔、章五家所論分別評騭而提出正解。自段玉裁創立古合韵之説，後之孔廣森《詩聲類》、嚴可均《説文聲類》、章太炎《成均圖》無不踵襲其説，以爲作詁定讀之途轍。《段玉裁古合韵説述評》《讀嚴可均〈説文聲類〉》《跋孔廣森〈詩聲類〉》《讀章炳麟〈國故論衡・小學篇〉獻疑》諸篇即就所謂古合韵之説深入清理，而斷其爲純屬段、嚴諸君考覈未精之誤解，必不可信。《論侈弇》一篇，亦據音理以糾迪江氏《古韵標準》疏論古韵讀法之未備者。

反切之起源、構造及其演變爲研究古漢語音讀之橐籥，其事固無待于繁言。但自來研討反語之内涵者，則又未能盡通其祕奥，或以其法即連讀上下二字成音，乃西域傳入之術，非中土儒者所創製。然以此説徵諸古籍，則又窒礙難通，《談反切》《説反切》《讀俞正燮〈反切證義〉》《跋〈十三經音略〉》《如何讀〈經典釋文〉》《讀吴承仕〈經籍舊音辯證〉札記》以及《音韵十問》等，旁稽博引，三復辨論，剖析入于毫芒，説服力强。

反切初創于魏、晉以後，切語與本字之等多异，等韵家始建立門法爲之區分類聚，使讀者按圖即可誦讀字音。惟元、明以後撰著之等韵書，其門法之涵義既模糊不清，而其解説又往往乖舛不經，讀者患之。《等韵淺説》《等韵四書門法淺釋》兩篇即以音理疏證等韵諸門法之涵義，并糾駁其中解説之失誤者。《等韵筆談匯輯》《韵學餘論》二篇乃裒集先生閲讀時賢著述之批語而成，其内容又各有側重。

段玉裁《説文解字注》網羅宏富，補缺證訛，體例嚴栗，用心深密，其功可謂恢浩。問世以後，學者紛起獻疑論難，時有可觀者。《跋徐承慶〈説文解字注匡謬〉》《讀王筠〈説文解字句讀〉札記》《斠段》三篇乃就徐、王及鈕樹玉三家之誤説加以駁正，殊有助于研讀段書。

《詩經》爲探討上古音系之重要資料，前代學者條理其韵例者不盡精密，《跋孔廣森〈詩聲類〉》《跋孔廣森〈詩分韵例〉》《丁以此〈毛詩韵例〉舉誤》《丁以此〈毛詩正韵〉摘疵》四篇乃就孔、丁二氏專著存其醇萃，訂其舛謬。

國學大師海寧王國維靜安氏，平生著述甚夥，其創見卓識，補缺汰複，顯隱證訛，皆學者間所公認。惟賢者千慮，難免一失，讀者多慕其貢獻之卓异，而尠有能注意其疏誤之説，實有礙于繼承王氏學術造詣之事。《跋王國維〈漢代古文考〉》《跋王國維〈魏石經考〉》《跋王國維〈韵學餘説〉》《跋王國維〈唐韵別考〉》以及《〈史籀篇疏證〉辨》諸篇，皆就王氏影響較大之著摘其疵瑕，而其立論之精梧得失由是彰著無遺矣。

此外,《讀戴東原〈聲類表〉》《跋劉家謀〈操風瑣録〉》《跋曾廣源〈戴東原轉語釋補〉》三篇,解説簡要,評彈極中肯綮,甚有助于籀讀三家著書。《重修本〈廣韵〉跋》《書内府本〈廣韵〉後》二篇,乃爲撰寫《廣韵疏證・序例》而作。《記鐏于》爲早年應華西協合大學校長方叔軒之請所撰。

附録之《致殷孟倫、趙苑雲遺札》乃浩劫後僅存之二十四通,猶足以見先生耄耋之年孜孜治學與循循誨人之德業風貌。《峨眉遊記》爲先生早年之作。

本集所收諸文,由趙吕甫、趙振鎬整理謄清。其有排比失倫,迻録舛誤,尚祈君子諟政之。

趙吕甫

1995 年 8 月 18 日